U0930102

中国战略性新兴产业发展报告

徐匡迪

2022

中国战略性新兴产业发展报告

中国工程科技发展战略研究院

科学出版社
北京

内 容 简 介

本书在前九个年度报告的基础上，深入探讨战略性新兴产业培育发展中的自强自立问题，研判未来15年产业技术布局，为全面建设社会主义现代化国家提供智力支持。报告分为综合篇、产业篇、政策篇三大部分，共计13章。综合篇对未来战略性新兴产业发展形势做出研判，并探讨发展思路及战略重点。产业篇围绕新一代信息技术、生物、高端装备制造、新材料、能源新技术、节能环保、新能源汽车、数字创意等八大战略性新兴产业重点发展领域，重点分析面向未来需求的战略性新兴产业创新发展中面临的重大问题，并提出相应对策。政策篇对面向"十四五"的战略性新兴产业发展政策进行梳理，并围绕我国战略性新兴产业持续发展治理提出相关建议。

本书有助于社会公众了解中国战略性新兴产业发展的总体情况及各领域发展态势和改革走向，可供各级领导干部、有关决策部门和产业界及社会公众参考。

图书在版编目（CIP）数据

中国战略性新兴产业发展报告. 2022 / 中国工程科技发展战略研究院编. —北京：科学出版社，2021.10

ISBN 978-7-03-070239-5

Ⅰ. ①中… Ⅱ. ①中… Ⅲ. ①新兴产业-产业发展-研究报告-中国-2022 Ⅳ. ① F279.244.4

中国版本图书馆 CIP 数据核字（2021）第 214708 号

责任编辑：王丹妮 / 责任校对：陶 璇
责任印制：霍 兵 / 封面设计：蓝正设计

科 学 出 版 社 出版

北京东黄城根北街16号
邮政编码：100717

http://www.sciencep.com

三河市春园印刷有限公司 印刷

科学出版社发行 各地新华书店经销

*

2021年10月第 一 版 开本：787×1092 1/16
2021年10月第一次印刷 印张：27 1/4
字数：626 000

定价：238.00元

（如有印装质量问题，我社负责调换）

中国工程科技发展战略研究院简介

2008 年 6 月，胡锦涛同志在两院院士大会上指出，中国工程院是国家在科学技术和工程方面的最高咨询机构，是国家的科学技术思想库，要继续团结带领全国科技界更加积极主动地参与决策咨询，努力为解决经济社会发展中的战略问题提供咨询建议，为国家宏观决策提供科学依据。2011 年 4 月，胡锦涛同志在庆祝清华大学百年校庆大会上讲话指出，要深入开展政策研究，积极发挥思想库和智囊团作用。为贯彻落实胡锦涛同志的指示精神，中国工程院与清华大学强强联合，创新体制机制，整合优势资源，于 2011 年 4 月联合成立了中国工程科技发展战略研究院。

中国工程科技发展战略研究院坚持高层次、开放式、前瞻性的发展导向，围绕工程科技发展中的全局性、综合性、战略性重大课题开展理论研究、应用研究与政策咨询。中国工程科技发展战略研究院积极推动自然科学与社会科学相结合，发挥中国工程院的院士和清华大学中青年学者的智力优势，努力建成全球一流的战略决策思想库，为我国工程科技发展提供战略咨询。

编　委　会

序　　言

2020 年以来，新型冠状病毒肺炎（简称新冠肺炎）疫情在全球不断蔓延，深刻地影响了国际产业链供应链分工体系。在党中央的领导和人民的努力下，我国率先走出疫情困扰，各行各业不断复苏，快速回归发展正轨。在此期间，我国战略性新兴产业呈现出重点领域发展壮大、新增长点涌现、创新能级跃升、竞争实力增强等诸多新发展特点，充分发挥了活跃经济，促进产业高质量发展的引擎作用。同时，将战略性新兴产业发展融入自主创新的新发展格局中，是我国构建现代产业新体系，增强产业生态体系韧性，全面塑造竞争新优势的重要内容。

2021 年，中央发布了《中华人民共和国国民经济和社会发展第十四个五年规划和 2035 年远景目标纲要》，在发展壮大战略性新兴产业一章中明确指出："着眼于抢占未来产业发展先机，培育先导性和支柱性产业，推动战略性新兴产业融合化、集群化、生态化发展，战略性新兴产业增加值占 GDP 比重超过 17%。"① 在"十四五"时期，我国将以新型举国体制助力提升关键技术，提升产业基础高级化、产业链现代化水平，构筑安全可靠的产业生态体系。

受国家发展和改革委员会（简称国家发改委）委托，在国家开发银行的大力支持下，中国工程院和清华大学联合成立的中国工程科技发展战略研究院承担了一系列培育和发展战略性新兴产业的咨询研究工作，并连续发布 2013~2021 年九个年度的《中国战略性新兴产业发展报告》，受到了社会各界的广泛关注和高度认可。

战略性新兴产业发展质量不断提升，已成为推动产业结构转型升级、经济高质量发展的重要动力源。中国工程科技发展战略研究院组织各领域近百位院士、专家编纂形成了《中国战略性新兴产业发展报告 2022》，重点归纳了现阶段战略性新兴产业发展所取得的成绩，对产业发展中面临的主要问题提出了政策建议。衷心希望《中国战略性新兴产业发展报告 2022》能够继续为广大关心、支持战略性新兴产业发展的各界人士提供高质量、有价值的信息参考。

加快培育和发展战略性新兴产业，必须以习近平新时代中国特色社会主义思想为指引，坚持质量第一、效益优先，以供给侧结构性改革为主线，推动经济发展质量变革、效率变革、动力变革，提高全要素生产率，着力加快建设实体经济、科技创新、现代金融、人力资源协同发展的韧性产业生态体系，不断增强我国经济创新

① 中华人民共和国国民经济和社会发展第十四个五年规划和 2035 年远景目标纲要. http://www.gov.cn/xinwen/2021-03/13/content_5592681.htm，2021-03-13.

力和竞争力。

我们坚信，在以习近平同志为核心的党中央坚强领导下，在社会各界的齐心协力下，中国战略性新兴产业一定能够逐步壮大起来，为促进经济社会持续健康发展，全体人民共同富裕，实现中华民族伟大复兴做出更大贡献！

编委会

目　　录

综合篇

产业篇

政策篇

综合篇

第1章

未来战略性新兴产业发展形势研判及对策建议

国家信息中心

【内容提要】自《国务院关于加快培育和发展战略性新兴产业的决定》颁布实施，特别是党的十八大以来，在以习近平同志为核心的党中央坚强领导下，在各地区、各部门大力推动下，我国战略性新兴产业发展取得积极成效。“十四五”乃至更长一段时期内，我国经济将进入新发展阶段，发展条件深刻变化，战略性新兴产业对于构建现代化经济体系、促进经济高质量发展的动力引擎作用将更为突出，有必要全面分析未来将面临的诸多机遇和挑战，并提前研究制定应对措施，夯实战略性新兴产业高质量发展基础。

战略性新兴产业代表新一轮科技革命和产业变革的方向，是培育发展新动能、获取未来竞争新优势的关键领域。战略性新兴产业最早是党中央、国务院应对2008年全球金融危机提出的重大决策部署，在国家大力培育和发展战略性新兴产业的系列政策带动下，其已经成为我国经济发展重要“引擎”及经济活力“风向标”，同时正在成为促进新时期经济高质量发展的引领力量。“十四五”乃至更长一段时期内，我国战略性新兴产业在创新能力提升、产业生态营造、未来方向布局、资源要素集聚、国际化发展等方面将面临诸多突出问题，需要采取一系列强有力的举措予以应对。

1.1　未来战略性新兴产业发展的趋势性特征

1.1.1　产业发展支柱性引擎作用愈发突出

自 2010 年《国务院关于加快培育和发展战略性新兴产业的决定》发布以来，我国战略性新兴产业历经十余年风雨历程，孕育了一批新技术、新产业、新业态、新模式，有力推动产业结构转型升级，发展动能引擎作用不断增强，为国民经济发展行稳致远注入了强劲动力。2020 年，战略性新兴产业增加值占 GDP（Gross Domestic Product，国内生产总值）比重为 11.7%，比上年提高 0.2 个百分点，比 2014 年提高 4.1 个百分点。未来较长一段时间内，我国战略性新兴产业的规模将保持较快增长，平均增速有望继续高于经济总体，产业发展支柱性引擎作用将愈发突出。随着我国经济转向高质量发展阶段，战略性新兴产业也由快速发展向高质量发展转型。根据《中华人民共和国国民经济和社会发展第十四个五年规划和 2035 年远景目标纲要》，预计至 2025 年底，战略性新兴产业增加值占 GDP 比重将超过 17%，涌现一批推动经济高质量发展的支柱性产业。

1.1.2　重点领域新兴动能持续快速增长

近年来，新一代信息技术、生物、高端装备制造、新材料、能源新技术、新能源、新能源汽车及数字创意等重点领域均实现快速发展。其中，人工智能、大数据、集成电路、平板显示、医药制造、工业机器人、新能源发电、新能源汽车、数字经济等新兴动能行业实现快速增长。正是在以诸多新兴行业为代表的新动能行业带动下，我国经济发展新动能指数持续高速提升，国家统计局数据显示，2015~2020 年我国经济发展新动能指数分别为 119.6、146.9、191.2、257.9、325.5 和 440.3，分别比上年增长 19.6%、22.8%、30.2%、34.9%、26.2% 和 35.3%[1]。尽管未来全球仍将遭受新冠肺炎疫情的冲击，但是以新产业、新业态、新模式为主要内容的经济发展新动能有望实现逆势快速增长，凭借良好的韧性活力，成为持续推动未来经济高质量发展的强大支撑。

1.1.3　产业数字化、智能化转型步伐不断加快

当前，数字经济已经成为全球应对经济下行压力的稳定器、加速器，而中国数字经济增速全球领先。《全球数字经济白皮书——疫情冲击下的复苏新曙光》显示，2020 年，47 个国家数字经济增加值规模达到 32.6 万亿美元，同比名义增长 3.0%，占 GDP 比重为 43.7%，产业数字化仍然是数字经济发展的主引擎，占数字经济比重为 84.4%，其中，第一、第二和第三产业数字经济占比分别为 8.0%、24.1% 和

43.9%[2]。在国家政策引导及新冠肺炎疫情影响下，企业积极进行数字化转型，国家信息中心的调查数据显示，半数以上的战略性新兴产业企业自新冠肺炎疫情暴发以来增加了生产经营活动中的数字化程度。一方面，工业企业积极把握趋势、聚焦重点、精准发力，充分利用 5G（5th generation mobile communication technology，第五代移动通信技术）、物联网、大数据、人工智能、云计算等现代信息技术进行全方位、全角度、全链条的改造，加快推进企业数字化转型。另一方面，服务业数字化转型成效突出，数字医疗、数字教育、数字娱乐等蓬勃发展。未来，在国家高度重视及有力政策支持下，我国产业数字化、智能化转型步伐将不断加快。习近平总书记多次强调要加快数字经济发展，推进数字产业化、产业数字化，推动互联网、大数据、人工智能和实体经济深度融合。2020 年 4 月，国家发改委、中共中央网络安全和信息化委员会办公室（简称中央网信办）印发了《关于推进“上云用数赋智”行动 培育新经济发展实施方案》，旨在加快数字产业化和产业数字化，大力培育数字经济新业态，构建新动能主导经济发展的新格局，助力构建现代化产业体系，实现经济高质量发展。

1.1.4　产业发展更依赖新型政府同市场关系

战略性新兴产业的健康可持续发展离不开政府与市场的协同发力。伴随着战略性新兴产业新技术、新业态的持续快速发展，原本界限分明的政府与市场关系正在不断调整，未来战略性新兴产业的发展需要新的政府与市场分工关系。一方面，很多原来单纯由政府提供的公共服务正在越来越多地由政府与市场共同提供。例如，随着智慧城市的发展，越来越多的企业成为智慧城市运营商，担负起了为城市提供交通管理等公共服务的职能。又如，随着电商的快速发展，传统上打击假冒伪劣产品等由政府承担的市场监管职责正越来越多地由电商平台企业与监管部门共同完成。另一方面，很多原来单纯是企业自身的商业决策开始需要政府的介入。例如，互联网企业与用户间的数据隐私条款不再是单纯的商业行为，其相关内容的确定需要政府直接介入。又如，创新药品的定价并非企业自身收益最大化的结果，而往往是政府与企业参考临床价值来共同商定。为了更好地促进未来产业发展，需要政府加强创新，明确自身定位，提供适宜的服务体系。

1.1.5　创新发展能力得到不断夯实

在国际发展竞争日趋激烈和我国发展动力转换的形势下，战略性新兴产业发展基点将进一步聚焦到创新上，推进以科技创新为核心的全面创新，形成促进创新的体制架构，使创新成果加快转化为现实生产力，培育发展更多创新引领型新兴行业将是我国战略性新兴产业获取竞争优势的重要途径。通过持续加大基础研究投入，加强关键核心技术攻关，未来战略性新兴产业自主创新活力将得到进一步释放，涌现出一批发展新动能。据国家统计局测算，2020 年，创新驱动指数达到 239.1，比上年增长 18.1%，科技创新成果丰硕，每万名 R&D 人员专利授权数达到 4 639 件，比上年大幅增长34.6%，是2014年的2.1倍，可以看到，创新投入的热情并未受到新冠肺炎疫情的负面影响。国家信息中心调查数据显示，企业希望政府提供支持创新能力提升的政策诉求最为强烈，有近70%的企业希望政府提供核心技术研发支持，近60%的企业希望政府提供技术改造升级支持。同时，大众创业、万众创新蓬勃发展，新增市场主体快速增长，进一步激发战略性新兴产业的经济发展活力，增强发展韧性。2020年，全国新登记注册市场主体数量达2 502万户，为2015年的1.9倍；2020年末全国各类市场主体总数达1.4亿户，约为2015年初的2倍。

1.1.6 前沿科技领域国际竞争日趋激烈

面对新一轮前沿科技发展浪潮，全球各主要经济体均在持续加强与完善国家顶层科技战略布局与战略科技力量部署，力图打造面向前沿新兴产业的科技发展新优势。美国发布《关键和新兴技术国家战略》，重新定义20项关键和新兴技术，提出全力维护美国在量子、人工智能等尖端技术领域的全球领导地位。美国前总统特朗普签署的《2022财年研发预算优先事项和全局行动备忘录》中，强力支持国家安全、未来工业、能源环境、空天科技等领域的基础和应用研究。欧盟发布《2021-2027的年度财务框架》《塑造欧洲数字未来》《欧洲人工智能白皮书》《欧洲数据战略》等顶级科技战略文件，并计划投入巨额资金支持人工智能、超级计算、量子通信、区块链等颠覆性和战略性技术发展。日本发布《第6期科学技术创新基本计划（草案）》，提出未来科学技术创新要点是发展数字技术、推动研究系统的数字化升级。我国正抓紧编制战略性新兴产业“十四五”发展规划，预计将重点突出发展前沿未来产业，并全面部署强化国家战略科技力量的支撑作用，力争培育发展若干具备良好发展前景的前沿未来产业领域，为新时期战略性新兴产业发展提供新的增长点。

1.2 未来战略性新兴产业发展值得关注的若干突出问题

1.2.1 产业自主创新基础能力有待提升

未来，我国战略性新兴产业的发展将由模仿创新为主向自主创新为主转向，但是有一系列软硬件环境限制了自主创新基础能力提升，难以更好支撑形成以自主创新为引领的产业发展格局。一是基础科学投入、科学基础设施建设、研究成果高效转化等方面均存在较多不足。基础研究是科技创新的源头，基础研究的累积进步往往会催生出重大科学发现和重大技术创新。2019年，我国基础研究经费为1 335.6亿元，占R&D经费比重为6.03%，经费投入规模及占比呈现持续上升态势，但是基础研究占比与发达国家普遍15%以上的水平相比差距仍然较大。二是创新公共服务平台基础支撑能力有待提升。虽然近年来各地更为重视创新公共服务平台建设，并取得一定成效，但是仍然存在高水平服务平台少、服务能力不足等问题。三是新型

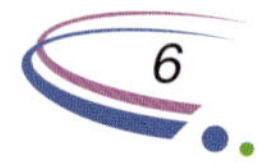

基础设施供给有待进一步优化。新一代信息技术与实体经济正在加速走向深度融合，5G、人工智能、物联网、工业互联网等新型基础设施的发展将激发更多新增需求，未来政府有必要加强在这一准公共领域的投入力度，继续释放新兴需求。

1.2.2 产业链、供应链安全保障问题有待破解

2020年以来，美国加大对我国科技企业遏制，中美经济脱钩迹象愈发明显。随着烽火通信科技股份有限公司、华为技术有限公司、杭州海康威视数字技术股份有限公司、科大讯飞股份有限公司等多家企业进入美国实体清单，企业面临的产业链、供应链安全风险明显加剧，我国战略性新兴产业相关企业进入外部市场进一步受限。此外，在当前复杂多变的国际政治经济局势下，日本、德国等纷纷表示支持本国企业回迁产业链或加强本国产业保护，势必给全球产业链稳定带来新的影响，同样也会加重我国“卡脖子”环节问题。中国工程院的中国制造业产业链安全评估研究显示，中国制造业产业链中近40%对国外依赖程度较大，其中，8类产业对外依赖度极高，占比30.8%。尤其是光刻机（集成电路产业）、高端芯片（通信装备产业）、轴承和运行控制系统（轨道交通装备产业）、燃气轮机热部件（电力装备产业）、设计和仿真软件（飞机、汽车等产业）等产业和领域的“卡脖子”问题愈发凸显。

在新冠肺炎疫情叠加世界政治经济格局加速重构的影响下，未来逆全球化趋势仍将延续，并导致全球产业合作格局重构、国际分工体系全面调整，关键环节的国际竞争壁垒将加剧，我国在关键核心技术和“卡脖子”环节上的短板问题愈发突出，对战略性新兴产业的产业链及供应链安全稳定带来严重隐患。“十三五”期间，我国部分龙头企业遭受了关键核心技术“断供”的巨大负面影响，预计“十四五”时期仍无法避免该类风险。因此，需要进一步集中优势资源，在重点领域加快突破一批关键核心技术，助力提升我国新兴产业产业链关键环节、关键领域、关键产品的安全保障能力。

1.2.3 产业集群式发展基础仍显薄弱

经过十余年发展，我国诸多地区已经打造形成标志性的战略性新兴产业集群，集群式发展也从探索阶段迈入高质量发展阶段。结合重点地区战略性新兴产业集群发展实际情况来看，当前各地在打造产业集群方面存在一系列突出问题，实现高质量集群式发展的基础仍显薄弱。一是部分地区集群发展空间受限。突出表现在北京、上海、深圳等一线城市，由于可供开发的土地空间受限，对于部分战略性新兴产业集群的壮大发展形成了明显限制。例如，“十三五”期间，深圳市工业用地面积维持在270平方千米左右，新增用地即将耗尽，工业用地规模在国内主要工业城市中处于较为落后位置，显著制约战略性新兴企业生产规模扩张，也对全球重大战略性新兴产业项目的引进落地造成一定影响。二是引领型标志性重大项目储备不足，尚未形成集群式、互补式发展态势。一方面，龙头企业缺乏对上下游企业的整合能力和引领带动作用，没有形成完整产业链条，导致各企业之间缺乏有效的分工协调，产业组织不够强。另一方面，中小企业产业规模往往较小，其产品集中在中低端，高技术含量、高附加值、竞

争力强的产品相对较少。例如，目前云南省新材料产业链前端和中后端均出现高性能、高附加值的高端新材料产品发展缓慢等短板，传统材料领域存量较多，新的增长点亟待培育壮大，不利于新旧动能接续转换，以及高质量新材料产业集群打造。三是集群自主创新能力不足。战略性新兴产业集群往往是以高端技术为核心的企业集群，创新驱动发展是其持续发展的核心动力源，一旦集群中企业缺乏创新力、创造力，集群的优势将逐步丧失。当前，我国一批战略性新兴产业集群以模仿创新为主，产品多集中于技术含量低的低端环节，以低价竞争获取市场生存空间，该类集群的抗风险能力较弱，一旦外部环境条件发生较大变化，集群将面临巨大的失败风险。

1.2.4 产业未来前沿技术布局有待提速

工业革命以来，各国科技战略的布局均依赖于发达国家关于未来的研究与预测。未来产业是当今我国能够和国际创新保持同步的为数不多的重大创新机会之一，我国正在积极布局未来产业新赛道。中央层面，多次强调抓紧布局、培育发展未来产业；大数据、人工智能、区块链及量子科技等前沿科技领域成为中国共产党中央委员会政治局集体学习的内容。地方层面，正在制定中的各地“十四五”规划和2035年远景目标的建议，已有北京、河北、湖南、安徽、江西、四川等多个省市对未来产业进行谋划，超前布局区块链、太赫兹、量子通信等未来产业链，前瞻布局量子信息、人工智能、工业互联网、卫星互联网、机器人等未来产业，实施未来产业培育工程等，被写进了建议中。国家发改委有关发言人对于未来产业的发展特征总结为四个方面：一是依托新科技。未来产业的快速发展主要是基于颠覆性技术的突破和产业化，并依托于技术之间、技术与产业之间的深度融合。二是引领新需求。未来产业不仅可以更好地满足人们现有需求，还将创造新的应用场景和新消费需求。三是创造新动力。未来产业将引导市场主体向更先进的生产力聚集，催生新技术、新产业、新业态、新模式。四是拓展新空间。未来产业将帮助我们不断突破认知极限和物理极限，提升社会生产力水平，拓展新的发展和生存空间。虽然，从战略布局层面，对于未来产业的发展国家已经给出了极高的重视程度，但是未来产业的重点产业领域界定，以及如何引导各地科学合理布局适宜的未来产业将是一个重要课题，具体的产业政策文件发布也有待提速。

1.2.5 警惕产业内循环带来的“内卷”问题

当前，战略性新兴产业已经成为各地获取经济发展新动能的核心领域，由于产业布局存在明显趋同化，战略性新兴产业的竞争也日趋激烈，大量优质资源都向战略性新兴产业倾斜的背景下，产业内循环带来的“内卷”问题值得关注。例如，在一批热点新兴产业发展的早期阶段，部分地方存在“重规模、轻效益，重数量、轻质量”等问题，存在“一哄而上”的冲动投资、主导产业选择趋同、产业发展缺乏特色等现象。同时，一些地方政府追求大规模的招商引资，缺乏科学规划，出台一些不合理的、隐性的招商引资和拉动投资的优惠政策，在一定程度上助推了部分新兴产业领域的低水平重复建设，而且带来产能过剩隐忧。此外，区域间同质化竞争另一个突出现象就是脱离本地产业发展实际，缺乏全局的产业链布局思维，无法形成更有效的资源协同、区域协同发展。地方发展战略性新兴产业需要与地区比较优势紧密结合，围绕优势产业链、供应链实施锻长板、补短板行动，吸引关键要素集聚，融入区域产业链、供应链网络。同时，更加突出市场主导和市场选择作用，加快清退“僵尸企业”及“烂尾工程”。

1.2.6　金融支持体系需进一步完善

战略性新兴产业企业长期面临融资难、融资贵的问题，金融体系支持力度不足已成“老大难”，主要体现在：一是成熟的信贷支撑体系尚未建立。战略性新兴产业专业性较强，开展信贷风险相对较高，需要引入专业的担保公司、知识产权评估公司、行业信息共享平台等一系列机构共同构建一整套信息共享、风险分担机制。二是缺少差别化的金融监管手段。现有监管体系并未出台有效激励政策，使得金融机构难以针对战略性新兴产业领域有所作为。三是资本市场成熟度有待进一步提升，虽然科创板为大量战略性新兴产业创新型龙头企业上市融资提供了快速通道，但是大批优质的战略性新兴产业中小企业上市融资仍然存在一定困难。

1.2.7　高端人才面临结构性短缺

战略性新兴产业发展的核心问题是创新发展，而人才是创新发展的根本。当前战略性新兴产业存在较为明显的人才结构性短缺问题。人才引进方面，一是尚未形成全球人才吸纳体系，现有科研与产业化机会对海外人才开放程度不高，人才招揽计划偏重华裔，国际化程度不足。二是海外人才回归便利性不足，在出入境、工作居留、医疗/教育配套等方面仍存在不足。人才培育方面，一是现有教育与培训体系更新速度远远赶不上产业发展速度，与产业发展相匹配的人才培育体系亟待建立。二是复合型人才培育力度不足，如数字创意产业现在普遍面临缺乏既懂创意又懂数字技术的复合型人才，并已日渐成为制约产业发展的瓶颈。三是培养宏观战略决策专家的环境亟待形成，战略专家意见的独立工作机制、意见采纳机制较为缺乏。

1.2.8　产业发展环境有待进一步优化

过去十余年，战略性新兴产业持续快速发展，得益于一批新技术、新业态的快速涌现，但是在新兴产业高速发展的同时，产业发展环境有待进一步优化，未来需要更多的创新型、适应型管理。一方面，新兴行业监管不力对行业造成负面影响。例如，2018年，由于行业监管和企业自身管理存在疏漏，互联网打车接连出现安全事故，给社会带来较大负面影响；共享单车领域企业遭遇大面积发展困境，多家企业破产倒闭，领头羊企业ofo陷入退押金难困局，用户的押金难以退回；由于企业经营及对个人投资者资产保护等存在问题，互联网金融迎来爆雷潮。另一方面，部分行业领域不公平竞争现象突出。在资本的主导下，新经济新业态领域巨头企业不断发展壮大，其逐渐开展的垄断行为阻碍了产业健康发展。其中，互联网经济领域不公平竞争现象较为严重，当前中国互联网经济乃至垂直细分领域垄断现象日益凸显。例如，互联网巨头企业通过平台化、生态化发展，不断复制新进入的创新创业者的创意，依托自身无比强大的资源，采取高额补贴等方式，迅速把小企业扼杀在摇篮中；一部分大型互联网平台企业通过滥用优势地位强迫商家站队“二选一”，对平台内经营者的选择平台行为实施不合理限制或附加不合理条件。

1.2.9 国际化发展能力有待增强

我国战略性新兴产业总体上仍旧是国际市场上的“新兵”，发展经验、自身能力、公共服务等方面均存在明显欠缺，能力亟待增强。一是对国际市场准入的技术壁垒和政治干扰因素准备不足。我国战略性新兴产业企业多是根据国内需求开展研发和生产，对于国际标准参考不足，参与国际标准制定的企业更是稀少，导致企业产品或服务难以符合国际标准认证，频繁遭遇国际技术壁垒。二是对国际知识产权保护和竞争的应对能力不足。战略性新兴产业企业知识产权运营体系不健全，核心专利积累不足，特别是国际专利布局不完善等问题日趋严重，企业在国际化过程中面临知识产权诉讼风险。三是国际化公共服务急需加强。一方面，境外商业环境适应难，对海外法律、税制、财务等制度环境不熟悉已成为制约战略性新兴产业企业开拓海外市场的重要因素。另一方面，海外政治与政策信息获取难，特别在发展中国家，政治和政策风险成为企业国际化发展的重要障碍。

1.3 推动未来战略性新兴产业高质量发展的对策建议

1.3.1 夯实创新基础，提升产业核心竞争能力

一是加强基础研究，鼓励“从 0 到 1”的原始创新，加大政府在基础研究方面的投入，鼓励社会加强基础及其应用研究。二是加快关键核心技术突破，实施集中攻克集成电路、操作系统等关键基础技术，推动加快自主创新产品推广应用的“迭代”工程，超前布局前沿未来技术和颠覆性技术。三是加快创新平台建设，强化公共创新体系建设，推动建立一批国家技术创新中心、产业创新中心、制造业创新中心，高标准建设科技创新平台、共性技术研发平台。围绕重点领域和行业发展需求，加快建设一批专业水平高、服务能力强、产业支撑力大的产业公共服务平台，提升可靠性试验验证、计量检测、标准制修订、认证认可等服务能力。四是加强新型基础设施建设（简称新基建），围绕人工智能、集成电路、工业互联网、物联网、5G 移动通信等领域布局建设一批新型基础设施，提升创新发展动力支撑。研究制定并发布分类指引目录，更好地引导社会资源投向新基建领域，鼓励金融机构开展信贷、风险投资、债券等融资支持。

1.3.2 紧盯关键环节，构建自主引领的产业链、供应链体系

一是建立健全政产学研用相结合的产业技术创新体系，构建“基础研究＋技术攻关＋成果产业化＋科技金融”的全过程科技创新生态链，加强材料、工艺、零部件等多领域创新主体协同研发，探索科技与产业协调、成果和应用互动的新模式，提高关键环节和重点领域的创新能力。二是积极发挥创新型领军企业潜力。加大对创新型、引领型新兴产业企业的支持和引导，鼓励企业加大研发投入，支持有条件的企业开展基础研究和关键核心技术攻关，并在企业布局建设一批国家科研基地。三是鼓励推出“关键技术攻关项目揭榜制”，加快推动科技成果转化。聚焦重点领域关键核心技术和产业发展急需的科技成果，特别是重点产业领域“卡脖子”技术攻关和科技成果转化，优先支持社会公益性、行业共性技术攻关和成果转化项目。四是构建普惠性创新支持政策体系，加大研发费用加计扣除、高新技术企业认定、固定资产加速折旧等重点政策落实力度。

1.3.3 优化集群建设，构建产业集群梯次化发展体系

一是鼓励有关地方因地制宜研究制定产业集群建设方案，突出区域特色和发展目标，明确主要任务和推进步骤，调整完善省市级专项资金实施细则，集中有限财力，滚动支持一批重大项目建设，推动产业集群发展。二是进一步提升产业集聚能力。引导各省各地方培育、储备一批具有良好基础和发展潜力的产业集群，与国家战略性新兴产业集群发展工程形成配套储备，构建新兴产业集群梯次发展体系，打造形成分工明确、相互衔接的产业集群发展格局。三是鼓励设立产业联盟，着力构建政府推动、龙头企业引领、市场化运作的集群发展模式。继续加快培育一批产业标杆企业，选择一批比较优势明显的企业，通过技术创新、规模扩张和并购重组，使之成为具有国际竞争力并引领行业发展的标杆企业。

1.3.4 强化前瞻布局，加快未来产业新赛道布局

一是加强前沿技术基础及应用研究。聚焦前沿、颠覆性技术研发和产业化，在国家重大科技专项、重大科技项目及国家科技计划中，前瞻性部署有望催生未来变革性技术的基础及应用研究。二是加强顶层设计，围绕未来网络、类脑智能、量子信息、基因技术、氢能与储能等前沿科技和产业变革领域，布局一批未来产业，加快研究制定重点领域发展规划。鼓励有条件的地方加快未来产业布局，推动一批未来产业重大项目落地实施。三是加速前沿未来技术产业化应用。重点围绕科教资源优势突出、产业基础雄厚的地区，布局一批未来产业技术研究院和先导示范区，推动形成未来产业策源地。同时实施产业跨界融合示范工程，打造未来技术应用场景，加速培育若干未来产业。

1.3.5 加强宏观引导，以错位竞争推动高质量协同发展

坚持分工合作、错位竞争、各具特色的产业发展思路，不断加强政府协商与市场

推动，充分发挥各地比较优势，促进区域间产业分工与合作，形成优势互补、互利共赢的产业合作新格局。一是树立区域协同发展新理念。摒弃区域合作可能带来资源流失、竞争失衡、差距拉大的传统观念，打破以邻为壑的封闭思维，努力营造开放包容、合作共赢的优质营商环境，构建区域性开发合作的新兴产业增长极。二是推动资源要素合理流动。积极推动区域间创新资源要素相互开放、自由流动，提高区域资源优化配置能力，助力区域新兴产业布局优化调整。三是推进区域产业协同发展。在保有一定客观性、合理性产业同构的基础上，把分工协作、产业链延伸、园区共建等作为产业协同的基本动力，把产业融合、集群发展、绿色生态等作为产业协同的重要动力，把科技创新、信息技术、人工智能等作为产业升级的关键支撑，有序推动区域间产业错位发展，加快形成产业错位竞争、特色发展的新优势。四是加强科学规划布局。优化投资结构，避免盲目扩张和低水平的重复建设。支持优势企业兼并重组，提高产业集中度和规模化水平，努力培育形成一批龙头企业和知名品牌。

1.3.6 加大金融支持，打造全方位多层次金融支持体系

一是鼓励金融机构创新开发适应战略性新兴产业特点的金融产品和服务。鼓励银行成立相适应的服务部门，加大战略性新兴产业信贷支持力度。支持银行金融机构向创新创业公司发放以知识产权为质押的中长期技术研发贷款。鼓励保险机构创新发展科技保险，在战略性新兴产业加大力度推进首台（套）重大技术装备保险和新材料首批次应用保险补偿机制。二是引导加大直接融资支持力度。制定战略性新兴产业上市公司分类指引，优化发行上市制度，加大科创板等对战略性新兴产业的支持力度。加大战略性新兴产业企业（公司）债券发行力度，支持创业投资、私募基金等投资战略性新兴产业。三是提升金融支持战略性新兴产业发展的效率。充分运用大数据、人工智能、区块链等新技术建构适应数字经济时代特征的金融科技体系，提升金融机构投融资服务效率，更好地解决企业融资难题。

1.3.7 加快引进培育，强化创新型人才支撑

一是建立与新时期战略性新兴产业体系相适应的人才支撑体系。面向未来我国战略性新兴产业重点发展领域和行业，统筹推进人才政策体制改革，不断优化人才结构，壮大人才规模，提升人才素质。二是加强战略性新兴产业领域创新人才的选拔培养。大力开展战略性新兴产业管理人才选拔工作，确保高层次人才队伍建设不断取得新成效。培育高素质工匠型人才队伍，积极设立高技能人才培训基地，实施职业技能提升行动，培育一批知识型、技能型、创新型的工匠人才。三是积极引进国际创新人才。实行更加开放便利的境外人才引进和出入境管理制度，探索实施技术移民政策，畅通海外科学家、高端创新人才来华工作渠道。建立与国际接轨的高层次人才招聘、薪酬、评价、考核、科研资助和管理制度，推动高端紧缺人才个人所得税优惠政策扩大适用范围和期限。切实解决各类人才现实生活问题，在教育、卫生、居住等方面提供更多人性化公共服务。四是推进实施精准化人才引进制度。

实行紧缺人才清单制度，靶向引进一批“高精尖缺”创新人才和团队，提升引才精准度和产业适配度。

1.3.8　加强政府创新，促进政府与市场形成新的发展合力

一是探索推行同前沿新兴产业发展相匹配的敏捷治理模式。树立敏捷治理理念，提高决策者对前沿科技领域的认识深度，强调科技创新与可持续发展，倡导“负责任创新”。坚持多元主体共治，构建多层次的治理体系，包括政府、创新者、企业、社会组织、行业协会、用户和公民个人等多元主体参与。重塑治理流程，以实现灵活、快速的治理为目标，重塑现有的治理流程，以前沿新兴产业的用户为中心，整合和优化科技资源，形成一个高效、协作的治理体系。二是加强行业发展风险评估。政府部门要兼顾产业培育发展和科学适度监管，加强对新兴行业风险把控能力，建立相适应的监督处罚机制，保障经济、社会安全。强化互联网金融创新业务监管，加强投资者教育及保护。三是进一步规范市场主体竞争行为。积极落实《关于平台经济领域的反垄断指南（征求意见稿）》等政策文件，规范互联网科技巨头市场竞争行为，限制其利用技术手段实施妨碍、破坏其他经营者合法提供的网络产品或服务正常运行的行为。四是引导企业加强自律管理。鼓励新经济企业加强自律管理，扎实做好经营管理工作。强化企业自身风险管控意识，建立完善的内部风险评估机制，建立应急事件分类管理系统，重视参与主体的财产、人身安全。

1.3.9　强化对外开放，构建合作共赢的国际化发展局面

一是有序扩大开放程度。顺应全球贸易格局发展新态势，立足当前我国战略性新兴产业发展基础，加快推动新兴领域对外开放程度。加强国际创新合作，积极融入全球创新体系，探索创新成果共享化，破除新技术应用国际市场壁垒。二是积极拓宽国际市场。进一步加强“一带一路”建设，与欧盟、东南亚等地区更多国家建立互利共赢的长期合作关系。三是鼓励参与有关国际标准制定。鼓励支持企业、高校、科研院所参与战略性新兴产业及其细分领域国际标准的制定，强化国际市场话语权和新兴产业发展引导力。加快推广我国优势产业标准，保持产业标准领域领先地位。

审稿：刘宇南

参 考 文 献

[1] 国家统计局．国家统计局统计科学研究所所长闾海琪解读2020年我国经济发展新动能指数[EB/OL]. http://www.stats.gov.cn/tjsj/sjjd/202107/t20210726_1819836.html，2021-07-26.

[2] 新华网．《全球数字经济白皮书》发布[EB/OL]. http://www.xinhuanet.com/info/20210804/d105be48ec4345f3b4c689336cfb52ce/c.html，2021-08-04.

第 2 章

新形势下战略性新兴产业发展思路及重点任务

王海南　王礼恒　周志成　王崑声　崔惠敏　姜　彬

【内容提要】“十四五”及未来更长时期，我国战略性新兴产业发展将面临更加复杂严峻的国际环境，新冠肺炎疫情的全球蔓延将对战略性新兴产业发展格局产生深远影响，“一带一路”建设是我国构建新格局的重要支撑，为战略性新兴产业高质量发展带来新增长动力。进入新发展阶段，我国将构建以国内大循环为主体、国内国际双循环相互促进的新发展格局。新发展格局要求更加注重战略性新兴产业的创新引领和自主可控，实现碳达峰碳中和目标也将绿色低碳产业发展提到了新的高度，提升民生保障能力对战略性新兴产业发展提出了新的要求。面对新的发展形势，依靠创新驱动发展，大力提升自主创新能力，提升产业基础能力和产业链水平，坚持开放发展，确保产业安全及未来领先优势，既是“十四五”时期战略性新兴产业高质量发展的关键，也是“十四五”时期及未来破解发展不平衡、不充分的关键，更是提升国家竞争力和国际影响力，抢占产业制高点的关键。

2.1　国内外战略性新兴产业发展总体形势及发展趋势

2.1.1　国际形势新变化

1. 战略性新兴产业发展将面临更加复杂严峻的国际环境，美国联合盟友不断加大对中国的战略遏制

2017年特朗普上任以后，美国政府奉行“美国优先”政策，对外采取一系列单边主义和保护主义措施，争夺技术主导权，不断打压中兴通讯股份有限公司、华为技术有限公司等高科技企业，对中国新兴产业发展进行战略遏制，维护美国经济竞争优势。2018年4月16日美国商务部发布对中兴通讯股份有限公司的出口禁令，2019年5月16日将华为技术有限公司及其非美国附属68家公司纳入“实体清单”，2020年5月15日宣布计划，限制华为技术有限公司使用美国技术和软件在国外设计和制造其半导体的能力。美国单方面发起的中美贸易摩擦已经不是单纯的关税问题，而是涉及关键技术、知识产权、投资、金融等多个领域的复杂问题，将长期影响中国战略性新兴产业的高质量发展。2020年5月20日，美国发布《美国对中华人民共和国的战略方针》（*United States Strategic Approach to The People's Republic of China*）报告，认为中国正在经济、价值观和国家安全三个方面对美国发起强烈挑战[1]。2021年拜登上任以来，美国政府推翻了一系列特朗普实行的政策，但依然把中国看作美国科技领域的最主要竞争对手，在特朗普的基础上加剧、扩展对中国的强硬态度与行动，越来越清晰地保持和深化特朗普的抗衡中国的战略[2]。美国商务部2021年4月8日宣布，将7个中国超级计算机科技公司和机构列入“实体清单”，“因其从事的活动有悖于美国国家安全或外交政策利益”[3]。2021年4月8日，美国参议院提出了《2021年战略竞争法案》（*The Strategic Competition Act of 2021*），要求拜登政府采取与中国的“战略竞争”政策，以保护和促进美国“重要利益和价值观”。该法案明确对中国实施全面战略竞争的战略，采取联合盟友合围的策略[4]。该法案提出21条具体政策，包括：在各领域推行大国竞争战略；领导国际体系与宣传美国价值观；通过政策保护美国经济竞争力；增加政府干预，加强美国企业竞争力确保美国在关键和新兴技术的创新方面处于领先地位，如下一代电信、人工智能、量子计算、半导体和生物技术等；建立以美国为中心的国际价值体系[5]。

2. 新冠肺炎疫情的全球蔓延冲击全球产业链、供应链，对战略性新兴产业发展格局产生深远影响

新冠肺炎疫情对全球经济影响巨大，经济增长的下行风险加剧，全球经济放缓甚

至局部停滞。全球各国开始重新审视、评估本国的产业体系，积极调整产业布局和产业政策。一方面，新冠肺炎疫情逐步改变全球产业链布局，由跨国企业主导，在区域内布局供应链及供应链逐渐缩短或将成为新趋势。全球制造业主要上下游均处于低谷阶段，已导致部分产业供应链断裂、产业链破坏。受经济波动及技术发展周期影响，全球新一代信息技术产业增速放缓。美国、日本和德国等各国机床产业均受到严重影响。新冠肺炎疫情防疫常态化导致的社会隔离和封锁措施在全球大范围引发了供应链中断和项目建设延误，对能源工程项目投资、设施制造与生产活动产生直接影响。新冠肺炎疫情会给能源互联网带来短期和长期影响，疫情将加速全球能源格局的演进或重塑，加速全球低碳转型的进程。受疫情影响，国际核电装机及发电量、风电产业、光伏产业需求下降，全球太阳能热发电的技术进步速度和项目进度延缓，生物质能产量降低。新冠肺炎疫情对全球新能源汽车产业链、供应链带来了冲击，导致部分产业供应链断裂、产业链遭受破坏，加剧了新能源汽车产业数字化转型的迫切需求。另一方面，疫情将加速生物医药、生命健康、数字创意等产业发展。新冠肺炎疫情引发各国加速发展生物技术与生物经济，各国加速疫苗、药物、防护装备、检测手段的研发，新一轮国际生物技术竞争日趋激烈。疫情暴发以来，增材制造作为柔性补链的工艺装备，在医用防护器具快速制造等方面发挥巨大价值和潜力。3D 打印 + 精准医疗、医用及康复机器人、健康服务机器人、可穿戴设备等一些新兴技术对医疗和健康保健领域具有颠覆性的作用，直接推动了医疗模式的转变，为医疗装备产业带来发展机会。人口老龄化趋势及新冠肺炎疫情将对未来医疗装备发展产生新的需求，推动医疗装备的快速发展。随着对全球供应链在疫情期间受到威胁的反思，各国对粮食安全、能源安全、生物安全、供应链安全等国家安全的重视程度提高。

3. “一带一路”建设是中国构建新格局的重要支撑，为战略性新兴产业高质量发展带来新增长动力

自 2013 年以来，共建“一带一路”倡议得到了越来越多国家和国际组织的积极响应，受到国际社会广泛关注，影响力日益扩大。2013~2020 年中国对沿线国家直接投资累计达到 1 360 亿美元，沿线国家在中国新设企业累计达到 2.7 万家，实际投资累计约 600 亿美元。截至 2021 年 8 月，172 个国家和国际组织与中国签订了 200 多份共建“一带一路”的合作文件[6]。沿线国家在新一代信息技术、生物、新能源、新材料等新兴产业领域开展深入合作，以政策沟通、设施联通、贸易畅通、资金融通和民心相通为主要内容扎实推进，取得明显成效。“一带一路”数字经济国际合作倡议、“一带一路”能源合作伙伴关系、“健康丝绸之路”和“一带一路”绿色发展伙伴关系倡议等一系列倡议，将依托“一带一路”形成外循环体系，进一步推动战略性新兴产业的发展。2017 年 12 月 3 日，第四届世界互联网大会上发起的《“一带一路”数字经济国际合作倡议》提出，扩大宽带接入、促进数字化转型、促进电子商务合作等 15 个拓展数字经济领域的合作重点，致力于实现互联互通的“数字丝绸之路”[7]。2019 年 4 月，第二届“一带一路”国际合作高峰论坛期间，中国与 29 个

国家在北京共同发起成立"一带一路"能源合作伙伴关系，是各国开展能源领域高质量合作的重要平台。2017年8月18日，"一带一路"暨"健康丝绸之路"高级别研讨会发布《"一带一路"卫生合作暨"健康丝绸之路"北京公报》，鼓励医学科研机构间合作，成立"一带一路"医院联盟，在前沿医学科技、重大疾病防治、疫苗研发、临床研究等领域开展联合研究和技术攻关[8]。2021年6月23日在"一带一路"亚太区域国际合作高级别会议期间，29个国家共同发起"一带一路"绿色发展伙伴关系倡议，支持绿色低碳发展，深化环境合作，加大生态和水资源保护力度，促进人与自然和谐共生，推动绿色和可持续发展，推进清洁能源开发利用，加强可再生能源国际合作[9]。"一带一路"为新能源汽车发展带来新机遇，推动产业加速转型升级，推动中国新能源汽车产业走出国门，比亚迪、吉利、长城、一汽、奇瑞、宝沃等自主品牌纷纷出口海外市场，加强与海外的合作和技术交流，在海外建立研发中心。

2.1.2　国内发展总体形势

1. 新格局要求更加注重战略性新兴产业的创新引领和自主可控

党的十九届五中全会通过的《中共中央关于制定国民经济和社会发展第十四个五年规划和二〇三五年远景目标的建议》提出，加快构建以国内大循环为主体、国内国际双循环相互促进的新发展格局。这是对"十四五"和未来更长时期我国经济发展战略、路径做出的重大调整完善，是着眼于我国长远发展和长治久安做出的重大战略部署，对于我国实现更高质量、更有效率、更加公平、更可持续、更为安全的发展，对于促进世界经济繁荣，都会产生重要而深远的影响[10]。《中华人民共和国国民经济和社会发展第十四个五年规划和2035年远景目标纲要》明确提出，坚持创新在我国现代化建设全局中的核心地位，把科技自立自强作为国家发展的战略支撑[11]。十九届五中全会提出，形成强大国内市场，构建新发展格局。坚持扩大内需这个战略基点，加快培育完整内需体系，把实施扩大内需战略同深化供给侧结构性改革有机结合起来，以创新驱动、高质量供给引领和创造新需求[12]。2035年，我国将基本实现社会主义现代化，关键核心技术实现重大突破，进入创新型国家前列。面对复杂的国际环境，发达国家的战略遏制，我国战略性新兴产业要迈向世界产业链中高端，急需强化原始创新能力，集中优势资源，建立全国大协作机制，推动关键共性技术、基础共性技术研发，破解制约产业高质量发展的"卡脖子"问题。需要聚焦新材料、高端芯片、生物医药、核心装备、工业软件等重点方向，提升产业基础能力和核心装备、基础原材料、关键零部件的自主创新技术和产品国产化应用，加快新技术快速大规模应用和迭代升级，确保产业链关键环节自主可控。产业链、供应链安全稳定是构建新发展格局的基础，2020年中央经济工作会议提出，"增强产业链供应链自主可控能力"[13]。2020年4月10日，习近平在中央财经委员会第七次会议上的讲话中强调，"产业链、供应链在关键时刻不能掉链子，这是大国经济必须具备的重要特征""为保障我国产业安全和国家安全，要着力打造自主可控、安全可靠的产业链、供应链"[14]。

2. 实现碳达峰碳中和目标将绿色低碳产业发展提到了新的高度

2020年9月，习近平总书记在第七十五届联合国大会一般性辩论上的讲话中提出，中国将提高国家自主贡献力度，采取更加有力的政策和措施，二氧化碳排放力争于2030年前达到峰值，努力争取2060年前实现碳中和[15]。2020年12月，习近平在气候雄心峰会上的讲话进一步宣布：到2030年，中国单位国内生产总值二氧化碳排放将比2005年下降65%以上，非化石能源占一次能源消费比重将达到25%左右，森林蓄积量将比2005年增加60亿立方米，风电、太阳能发电总装机容量将达到12亿千瓦以上[16]。2020年中央经济工作会议明确2021年将抓好碳达峰、碳中和工作等八项重点任务[17]。未来中国将建设清洁低碳、安全高效的现代能源体系，基于能源新技术创新引领中国能源产业发展，全面推进碳中和。在双碳目标和环境约束下，持续优化能源生产和消费结构，着力提升能源利用效率和非化石能源的消费比重，突破和发展绿色、低碳、高效的能源新技术，推动煤炭清洁高效利用、非常规油气等化石能源新技术产业和核能、可再生能源等非化石新能源产业的快速发展，推动能源与材料、信息的深度融合及智能电网、智慧能源发展。应对气候变化及生态文明建设迫切需要新能源汽车向清洁低碳化发展，在“碳达峰碳中和”的背景下，中国将进一步推动传统动力汽车向新能源汽车的转变，加速推进汽车电动化、低碳化发展。大力发展节能环保产业，是坚决打赢污染防治攻坚战和实现双碳目标的重要举措之一。随着生态环境保护治理的力度持续加大，中国节能环保产业发展的市场空间加速释放，在国民经济中的战略地位不断提升。

3. 提升民生保障能力对战略性新兴产业发展提出了新的要求

《中华人民共和国国民经济和社会发展第十四个五年规划和2035年远景目标纲要》提出“增进民生福祉 提升共建共治共享水平”[11]。2035年，我国基本实现新型工业化、信息化、城镇化、农业现代化，建成现代化经济体系，建成文化强国、教育强国、人才强国、体育强国、健康中国。新形势下满足人民群众日益增长的、多样化、差异化的健康需求，还面临着巨大挑战。工业化、城镇化、疾病谱变化和生态环境变化等对人民健康的影响更加严峻，生态环境、生产方式和生活方式变化及社会因素导致的食品药品安全、饮水安全、职业安全和环境问题日益突出。随着人们收入水平的不断提高，生活水平不断提高，广大人民群众对健康、绿色食品、优质环境提出更高要求。未来需要补齐基础设施、市政工程、农业农村、公共安全、生态环保、公共卫生、物资储备、防灾减灾、民生保障等领域短板，加强生命健康、脑科学、生物育种等前沿领域的产业发展，把保障人民健康放在优先发展的战略位置，深入实施健康中国行动，完善卫生健康体系，为人民提供全方位全生命周期健康服务。针对提高农业质量效益和竞争力，夯实粮食生产能力基础，加快发展智慧农业，加强大中型、智能化、复合型农业机械研发应用，加强种质资源保护利用和种子库建设，推进生物育种产业化应用，保障重要农产品供给安全。

2.1.3 产业发展趋势

1. 新一代信息技术产业格局面临深度调整，数字经济成为重构产业发展新力量，信息基础设施加快部署

新冠肺炎疫情全球蔓延及贸易保护主义抬头，使得全球新一代信息技术产业链格局将面临深刻的调整。各国在5G、人工智能、量子信息、网络安全、集成电路等领域积极布局，保持产业竞争优势。新一代信息技术与其他领域深度融合，催生新的技术方向，带来生态链的重构、新业态的产生，为其他行业创造价值和新的空间。基于新一代信息技术的生命信息采集、处理、存储、整合、挖掘和解析，驱动生物领域进入“数据密集型科学发现”的第四范式。以新一代信息技术与能源技术深度融合为特征的能源革命正在推动人类社会进入全新的能源体系，将改变能源生产及消费方式。发达国家积极推动网络基础设施升级，将数字化转型作为重要发展方向，加快技术创新突破及数字化转型。数字技术与制造业深度融合，催生新业态、新模式，加速推动制造体系的数字化、网络化、智能化变革。

2. 健康产业将是巨大的朝阳产业，生物经济变革制造业模式，生物技术与新兴技术交叉融合成为未来发展重点

生物产业成为世界各国未来经济发展布局的重点领域，在后疫情时代迎来产业发展新机遇。随着对生命本源认识的逐步加深，基因编辑、器官再生、合成生命等新技术的发展，各国对生物产业发展和生物安全越来越重视。疫情暴发以来，各国都在加速疫苗、药物、防护装备、检测手段的研发，新一轮生物医药技术竞争日趋激烈。未来的生物技术将会使人类预期寿命大幅度提高，药品与医疗器械安全性评价、临床有效性评估、生物与食品检测、食品与药品安全检测、知识产权评估与交易等，将成为新业态。健康产业不但能够保障生命安全、延长预期寿命，而且还将是巨大的朝阳产业。工业生物技术将推动继机械化、电气化、信息化、智能化之后的第五次工业革命，深入影响生物制造领域，生物制造业可能成为后新冠经济中的黑马。先进生物技术会深入影响生物制造领域，既包括精密医学、农业技术、机器学习等，也包括DNA（deoxyribonucleic acid，脱氧核糖核酸）的读、写、编辑和打印，这些技术将会改变几乎所有主要经济领域。生物能源是应用最广泛的可再生能源，燃料乙醇、生物柴油、藻类燃油、航空煤油等液体生物燃料和生物制氢等在研发和产业应用方面不断取得进展。新的生物经济可以改变食品和农业系统、能源系统、医疗和健康系统、工业材料，也是解决气候变化和全球危机的新方法。生物技术与人工智能、大数据、互联网等技术的融合发展，引发医药、医疗、农业、工业等领域的深刻变革，加速孕育和催生一批诸如人工生物分子、类脑人工智能技术、生物3D打印等具有重大产业变革前景的颠覆性技术。Bioeconomy Capital预测，到2030年，大部分新的化学品供应将由生物技术提供；到2040年，生物化学品将在各个竞争领域超越石化产品。

3. 发达国家在高端装备制造和高技术装备领域继续保持激烈竞争态势，传统工业强国将引领智能制造发展

航空装备发展的竞争日趋激烈，双寡头垄断的格局短时期很难打破，信息化与智能化发展是航空装备的重要发展方向，无人机将成为未来航空装备发展的重点和热点。美国继续保持全面航天装备的领先地位，低成本、高精度、系统性、智能化装备成为本阶段发展的特点，卫星装备结合市场新需求向系统化方向发展，商业航天成为构建空间基础设施的新兴力量。海洋工程装备市场形成了“欧美设计、亚洲制造”的格局，深海领域将是未来全世界海洋油气资源和海洋矿物资源开发战略接替的主要区域。海洋装备产业朝着绿色化、可持续的方向发展。全球智能制造装备产业下行压力加大，智能制造产业大国争夺全产业链竞争优势。智能数控机床已成为各主要机床发达国家发展的重点，全球增材制造产业正从起步期迈入成长期，应用领域不断扩展。民生装备产业的技术创新进入以智能化为引领的变革发展阶段，向智能化、高效化、绿色化发展。农机装备向高效化、智能化、网联化、绿色化发展，农业传感器、智能系统、智能装备、智慧服务等引领产业发展。全球食品装备制造开启了智能技术创新、质量提升和环保节能进阶之路。食品装备企业采用装备制造数字化和模块化管控技术、食品生产整线机器人应用技术、节能环保智能控制技术、智能供应链系统及食品安全全流程追溯系统等提高企业竞争力。随着全球纺织工业生产格局的不断变化，纺织装备也越来越多地体现出智能、短流程与绿色环保的特性。在医疗装备领域，3D 打印、健康大数据和人工智能技术日益受到重视。承压设备向服役条件极端化和材料高端化、设计制造与维护的绿色化、全生命周期的智能化、制造通用化和标准化发展。承压设备在石油化工、核工业、煤化工等领域应用中向装置大型化、介质苛刻化、运行长周期方向发展。

4. 高新技术发展促使材料不断更新换代，研究热点和新生长点不断涌现，新材料研发模式变革成为关注的重点

稀土永磁材料在军事国防、电气化交通、能源动力、高端特种装备、普通工业及民用家电领域发挥着至关重要的作用，新能源汽车、风力发电对稀土永磁材料的需求量巨大。全球新能源材料将重点关注与锂电池新能源汽车及大规模储能电站相关的动力电池材料产业，推进清洁能源产业及氢能产业。功能晶体向更大尺寸、更高质量及复合化方向发展，同时，一些新的应用领域又推动功能晶体向小型化、微型化方向发展。纳米技术与先进制造技术的融合将产生体积更小、集成度更高、更加智能化、功能更优异的陶瓷产品，绿色、低碳成为新型陶瓷材料发展的重要趋势。半导体硅材料成本不断降低、集成度不断提高，向着更大尺寸、更高质量发展，自旋电子材料、光量子材料等先进半导体材料将逐渐走向成熟。高性能合成纤维不断创新，品种不断增加，产业规模逐渐扩大，碳纤维向高性能和低成本双向快速发展，碳纤维复合材料自动化制造技术日趋普遍。有色金属材料领域研发面临新突破，冶

炼技术的安全、环保、高效、低耗、循环利用成为绿色发展的基本要求和总体趋势。随着超材料研究和生产应用的不断拓展深入，超材料已广泛涉及多种物理场及其耦合效应，如电磁、机电、光热和光机耦合等。

5. 全球节能环保产业布局开始重塑，节能环保产业资本将进一步集中，环保装备将向成套化、尖端化、系列化方向发展

节能环保产业的巨大发展潜力使世界各国争相拓展、占领国际市场，发达国家凭借其节能环保技术研发优势和丰富的产业运营经验已占得先筹。在新兴国家环保市场迅速发展壮大的形势下，全球环保产业布局开始重塑，环保全球化进程推动大型环保企业积极并购整合，环保产业资本进一步集中。随着节能环保技术的精细化、高端化需求不断增强和应用场景的不断延展，在目前广泛使用的水处理、大气治理、固体废物处理技术的基础上，环保技术创新聚焦同新兴科技的交叉领域，以与现代生物技术、新材料、新一代信息技术等领域的渗透融合为核心驱动力，进一步改善强化节能环保产品的处理能力，促进节能环保技术创新突破瓶颈，加速节能环保产业的转型升级。尤其是随着物联网、云计算、大数据、人工智能等新一代信息技术的迅猛发展，新技术在节能环保领域的应用范围不断扩大，创新出以智慧城市为代表的新型节能环保产业的雏形脉络框架，行业呈现智能化、综合化的发展趋势。环保产业由终端向源流控制发展，其发展重点包括大气污染防治、水污染防治、固体废物处理与防治、噪声与振动控制等方面。发达国家在国际贸易中设置的“绿色壁垒”，给节能环保产业带来了巨大商机和挑战。

6. 世界正在经历一场深层次的科技革命和产业变革，能源发展呈现低碳化、电力化、智能化趋势

全球煤炭消费占比逐步下降，先进燃煤发电和 CCUS（carbon capture，utilization and storage，碳捕集、利用与封存）是技术发展重点。美国持续引领全球页岩油气产业发展，基本实现“能源独立”，深刻改变了世界能源格局，加剧了世界油气供应主导权争夺。全球能源合作需求旺盛，先进输电工程持续发展，突破了能源互联互通瓶颈。未来全球能源供过于求会更加明显，使得主要能源生产国的竞争加剧，能源消费大国的话语权、定价权将进一步增强。国际核电装机及发电量持续增长，全球对高燃料效率和零碳的核能需求正在扩大，特别是在经济和电力需求急剧增长的新兴国家。全球风电产业发展迎来增长拐点，风电在部分国家和地区的电力供应中所占比例进一步提高，风电开发利用成本持续下降。全球太阳能新增光伏市场第三次突破 100 吉瓦，除中国外全球光伏市场增速明显，亚太地区是全球光伏市场增长的主力。全球太阳能热发电装机总量稳定增长，发展中国家成为主要市场，配有大容量储热系统的电站成为主流技术，超临界二氧化碳太阳能热发电技术是研究热点。生物质发电装机量逐年增加，但在可再生能源发电总装机量中的占比逐年下降，先进生物质交通燃料的产业化依然是全球难题。一些国际能源公司和石油公司将人力、资本等转移至地热新技术，助推

了产业升级发展。全球氢能基础设施网络持续扩大，技术及产业发展进入加速发展的新阶段。美国、日本、欧盟等主要国家和地区将氢燃料电池汽车纳入国家或地区发展战略体系，设立研发专项，开展试点示范，抢占先机。

7. 跨界融合成为新能源汽车的新特征，合作开放不断深化、全球化布局加速，基于全新平台的新车型密集推出

随着产业变革的不断深入，新能源汽车已经不再是单纯的交通工具，而是作为未来出行、智慧城市中的一个基本节点和构成单元，新能源汽车已成为产业融合创新的平台。传统车企和互联网企业正竞相推动智能移动互联生态发展，将汽车产业的边界向外延展。在示范层面，各国也在开展汽车、交通、城市协同发展的示范性探索。各大整车及零部件企业加快全球化布局，创立合资品牌，产业合作由生产制造环节向技术研发、市场营销等全链条延伸，全球价值链加速形成，逐步形成开放、透明、包容的新能源汽车国际化市场环境，在加剧市场竞争的同时也带来了更大的发展空间。平台化已经成为车企通用的研发及生产高效化策略。企业通过搭建平台，可以实现多款车型的技术、零部件通用，从而缩短研发周期、降低研发和生产成本、提高生产效率和产品质量。主流车企全新纯电动平台陆续研发成功并基于全新平台密集推出高性价比新车型，有望从供给端带动消费需求的爆发。2019 年，福特推出了纯电动车型野马 Mustang-E，保时捷推出纯电动跑车 Taycan，通用汽车计划到 2023 年在全球推出 20 款电动汽车，到 2026 年销售 100 万辆，特斯拉预计在 2025 年推出 7 款纯电动车型。智能共享出行成为汽车产业重要发展方向，全球制造商正在加快向出行服务商转型，以互联网企业为代表的科技公司也纷纷加快布局智能共享出行领域。

8. 文化内容与数字技术深度结合化、数字创意内容生产方式多样化、数字创意内容消费全球化、各国数字创意产业发展特色化

数字创意产业处于创意、文化、经济和技术的交汇处，是 21 世纪世界经济中最具活力的产业之一。总体来看，全球数字创意产业呈现出以下新的发展态势：文化内容与数字技术深度结合化、数字创意内容生产方式多样化、数字创意内容消费全球化、各国数字创意产业发展特色化。技术和装备是现阶段数字创意产业高速发展的主要驱动力，5G、虚拟现实（virtual reality，VR）、人工智能和全息投影等技术的发展将会赋能传统文创业深度数字化转型，随着智能可穿戴设备、交互娱乐引擎等新数字装备的不断加入，数字创意产业的产业链也将不断延伸，国际市场更加活跃。未来数字创意内容和形式将不断丰富，形成专业生产内容（professional generated content，PGC）高质量发展、用户生成内容（user generated content，UGC）和人工智能生产内容（artificial intelligence generated content，AIGC）等层出不穷的生产方式，为数字创意内容源源不断地注入新的活力。联合国贸易和发展会议发布的《2019 年贸易和发展报告》显示，全球创意产品和服务贸易是一个不断扩大并具有弹性的行业。各国依托文化特色、地区经济和旅游资源，形成各自的优势产业，提升

本国数字创意产业国际影响力及经济效益，支撑和推进整体产业的发展。

2.2 战略性新兴产业发展能力基础及存在问题

我国战略性新兴产业已经形成一定发展基础，产业链完整，具备自主研发能力和制造能力，部分产业步入国际领先，形成了一定的规模优势，但核心工业基础能力总体上还比较薄弱，原始创新能力不足，产品性能多处于中低端，关键核心技术存在“卡脖子”问题，高端产品依赖进口的现象还比较普遍。

2.2.1 新一代信息技术总体仍处于落后局面，产业基础能力薄弱，信息基础设施与发达国家还有差距

我国新一代信息技术长期跟随发展，关键核心技术落后于发达国家，多数 CPU（central processing unit，中央处理器）芯片和操作系统、互联网体系结构等仍处于受制于人的被动局面。集成电路制造产品化支撑能力是明显短板，上游原材料、软件工程和制造装备尤为薄弱。高速数模转换器、数字信号处理器、高速滤波器、中高端 FPGA（field programmable gate array，现场可编程逻辑门阵列）、高速光器件、人工智能芯片、人工智能核心算法、物联网芯片、图形引擎、GIS（geographic information system，地理信息系统）、大型专业模型及工业软件等主要依赖国外进口，EDA（electronic design automation，电子设计自动化）技术实力薄弱。国内主流大数据平台技术自研比例不超过 10%，网络设施与发达国家还有一定差距，人均国际网速在世界上排名仍然较为偏后。

2.2.2 生物产业起步较晚，部分产品具有低成本、大规模等优势，发展短板问题突出，产业安全风险严峻

我国生物产业起步较晚、发展迅速，以低成本、大规模等优势取得了部分大宗产品在产量、规模上的市场优势，部分关键产业领域生物炼制技术成熟度方面位居前列。与欧美等发达国家相比，我国生物产业战略架构、底层核心技术、关键装备还存在差距，产品附加值低、成本较高、市场竞争力不足。我国生物医药企业数量和销售额全球占比均较低，仍处于产业跟跑状态。生物制造核心基础薄弱，所依赖的核心载体严重受制于人，生物医药反应器等产业发展短板问题突出，产业安全风险严峻，生物制造工业菌种和工业酶的知识产权受制于人，生物质能源商业化程度欠缺，竞争力不足。

2.2.3 高端装备产业核心工业基础不牢，在研发、制造、质量、服务等方面与发达国家存在一定差距

航空装备产业较发达国家还有巨大差距，航空材料、工业软件、制造装备等基础产业的发展还不能完全支撑我国先进航空装备的发展。航天装备与美国、俄罗斯

等国际领先水平还存在较大差距，航天产品的高可靠、长寿命问题急需解决。海洋装备在低端配套上占有一定份额，高端配套设备则严重依赖进口，本土化程度很低。国产数控机床的加工效率、可靠性、精度和使用寿命等与世界先进水平还有差距，高端产品对外依存度仍然较高，高性能数控系统和超精密机床仍属于“卡脖子”问题。我国现代农业装备形成大中小企业、高中低端、关键零部件与整机协同发展的产业格局，产品满足了国内 90% 以上的市场需求，关键核心技术及零部件尚未实现自主可控。食品装备基本实现了高性能、低能耗、安全卫生、稳定可靠，关键元器件、工业控制及软件平台等环节受制于人。纺织装备产业链的总体技术水平与制造能力已位居世界前列，纺织装备绿色化、短流程、高速化和适应性等方面存在短板。医疗装备普遍处于中低端水平，在国际医疗装备市场上缺少大品牌、大型跨国企业。特种承压设备基本实现进口替代，技术水平与发达国家存在一定差距，总体呈现低端供给过剩、高端供给不足。

2.2.4 新材料产业形成一定基础，原始创新能力、核心技术和装备与西方发达国家差距较大

稀土材料建成从稀土矿产勘探开采、选矿、萃取、分离、冶炼等稀土原材料生产技术到下游稀土结构与功能材料研发和工业生产体系，基本是跟跑国外先进技术状态，原始创新和基础核心专利很少，产品性能多处于中低端。新能源材料产业关键材料受制于人，锂电池电解液、高性能膜材料、燃料电池膜电极等高端产品依赖进口。人工晶体总体技术水平和工程化水平与国际先进水平仍有较大差距。结构陶瓷研发和生产领域与世界先进水平有较大差距，高端先进结构陶瓷普遍需要进口。半导体材料以低端产品为主，高端领域依赖进口，大部分重要生产设备依赖进口。国内碳纤维生产装备与国外差距显著，重要领域所用高性能有机纤维大部分仍然依赖进口，工业领域应用处于产业链低端。有色金属材料产业总体处于国际产业链的中低端，材料加工产能利用率低，高端加工装备几乎全部依赖进口。超材料相关产业已经有一定基础，但是整体规模及产业创新能力相比西方发达国家，仍有差距。

2.2.5 能源新技术产业部分已走在世界前列，关键设备及核心零部件受材料、工艺等基础研究薄弱制约，依赖进口

煤炭清洁高效转化与利用已步入世界领先行列，燃煤超超临界机组超过其他国家的总和，大规模燃煤与可再生能源耦合发电技术尚不成熟。非常规油气开发利用部分技术走在世界前列，基础研究薄弱。页岩气产能优化和提高单井产量及提高采收率等关键技术缺乏，中低煤阶煤层气、陆相页岩油基础理论研究薄弱，配套核心技术尚未形成。能源互联网实现了电网、储能、分布式电源和其他能源的高度融合，特高压产业链处于全球领先地位。核电装备产业链和工程建造自主化能力具有全球比较优势，核能部分关键设备及核心零部件受材料、工艺等基础研究薄弱制约，依然依赖进口。风电装备制造全产业链配套齐全，主要部件已基本实现国产化，大型

海上风电主轴轴承、大尺寸齿轮箱轴承、变流器 IGCT（integrated gate-commutated thyristor，集成门极换流晶闸管）组件部分零部件仍然依赖进口。太阳能光伏产业基础研究水平与世界同步，薄膜电池导电玻璃、太阳能集光镜玻璃、光伏建筑用导电玻璃等依赖进口。太阳能热发电产业链上所有产品均具备自主研发能力和制造能力，其中大部分产品具备足够的产能。生物质能开发程度位居全球前列，生物质能发电、成型燃料和生物柴油产业技术成熟，生物天然气产业成熟度不及欧美国家。浅层地热能开发利用产业链日趋成熟，但是地热发电亟待加强，干热岩开发技术仍处于探索实践阶段。氢能与燃料电池具备产业基础完备、产业链完整等优势。

2.2.6　全球环保市场稳步发展，节能环保技术的精细化、高端化需求不断增强，行业呈现智能化、综合化发展趋势

世界环保市场呈现迅速发展的势头，全球环保产业布局开始重塑，环保产业资本进一步集中，世界各国特别是发达国家加大对环保市场的扶持力度，争相拓展、占领国际市场。2019 年全球环保市场规模达到 12 649.70 亿美元，同比增长 3.20%，2022 年全球总规模达到 13 885.80 亿美元。美国占全球环保市场规模的三分之一以上，在固体废物处理、大气治理、先进环保装备等领域领先全球。欧洲在环保领域处于世界次席地位，在水治理、环境咨询等领域占有一席之地。日本环保产业在洁净产品设计和生产方面发展迅速，如绿色汽车和运输设备生产居世界前列，集中发展节能产品和生物技术。随着节能环保技术的精细化、高端化需求不断增强和应用场景不断延展，环保装备将向成套化、尖端化、系列化方向发展，环保产业由终端向源流控制发展。环保技术创新聚焦同新兴科技的交叉领域，以与现代生物技术、新材料、新一代信息技术等领域的渗透融合为核心驱动力，进一步改善强化节能环保产品的处理能力，促进节能环保技术创新突破瓶颈，加速节能环保产业的转型升级。尤其是随着物联网、云计算、大数据、人工智能等新一代信息技术的迅猛发展，在节能环保领域的应用范围不断扩大，创新出以智慧城市为代表的新型节能环保产业的雏形脉络框架，行业呈现智能化、综合化的发展趋势。

2.2.7　新能源汽车产业链完整度及产业规模全球领先，车载芯片等关键领域存在“卡脖子”风险

基础材料的不断发展，为新能源汽车产业打下了坚实的发展基础。新能源汽车关键零部件已经具备了一定的产业先发优势，在动力电池、电驱动等新能源汽车核心零部件方面建立了完善的产业链条。车载芯片、底盘控制系统、安全系统、车载操作系统、设计工具软件、通信协议、诊断软件等关键领域存在短板。

2.2.8　以工智能、大数据和云计算为基础的数字创意产业正逐步进入收获期，技术装备创新支撑不足

数字创意技术装备、数字内容、创新设计发展取得了一定的成就，但数字创意

技术装备创新支撑不足，人工智能和大数据基础理论与核心芯片、超高清视频核心器件、VR设备、内容平台等数字创意技术装备领域的创新支撑不足，大量的工业设计软件主要依赖进口。数字内容创新竞争力不足。优质数字内容供给不足、劣质数字作品产能过剩、文化内涵不足、精品力作不多、社会责任感不强等问题突出。创新设计理论实践应用不足。创新设计的系统方法论和模式等缺乏系统的研究和成果，缺少具体、有效、切实可行的创新设计方法和行动计划。

2.3 新形势下战略性新兴产业发展思路及发展原则

2.3.1 发展思路

“十四五”时期我国将进入新发展阶段，形成以国内大循环为主体、国内国际双循环相互促进的新发展格局，战略性新产业在我国现代经济体系建设中的新支柱作用将更加突出。面对国际经济、科技、文化、安全、政治等格局的深刻调整，我国战略性新兴产业发展将长期面临美国等发达国家的遏制。

面对新的发展形势，依靠创新驱动发展，大力提升自主创新能力，提升产业基础能力和产业链水平，坚持开放发展，确保产业安全及未来领先优势，既是“十四五”时期战略性新兴产业高质量发展的关键，也是“十四五”时期及未来破解发展不平衡、不充分的关键，提升国家竞争力和国际影响力，抢占产业制高点的关键。“十四五”时期战略性新兴产业培育和发展既需要着力解决制约产业安全和高质量发展的“卡脖子”问题，又必须着眼长远，瞄准前沿领域，超前布局，抢占产业制高点，打造未来产业竞争优势。

（1）以提升产业基础能力为核心任务，集中优势资源，攻克关键核心技术，破解“卡脖子”问题。以美国为首的西方发达国家对我国的战略遏制不断加码，战略性新兴产业发展将长期面临复杂的国际环境和严峻的挑战，凸显出提升产业基础能力，破解产业发展的“卡脖子”问题是我国产业高质量发展亟待解决的关键问题，刻不容缓。“十四五”时期必须在创新驱动发展战略、“一带一路”倡议等指引下，加快夯实产业发展的安全基石，瞄准关键核心技术和重点产业进行突破，加强资源整合，以重大工程为抓手，集中实施“卡脖子”攻关计划，从根本上解决产业发展受制于人的局面，实现产业关键核心技术自主可控，实现新兴产业高质量发展。

（2）以打造世界级战略性新兴产业集群为主要途径，推进产业链、创新链融合发展，保障产业链、供应链安全可控。“十四五”期间，全球供应链和产业链加速重构，区域性产业链集群在一定地域内的全球化分工，可在一定程度上提高全球产业链的抗风险能力。我国具备完整的工业体系，在全球产业链中具有举足轻重的地位。“十四五”期间需要结合京津冀、粤港澳大湾区、长三角地区等世界级城市群建设，成渝、长江中游、中原、哈长、北部湾等跨省区城市群建设，加快筹划建设后疫情时代的世界级区域性产业链集群。通过建设一批战略性新兴产业集群，强化产业链、优化价值链、提升创新链，推动产业集群发展动力变革，优化资源配置，营造产业集群创新发展的良好环境，不断提升我国产业集群竞争力。

（3）以锻造长板为主要目标，针对前沿领域、颠覆性技术，超前布局未来产业发展，抢占产业链中高端。“十四五”时期是我国全面建成小康社会、实现第一个百年奋斗目标之后，向第二个百年奋斗目标进军的第一个五年。到21世纪中叶，我国将全面建成社会主义强国，实现从跟跑、并跑到主要领域领跑，将涌现大批重大原创性成果。这一目标的实现必须着眼长远，进一步调整和优化发展方向，加快发展无人驾驶汽车、3D打印、量子信息、人工智能、移动互联网、基因编辑、合成生物学、石墨烯、超材料等前沿技术。

2.3.2　发展原则

坚持提升产业创新能力，实现自主可控发展。“十四五”时期必须不断完善国家创新体系，把提升企业自主创新能力、强化企业在自主创新中的主体地位落到实处，加快形成以企业为主体的产学研一体化创新机制。发挥龙头骨干企业优势，带动中小企业协同创新，确保重要领域的产业链、供应链稳定安全，实现自主可控。

坚持开放融合发展，提升产业发展国际竞争力。“十四五”期间战略性新兴产业培养与发展，要进一步扩大开放，坚持产业链国际化布局，加强与全球科技和产业的合作交流与协同发展，深度融入全球产业链、供应链、价值链、创新链；要深入推动实施“走出去”战略，加强“一带一路”倡议的新兴产业发展合作，同时要积极引进国外先进技术、人才和管理经验，实现合作共赢。

坚持区域协同发展，优化新兴产业空间资源配置。在推进新兴产业高质量发展的过程中，坚持推进传统产业优化升级与培育产业发展新动能有机结合、并重互动，推进先进制造业、现代农业与现代服务业融合共生、协调联动。同时，坚持加强产业链区域布局和产业转移的顶层设计与协调指导，对涉及重大国计民生和具有战略意义的产业空间布局进行引导，加快中西部基础设施建设避免区域产业发展过度失衡。

2.4　“十四五”战略性新兴产业发展重点任务及重大工程

2.4.1　新一代信息技术产业

“十四五”时期新一代信息技术产业以建设网络强国和数字中国为目标，以大力发展数字经济为重点，着力推进新一代信息技术与实体经济深度融合，构建现代化经济体系。以数字政府、数字社会为重要应用牵引力，推进各领域数字化转型步伐，推进我国治理体系和治理能力现代化，以信息基础设施、数据资源体系、网络安全保障为支撑，坚持开放合作、依法发展、安全发展，形成与数字中国建设相适应的政策体系和制度环境。

重点任务：以技术含量高、带动能力强、投资规模大的集成电路、新型显示、新一代信息通信等为着力点，重点实施“强芯”“补面”等工程，集中力量突破新一代信息技术产业核心关键领域，构建具有全球竞争力的产业体系；做强大数据、云计算、物联网、互联网等引领产业，构建自主可控高端软件产业体系；超前布局人工智能、量子科技、北斗卫星导航、VR和区块链等前沿领域，抢占产业未来发展先机和制高点。

重大工程建议：提升集成电路发展工程，新一代信息基础设施发展工程，工业互联网应用示范工程，人工智能突破发展工程。

2.4.2 生物产业

保障生物安全，发展生物医药产业。注重发展生物检测技术，应对随时可能出现的新疫情或生物战。形成快速检测和甄别能力，同时研发相应的药物对生物战或疫情进行预防。夯实中医药产业，增强中医药应用基础研究。构建从可再生原料到终端产品的生物制造全产业链，重点发展融合人工智能的工业酶和工业菌种的工程生物学创制。

重点任务：快速高效疫苗的创新研发与制造，抗体药物和蛋白质药物等生物技术药物产业化，基因治疗、细胞治疗等生物治疗，中医药制药装备研发制造，生物安全风险防控能力提升，可再生材料与高价值化学品的生物制造，以二氧化碳为原料的生物炼制。

重大工程建议：应急疫苗产业重大工程，现代中药研制与中药智能制造工程，重大疾病诊断和检测技术与产品开发，可再生材料与高价值化学品的生物制造。

2.4.3 高端装备制造产业

航空装备：发展大型客机、军用战斗机、大型运输机、支线飞机等主流装备及航空发动机系列装备，兼顾无人机、小型低成本航空装备。同时将航空材料、先进制造、机电航电等配套产业作为航空领域的支柱产业，逐步建立具有可持续发展能力的航空产业体系。

航天装备：继续实施载人航天、月球探测、北斗卫星导航系统、高分辨率对地观测系统等国家重大科技专项，加快深空探测、重型运载、在轨维护与服务、可重复使用、天地一体化信息网络、载人登月、无人值守月球基地、有人值守月球基地、载人登火等重大专项的深化论证和关键技术预研。

海洋装备：打造海洋装备产业智能化发展的新业态、绿色海洋装备制造体系，提高海洋油气开发装备和高技术船舶研发能力，布局可燃冰、海洋矿产资源等新型海洋资源开发装备，研制深远海工业化养殖平台（船）、海洋牧场工程智能装备，开展极地船舶和海洋装备研发建造，完善海洋环境立体观测装备与技术体系。

智能制造装备：重点发展大型飞机制造装备、新一代航空发动机制造、宇航及

深空探测制造装备、高新舰船和海工装备、新一代电力装备、轨道交通车辆和新能源汽车关键零部件加工装备、国家重点领域急需的超精密加工装备等。

农业装备：推动新一代人工智能、信息通信等数字化、智能化先进技术与农机装备制造技术的深度融合，加快精量播种、高效施肥、精准施药、节水灌溉和大马力、高性能农机装备，以及适应小农生产、丘陵山区的中小型农机装备和机械化技术的研发示范推广，促进全程全面机械化发展。

食品装备：食品装备优化设计与自动控制系统理论研究，食品制造重大装备研究与开发，食品加工成套装备研发及示范。

纺织装备：聚焦纺织工业未来绿色制造与智能制造等发展方向，发展绿色化学品、高效低耗及短流程印染技术和非水介质印染技术及其装备，纺织生产关键工艺环节的专用机器人、在线智能检测器件、专用传感器及关键基础件等，防护医卫用、工业用和战略新材料等产业用纺织品装备。

医疗装备：重点发展可穿戴设备、高性能医疗装备，提升健康大数据管理和挖掘能力，支持 AI（artificial intelligence，人工智能）辅助诊疗的发展。

特种承压设备：承压设备工业强基工程，石化领域重大承压设备设计制造技术、第三代半导体氮化镓人工晶体反应釜等高端装备与技术、氢燃料电池汽车储氢 / 供氢技术、浮式 LNG（liquefied natural gas，液化天然气）装置微通道换热器、超临界二氧化碳太阳能热发电技术等绿色装备、工艺与技术，承压设备网络协同制造与智能工厂等智能制造技术。

重大工程建议：航空发动机重大工程，航空机载设备重大工程，空间用离子推力器重大工程，天地一体化卫星网络，“南海造油田”工程，“深海采矿”工程，“国家海洋科学研究装备”工程，智能制造装备专项工程，新一代智能农业装备科技创新工程，农机装备重大整机及零部件产业化工程，全程全面农业机械化推进工程，智能农业示范应用工程，食品制造重大装备研究示范工程，成套化食品制造核心装备与集成技术研发示范工程，中华传统食品装备制造示范工程，纺织绿色生产装备重大工程，纺织智能装备重大工程，产业用纺织品装备重大工程，医疗装备创新与基础应用研究能力提升工程，特种承压设备重大工程。

2.4.4　新材料产业

高性能稀土材料：突破超高性能稀土永磁材料、高丰度稀土永磁材料、高性能的稀土储氢材料、稀土发光材料、稀土晶体材料、高纯稀土金属及靶材等先进稀土功能材料的精准化、智能化关键制备技术、专用装备及其应用。

新能源材料：发展固态电池材料、先进锂离子电池材料、光伏材料、燃料电池材料、生物质能材料。

功能晶体材料：保持我国非线性光学晶体、闪烁晶体等领域的优势地位，打造一批具有国际竞争力的科技型企业和产业群，引领国际功能晶体的发展和市场。

先进结构陶瓷及其复合材料：重点研究高性能陶瓷粉体、陶瓷纤维、碳化硅

（SiC）陶瓷及复合材料、氮化物陶瓷及复合材料、硼系超高温陶瓷、氮化硅陶瓷及复合材料、氧化铝陶瓷及复合材料、无机聚合物。

先进半导体材料：发展以大尺寸硅为代表的第一代半导体材料，以砷化镓、磷化铟为代表的第二代半导体材料，以 SiC、氮化镓为代表的第三代半导体材料和以金刚石、氧化镓、氮化铝为代表的超宽禁带半导体材料。

高性能纤维复合材料：合成纤维转型升级，碳纤维“从有到优”，航空航天复合材料尖端化，轨道交通复合材料规模化，风电复合材料高端化，体育休闲复合材料品牌化。碳纤维性能达到或超过 TORAYCA MX 系列，T800 及其复合材料在武器装备、大型宽体客机、载人航天等领域批量稳定应用，发展 100 米级及以上风电叶片结构轻量化设计技术及铺层优化设计技术。

先进有色金属材料：以满足集成电路、大型客机、海洋工程及高技术船舶、先进轨道交通、新能源汽车、节能环保等领域关键基础材料需求为重点，加强基础研究，增强原始创新、集成创新和协同创新能力，尽快实现批量化生产和应用，填补国内空白，解决进口替代。

超材料：加强超材料基础研究的支持力度和统筹布局，重点鼓励具有前瞻性、突破性的原始创新研究，从源头建立优势。重点发展人工智能超材料、电磁超材料、生物检测超材料、力学 / 声学超材料。

重大工程建议：高性能稀土材料重大工程，大尺寸、高性能、复杂形状结构功能一体化 SiBOCN 系亚稳陶瓷材料，核燃料包壳管用 SiCf/SiC 陶瓷基复合材料，大尺寸硅和宽禁带半导体材料产业化，碳纤维“稳质降本”工程，航空航天复合材料性能提升和自主保障工程，复合材料体育休闲产业的品牌工程，轨道交通复合材料规模应用工程，碳纤维及其复合材料高端装备突破工程，先进有色金属材料重大工程，超材料重大工程。

2.4.5 能源新技术产业

煤炭清洁高效转化与利用：推进先进燃煤高效发电、CCUS 技术创新与进步，完成 650℃等级 600 兆瓦超超临界蒸汽发电机组示范；完成 600℃等级 50 兆瓦超临界二氧化碳发电技术研发及工业验证；实现 5 兆瓦级 IGFC（integrated gasification fuel cell，整体煤气化燃料电池）发电系统示范运行，建成百万吨级燃烧后二氧化碳捕集、驱油与封存示范工程。

非常规油气开发利用：加快发展页岩气，积极推进煤层气，攻关突破页岩油，积极探索水合物。加快常压、深层、陆相等新类型页岩气示范区建设；加快南方二叠系、鄂尔多斯盆地低阶煤等新区和新层系开发试验；海陆并举，前瞻性布局天然气水合物产业，加大资源评价和技术研发力度；突破中高成熟度页岩油，探索中低成熟度页岩油。

能源互联网与先进输电：加快发展以新能源为主体的新型电力系统，重点发展电网调度自动化、新能源并网及运行控制、柔性交 / 直流输电技术、综合能效服务技术。

核能：在确保安全的前提下积极有序发展核电，实现三步走发展战略，重点发展三代/四代核电、先进核燃料及循环利用、小型堆等技术，探索研发可控核聚变技术，突破“引进、消化吸收”的现状。

风能：加强风电前沿技术和基础技术研究，提高风电机组质量和可靠性，加强各类型测试试验公共技术平台建设，提高风电设备研发能力和制造水平，风电机组整机及核心部件全部实现国产化。

太阳能光伏：进一步提升电池转换效率，发展百兆瓦级高效晶硅和薄膜太阳电池生产线全套技术，发展基于叠层等新技术的新型太阳电池技术产业化示范。发展废弃电池组件无害化回收技术，实现光伏组件回收循环再利用。

太阳能光热：提高光电转换效率降低成本电价，大力发展配有大容量储热系统的光热系统。研发超临界二氧化碳塔式太阳能热发电技术，积极发展太阳能跨季节储热采暖技术，大力推进配置大容量储热系统的熔盐太阳能热发电站项目建设。

生物质能：以废弃物消纳和多联产为导向，趋向于非电领域应用。研发高效热电联产和热电多产品联产技术、成型燃料工业化生产关键技术和高效清洁化利用设备，推进纤维素燃料乙醇产业化。

地热能：研发干热岩勘查开发、高温钻井、热储改造关键核心技术，形成较为完备的地热行业标准体系和地热能开发利用装备制造产业体系。开展深部热结构研究和地热资源探测，建立兆瓦级干热岩发电站，突破4 000~6 000米干热岩利用技术。

氢能与燃料电池：发展规模化可再生能源制氢技术，量轻、低成本高压储氢技术，突破70兆帕加氢站核心技术及关键设备。

重大工程建议：IGCC（integrated gasification combined cycle，整体煤气化联合循环）、IGFC煤炭清洁发电技术的基础研究与技术攻关，川渝深层、超深层页岩气有效开发工程科技攻关项目，中国南方煤层气效益开发技术攻关项目，陆相页岩油勘探开发技术攻关项目，能源互联网与先进输电，核能科技创新示范工程，废弃风电叶片大规模、无害化回收处理工程科技攻关项目，24%高效晶硅太阳电池产业化关键技术，超临界二氧化碳塔式太阳能热发电示范电站，先进生物质液体燃料的产业化技术，干热岩工程化探测开发技术研究，氢能与燃料电池。

2.4.6　节能环保产业

结合中国经济社会发展面临的环境生态约束，强化环境工程科技发展顶层设计。明确国家层面对环境科技的需求，强化节能减排技术支撑体系建设，提高环境科技解决社会经济发展面临的环境问题的支撑能力。

重点任务：加快节能减排共性关键技术研发示范推广，加快节能减排科技资源集成和统筹部署，组织实施节能减排重大科技产业化工程；推进节能减排技术系统集成应用，统筹整合钢铁、水泥、电力等高耗能企业的余热余能资源和区域用能需求，实现能源梯级利用，推动锅炉系统、供热/制冷系统、电机系统等优化升级；完善节能减排创新平台和服务体系，建立完善节能减排技术评估体系和科技创新创业综合服务平台，建设绿色技术服务平台，推动建立节能减排技术和产品的检测认证服务机制。培育一批具有核心竞争力的节能减排科技企业和服务基地，建立一批节能科技成果转移促进中心和交流转化平台。加快国外节能环保新技术、新装备"引进来"，推动国内节能减排先进技术装备"走出去"。

2.4.7 新能源汽车产业

面向"低碳化、电动化、智能化、网联化"发展，瞄准世界科技前沿及汽车产业变革需求，贯穿"前沿科学研究—应用基础研究—应用技术研究—技术熟化—技术产品孵化—工程化—产业化"的创新链条，突破产业基础薄弱环节、布局产业前瞻颠覆技术、搭建关键共性技术平台、构建现代工程应用平台、贯通产业交叉融合创新、构建全链条创新生态，最终实现新能源汽车健康可持续发展。

重点任务：针对新能源汽车产业核心基础材料、基础器件、基础软件、基础装备等产业基础薄弱环节开展专项攻关；在自动驾驶技术、信息交互技术、高精度定位、人机交互融合及基础支撑技术等方面进行智能网联汽车协同创新；布局全固态动力蓄电池、车用固体氧化物燃料电池（solid oxide fuel cell，SOFC）技术，下一代电力电子功率器件、新型无源元器件（高温陶瓷材料）、新结构 / 原理电机技术，下一代高速高功率密度电驱动系统、域控制器集成应用技术，深冷高压 / 液氢等高效车载储氢技术等汽车领域前瞻技术。建设面向未来的智能电动底盘平台、动力平台、智能网联平台三大开发验证平台，开展动力系统、底盘系统和自动驾驶等标准化、模块化、系列化研究。提高共性技术供给能力，建立产业关键共性技术转移"高速通道"。搭建检测与验证平台，制定行业内的统一标准。针对新能源汽车产业回收再利用链条，废旧动力电池的梯次利用和回收利用，构建全链条创新生态。

重大工程建议：新能源汽车关键技术突破工程，新能源汽车质量提升工程，智能网联汽车示范工程，"新能源汽车 +"跨界融合工程。

2.4.8 数字创意产业

突破数字创意核心技术与装备的"卡脖子"问题，实现整机设备、核心元器件、相关软件自给自足，建立优质原创内容的生产机制。面向产业发展布局若干重点产业集群，初步形成自主可控的数字创意生产制造、流通分发产业链。依托数字技术对内容创作、产品研发、模式创新的核心支撑作用，打造高质量、多元化、原创性的数字文化内容，推动数字创意内容产业繁荣发展。

重点任务：数字创意技术装备突破 4K/8K 摄像机关键技术，攻克 VR/AR 关键核心技术，加快建设广电 5G 网络，全面推进 IP 技术（特别是 IPv6）在广播电视网络中的部署应用，攻克数字内容生产软件核心技术，建立媒体行业 AI+Cloud 平台，研究基于区块链技术的数字内容生产、传播、消费方式的颠覆式创新模式与平台；数字内容创新提升数字内容原创水平，推动数字创意、智能产品、终端服务三位一体的新生态，推动国产动漫作品发展；创新设计，产品及系统创新设计重视可持续设计，进行服务设计集成式管理，促进区块链技术应用和分布模式发展。企业及市场创新设计拓展网络可视化的应用领域，在消费品、电子产品、医疗健康、装备制造业（汽车、轮船、飞机、机械零部件）等领域实现可视化应用。

重大工程建议：数字文化创意技术装备创新提升工程，数字内容创新发展工程，创新设计发展工程。

2.5　新形势下战略性新兴产业发展相关措施建议

2.5.1　强化顶层设计与统筹，系统提升产业基础能力

坚持系统观念是“十四五”时期及未来我国经济社会发展必须遵循的原则，面对构建国内国际双循环战略格局的要求，新形势下战略性新兴产业要实现高质量发展，首先需要进一步强化产业发展顶层设计和提升基础能力。

一是发挥国家的战略资源统筹与协调优势，切实把强化基础研究和提升原始创新能力摆在战略性新兴产业高质量发展的关键地位。加强基础研究支持的系统性和长期性，构建创新链、产业链融合发展的战略支撑体系，加快基础元器件、原材料、核心装备、工业软件国产化替代。

二是加强关键共性技术供给体系的顶层设计，发挥政府部门对关键共性技术研发的引导和支持作用，统筹、整合优势资源，强化国家共性技术研发体系，瞄准跨行业、跨领域的共性关键技术问题，优化关键共性技术创新布局，提升行业共性技术的研究能力及对行业的促进作用。

三是瞄准国际先进水平，立足自主技术，健全新兴产业标准体系、技术规范、检测方法和认证机制，打造标准公共服务平台，建立新兴产业标准化发展的运行机制，积极参与相关国际组织和重要国际规则及标准的制定，提升自主技术标准的国际话语权。

2.5.2　加快完善产业生态，激发企业的创新主体作用

充分发挥企业的创新主体作用，对于加快产业链水平现代化，打造世界级的战略性新兴集群产业，推动整体优势的形成至关重要，迫切需要加快形成龙头企业引领、中小企业分工合作的产业生态。

一是发挥政府资金的引导和杠杆作用，完善金融财税激励机制。积极营造良好的技术创新和扩散的金融财税政策环境，加大对生物技术、生物经济的支持力度，研究出台页岩油开发利用财政补贴政策，加大非常规油气资源投入，推动并加快氢能产业示范应用，完善和创新市场交易机制，建立可再生能源电力消纳激励机制，实现科技创新和产业发展双向促进。

二是打造龙头企业引领、中小企业分工合作、互利共赢的产业生态。强化国家

对龙头企业及行业优势企业的政策支持力度，针对中小企业制定多元融资支持的产业政策，引导培育专精特新中小企业，推动建成产业链上中下游互融共生、分工合作、协同发展的世界级优势产业集群。

三是加速产业融合发展，提升产业发展的整体质量。推动信息技术与制造业的深度融合，加强生物技术与大数据、人工智能、新材料、新能源等技术的交叉，支持生物燃料、精准育种、脑机接口等各类技术平台建设，促进新能源汽车与智慧能源、智能交通、5G 通信等产业快速融合发展。

2.5.3 优化产业空间布局，持续提升产业国际竞争力

未来的产业发展需要更加注重协调发展，打造产业链核心长板，主动融入国际产业链，发挥“一带一路”建设的优势，优化产业空间布局，提升重点产业领域的国际竞争力。

一是更加注重区域协调和区域特色，科学合理布局产业集群。根据各地区实际发展情况，与国家战略、全球化及当前重点发展领域相结合，进一步明确区域产业培育与发展的定位、目标和任务，坚持“因地制宜”差异化发展，避免同质化、低水平的无序竞争发展。完善粤港澳大湾区、长三角地区、京津冀等创新环境，提升国际竞争力，加快形成世界级产业集群。针对区域产业发展不平衡、不充分状况加剧问题，优化东北及中部、西部新兴产业布局及资源配置，避免区域产业发展过度失衡。

二是巩固产业链核心长板，积极推动产业链全球布局。在高端装备、新一代信息技术、新能源等重点领域，针对重点国家和地区确定不同推进方式和实施路径，打通堵点、连接断点，推动产业链资源优化整合。抓住“一带一路”建设契机，进一步推进国际产能合作。积极参与国际多边合作互认机制，鼓励技术引进与合作研发，巩固和发展我国在全球产业链中的核心长板，最终与全球产业链形成“你中有我，我中有你，无法分离”的合作格局。

三是结合“一带一路”建设，支持企业“走出去”。多渠道、多层次地积极推进国际合作与交流，积极参与相关国际组织和国际协调。加强多种途径和形式的国际合作，结合我国生物资源优势和产业发展需求，互惠互利推进我国生物产业国际化发展，提升产业国际竞争力。主动融入国际，积极参与国际空间活动，争取国际和地区空间组织的职位，使我国空间基础设施成为国际空间基础设施的重要组成部分，为全球用户提供公共产品。

参考文献

[1] 中国网观点中国．中美经济脱钩不现实，但需为贸易摩擦做好长期准备 [EB/OL]. https://k.sina.com.cn/article_2105935732_7d86077402001anwf.html?from=news&subch=onews，2020-06-14.

[2] 中评网．美对华政策基本成型，多边主义抗衡中国 [EB/OL]. http://www.crntt.com/doc/1061/1/3/1/106113176.html?coluid=59&kindid=0&docid=106113176，2021-06-14.

[3] 环球网．又打压！美商务部宣称将 7 个中国超级计算机实体列入所谓“实体清单”[EB/OL]. https://world.huanqiu.com/article/42dmmpWO65X，2021-04-08.

[4] 玮观世界．“2021 年战略竞争法案”明牌，中美“全面战略竞争”官方号角吹响！[EB/OL]. https://zhuanlan.zhihu.com/p/363581559，2021-04-15.

[5] 电科小智．美国重大立法！《2021 年战略竞争法案》[EB/OL]. https://www.sohu.com/a/461311730_358040，2021-04-17.

[6] 央视网．商务部：“一带一路”合作国家和国际组织已达 172 个 [EB/OL]. https://news.cctv.com/2021/08/23/ARTIKiX464nQpWaVmdeEdRrr210823.shtml，2021-08-23.

[7] 国家互联网信息办公室．《“一带一路”数字经济国际合作倡议》发布 [EB/OL]. http://www.cac.gov.cn/2018-05/11/c_1122775756.htm，2018-05-11.

[8] 人民网．“一带一路”卫生合作暨“健康丝绸之路”北京公报今日发布 [EB/OL]. http://health.people.com.cn/n1/2017/0818/c14739-29480314.html，2017-08-18.

[9] 新华网．“一带一路”绿色发展伙伴关系倡议（全文）[EB/OL]. http://www.xinhuanet.com/silkroad/2021-06/24/c_1127592289.htm，2021-06-24.

[10] 刘鹤．加快构建以国内大循环为主体、国内国际双循环相互促进的新发展格局 [EB/OL]. http://www.xinhuanet.com/2020-11/25/c_1126785254.htm，2020-11-25.

[11]（两会受权发布）中华人民共和国国民经济和社会发展第十四个五年规划和 2035 年远景目标纲要 [EB/OL]. http://www.xinhuanet.com/2021-03/13/c_1127205564.htm，2021-03-16.

[12] 新华网，中国共产党第十九届中央委员会第五次全体会议公报 [EB/OL]. http://www.xinhuanet.com/2020-10/29/c_1126674147.htm，2020-10-29.

[13] 新华社．中央经济工作会议在北京举行 习近平李克强作重要讲话 [EB/OL]. https://www.12371.cn/2020/12/18/ARTI1608287844045164.shtml，2020-12-18.

[14] 党建网微平台．如何优化和稳定产业链、供应链，习近平这样说 [EB/OL]. http://www.wenming.cn/djw/shouye/dangjianyaowen/202012/t20201229_5898865.shtml，2020-12-29.

[15] 新华网，习近平在第七十五届联合国大会一般性辩论上的讲话（全文）[EB/OL]. http://www.xinhuanet.com/2020-09/22/c_1126527652.htm，2020-09-22.

[16] 习近平．继往开来，开启全球应对气候变化新征程——在气候雄心峰会上的讲话 [EB/OL]. http://www.xinhuanet.com/politics/leaders/2020-12/12/c_1126853600.htm，2020-12-12.

[17] 人民日报．中央经济工作会议在北京举行 习近平李克强作重要讲话 栗战书汪洋王沪宁赵乐际韩正出席会议 [EB/OL]. http://paper.people.com.cn/rmrb/html/2020-12/19/nw.D110000renmrb_20201219_1-01.htm，2020-12-19.

产业篇

第 3 章

新一代信息技术产业

陶 利 许守任 孟 柳

【内容提要】以半导体、移动通信、计算机系统与软件、认知智能等为代表的新一代信息技术迅猛发展，不断改变着人们的生产方式、生活方式和思维方式。在中华民族全面实现小康和民族复兴的伟大征程中，新一代信息技术无疑会成为赋能的加速器、助推器。本章首先综合分析了新一代信息技术产业的国际发展现状和趋势，以及我国新一代信息技术产业存在的问题。我国新一代信息技术产业规模持续增长，进入高质量发展阶段，但是仍然存在技术总体仍处于落后局面，产业基础能力薄弱，信息基础设施与发达国家还有差距，人才缺乏等问题。其次，对半导体、移动通信、计算机系统与软件、认知智能四个领域方向进行重点分析。最后，提出新一代信息技术产业发展的对策措施及建议。

3.1 全球新一代信息技术产业发展态势

3.1.1 新一代信息技术深刻改变人类的生产和生活方式

新一代信息技术深刻改变着人们的生产和生活方式，推动着社会发展和变革。数字社会形态逐步清晰。网络空间与现实空间一样，正成为人们的基本生活空间和

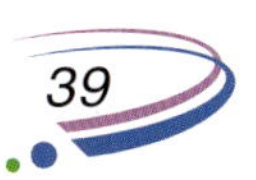

精神空间，推动传统社会结构向扁平化、多中心模式发展。智慧城市快速拓展，线上线下一体化社会将会快速到来。新一代信息技术推动公共服务和治理模式创新。智慧医疗、智慧教育、智能健康和养老向更大范围、更广人群普惠扩散，推动以人为核心的公共服务模式的创新变革。大数据、人工智能等数字技术与无人机、机器人等智能设备推动城市治理向数字化、智能化、精准化方向深入转型。新一代信息技术促进全社会整体效率提升。充分发掘数字技术潜力，实现基础资源的集约化建设与利用，实现社会的高效运转与协同治理。数字社会建设是新时代推进社会进步的新手段。

新一代信息技术促进国家治理体系和治理能力现代化。新一代信息技术正在驱动国家治理体系深入变革。数字化促进数据开放共享。运用信息技术支持政务数据和社会数据的海量存储和高速传输，为社会构建数字化服务平台，实现数据的共享、开放和应用，促进政府治理模式的变革与创新。网络化促进服务模式转变。运用互联网、移动互联网等技术，构建在线政府，向公众提供无处不在、无时不在的政府服务，促进政务服务的扁平化，提高透明度。智能化促进治理能力提高。运用云计算、大数据、人工智能等技术，构建智慧政府，实现对散落在社会各处的碎片化微观数据的深度挖掘，提升政府决策、管理、服务的智能化水平。推进数字政府建设，是实现我国国家治理体系和治理能力现代化的关键路径。

3.1.2　新一代信息技术与各行业深度融合，塑造经济新版图

新一代信息技术与农业、制造业、服务业等深度融合，掀起了传统产业领域的新一轮发展浪潮，新一代信息技术为新兴产业培育壮大创造了广阔的发展空间，成为世界新一轮经济发展的主要动能。

一是新一代信息技术催生颠覆性技术，成为全球产业变革主要驱动力。以新一代信息技术为支撑的计算技术、存储技术、网络与通信、先进制造等正孕育出一批颠覆性技术，工业互联网、物联网、车联网等新型工程科技应用形态不断涌现，大数据、云计算、人工智能、区块链等应用技术拓展升级，5G时代正在开启，这些都推动着全球产业加速向高端、智能、绿色、服务方向发展，以此为核心的数字经济正成为全球产业变革和经济增长的重要驱动力。

二是新一代信息技术向传统产业快速渗透，加速传统产业转型升级。云计算、人工智能等新型技术设施持续快速推动行业数字化转型。新一代信息技术在农业领域的广泛应用推动了农业生产管理、经营管理、市场流通等环节的深刻变革，培育出一大批网络化、智能化、精细化的现代农业发展新模式，推进农业现代化发展进程。新一代信息技术与制造业深度融合，加速推动了制造体系的数字化、网络化、智能化变革，催生了工业互联网和智能制造等新产业形态。网络协同、众包众筹、规模化个性定制被广泛应用，生产设备智能化、生产方式柔性化、生产组织灵巧化重构制造业价值链，使得产业附加值的知识和信息含量不断提升，加速了传统产业向高端制造业转变。

三是新一代信息技术为新兴产业培育壮大创造了广阔的发展空间。世界经济加速向以电子信息产业为重要内容的经济活动转变，新一代信息技术推动产业新模式、新应用、新业态不断涌现，开辟了广阔的发展空间。全球5G网络快速部署，助力自动驾驶、远程医疗、在线教育、全息通信、超高清视频等应用场景涌现。可穿戴设备、半导体照明、汽车电子等新兴产业群加速形成。

3.1.3　新一代信息技术孕育技术群体突破，迎来体系化创新时期

新一代信息技术成为集聚创新要素最多、应用最广泛、辐射带动作用最大的技术创新领域，技术交叉、深度融合是当前数字技术的主要特征。

一是新一代信息技术引领新一轮技术变革，将迎来颠覆性和群体性突破。网络与通信技术使得信息的泛在获取、高速传输、海量存储、普遍互联逐步实现，极大地提升了信息流在人类社会的流通效率；人工智能为各行各业赋能，正在不断创造着新的需求，推动信息与电子领域的技术和模式创新不断出现；"云计算"利用分布式计算技术提供海量廉价存储和计算能力；"物联网"向规模化、智能化和协同化发展；"新型智慧城市"正在朝着更透彻的感知、更广泛的互联、更深入的智能化等特征发展；微电子技术创新呈现多元化发展态势，光电子技术正迎来光电混合集成和光电单片集成时代；以量子计算、类脑智能等为代表的技术体系架构加速形成；数据网络正在步入"后IP时代"，安全可信、宽带融合、以数据为中心、高效扩展的未来网络将成为主流；固定通信超高速大容量光传输技术水平不断提升，光接入网络持续向高速化、智能化演进；移动通信全面迈入5G新时代，6G的技术研究也已启动。所有这一切都表明，新一代信息技术诸多主要领域正普遍处于更新换代的重要变革期、群体性突破的关键发展期和颠覆性变革的重大机遇期。

二是新一代信息技术各领域的加速创新与融合集成促进了技术的体系化发展。一方面，技术的体系化发展成为信息技术竞争的重要形态。感知、计算、存储、传输、连接等关键环节的技术理念、技术基因不断交叉融合，单点环节与其他环节的联系和辐射作用日益强化，体系化发展模式日益明显。近年来，物联网、云计算、大数据、人工智能等核心技术快速发展，对网络连接的能力和要求不断提升，推动了网络通信技术的快速发展；对数据处理能力的需求，促进了计算技术与计算模式的变革，推动了服务器、智能终端的技术路径的深刻调整，带动了操作系统、数据库与数据仓库、数据分析与深度挖掘等基础软件的重大创新，核心技术的技术体系和产业生态整合能力进一步加强。另一方面，新一代信息技术作为一种通用性技术，与其他领域，如制造、材料、能源、生物等领域深度融合发展，催生了智能制造、新型材料、生物信息等新的技术方向，创造了工业互联网、车联网、生物信息等新的产业形态和商业模式。

3.1.4　世界各国不断强化新一代信息技术发展，加快构建数字时代核心竞争力

新一代信息技术作为推动人类发展进步的核心驱动力，正深刻改变着全球的战

略格局，新一代信息技术成为国家竞争焦点和战略必争领域及世界各国政府优先发展的重点方向。

一是各国纷纷强化新一代信息技术的顶层设计和战略部署，积极培育技术创新的新优势。美国先后部署了《维护美国在人工智能时代的领导地位》《美国机器智能国家战略》《联邦数据战略和2020年行动计划》《2021年美国创新和竞争法案》等。组建了人工智能特别委员会，规划和协调政府的研发布局，确保美国继续在人工智能方面发挥领导作用。美国国防部下属的国防研究与工程现代化局对其监管的11项尖端技术在优先顺序上进行了调整，微电子位列第一，因为“当今这个时代的一切都依赖微电子技术”。欧盟推出提振本地芯片生产的计划，预计引发超过340亿美元的公共投资，比其2018年制定的投资目标多出5倍。日本政府也一改以往支持企业在海外投资的姿态，更积极地希望吸引国际领先的芯片制造商在日本建立先进工艺生产线，并计划未来数年向在日本建厂的海外芯片商提供总计数十亿美元的资金，以促进日本在集成电路行业的发展。

二是各国将强化新一代信息技术创新作为促进经济社会长期可持续发展的重要抓手和必由之路。新一代信息技术的广泛应用和深度融合，信息产业的巨大带动性和广泛渗透性，以及信息基础设施的基础性和关键载体地位，决定了新一代信息技术产业在促进经济发展、转变发展方式、促进社会就业等方面的重要作用。近年来，发达国家实施了新一轮的发展计划，不仅着眼于技术发展本身，更强调将其作为恢复经济、提升经济长期竞争力的重大战略。美国在其发布的面向长期科技发展支撑计划的《2016-2045年新兴科技趋势报告》中，集中总结了美国未来的科技发展方向，其中电子信息领域的技术占据了绝对重要的位置，物联网、机器人与自动化系统、智能手机与云端计算、智慧城市、量子计算、VR、数据分析、网络安全、社交网络等成为美国政府重点支持的发展领域。许多发展中国家也积极争抢新一代信息技术领域的创新和应用新机遇，力争通过信息时代“硬实力”与“巧实力”的国家战略组合，加快构建国家战略新优势。

三是各国将新一代信息技术作为维护国家网络空间安全和战略利益的重要着力点。随着互联网的发展，网络空间已成为继海、陆、空、天之后的国家第五疆域，制网权成为各国激烈角逐的新的安全领域，网络空间角逐的基础是核心技术，没有核心技术，就没有网络安全，也就没有国家安全。近年来，国际上围绕网络空间信息获取、利用、渗透和控制的争夺愈发激烈，保障国家网络空间的安全已成为信息时代各国的重要战略抉择，基于网络的攻防技术体系建设已经成为各发达国家的关注重点，加速信息技术创新，构建自主的产业体系和网络安全体系，掌控信息获取、利用、控制的主动权，已成为事关国家安全和长远发展，深刻塑造国际政治经济新格局、新秩序的重要工作。

3.2　中国新一代信息技术产业发展态势

3.2.1　坚持创新引领，强化系统布局

十九大以来，我国紧抓数字化、网络化、智能化融合发展的契机，深入实施创新驱动发展战略，在《“十三五”国家信息化规划》、《国家信息化发展战略纲要》、《国家创新驱动发展战略纲要》、《新一代人工智能发展规划》和《国务院关于印发新时期促进集成电路产业和软件产业高质量发展若干政策的通知》等顶层战略纲要的引领下，国家发改委、工业和信息化部（简称工信部）等单位坚持创新引领，推动出台《基础电子元器件产业发展行动计划（2021–2023年）》、《超高清视频产业发展行动计划（2019–2022年）》、《车联网（智能网联汽车）产业发展行动计划》、《中小企业数字化赋能专项行动方案》、《关于工业大数据发展的指导意见》和《国家新一代人工智能标准体系建设指南》等系列针对性文件。在国家战略框架布局下，各地持续加大发展推进力度，结合本地技术产业基础和未来发展需求制定出台落地性政策。整体而言，我国电子信息领域已形成从顶层规划到落地实施、从专项规划到全局发展、从试点示范到全面推广的创新政策环境体系，为加速我国电子信息领域健康快速发展，推动我国成为网络强国、科技强国提供了强大的支撑和保障。

推动传统产业转型升级，加快数字化发展。《中华人民共和国国民经济和社会发展第十四个五年规划和2035年远景目标纲要》中提出，迎接数字时代，激活数据要素潜能，推进网络强国建设，加快建设数字经济、数字社会、数字政府，以数字化转型整体驱动生产方式、生活方式和治理方式变革。打造数字经济新优势。充分发挥海量数据和丰富应用场景优势，促进数字技术与实体经济深度融合，赋能传统产业转型升级，催生新产业、新业态、新模式，壮大经济发展新引擎。加快数字社会建设步伐。适应数字技术全面融入社会交往和日常生活新趋势，促进公共服务和社会运行方式创新，构筑全民畅享的数字生活。提高数字政府建设水平。将数字技术广泛应用于政府管理服务，推动政府治理流程再造和模式优化，不断提高决策科学性和服务效率。坚持放管并重，促进发展与规范管理相统一，构建数字规则体系，营造开放、健康、安全的数字生态。

3.2.2　中国新一代信息技术产业加速增长

在新冠肺炎疫情的冲击下，全球新一代信息技术产业受到严重冲击，我国经济恢复较快，新基建、数字化转型推动了新一代信息技术的发展。我国新一代信息技术产业保持着良好的增长态势。2020年我国电子信息产业规模超过23.2万亿元，同比增长10.1%，电子信息制造业、软件业、电信业、互联网及相关服务业收入分别为

12.2 万亿元、8.3 万亿元、1.35 万亿元、1.4 万亿元（图 3.1）。

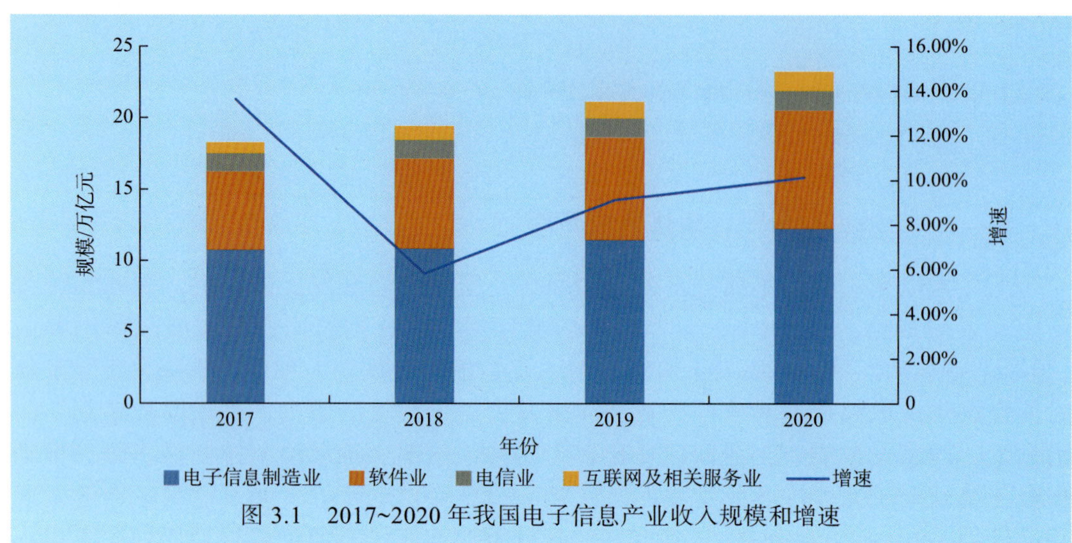

图 3.1 2017~2020 年我国电子信息产业收入规模和增速

3.2.3 产业进入高质量发展阶段

我国新一代信息技术向 ICT 产业链关键环节延伸，产业加快向价值链上游进军，高端产品竞争力持续提升。面对整机制造领域的增速放缓，我国原有的劳动力要素成本优势已经无法推动增长，龙头企业通过持续加大研发投入和加强上游产业链技术创新提升竞争力。紫光发布 5G 射频前端解决方案；长鑫 19 纳米 DDR4 内存芯片良率已达 75%，17 纳米工艺爬升中；长电科技通过 5 纳米封测技术突破；大硅片、靶材、光刻胶等不断实现突破，中微半导体、北方华创等装备进入国内晶圆生产线。100G 硅基相干光收发芯片投产，通过用户现网测试。另外，企业在新技术方面加大投入带来产品附加值的提升，以全面屏、人工智能为代表的新技术在国产手机产品中加快应用，辅助摄像、语音助手、面部识别等新应用被用户广泛接受，2019 年 2 月，华为率先发布全球首款 5G 折叠屏手机。

3.2.4 地方形成特色产业集聚区域，产业布局持续优化

一方面，全国各地根据资源禀赋优势发展不同特色产业形成产业聚集。例如，北京依据创新人才优势重点发展 8K[①] 超高清视频、人工智能和智能硬件等高技术产业。广东凭借电子信息制造业完整的产业链基础，强化超高清视频、工业互联网、机器人、新型显示等新领域产品供给能力。浙江基于互联网的良好基础，拓展数字经济边界。其他省区市也在寻找新兴产业机遇，为地方发展提供持续动力，如湖北、重庆等省市紧抓智能网联汽车、光电子、北斗、智慧健康养老等新兴产业市场机遇，湖北以“国家信息光电子创新中心”“北斗及地球空间信息产业国际科技合作基地”

① K 指的是水平方向每行像素值达到或接近的数量，1K=1 024 个。

等产业创新中心为载体，大力发展光电子和北斗产业。山东、江西等省加快 VR 等特色产业发展，总体形成了遍地开花的发展局面。重庆积极推进智慧交通和车联网发展，天津、四川等省市大力发展智能电子、智慧健康。

3.3 中国新一代信息技术产业发展存在的问题

3.3.1 仍存在较多“卡脖子”环节亟须攻克

我国新一代信息技术在全球分工中处于跟随发展、产业链配套者、产业生态学习者的地位，跟随发展容易形成路径依赖，关键核心技术落后于发达国家。人工智能芯片、CPU、数字信号处理器、中高端 FPGA、高速滤波器、高速 AD/DA（模数-数模转换）、工业控制芯片等多数高端芯片主要依赖国外进口，人工智能核心算法图形引擎、GIS、大型专业模型及工业软件和操作系统严重受制于人，EDA 技术实力薄弱，互联网体系结构等仍处于受制于人的被动局面。集成电路制造产品化支撑能力是明显短板，工艺上达到 14 纳米量产阶段，与国际领先的 5 纳米制程技术水平仍有较大差距。上游原材料、软件和制造装备尤为薄弱，尚未实现系列化、体系化布局，制约我国产业竞争能力提升和持续发展。这些不仅严重威胁到国家安全，也使我国在当前国际贸易形势下产业竞争力面临严重的挑战。

3.3.2 数据资源体系有待进一步提升

资源要素配置与发展环境仍待优化。数字人才特别是高端人才不足，产学研协同能力较弱，高校、科研院所成果可转化比例低。数字资源丰富，但转化为生产力的平台支撑能力不够。许多企业在开展大数据应用时存在外部数据短缺、获取成本高、数据孤岛等问题，缺乏数据全口径整合共享平台，大数据分析在提升效率方面的潜力未得到充分发挥。信息化统筹管理体制机制尚不完善。我国缺乏统筹管理数字技术应用、数据资源、数字经济等工作的专门机构，信息化项目审批、绩效评估、数据共享、多元化运营等体制机制尚未形成。

3.3.3 传统产业量大面广、数字化转型程度参差不齐

我国拥有庞大的传统产业，其是支撑我国经济社会发展的重要基础，但是许多行业发展惯性思维和路径依赖严重，数字化转型内生动力不足，产业配套数字化服务能力有待加强，支撑制造业和现代农业发展的金融、电商、物流、咨询等生产性服务数字化相对滞后，信息流、物流、资金流缺乏高效配置和综合利用。只有落后的技术，没有落后的产业，新技术尤其是数字技术是传统产业竞争力的“保鲜剂”。如何通过数字化改造增强传统产业的竞争力和可持续发展能力，应该始终成为我们经济工作的重要任务。

3.3.4 基础支撑保障能力不足

共性技术研发缺乏，在关键共性技术供给体系整体上缺乏统筹，研发资源分散。前沿技术布局不足，对于市场风险较大、投入较多的前沿技术研发缺乏积极性。人才供给不足，工艺开发、高级管理等高端人才和适用性人才紧缺，难以支撑高端化、规模化发展的目标。

3.4 新一代信息技术产业发展重点领域

3.4.1 半导体

半导体产业作为电子信息产业发展的战略支点，同时具备战略性、基础性和先导性。新技术、新应用推动新发展，2020 年，疫情蔓延导致数字化转型加速，在线会议、远程教育等应用推动了通信终端需求的增长，进而对半导体产生大量需求。2020 年，全球半导体市场规模达到 4 404 亿美元，同比增长 6.80%（图 3.2）。5G、人工智能、物联网、新能源汽车等新技术、新应用成为后续集成电路发展的重要驱动力。半导体制造领域，我国台湾台积电、三星电子均完成 5 纳米工艺研发，极紫外（extreme ultra-violet，EUV）光刻在技术成熟度、掩膜成本上均有改善，英特尔 10 纳米工艺制程量产，3 纳米节点工艺也有望在 2022 年实现量产。IMEC（Interuniversity Microelectronics Centre，微电子研究中心）提出新型 Forksheet 晶体管结构，适合在 2 纳米及以下工艺节点部署。存储领域，三星电子、美光、SK hynix 均发布 128 层 3D NAND 闪存芯片，我国台湾台积电将自旋扭矩传递磁性存储器（spin-transfer torque magnetic random access memory，STT-MRAM）集成至 22 纳米 FinFET 工艺中，提供抗磁和抗高温特性。此外，人工智能、汽车电子、5G 移动通信、云计算、物联网等新兴市场快速发展，进一步驱动人工智能芯片、射频元器件、Chiplet 芯粒、串行器 / 解串器（SerDes）IP、RISC-V 指令架构等半导体设计和封测技术快速演进。摩尔时代正在转向“后摩尔时代”，沿着延续摩尔、拓展摩尔、超越摩尔与丰富摩尔的路径不断向前发展。围绕新材料、新器件和新架构的颠覆性技术将成为“后摩尔时代”集成电路的主要选择。存算一体、认知计算、可重构计算等新兴计算快速发展。以 RISC-V 为代表的开源指令集和开源芯片将催生行业新业态。碳基芯片、量子芯片、类脑智能等潜在颠覆性技术拓展了半导体的发展方向。企业方面，Gartner 的数据显示，2020 年前十大半导体厂商中，英特尔以 702.44 亿美元高居榜首，同比 2019 年增长 3.7%。三星电子以 561.97 亿美元位居第二，同比增长 7.7%。SK hynix 和美光分别以营收 252.71 亿美元和 220.98 亿美元排名第三和第四（表 3.1）。在电子即将步入“后摩尔时代”之时，光子才迎来自己的“光摩尔时代”。光子技术必将引起一场超越电子技术的产业革命。全球光器件市场持续增长，市场重心由传统电信向数据中心转移。LightCounting

预测，随着数据中心、5G 移动通信建设拉动，主要由光电子芯片构成的光收发模块，其市场将保持快速增长趋势，2019~2023 年全球光收发模块市场的复合年均增长率为 11%，预计 2023 年市场总量达到 117.87 亿美元。由此推算，整个信息光电子市场的总量和增长将更为可观。光电子器件及集成技术飞速发展，新理论、新材料、新工艺和新功能层出不穷。

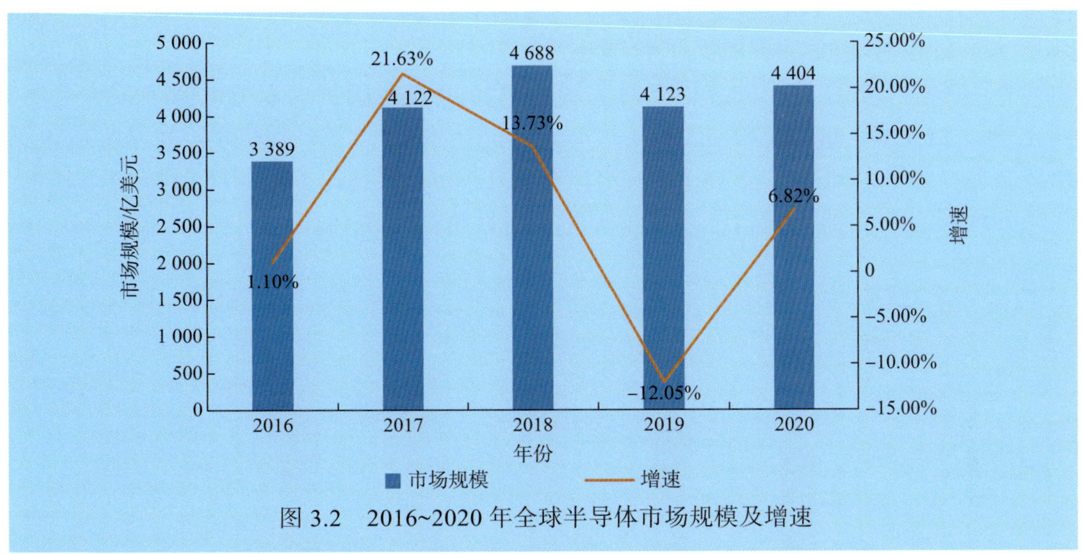

图 3.2　2016~2020 年全球半导体市场规模及增速

表 3.1　半导体厂商营收排名

2020 年排名	2019 年排名	企业名称	2020 年营收 / 亿美元	2020 年市场份额	2019 年营收 / 亿美元	2019~2020 年增长率
1	1	英特尔	702.44	15.6%	677.54	3.7%
2	2	三星电子	561.97	12.5%	521.91	7.7%
3	3	SK hynix	252.71	5.6%	222.97	13.3%
4	4	美光	220.98	4.9%	202.54	9.1%
5	6	高通	179.06	4.0%	136.13	31.5%
6	5	博通	156.95	3.5%	153.22	2.4%
7	7	德州仪器	130.74	2.9%	133.64	−2.2%
8	13	联发科	110.08	2.4%	79.59	38.3%
9	14	凯侠	102.08	2.3%	78.27	30.4%
10	16	英伟达	100.95	2.2%	73.31	37.7%

我国集成电路产业仍然保持着较好的发展态势。2020 年我国半导体销售额达到 8 848.0 亿元，同比增长 17.00%（图 3.3）。其中，设计业销售额为 3 778.4 亿元，同比增长 23.3%；制造业销售额为 2 560.1 亿元，同比增长 19.1%；封装测试业销售额

为 2 509.5 亿元，同比增长 6.8%，产业结构持续优化。设计、制造等多个环节迎来突破。设计方面，我国在专用芯片领域多点开花，人工智能专用智能芯片领域创新活跃，针对增强人工智能算力需求进一步强化能力提升；多家企业开展自动驾驶芯片布局，实现了车规级芯片的突破，并在计算性能和能耗方面表现突出。另外，我国在通用芯片领域也取得一定进步，FPGA 产品已发展至千万门级。制造方面，中芯国际 14 纳米工艺正式量产，长江存储正式发布其 64 层 3D NAND Flash 闪存产品，基于 Xtacking 技术进一步提高了存储密度与芯片面积利用率。国内进口依赖依旧突出，外部摩擦形势日益严峻。根据海关统计，2020 年我国进口集成电路 5 435 亿块，同比增长 22.1%；进口金额 3 500.4 亿美元，同比增长 14.6%。2020 年我国集成电路出口 2 598 亿块，同比增长 18.8%；出口金额 1 166 亿美元，同比增长 14.8%。其中，在微处理器、存储器、逻辑电路及模拟集成电路等领域进口比例较高。

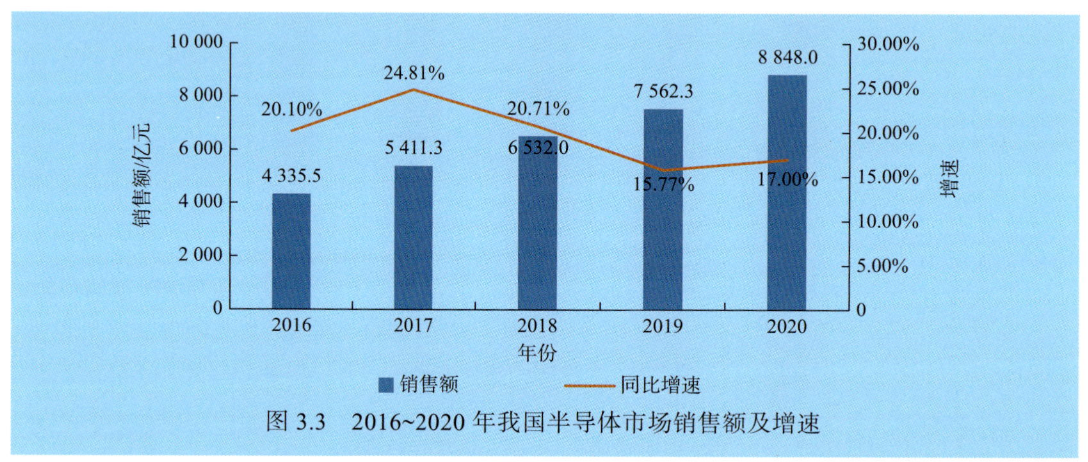

图 3.3　2016~2020 年我国半导体市场销售额及增速

我国半导体产业发展机遇与挑战并存。一方面，内外环境推动国内电路产业迎来机遇期。国家和地方相继出台更加深入细化的规划政策。同时，从资本市场来看，国家集成电路产业投资基金（二期）的募资工作已经完成，为我国集成电路发展提供资本支撑。另一方面，产业发展仍将长期处于追赶局面。国内集成电路企业的规模和营利能力目前还难以对标国际领先企业巨量且持续的研发投入。短期内，我国在部分装备、材料和零部件生产、封测环节能够取得一定进展，但从长期看，核心设备领域依然处于追赶阶段，仅能满足部分中低端需求。应用方面，CPU、存储器领域还难以进入下游市场，仍需加大力度突破薄弱技术和生态基础，促进竞争力的不断提升。

3.4.2　移动通信

移动通信先后经历了模拟、数字、多媒体、移动超宽带四个阶段。我国无线移动通信技术先后经历了 1G 空白、2G 跟随、3G 突破、4G 并行（与国外先进水平同步）、5G 引领五个阶段。从 1G 到 3G 主要面向个人通信，4G 开始往物联网扩展，5G 全面部署物联网，并面向车联网等产业和社会管理等方面。5G 网络已开始加快商用部署，已成为全球产业热点。截至 2020 年第三季度末，全球共有 52 个国家的 115 家运营商实现了 5G 商用，2020 年底全球 5G 新增 2.3 亿用户。互联网有望从消费领域向工业领域和其他各领域延伸。5G 具有更高速率（1Gb/s 以上）、更大容量、更低时延（1 毫秒量级）、更高可靠和更低功耗等特点，将成为未来连接人与人、人与物、物与物的基础通信方式。5G 支持 eMBB（enhance mobile broadband，增强移动宽带）、uRLLC（ultra-reliable and low latency communications，超高可靠超低时延通信）和 mMTC（massive machine type of communication，海量机器类通信）三大场景，并确定了用户体验速率、时延、连接数密度、移动性、峰值速率等指标。5G 核心网的演进有可能采用统一的互联网 / 移动网架构（包括命名、授权和移动性管理），分布式控制，支持基站、接入点 AP 的即插即用及扁平化网络等。

2017 年底，3GPP（3rd Generation Partnership Project，第三代合作伙伴企业）发布了 R15 非独立组网标准，重点支持 eMBB 业务，5G 基站与 4G 基站或 4G 核心网连接，用户通过 4G 基站接入网络后，5G 新空口和 4G 空口共同为其提供数据服务，4G 负责移动性管理等控制功能。2018 年 6 月，3GPP 发布了支持独立组网的 5G 国际标准，支持 eMBB 和基础低时延高可靠业务，基于全服务化架构的 5G 核心网，5G 基站可直接连接 5G 核心网，能提供网络切片、边缘计算等新应用。2019 年发布的 R15 第三阶段标准将完成更多组网架构，支持 4G 基站接入 5G 核心网。2020 年 7 月，3GPP 宣布 5G R16 标准冻结，标志 5G 第一个演进版本标准完成，R16 标准在 R15 的基础上，将进一步增强网络支持移动宽带的能力和效率，同时扩展支持更多物联网场景。

在频谱方面，2017 年 11 月我国发布了用于 5G 的中频规划，明确了 3.3~3.6 吉赫兹和 4.8~5.0 吉赫兹共计 500 兆赫兹用于 5G。2018 年底我国已经完成了 5G 中频段频谱规划，并积极开展毫米波频谱研究；目前我国 5G 网络已全面商用部署，并在不断加快进程；在 5G 应用方面，我国举办了“绽放杯”5G 应用征集大赛，向全社会广泛征集 5G 特色应用，助力 5G 与垂直行业融合应用发展。我国多项 5G 技术方案先后进入国际核心标准，推进速度、数量、质量均位居世界前列。3GPP 和 ITU（International Telecommunication Union，国际电信联盟）分别在 2019 年底和 2020 年完成完整的 5G 国际标准。根据中国信息通信研究院的数据，2020 年 1~7 月，国内市场 5G 手机累计出货量 7 750.8 万部，占比为 44.2%，标志性的杀手级应用是 5G 的难点。

随着 5G 的全面商用部署，国内外厂商纷纷加快研发推出商用产品。对于宏站、室内微站，2.6/3.5 吉赫兹已实现现网部署，4.9 吉赫兹频段也已有产品。国内厂商已推出了宏站、小站和微站等多种产品形态，支持室内室外场景。国际上已发布 1.2Gbps 第二代千兆级 LTE（long term evolution，长期演进）调制解调器芯片，射频前端和接收机芯片已发展到支持 16QAM、QPSK 20MHz 带宽，商用 GPU（graphics processing unit，图形处理器）已发展到 2petaFLOPS、512 吉字节显存。核心网方面，非独立组网的分组核心网已全面商用。基于独立组网的核心网方案，引入了软件定义网络（software defined network，SDN）和网络功能虚拟化（network functions virtualization，NFV）新技术，正加速商用。从“卡脖子”事件可以看出关键核心技术还需补短板，特别是芯片制造，全球对于5G核心技术的竞争日趋白热化。我国卫星通信技术继续保持稳步发展态势，小卫星技术、高吞吐量同轨卫星技术发展迅速，高轨和低轨卫星互联网、星间和星地激光通信受到业界广泛关注。

无线移动通信将向“5G/6G”方向发展，采用开放的5G/6G系统架构，3Xs-abc是其主要发展趋势。以OFDM（orthogonal frequency division multiplexing，正交频分复用技术）和MIMO（multiple-input multiple-output，多进多出）为核心技术的4G-LTE移动通信发展方兴未艾，并正作为一种基础技术逐渐扩展其应用范围。我国4G网络目前仍是最主要的移动通信网络，面向车联网、物联网及终端直通应用的LTE-V、LTE-U、LTE-D等技术标准正逐步成熟，面向小数据、大连接、广覆盖物联网应用的窄带LTE（NB-IoT和eMTC）和工业互联网受到业界广泛关注，有望成为一种大范围广覆盖的物联网运营基础设施，从而为拓展基于国际互联网的物联网应用开启全新的方向。

目前5G网络正在加快建设部署，5G应用范围将从目前的人-网通信拓展至人-网-物三元万物互联、超密集连接物联网、车联网及工业互联网等。网络端到端切片技术成为业界研究热点，以满足移动互联网和物联网业务等多样性应用需求。以Wi-Fi为代表的宽带无线接入技术也在向更大带宽、更高速率、更多业务方向发展，并且衍生出诸多新的应用，包括支持物联网应用的802.11ah，支持车联网的802.11p，支持低时延大带宽的802.11ad等。

我国接近80%的陆地面积，95%的海域为通信覆盖盲区或薄弱地区。依托近地和高轨卫星建立的天基信息网络，与地面信息网络相比，具有高、远和广覆盖特点，对于实现海上、空中及地面系统难以覆盖的偏远地区通信有其明显优势。目前，全球在轨卫星超过1 300颗，其中通信卫星超过700颗，频率和轨位是宝贵的战略资源。在卫星互联网领域，美国企业占据前三强，目前已发射卫星538颗，进入组网阶段。我国整体还处于体制设计和试验验证阶段，仅发射5颗卫星。并且，我国卫星互联网系统孤立、信息分离、各成体系、服务滞后是需要解决的问题。

宽带卫星市场广阔，预计2021年，全球将新增460万宽带卫星通信用户，总数将超过810万用户。其中，移动运营商基站中继和应急备份、机载车载船载通信、海上通信、边远地区通信、企业联网、区域性电视直播、高清视频采集和分发、个人宽带接入服务等十分活跃。面对全球卫星互联网飞速发展，未来建立星地和星星之间的大气激光通信链接，实现星与星之间，星地下行、上行高速连接成为可能。实现一星多用、多星组网、天地一体、星网一体、内外一体、通导遥一体是趋势和目标。

3.4.3 计算机系统与软件

新型计算模式和新型硬件持续推动操作系统产品和技术的发展和演化。伴随信息技术数字化、泛在化、智能化、高速化发展趋势，云计算、大数据、移动互联等新型计算模式日益得到普及，异构计算、内存计算、虚拟计算等新的技术支撑形态应运而生，新型计算芯片、存储器件和设备、无人装备、智能终端、5G通信网络等硬件不断出现。一方面，新型计算模式下，多端协同及融合成为下一代操作系统等发展的必然要求。例如，微软新的操作系统 Windows Core OS 将支持模块化的多端及多平台融合。另一方面，硬件发展推动软件架构的不断演化，充分利用新型硬件技术的技术特点和优势实现操作系统等大型软件的软硬融合架构设计，成为克服和解决安全、可靠与高效之间矛盾的有效手段。

互联网时代开源软件快速发展，加速了我国基础软件及相关技术与产品的创新。开源定义了一种软件开发、发布和维护模式。这种模式下，软件开发、维护具有群体协同的特点。在互联网时代下，我国开源基础软件及开源托管平台得到了快速发展，国内厂商不断有重磅项目开源。一方面，源代码及其开发过程在互联网范围内得到共享，代码往往得到快速持续性演化，产生了大量高品质、快速迭代和更新的开源软件。其包括开源的操作系统、大数据管理、云计算平台、编程语言和集成开发环境等，覆盖面十分广泛。另一方面，在协同、开放、共享、持续性演化的开源生产模式下，形成了有效衔接开发者、用户、企业、开源基金会等的开源软件生态。

国产操作系统机遇与风险并存。国产通用操作系统通常采用开源与闭源相结合的混源发展模式。一方面，具有借鉴开源的优势；另一方面，代码量庞大、代码来源复杂多样、依赖关系复杂。2020 年，Synopsys 公司面向航空航天、汽车、物流运输、互联网与软件基础架构、物联网、金融、能源、医疗等 17 个行业 1 253 个代码库中的数据进行了开源代码的安全和风险分析，经审计的代码库中，75% 的代码库包含具有已知安全漏洞的开源组件，49% 的代码库包含高风险漏洞，与 2019 年相比，比例都有较大提升，意味着未管理的开源代码带来的安全风险有所增加。为提高代码可追踪性、可控性和安全性，需要从代码来源及组成、代码质量保障、代码依赖关系分析等方面展开研究。与此同时，2019~2020 年，开源软件出口管制背景下，对合规发展开源软件及产业带来潜在风险，通过评估开源主体、协议、托管平台及产品，评估美国出口管控对中国开源软件及产业的影响。同时，国产软硬件发展意识显著增强，同步辐射操作系统的发展。

面向人机物融合场景，操作系统呈现云边端融合发展趋势。首先，面向 5G 时代人机物融合场景，地理分散的多种信息平台、传感器、基础设施等分布在云、端及边缘节点上，硬件种类丰富多样，相互连接，与各种控制管理软件及各类数据等资源互相配合，以实现无缝衔接，对我国操作系统发展提出了云边端一体发展需求。另外，物联网操作系统不断涌现。腾讯自研轻量级物联网实时操作系统 TencentOS tiny 和 AliOS Things 3.0 相继发布。

面向国家新型基础建设和应用创新工程对国产操作系统的需求，以用促研。在人工智能、区块链、云计算、物联网、大数据等新型计算模式的推动下，基础建设的内涵和外延有了新的定义。新基建已成为 2020 年我国经济增长的重要助推力量。随着创新业务的增加与应用的多元化，对底层支撑信息基础设施的国产操作系统提出了更高的要求。“用起来”才是发展的硬道理：国外基础软件现有商业运作模式尚不适用，现阶段发展仍需要国家扶持和投入，以政府政策需求为主导，辅助以市场机制，以应用需求为牵引，以用促研，主动迭代升级，在用户使用中发现问题、解决问题。

加大对混源软件的来源链、演化机制、制约机理及开源生态的研究，拥抱开源社区，提高核心竞争力和影响力。从代码追踪和合规性分析、安全审计和验证、系统升级维护等方面研究操作系统大规模混源代码的质量提升与评估技术，提升对开源代码的理解、管理和掌控能力，改进并优化通用操作系统等大规模基础软件的软件工程方法。加强对海量开源生态资源的研究，汲取开源中框架、算法、机制等经验做法，鼓励技术创新，提高核心竞争力；基于国产基础软件在开源方面的已有贡献，向 Linux kernel、OpenStack、Ubuntu 等社区回馈代码；高效利用开源软件技术、项目、工具、构件、代码，加快我国科技创新速度和效率。

3.4.4 认知智能

认知智能是探寻人类学习、理解、产生决策的生物能力，并将之赋予机器的技术统称。认知智能的目标是突破机器认知、推理决策，以及多模态知识持续学习等能力瓶颈，让机器像人一样，通过语言、听觉、视觉等通道获得对真实世界的统一认知。认知智能涉及语义表示和理解、知识表示和融合、联想推理、自主学习等。近年来，随着自然语言理解、知识图谱等技术的创新，带动认知智能应用快速落地且场景逐渐深化。

自然语言理解和知识图谱技术取得突破，推动人工智能由感知智能向认知智能飞跃。近年来，算力持续突破、算法不断创新、数据爆发式增长，驱动自然语言处理技术飞速发展，呈现出很多新的变化。例如，从传统进行层级式结构分析演变到直接的端到端语义表示；从过去局限于理解句子发展到现在多文本、跨模态的内容理解；等等。尤其是随着深度学习的快速发展，基于知识增强的自然语言语义表示得到了突破，显著提升了自然语言理解的效果，推动认知智能的快速发展和落地。目前基于多源异构互联网大数据的知识图谱技术得到了快速的发展，开放信息抽取、本体自动构建、图谱自动补全、多源数据融合，以及人机结合的知识验证等技术已经得到一定的应用，显著提升了通用知识图谱的覆盖率和量级，在搜索引擎、智能问答等互联网业务中得到了广泛的应用。随着越来越多的行业希望利用知识图谱沉淀行业知识，提升行业应用的智能水平，领域知识图谱 / 行业知识图谱得到了快速的发展。

认知智能市场需求不断增加、应用场景逐渐深化。在用户产品领域，搭载通用型对话机器人已经在全世界范围内实现了普及，包括小度在家、Siri、Amazon Alexa、Google Home 等智能设备。基于行业应用的智能客服系统在电商、医疗、金融等行业快速落地，也极大地节约了客服系统的人力成本。基于复杂深度语义理解的应用也逐渐出现，不仅可以全面识别场景中的不同人和物，还可以完成跨媒体的语义理解。这项技术极大地拓展了复杂场景下基于语音、图像、视频和文本的理解，在舆情系统、金融审计、风险评估和预测、辅助诊疗系统等领域也发挥了重大的作用。总之，将人工智能真正转变成现实的生产力，离不开认知智能的转化应用，我们也看到认知智能技术已经逐步应用于各个行业，市场需求持续增加，将极大拓展人工智能应用的深度和广度。虽然现在仍然处于发展阶段，但是随着企业将前沿技术转化为产品，迅速与行业相结合，将有效地推动认知智能落地。

3.5　新一代信息术产业发展思路及建议

3.5.1　建立健全人才引进及培育体系

一是以关键共性技术、前沿引领技术、现代工程技术、颠覆性技术创新为突破口，加速推动新一代信息领域核心技术突破。在国家战略引领下，应大力推进重点领域的核心技术创新，构建产业竞争新优势。坚决实现基础共性技术的战略性突破。集中突破高性能集成电路、芯片等关键电子元器件，数据库和操作系统等基础软件，处理、计算、传感、通信和存储传输等通用核心关键技术。加快研发生物传感器、硅光子集成、光电显示，争取在关键核心技术上取得重大突破。加快新型计算技术和网络技术等前沿引领技术的突破。加快量子计算、高性能计算、认知计算等新型计算技术的研究，推动新一代移动通信、下一代互联网、云计算、物联网、车联网、北斗卫星导航系统等领域技术突破，开展未来网络、卫星互联网等新型网络信息技术的创新研究。重视设计工具、基础工艺、重要材料等现代工程技术方面的创新。加紧布局超越摩尔相关领域，重视特色工艺、化合物半导体工艺的研发创新，着力推动模拟及数模混合集成电路、微机电系统（micro-electromechanical system，MEMS）、高压电路、射频电路等特色专用工艺生产线和化合物集成电路生产线。加快系统级封装发展，推动芯片级封装、圆片级封装、硅通孔、三维封装技术的进一步升级和产业化。提升面向先进工艺的刻蚀机、离子注入机等关键设备及 12 寸硅片、靶材等核心材料的研发和产业化能力，布局石墨烯、碳纳米管等“后硅时代”的关键材料和工艺技术创新。超前部署颠覆性技术的研究。在深度学习、类脑智能、神经网络芯片、量子芯片、量子编程、先进机器人等领域超前布局，加速新一代电子信息技术的突破创新应用，缩小我国与发达国家的差距。

3.5.2　加快培育龙头企业，打造具备国际竞争力的软硬互动、上下游联动的产业生态

新一代信息技术属于多学科交叉高技术密集领域，是当前全球技术创新的竞争高地，也是当前国家间、企业间的竞争焦点，完整的产业链条、积极的合作环境是提升产业竞争力的关键。加快我国新一代信息技术产业链各环节龙头企业培育，协助企业建立产学研资协同的研发机构，鼓励企业采用自研、投资等方式建立前沿技术领域优势，加速龙头企业打造差异化竞争力。提升重点领域软件类产品和服务的竞争力，打造软硬协同创新的发展态势。鉴于我国当前硬件强而软件开发相对薄弱的情况，积极提升我国操作系统、APP（application，应用程序）、嵌入式算法、设计工具、数据库等软件产业的竞争力，重点加强面向万物智能时代的软件领域研发，包括物联网操作

系统、工业 APP、人工智能算法和数据清洗等软件服务。鼓励企业向产业链更具增加值的元器件、平台等环节拓展。在人工智能、智能硬件等新技术、新产品的推动下，产业链正在纵向拉长，应用平台等已经成为产业链上的关键环节，同时电子信息通信技术与垂直行业的产业生态交织更加明显。我国已经形成电子信息领域产业配套基础，需重点拓展人工智能芯片、物联网专用领域芯片、物联网模块、工业互联网连接管理平台等环节，加强跨行业领域的应用解决方案研发，打造具备新时代竞争力的电子信息产业生态。

3.5.3　深化前沿信息技术应用，推动与实体经济的深度融合

推动大数据、人工智能、区块链等技术在家居、安防、制造、教育、环境、交通、商业、农业、金融、文化、旅游、健康医疗、社会治理等重要领域的集成应用，服务实体经济，拓展数字经济空间。大数据方面，集中优势资源突破大数据核心技术，加快构建自主可控的大数据产业链、价值链和生态系统链，不断突破大数据采集、存储、分析等技术；深化大数据在制造、环境等重要领域的应用，开发基于大数据的新应用、新产品、新业态和新模式，充分释放大数据的经济效益；以智慧城市建设为抓手，加快推进政府数据和公共数据的开放共享，利用大数据优化资源配置、提高服务质量，打造高效的城市治理和社会综合服务体系。人工智能方面，建立新一代人工智能基础理论体系，以突破人工智能应用基础理论瓶颈为重点，超前布局可能引发人工智能范式变革的基础研究；积极布局人工智能创新平台，培育人工智能创新产品和服务，推广人工智能在工业、交通、公共安全、医疗、教育等行业领域应用，促进人工智能技术的产业化。区块链方面，加快推进共识机制、跨链、隐私保护、密码算法等区块链关键技术研发，推动各方就区块链的概念、架构、技术特点、发展路线及治理与监管等形成共识；积极推进区块链技术和实体经济深度融合，选择重点领域组织开展区块链应用试点，培育行业龙头和领军企业，打造产业生态。

3.5.4　紧抓网络空间发展新机遇，深耕网络安全细分领域技术创新突破

没有网络安全就没有国家安全，就没有经济社会稳定运行。在数字经济全球化浪潮驱动下，网络空间的基础性、全局性作用更加凸显，网络安全已经成为各国和各种利益团体博弈的新筹码。5G、大数据、云计算、人工智能、产业互联网等技术和应用的快速发展，给网络空间安全带来了新的挑战，应充分意识到网络安全的重要性，不断推进网络安全细分领域创新应用，以及新技术网络安全问题应对创新，抢占先发主导优势。一是突破计算机系统、云计算、大数据、工业控制、5G 及其他重要领域信息系统所需关键安全软硬件技术，加强关键信息基础设施领域核心安全防御能力建设，从被动防护转向积极防御；二是加强网络安全基础理论和重大问题研究，加强网络安全标准化和认证认可工作，做好网络安全防护、等级保护、风险评估等基础性工作；三是协同攻关和分类突破网络安全细分领域技术，提升网络安

全防御体系的智能化程度，加快推动以可信计算体系、拟态安全防御等前沿技术为基础的网络安全内生、主动防御技术体系的应用；四是加快推动网络安全保障体系的融合创新，加强网络安全信息统筹机制、平台建设，加强网络安全事件应急指挥能力建设，进一步提升网络空间态势感知能力，推动网络安全防御从传统事件响应式向持续智能响应式转变。

3.6 新一代信息技术产业发展技术路线图

新一代信息技术产业路线图如图 3.4 所示。

新一代信息技术产业路线图

里程碑	子里程碑	2020年	2025年	2030年	2035年
需求		万物互联、广域覆盖、宽带实时、智能泛在			
目标	半导体	延续摩尔：产业链主要环节达到世界领先水平，产业安全可控；超越摩尔：建立自我为主，融入全球的技术体系；光电子："新赛道"建立具有自主知识产权的光电子技术与产业体系			
	网络与通信	构建空天地一体，高速率、全覆盖、智能化、安全可控、引领全球的网络基础设施；无线移动通信产业实现全球领先，关键核心领域很大程度上实现产业链安全；建成天地一体信息网络，天基网络与地面网络深度融合，具备全球覆盖能力			
	计算机系统与软件	系统自主可控；提高操作系统与工业软件核心水平；产业生态链安全完善			
	人工智能	理论、技术与支撑平台完全自主可控，技术与应用达到世界领先，科技创新生态高度发达，为新时代中国特色社会主义智能社会建设提供全面支撑			
关键共性技术	半导体	延续摩尔：DRAM、ReRAM（阻式随机存储）、MRAM（磁性随机存储）等下一代存储、计算机CPU、网络设备CPU、服务器CPU、图像处理器、微控制器、高性能FPGA、高速AD/DA		人工智能支持的EDA、硅基超低功耗TEFT、NCFET、硅基高迁移率器件、二维半导体材料、自旋电子器件、新存储	
		IP核、IP复用技术、开源芯片、云计算、人工智能支持的EDA			
		大尺寸衬底、高频高功率器件、以及GaO等超宽禁带半导体	GaO等超宽禁带半导体		
		10/7纳米制造工艺	5/3/1纳米制造工艺		
		新型器件			
		系统级封装、Chiplet	3D SiP		
		光刻机、刻蚀机、PVD等关键设备；光刻胶、大硅片、电子气体、掩膜版等关键材料			
		光电联合芯片设计、CMOS工艺兼容硅基光源、异质异构光电单片集成、光电联合仿真与EDA工具、光电融合集成工艺IP库			
		红绿蓝发光材料、空穴/电子传输材料、电极材料、蒸镀机等；发光材料与高迁移率的半导体材料、驱动技术、巨量转移技、低缺陷材料生长、短波长铝镓铟磷红光、长波长铟镓氮蓝绿光			

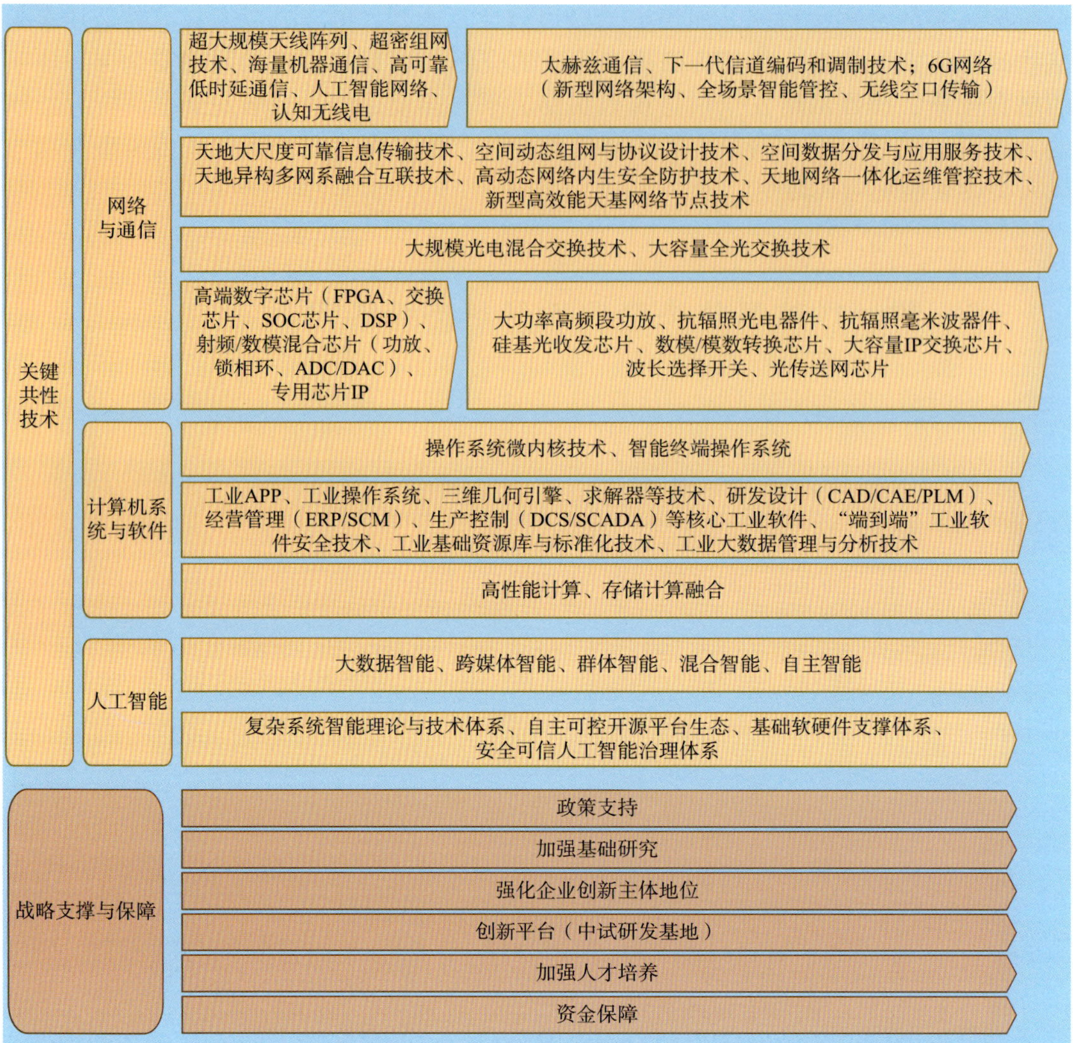

关键共性技术

网络与通信

- 超大规模天线阵列、超密组网技术、海量机器通信、高可靠低时延通信、人工智能网络、认知无线电
- 太赫兹通信、下一代信道编码和调制技术；6G网络（新型网络架构、全场景智能管控、无线空口传输）
- 天地大尺度可靠信息传输技术、空间动态组网与协议设计技术、空间数据分发与应用服务技术、天地异构多网系融合互联技术、高动态网络内生安全防护技术、天地网络一体化运维管控技术、新型高效能天基网络节点技术
- 大规模光电混合交换技术、大容量全光交换技术
- 高端数字芯片（FPGA、交换芯片、SOC芯片、DSP）、射频/数模混合芯片（功放、锁相环、ADC/DAC）、专用芯片IP
- 大功率高频段功放、抗辐照光电器件、抗辐照毫米波器件、硅基光收发芯片、数模/模数转换芯片、大容量IP交换芯片、波长选择开关、光传送网芯片

计算机系统与软件

- 操作系统微内核技术、智能终端操作系统
- 工业APP、工业操作系统、三维几何引擎、求解器等技术、研发设计（CAD/CAE/PLM）、经营管理（ERP/SCM）、生产控制（DCS/SCADA）等核心工业软件、“端到端”工业软件安全技术、工业基础资源库与标准化技术、工业大数据管理与分析技术
- 高性能计算、存储计算融合

人工智能

- 大数据智能、跨媒体智能、群体智能、混合智能、自主智能
- 复杂系统智能理论与技术体系、自主可控开源平台生态、基础软硬件支撑体系、安全可信人工智能治理体系

战略支撑与保障

- 政策支持
- 加强基础研究
- 强化企业创新主体地位
- 创新平台（中试研发基地）
- 加强人才培养
- 资金保障

图 3.4　新一代信息技术产业路线图

审稿：陆军

参 考 文 献

[1] 陈左宁 . 信息化蓝皮书：中国信息化形势分析与预测（2019~2020）[M]. 北京：社会科学文献出版社，2021.

[2] 中国信息与电子工程科技发展战略研究中心 . 中国电子信息工程科技发展研究（综合篇 2018—2019）[M]. 北京：科学出版社，2019.

[3] 中国信息通信研究院 . 2021 ICT 深度观察 [M]. 北京：人民邮电出版社，2021.

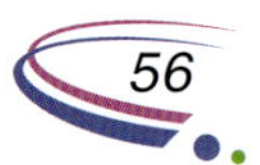

[4] 国家制造强国建设战略咨询委员会. 中国制造业重点领域技术创新绿皮书——技术路线图（2019）[M]. 北京：电子工业出版社，2020.
[5] 中国电子信息产业发展研究院. 2019-2020年中国半导体产业发展蓝皮书[M]. 北京：电子工业出版社，2020.

第 4 章

生物产业

崔子恒　陈长京　王　萌　张会丽　陈必强

【内容提要】生物经济是在人类对生命科学理解的基础上，伴随着现有生物技术与相关衍生技术的发展而诞生的一种包括物质的生产、流通、交换和分配模式及制度的全新经济模式，其重点在于如何有计划地规划和开发利用生物资源来提供生物技术产品和服务。相关技术领域，如基因工程、合成生物学等快速的技术进步和普及应用是新时代下生物经济发展的一大重要特征，特别是随着新冠肺炎疫情的变化发展，各国加速发展生物技术与生物经济，生物技术引领的新科技革命、生物经济引领的新产业革命将会提前到来。

4.1　全球生物产业发展动态及趋势

4.1.1　生物安全和产业支撑受到各国高度重视

新冠肺炎疫情深刻改变了世界，也影响了全球生物科技的战略方向和聚焦领域，生物安全受到各国高度重视。生物安全的概念也在不断发展，将从“生物防御”扩展到“生物经济和产业支撑”。特别是随着全球疫情的不断发展演变，许多国家已经开始调整或重新制定其生物安全战略规划及布局以加强其应对生物安全风险的能力。生物医疗产业链和供应链安全也受到各国高度重视，世界主要发达国家都在调整医药供应链布局以减少对中国的依赖。例如，美国国会研究服务部2020年4月发布《新冠疫情：中国医疗供应链和更广泛的贸易问题》，全面评估了新冠肺炎疫情对中美贸易的影响、美国对中国医疗供应链的依赖程度，提出联合伙伴国家加快把医疗供应链转移到中国以外等诸多举措，以实现医药、医疗用品生产和供应的多元化；日本也在积极将相关企业转移到东南亚、南美等其他国家。同时，各国纷纷增强国内生物医药研发及生产的独立自主能力。例如，德国、日本政府纷纷限制外资对其关键生物科技企业进行投资，并将呼吸机等高级医疗器械纳入安保核心产业领域。美国参议院举行“确保美国在生物经济领域的领导地位”听证会，以及美国国家情报局委托国家科学院、国家工程院和国家医学院发布《保护生物经济》报告等，主动发展本国生物经济能力。欧盟委员会发布《欧洲药物战略》和《生命科学中的跨技术方法交叉发展》报告，旨在建立具有前瞻性和抗危机能力的欧盟制药体系，以及指导和促进生物科学中的跨技术方法交叉发展[1]。此外，世界范围内的生物安全合作也在积极展开，一些具有标志性的事件包括：世界卫生组织启动“全球新冠疫苗供应计划”，拟在2021年底前为参与国提供20亿剂新冠疫苗；成立全球抗生素耐药性领导组织，以对抗抗生素耐药性，确保未来重要药物的供应[2]。

4.1.2 合成生物学等新兴技术迸发出巨大应用潜力

合成生物学是近年来发展迅猛的前沿交叉学科，其实质是在工程学思想指导下，按照特定目标理性设计、改造乃至从头重新合成生物体系，并以此来研究生命科学中的基本问题或实现生物学在生产实践中的应用转化。合成生物学研究的重点是生物工程化改造和从头再造生命体中具有普适性的设计原理、构建技术和安全规范等生物工程的共性问题。目前世界主要国家均把合成生物学作为未来主要争夺的技术高地之一，相关国家和机构发布的一系列报告中也都将合成生物学评为对未来具有颠覆性影响的技术[2]。其中一些较为重要的报告，如联合国贸易和发展会议发布的《2018技术与创新报告：利用前沿技术进行可持续发展》报告、经济合作与发展组织2014年发布的《合成生物学领域的新兴政策问题》报告、美国2012年发布的《国家生物经济蓝图》、2014年发布的《加快美国先进制造业发展总统报告》、2015年发布的《国防2045：为国防政策制定者评估未来的安全环境及影响》评估报告、2019年发布的《工程生物学：新一代生物经济研究路线图》及英国2010年发布的第3轮技术预见报告《技术与创新未来：英国2030年的增长机会》等，都将合成生物学作为重要内容进行阐述。此外，2019年5月，美国商务部工业和安全局筛选出14项代表性技术类别列为限制输出的新兴技术重点，其中生物技术类就包括合成生物学、基因组和基因工程等[3]。2021年1月，美国政府发布《2021美国创新与竞争法案》，拟投入2 000亿美元以应对来自中国等世界主要国家的战略竞争，保持美国在包括合成生物学在内的主要研究与技术领域的优势与地位。这些标志性事件反映出合成生物学已进入了一个共识、合作与竞争的快速发展时期。我国同样将合成生物学作为一个重要的技术创新领域和未来科技发展的重要方向。2021 年 3 月 15 日，习近平总书记在《求是》杂志上发表的重要文章《努力成为世界主要科学中心和创新高地》中，再次指出“以合成生物学、基因编辑、脑科学、再生医学等为代表的生命科学领域孕育新的变革”[4]。《中华人民共和国国民经济和社会发展第十四个五年规划和 2035 年远景目标纲要》中，明确将合成生物学列为科技前沿领域方向之一。

4.1.3 生物制造成为未来生物经济的主导力量

生物技术不断从医药、农业和食品领域向化工、材料及能源领域转移，这使得许多传统的基于化石原料和高温、高压、高污染的化工过程所制备的大宗化工产品逐步被以可再生资源为原料、通过条件温和与清洁环保的生物加工过程所生产的同类产品替代。现代生物制造产业正在加速形成与扩展，一个大规模的生物产业即将到来。世界经济论坛发布的报告显示，利用可再生的原料生产生物基产品是未来新兴生物经济的重要特征。据美国国家科学研究委员会的报告[5]，2017 年美国生物产业总产值约为 3 880 亿美元，贡献了超过 2% 的 GDP，其中最大的组成部分是工业生物技术，即生物制造产业，产值约为 1 470 亿美元，超过了生物医药产业和生物农业的产值。

生物制造产业包括材料、酶和相关化学品的开发，其中占比最大的是生物基化学品，超过一半。美国农业部在 2011 年启动了 BioPreferred Program（生物优先计划，BPP），旨在对生物基产品提供认证标签，建立了最低添加标准以减少石化产品的使用，并通过强制政府部门对生物基产品进行公共采购。该计划帮助购买者识别生物基产品，从而刺激经济发展，创造新的就业机会，并为农业商品提供新的市场。截至 2021 年 6 月，生物优先计划目录包括 16 000 多个注册生物基产品。2021 年，美国农业部公布了《美国生物基产业经济影响分析》。该报告表明，生物基行业是经济活动和就业的重要来源，并且对环境有重大的积极影响。通过直接、间接和诱导的贡献提供了 460 万个就业机会，为美国经济贡献了总计 4 700 亿美元的附加值，每一个生物基工作促进其他经济部门产生了 2.79 个工作，每年可替代约 940 万桶石油，每年减少约 1 270 万吨二氧化碳当量的温室气体排放。Bioeconomy Capital 预测[6]：到 2030 年，大部分新化学品供应将由生物技术提供；到 2040 年，生物化学品将在多个竞争领域超越石化产品。目前，生物燃料乙醇、重大化工产品 1，3-丙二醇、生物可降解塑料聚乳酸和聚羟基烷酸酯等生物基产品已经实现规模化制造，聚酯材料、橡胶、合成纤维等传统石化基高聚物单体的生物合成技术不断创新。全球生物基产品占石化产品的比例已从 2000 年的不到 1% 增长到了现在的 10%，并以每年高于 20% 的速度增长，展现出一个生物基经济的雏形和强劲的发展势头。

近年来，世界各国更进一步加强了对生物产业和生物经济的部署与规划。2019 年 2 月和 6 月，美国生物质研发理事会与美国工程生物学研究联盟先后发布了《生物经济行动实施框架》和《工程生物学：面向下一代生物经济研究路线图》，提出最大限度促进生物质资源在美国国内平价生物燃料、生物基产品和生物能源方面的持续利用以促进经济增长、能源安全和环境改善，并展望了工程生物系统在材料、能源、食品和健康产业等多领域的未来图景，以及工程 DNA、生物分子工程、宿主工程和数据科学等 4 个技术主题未来 20 年有望取得突破的技术方向。2020 年，美国国家工程院、国家科学院和国家医学院发布《保卫生物经济 2020》报告并由国会通过了《2020 年生物经济研发法案》，在定义和评估美国生物经济现状的基础上，提供了一个协调的联邦研究计划，确保美国继续在工程生物学领域发挥领导作用。2019 年 4 月，欧盟 RoadToBio 项目发布《面向生物经济的欧洲化学工业路线图》，并于 2020 年 3 月由欧盟委员会通过了新的《循环经济行动计划》（Circular Economy Action Plan），提出了增加生物基化学品份额、大幅减少碳排放、提高能源效率等目标，为欧洲化学工业创造强有力的竞争地位并针对 9 个类别产品的生物基替代提出了短期、中期和长期的行动计划，同时宣布了贯穿产品整个生命周期的举措，如针对循环经济的设计和生产、促进循环经济进程、促进可持续消费等。此外，2020 年欧盟生物基产业联盟发布《战略创新和研究议程（SIRA2030）》报告草案，提出到 2050 年建立一个具有竞争力、创新和可持续发展的欧洲，引领欧洲经济向循环型生物经济转变，在促进经济增长的同时避免资源枯竭和环境破坏，并阐述了实现这一愿景的主要挑战、路线图，以及至 2030 年的里程碑和关键绩效指标。

其他国家亦制定了生物经济及产业发展战略。英国于 2018 年发布首个《生物经济战略 2018—2030》，提出到 2030 年在开发、生产、使用和出口生物基产品解决方案领域成为全球领导者，生物经济影响规模较 2014 年水平翻一番，达到 4 400 亿英镑。日本则于 2016 年发布《生物战略 2019——面向国际共鸣的生物社区的形成》，计划围绕可持续性、循环性和健康管理等关键点，通过生物方法可持续制造原料和材料来满足未来社会建设需要，并将高性能生物材料、生物塑料、生物制造、工业与食品生物产业等列入重点市场领域，最终在 2030 年建设成为世界最先进的生物经济社会。德国亦在 2020 年通过新版《国家生物经济战略》，提出为实现可持续发展和气候目标挖掘和利用生物经济的潜力；并计划在 2024 年前投入 36 亿欧元的生物经济行动计划，以帮助可持续资源取代日常产品中的化石原料。

4.2 中国生物技术产业发展动态及趋势

4.2.1 全民健康需求持续增加，生物技术药物快速发展

我国有 14 亿人口，对健康相关产业需求巨大，截至 2019 年，城乡基本医疗保险参保率超过 98%。其中，有 2.5 亿 60 岁以上老年人群的健康高需求，65 岁及以上人口的占比达 12.6%，同比提高 0.7 个百分点；还有 2.5 亿 15 岁以下少年儿童的健康

新需求，以及肿瘤、心脑血管等现代慢性病的健康多需求正快速增长。据统计，2020年，我国医药制造业利润总额增长超过12%，医疗器械利润总额增长超过70%，增速均位居战略性新兴产业第一梯队。国内生物药市场具有更加广阔的增长空间。在过去的几年内，国内生物药市场以数倍于全球生物药市场的增长率快速增长，2019年我国生物药的市场规模达到3 172亿元。随着技术创新、人民保健意识增强等因素的驱动，未来国内生物药市场规模将快速扩增，市场规模有望于2023年达到6 400亿元以上。2019年首个国产生物类似药——利妥昔单抗生物类似药获批上市，意味着国产生物类似药研究取得了突破性进展；与此同时，中国生物药行业也正在从发展初期迈入快发展期，中国生物类似药市场规模在2019年达到23亿元左右。国内单抗药物市场还处于起步阶段，未来随着更多单抗药物及生物类似药的获批上市并逐步纳入医保目录，单抗药物市场有望于2024年达2 035亿元。

另外，新冠肺炎疫情的突发影响显著，给全社会经济运行带来很大冲击，也使影响医药工业发展的不确定性因素更加复杂。短期来看，为应对新冠肺炎疫情和救治急需，部分抗病毒药物、医疗器械与诊断试剂、卫生材料和医药用品等市场需求会激增。在新冠病毒检测及疫苗研发方面，华大生物、达安基因等55个新型冠状病毒检测试剂盒获批。国药中生、北京科兴等5款新冠病毒疫苗附条件上市或紧急使用，国药中生疫苗获得世界卫生组织紧急使用授权，纳入全球“紧急使用清单”。

4.2.2 双碳目标为生物制造产业带来发展机遇

习近平总书记在2020年9月联合国大会上承诺，“中国将提高国家自主贡献力度，采取更加有力的政策和措施，二氧化碳排放力争于2030年前达到峰值，努力争取2060年前实现碳中和”[7]。实现“碳中和”的目标，需要能源系统和制造业的颠覆性变革，从化石能源为主转向可再生能源为主，从不可再生碳资源转向以可再生碳资源为主。

生物制造是以工业生物技术为核心技术手段，改造现有制造过程或者利用生物质、二氧化碳等可再生原料生产能源、材料与化学品，实现原料、过程及产品绿色化的新模式，将从原料源头上降低碳排放，是传统产业转型升级的“绿色动力”，是促进我国实现“碳中和”发展目标的重要途径。例如，工业酶能够在中性pH值等温和条件和较低温度下发生作用，大量节约生产过程中的能耗，减少二氧化碳排放。产品研究表明，工业过程中，使用1千克酶制剂能够减少约100千克的二氧化碳排放量。生物基材料产品通过生物质起源最后分解成二氧化碳形成一个完整的闭环而减少温室气体排放，二氧化碳排放量只相当于传统塑料的20%。近年来，随着工业生物技术的发展，越来越多的企业开始使用可再生原料，如玉米、农业和林业残留物、能源作物甚至二氧化碳生产液体生物燃料和有机化学品。新型的碳捕集和利用技术不断涌现，这些技术可以将工业排放中的废碳（如钢铁行业工业尾气，甚至空气中的二氧化碳）用作化学品的原料，转化为液体燃料和化学品，不仅减少了二氧化碳的工业排放量，而且减少了化工过程的总碳足迹[8]。

我国生物制造产业虽然起步较晚，但近年来发展迅速，以低成本、大规模等优势取得了部分大宗产品在产量、规模上的市场优势，在创制生物经济新路线和推动传统化工产业技术升级等应用研究方面已有一定基础，在部分关键产业领域生物炼制技术成熟度方面已走到前列。我国生物制造产业规模居全球第一，并仍在继续扩大，近年来保持年均12%以上增速。生物发酵制品、生物基精细化学品及生物基材料等主要生物制造产品产量超过7 000万吨，产值超过8 000亿元（不含传统酿造业），并对超过10万亿元的下游产业产生影响。

生物发酵产业领域，我国正在加速由发酵工业大国向发酵强国转变。产品种类也从过去的3大类50多种发展到现在的8大类（氨基酸、有机酸、淀粉糖、酶制剂、酵母、多元醇、功能发酵制品、酵素等）300多种。我国生物发酵产业主要产品产量由2015年的2 426万吨增长为2019年的3 064.7万吨，年平均增长率6.02%，产业规模稳步增长，占据全球70%以上的市场份额，新型发酵产品品种和衍生新产品持续增多[9]。

生物基化学品与材料领域，我国产业规模约600万吨，约占全球产能的12%，产值规模已经超过3 000亿元。其中生物基材料单体与聚合物产业领域，已形成以可再生资源为原料的生物材料单体的制备、生物基树脂合成与改性、生物基材料应用为主的生物基材料产业链。我国是全球唯一可以生产所有品种生物降解塑料的国家，在生物降解材料研发上具有技术优势。已建成产能约2万吨生物基1,3-丙二醇、生物基丁二酸的生产线。聚乳酸年产能1万吨，位居世界第二[10]。聚羟基脂肪酸酯年总产能超过2万吨，产品类型和产量国际领先[11]。生物基精细化工领域，L-苯丙氨酸、D-对羟基苯甘氨酸、烟酰胺、丙烯酰胺、D-泛酸等产品的生产技术已达到国际先进水平，成为L-酒石酸、丙烯酰胺、D-泛酸的第一生产大国。

生物能源方面，自2017年《关于扩大生物燃料乙醇生产和推广使用车用乙醇汽油的实施方案》公布以来[12]，我国燃料乙醇发展规模迅速扩大。作为世界上第三大生物乙醇生产国和应用国，仅次于美国和巴西，目前已建成产能500万吨，在建产能合计超过300万吨。

然而，当前生物制造产业的核心层面仍然存在短板，表现为关键核心技术和前瞻技术储备不足、核心装备研发落后、市场化程度低、竞争力不足。美国、丹麦、荷兰、日本等国的企业在酶制剂等现代发酵行业中处于技术垄断地位。我国在大宗发酵产品（氨基酸、有机酸、维生素等）等具备规模优势的产业领域普遍存在工业生产催化剂知识产权侵权的隐患。丙二醇、尼龙等重大化学品也遭遇全方位的专利封锁，尚未打破杜邦等国外大型化工集团的垄断。与发达国家相比，我国科技战略架构、底层核心技术、关键装备还存在差距，产业发展仍面临巨大挑战。

4.3 生物产业未来重点领域发展分析

4.3.1 合成生物学与生物制造

合成生物学和生物制造是面向未来的行业，是实现可持续发展和碳中和目标的重要基石，未来甚至可能颠覆许多现有行业。生物制造作为生物技术产业的重要组成部分，是生物基产品实现产业化的基础平台，也是合成生物学等基础科学创新在具体过程中的应用。2020 年 5 月麦肯锡全球研究院发布题为“生物革命：创新改变经济、社会和人们的生活”的研究报告，预计在未来 10~20 年，人类健康和运动机能、农业、水产养殖和食品、消费品与服务、材料、化学品和能源等方面的应用将对全球每年产生 2 万亿 ~4 万亿美元的直接经济影响，占到世界实体经济的 60%，且其中 2/3 都与理性设计的工程生命体有关。

在医疗领域，生物制造的最大推动力之一便是医疗卫生领域的快速发展。随着对新冠疫苗的需求，在全球范围内，那些在努力寻找新的疫苗及相关生产技术的生物制造公司将获得更多的投资和资源支持，帮助其提升相关能力，并为它们在后新冠经济中的发展开辟新的途径。在全球新冠肺炎疫情背景下，人们在诊断、治疗和疾病预防方面需要有效利用生物数据和生物工程技术，以最大限度应对未来人类健康可能面临的威胁。合成生物学将提升疫苗、诊断和治疗方法的研发速度，在生物医学应用方面带来新机遇。例如，基于 CRISPR（clustered regularly interspaced short palindromic repeats，规律间隔成簇短回文重复序列）基因编辑技术开发的检测工具可 1 小时内测出新冠病毒，利用合成生物学研发的细胞工厂可高效生产新冠疫苗，人工智能大大增加了筛选新冠病毒候选药物的范围和速率等。工程细胞的治疗手段被描述为“医学的第三大支柱”。Kymriah（Tisagenlecleucel）是首个获得食品药品监督管理局批准的此类疗法——CAR-T 免疫治疗。通过分离患者的 T 细胞，在体外对其进行工程改造使细胞可以表达嵌合抗原受体（CAR），最后改造后的 T 细胞被重新引入患者体内，对癌症细胞进行靶向清理。这些改造后的细胞可以在体内持续数年甚至数十年。Kymriah 表达的是靶向癌细胞上 CD19 抗原的融合抗体，对于复发或难治愈性患者的缓解率高达 83%。截至 2020 年，已经有 671 种 CAR-T 疗法正处于临床试验中。这些疗法大多针对血癌，但越来越多的疗法也可以治疗实体瘤、自身免疫性疾病（如多发性硬化症）和病毒感染 [如 HIV（human immunodeficiency virus，人类免疫缺陷病毒）]。

在生物制造领域，根据麦肯锡的数据，原则上全球 60% 的产品可以采用生物法进行生产。其中 1/3 是原本就从自然界中提取的物质，而合成生物学改变了它们的生产方式。例如，角鲨烯是一种护肤品保湿剂，传统上来自鲨鱼肝油，合成生物学已通过改造酵母菌实现了角鲨烯的发酵生产。另外 2/3 来自对传统化学合成法的替代，如生物基尼龙。预计未来 10~20 年与材料、化学品和能源相关的合成生物学市场将拥有 2 000 亿 ~3 000 亿美元的空间。

合成生物学驱动的第一种材料是小的碳基单体，可以用于替代石油产品，如乙醇（公司：Lanzatech / Total），丙二醇（公司：DuPont）或丁二醇（公司：Genomatica）。对蛋白质基材料中聚合物单体进行遗传编程更加容易。蜘蛛丝可以通过重组细胞发酵生产，并已进行了原型设计。此外，生物学可以通过控制聚合物的纳米结构来控制其光电性质。例如，黑色素的形状决定了它是紫外线防护剂、发光颜料还是生物光伏电池。新的计算工具可用于将 DNA 或蛋白质设计成特定的纳米结构。不仅局限于碳，生物还可以利用 55 种元素作为原材料来生产无机材料。使用氧化还原酶和工程噬菌体，生物生产的无机纳米材料已经应用在多个领域，包括超轻型电池、催化剂、太阳能电池、光学材料等。Zymergen 的 Hyaline 是利用生物来源的单体制成的聚酰亚胺薄膜。聚酰亚胺薄膜，具有出色的机械性能和热 / 化学稳定性，但是它们自身颜色会阻止需要透明性的应用。而 Hyaline 膜清晰通透，且兼具柔性和稳固性，适用于柔性电子产品（如可折叠智能手机和可佩戴电子设备），相关的产品已在 2021 年推出。Hyaline 由工程改造菌株生产的二胺单体制作而成，且当前 Zymergen 正利用一系列自动化机器平台并行构建数百万个菌株，并通过人工智能从数据中进行学习，用于下一轮菌株的设计和优化，从而提升菌株的生产效率。类似的生物铸造厂正在全球范围内兴起，这将进一步加快合成生物学产品的开发步伐。

在食品与健康领域，利用现代生物技术手段，构建具有特定合成能力的细胞工厂，生产香兰素、白藜芦醇、柑橘类调味料、甜菊糖苷等一系列高附加值农业相关产品，合成制造淀粉、油脂、健康糖、素食奶酪、各种蛋白质（胶原蛋白、蚕丝蛋白、肉类蛋白及卵蛋白等）和肉类的技术也日趋成熟。利用细胞工厂通过生物合成制造农产品的相关技术将颠覆传统的农产品加工生产方式，形成新型的生产模式，促进农业工业化的发展。瑞银集团近期发布报告预计，与人造肉相关的植物蛋白市场将在未来 10 年大幅飙升，2030 年的市场规模将从 2019 年的 46 亿美元增长至 850 亿美元。Impossible Foods 公司利用巴斯德毕赤酵母生产大豆血红蛋白，然后将其添加到人造肉饼中来改善汉堡的风味。Impossible Foods 公司通过 DNA 合成、DNA 组装（Gibson Assembly）、遗传元件库建设及自诱导的正反馈基因线路设计等手段改造和优化酵母菌种，利用巴斯德毕赤酵母生产大豆血红蛋白，然后将其添加到人造肉饼中来改善汉堡的风味。与传统牛肉饼的生产方式相比，由于不需要养殖真正的肉牛，Impossible Foods 所需的土地减少了 96%，温室气体减少了 89%。在全球范围内，其产品已经在超过 30 000 家餐厅和 15 000 个杂货店中售卖。

近两年，我国对合成生物学方向的投入持续加大，科研领域蓬勃发展，但较美国仍有一定差距，为避免在生物领域重蹈信息领域“卡脖子”覆辙，加强我国合成生物学战略布局，加快推动我国合成生物学学科与产业的高质量发展迫在眉睫。

4.3.2 二氧化碳为原料的新一代生物制造

未来生物制造将向原料利用多元化、生物转化体系高效化、产品高值化等方向发展，构建从可再生原料到终端产品的全产业链。原料方面，以淀粉和油脂为代表的第一代生物制造目前占据主导地位，处于成熟的商业化阶段。以木质纤维素（如玉米秸秆）为原料的第二代生物制造逐步进入中试和产业化示范阶段。通过酶制剂的高效水解将纤维素制备成葡萄糖、木糖等可发酵糖，对于未来超大规模生物制造产业体系的建立具有决定性作用，是绿色制造的重要支撑。以二氧化碳为原料的生物转化是第三代生物制造路线[13]，可有效降低生物工业制造的原料成本，降低对化石资源的过分依赖，已引起世界各国政府的高度重视。欧盟、美国、加拿大、英国、澳大利亚等均制定了将二氧化碳作为工业生物技术的新型替代原料的相关技术发展路线图。2021 年 5 月美国能源部（Department of Energy，DOE）宣布将提供 3 500 万美元的资金，支持二氧化碳生物转化制备生物燃料项目。以二氧化碳生物利用为契机，建立以二氧化碳为原料的工业生物转化新路线，加速推进我国生物制造产业的原料路线转移，将有助于我国生物经济在新一轮国际竞争中赢得先机。需要突破的重点方向包括：开发二氧化碳、CH_4 有机碳一原料的利用途径，突破其生物转化的物质与能量利用瓶颈；设计能够将二氧化碳和电子源转化为液体燃料和化学品的微生物；开发新型工具，实现二氧化碳固定器中碳浓度 / 固定途径的工程设计，实现由碳一原料出发，生产各种燃料和化学品的生物制造路线。

4.4 生物产业发展重点方向与技术路线图

4.4.1 愿景目标

到 2035 年，生物产业进入全球价值链中高端，生物产业规模超过 40 万亿元。在生物医药、生物制造等重点领域抢占全球产业制高点，参与和主导国际标准制定的能力显著提高，形成一批具有国际竞争力的创新型企业。生物技术支撑人群健康水平提高和寿命延长，为重大难治性疾病提供先进的治疗手段和产品，促进我国人口的预期健康寿命提升 5%~10%，人民健康水平显著提升。形成以非粮生物质、二氧化碳为原料绿色生物制造的核心技术体系，建立可持续、具有成本竞争力的先进生物制造产业链。实现生物基产品在全部化学品产量中的比重达到 30%，生物基材料替代传统化石基材料替代率达到 15% 以上。变革化工制造模式、促进传统产业绿色转型升级，从源头上降低对化石资源的依赖和污染物的排放，推进生物基社会形成，引领未来生物经济发展。生物领域 2020~2035 年发展愿景及主要目标如图 4.1 所示。

时间		2020年------------->2025年	2026年---------->2030年	2031年-------->2035年
愿景		生物新技术和新产品广泛应用，大幅降低人民群众维持基本健康的医疗成本；生物产业规模达到40万亿~50万亿元，生物产业增加值占GDP的比重超过8%，成为国民经济的主导产业		
目标	基础环境	形成生物技术体系的基本架构，统筹资源和要素，提升生命科学与前沿生物技术的原始创新能力，支撑健康、制造、农业、环境、安全等领域的高质量发展		
	技术体系	开发具有自主知识产权的原创性绿色生物制造技技术，建成一批重大产业技术创新平台和资源库，并发展十种代表性工艺实现规模化生物制造生产		
	生物医药	完成多种重大疾病生物信息数据采集；发展新型检测技术。构建恶性肿瘤、心脑血管病、罕见病等重大疾病早期诊断技术平台；研究分子影像诊断技术；在抗体药物和蛋白质药物研发方面取得突破；全面推进中药原料、生产和设备的标准化，促进中药产业国际化	基于人工智能和大数据实现重大疾病生物信息采集并用于疾病诊断；提高重大疾病及新发突发传染病的早期预警和诊断能力；获得3~5种针对重大疾病的突破性药物；中药原料标准化与设备标准化和现代化取得突破性阶段成果	全面具备适合我国人群的动态检测系统和生物药物开发能力，重大疾病的早期诊断和治疗能力达到国际先进水平；全面具备疫苗的快速开发系统和应对能力；全面实现中药现代化
	生物制造	基本实现基于生物过程大数据模型驱动的智能生物制造；形成基于大数据与人工智能的酶与菌种设计能力；实现纤维素乙醇规模化生产产量占比5%~10%；完成10~20种新型精细化工产品及3~5种“卡脖子”核心化工产品的技术研发攻关；生物基产品在全部化学品产量中的比重达到15%，生物基材料替代传统化石基材料替代率达到5%以上；专利授权数目力争增长15%	持续提高基于大数据与人工智能的生物制造能力；形成稳定的纤维素乙醇等生物能源的稳定制造能力，纤维素乙醇产量生物燃料占比达到20%，建设国家级生物数据库资源平台；生物基产品在全部化学品产量中的比重达到20%，生物基材料替代传统化石基材料替代率达到10%以上。建立生物技术领域基础通用国家标准，研发专利力争增长20%	基于大数据与人工智能的酶与菌种设计能力实现快速开发工业应用价值菌株的能力；建立以纤维素原料为主的多种生物能源组成的生物能源产业体系；基本形成以淀粉糖、秸秆等低劣生物质及一碳化合物原料共存的生物制造产业创新体系建设与产业布局；实现生物基产品在全部化学品产量中的比重达到30%，生物基材料替代传统化石基材料替代率达到 15%以上

图4.1 生物领域2020~2035年发展愿景及主要目标

4.4.2 重点方向

1. 生物医药

抗体药物和蛋白质药物、新型疫苗和改造传统疫苗、重大疾病诊断和检测技术、基因治疗、细胞治疗等生物治疗技术和再生医学技术与产品。基因检测、靶向治疗等技术取得可应用的实质性进展，构建精准医学格局。

2. 中医药

完成中药标准化，促进中医药国际化发展。利用现代生物科技、信息科技等前沿学科技术，提高中医药复杂体系研究水平，构建基于中药复方临床价值、符合中药特点的研究模式。制定中药材种植养殖、采集、储藏技术标准，制定中药材主产区种植区域规划，规范中药材种植养殖，构建中药质量保障体系。提高中药制药设备的自动化、智能化和信息化水平，形成系列的、具有自主知识产权的、标准化的中药制药设备。

3. 生物安全

针对侦察预警、实时监测、检测鉴定、追踪溯源、预防控制、应急处置、恢复重建等关键技术和相关装备环节取得全面突破，建立全防御关键技术体系；构建生物安全实物资源库和信息数据库，为生物安全科技发展提供资源与信息支撑；建成既能及时解决问题又具备预判能力的生物安全网络。

4. 生物制造

以木质纤维素、有机废弃物、二氧化碳等作为基础工业原料，构建化学品可持续和绿色制造的工业生物技术路线。结合人工智能与合成生物学方法，工程化地快速设计可将生物质或二氧化碳转化为燃料和化学品的生物催化剂（酶或细胞）。对酶、菌种和微生物群落进行工程学改造，开发能够在工业条件下实现高产率、高浓度生产的生物合成路径。以大数据为指导，建立典型生物催化剂的工程化放大模型和核心装备，实现智能生物制造新模式。

1）生物基化学品与材料

开发重大化学品和材料的生物质原料路线，构建先进的微生物细胞工厂，突破可再生化学品生产关键技术，实现可再生化学品低成本合成。形成二元酸、烯酸、有机胺、烯烃、芳烃等一批生物基化学品，相关技术路线取得相对石油化工路线的经济竞争优势。开发创新生物基材料产品，基于合成生物学技术，加快发展没有化石基来源的新型生物产品。

2）生物燃料

改进现有工艺和应用技术，提升现有装置技术水平，加快生物液体燃料示范和推广，形成全面推广生物燃料乙醇的政策体系和市场格局，到 2035 年全面建设符合现代金融要求的商业运作模式，实现产业市场的良性运行。

3）二氧化碳为原料的生物炼制

突破以二氧化碳为原料的生物合成的能源、材料、工艺瓶颈，构建一碳化合物为原料的化工品及材料的生物炼制技术路线，研究微生物二氧化碳利用与可再生光能、电能的耦合技术，突破二氧化碳生物转化的能量利用瓶颈。实现以一碳化合物为原料的大宗化工品及材料的规模化生物炼制，完成产业布局。

4.4.3 技术路线图

至 2035 年，我国生物领域的发展愿景主要是力争成为世界重要生物科学技术中心和生物产业创新高地，为我国建成世界科技创新强国提供强大支撑。拥有一批世

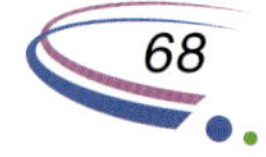

界一流的科研机构、研究型大学和创新型企业，在生物技术的多个领域涌现一批重大原创性科学成果，成为生物技术高端人才创新创业的重要聚集地。

此外，生物新技术和新产品的广泛应用，大幅降低人民群众维持基本健康的医疗成本。引领国际生物技术合作。成为生物技术领域国际大科学计划和大科学工程的主要发起人和承担者。与“一带一路”沿线国家的生物技术交流合作成为构建人类命运共同体的领域合作成功典范。

与愿景对应的总体目标是形成生物技术体系的基本架构，统筹资源和要素，提升生命科学与前沿生物技术的原始创新能力，支撑健康、制造、农业、环境、安全等领域的高质量发展。具体的生物制造、生物医药、生物能源及安全子领域2020~2035年技术发展路线图分别如图4.2、图4.3、图4.4所示。

时间		2020年------------>2025年	2026年-------------->2030年	2031年------------>2035年
技术	生物制造	完善基因设计、组装和验证方法，进行10万数量级碱基对的克隆和组装；全基因组范围内高效编辑（90%），不脱靶	实现多片段DNA组装；多位点定量、特异性精确基因组编辑，不发生脱靶效应	
		综合利用微生物合成途径调控规律、基因组编辑、高通量筛选方法和菌株快速评价，提高工业菌株构建效率和生产效率，构建5~10株具有自主知识产权的工业生产稳定菌株	构建10~20种符合特定要求的菌株用于生物基材料和精细化学品的生产	提高新构建的工业发酵菌株的稳定性和生产效率，广泛用于大宗产品发酵
		生物大分子设计、途径和路线工程：结合高通量计算，从头设计和预测生物大分子结构，实现典型大分子的设计，预测正确率达到50%		实现大分子的按需设计、生成和演化，实现所需功能：实现常规大分子的80%正确预测，结合动力学计算实现常规高活性酶、复合大分子的设计
		利用廉价基质，构建可复制的无细胞体系，运行时间达到数周；生产能够糖基化代谢产物的酶	提高解析蛋白质结构与功能关系的规律的效率，提高具有工业应用潜力的新酶的设计合成效率，开发5~10种具有自主知识产权，具有大规模工业应用前景的酶	扩大工业应用潜力的新酶的开发范围，实现新酶的高效开发、应用设计合成
		扩展遗传密码系统，提高非天然氨基酸原料的生物合成效率	非天然氨基酸的完全生物合成，构建适合特定蛋白表达生产系统用于（医药、材料等特种用途）人造蛋白的生产	利用天然/非天然反应的无细胞系统稳定运行并进行生产；实现无细胞体系生物合成制造糖基化蛋白和疫苗
		建立计算机基础设施，开发可用于预测、筛选和集成的工具和平台，持续提高数据整合、建模和自动化处理能力		
		开发高效、低成本生物分离材料，提高应用稳定性；开发反应分离耦合策略和高效分离工艺，平均分离能耗降低10%	高效分离工艺广泛应用；平均分离能耗降低25%	
		柔性生物制造基本操作单元设备和生产线开发与测试	利用智能生物制造装备实现新型（应急）生物产品在较短时间（6个月内）的快速批量生产，并进行持续改进	

图4.2 生物制造子领域2020~2035年技术发展路线图

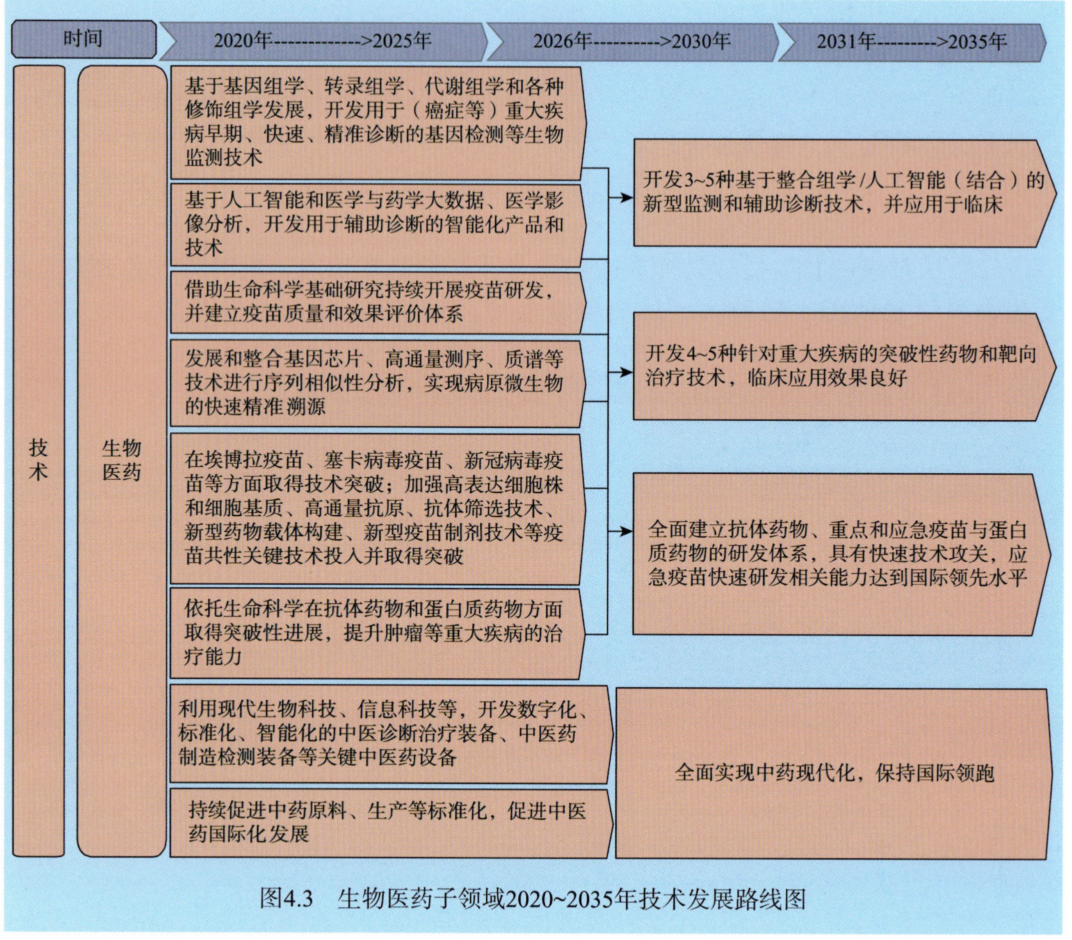

图4.3　生物医药子领域2020~2035年技术发展路线图

1. 2025年发展目标

开发具有自主知识产权的底层技术。在遗传信息深度解读、智能与意识、衰老与寿命等生命机理研究方面取得一批重大发现，在基因操控、合成生物、再生医学等领域取得重大技术突破，产出一批有重要影响力的原创成果。

生物制造领域，到2025年，形成基于大数据与人工智能的酶与菌种设计能力，到2025年，在1~2种成熟大宗生物发酵产品中实现基于生物过程大数据模型驱动的智能生物制造，节能、节水和连续生产的“下一代工业生物制造技术”初步实现产业化，规模达到万吨级。

生物医药领域，到2025年，完成多种重大疾病蛋白质组表达谱、修饰组、代谢组数据采集；发展新型检测技术，构建重大疾病早期诊断标志物的适宜诊断技术平台；开发出简单、快速、低成本、自动化的血清游离核酸和外泌体高效提取纯化技术应用于临床；研究分子影像诊断产品，提高体分子分型与诊断的能力。

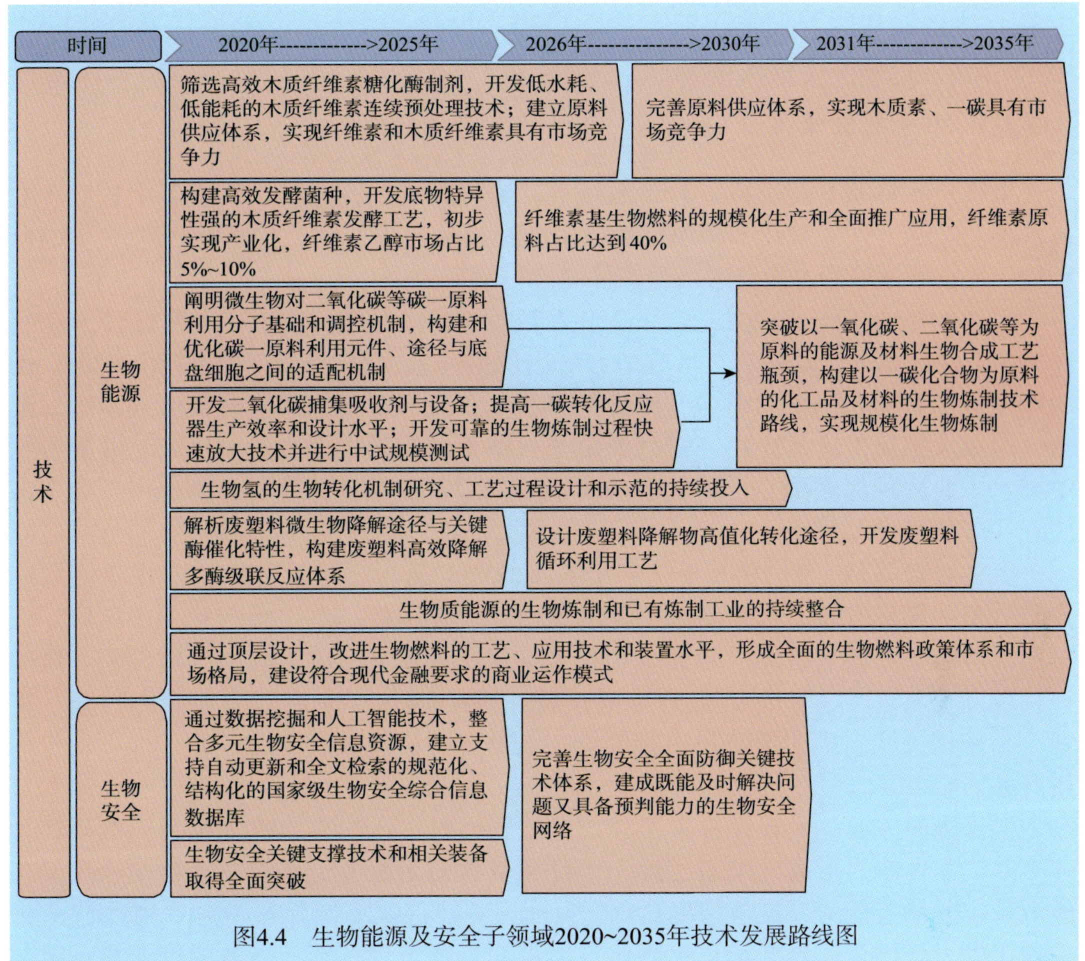

图4.4 生物能源及安全子领域2020~2035年技术发展路线图

生物能源方面，力争建成以木质纤维素原料为主的生物能源产业示范，实现纤维素乙醇规模化生产，且产量占比 5%~10%；完善生物质原料供应体系，先进生物液体燃料技术、装备和产业整体达到国际领先水平，形成更加完善的市场化运行机制；生物天然气实现规模生产，年产气超过 50 亿立方米，相关技术、装备达到国际先进水平。

生物基材料和化学品方面，实现以淀粉糖等为原料的一批有机酸、化工醇、烷/烯/芳烃、有机胺等重要基础化工产品的生物法生产与应用，推动生物基聚酯、生物尼龙、生物橡胶等生物基材料产业链条化、集聚化、规模化发展；生物基产品在全部化学品产量中的比重达到 15%，生物基材料替代传统化石基材料替代率达到 5% 以上。产业带动新增就业 50 万人以上。重点推进 10~20 种新型精细化工产品及 3~5 种“卡脖子”核心化工产品（对二甲苯、对苯二甲酸、有机胺等）的技术研发攻关；专利授权数目力争增长 15%，显著提升国际市场竞争力。

开发具有自主知识产权的原创性绿色生物制造技术工艺，并发展十种代表性工艺实现规模化生物制造生产，新增产值100亿元/年，污染物排放减少20%以上。

2. 2030年发展目标

生物技术体系初步形成。具备系统性、自成长性、开放性，形成若干核心生物技术群。增强共性关键技术和颠覆性技术的穿透性和成长性。对健康、制造、农业、环境、安全等领域的支撑能力增强。

生物制造领域，到2030年，基于大数据与人工智能的酶与菌种设计，获得10~20个含有非天然氨基酸，具有工业应用价值的蛋白酶，设计和构建耐高温低pH的纤维素降解酶及耐低温高碱的纤维素降解酶，使纤维素能水解获得低成本可发酵糖，解决大宗化工产品生物制造过程中与人争粮的问题。完成建设国家工业酶数据中心、工业菌种保藏中心、微生物基因组数据库等战略资源平台，实现产学研资源的互补与共享。

生物医药领域，到2030年，基于人工智能和蛋白质组学大数据实现重大疾病分子分型和靶标发现，构建疾病相关的蛋白质调控网络，鉴定疾病相关新抗原。针对恶性肿瘤、心脑血管病、罕见病等重大疾病及新发突发传染病的早期诊断、风险评估的新型标志物和产品，提升早期预警和诊断能力；完成部分新标志物分子特征、临床相关性、早期预警和诊断价值、人群正常值及截断值的研究，推出临床应用产品。

生物能源方面，实现纤维素乙醇产量生物燃料占比约为20%，生物天然气产量达150亿立方米，形成纤维素乙醇、秸秆和畜禽粪污制备天然气及生物柴油等绿色能源稳定的制造能力，经济指标达到国际水平，产品具备国际竞争力；基本建立纤维素丁醇、纤维素生物柴油、生物航空燃料和生物氢气等新型燃料的产业化示范与市场应用。

生物基材料和化学品方面，突破以秸秆类非粮生物质及一碳化合物为原料的化工产品及材料的生物炼制技术路线，构建大宗化工产品、生物聚合材料、大宗发酵产品等生物制造核心技术体系，推动生物基材料及生物降解材料的规模化生产和示范应用，提升生物基产品的经济性和市场竞争力。实现生物基产品在全部化学品产量中的比重达到20%，生物基材料替代传统化石基材料替代率达到10%以上，产业带动新增就业100万人以上，成为经济社会发展的新动力。推动建立生物技术领域基础通用国家标准，研发专利力争增长20%，大幅提升国际市场话语权。

智能生物制造与装备方面，在1~2种生物发酵产品中实现基于细胞代谢机理和大数据混合驱动的智能生物制造；高端生物反应器实现国产化生产；建立具有国际先进水平的分离纯化装备和介质的研发与规模化制备平台，在多种重要生物技术产品的生产中得到应用示范。

我国重大化工产品及材料的生物制造技术由“跟踪”向“自主创新”的转变，

促进我国传统生物制造技术向现代生物制造技术转变。

3. 2035年发展目标

完善生物技术的体系和标准。生物技术与其他领域交叉融合，结合物质、数理、计算领域的进展突破生命科学研究范式，解答生命起源与演化、生命基本过程、意识和情绪、群体和环境、未来生命等基本问题。生物技术进一步提升人类未来发展和探索能力。

生物制造领域，到2035年，提高基于大数据与人工智能的酶与菌种设计能力，实现3~5个具有优良生理性能的生物制造酶与菌种的智能化设计；获得5~10个含有非天然氨基酸酶的生物途径，开发一系列具有工业应用价值的菌株；获得若干核心技术，对技术是否具有商业化前景进行可行性评估。

生物医药领域，到2035年，开发出适合我国人群的分子影像试剂和实时动态检测系统，提升重大疾病的早期诊治能力；将新一代的快速测序一体机逐步推向临床市场，形成示范应用，为下一步换代大规模临床应用打好基础。

生物能源方面，实现燃料乙醇年产5 000万吨目标，纤维素乙醇占比接近40%，实现生物天然气年产300亿立方米，建立以纤维素原料为主、油脂和含碳气体为辅的多种生物能源组成的生物炼制产业体系。

生物基材料和化学品方面，建立近百种化学品的绿色生物制造创新工艺，实现规模化生物制造生产，新增产值1 000亿元/年，污染物排放减少40%以上。实现以秸秆等非粮低劣生物质及一碳化合物为原料的大宗化工产品及材料的规模化生物炼制，基本形成生物制造产业创新体系建设与产业布局。实现生物基产品在全部化学品产量中的比重达到30%，生物基材料替代传统化石基材料替代率达到15%以上，产业总产值占GDP比重达到20%，成为经济社会发展的支柱产业。带动新增就业500万人以上，重塑制造业国际分工格局。实现发明专利拥有量年均增速达到20%以上。建成一批重大产业技术创新平台，在若干重要领域形成先发优势，实现国际竞争中的“领跑”。节能、节水和连续生产的“下一代工业生物制造技术”初步实现产业化，规模达到十万吨级以上。

智能生物制造与装备方面，智能化生物反应器、智能化分离装备、智能化过程传感检测装备广泛应用，并全部实现国产化。

在保障体系建设（图4.5）方面，建议完善创新生物技术领域人才和先进团队的创新培养制度。人才是发展的第一要素，国内外生物技术发展迅速，全面布局对创新人才及团队的培养，建设涵盖基础、技术、产业化、监管等多方面的人才队伍，形成推动产业快速发展的合力。依托国内著名研究机构，建设2~3个生物制造交叉学科创新平台，加强合成生物学、计算机科学、化学、生物学等学科的交叉汇聚，为酶与菌种的智能设计与人工合成提供硬件和软件基础。利用创新平台，支持建设3~4个生物基础产业集群。

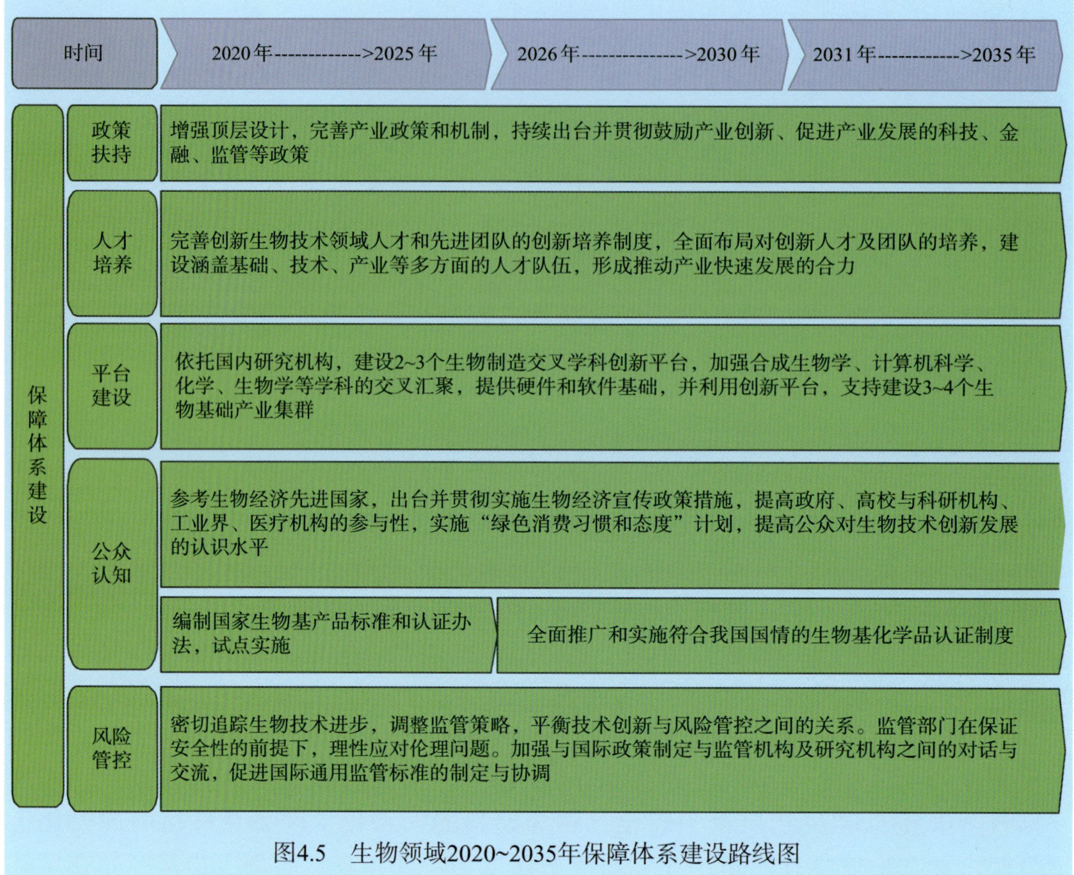

图4.5　生物领域2020~2035年保障体系建设路线图

审稿：谭天伟

参 考 文 献

[1] 国务院发展研究中心国际技术经济研究所官方账号 . 2020 年前沿科技发展态势及 2021 年趋势展望——生物篇 [EB/OL]. https://baijiahao.baidu.com/s?id=1691665650752130724&wfr=spider&for=pc，2021-02-14.

[2] 国家发展和改革委员会高技术产业司，中国生物工程学会 . 中国生物产业发展报告 2020[M]. 北京：化学工业出版社，2021.

[3] 网络整理 . 美国拟管制 14 项新兴技术出口，涉及哪些“敏感科技”？ [EB/OL]. https://www.ednchina.com/news/201811201501.html，2018-11-20.

[4] 新华网 . 习近平 ：努力成为世界主要科学中心和创新高地 [EB/OL]. https://baijiahao.baidu.com/s?id=1694282479429813096&wfr=spider&for=pc，2021-03-15.

[5] Aurand E，Keasling J，Friedman D，et al. Engineering Biology ：A Research Roadmap for the Next-Generation Bioeconomy[R]，2019.

[6] Rob Carlson. Seeing the end of oil[EB/OL]. http://www.bioeconomycapital.com/posts/ 2019/9/23/seeing-the-end-of-oil，2019-10-04.

[7] 中国政府网 . 中国减排承诺激励全球气候行动 [EB/OL]. http://www.gov.cn/xinwen/2020-10/12/content_5550452.htm，2020-10-12.

[8] 谭天伟，陈必强，张会丽，等 . 加快推进绿色生物制造助力实现“碳中和”[J]. 化工进展，2021，40（3）：1137-1141.

[9] 中国生物发酵产业协会 . 中国生物发酵产业协会二届八次理事会暨二届八次常务理事会会议纪要 [EB/OL]. http://www.clii.com.cn/xxhdt/201904/t20190419_3934099.html，2019-04-19.

[10] 搜狐网 . 2019 年聚乳酸产能向百万吨规模进军，将全面取代传统塑料？ [EB/OL]. https://www.sohu.com/a/302530855_747560，2019-03-20.

[11] 中国投资咨询网 . 我国生物基材料与关键单体形成三大产业集群 [EB/OL]. http://www.ocn.com.cn/chanjing/201604/jocrc04212340.shtml，2016-04-04

[12] 国家能源局 .《关于扩大生物燃料乙醇生产和推广使用车用乙醇汽油的实施方案》印发 [EB/OL]. http://www.nea.gov.cn/2017-09/13/c_136606035.htm，2017-09-13

[13] 王凯，刘子鹤，陈必强，等 . 微生物利用二氧化碳合成燃料及化学品——第三代生物炼制 [J]. 合成生物学，2020，1（1）：60-70.

第 5 章

高端装备制造产业

【内容提要】围绕空天海（航空、航天、海洋工程）装备、智能制造装备（高档数控机床、增材及复合制造装备）、医疗装备及承压装备四个重点专题方向，分析高端装备制造产业发展动态，工业基础现状和短板，高端装备的未来需求和产业发展方向，产业发展中长期路线图，以及高端装备制造产业的区域发展，最后提出相关政策建议。

5.1 高端装备制造产业发展动态

5.1.1 产业发展国际环境新变化

当前，世界正处于百年未有之大变局时代。自 2018 年以来，美国对中国的贸易摩擦已升级至科技、金融、外交、地缘政治、国际舆论、国际规则等全方位对华遏制战略，中国装备制造产业链安全受到威胁。另外，新冠肺炎疫情对全球经济影响巨大，并仍将在未来一段时间持续影响，已导致全球制造业供应链受到强烈冲击，部分产业供应链断裂、产业链破坏。受疫情和国际形势影响，全球各国开始重新审

① 全文编写：卢秉恒、王磊；空天海装备：邵珠峰、冯希光、冯妮、方梅、朱明皓、尤睿、郭姣姣、唐铭、陆春华、李小强；智能制造装备：王磊、陈祯、张俊、李方正、郭丹；医疗装备：江滨、古依莎娜、韩鸿宾、王晓阳；承压装备：范志超、江慧丰、郭晓璐。

视、评估本国的产业体系，均采取分阶段解封措施扩大复工复产范围，积极调整产业布局和产业政策，开始回收、扶持本国制造产业和民生产业，逆全球化潮流进一步加剧。受各国政策导向，全球高端装备制造产业竞争格局正在发生重大调整，世界主要跨国装备企业纷纷通过兼并收购、服务增值等方式，提升企业核心竞争力。由跨国企业主导，在区域内布局供应链及供应链逐渐缩短或将成为新趋势。与此同时，再加上各国为应对气候变化与碳减排等采取的积极措施，将促使全球产业链加速重构，并表现为产业链本土化、供应链多元化、产业分工区域化三大趋势。

智能制造正在引领和推动新一轮工业革命，全球装备制造产业正在向数字化、网络化、智能化、服务化和绿色化转型。《中华人民共和国国民经济和社会发展第十四个五年规划和2035年远景目标纲要》提出加快发展现代产业体系，深入实施制造强国战略。当前，中国高端装备制造产业链、供应链的“卡脖子”问题依然存在。面对国际国内形势变化，中国提出将加快构建“双循环”新发展格局，把稳定制造业和稳固产业链放在更加突出的位置，坚持自主可控、安全高效，打好产业基础高级化和产业链现代化的攻坚战，全力推进高质量发展，加快发展壮大新动能，在变局中开新局重塑产业竞争新优势。

5.1.2 产业发展国际动态

1. 空天海装备产业

1）航空装备

目前全球市场航空产业版图形成以波音与空中客车公司（简称空客）为龙头的欧美二分天下的产业格局。2018年空客共交付了800架飞机，波音交付806架飞机，2019年空客交付863架飞机，波音受737MAX影响市场下滑较大。2020年，全球航空制造产业受疫情影响较大。预计未来全球疫情受控之后，航空制造产业将迎来大的跨越式发展。

全球各航空制造大国正在持续推进作战飞机新机和先进无人机研发，以及现役飞机升级，加快布局下一代战斗机研发，发展新型航空作战支援保障装备。美国方面，“下一代空中主宰”（NGAD）项目的全尺寸验证机已开始试飞，已研制成功远程打击轰炸机B-21。欧洲国家合作的下一代战斗机进入验证机研制阶段，启动“未来作战航空系统”（FCAS）项目演示验证机研制工作。俄罗斯开展“大象”新一代军用重型运输机模型风洞试验，研究马赫数0.2~0.85速度范围的空气动力学特性。空客已完成首次全自动空中加油试验。美国空军发展军用运输机“托盘化弹药”投放能力，海军下一代干扰机低频段（NGJ-LB）进入工程与制造发展阶段。总体上，航空装备更新换代和技术发展朝着2030年及之后实现重大变革的愿景快速迈进[①]。

① 2020年国外航空装备与技术发展综述 . https://www.eet-china.com/mp/a62807.html，2021-07-14.

各国重视发展无人机装备与技术能力。美国空军启动多用途无人机装备的更新步伐；英国无人机技术验证机项目开始1年期初始阶段研究，计划2022年开展无人机试飞，低成本无人作战飞机取得进展。

下一代民用飞机研制。美国国家航空航天局（National Aeronautics and Space Administration，NASA）推出了X-59“安静超声速运输机”（QueSST）验证机用于各种低声爆设计技术的验证测试，以提高这些技术的实用化水平，促进新一代超声速客机的研制开发。空客将在其位于德国不来梅和法国南特的工厂建立零排放研发中心，支持ZEROe零排放氢动力飞机发展。

下一代航空发动机的研制。美国方面，GE公司的首台全尺寸三流道自适应变循环发动机XA100的初始测试已经完成，其发动机性能和机械性能能够为美国的第六代战斗机提供动力。欧盟方面，法国，德国和西班牙三国已经成立了一家合资企业，以开发第六代战斗机的发动机。CFM国际公司推出了RISE发动机演示样机，该机采用新的开放式转子架构，有望在如今的窄体客机发动机上再提升20%的燃油效率。普惠公司与NASA正在合作，研究提高齿轮涡扇发动机架构效率的方法。美国陆军航空涡轮发动机项目办公室选择了美国GE公司的T901涡轴发动机，功率提高了50%，油耗降低了25%。

2）航天装备

近年来，全球航天产业迎来巨大发展。从国防角度看，航天产业与国防军工的联系变得日益紧密，在技术成熟度不断提高的背景下，美国、俄罗斯、法国及日本相继组建了太空军，以谋求制太空权。从各航天大国发展特点看，美国继续保持全面领先地位，俄罗斯大力推动本国航天设备现代化，欧盟、日本、印度重点发展符合自身需求的某些领域航天装备。

近十年来，全球火箭发射次数整体保持上升趋势，低成本运载火箭成为国际运载市场新趋势。当前，国际上主力火箭的发射价格大部分超过1亿美元，成本较高，对下游航天发射市场的拓展产生不利影响。国外航天研发机构和商业公司纷纷提出了新一代大型主力运载火箭的研制计划，将降低发射成本作为一个主要目标。例如，SpaceX通过可重复使用火箭降低成本、轨道ATK计划进一步优化“飞马座”XL空射运载火箭的发射价格等，在保证成功率的前提下，降低成本将成为最重要的发展重点之一。另外，商业航天开始逐步成为国际航天产业快速发展的新驱动力，各国制定、完善政策鼓励商业航天发展，促进航天领域的创业和新商业机会。商业航天公司SpaceX的可回收运载火箭技术的成熟与完善直接重构了国际商业发射的市场竞争格局，龙飞船的成功发射与返回更是创造了全球商业载人航天产业的历史性突破。

卫星装备结合市场新需求向系统化方向发展。卫星通信朝宽带大容量、功能综合、天地融合等方向发展。全球互联网通信星座加速构建，商业卫星互联网公司彰显出两极分化的众生相，如SpaceX的低轨卫星互联网星座Starlink正在密集地进行部署，而OneWeb及LeoSat等公司却由于技术风险大、市场不清晰或资金不充足等相继破产。通信应用服务多样化，美国、欧盟等近年来大力发展高通量卫星系统，通信频率资源不断向高频段甚至激光拓展。目前已经开始开发 Q 频段和 V 频段，太赫兹频段也将开发利用，通信容量可达数百 Gbps 甚至 Tbps 量级。卫星导航从单一 GPS 时代迈向美国、俄罗斯、中国、欧盟四大全球系统和日本、印度两大区域系统竞相发展的新时代。

全球空间基础设施正迎来新一轮创新发展和升级换代高潮。美国军事骨干卫星系统基本完成更新换代，卫星侦察监视、导弹预警、中继通信、导航定位、空间监视等性能大幅提升，初步具备空间机器人在轨服务能力；俄罗斯军事卫星系统开始全面更新换代，军事卫星体系进一步完善，设计寿命等性能获得较大提升，卫星在轨机动技术更加成熟；欧洲成像侦察卫星系统与军用通信卫星系统进入新一轮更新换代期，已实现导航卫星全球覆盖，已完成电子侦察卫星技术和空间监视卫星技术验证，初步验证多种空间碎片清除技术；日本成像侦察卫星系统相对先进，已完成四星导航增强系统部署，有望完成首个军用通信卫星三星组网；印度军民两用成像卫星性能相对先进，已完成区域导航系统部署，已发射两颗军事通信卫星，下一代军用光学成像侦察卫星有望入轨。

受新冠肺炎疫情影响，2020 年以来各国航天产业收入受到了严重影响。但从整体上看，各主要航天国家投入保持稳定。

3）海洋装备

智能技术和绿色技术两大驱动力正在与海洋装备加速融合，成为海洋装备创新发展的重要引擎。极地和深海领域也是海洋装备技术发展的重点。各国积极开展深海采矿技术储备。深海装备与技术是海洋技术的制高点和最前沿。深度超过 1 000 米的深海面积约占海洋总面积的 70%。新一轮的深海科技竞赛已经启动，深水、安全、无人和多智能体的高技术海洋装备受到海洋科技界的推崇。西方国家初步完成了深海多金属结核资源开采系统装备研制，具备了进行商业化开采的技术条件。为确保战略资源长期供给安全，我国也积极迎接全球超深水能源 / 矿产勘探开发技术竞争的挑战，推动深海高技术装备深度发展。

海洋装备的发展程度已成为国家海洋实力和核心竞争力的一项重要指标。从船舶角度，主要造船国家竞争呈现出白热化态势，全球船舶产业仍为中国、日本、韩国“三巨头格局”，中国与日本、韩国相比，仍有一定差距。例如，韩国大型 LNG 船市场占据明显优势，日本三大主流船舶配套设备平均本土化装船率（国内采购价值量占比）达到 95%，韩国达到 90% 以上。近年来，中国船企在集装箱船尤其是超大型集装箱船设计建造方面的能力大幅提升，已获得了全球主流班轮公司的高度认可。从海洋工程装备角度来看，一直以来，全球海洋工程装备市场形成了“欧美设计、亚洲制造”的格局。欧美垄断海洋工程装备的研发、前期设计、海上施工、工程项目总包及核心关键设备的供应市场；韩国和新加坡占据高端装备总装建造市场；中国和巴西等国主要建造中低端产品，开始进入深水高技术装备的设计建造领域，但自主研发设计能力、总装集成能力、关键设备配套能力相对薄弱。

在产业发展经济指标上，2020 年以来，受新冠肺炎疫情影响，在全球经济下滑及逆全球化势力抬头的影响下，海洋装备产业发展整体市场形势不佳，出现负增长。从未来发展趋势来看，全球疫情的冲击有望于 2022 年夏季逐步缓解，世界经济运行可能于 2022 年底出现复苏态势，全球贸易将重回增长轨道，预计未来全球海洋装备产业将缓慢复苏。

2. 智能制造装备产业

1）智能制造装备大国争夺全产业链竞争优势

以高档数控机床产业为代表的智能制造装备产业是各主要工业强国为重塑制造业竞争优势、抢占新竞争制高点的重要方向。在高档数控系统、关键功能部件、机床整机、高端刀具、机电配套产品、产线成套装备及先进制造服务产业方面，日本、德国和美国相关企业保持着全产业链的竞争力，且处于绝对优势地位，影响整个数控机床产业的发展趋势。

为谋求未来竞争先发优势，主要工业大国普遍制定了先进制造业发展战略，扶持和发展本国高端装备制造产业。德国发布了《德国工业战略 2030》及《中小企业创新核心项目》等，鼓励企业积极开展研发与创新活动，保持数控机床的质量、性能稳居世界前列；日本正在积极引导并实施“2020-2025 年高精密加工技术发展路线图”及“战略性创新创造计划”等计划，促进日本机床产业全面发展。2020 年美国通过推出“美国尖端技术”项目，意在提高工业母机的生产率及工作效率，进而推进世界竞争力。2021 年 1 月，美国国防部发布了《2020 财年工业能力评估报告》，对包括工业母机在内的 16 个美国国防工业基础领域和 10 项关键技术进行了评估与总结。该报告明确指出工业母机行业，除了包含金切机床之外，包括成型、冲 / 挤压、注塑、复合材料处理、增材制造等广泛的基础制造装备领域，是国家工业健康的核心；当前全球工业母机行业虽然发展相对成熟，但新能力和新特征的技术革新持续驱动着行业的创新发展和竞争力提升；该报告分析了美国工业母机行业面临的主要风险，由于国际竞争、行业整合与商业失败，美国机床行业正持续丧失多样性和生产能力；该报告指出，需扩大当前创新生态系统的规模，振兴制造业基础，并通过职业教育项目吸引人才。

与此同时，提高数控机床装备的数字化、网络化、智能化水平，发展智能数控机床，已逐渐成为各主要机床发达国家发展的重点。美国、德国、日本等高档数控机床装备企业经过多年的发展积累了巨大的技术优势，正加大投入力度提升装备的智能化和竞争水平。瑞典、瑞士、意大利、西班牙和法国等国的中小数控机床企业正在经历数字化转型，寻求数字化和智能化的解决方案。上述各国为持续保持以高档数控机床为代表的智能制造装备的国际竞争力，政府和企业均持续大力支持智能制造装备行业的研发投入，智能装备、智能生产线、智能制造车间、智能制造工厂和智能制造生态系统等，将成为智能制造产业链创新发展的主线。

2）数控机床产业竞争格局正在发生变化

2020年以来，受新冠肺炎疫情影响全球经济严重衰退，美国、日本和德国等国的机床产业均受到严重影响。根据德国机床制造商协会数据，从机床产值规模来看，2020年全球机床行业产业规模为578亿欧元，中国产值位居世界第一，产值为169.5亿欧元，在全球市场中占据份额为29%。德国和日本产值分别为86.6亿欧元和82.2亿欧元，分别位居全球第二和第三，在全球市场中的份额分别为15%和14%。中国、德国和日本三个国家占据了全球58%的份额。从机床需求市场来看，2020年全球机床行业消费额为573亿欧元，其中中国消费额位居世界第一，消费额为186.1亿欧元，在全球需求市场中占据份额为32%。美国和德国消费额分别为66.7亿欧元和45.1亿欧元，分别位居全球第二和第三，在全球需求市场中的份额分别为12%和8%。中国、美国和德国三个国家占据了全球52%的份额。

中国机床工具工业协会和德国机床制造商协会统计显示，中国机床进口额自2011年总体呈下降趋势，进口额从2018年82亿欧元下降至2020年52亿欧元。其中，2020年中国市场对供应前五位的国家和地区（日本、德国、中国台湾、瑞士及意大利，占进口总额的83%）的进口比例均有1%~37%的减少。另外，中国机床行业出口量呈增长趋势，已从2011年18亿欧元出口额增长至2019年近40亿欧元出口额。越南、美国、印度、俄罗斯及朝鲜为中国机床行业2020年全球前五位消费市场，占总出口量的35.5%，消费金额达12.47亿欧元。2020年尽管全球制造业受疫情影响发展滞缓，中国机床出口增长率较2019年下降10%，但美国、俄罗斯和朝鲜进口中国机床的消费额分别有2%、11%和26%的增长。

3）全球增材制造产业持续发展壮大

增材制造作为一项颠覆性的制造技术，其应用领域不断扩展，已成为世界先进制造领域发展最快的技术方向之一。全球工业强国纷纷加快布局增材制造产业。根据全球增材制造文献、专利及装机量统计数据，全球增材制造产业已基本形成了美国、欧洲等发达国家和地区主导，亚洲国家和地区后起追赶的发展态势。美国率先将增材制造产业视为战略性产业，并以此支持和推进经济和国防领域继续保持全球主导地位。美国的火箭、航空发动机及外太空装备大量应用增材制造技术凸显了其战略重要性。欧洲及日本等发达国家和地区，在金属增材制造产业发展和技术应用方面一直走在世界前列。2019年，德国《国家工业战略2030》将增材制造列入未来重点发展的9大关键工业领域。美国GE、波音、霍尼韦尔、德国西门子、蒂森克虏伯、法国空客等工业巨头纷纷加快布局，以求抢占未来新型制造技术的制高点。全球增材制造市场竞争格局集中，中美两国特别是美国占据主要市场，美国3D打印产业规模占全球的比重为34.40%，中国为10.80%，美国与中国市场规模占比合计接近50%。美国已经将增材制造列为对中国禁运技术。

全球增材制造技术和产业发展正进入快速发展阶段。全球增材制造产业链不断扩展，空天海、能源动力、汽车和轨道交通、电子工业、模具制造、医疗健康、数字创意、建筑等更多领域的企业和服务厂商不断涌进，呈现增材制造（3D 打印）+各行各业的特点，产业增长态势加速。全球增材制造产业包括设备、材料和服务在内的领域，2016~2019 年的平均增长率为 20.8%，如金属增材制造年复合增长率为 32%。据 Wohlers Report 2021 报告，受疫情影响，2020 年全球增材制造产业市场规模达到 127.58 亿美元，市场发展虽然放缓，但仍然保持了正向增长，相比 2019 年增长 7.5%，低于此前 21.2% 的增长率（图 5.1）。未来随着疫情好转，全球经济稳步复苏，增材制造产业市场将保持持续快速增长。

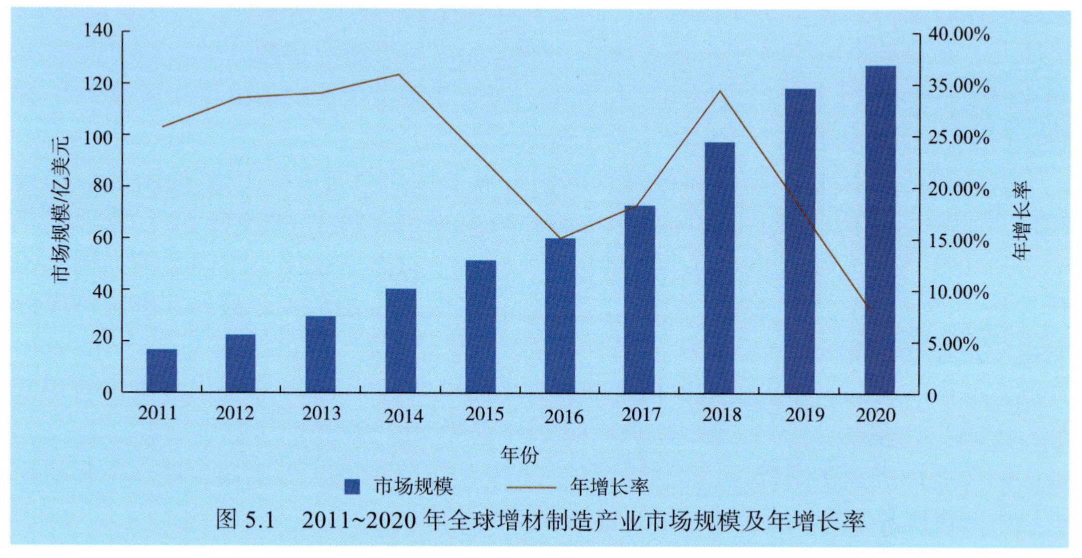

图 5.1 2011~2020 年全球增材制造产业市场规模及年增长率

3. 医疗装备产业发展新趋势

医疗装备（医疗器械）① 由医疗设备、体外诊断（in vitro diagnosis, IVD）产品、高值耗材和低值耗材四大类组成。当前，医疗装备产业是世界上发展最快的产业之一。从世界范围看，美国、欧洲、日本等地由于发达的工业基础和多年的技术积累，长期处于世界领先位置，市场需求增长稳定。美国是全球最大医疗器械生产国和消费国，约占据全球医疗器械市场份额的 45%；全球医疗器械第二大市场和制造地区是欧洲，占全球医疗器械市场份额的 30%；亚洲和日本的医疗器械产业具有较大优势。

2016~2020 年，全球医疗器械产业市场规模从 3 874 亿美元增长到 4 935 亿美元，年复合增长率为 6.2%（图 5.2）。自 2020 年第 1 季度以来，新冠肺炎疫情逐步席卷全球各国。面对新增感染人数的爆发式增长，各国都面临着前所未有的挑战，对医疗器械的需求加大，医疗器械相关产业获得空前重视和优先发展，产业增长迅

① 本章的“医疗装备”和《医疗器械监督管理条例》中“医疗器械”的法定概念的内涵外延完全一致，因此本章根据不同政策和产业研究情景，分别使用“医疗装备”或“医疗器械”，两者内涵完全一致。

速。2020 年，全球医疗器械市场销售额为 4 935 亿美元，同比增长 8.96%。2020 年全球前十医疗器械企业依旧以美敦力、强生、飞利浦等老牌医疗器械企业为主，相关企业扩大并持续看好其未来在中国的业务发展。随着全球人口自然增长、人口老龄化程度提高，以及发展中国家经济增长，长期来看全球范围内医疗器械市场将持续增长。

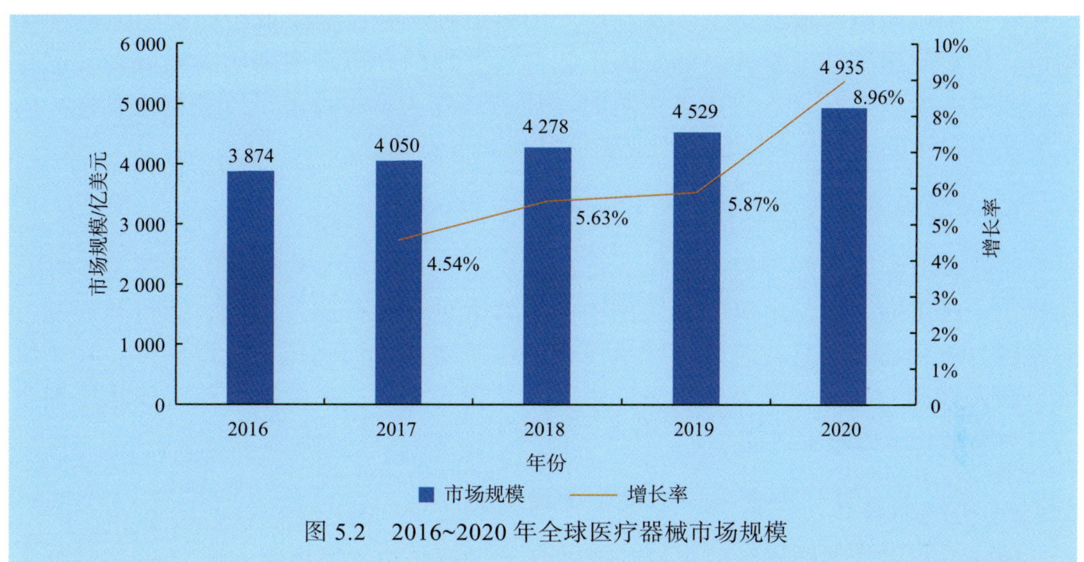

图 5.2　2016~2020 年全球医疗器械市场规模

随着医疗模式从关注疾病转向关注健康，精准医疗不断受到重视，3D 打印、健康大数据和人工智能算法的重要性突显，以及多学科创新突破加速演进，国际医疗装备产业趋向自动化、智能化、集约化、远程化、移动化、高性能、个性化、精准诊疗发展。以上趋势下医疗和健康保健领域将发生颠覆性变化，推动医疗模式的转变。

以达芬奇手术机器人系统为例，该系统是通过使用微创的方法实施复杂的外科手术的一种高级机器人平台。实施手术时主刀医师不与病人直接接触，通过三维视觉系统和动作定标系统操作控制，由机械臂及手术器械模拟完成医生的技术动作和手术操作。作为医疗器械产品的未来领导产品，达芬奇手术机器人可以通过智能化手段提供手术中三维视野，使医生可以对手术病灶一览无余，缩短医生的学习曲线，不需要人工通过监视器中二维图像在人脑中建立三维图像再进行手术操作。同时随着人工智能技术的发展和成熟，手术机器人在未来整合人工智能功能、为医生提供各类智能辅助是可以预见的。达芬奇手术机器人的运用面非常广泛，集约整合设计下适用于普外科、泌尿科、心血管外科、胸外科、妇科、五官科、小儿外科等。达芬奇手术机器人还可实现远程异地操作，利用强大的 5G 网络，医生只要控制操控台便能轻松操纵远在异地的机械手臂。手术器械上的关节腕具有多个活动自由度，在手术中手术器械可滤除人手自然颤动，系统末端的手术器械具有牵引、切割、缝合等多种功能，能在狭小空间内提高手术精度，发挥高性能优势。在达芬奇手术机器人辅助下，手术刀在手术过程中操控灵活且丝毫不会颤抖，手术精确度大大增加。

因此术后恢复快，愈合好符合精准医疗要求。

4. 承压装备产业发展新趋势

承压装备是承受一定内压或外压，包容化学（危害性）介质压力边界，广泛用于石化、电力、冶金、燃气、航空航天、国防军工等领域的承压类特种设备。从全球来看，承压装备产业是整个装备制造业的基础性产业，为工业行业提供基础加工制造、物料储运等基础设备。由于承压装备所处理的介质多为高压高温或者易燃易爆，危险性极高；因此，世界各国均将承压装备作为特种设备予以强制性管理。为提高效率和降低成本，承压装备产业发展呈现如下新趋势。

1）承压装备服役条件极端化和材料高端化

伴随着世界经济形势快速变化、资源品质劣化和能源结构调整，承压装备在石油化工、核工业、煤化工等领域应用中向装置大型化、介质苛刻化、运行长周期方向发展。应用场合的日益苛刻导致承压装备面临更加高温高压、低温深冷、复杂腐蚀、超大直径、超大壁厚等极端条件考验。装置大型化、高参数化趋势使承压装备用材料高端化成为重要方向。

2）承压装备设计制造与安全维护的绿色化

国际上承压装备轻量化绿色设计制造技术发展趋势主要体现在：①通过降低承压装备设计、制造、检验各环节的不确定性，科学调整材料许用强度系数，减少设计冗余、降低容器壁厚；②开发强韧性相匹配的低合金高强度钢并研究其生产工艺控制方法，以合理提高材料强度；③利用应变强化技术提高不锈钢低温承压装备的承载能力，实现设备减重；④针对换热器采取传热流动与管子、管板强度、刚度协同优化设计方法，减薄管板厚度和提高传热效率，实现节能节材；⑤复合材料的应用；⑥深化基于应用风险的检验、合于使用评价等技术，实现承压装备安全可靠运行与节能环保。

3）承压装备全生命周期的智能化

近年来，全球物联网、大数据等现代信息技术与人工智能技术快速发展，孕育着新一轮的科技革命和产业变革，促进承压装备设计、制造、焊接、检验检测、使用管理等生命全周期向智能化方向发展，是国际上承压装备的发展趋势。针对大型复杂管网，全面构建智慧管道的建设及运行管理技术和装备体系是油气管道发展的趋势之一。

4）承压装备制造通用化和标准化

从世界范围内承压装备出口大国情况可看出，国际化的工程公司可以带动本国承压装备行业发展和标准的国际化认可，从而获得更大的国际发言权和经济利润。

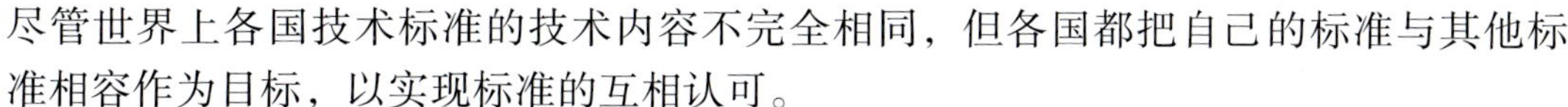
尽管世界上各国技术标准的技术内容不完全相同，但各国都把自己的标准与其他标准相容作为目标，以实现标准的互相认可。

5.1.3　产业发展国内动态

1. 空天海装备制造产业国内动态

1）航空装备

在《中国制造 2025》规划中，航空产业占有举足轻重的发展地位。根据国家层面顶层规划，航空产业未来重点发展领域涵盖航空发动机、大飞机、民用飞机、直升机、无人机、航空运输、通用航空运营、核心电子器件、新材料等。近年来，中国航空装备产业规模持续扩大，2017~2019 年年均复合增长率为 7.7%，2019 年中国航空装备产业规模达 934.1 亿元，深圳中商产业研究院预测，2021 年我国航空装备市场规模可达 1 122.3 亿元①（图 5.3）。

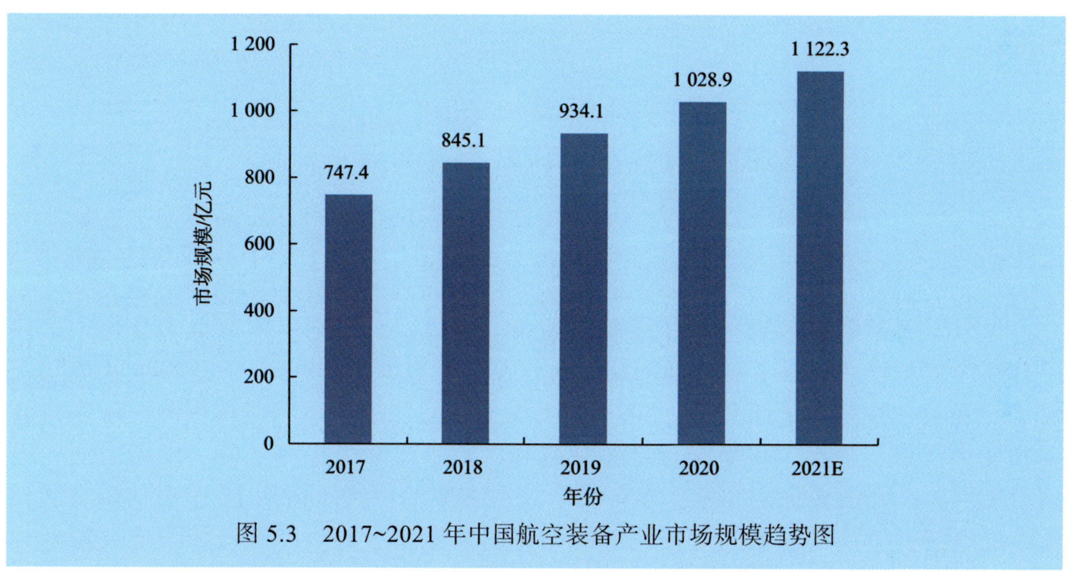

图 5.3　2017~2021 年中国航空装备产业市场规模趋势图

从地区经济发展看，布局大航空产业正当其时。根据空客与波音的预测，一直到 2035 年，亚太地区将是新增潜力最大的市场，占全球新增飞机总量的 39% 左右。随着中国自主发展的 C919、ARJ21 等机型逐步供应市场，有望改变全球航空制造格局，目前 ARJ21 订单超过 600 余架，已交付运营的超过了 20 余架，C919 预计 2021 年后期正式开始交付。随着中国经济的快速发展，未来中国将迎来巨大航空需求市场，因而，国外龙头航空企业将包括大飞机总装、航空发动机、航空维修、通航制造、航空快递等产业领域加速布局中国（表 5.1）。

① 2021 年中国航空装备产业链上中下游市场分析（附产业链全景图）. https://new.qq.com/omn/20210427/20210427A0ALDI00.html，2021-04-27.

表 5.1　国外航空企业产业与中国合作

产业领域	主要公司	合作项目
大飞机总装	空客	在天津布局 A320 亚太区总装与交付中心、A330 交付中心
	波音	波音 737 飞机完成与交付中心落户浙江舟山
	庞巴迪	中航沈飞承担 Q400 飞机前、中、后部机身及 C 系列飞机中部机身
航空发动机	GE 航空	与赛峰集团合资的 CFM 国际公司为 C919 提供发动机
	罗罗公司	与中航工业成都发动机（集团）有限公司合作研究发动机
航空维修	汉莎航空公司	与中国国际航空股份有限公司合资成立北京维修工程公司
通航制造	赛斯纳飞机公司	与中航通飞设立石家庄中航赛斯纳飞机有限公司、珠海中航赛斯纳飞机有限公司，进行赛斯纳 208 的涂装和内饰
	奥地利钻石飞机制造有限公司	与山东滨州大高通用航空城有限责任公司合资成立山东滨奥飞机制造有限公司，生产钻石 DA40 型系列飞机
航空快递	FedEx	上海浦东国际机场布局国际转运中心、广州白云国际机场亚太区转运中心、杭州转运中心
	UPS	上海浦东国际机场布局国际转运中心、深圳宝安国际机场亚太转运中心
	DHL	上海浦东国际机场布局北亚转运中心

资料来源：大航空产业的国际环境和国内格局 . https://www.sohu.com/a/365497792_494876，2020-01-08

2）航天装备

我国积极发展航天装备，打造航天装备产业强国。在进出深空能力方面，已开展月球探测工程，实现了对月球的绕、落探测，即将实现采样返回；2020 年成功发射了“天问一号”火星探测器，2021 年实现了火星环绕与着陆巡视探测。未来将陆续开展小行星、金星、木星及行星际穿越和太阳系边际等探测任务。围绕空间先进动力技术，已开展多种空间堆、多种发电技术方案的预研，包括 10 千韦伯级空间核反应堆电源、空间同位素热源研制、Pu-238 材料制备、高效率磁流体发电、斯特林发电等关键技术研究，突破了 Pu-238 同位素热 / 电源技术瓶颈。总体上，我国 10 千韦伯级空间核反应堆与热电转换等关键技术已基本突破，将在近期完成系统非核集成与试验；核动力航天器关键技术体系及指标基本明晰，为后续实施方案论证和工程研制奠定了良好条件。

在深空探索方面，我国已成功发射暗物质粒子探测、“实践”系列、“慧眼”等空间科学卫星，为前沿科学研究提供了重要手段；利用空间科学卫星、“神舟”系列飞船和“天宫一号”目标飞行器等，开展了一系列空间科学实验，深化了空间微重力和强辐射条件下生物生长、材料制备等机理的认识，取得一批有影响力的研究成果。当前，围绕太阳观测、射电天文观测、对地观测、天体化学与比较行星学等方面，已形成较宽广的研究基础；围绕系外天体空间环境感知，计划开展旨在寻找宜居星球的“觅音”计划；围绕极端宇宙环境感知，计划开展宇宙环境相关的探测，如“黑洞探针”计划、“天体号脉”计划、“天体肖像”计划、“天体光谱计划”等。

在利用深空和深空安全方面，我国已为深空基准建设奠定了一定的天球参考系理论研究基础。已开展了空间资源开发利用所需的含冰星壤光热提取、地外人工光合成、星壤 3D 打印、星壤储能发电等原创性技术的探索。空间碎片监测、预警、减缓及防护技术体系逐步完善，标准规范体系不断健全。空间碎片监测预警实现业务化运行，为在轨航天器安全运行提供有力保障；利用空间科学卫星、“神舟”系列飞船等，积累了空间环境主要参数及其效应数据，为航天器安全运行提供空间环境监测与预报服务。运载火箭发射能力稳居世界第二，进入空间能力显著提升。

在运载火箭方面，我国具备运载火箭实现高密度、高可靠发射能力，有效支撑航天产业化发展。2020 年，全球共实施 114 次发射任务，追平 1991 年以来的发射次数纪录，发射航天器共计 1 277 个，创历史新高。其中，我国开展 39 次航天发射，发射 89 个航天器，发射航天器总质量再创新高，达到 103.06 吨，较上一年度增长 29.3%。我国航天发射活动继续取得重大突破，发射次数和发射载荷质量均位居世界第二。此外，新一代运载火箭取得重大突破，火箭型谱不断完善。

在卫星应用产业方面，北斗卫星导航系统正式运行，全球系统正在拓展，未来将产生显著的经济效益和社会效益；我国的航天遥感已形成了气象、海洋和陆地全系列遥感卫星体系，达到了国际领先水平，可为国内外各类用户提供资源、海洋、气象、环境减灾等业务化服务能力。

我国空间基础设施发展已具备坚实基础，卫星研制与发射能力步入世界先进行列。预计 2022 年前后，我国将完成空间站在轨建造计划。我国民用空间基础设施正处于转型发展关键期。我国商业航天刚刚起步，未来有可能成为构建空间基础设施的新兴力量。

随着未来探月四期、首次火星探测任务、重型运载火箭等重大航天工程项目的稳步推进，以及空间基础设施建设的逐步完善，我国航天正在由高速增长阶段向高质量发展转变。

3）海洋装备

我国已在造船规模上跃居世界第一，形成了自主品牌产品，得到了国内外客户认可。2020 年，尽管新冠肺炎疫情的暴发对行业发展造成一定的冲击，但我国造船三大指标国际市场份额以载重吨计和修正总吨计都保持世界领先。克拉克松研究公司统计数据显示，2020 年，全球造船完工量为 8 944 万载重吨；其中我国造船完成量为 3 853 万载重吨，占全球总完工量的 43.08%；韩国造船完工量为 2 440 万载重吨，占全球总完工量的 27.28%；日本造船完工量为 2 258 万载重吨，占全球总完工量的 25.25%（图 5.4）。2021 年以来，全球新冠肺炎疫情有所缓和，世界经济增长逐步恢复，国际航运指数小幅回升。我国造船企业完工量和新承接订单量同比增长，手持订单量略有下降。受船用钢材等原材料价格快速上涨的影响，船舶企业虽然收入增长但利润出现亏损。

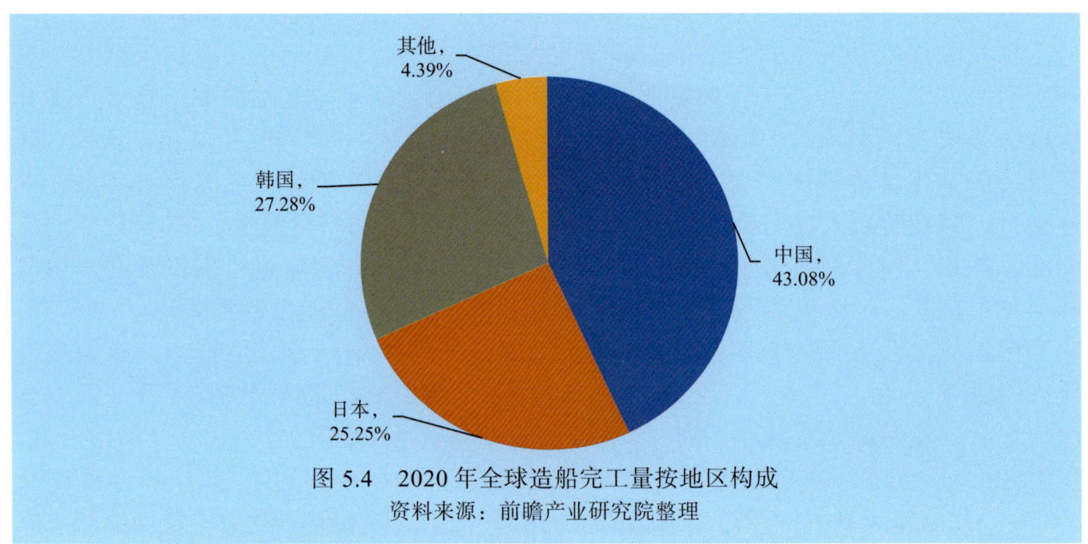

图 5.4　2020 年全球造船完工量按地区构成

资料来源：前瞻产业研究院整理

尽管我国已成为船舶制造大国，但船舶制造业依然面临着很多问题。其中最核心的问题在于结构性缺失，即低端产能过剩、高端产能不足，体现在船型研发设计技术、高附加值的高端船型、船舶配套产业相对落后，使得国际竞争力不足，营利能力较弱，落后于日本和韩国先进船企。

我国国内对相关大型企业进行了整合，船舶产业集中度不断提高。2019 年 11 月 26 日，由中国船舶工业集团有限公司与原中国船舶重工集团有限公司合并重组后形成的中国船舶集团有限公司成为全球最大的造船集团。三大主要国有企业接单量仍然占据半壁江山，但接单份额较往年有所下滑。近年来，民营企业接单份额大幅提高，显示出民营企业较强的市场竞争力。在此轮船市危机的影响下，大量船舶企业破产重组，竞争格局重构，产业集中度提升，预计未来我国船舶产业兼并重组力度将加大，产业集中度将进一步提高。与此同时，许多船企开始发展多元业务以对抗世界经济周期性影响的风险。

近十年来，我国持续密集出台多项政策，支持海洋工程装备企业的发展，我国海洋工程装备市场份额稳步提升。海工新闻与咨询机构南通中钻企业管理咨询有限公司的一项报告显示，全球海洋工程装备市场过去 10 年经历两波订单潮。我国在第一波订单潮中建造近 100 座钻井平台；在第二波订单潮中，我国获得多达 20 座浮式 LNG 生产储卸油装置订单，约占全球在建装置的 70%。当前，海洋工程装备市场需求持续低迷，全球海洋工程装备制造业遭受严重冲击，新订单大幅萎缩，已建成和在建产品大面积延期或撤单。我国海洋工程装备制造业正处在生存与发展的关键阶段，既面临严峻挑战，也面临加快赶超的战略机遇。不过，在亚洲海洋工程装备市场竞争的新格局中，我国因快速应对疫情而赢得更多机会。

我国海洋工程装备企业在海洋工程领域还有很多核心技术待突破，尤其是部分深水关键装备自主设计能力距离世界先进水平还有一定距离。随着我国海洋工程装备产业在世界上的分量越来越重，我国海洋工程装备龙头企业正在积极着力解决关键核心技术的研发攻关任务，不断加快绿色低碳转型发展步伐。2021 年 9 月我国建成并投产了第一个 1 500 米级深水自营油气田——“深海一号”大气田，意味着我国海洋开发从浅海走到深海，在 1 500 米水深站稳了脚跟，使我国在海洋油气领域实现重大跨越，进入世界先进行列。

“十四五”期间，中国将海洋装备产业作为战略性新兴产业重点支持。中国海洋装备重点企业将加速攻关并将掌握海洋装备的尖端技术，并且在海洋装备研发上不断创新，积极推动和融合智能技术与绿色船舶技术，向价值链高端移动。

2. 智能制造装备产业国内动态

1）国产高档数控机床产业取得显著进展

自 2009 年以来，在 04 专项的支持下，我国高档数控机床产业发展取得了显著进展。我国机床产业自主开发能力显著提升，突破了一批重大关键技术，国产高档数控机床实现了局部突破，部分技术指标达到国际先进水平，解决了部分“卡脖子”难题，国产数控机床开始批量供应，我国航空航天军工等领域的战略性需求基本实现了自主可控和产业安全保障能力。航空航天、汽车、发电设备、船舶领域所需高端机床装备由十年前基本依赖进口到目前品种满足度 87.8%。其中，发电设备、船舶领域制造装备完全实现国产化；航天领域制造装备基本实现国产化，如航天大型结构焊接、自动化铆接、精密成形、高效加工及壁板框段件、弹用发动机核心关键零件的高效加工，实现了相关装备的进口替代和完全自主可控；航空领域制造装备在用户单位实现批量化应用，如在沈飞集团搭建成了 100% 基于国产数控机床、国产数控系统、国产工业控制软件、国产刀具等 04 专项成果的集中应用示范基地；汽车领域商用车和乘用车的发动机制造装备实现应用突破，由国产精密加工中心组成的柔性制造示范线，包括缸体缸盖、曲轴、活塞连杆等，在自主品牌、合资品牌、外资品牌企业均实现了生产应用。

国产高档数控系统开始批量应用。在 04 专项支持下，航天科技、航天科工、中航工业、中国航发、集团公司、兵器工业、兵器装备、中核、九院等央企千台进口机床实施“换脑工程”，并重点解决军工实际生产应用难题。例如，华中 8 型系列化高档数控系统在高速高精立式 / 卧式加工中心、五轴联动龙门机床、车铣 / 铣车复合机床、高精度数控磨床等 1 500 多台高档数控机床上测试验证和配套应用。在航空航天、汽车、能源、3C 电子信息等制造领域已累计销售应用了 6 万多台套。

自 2020 年下半年以来，受到国内经济、机床用户领域、投资及进出口等多方面积极因素推动，我国数控机床和工具各项主要经济指标均实现大幅增长。根据中国机床工具工业协会发布的 2021 年上半年机床工具行业经济运行情况，重点企业营业收入同比增长 45.7%，与 2019 年同期比较增长 25%，两年平均增速为 13.5%，金属加工机床新增订单同比增长42.5%，金属加工机床产量同比增长32.2%，产值同比增长39.2%。我国机床行业延续2020年下半年以来恢复性增长态势，保持继续向好趋势。“十四五”及未来十年，随着国内制造业转型升级加快，国内外企业将在产线、车间和工厂的数字化、网络化、智能化改造和建设方面速度加快，我国数控机床产业迎来了新一轮的发展机遇。

2）数控机床产业竞争格局发生显著变化

2011年至2020年上半年，我国机床行业整体行情低迷，数控机床产业面临激烈的市场竞争，特别是高档数控机床面临市场化机制失灵的竞争形态。与此同时，中小企业竞争激烈，大企业也面临兼并重组、转型升级的压力。大型国有企业的体制机制限制，再加上机床制造业的营利能力不足，导致部分企业经营行为短期化，技术创新的意愿和动力不足，企业转型升级缓慢。

当前，中国机床行业呈现三大趋势：一是创新企业异军突起，民营机床厂竞争优势扩大，主要民营机床企业机床收入占国内机床总消费量比重持续上升，主要民营上市机床企业金切机床类业务收入占金切机床消费额比重也呈上升态势，由2016年的3.50%提升至2020年的6.93%，与此同时，国内培育成长了一批具有市场影响力的“专精特”企业。二是机床需求呈现高端化趋势，国内制造业产业升级及劳动力减少带来高端机床和数字化产线需求，金属切削机床数控化率呈现加速提升态势，由2019年底的38.8%迅速提高至2021年中的46.06%，国内中高端数控机床领先研发和制造企业受益于“产业升级+进口替代”，积极由单一通用装备供应商向为客户提供数字化专机、柔性产线、智能制造产线的一体化解决方案的服务型制造企业转变。三是本土化成为外资企业参与中国市场竞争的主要方式，自中国率先控制疫情之后，未来中国经济长期向好的预期及超大规模的内需市场，使得中国市场的重要性攀升，国内数控机床市场出现了以外资企业本土化为代表的新形势。一批跨国机床集团在中国设立的独资企业或合资企业，如德国德马吉、美国哈挺、日本小巨人等，本地化生产将形成生产能力。特别是自2020年以来，来自中国的基础设施相关、半导体制造设备用机床的需求强劲，日本、德国等机床企业相继在中国投资增产、抢攻需求。未来一段时间，国内机床行业市场竞争将加剧。

3）增材制造产业规模快速增长

得益于一系列国家政策措施，我国已形成了国家级、省级和重要行业增材制造创新中心协同布局的创新网络，逐渐形成以企业为主体、市场为导向、政产学研用协同的创新体系。增材制造技术促进我国在产业创新能力、工艺技术和装备、关键零部件配套、产业应用等环节的关键核心技术方面取得了系列突破，已成为飞机、运载火箭、舰船、核能等战略领域装备快速开发迭代的手段。与此同时，“3D打印+”正在向新能源领域、再制造领域、精准医疗、汽车、模具等各个制造业领域、社会生活的各个方面深入应用，并在零部件集成打印、轻量化、高效换热、新材料应用与多材料功能梯度结构设计等方面带来产品与装备的创新。

增材制造产业发展速度加快，规模稳步增长。涌现出西安铂力特、湖南华曙高科、广东汉邦、上海联泰、杭州先临三维、江苏中瑞科技、北京太尔时代、广州雷佳、北京煜鼎、北京隆源、永年激光、华科三维、无锡飞尔康、上海数造等一批制造类龙头企业。2019 年，中国增材制造产业规模达 157.47 亿元，其中，装备产业规模为 70.86 亿元（占比 45%），应用服务产业规模达 45.67 亿元（占比 29%），3D 打印材料产业规模达 40.94 亿元（占比 26%）。2020 年，中国规模以上增材制造装备制造企业营业收入 105.2 亿元，同比增长 14.6%，实现利润总额 9.7 亿元，同比增长 142.5%。

3. 医疗装备产业国内动态

我国医疗器械行业起步晚，与欧美等发达国家市场相比落后 10~20 年。随着我国全民医保和健康中国战略的推进，我国经济持续发展、人口老龄化、消费需求升级，以及新医改强基层等政策落实，我国医疗器械市场保持高速增长。2011~2019 年，我国医疗仪器及器械的出口额逐年增长，2019 年，我国医疗仪器及器械出口额为 129.24 亿美元，同比增长 13.2%。2020 年以来，在新冠肺炎疫情全球蔓延的形势下，为应对医疗器械的紧急需求，全球多数国家及地区发布降低或免除医疗器械进口关税措施，由于国内率先控制疫情恢复生产，我国相关产品出口增长迅速。2020 年，我国医疗器械市场规模为 7 721 亿元，同比增长 21.76%（图 5.5），远超全球增长水平。随着疫情防控、后疫情时代医疗机构的全面发展，预计我国医疗器械产业仍将保持 15% 以上的年复合增长率。

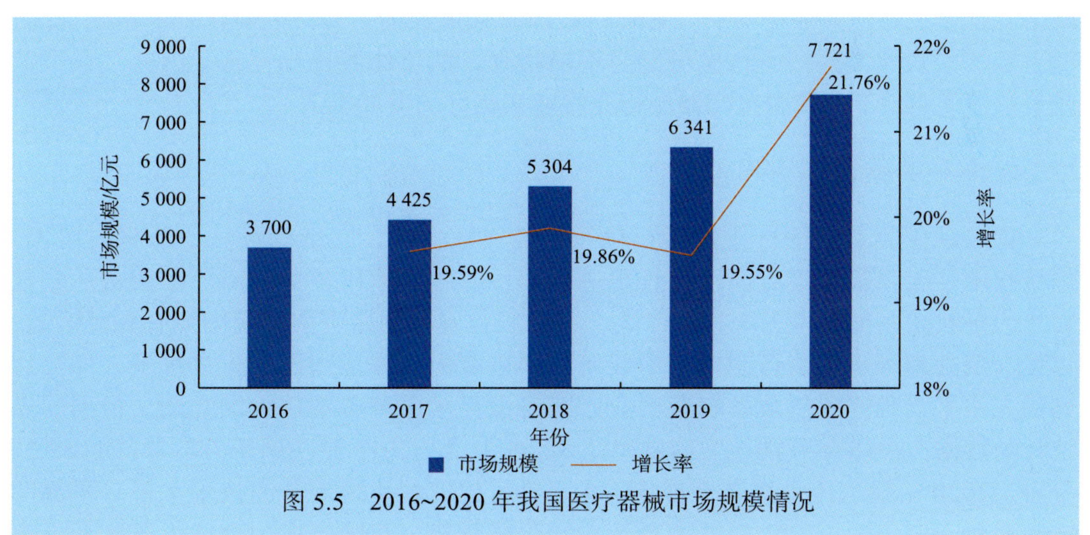

图 5.5　2016~2020 年我国医疗器械市场规模情况

根据 Evaluate MedTech 和 Evaluate Pharma 的数据，全球药械比约为 1∶0.69，发达国家为 1∶1。2018 年中国药品销售 1.71 万亿元，医疗器械仅为 5 304 亿元，药械比为 1∶0.31，远低于国际水平，上升空间巨大。

我国医疗装备产业发展仍处在发力期，现阶段具有如下特点。

1）中小企业占比大，行业集中度低

虽然国内形成了四大医疗器械产业聚集区，但是医疗器械生产企业规模小、数量多、技术低的整体格局并未被打破。截至2020年上半年，我国医疗器械生产企业有2.2万余家，其中Ⅰ类、Ⅱ类企业约2万家，Ⅲ类企业约2 000家。

2）创新体系不完善、国产产品技术附加值低，高端产品主要依赖进口

我国医疗器械产业仍处于吸收技术的发展阶段，自主创新品牌多数集中在中低端产品市场，在高端领域还是国外医疗器械巨头占据主导地位。高端医疗器械技术壁垒高，大型高端医疗器械长时间被国外医疗器械巨头垄断，我国医疗器械企业在产品竞争方面与国际巨头存在较大差距。国内企业生产的高端医疗器械产品以仿制为主，高端产品关键核心部件主要依赖进口，三级甲等医院在用医疗设备大多来源于国外。

3）政策和市场驱动我国医疗器械快速发展

为推动行业健康有序发展，关于鼓励行业发展、加强对行业监管方面的政策频发。例如，2019年8月，国家药品监督管理局发布《关于扩大医疗器械注册人制度试点工作的通知》，加快推进医疗器械产业创新发展。2020年4月，国家药品监督管理局发布《国家药监局关于发布医疗器械注册人开展不良事件监测工作指南的通告》，加强对医疗器械注册人、备案人的指导、监管力度。2020年2月，中央政治局会议提出，要加大试剂、药品、疫苗研发支持力度，推动生物医药、医疗设备、5G网络、工业互联网等加快发展。另外，我国是人口大国，人口老龄化程度不断提高，随着经济的快速发展，民众支付能力不断增强，医疗体系逐步完善，因此，在国家政策和市场驱动下，我国医疗器械行业将迎来良好的发展机遇。

4. 承压装备产业国内动态

我国承压装备制造行业伴随石化行业的飞速发展，在结构设计、新材料研发、焊接技术、无损检测等方面取得长足进步。目前我国承压装备生产厂家数量达到数万家，多数企业也取得了一类、二类、三类压力容器制造资质。我国拥有先进锻造、焊接、热处理等承压装备制造技术装备，制造能力总体达到国际先进水平，部分达到领先水平，我国承压装备制造产业已跻身世界承压装备制造大国之列。根据国家统计局数据，2018年我国压力容器产能38.86万台，2019年我国压力容器产能39.38万台，2020年我国压力容器产能44.19万台。凭借着持续提升的技术水平、可靠的产品质量、完善的配套供应链体系及比较价格优势，我国已成为全球承压装备重要的供应国，达到发达国家同期水平。但在先进原材料、先进生产焊材及焊接工艺、设计分析软件等工业基础方面仍存在不足，在高端化、绿色化、智能化设计制造与安全维护方面与发达国家之间仍存在差距。

目前，国内承压装备市场构成呈现出两极分化的现象，即低端供给过剩、高端

供给不足。其中，主要大型国有制造企业有中国一重、中国二重、兰石重装、南京大化机等企业；在数量上占据大多数的民营企业主要集中在中、低端产品的生产制造上。从我国承压装备制造业企业格局和趋势来看，行业前景总体向好，但行业技术水平和技术创新能力有待提高，行业整体集中度趋于增强，市场份额愈加向大企业转移。在节能减排要求下，国内承压装备企业积极探索生产工艺及节能环保的高端设备的先进技术，并加快绿色装备制造业的转型升级。

在当前国内外形势下，受宏观经济形势影响，承压装备行业发展速度放缓，这在一定程度上使产业升级的步伐有所减缓。但无论是从产业政策还是从市场需求来看，随着国家对装备制造业的大力扶持及下游行业快速发展，“装备国产化战略”持续推进，我国承压装备行业整体上将保持着平稳健康的发展趋势。

5.2 高端装备制造产业发展短板研究

5.2.1 核心工业基础及能力现状

1. 空天海装备的核心工业基础及能力现状

1）航空装备

航空装备核心部件和关键技术有待突破。我国面向军用航空发动机的核心部件已经基本能够自主，但性能水平离国外先进航空强国还有较大差距。主要体现在正向设计能力还不够，部分核心部件还是参照仿制，基础数据等还没有完全掌握，仍需要进行大量扎实的研究试验来弥补差距。航空装备对基础材料、基础零部件和元器件的可靠性和稳定性要求极高，目前我国高温合金、高性能树脂基复合材料、陶瓷基复合材料等基础材料的性能还有一定的差距，基础零部件和元器件的可靠性差距则更加明显。受此影响，我国大推力航空发动机的研制尚面临较多技术瓶颈有待突破。

我国航空装备的另一个薄弱环节体现在设计软件、仿真手段等软科学长期依赖国外产品。航空装备对设计能力要求高，所以对先进的设计方法和仿真手段依赖程度很高，国外很多工业设计、仿真软件都是针对解决航空装备技术问题而发展起来的。我国在相关领域的产品呈现出散、乱、小等特点，尽管中国飞机强度研究所（623 所）等国内一些研究所先行先试，在仿真软件领域开拓创新，但工业化实用的设计和仿真软件需要有长期稳定的投入研发，相比单个装备型号，更需要积累，目前分散的个体行为，尚难以从体系上支撑我国航空装备产业。此类软科学的技术现状严重制约了我国航空武器装备的转型升级，也存在“卡脖子”隐患。

航空装备研制周期长，投入大，风险系数高，目前参与的民企还比较少，密切的军民融合局面还未形成。

2）航天装备

在航天强国的目标下，我国航天产业取得了诸多成就。例如，航天发射次数近年来蝉联世界第一，进入空间能力跃居世界前列，众多航天重大工程取得决定性成果：2020 年长征五号 B 运载火箭首飞成功；我国第一个全球卫星导航系统北斗三号建设完毕，并正式开通；行星探测任务“天问系列”中的第一枚火星探测器“天问一号”成功发射；高分专项、探月工程三步走计划均进入收官阶段；天宫空间站将开始建设。另外，众多商业航天发射实验争相开展，大量商业卫星星座计划接连不断地被提出。但同时也要看到，我国空间基础设施建设还无法完全满足经济社会发展的迫切需要，还存在系统整体能力不足、部分核心关键技术受制于人、应用滞后和投入机制不完善、各部门重复规划建设等问题，同时还面临世界航天强国对我国实行技术封锁和政策挤压的外部严峻挑战。

在运载发射方面，一方面，我国商业航天发射产业目前尚未有进入应用阶段的可重复使用火箭型号，发射成本较高［长征 11 号甲运载火箭（预计 2022 年首飞）重视经济性，预计发射成本达到 1 万美元 / 千克，而猎鹰 9 在 2020 年 3 月披露发射成本约为 0.40 万美元 / 千克］，我国商业航天发射在国际市场上缺少竞争力。另一方面，美国在 2011 年通过了《沃尔夫条款》，基本全面禁止了我国商业火箭发射的国际合作，在其威慑下其他西方国家与我国相关领域的合作中止或推进缓慢，导致我国航天产业的国际化和国际交流遭遇了极大的困难，给我国航天发射技术的发展和商业推广都带来了大量阻碍。

在遥感卫星领域，卫星整体规划居于世界前列，但各系统发展不均衡。卫星轨道单一，难以满足对全球和重点地区高频次覆盖要求；在一些核心指标，如分辨率、定位精度、定量化水平等方面还存在差距，卫星系统还存在高分辨率连续观测能力欠缺，多维度信息获取能力不足等问题。

在通信广播卫星领域，卫星功能体系逐步健全，但是在整体规模上仍然不足，难以满足近年来呈现爆发式增长的境内外通信需求。

在导航卫星领域，目前建成的北斗卫星导航系统，定位精度、全球授时精度等指标与 GPS Ⅲ卫星仍存在一定差距。

在空间科学卫星方面，我国整体发展水平落后较为明显，空间科学系列卫星数量少于日本；载人航天工程空间科学与应用任务数量较美国、俄罗斯存在数量级差距；空间科学领域的科学发现成果数量也存在显著差距。

在其他天基装备方面，我国先进装备研发与美国、俄罗斯等国际领先水平还存在较大差距，在太空态势感知、卫星机动控制和碎片移除、情报侦察等领域依旧处于探索研究阶段，亟须加快重大项目论证布局，并以此为牵引抢占先机。

3）海洋装备

我国海洋装备制造产业抓住难得的国内外市场机遇，进入了历史上发展最快的时期，取得显著成就，获得长足进步。

一是主流船型形成全系列研发建造能力。在主流船型方面，我国散货船、油船已经具备了全系列船型研发建造能力，形成了自主品牌产品，得到了国内外客户认可；我国能够生产建造 1000TEU-22000TEU 集装箱船，大部分产品具备自主设计能力。在高技术和特种船舶方面，已经具备大型液化天然气船（liquified natural gas carrier，LNG）、超大型油船（very large crude oil carrier，VLCC）、汽车滚装船等船舶建造能力，化学品船、挖泥船、客滚船等特种船舶方面也实现了批量建造。

二是海洋油气开发装备具备较强建造能力。我国深水油气工程技术装备已建成一支以海洋石油 981、海洋石油 201、振华 30 为代表的大型深水油气“舰队”。具备了 300 米水深以内常规油气田勘探、开发、钻完井、工程设计与建设、油气田运营维保能力，并在国际上具有较强的竞争力和影响力，已在国际市场占有了一席之地。

三是深海矿产资源开采装备技术持续进步。目前，我国深海固体矿产资源评价工作全面开展：调查对象从单一的多金属结核资源拓展为多金属结核、多金属硫物、富钴结壳、稀土等多种资源；作业海域从太平洋向印度洋、大西洋拓展。与此同时，我国已开展深海采矿单体工程技术海试，缩小了我国与世界先进水平在深海多金属结核采矿技术方面的差距。

我国海洋装备产业高质量发展的潜在风险主要如下。

一是我国海洋装备行业长期注重产业规模扩张，参照或直接引进国外技术现象普遍，自主创新能力不强，核心技术研发能力薄弱，关键技术受制于人。在大型海洋工程装备设计及总包、装备研发设计、核心配套等产业环节，多数还是被发达国家的企业控制，我国海洋工程装备企业主要集中在自升式钻井平台和中小型海洋工程装备辅助船领域。国内企业在自主研发、设计等关键领域仍处于落后位置，部分建造企业只承担一部分详细设计、生产设计任务，尚未进入海洋工程装备产业链的上游位置。

二是核心配套设备、核心零部件等严重依赖进口。海洋装备所需的配套装备规格种类较多、技术含量高、研发时间长、投入大。特别是行业软件、智能船舶感知控制元器件、导航核心元器件、动力配套设备核心零部件等依赖进口，我国只在低端配套上占有一定份额，本土化程度很低，已成为国内企业进入产业链高价值环节的阻碍。

2. 智能制造装备的核心工业基础及能力现状

在 04 专项支持下，我国高校、骨干企业和科研机构产学研合作密切，初步建立了高档数控机床产业基础和创新能力平台。先后在数字化设计技术、高档数控系统、“三航 / 两机”关键零件加工工艺、机器人精密减速器齿轮加工技术、大型重载锥齿轮技术、船用螺旋桨加工技术、大尺寸硅片超精密磨削工艺、大尺寸非球面超精密加工工艺、精密光栅制造技术及整机可靠性等方面实现了技术突破，开发的系列装备已全面进入航空航天、航海、汽车、电子信息装备制造领域应用，奠定了我国高档数控机床的发展基础。我国高档数控系统国内市场占有率提高到28%，中档数控系统提高到55%以上，量大面广的数控机床（加工中心、数控车床等）相关可靠性指标基本达到国际先进水平，面向航空航天、船舶、汽车、发电装备制造所需的高档数控机床相关品种基本满足，摆脱了“卡脖子”问题。

但是，以高档数控机床为代表的我国智能装备产业核心工业基础不牢，技术创新能力薄弱，在高端领域应用的核心问题尚未最终解决。我国智能制造装备在正向设计、基础共性技术、基础器件的配套能力、产业前沿技术研究方面，距世界先进水平的差距明显。与国际先进水平相比，我国高档数控机床无论是整机、功能部件还是数控系统，其综合性能、功能和综合成本等仍有较大差距，产业竞争能力不强，在国内市场配套的规模化程度较低。

目前相关核心元器件、关键工业软件、高档数控系统、高端功能部件及其制造装备依赖进口。尽管国产数控系统和功能部件的可靠性等技术指标接近国际先进水平，但由于缺少下游用户的充分验证，配套能力仍然不足。我国数控机床装备相比较德国、日本等国而言，缺少专精特企业，国产配套产品技术趋同，低价位竞争，严重制约了国产高性能装备的研发和制造水平。国产数控机床的加工效率、可靠性、精度和使用寿命等与世界先进水平还有差距，高端产品对外依存度仍然较高。高性能数控系统和超精密机床仍属于“卡脖子”问题，国外对我国仍进行封锁限制。整体上，对照04专项实施完毕后的状态来判断，我国高端数控加工装备距离世界先进水平存在10~15年的差距。

3. 医疗装备的核心工业基础及能力现状

我国医疗装备行业起步较晚，但已经发展成医疗器材产业第二大国，目前发达国家能够生产的医疗器械，我国基本上都能够生产。根据国家药品监督管理局产品注册数据，我国医疗器械在中低端医疗器械（一、二类医疗器械）领域，国内医疗器械产品已对进口产品实现了替代；而高端医疗器械（二、三类医疗器械）领域，国内医疗器械产品在总体质量和技术水平上与发达国家的同类产品相比差距较大。

在工业基础能力方面，已有部分国产医疗器械，如冠脉支架、扩张球囊、导引导管、导引导丝等心血管介入类产品，冠脉支架接骨板、接骨螺钉、螺内钉等骨科创伤类耗材，监护仪、麻醉机、生化分析仪、血液分析仪等，在关键基础材料、核心基础零部件、先进基础工艺和产业技术基础等方面，具备了和进口产品正面竞争的实力，国产化率均超过60%。

但高端医疗器械产业技术基础底子薄、产品创新能力不足，关键基础材料和核心基础零部件仍大部分依赖进口。一些高端的高值医用耗材，如颈动脉支架、颅内血管支架、弹簧圈等血管介入类耗材，大动脉覆膜支架、人工髋膝关节、腹膜透析材料、血液透析材料等，国产化率接近30%。在核磁共振、CT、超声波仪器、分子影像等技术含量较高的领域，仍是德国西门子、美国GE、荷兰飞利浦等国外企业的天下。

4. 承压装备的核心工业基础及能力现状

承压装备产业基础能力的建设对于承压装备高端化、绿色化和智能化发展具有支撑作用。承压装备产业基础发展现状体现在以下方面。

1）承压装备关键技术方面

我国在国际上首次提出并建立基于全寿命周期风险控制的重要压力容器设计制造与维护技术方法，开发计算机辅助设计（computer aided design，CAD）软件，研制国产首台套重大装备，并指导重要设备的设计制造，实现超大型压力容器轻量化。针对运行维护阶段剩余风险控制关键技术问题，我国已建立一套较为完整的过程工业装置承压装备系统基于风险的在役维护技术体系。

2）承压装备产业技术基础体系方面

目前我国承压装备标准、计量、检测、认可体系初具规模，多形式、多渠道、多层面的技术创新体系正在建设。近年来，我国承压装备领域建立了一批与“四基”相关的机构和实验室，如合肥通用机械研究院国家压力容器与管道安全工程技术研究中心。我国的承压装备法规标准体系最上层的是法律，即《中华人民共和国特种设备安全法》；第二层次的是条例，即《特种设备安全监察条例》；第三层次的是原国家质检总局签署的特种设备法规，如《特种设备作业人员管理办法》等；第四层次的是安全技术规范，这些规范以TSG开头，如TSG 21-2016《固定式压力容器安全技术监察规程》等；第五层次的是被安全技术规范引用的国家及行业标准和规范，如GB150-2011和NB/T 47014-2011《承压设备焊接工艺评定》等。我国检验检测机构体系庞大，相关技术和评价法规成熟。我国计量测量能力居于世界前列，促进承压装备专用、新型、实用型计量测试技术研究水平和服务保障能力进一步增强，计量法律法规和监管体制逐步完善。

5.2.2　重点领域短板及“卡脖子”问题分析

1. 空天海装备的短板及“卡脖子”问题分析

1）航空装备

航空发动机及机载系统是我国航空装备的重要短板。航空发动机的水平高低直接决定了航空装备整体水平的优劣，从用途上可以分为军用和民用两类，军用发动机重视推重比，民用发动机更重视经济性和安全性。虽然民用发动机市场空间巨大，但是我国民用航空发动机还在研制阶段。航空发动机的研制周期很长，一般需要20~25年。我国航空发动机距离世界先进水平还有较大差距。

航空装备产业具有典型的多领域集成特征。航空机载系统、飞行控制、结构/材料/制造、性能测试与验证装备、元器件、CAE[①]/CAD软件、通信导航、燃油/液压、电源系统等大量产业集群的综合优化是决定航空产业水平高低的重要因素。我国航空装备产业上下游自主配套能力薄弱是航空装备产业发展的短板。

2）航天装备

宇航级半导体器件成为我国航天产业发展的“卡脖子”产品，部分核心器件依赖进口，导致航天装备的进度、质量等风险极大增加。我国正在以型号任务为牵引，引导国内厂所开展核心替代器件研制，掌握空间长寿命活动部件研制试验及可靠性验证技术，逐步解决航天装备产业发展的短板，实现航天装备产业的自主可控发展。

在电子信息、材料制造、特种加工等领域工业基础薄弱，核心元器件、关键原材料大量依赖进口，据统计，我国航天产业使用的元器件10%~15%需要进口，但在成本上占比却高达85%。航天产品的高可靠、长寿命问题亟须解决。航天工业基础保障能力仍有不足，相关设计标准和规范、设计和试验验证方法及流程也在一定程度上存在陈旧及效率不高的问题，亟须提升。以运载火箭为例，在大直径结构加工能力、液体发动机、固体发动机、原材料、重要元器件、数字化制造、制造工艺、总装测试等方面差距较为明显。

我国微纳卫星装备产业在发射技术和新技术试验环节存在很危险的“卡脖子”问题，在微电子技术/MEMS方面被欧洲航天局和丹麦垄断。

3）海洋装备

我国海洋工程装备产业基础研究短板依然突出，产业链存在明显缺失环节。我国海洋装备领域设计建造相关工业软件和轻型高强度材料、防腐材料等材料仍然依赖国外，海洋装备长期重视总装建造，而忽视基础技术研究和原始创新；原创性设计、大功率发电机组、大功率变频电机、舵桨装置、大型锚机、深水起重装备、动力定位控制、传感器、液压元器件、通信导航仪器设备等仍依赖进口，特别是智能船舶感知控制元器件、观通导航核心元器件、动力配套设备核心零部件等方面仍受制于人，产业链存在明显缺失环节。目前，国外供应商基本垄断了专利技术多、附加值高的高端配套设备，本土化程度很低。海洋工程装备制造领域大部分的造价集中在各种配套设备上，配套设备在价值链中占比高达55%，导致我国海洋工程装备产业整体获利不高。又因为我国基本采用欧美设计，所得利润进一步减少。加之我国海洋工程装备关键配套设备通用性较差，无法在全球范围内开展有效售后支持，严重影响国内产品在世界范围内的竞争力。

因此，亟须提高我国海洋运载装备领域关键核心技术创新能力，努力实现产业

① CAE（computer aided engineering，计算机辅助工程）。

安全可控和转型升级。

具体而言，各类型海洋装备“卡脖子”问题如下。

船舶设计制造领域：面向高新船舶与其他海洋装备的基础材料，如大厚度海洋平台用钢、绿色环保涂料等严重依赖进口，船舶通信导航设备、甲板专用机械和水下生产系统等关键部件的国产化程度不高，性能与国际主流产品存在差距。主力船型的部分关键设备仍存在受制于人的问题。

海洋油气开发装备领域：海洋油气开采配套的钻井设备与国外先进国家相比，在研发、制造、质量、服务等方面存在一定差距，品牌影响力力较弱，国外用户认可度不高。尽管通过近年来的大力研发，国内钻井设备配套水平大有进步，以国内企业为龙头的配套产品在海洋钻井平台核心设备的应用方面取得一定突破，但仍然是中低端产品市场的应用。在半潜式钻井平台方面，已具备自主研发、设计、建造半潜式钻井平台能力。但关键设备国产化率极低，运营维护能力不足。

半潜式生产平台是深水油气田生产开发的主力装备，已广泛应用在墨西哥湾、巴西和西非等海域，国外设计公司也有相应的船型方案和设计专利。我国在设计方面基本为空白，在张力腿平台方面还处于概念设计和研究阶段，在SPAR平台方面，尚无具体工程设计项目和经验，也无建造经验。

在三用工作船、平台供应船、平台守护船等高端海洋工程装备辅助船设计领域，挪威公司占据基本设计绝对的统治地位，掌握最核心的设计技术，我国研发设计理念方面与国外还存在不小差距。在物探船领域，国内在总体设计理念、安全性及舒适性方面与欧美设计还存在一定差距。在铺管船方面，我国具备自主研发设计浅海海域作业能力，具备进行S-型铺型管系统的设计建造能力，但主要设备张紧器、A/R绞车、自动焊接设备依赖进口，其中，J-型铺管已实现工程样机研制，R-型铺管国内无此类船设计建造和使用经验。

深海采矿装备领域：相比于美国、日本、欧洲等国家和地区在深海采矿装备领域的应用阶段、成熟水平和核心专利，我国在深海采矿装备领域存在一定差距，存在一系列薄弱环节：一是基础科学问题研究较为薄弱。对深海矿产资源的形成机制及勘探指示、矿床的四维特征和深部过程等科学问题的研究不够深入；深海采矿系统动力特性分析能力不足，对复杂激励条件下系统的耦合动力响应缺乏行之有效的分析预报方法；另外，由于缺少深水管道输送的工程经验和测试数据，尚未考虑到超深水作业可能遇到的管道结构力学特性问题，因此尚未针对深水矿石输运管道开展高性能材料的研发和生产能力建设。二是关键技术存在差距，主要体现在：精准的矿床表层和三维空间分布探测核心技术还依赖于国外；深部探测装备国产化还不稳定；长期观测关键技术还缺乏；矿床原位评价的测量要素不足；开发过程安全监测与预警技术还是空白；矿石采集技术方案尚未完善，针对矿石丰度的适应性研究较少，并且缺乏深水试验验证，多金属结核和热液硫化物尚未开展深水开采试验；水下海洋环境实时感知技术基础较为薄弱，且配套设备能力较差，关键技术和装备均依赖进口，国产技术少；重载装备的布放回收技术及作业过程中的升沉补偿技术尚待进一步发展；全系统、多设备的联动控制尚未进行海上测试分析，稳定性和可靠性无法保障。三是水下核心传感器、装备、测试仪器和关键元器件研发能力较弱。组合导航定位装备和算法与国外成熟产品存在较大差距，深水定位精度不够；国产大功率深水电缆及光纤技术稳定性和可靠性较差，技术水平和生产能力较为一般，大部分情况下依赖进口；深海传感器、水密接插件及中央控制系统等关键元器件大部分依赖进口，特别对于水密接插件，国内的产品可靠性与国外成熟产品差距较大。四是全系统联合海试尚未开展。尽管我国已经多次开展单体海试，但是全系统联合海试涉及内容极为复杂，仍具有较大挑战。我国尚未开展深海采矿系统的联合海试，无法完全验证方案设计、关键技术及水下装备。

海洋科考装备领域：重大项目和专项建设应用的部分关键仪器设备还依赖进口。对一些高性能海洋科考装备和仪器设备，国外还实施禁运，这导致我国海洋科考技术和海洋安全受制于人。与国外先进海洋科考国家相比，我国产业发展差距主要受制于集成电路技术、传感器技术、材料技术和高精密度加工制造等基础工业技术水平，尤其是在缺乏关键装备、核心技术和核心零部件方面，国外水平对我国海洋科考装备产业的发展有着巨大影响。例如，国际上海洋观测技术装备主要被美国、加拿大、欧洲与日本等发达海洋国家和地区垄断，其中北美占总市场份额的76%，欧洲占19%，亚洲仅占5%。美国掌握着大量海洋科考设备的核心传感器技术，几乎实现了所有科考设备的产品化和系列化，我国在传感器技术上的差距依然巨大，而且有持续拉大的趋势。

2. 智能制造装备的短板及“卡脖子”问题分析

我国智能制造装备产业的最大短板是缺少基础研究支持，创新能力薄弱，在正向设计、基础共性技术、基础器件配套能力、产业前沿技术研究方面差距明显，高端部件尚未形成自主开发能力及产业化。我国智能制造装备产业链短板主要体现在以下几方面：高档数控系统和伺服驱动系统，高档功能部件及其关键零部件，高档整机产品及成套装备，检测和测量仪器，工业软件等。

（1）高档数控系统和伺服驱动系统方面。国外高档数控系统和伺服驱动系统至今对我国仍进行封锁限制，成为制约我国高档数控机床发展的瓶颈。国产高档数控系统已完成攻关及国产化，近年来华中数控、广州数控、大连光洋、北京精雕等单位在多轴联动控制、功能复合化、网络化、智能化和开放性等领域也取得了一定成就，已具备一定技术水平和配套规模。但与国外先进水平相比，在功能、性能、产品品质和可靠性方面仍存在一定差距。

（2）高档功能部件及其关键零部件方面。从产业链角度来看，高端部件仍然滞后于高档数控机床主机的发展需求，如主要功能单元、机床附件和高性能检测与反馈器件等90%以上仍然依赖进口，尤其是电主轴、直线电机、精密摆头、主轴轴承、高精密光栅、在线量仪等。高端基础部件（如精密轴承、高精密光栅等）仍是“卡脖子”问题。例如，高精度主轴所用的P2级轴承，目前国际上主要生产厂商，如SKF、FAG、NTN、NSK、IBC等均对国内禁售，直接影响国内机床行业的高精度主轴的制造。近年来，国产高性能功能部件和关键零部件解决了有无和能用的问题，但配套规模仍然较小。国产主轴、导轨、滚珠丝杠等部件故障率明显高于进口设备，部件质量及寿命问题较大，精度保持性不佳。

（3）高档整机产品及成套装备方面。我国高档数控机床整机正向设计能力仍缺乏，针对用户需求定制的工艺研究及相应的整机、产线成套设计能力更显不足。国产数控系统、伺服系统、精密光栅等核心元器件仍未形成连通配套，领域用户认同度不高；而依赖进口部件和数控系统，又存在机床增值低，产业空心化问题。国产机床静态出厂精度基本可以达到国外先进水平，但动态特性较差，多轴联动时精度下降明显。国产数控机床可靠性和精度保持性技术还是推广应用的短板。另外，国内的汽车动力总成制造装备的产业化配套能力与国际领先水平仍然有较大差距，80%左右依赖设备进口；高速、精密及复合材料制造等的高端制造装备仍是短板；尚未形成应对新能源汽车等新兴行业具有竞争力的多样高效解决方案。超精密机床水平的差距导致光刻机核心部件——光学镜头组无制造能力，成为突破5纳米光刻机的“卡脖子”问题。

（4）增材制造产业方面。我国增材制造产业在原始创新、关键元器件等方面存在薄弱环节，高端增材制造装备的核心元器件，如激光器、长寿命电子枪、扫描振镜、微滴喷头、精密光学器件等关键零部件和商业软件严重依赖进口。目前，国产有些激光器及扫描器件已完成攻关及国产化，需要提高品质与可靠性，配套规模仍然较小。我国增材制造标准建设相对滞后，在国际上话语权不高。近年来的国际贸易摩擦更是凸显了我国增材制造产业在原始创新、关键元器件等方面的薄弱与不足。

3. 医疗装备的短板及“卡脖子”问题分析

与欧美龙头企业相比，国内企业普遍存在以下短板：①创新能力不足。模仿跟踪国际先进多年，缺少原始创新和突破。②产业链不完善。创新发展的良性产业链条与业态生态尚在摸索建立中，标准体系、知识产权体系、工业五基（基础零部件、基础材料、基础工艺、基础技术、基础软件）支撑体系的全景产业链尚在逐步建立中。③统领全局的系统规划。行业发展的支撑学科体系刚刚建立，缺少系统规划和发展技术路线图的全局思考和布局，产业发展研究的队伍和投入不足，可持续发展的内生动力不足。④与国家改革契合度有待提高。行业发展与医疗改革、国家需求的结合不够紧密，中国特色和中国优势没有被充分挖掘和利用，缺少能够引领未来发展的“独门绝技”产品，以及“中国特色”的市场支撑系统与环境。

产业链角度的“卡脖子”问题主要集中在上游高端原材料与零部件环节，如非天然的人工合成材料，高端高精密的光电元器件、零部件，基于国家数据平台的算法软件等，以及下游的临床应用环节及临床数据支持。上游和下游的这些环节中任何一个环节出现问题，都会导致中游的医疗器械产品的设计和生产难以为继。例如，目前光电倍增管是一项“卡脖子”技术，全球只有日本滨松研发生产，目前通过商业化的方式进行采购，一旦被限制交易，将导致化学发光检测设备、二代基因测序仪等国产设备无法生产上市。

4. 承压装备的短板及“卡脖子”问题分析

我国承压装备产业基础发展的短板及“卡脖子”关键问题主要体现在以下方面。

1）先进原材料

当前，部分先进原材料（如镍基材料、超级奥氏体不锈钢、超级双相不锈钢、高温耐热钢、耐磨材料、特种材料管材等）国产材料的质量（性能均匀性、一致性、稳定性、表面质量等）与国外有一定差距。此外，我国材料的基础性能数据（尤其是长时数据）还很匮乏，在材料基础性能数据的完整性、系统性和匹配性方面与国外具有很大差距。电站锅炉高温结构材料研发、制造基础相对薄弱且服役寿命过短。

2）先进焊接材料与焊接工艺

国内先进焊材在与母材性能的等效性、焊材的纯净度和稳定性及工艺稳健性等方面仍需要提高。例如，我国石化行业加氢装置采用最多的是日本神户制钢、伯乐焊接集团（德国蒂森）和法国萨福公司的配套焊接材料；国内哈尔滨焊接研究所、北京钢铁设计研究总院等研发的焊材虽然都达到NB/T 47014的要求，但相比进口焊材，焊接工艺性能仍有一定差距，并存在性能稳定性较差、力学性能尤其韧性储备低等问题。

3）新设计制造理论与方法

我国在承压装备高性能设计制造基础理论与方法方面研究水平和投入较低。风载荷、地震等动载荷的疲劳强度设计理论依赖于国外；纤维增强复合材料可变强度刚度设计方法，基于弹塑性、黏弹性的分析设计方法，国内尚不能自主构建；工艺与装备的创新融合不足，从过程工艺到承压装备需求的设计仍采用以模仿为主的逆向思维，当出现新工艺或者工艺参数发生变化时，按照传统方法设计制造的装备往往不能满足运行条件的需求；针对新型过程工艺与特殊服役条件，承压装备的潜在风险未能有效识别，按照现有标准规范设计制造的设备实际服役过程中难免出现不可预见的损伤，尚需建立基于风险与寿命的设计制造方法；此外，我国特殊环境承压装备结构完整性理论基础薄弱，缺乏含缺陷结构安全评定方法确保长周期服役安全。

4）设计分析软件

目前，我国承压装备产业构筑在国外工业软件厂商提供的软件平台之上；应力分析所用的有限元软件（Ansys、Abaqus 等）、流动传热分析所用的 CFD 软件（Fluent、CFX 等）及工艺设计分析所用的流程模拟软件（Aspen Plus、Hysys 等）均为国外产品，缺乏国内软件与之抗衡。

5）检验检测技术装备

我国重大承压装备关键产品指标“检不出、检不准、检不了”的问题仍存在，

高端检验检测技术装备依赖进口，低端产品同质化严重。检测监测传感器、材料/部件性能测试仪器、部件/装备型式试验装置对极端环境的耐受性及检测监测仪器装备的精度、服役寿命和可靠性，与国外差距明显。

5.3　高端装备的未来需求及产业发展方向

5.3.1　高端装备制造产业的前沿技术发展趋势

新一轮科技革命以智能制造为主攻方向，正推动全球高端装备制造产业的技术创新向智能化、高效化、绿色化发展。

航空装备发展新趋势：大型涡扇发动机、组合动力发动机、大型运输机、下一代军用飞机、高性能无人机将成为未来航空装备发展的重点和热点方向。军用无人机、导弹、巡飞弹正在成为各国攻防装备及竞相发展的重要方向。

航天装备发展新趋势：低成本运载火箭、高超声速、空天飞机及组合动力技术成为技术前沿，卫星通信朝宽带大容量、功能综合、天地融合等方向发展，通信频率资源不断向高频段甚至激光拓展，全球空间基础设施、天基装备性能将迎来新一轮创新发展，性能大幅提升。

海洋装备将朝着绿色化、可持续的方向发展。深海与极地领域是当今世界资源勘探开发的热点，将是未来全世界海洋油气资源和海洋矿物资源开发战略接替的主要区域。与此同时，海洋装备领域将不断推进智能化、无人化。

制造装备的智能化是发展趋势。超精密机床、增材制造装备、增减材复合等先进复合制造工艺装备将在军民高端制造领域发挥着至关重要的作用。

核电小型化构成分布式能源、先进动力系统等技术日趋成熟，将成为未来能源发展的重大趋势，也是碳达标的主要途径。

在民生装备领域，随着数字化、智能化技术及应用不断深化，未来农业将由“资源依存型”向“科技依存型”的智慧农业转变。与新技术、新工艺加速融合，3D打印+精准医疗、医用及康复机器人、健康服务机器人、可穿戴设备等一些新兴技术对医疗和健康保健领域具有颠覆性的作用，直接推动了医疗模式的转变，为医疗装备产业带来发展机会。

承压装备制造业是整个装备制造业的基础性产业，为工业行业提供基础加工制造、物料储运、氢储运等基础设备。伴随着世界经济形势快速变化、资源品质劣化和能源结构调整，新一轮的科技革命和产业变革促进承压装备呈现出服役条件极端化和材料高端化、设计制造与安全维护的绿色化、全生命周期的智能化、设计制造通用化和标准化等发展趋势。

5.3.2 中国未来产业发展的新格局与新形势

“十四五”时期及其未来一段时间，中国将面临更加复杂的国际形势，世界各国的产业竞争也会更加激烈。中国高端装备制造产业未来技术发展格局将受到中美战略竞争与对抗的影响，特别是美国挑起的针对中国的科技脱钩战的影响。在前沿技术和工程领域，美国拉拢西方国家及日本加大实施对华科技封锁，严重影响中国科技与世界科技的同步。中国将坚定不移地实施制造强国战略，以智能制造为主攻方向，推进数字化转型和智能化升级，促进制造业高质量发展。

在运载火箭方面，随着探月四期、火星探测任务、重型运载火箭等重大航天工程项目的稳步推进，中国航天正在由高速增长阶段向高质量发展转变。中国民用空间基础设施正处于转型发展关键期，商业航天刚刚起步，可重复使用、低成本火箭成为重点发展方向。3D 打印技术逐渐成为航天器小批量柔性制造的关键技术。基于空间技术的数字化综合应用，积极布局空间生物、空间医药、材料制造等产业发展，促进空间技术、空间信息与各行业应用深度融合，积极打造“航天 +”产业形态。

在航空装备方面，发展大型客机、军用战斗机、大型运输机、支线飞机等主流装备及航空发动机系列装备，兼顾无人机、小型低成本航空装备。同时将航空材料、先进制造、机电航电等配套产业作为航空领域的支柱产业，逐步建立具有可持续发展能力的航空产业体系。加快大型民用涡扇发动机、涡喷发动机、组合动力发动机、超燃冲压发动机等新型发动机研制。加快涡扇支线飞机研制，形成产业化能力，实现批量交付将是最近一段时间支线飞机的主要任务。同时，根据不同的用户需求进行差异化经营，改进标准型飞机，提供定制化服务，如开发加长型、豪华型、货运型、公务型等飞机。

在海洋装备方面，提升海洋装备产业信息化、智能化水平，提高深海油气开发装备和高技术船舶研发和制造能力，形成新型海洋资源开发创新格局。提升破冰能力、极地资源开发和环境探测装备，开展典型海洋极地装备的系统性研究，积极推进极地“冰区”战略新领域海洋装备体系化布局。提升海底矿产资源开发装备的研制能力，促推海洋装备产业新发展。

在制造装备方面，工业母机是智能制造的基础，我国总体技术处于世界第二梯队。以提升自主可控能力和产业核心竞争力为目标，未来需要加强增材制造、增减材复合制造、智能制造等装备的深入研发，做强基础材料、核心元器件、软件等产业基础，大力实施生产线的数字化、网络化、智能化改造和升级。

在民生装备方面，以产业转型升级为主线，统筹“补短板、攻核心、强智能”，加强重点应用基础、关键共性、战略前沿技术联合攻关，构建新一代智能民生装备技术、产品、服务体系，加快推进民生装备产业转型升级，实现民生装备产业自主可控发展。

在承压装备方面，国内承压装备市场构成呈现出两极分化的现象，即低端过剩、高端供给不足。未来我国承压装备领域将更加关注先进原材料（尤其基础材料性能数据）、先进生产焊材及焊接工艺、新设计方法、设计分析软件等方面的研究，实现承压装备设计制造与安全维护高端化、绿色化、智能化。承压装备制造产业将跻身于世界承压装备制造强国之列。

5.3.3 高端装备制造产业前瞻性布局重点方向

结合前沿技术发展趋势及未来产业格局形势，提出未来需要加强前瞻性布局的重点发展方向。

1）生物制造

全球生物医药产业和新型治疗技术手段的发展对生物制造技术和装置提出了更高的要求，突破生物制造装备的关键技术，提高现有生物反应器转化效率，开发新一代生物制剂检测仪器装备，创新布局高效生物制造新工艺、新技术核心装备。在目前 3D 打印应用于精准医疗的基础上，基于 3D 打印技术，发展生物可降解材料的打印；进一步发展基于生长因子的 3D 打印，形成人体器官再造；解决老龄化问题，提升人类的生活质量，延长人类的健康寿命，形成 21 世纪生命科学的重大创新，同时，将带来一个巨大的产业。

2）大型高性能复杂构件的增材制造

瞄准高超飞行器、航空、航天、船舶和核能等领域动力装备大型复杂精密构件研发生产的“卡脖子”技术需求，开展针对高性能铝合金、钛合金、船用钢、高温难熔难加工合金、复合材料等材料的大型复杂构件高效增材制造（3D 打印）工艺，以及系列化工程化成套装备、质量和性能控制及工程化应用等关键技术研发，重点突破大型高性能复杂构件高效成形工艺技术、装备可靠性技术和示范应用技术，将解决我国高超飞行器、航空、航天、船舶和核能等领域动力装备大型高性能复杂构件制造的瓶颈问题，推动国家相关重点工程和重点项目建设与技术突破，提升我国战略武器、航空、航天、船舶和核能动力装备的研制和跨代发展能力。

3）海洋环境立体观测装备

围绕我国海洋自然（生态与灾害）环境、资源开发与维权保障等国家重大海洋安全需求，重点突破海洋耐腐蚀材料、异质模块组集和传感集成、海洋大数据应用等瓶颈问题，重点研制自主传感器、深远海和海底观测平台、立体观测组网等智能海洋环境观（监）测装备，构建立体观（监）测与预警预报系统，提高核心装备的国产化水平。

4）海洋生物医药产业

开发拥有自主知识产权的海洋创新药物和新型海洋生物制品，高质量开发利用海洋生物的群体资源、遗传资源和物产资源，培育海洋新生物产业。关键技术：创新海洋药物基础研发技术；海洋生物制品的高值化应用技术；以深海生物组织和海洋活性物质为基础的生物制造技术；海洋生物基因资源开发利用技术。

5）太空制造

着眼于下一步支持宇航器、空间站及卫星的在轨制造和维修，大型空间装置制造及在轨组装，以及未来载人登月等长远发展规划布局，同时开辟新的制造理论与人类新的制造基地。太空制造优先布局太空 3D 打印技术和装备，分为三部曲。

（1）在地球上打印宇航器及在空间站打印或维修宇航器零部件。

（2）月球打印，在月球上建立宇航器制造与发射基地。制造费用及发射费用比地球上低两个数量级以上，为移居外星球奠定基础。

（3）在外太空及外星上实施太空制造，真空环境、超低温及无穷无尽的太阳能，以小型设备打印巨大结构，使太空制造成为低成本、无污染及节约空间的制造技术。建立外太空近地行星制造基地，地球仅仅为人类的生活环境。与此同时，太空打印也将建立人类在外星球生活的条件。

6）基于增材制造的结构创新、新合金发明及其制造工艺

基于增材制造的创新设计将大幅度缩小换热器结构，实现核电小型化，将带来核电的安全性提升及核电普及应用，助力完成碳达标。3D 打印成为多材料打印及结合材料基因组设计的新合金发明平台。新材料增材制造工艺及其应用将带来材料与制造学科的革命性变化，并使航空航天航海装备动力及装备本身发生颠覆性变化。

7）农业装备

重点发展重型智能及新能源拖拉机、耕种管收高效智能田间作业装备、工厂化种养智能装备与设施、农产品加工智能装备、农业机器人等，发展农业装备智能操作系统、农业智能生产决策系统、农业知识智能服务系统等，提升整机及零部件智能设计、验证、制造、检测、试验技术水平，实现农艺、装备与制造、生物、信息等智能融合，构建新一代智能农业装备技术、产品、服务体系。

8）发展高端医疗装备

加强高端医疗装备产业化，推动 3D 打印医疗装备开发。重点发展可穿戴设备、高性能医疗装备。可穿戴设备为大健康产业发展带来了新机遇。高性能医疗装备的发展符合高端引领的产业特点，既可以促进产业的创新能力，又将提升产业的整体竞争实力。

9）承压装备

重点布局方向：①工业强基工程。低温调质高强度钢板及配套焊条、高参数材料及焊接热处理工艺、基于泄漏率控制的法兰密封技术、设计制造基础理论与方法、设计分析及成套软件、缺陷检测及评价技术等。②高端装备与技术。石化领域重大承压装备设计制造技术、第三代半导体氮化镓人工晶体反应釜、深海探测大型钛合金结构等。③绿色装备、工艺与技术。氢燃料电池汽车储氢供氢技术、碳捕集与发

电联合循环系统、超临界二氧化碳光热发电技术、超超临界电站锅炉等。④智能制造技术。材料基因组与增材制造、网络协同制造与智能工厂、智能感知、实时检测与远程运维技术等。

10）储能技术和清洁能源技术、可再生能源技术的融合

未来，新能源、清洁能源将席卷能源消费的各个领域，储能技术和清洁能源技术、可再生能源技术的融合将共同推动各领域动力装备向新能源方向发展。研发布局具有自主知识产权的具备小型化、模块化、可移动等特点的创新性核电小堆装备技术，完成小型铅基堆高性能燃料、抗辐照耐腐蚀材料等先进核材料的工程化研发，采用先进材料及增材制造等先进制造技术，快速迭代，开发堆芯组件、核主泵、控制棒驱动机构、换热器、热电转换等关键装备的设计制造技术。完成兆瓦级小型化铅基堆示范工程，启动十到百兆瓦级小型化铅基堆工程建造，创建具有自主知识产权的技术体系。

5.4 高端装备制造产业中长期发展路线图

5.4.1 空天海装备产业中长期发展路线图

1. 航空装备

1）发展目标

以建成航空装备制造强国为中长期发展目标，亟须突破系列航空装备关键技术，形成航空装备自主可控发展能力，满足我国航空型号发展需求。着力攻克一批能够起到示范带动作用的重大“卡脖子”技术与装备，完成航空装备技术由“跟跑”“并跑”，到“领跑”的跨越，不仅满足我国航空型号的需求，同时也成为世界航空装备市场中的重要竞争力量。

2）重点任务

重点任务是突破航空装备中航空机载系统、飞行控制、结构 / 材料 / 制造、性能测试与验证装备、元器件、CAE/CAD 软件、通信导航、燃油 / 液压、电源系统、高性能航空机载系统，包括高性能液压系统、电力系统、环控系统等系列关键技术，以重点装备发展为主线，重点发展大型客机、军用无人机 / 战斗机、军用大型运输机、支线飞机、通用飞机和直升机、大型无人机等主流装备，兼顾小型低成本航空装备。支持一批有基础的行业创新企业、鼓励自主创新、培育行业领头羊企业。以航空高端装备的高附加值，吸引上游配套企业研发高端精密零部件，打通航空装备上游产业。建立航空主机厂和航空装备厂商的联动机制。在新型号立项和原有型号

批产上加大装备投入支持，鼓励原有生产线的技术升级，培育航空装备的市场需求。

3）发展路径

航空装备产业发展路线图如图 5.6 所示。

		2025年 / 2030年 / 2035年
需求		美方持续升级中美贸易摩擦，打压中国高端装备产业技术进步和产品升级，不给中国高科技企业弯道超车的机会，迫使我们加大研发投入，增强自立更生能力
		疫情造成复工延迟，恶化航空航天装备原材料和元器件等上游环节，高新技术企业将加大投入自动化设备
		“一带一路“倡议的实施为我国高端装备制造业高质量“走出去”提供了良好契机。我国航空装备应顺应“一带一路”沿线国家产业升级的趋势，支持该行业“走出去”加强与其他国家的投资与合作
目标	市场规模	航空制造市场规模占全球份额10%以上，航空装备产业营业收入达到万亿元
	军民一体化保障	提高民用航空占比，民用飞机营业收入将超过2 000亿元
	通用航空规模	通用航空数量比2020年增长16%
	信息化	信息化逐渐成为航空装备研制的主流，逐步向智能化发展
重点任务	大型客机	研制航程4 000千米以上，150座级的枢纽飞机，并在舒适性、经济性、环保性等方面深入挖掘潜力，提供具有国际竞争力的干线飞机，并逐步形成系列化和规模化生产能力
	军用无人机、战斗机	我国对高品质战斗机的需求将逐渐增加，随着第四代战斗机的逐渐服役，无人机、第五代战斗机等新型战机将逐渐成为发展主流，将对相关的支撑产业形成强有力的牵引
	军用大型运输机	大飞机技术带动军用大型运输机的发展，催生出性能卓越的军用大型运输机，成为航空装备产业发展的重点
	支线飞机	加快涡扇支线飞机研制，逐渐形成产业化能力，实现批量交付；根据不同的用户需求进行差异化经营，改进标准型飞机，提供定制化服务，开发加长型、豪华型、货运型、公务型等飞机，实现系列化并适时启动新型支线飞机研制
	通用飞机和直升机	在民用领域发展通用飞机和直升机，鼓励民营资本进行6座以下轻型通用飞机和2吨以下直升机的研制。充分利用民间资本，撬动我国航空装备的升级换代
	无人机	突破无人机系统中智能飞控等关键核心技术，实现无人机强国，技术达到国际领先水平
关键技术	航空材料、制造技术等技术材料	基础产业发展时间短，不能完全支撑我国先进航空装备的发展，国家层面应统筹技术领域，资源倾斜，补齐短板，助力我国航空装备产业均衡发展
	设计软件、仿真手段等软科学	我国相关领域产品呈现散、乱、小等特点，长期依赖国外产品，研究成果难以在体系上支撑航空装备产业，建议政策倾斜，体系布局，构建我国自主可控的CAE、CAD等仿真软件体系，支撑我国高端航空装备产业发展
	人才建设	新兴专业人才极为紧缺，如智能制造、人工智能、信息化、高端精密加工等专业，现有人才配置远不能满足航空装备产业所需。建议针对航空产业快速发展所涌现出的急需新兴专业，加快人才培养，支撑我国航空装备产业的快速发展

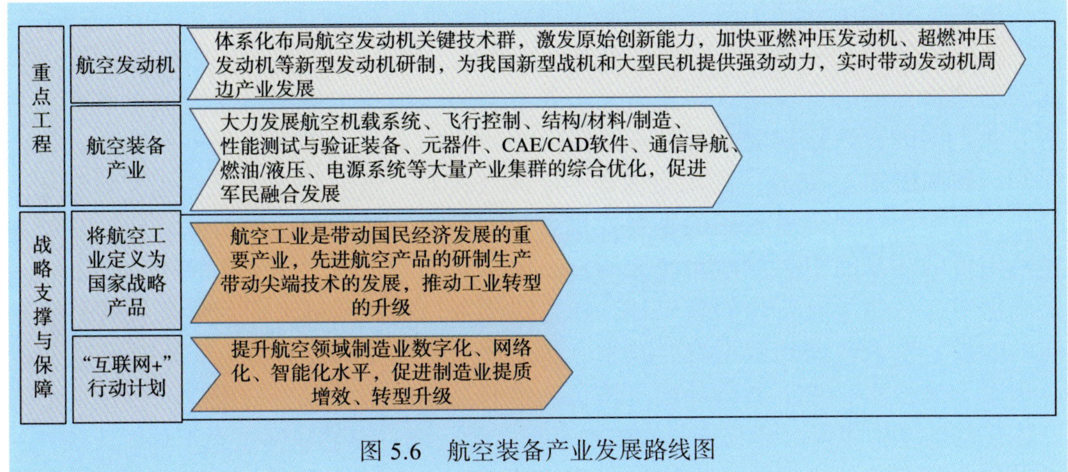

图 5.6　航空装备产业发展路线图

2. 航天装备

1）发展目标

航天装备发展将按照国家对航天强国建设的决策部署，继续实施重大科技工程，提升航天综合实力，将重点推进行星探测、月球探测、载人航天、重型运载火箭、可重复使用天地往返运输系统、国家卫星互联网等重大工程。同时，积极开展更广泛的国际交流合作，加快推动空间科学、空间技术、空间应用全面发展，重点提升航天科技创新动力、经济社会发展支撑能力。

2）重点任务

我国航天装备领域到 2035 年之前的技术重点和难点分别是重型运载火箭与可重复使用运输系统的研制。重型运载火箭研制需要提前攻克低温推进剂在轨贮存与传输技术和大直径箭体设计、制造及试验等关键技术，解决关键复杂构件增材制造等基础问题。可重复使用运输系统的研制有两种技术途径，一是火箭动力的可重复使用，如美国的猎鹰 9 号火箭，主要技术路径是通过一、两级火箭的重复使用飞行验证，最终实现火箭动力两级入轨完全重复使用形成工程应用能力，需要解决面向重复使用的返回与着陆制导控制技术、火箭发动机多次重复使用技术等关键问题；二是瞄准水平起降、单级入轨的重复使用运输能力，2035 年完成小尺寸组合动力重复使用运载器的技术验证，其中需要攻克多模态高效燃烧组织、大功率气流低温预冷、超高压比压气机等关键技术。

到 2035 年之前，卫星通信、卫星遥感和卫星导航三大领域均将瞄准支撑实现天地一体的广域、先进大系统方向发展。卫星通信领域需要攻克基于高频谱使用效率的空天地信息网络技术，解决物理层、网络层和系统总体构架三个方面的技术难点，突破逼近香农极限的高效编码技术、跨层多域联合编码技术、陆海空天频率整体协调技术等；突破太赫兹、激光频段通信和空间超导等新型通信技术，满足信息安全、深空通信和星间通信等进阶需求。卫星遥感领域，要实现天基对地观测数据与空基、地面获取数据的融合应用，需要研究多要素空间遥感技术体制、空间遥感精细化测量方法，突破在轨数据融合与处理、多探测要素融合等，最终实现多元感知、综合感知、精细感知；同时，高稳定低噪声毫米波接收、差分吸收激光雷达等新型技术的研究与应用也是天基遥感的重要发展方向。卫星导航领域，针对高性能、高可靠导航定位的需求及卫星导航系统无限性、脆弱性问题，研究重点为室内、水下、地下、深空、深海导航定位的新机理、新方法研究，在此基础上研究异质异构多源导航的建模、系统控制与数据融合技术，从整体上建设新时空体系。目前，多信息融合水下导航技术、水下通信导航一体化技术都是导航技术发展的重点。为促进上述一体化基础设施建设，建议适时实施国家空、天、地、海物联网重大工程。

载人航天与深空探测领域2035年前的重点任务为载人登月、火星“绕落巡”与“采样回”、木星及其卫星的探测、小天体探测、太阳系及星际空间探测。在载人航天领域，需要重点研究空间智能机器人、深空探测长周期可循环生命保障、月球激活性长期有人驻留基地建设等技术，在2027~2033年视情发射无乘员或有乘员的载人飞船，造访深空目的地（地月拉格朗日点、近地小行星或月球表面）。在深空探测领域，深空探测器系统自主管理、可靠高码速率深空通信、高效能源与推进、深空复杂环境天体动力学研究都是深空探测的核心问题。

在轨服务与维护系统研制在2030年国家重大科技项目中已有安排，随着空间智能机器人、在轨加注与模块更换、废星清除与轨道救援等关键技术的突破，在2027年前后建设完成多任务服务飞行器和轨道维修补给站基本型的基础上，进一步深化超大型航天器附件在轨构建、航天器部组件回收再利用技术的工程应用，2035年建成轨道服务与维护体系，具备空间飞行器维护服务、轨道监视与维护、空间系统在轨构建等业务能力。

3）发展路径

航天装备产业发展路线图如图5.7所示。

3. 海洋装备

1）发展目标

我国海洋装备产业力争到2025年初步进入海洋装备工程与科技创新强国行列，2030年成为世界海洋装备工程与科技领先国家，2035年全面建成海洋装备科研开发、总装建造、设备供应、技术服务创新体系，拥有几个布局合理的世界级海洋装备重大产业基地，整体国际影响力和市场地位显著提高，达到高端船舶与海洋装备制造强国方阵先进水平，进入第一方阵。

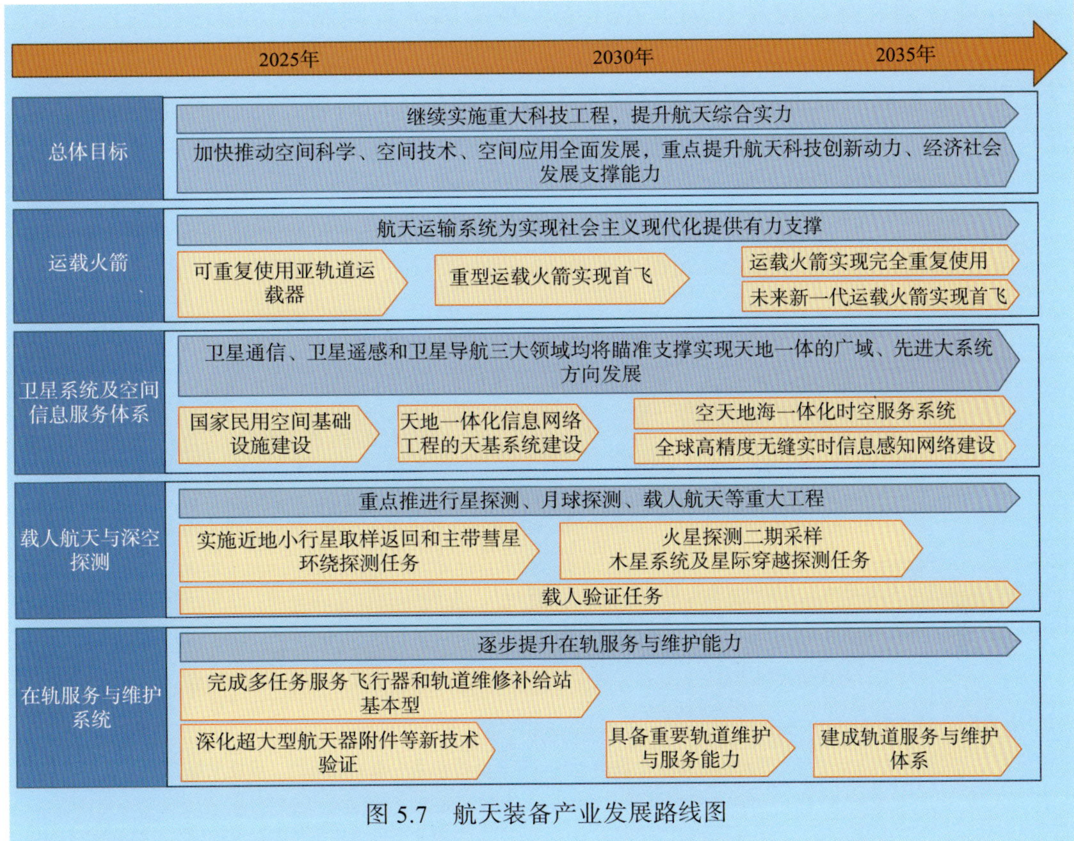

图 5.7　航天装备产业发展路线图

2）重点任务

船舶制造工业方面，加快智能船舶研发，带动智能动力与配套装备新兴产业发展；开展深水作业工程装备、安全保障技术等装备技术研究。

海洋交通物流产业方面，开展智慧港口关键技术攻关、系统集成和示范运行，探索建立相关技术标准体系；开展智慧船舶专项工程，打造智慧船舶修造基地；开展智慧航运专项工程，构建基于雷达及多传感系统的船舶交通管理系统。

海洋渔业方面，发展远洋渔业新资源探测与开发工程装备。建设区域产业聚集区，培育具有国际竞争力的龙头企业和富有创新活力的高科技企业；加快开发极地渔业资源，促进大洋渔业的新发展。

海洋油气资源方面，围绕南海能源开展科技攻关，建立具有自主知识产权的深水能源勘探开发技术、深水油气开发装备和深海油气开发的保障安全装备，构建自主开发深水大型油气田的工程技术能力，为我国深水油气勘探提供装备保障和技术支撑。

海底矿产资源方面，重点发展海底采矿装备技术和产业，重点突破水面支持装备技术、水下输送装备技术、动力输送和控制装备技术等；针对不同矿产资源类型分别开展详细的储量评估、技术评估、商业评估、环境评估，综合评估结果编制详尽的开发计划和环境保护计划，在环境保护的国际规则制定方面增强话语权和影响力。

海洋生物医药方面，创新海洋药物和生物制品，培育海洋新生物产业，培养一批具有较强产业核心竞争力的龙头企业和富有创新活力的高科技企业。

3）发展路径

海洋装备产业发展路线图如图5.8所示。

	2025年	2030年	2035年
需求	初步进入海洋装备工程科技创新强国行列	全面形成海洋装备科研开发、总装建造、设备供应、技术服务创新体系。海洋装备前沿科技领域原创性研究获得全面支撑，拥有几个布局合理的世界级海洋装备重大产业基地，达到高端海洋装备制造强国方阵先进水平	
目标	我国海洋装备发展的目标是顺应世界竞争新发展和科技新趋势，强化创新驱动，以结构调整转型升级为主线，以海洋装备及其配套设备自主化为主攻方向，以推进数字化、网络化、智能化制造为突破口，实现海洋装备产业由大到强的质的飞跃		
重点任务	船舶制造工业加快智能船舶研发，带动智能动力与配套装备新兴产业发展；开展深水作业工程装备、安全保障技术等装备技术研究		
	海洋交通物流产业开展智慧港口关键技术攻关、系统集成和示范运行，探索建立相关技术标准体系	开展智慧船舶、智慧航运专项工程。构建智慧船舶建造技术体系、标准体系，打造智慧船舶修造基地	
	海洋油气资源建立具有自主知识产权的深水能源勘探开发技术、深水油气开发装备和深海油气开发的保障安全装备，具备自主开发深水大型油气田的工程技术能力		
	针对不同矿产资源类型开展详细的储量、技术、商业、环境评估，编制详尽的开发和环保计划		
关键技术	智能船舶技术，研发船舶动态信息感知技术、自主决策与航行技术、通信导航技术、动力与推进智能控制技术、安全预警与智能避碰技术、全船智能管理技术、智能化船舶配套设备技术等		
	物流产业智慧航运技术，航行信息感知系统	基于传感器网和大数据的能效控制技术；监控和故障诊断技术；航行安全预警技术；港口云计算技术	
	窄窗口作业技术、水合物防治技术、井控技术等全套深水勘探开发核心技术；发展海底采矿装备技术，突破水面支持装备技术、水下输送装备技术、动力输送和控制装备技术；加快创新海洋药物基础研发技术		
重大工程	“南海造田”工程：形成完全自主开发的深水油气开发技术和装备体系，实现南海中南部油气资源的大规模开发		
	“深海采矿”工程：完成5 000米级单体采矿样机试验验证、环保试验与环境评估		
	“海洋科学研究装备”工程：建设具有国际先进水平的海洋调查船，大力发展深海空间站、水下无人潜航器等重要海洋科学装备		

图5.8　海洋装备产业发展路线图

5.4.2　智能制造装备产业中长期发展路线图

1）发展目标

面对国际发展局势变化及国内产业发展要求，以国家目标和产业发展需求为导

向，推动智能制造装备产业链安全和健康发展，保障国家重大工程需要的制造装备产业发展的安全、自主、可控。

到 2025 年，高档数控系统与关键核心功能部件短板基本得到改善，部分前沿技术及原创性装备取得突破，整机可靠性和精度保持性基本追赶到目前的国际先进水平。增材制造装备与同期国际先进水平差距明显缩小，部分增材制造装备技术水平迈向国际前列。

到 2030 年，高档数控系统和关键核心功能部件基本解决短板问题，可靠性和精度保持性达到同期国际先进水平，国产配套能力得到大幅提升，国产整机装备整体技术达到世界先进水平。

到 2035 年，高档数控机床和增材制造装备总体技术水平进入国际领先行列，开发出满足重点领域需求的高端机床和增材制造装备产品，我国成为世界上高档数控机床和增材制造装备的主要出口国之一，全面保障制造强国战略对智能制造装备的需求。

2）重点任务

（1）彻底解决数控机床所需的国产高档数控系统与国产关键功能部件的批量化配套问题，确保我国重大技术装备产业链安全。

（2）在宇航及深空探测制造装备方面，重点突破航天 / 飞航武器大型构件和复杂构件大批量精密制造装备的国产化问题，支撑我国航天装备产业发展。

（3）在大型飞机及航空发动制造装备方面，重点突破大尺寸机翼、机身，以及发动机短舱、机匣、叶片、涡轮轴、叶盘等典型部件的国产化制造装备产业化成熟配套问题，解决进口依赖问题，支撑我国大飞机与航空发动机产业发展。

（4）在新型舰船及深海探测等海洋工程装备关键装备制造方面，重点突破大型船用螺旋桨推进器整体加工装备、深海工作站极端制造装备等国产化问题，支撑国家海洋装备产业发展。

（5）在新能源汽车与轨道交通等国民经济优势产业领域，重点突破变速箱、轮对等关键零组件生产线的国产成套加工装备批量配套及智能化水平。

（6）面向国防、信息技术等领域急需，重点解决我国超精密机床所需的功能部件国产化问题，形成我国超精密机床制造能力。

3）发展路径

一是研发一批我国“空天海”及国防军工领域急需的重要制造装备，开发一批国产新一代信息电子制造装备，包括用于芯片制造的光刻机等设备，解决高档数控系统、关键功能部件及高档数控机床的“卡脖子”问题。

二是围绕“空天海”装备，如重型运载火箭、卫星、大飞机、海洋工程装备等产业领域提升制造装备能力的需求，开展国产数控系统、国产功能部件及国产数控机床配套的规模化验证，在关键核心技术装备及数控系统上坚持自主创新为主。

三是开展各工业领域的工作母机、生产线的数字化、网络化与智能化改造，提升工作母机的智能化水平。同时构建由国产高档数控机床为主的成套成组装备组成的数字化、网络化、智能产线和工厂行业级解决方案，形成完善的产业配套能力。

高档数控机床产业发展路线图如图 5.9 所示。

里程碑	子里程碑	2021年　2025年　2030年　2035年		
目标	总体目标	解决高档数控机床的数控系统、关键功能部件制造的“卡脖子”问题	完成开放式数控系统的开发，为数控装备网络化、智能化提供基础	基本实现高档数控系统、关键核心元器件国内供应
		实现工业领域数控机床生产线的数字化、网络化、智能化改造	实现国产高档数控机床接口标准化，包括通信协议、走线接口、追加附件接口等	形成具有国际竞争优势的高档数控机床完整的产业链
		数控系统、伺服系统、精密光栅等核心元器件形成连通配套	突破重点领域制造装备，开展航空、航天、海工及新能源汽车领域国产高档机床的规模化验证	支撑智能工厂的建设，形成面向各个行业的系统解决方案
		实现以国产高档数控机床为主体的成套成组装备的制造	完成国产新一代信息电子制造装备的攻关研制	进入智能机床装备制造强国行列
需求	总需求	高端装备制造产业，如国防军工装备、空天海装备、电子信息设备、新能源汽车、轨道交通车辆、电力装备，以及纺织、医疗、食品、农业等民生装备对高效、精密、超精密、高可靠性高端机床的迫切需求		
		新材料、新技术的不断进步及战略性新兴产业培育壮大对机床装备产业提出的转型挑战		
		超快、超高、超常的“三超”需求，极大工件、极小工件、极端环境的“三极限”加工需求		
	航天航空及航空发动机制造	解决新一代中型、大型运载火箭量产对总装成套装备的急需和重大技术问题，突破航天/飞航武器大型构件和复杂构件大批量精密制造技术瓶颈，满足探月、探火等深空探测对复杂构件轻量化、结构功能一体化的重大需求，支撑我国航天发展战略		
		突破大尺寸钛合金、碳纤维复合材料及异性材料叠层的航空结构件高速切削、增减材复合及大部件高精度互换性制造等技术问题，实现高性能、高精度、高效率、低成本制造，支撑我国航空飞行器发展战略		
		突破航空发动机关键零部件高温合金、高强度合金、复合材料的集成设计制造、高效和高精制造技术瓶颈，解决进口依赖问题，支撑我国航空发动机发展战略		
	船及海工装备制造	突破大型舰船关键部件制造技术、大型船用螺旋桨推进器整机加工装备、深海焊接、探测及深海工作站制造装备等，推进舰船3D打印现场维修成套装备发展，实现关键装备自主可控。支撑国家海工装备发展战略		
	汽车动力总成关键零部件	重点开发新能源汽车变速箱高效加工/近净成形装备及成组工艺生产线，开发齿轮、壳体加工采用的强力珩齿，高效车齿、干式磨削、近净成形、高刚度三轴加工等高效加工与成形、在线检测与装配成套装备及生产线		
	其他国家重点领域急需装备	面向新一代战略武器装备、多目标红外探测及高精度智能制导、手机背光模组成像、光通信、半导体激光整形、芯片制造等领域急需，解决我国超精密机床所需的功能部件、结构件的高精度加工制造的难题，支撑我国国防、信息技术等领域的发展战略		

- 重点产品与任务
  - 电子信息产品高速精密加工装备
    - 超精密镜头加工机床；光学镜面型误差在纳米级
    - SiC晶圆高效高精超声波加工机床；进给分辨率达到0.1微米
    - 超精密减薄磨削与抛光复合加工磨床；减薄磨削与抛光的复合，磨削后粗糙度≤0.1毫米，抛光后Ra5纳米以下
    - 微部件多轴联动多工艺复合加工系统；五轴联动误差：≤2微米
  - 航空航天制造装备
    - 高精度五轴联动大型龙门、桥式龙门五轴加工中心
    - 五轴卧式翻板高速加工柔性生产线
    - 大型碳纤维复合材料自动铺丝装备尺寸大于300 000×5 000×3 000毫米，具备球形/椭球形压力容器一体化铺放成形功能
    - 10米级运载火箭贮箱搅拌摩擦焊接装备
    - 多材质多能源大型构件少无变形焊/连接装备：直径3~9米，总长30~100米火箭总装对接
    - 大型金属复杂构件增减材复合制造成套装备
  - 船舶及海洋工程关键制造装备
    - 精密五坐标数控镗床
    - 五轴数控龙门式水切割机
    - 船舶及海工高强钢板平面及曲面智能化分段流水线，实现智能化加工
    - 深海工作站大型钛合金高效制造成套装备
    - 大型舰船螺旋桨加工成套制造成套装备
  - 新能源汽车制造装备
    - 高可靠性双主轴卧式加工中心：平均无故障时间MTBF≥6 000小时，CMK≥1.67，平均故障修复时间MTRL≥20分钟
    - 精密高速磨齿机：平均无故障时间MTBF≥6 000小时，CMK≥1.67，平均故障修复时间MTRL≥20分钟
    - 汽车发动机/变速箱等高效加工/近净成形装备及成组工艺生产线
    - 轻量化异种材质混合车身、伺服冲压/模压成形/焊接/涂装装备
  - 轨道交通装备关键零部件成套加工装备
    - 铝镁合金/不锈钢车体基于国产10千瓦以上激光器的智能激光焊接成套装备
    - 350~600千米时速高铁重载齿轮箱精密加工及热成型成套装备
    - 高速铁路轴承自动化热处理联合生产线
    - 复合材料车身、转向架等关键件成型成套装备

重点产品与任务	关键功能部件	高精、高速、高强度、长寿命机床主轴轴承、丝杠副轴承、转台轴承：轴承产品精度等级达到P2以上，主轴轴承精度等级达到P4以上
		超高速、超高加速度高性能滚珠丝杠副及军用高可靠性、特殊工况滚珠丝杠副：最大长径比为50的大导程系列滚珠丝杠副，微型滚珠丝杠副
		超高速、大功率智能电主轴：20 000~60 000转/分钟，功率5~100千瓦
		高精度光栅尺及制造装备
		超精密、精密回转工作台、双摆动力头、摆转工作台
	数控系统	多轴、多通道，具有高负载特性、热补偿、振动抑制功能、具有自监控、维护、优化、重组等功能的高性能智能型数控系统
		提供标准化基础平台、具有标准接口、模块化、可移植性、可扩展性、可互换性、安全保密等功能的开放型数控系统
		基于国产芯片的自主可控高档数控系统
关键共性技术		超精密机床正向设计技术，数控机床数字孪生技术与自主仿真软件
		空间几何误差补偿技术、动态精度检测技术
		在线精密测量技术，基于零件特征的智能工艺规划技术
		机床可靠性与精度保持性技术
		数控机床智能使能技术（智能制造网络、自学习、自诊断，机床健康保障等）
		智能刀具，精密、超精密切削技术
战略支撑保障		坚持国家战略，业主牵头，接续实施“高档数控机床与基础制造装备”科技重大专项、加速“卡脖子”及短板装备的攻关，体现国家意志
		加快建设国家制造技术研究院，填补国家制造共性技术研究、供给与推广应用机构的空白，推进基础制造共性技术短板攻关，加快原创性及颠覆性制造技术研发
		推进军民融合加速推进创新突破与产业化应用，加强与国家重大专项、重大工程的高端机床与基础装备需求衔接，布局重点攻关任务；加强与各类科技计划的有效衔接、协同攻关，加快实现“卡脖子”、短板技术与装备的创新突破

图 5.9　高档数控机床产业发展路线图

5.4.3　医疗装备产业中长期发展路线图

1. 发展目标

到 2025 年，补齐各类医疗装备的原材料短板，增强基础零部件的制造加工技术，减小对国外原材料和零部件、元器件的依赖，赶超国际先进水平，为中国医疗装备的发展奠定基础。

到2030年，推进高端医疗器械产品国产化、智能化，构建产学研用的良性循环。国产中低端医疗装备达到国际先进水平，高端装备与同期国际先进水平差距明显缩小；整体医疗器械紧跟国际水平，进一步实现医疗装备的出海销售、增强国际竞争力。

到2035年，在创新能力、产业规模和国际竞争力等方面达到先进水平，部分高端医疗装备品种达到世界领先水平，成为医疗装备的出海销售主要国家，在医疗装备的发展方向和技术引领上占据话语权。

2. 发展重点

医疗设备、IVD、高值耗材和低值耗材四大类医疗器械中，中国中低端医疗器械子产业具有相对比较优势，在高端医疗器械领域需要重点突破，分类总结的关键共性要点及发展重点如下。

（1）高端材料：液氦、超导、磁微珠、医用钴-60、钛合金颗粒、高交联聚乙烯材料、四代粉陶材料等。

（2）高端元件和零部件：高压发生器、动态平板探测器、高性能镜头、LED、高性能图像处理芯片、高端芯片和传感器，以及高端机械零部件，如机器人控制器、伺服电机和减速机、超导回旋加速器、六维治疗床、影像引导设备和系统等。

（3）集成及创新：谱仪系统集成，诊断系统和机器人等治疗设备深度融合，化学发光的整体集成及全自动流水线，集成机械臂和集成视觉传感器，手术机器人成像、检测、三维导航系统整合，多模式影像一体化引导，人工智能技术融合应用和不同治疗手段融合。

（4）软件创新与数据库：实时操作系统，国家数据库，国家数据平台。

（5）工艺设计：重点提高制造精密度，减少医疗装备运转卡壳、错误、故障率等。

（6）临床应用及支持：结合临床需要，设计前瞻性研究，验证效果、探索新应用及快速进入各类应用场景；并提供长期临床数据支持，如图像处理、基于人工智能的图像后处理、算法重建、手术系统或辅助系统、全自动文库制备系统。

（7）持续创新的基础：①补短板学科建设与高端复合型人才：缺乏高端的复合型人才，从学位教育和在职培养的角度，大量提供高端人才。②企业与高校共建的机制与体制，学科、基地、联合项目等的布局建设。

3. 发展路径

（1）医疗器械创新工程。围绕高性能医疗器械的创新构建创新生态，结合持有人制度的实施，打造开放的公共服务平台为产业提供集约化的服务，包括样机生产、型式检验、临床检验、产品注册等一系列服务；探索科技成果新交易机制；助推一批优秀品牌；扶植30家大型企业走向国际化，形成产业竞争力。

（2）基础应用研究能力提升工程。针对5G、大数据和人工智能技术在医疗器械领域中的应用开展基础性应用研究，包括相关标准、技术推广、产品示范等。

医疗装备产业发展路线图如图 5.10 所示。

时间		2025年	2030年	2035年
需求		老龄化下的人口健康问题凸显，为满足人民日益增长的健康需求，亟须加快我国医疗装备产业发展，在自主掌握技术基础上为人民看病难、看病贵提供解决方案		
目标		战略补齐原材料、基础零件短板		
		推进医疗器械产品国产化、智能化，构建产学研用的良性循环		
		在创新能力、产业规模和国际竞争力等方面达到先进水平，部分品种达到世界领先水平		
重点产品	核磁共振成像设备	低液氦或无液氦低温超导技术，超导材料研发		
		谱仪系统：系统集成和校正技术，序列脉冲，软件平台，重建算法，图像后处理、实时操作系统		
	体外诊断产品	基础材料，如磁微球、抗原抗体等的规模和品质提升		
		提升整体集成化、自动化水平，降低故障率，完善全自动流水线系统，向高通量发展，完善小型化、高速化、床旁化的发展需求		
		开发更多创新性检测项目和手段，如新型化学发光检测标志物		
	数字减影血管造影设备	传统DSA核心部件（阳级球管、高压发生器、平板探测器）实现国产化突破		
		整机的集成与产业化，光子平板探测器研究、专有射线的研究、专有算法的研究		
		人工智能技术与DSA深度融合，基于人工智能的DSA后处理算法研究、基于人工智能的DSA导航与手术辅助系统研究、基于DSA的自动介入手术系统研究		
	手术机器人	三大核心零部件（控制器、伺服电机和减速机）的国产化		
		高端芯片和传感器（如镜头温度传感器、器械尖部传感器）自产，并突破集成机械臂和集成的视觉传感器的技术限制		
		手术机器系统整合突破（如成像系统、检测系统和三维导航系统）使机器人能够胜任真实的高精度的手术任务		
关键共性技术	高端材料	液氦、超导、磁微珠、医用钴-60、钛合金颗粒、高交联聚乙烯材料、四代粉陶材料等		
	高端元件和零部件	高压发生器、动态平板探测器、高性能镜头、LED、高性能图像处理芯片、高端芯片和传感器，以及高端机械零部件，如机器人控制器、伺服电机和减速机、超导回旋加速器、六维治疗床、影像引导设备和系统等		
	系统集成及创新	谱仪系统集成，诊断系统和机器人等治疗设备深度融合，化学发光的整体集成及全自动流水线，集成机械臂和集成视觉传感器，手术机器人成像、检测、三维导航系统整合，多模式影像一体化引导，人工智能技术融合应用和不同治疗手段融合		
	软件创新与数据库	实时操作系统，国家数据库，国家数据平台		
	工艺设计	重点提高制造精密度，减少医疗装备运转卡壳、错误、故障率等		
	临床应用及支持	结合临床需要，设计前瞻性研究，验证效果、探索新应用及快速进入各类应用场景；并提供长期临床数据支持，如图像处理、基于人工智能的图像后处理、算法重建、手术系统或辅助系统、全自动文库制备系统		
	持续创新的基础	补短板学科建设与高端复合型人才：缺乏高端的复合型人才，从学位教育和在职培养的角度，大量提供高端人才。企业与高校共建的机制与体制，学科、基地、联合项目等的布局建设		

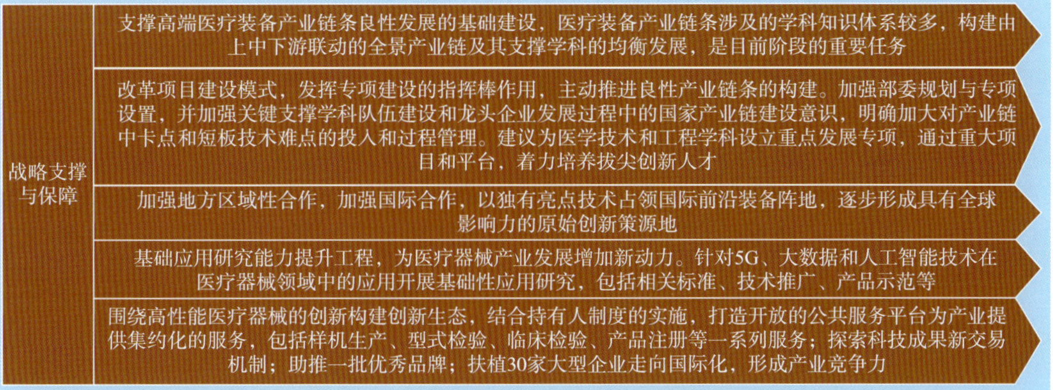

战略支撑与保障	支撑高端医疗装备产业链条良性发展的基础建设，医疗装备产业链条涉及的学科知识体系较多，构建由上中下游联动的全景产业链及其支撑学科的均衡发展，是目前阶段的重要任务
	改革项目建设模式，发挥专项建设的指挥棒作用，主动推进良性产业链条的构建。加强部委规划与专项设置，并加强关键支撑学科队伍建设和龙头企业发展过程中的国家产业链建设意识，明确加大对产业链中卡点和短板技术难点的投入和过程管理。建议为医学技术和工程学科设立重点发展专项，通过重大项目和平台，着力培养拔尖创新人才
	加强地方区域性合作，加强国际合作，以独有亮点技术占领国际前沿装备阵地，逐步形成具有全球影响力的原始创新策源地
	基础应用研究能力提升工程，为医疗器械产业发展增加新动力。针对5G、大数据和人工智能技术在医疗器械领域中的应用开展基础性应用研究，包括相关标准、技术推广、产品示范等
	围绕高性能医疗器械的创新构建创新生态，结合持有人制度的实施，打造开放的公共服务平台为产业提供集约化的服务，包括样机生产、型式检验、临床检验、产品注册等一系列服务；探索科技成果新交易机制；助推一批优秀品牌；扶植30家大型企业走向国际化，形成产业竞争力

图 5.10　医疗装备产业发展路线图

5.4.4　承压装备产业中长期发展路线图

1. 发展目标

到 2025 年，补齐承压装备相关工业基础短板。解决承压装备工艺与装备融合创新不够的问题，研发 45 万吨 / 年低密度聚乙烯装置成套装备中的超高压管式和釜式反应器（310 兆帕，316℃，DN686 × 6 560）、循环气冷却器、LNG 液化装置主低温换热器（国外最大 35 000 平方米）、高效紧凑型印刷电路板式换热器等短板装备；加速推进承压装备先进技术工程化试验验证平台建设，解决承压装备存在的短板问题。开发高端压力容器应力分析、传热及能效分析等成套国产设计软件并逐步推广应用。

到 2030 年，实现重大承压装备高端化、绿色化、智能化发展。承压装备产业科技体系不断完善，在成本、节能、环保和可靠性上进一步加大研发力度，巩固现有优势，加快技术升级。进一步推进承压装备网络协同、智能工厂、远程运维等相关智能化技术的应用。

到 2035 年，我国重大承压装备设计制造能力与水平跻身国际领先行列。推动承压装备产业集群建设，实现承压装备领域处于国际领先水平。

2. 重点任务

围绕国家需求，承压装备行业要在工业强基、高端制造、绿色制造、智能制造等方面加强谋划和创新，打破国外“卡脖子”封锁，补齐行业短板和不足，推动产业迈向中高端。

1）承压装备工业强基工程

推进工业强基工程，在压力容器基础材料、基础零部件、基础制造工艺等方面取得创新，提升产业核心竞争力，包括：开发低温容器用调质高强度钢板及配套焊条，高参数材料及焊接热处理工艺开发，基于泄漏率控制的法兰密封技术，发展高端装备自主设计分析及成套设计软件，开发极端承压装备缺陷检测及评价技术，等等。

2）高端装备与技术

为了满足我国石化、电子信息、海洋工程等产业发展需求，需要开发的高端装备与技术具体如下。

（1）石化领域重大承压装备：①油气勘探承压装备：开发含酸天然气压力容器及页岩油气和煤层气开发用的承压装备。②油气储运装备：开发高压大流量储气库相关承压装备；针对 LNG，主要开发 LNG 液化主低温换热器（35 000 平方米）、船舶 LNG 储存装备及相关配件等装备。③炼油装备：开发加氢裂化、渣油加氢大型加氢反应器、连续重整 15 000 平方米及以上板壳式换热器、20 000 平方米及以上缠绕管式重整进料换热器、气体分馏复合蒸发式空冷器等关键装备。④乙烯及深加工装备：开发 30 万吨 / 年裂解炉、急冷锅炉、超大型低温乙烯冷箱（高压板翅式换热器，最高压力 10 兆帕），45 万吨 / 年低密度聚乙烯承压装备（100~350 兆帕超高压管式和 ⩾310 兆帕釜式反应器、循环气冷却器等）等装备。⑤大型煤化工和化肥装置：开发单系列 100 万吨 / 年煤间接制油、75/120 万吨 / 年大化肥等装置中相关承压装备。

（2）第三代半导体氮化镓人工晶体反应釜。开发面向新一代电子线路技术需要的高温超高压反应釜（650℃、250 兆帕），开展高温超高压反应釜材料开发、密封结构设计、蠕变疲劳强度设计、贵金属衬里结构设计与加工、制造工艺控制等研究。

（3）载人深海空间站和万米无人探测器的承压结构。面向载人深海空间站和万米深海无人探测器需求，开发由高强度钛合金整体制成的耐压壳体设计制造技术；开发深海油气勘探领域的深海空间站及深海无人探测器用超高压外压容器（压力等级为 −100 兆帕）。

3）绿色装备、工艺与技术

面向国家碳达峰、碳中和决策部署，考虑承压装备产品全寿命周期环境影响和资源效益，开发超高压储氢压力容器、深冷高压超临界氢（−240℃ /20~35 兆帕）储氢容器、浮式 LNG 装置微通道换热器、超临界二氧化碳太阳能热发电技术及核心关键承压装备等。

3. 发展路径

面向承压装备在石油化工、氢能储运、太阳能光热发电、深海探测、核电、电子信息等领域的重大需求，梳理分析承压装备战略目标、关键共性技术、重点产品与任务及重大工程建议。承压装备产业发展路线图如图 5.11 所示。

时间		2025年	2030年	2035年
战略目标		补齐工业基础短板		
		推进重大承压设备高端化、绿色化、智能化		
		我国重大承压装备设计制造能力与水平跻身国际领先行列		
重大需求		石油化工；氢能储运；太阳能；核电；第三代半导体；海洋工程		
关键共性技术	高性能钢板	开发高性能镍基材料、超级奥氏体不锈钢、高温耐热钢等		
	先进焊材及工艺	开发高性能钢板及锻件配套焊材、电弧与高能束复合焊接等先进焊接工艺		
	基础材料性能数据	建立相对完整、系统的压力容器用材料高温/低温/腐蚀等环境基础性能数据库		
	法兰密封技术	开发基于泄漏率的法兰密封技术		
	新设计理论方法	复合材料容器设计，动载荷条件容器设计等		
	设计分析软件	开发高端压力容器应力分析、传热及能效分析等成套国产设计软件、大型整体装置工艺包		
	检测及评价技术	开发极端服役环境压力容器缺陷检验检测、核电等承压设备结构完整性评价技术、超期服役与深度调峰火电机组安全保障技术、基于应变控制的长输油气管道可靠性评价方法、一体化监检测技术		
重点产品与任务	石化领域装备	开发超高压聚乙烯反应器、LNG主低温换热器		
	氢燃料电池汽车储氢装备	开发70兆帕级IV型瓶、52兆帕储氢管束集装箱等		
		开发深冷-高压（-240℃/35兆帕）气瓶、高压-固态（35兆帕）气瓶等复合储氢装备等		
	太阳能热发电装备	开发高性能储热介质与高效传热设备、熔盐储罐、熔盐换热器、高/低温回热器等核心承压设备		
	电子信息领域装备	开发氮化镓高温高压反应釜		
	海洋工程	开发适用于浮式LNG装置的微通道换热器		
	材料基因组与增材制造	开发重要承压设备及其复杂构件的增材制造工艺、调控增材制造金属材料组织-性能的热处理工艺等		
	网络协同智能工厂	构建全流程智能管理、数字化示范车间		
	智能感知实时检测远程运维	建立承压设备临界失效预测预警技术，搭建基于特征安全参量的远程运维平台		

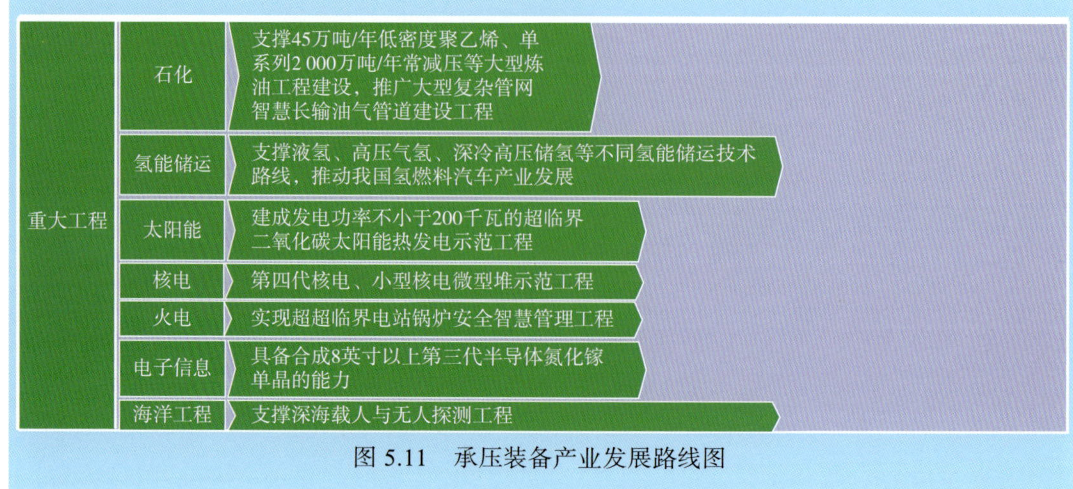

图 5.11　承压装备产业发展路线图

5.5　高端装备制造产业区域发展研究

5.5.1　高端装备制造产业国际重点区域发展研究

1. 空天海装备产业国际重点区域发展研究

1）航空装备

目前全球市场航空产业版图形成以波音与空客为龙头的欧美二分天下的产业格局。以中国为首的亚太地区有望开创新局面，改变全球航空制造格局。随着中国经济的快速发展，国内航空运输市场增长迅速，包括大飞机总装、航空发动机、航空维修、通航制造、航空快递等产业领域通过合资形式，加速进入中国。国际主要航空装备企业分布与其核心产业见表 5.2。

表 5.2　国际主要航空装备企业分布与其核心产业

企业	城市	核心产业
波音	美国西雅图	波音总部 + 总装基地
	美国查尔斯顿	波音 787 总装基地
空客	法国图卢兹	空客总部 + 总装基地
	德国汉堡	A320 总装 + 初装 +A330、A380 后机身
	西班牙伊列斯卡斯	航空构件工程、设计、生产与组装
	英国切斯特	空客系列机翼组装基地
	中国天津	A320 组装 +A330 完成与交付中心

续表

企业	城市	核心产业
庞巴迪	加拿大蒙特利尔	CRJ、CL-415 总装
	加拿大安大略	“冲”8 系列和“环球快车”的总装
巴西航空工业公司	巴西圣保罗	KC390 总装基地
	澳大利亚墨尔本	总装中心、工程和技术中心
中国商飞	中国上海	全球总部、C919、ARJ21 总装中心

2）航天装备

从航天装备的产业区域布局情况看，各航天大国均在本国国内形成了较为完整的产业链（表 5.3）。卫星制造领域主要有美国、欧洲、中国、俄罗斯等国家和地区约 30 家大中型系统集成商，卫星发射（运载服务）领域主要有约 10 家公司，卫星运营领域主要有 50 家左右的运营商，卫星服务领域有 5 000 家公司，为最终用户提供各类解决方案和增值服务。从各国自身布局发展方向来看，美国、俄罗斯、法国等建设“太空司令部”，积极发展军用空天装备，谋划打造太空军事新优势。

表 5.3 国外航天产业链布局典型企业

领域	典型企业
上游配套	高通、博通、德州仪器、意法半导体、罗克韦尔柯林斯、海克斯康、佳明、天宝导航、U-blox
卫星制造	Space X、劳拉空间系统、波音、轨道 ATK、洛马、空客防务与航天、泰雷兹、不来梅轨道高科技、萨瑞卫星技术、列舍特涅夫、达斡亚航天发展中心、三菱电机
卫星发射	Space X、Rocket Lab、ULA、蓝色起源、诺斯罗普•格鲁曼创新系统公司、航空喷气•洛克达公司、阿丽亚娜空间公司、科麦道公司
地面设备运营	亚马逊、洛克希德马丁公司、KSAT、SSC
卫星运营及应用	国际通信卫星公司、欧洲卫星公司、欧洲通信卫星公司、Maxar Technologies、OneWeb、Space X

3）海洋装备

海洋装备是世界各工业强国和海洋强国优先发展的方向，也是未来产业布局的重点。美国在 2018 年 11 月发布《美国海洋科技发展的未来十年愿景》报告，确定了 2018~2028 年海洋科技发展的迫切研究需求与发展机遇，以及未来 10 年推进美国国家海洋科技发展的目标与优先事项：了解海洋，扩大国内海产品生产，勘探潜在的能源，评估海洋关键矿物，平衡经济和生态效益，培养蓝色劳动力；确保海上安全，提高海洋事务感知能力，了解北极的变化，维护和加强海上运输；保障人类健康，防止和减少塑料污染，改进对海洋污染物和病原体的预测，减少有害藻华，开发天然产品；发展具有恢复力的沿海社区，为自然灾害和天气事件做好准备；等等。研究优先事项涵盖了海洋科学认知、社会经济服务、海洋安全和人类福祉等多方面内容，反映了美国未来海洋科技的全方位布局。

英国于 2018 年 3 月发布《预见未来海洋》报告，从海洋经济发展、海洋环境保护、全球海洋合作、海洋科学四个方面分析阐述了英国海洋战略的现状和未来需求。日本于 2018 年 5 月发布新版《海洋基本计划》，为日本在未来五年间实施海洋政策和处理涉海事务提供指导。与此前相比，其核心内容由海洋资源开发利用转向海洋权益维护和海洋安全保障。海洋资源的利用一直是日本关注的焦点。2019 年 2 月，日本发布《海洋能源和矿产资源开发计划》，围绕具体海洋能源和矿产资源的勘查开发与技术研发等方面，确定了未来五年的工作方向，涉及天然气水合物、石油和天然气及海洋矿产资源。俄罗斯海洋科技具有良好的积淀，其深潜器技术和极地破冰船、核动力破冰船等特殊科考船技术具有显著优势。2020 年初，俄罗斯相继发布《北方航道计划》《2035 年前国家北极基本政策》，重点布局科学考察船建设、北极多年冻土融化对油气设施的影响、自然资源勘探及国土安全相关技术。俄罗斯计划到 2035 年至少建造 40 艘北极船只，进一步加强其北极科考能力。

2. 智能制造装备产业国际重点区域发展研究

根据赛迪顾问发布的《2019 年数控机床产业数据》，2019 年全球十大数控机床企业都来自日本、德国和美国三个国家，其中，日本 4 家（山崎马扎克、天田、大隈、牧野），德国 4 家（通快、德玛吉森精机、格劳博、埃马克），美国 2 家（马格、哈斯）。全球数控机床产业主要集中在亚洲、欧盟、美洲三大区域，其中，中国、日本和德国是机床的主要生产国家，其区域结构分布为日本 32.1%、中国 31.5%、德国 17.2%、美国 6.3%、意大利 5.2%、韩国 4.2%、其他 3.5%。

日本在高档数控机床领域处于全球领先地位，拥有一批著名的机床企业和品牌，如山崎马扎克、天田、大隈、森精机、捷太科特、牧野、三菱重工、沙迪克等，日本的机床企业众多，技术领先，整体实力位居世界第一。

德国是全球高档数控机床制造强国，产生了一批闻名全球的机床制造企业。其中，德玛吉森精机是全球领先和最大的金属切削机床制造商，通快是全球工业激光领域技术及市场领导者，生产各类激光器、激光加工机床及数控冲裁和折弯机床等，格劳博除了生产有各种机床、生产系统或切削线装配单元，已成为全球著名的汽车发动机零部件整线交钥匙工程制造商。

欧洲其他机床制造强国，如瑞士、法国、意大利等也拥有一批世界知名的机床生产企业，尤其是在面向细分领域的高精度和专业化机床及其整体解决方案方面，具有非常强的竞争力，如 GF- 米克朗（GF MiKron）、斯达拉格-海科特（Starrag Heckert）、利吉特（Liechti）、奥地利 WFL 等公司在航空发动机涡轮 / 叶片 / 结构件加工方面独具特色，所提供的解决方案全球领先，广泛应用于航空航天等领域。

除此之外，美国在数控机床的设计及制造方面亦具有一定竞争力，近年来在其重返制造业及制造业产业链重构的带动下，高端数控机床市场空间需求呈现增长的态势。

3. 医疗器械产业国际重点区域发展研究

欧洲、美国、日本等发达国家和地区是国际医疗器械产业重点发展区域。这些国家和地区医疗器械产业发展时间早，产业发展水平较高，市场规模庞大，增长稳定。其中，美国是医疗器械最主要的市场和制造国，占全球医疗器械市场约 40% 的份额，美国医疗器械行业拥有强大的研发实力，技术水平世界领先。欧洲是全球第二大医疗器械市场和制造地区，占全球医疗器械市场约 30% 市场份额，德国和法国是欧洲医疗器械的主要制造国。日本是继美国、欧洲的又一医疗器械制造地，尤其在医学影像领域优势突出。以中国为代表的新兴经济体是全球最具潜力的医疗器械市场，产品需求增长速度较快。中国已经成为全球医疗器械的重要生产基地，尤其在多种中低端医疗器械产品方面产量居世界第一。

从行业集中度来看，全球医疗器械市场集中度高，主要由跨国企业占领。国外权威第三方网站 Qmed 根据 2020 年销售状况对全球医疗器械公司进行了排名，前 50 名如表 5.4 所示。全球前 10 名医疗器械公司的总销售额达 1 929 亿美元，全球共有 61 家医疗器械公司的销售额达到 10 亿美元以上（不包括私人公司），比上一年度新增了 10 家。从这些企业所在国家来看，全球医疗器械产业所在区域和国家主要是美国、德国、以色列、日本等国。

表 5.4　全球市场排名前 50 名医疗器械公司

销售额	公司名称	销售额 / 百万美元
1	美敦力	28 913
2	强生	25 963
3	飞利浦	21 297
4	雅培	19 953
5	GE 医疗	19 942
6	BD 医疗	17 290
7	西门子医疗	16 197
8	嘉德诺	15 544
9	史赛克	14 844
10	罗氏诊断	13 035
11	波士顿科学	10 735
12	贝朗	8 369
13	捷迈邦美	7 982
14	百特	7 850
15	爱尔康	7 362

续表

销售额	公司名称	销售额 / 百万美元
16	丹纳赫	6 662
17	3M	6 641
18	奥林巴斯	5 889
19	泰尔茂	5 771
20	基立福	5 711
21	施乐辉	5 138
22	富士	4 626
23	直觉外科	4 479
24	爱德华生命科学	4 348
25	费森尤斯医疗	4 037
26	登士柏西诺德	4 029
27	佳能医疗	4 024
28	赛默飞	3 718
29	瑞思迈	2 957
30	岛津	2 812
31	洁定	2 810
32	希森美康	2 771
33	豪洛捷	2 771
34	康乐保	2 690
35	泰利福	2 595
36	生物梅里埃	2 443
37	艾利科技	2 407
38	德尔格	1 951
39	康维德	1 827
40	瓦里安医疗	1 784
41	HU Group	1 732
42	博士康	1 717
43	日本光电	1 698
44	卡尔蔡司	1 635
45	士卓曼	1 607
46	医科达	1 545
47	凯杰	1 526
48	英特格拉生命科学	1 518
49	德康	1 476
50	伯乐生命	1 412

1）美国

美国的两大医疗器械产业集群分别为明尼苏达州及马萨诸塞州的医疗装备聚集区，其中明尼苏达州被称为“医疗装备的硅谷”，而马萨诸塞州亦有“东海岸的硅谷之称”。这两处超级医疗装备产业集群成功的关键因素包括：庞大医院系统带来的资源赋能产品研发及技术进展、多元化及专业化的科研人才引领技术交叉带来迭代与突破、政府有的放矢地助推成果转化与发展保障、产业巨头与衍生出的小型创新企业互利共生。

2）以色列

以色列创新能力突出，被称为全球医疗器械创新的“发电厂”。以色列通过政府政策支持、人才创新等方式，实现了多元化的公司、多元化的技术实施、多元化的医疗应用，医疗设备和数字医疗实现长足发展。通过医疗机构与研究机构助力产品研发，同步围绕核心技术开发知识产权，辅以政府出台的扶持政策，为企业创新扫平道路。

3）德国

德国有 170 多家医疗器械生产商，德国生产的医疗器械产品中约有 2/3 用于出口。在德国医疗产业集群建设中，政府发挥了积极作用，包括补贴支持及交通、电力等基础设施建设，成立并运作孵化器；同时政府支持所有进入园区的企业与外部企业之间建立连接；国家支持政策也促进了德国医疗器械发展，如德国联邦经济部和卫生部推出“健康经济出口计划”，帮德国企业发展潜在客户。

4. 承压装备产业国际重点区域发展研究

目前，西欧国家、美国、日本等的承压装备制造业比较发达，市场占有率和集中度较高，其市场需求集中在中东、俄罗斯、非洲、南美洲及中美洲等能源出口国和地区，以及美国、欧洲、中国及其他亚太国家等能源进口国。由于承压装备是特种设备制造领域的关键设备，国际市场用户对于设备的选购设置了较高准入标准。美国机械工程师协会锅炉及压力容器规范是目前全球范围内技术内容最为完整、应用最为广泛的压力容器标准，ASME 持证分布情况在一定程度上反映了压力容器产业的分布情况。目前，北美国家持证厂商数量占比约 50%；亚洲地区占比呈稳定上升态势，中国、韩国和印度的持证厂商数量占比超过 20%。

以加氢反应器和换热器为例，国外加氢反应器生产公司主要有日本的制钢所 JSW、神户制钢所 KOBELCO、森松工业株式会社等，意大利的 Belleli、ATB、Breda、Dalmine 等，美国的 GE，韩国的斗山重工、NK 等、印度 L&T 公司。世界换热器产业高端产品主要集中在瑞典、美国、德国、英国、法国、日本等发达国家，优秀的国外换热器技术供应商有瑞典 Alfa Laval（世界上最大的换热器生产企业）、美国 Tranter（板式）、英国 Heatric（印刷电路板式换热器）、德国 Linde（缠绕管式换热器）、美国 HTRI（全类型换热器设计）、日本神户制钢所（汽化器）等。这些企业在特定领域拥有世界领先的换热器研发能力和产品技术解决方案供给水平。

5.5.2 高端装备制造产业国内重点区域发展研究

1. 空天海装备产业国内重点区域发展研究

1）航空装备

国家以中国航空工业集团为主导，推进中国航空工业的发展。中国航空工业集团从老三线时期的航空军工产业布局，到新时期民用航空工业的布局发展，形成围绕大飞机、支线飞机、通用飞机、军机、航天等产业领域的七大集聚区（表 5.5）。

表 5.5 我国航空装备产业集群

产业集群	主要区域	主要航空产业
京津冀产业群	北京、天津、石家庄	大飞机、通用飞机、无人机、航空发动机、航空部件（机翼）
长三角产业群	上海、南通、常州等	大飞机、支线飞机、航空零部件
成渝产业群	成都、重庆、安顺	军用飞机、直升机、教练机、无人机
珠三角产业群	珠海	通用飞机
东北产业群	哈尔滨、沈阳	军用飞机、直升机
西安产业群	西安、汉中	军用飞机、支线飞机
中部产业群	九江、株洲、南昌、景德镇	直升机、航空发动机

京津冀作为国内航空装备人才与科技资源最为集中的地区，拥有众多高校、科研院所，基本形成以北京为核心的研发制造基地、以大兴军民融合产业为重点的南部高端制造基地和以顺义航空航天产业园为载体的航空应用集聚区，成为国内航空装备的研发和成果转化中心。

长三角地区，上海依托中国航空无线电电子研究所（615 所）、上海航空测控技术研究所（633 所）、上海航空电器厂（118 厂），以中国商用飞机为核心，以新支线客机和 C919 大型客机整机制造商为主导，集中了商用航空发动机公司等一批关键企业，初步形成了包括民用飞机研发设计、航空电子、总装制造、试验测试、营销服务在内的较完整的产业链条；南京拥有众多高校、科研院所及央属企业，具有雄厚的航空装备研发和生产能力，近年来汇集了轻型飞机制造、直升机制造、空中轿车公务飞机制造及航空发动机维修服务等项目，航空装备进一步发展；浙江依托丰富的民间资金和活跃的民营机制，在民用轻型飞机、飞机零部件及附属专用设备、航空电子仪器设备、机场专用设备、机上易耗品等领域有较快发展。

西安产业集群是我国大中型飞机设计、研发、试飞、生产的重要基地，具有一批独占性的航空产业资源和明显的发展优势。例如，全国最大的飞机制造企业——中航西安飞机工业集团股份有限公司、全国唯一的大中型飞机设计研究院——航空工业第一飞机设计研究所、全国唯一的飞行试验研究鉴定中心——中国飞行试验研究院、全国唯一的飞机强度测试中心——中国飞机强度研究所等。“十三五”以来，陕西围绕产业链上下游精耕细作，已聚集集飞机研究设计、生产制造、试飞鉴定和教育培训为一体的产业体系，初步形成了以飞机研发制造为龙头、相关配套产业协同发展的完整航空产业链。陕西的航空产业资源半数以上集中在西安东北部的西安航空基地周边。截至2020年12月，西安阎良国家航空基地共有32家制造业单项冠军企业、专精特新“小巨人”企业及“隐形冠军”企业，涵盖航空整机制造、专用装备制造、零部件配套、新材料配套、航空服务配套等多个领域。然而，陕西航空产业仍然面临着较大的挑战，发展水平和竞争实力总体上仍处于较低层次，市场化、国际化、产业化及自主知识产权程度低，竞争力弱，与我国的国际地位及发展要求很不相称。在“十四五”期间，陕西航空产业集群将以创新驱动持续提升区域辐射带动能力，将加快先进制造业向高端、智能、绿色、服务方向实现转型升级。面向2035年，陕西将全力打造具有国际竞争力的世界级航空产业集群。

2）航天装备

航天产业链以卫星为中心，由卫星制造、卫星发射、地面设备、运营服务和应用领域五部分构成。位于产业链上游的卫星制造和卫星发射环节门槛比较高，国有企业占比较大。与发达国家相比，卫星及应用的产业集中度较低。航天装备卫星及其应用产业上中下游主要产业链构成见图5.12。

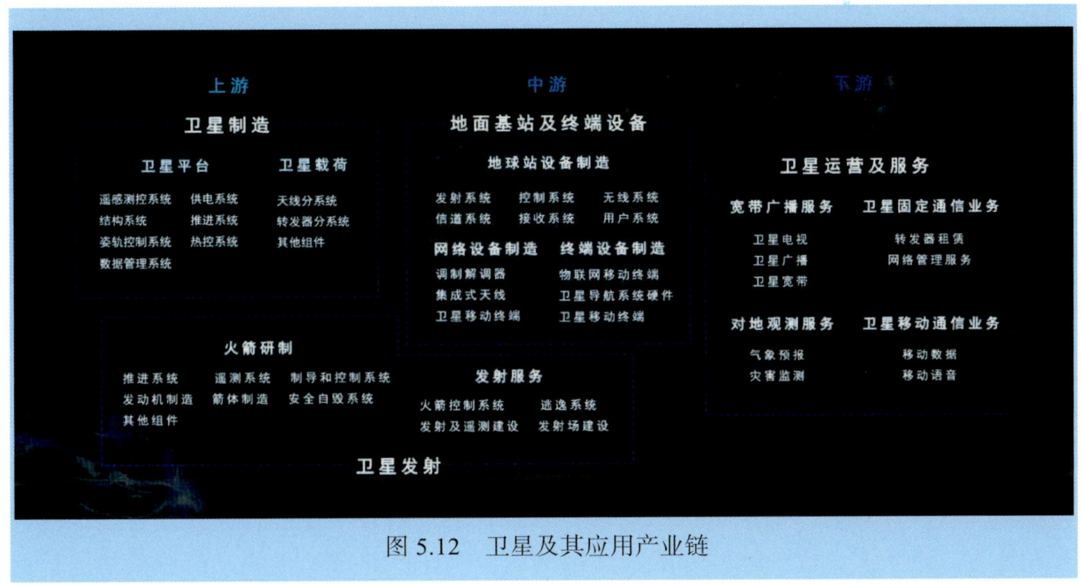

图5.12　卫星及其应用产业链

产业链上游的成熟企业较少，技术壁垒较高。中国卫星中的商用卫星数量占比

远小于发达国家，而政府及高校运营的公共事业类卫星占比数量较大。目前，中国卫星制造的主力为国营单位，主要有中国航天科技集团、中国航天科工集团、中国东方红卫星股份有限公司等。民营企业在卫星配套的零件制造领域发挥着重要作用，如星敏感器的龙头企业天银机电、时频产品龙头企业天奥电子、钽电容器龙头企业宏达电子等。卫星发射环节的企业数量与其他环节的企业数量相比是最少的，其中，火箭发射门槛较高，技术积累周期很长，代表企业有航天科工、航天科技、蓝箭航天、零壹空间等。

与发达国家相比，中国的卫星及应用产业集中度相对较低。从卫星及应用产业链代表性企业的区域分布情况来看，产业链规模较大的代表性企业主要集中在北京、广东、上海、江苏、四川、湖北等地区。目前，北京具备相对完善的卫星产业链布局，是卫星及应用产业链代表企业最多的地区。

3）海洋装备

我国海洋装备制造及配套装备制造业主要分布在东部沿海地区，在环渤海地区、长三角地区、珠三角地区，形成了具有一定集聚度的海洋装备产业区域性布局，已初步形成区域错位发展、产品差异化竞争的格局。沪东中华 LNG 船进入世界第一方阵，中集来福士半潜式钻井平台、大连船舶重工自升式钻井平台接单量居世界前列，中远船务（南通）研制的圆筒式钻井平台更是全球独创独有，浙江船厂、福建东南船厂等在海洋工程特种船细分市场中占有率领先。

其中，环渤海海洋装备产业园区由辽宁、河北、天津、山东 4 省（直辖市）17 个沿海城市构成，提升产业与技术优势，建立以大连、青岛为中心的海洋工程装备制造产业园区。长三角地区海洋装备产业园区由江苏、上海、浙江 3 省（直辖市）10 个沿海城市构成，扩大海洋装备等竞争优势，提升海洋产业的附加值、外向性，集中发展上海、江苏新型高端海洋船舶和高端海洋工程装备制造。珠三角地区海洋装备产业园区由广东、广西、海南 3 省（自治区）17 个沿海城市构成，推进深海油气资源、海洋矿产资源开发装备研发与生产，建立深海勘探与海洋新能源开发装备制造园区；提升大型船舶设计制造能力，建设广州、江门船舶、海洋工程装备及配套产业基地。

2. 智能制造装备产业国内重点区域发展研究

我国数控机床产业凭借全球最大的市场、研发、制造和供应体系，已形成了从材料、功能部件、整机、现代服务体系到诸多领域应用覆盖的完整产业生态链系统。目前，我国数控机床产业已初步形成七大产业集聚区，其中环渤海地区、长三角地区、西北地区和西南地区等是装备制造的核心区。全国金属切削机床产量排名前十的省份包括浙江省、江苏省、山东省、广东省、安徽省、云南省、辽宁省、陕西省、福建省和湖北省。近年来，成渝地区和武汉地区的数控机床产业增长迅速，产业聚集区特征出现。但客观来看，国内数控机床产业集群的发展水平和发展质量不平衡问题较为突出，数控机床产业呈现小集中、大分散的分布特征，行业整体仍面临共性技术薄弱、创新能力体系建设不匹配、人才和研发经费短缺、行业利润微薄等发展难题，亟待产业调整和优化。“十四五”期间，我国机床产业的集中度将进一步提高。

数控机床产业是推进产业基础高级化和制造业转型升级的重要着力点。2021 年 8 月，国务院国有资产监督管理委员会召开扩大会议强调：要把科技创新摆在更加突出的位置，推动中央企业主动融入国家基础研究、应用基础研究创新体系，针对工业母机、高端芯片、新材料、新能源汽车等领域加强关键核心技术攻关。为应对国家和区域经济高质量发展要求，全国多个省市已立即行动起来，积极整合区域内优势资源，成立智能制造装备或者数控机床产业链“链主”，在整机及关键功能部件方面提供政策支持，实施关键技术突破，鼓励区域内企业加大国产数控机床应用，以应用促改进，共同推进数控机床产业链协同创新，并朝向高质量发展模式转变。例如，天津市人民政府国有资产监督管理委员会与中国通用技术集团签约百亿元，将中国通用技术集团装备制造总部落户天津，拟打造一流机床装备制造企业；陕西省将把数控机床产业链列为 23 条重点产业链之首，由省级领导亲自担任链长，梳理和打通产业链“痛点”和创新链“堵点”，积极打造产业链上下游协同合作模式，为国产机床接受用户使用验证和持续改进创造了良好的条件。

我国增材制造产业链已初具规模，技术体系和产业链条不断完善，产业格局初步形成，支撑体系逐渐健全，已逐步建立起较为完善的增材制造产业生态体系。我国增材制造产业已初步形成了以环渤海地区、长三角地区、珠三角地区为核心，中西部地区为纽带的产业空间发展格局。其中，长三角地区具备良好经济发展优势、区位条件和较强的工业基础，已初步形成了包括增材制造材料制备、装备生产、软件开发、应用服务及相关配套服务完整的增材制造产业链。随着粤港澳大湾区建设的推进，珠三角地区增材制造产业将得到进一步集聚。中西部地区，陕西、广东、湖北、山东、湖南等省份是我国增材制造技术中心和产业化发展的重点区域，集聚了一批龙头企业和重点园区。在产业集聚区内，我国增材制造企业仍存在分布不集中、竞争力弱、企业规模小等问题，但也有部分企业正处于快速发展的态势，涌现出具有市场竞争力的骨干企业，西安铂力特、先临三维等公司率先上市。

总体而言，我国智能制造产业各区域布局仍需以育链、补链、延链、强链为重点。围绕本地产业结构和科技资源，强企固商引智，加强技术成果转化，立足区域产业基础和特色优势，谋求错位发展，包括增强区域内上下游企业的有效配套能力，形成良性的制造业生态体系。“十四五”时期及未来一段时间，我国智能制造产业有望形成若干世界级产业集群。

3. 医疗装备产业国内重点区域发展研究

医疗装备是典型的高新技术企业，学科交叉广，技术集成密，行业监管严，产品周期长。企业的成长除了好团队、好产品之外，更需要成熟的产业链配套服务。基于此，医疗装备产业在我国呈现集群化发展的态势。

1）产业优势区域

珠三角地区、长三角地区和京津环渤海湾是目前我国三大医疗装备产业集群，总产值和总营收均占全国总量的 80% 以上。其中，珠三角地区、长三角地区医疗装备产业集群起步早，多由市场自发形成，并由一至两家核心引领企业与众多创新企业一起形成区域产业生态圈。

珠三角地区产品科技含量较高，如超声影像、医疗监护设备等。安科作为国内医疗装备“黄埔军校”，培育了迈瑞、理邦、宝莱特等近 200 家医疗装备企业；而迈瑞又进一步孵化出麦科田等新的创新企业。

长三角地区地方特色明显，中小企业活跃。微创引领了浦东医疗装备产业的崛起，不少具有自主知识产权的企业都源于此，并围绕微创逐步形成了活跃的创新创业圈。

京津环渤海湾以北京为中心，依托区内云集的一流高校、三甲医院、科研机构等人才资源驱动，既有威高、新华医疗等一批成熟优质企业，又涌现出乐普医疗、中关村医疗装备园等以研发创新驱动的高科技企业，形成包括 DR、骨科器材和心血管器材生产企业群，近年在数字化医疗设备领域发展势头良好。

2）产业后起之秀

基于近年来各地政府对生物医药产业的大力支持，武汉、成都、长沙等中部地区相继规划了高规格的生物医药园区，形成医疗装备产业集群新势力。武汉光谷吸引了国药器械，成都牵手威高、药明康德，项目动辄投资百亿元。这些园区的形成多由政府主导，集聚了较多的创新企业，企业类型较为多样，涵盖生物医药、医疗装备、精准医疗等各个领域，政策支持力度空前。

3）产业特色园区

部分细分领域，在当地政府的支持下，一批特色产业集群已形成规模。在浙江桐庐，以硬管内窥镜手术器械为主打产品，2018 年在国内市场占有率达 50% 以上，涌现出以天松为龙头的千家医疗装备企业集聚，“中国微创外科器械小镇”呼之欲出。在江西进贤，医疗装备产业成为当地支柱产业，一次性输液器占全国市场份额的 30%，并形成了一支 6 万余人的医疗装备销售队伍。在河南长垣，以驼人为首的全国最大的医疗装备及卫生材料生产基地表现抢眼，辅料类产品占全国市场份额的 70% 以上，出口 70 余个国家和地区。另外，苏州的眼科设备、常州的骨科耗材、杭州的移动医疗、宁波的核磁共振等产业也都已形成集聚。

4. 承压装备产业国内重点区域发展研究

目前，我国压力容器、锅炉及压力管道等承压装备制造企业超过 1 万家，代表性制造企业有中国一重、中国二重、兰石重装、南京大化机、天沃科技、中圣科技等企业，分布于东北地区、华东地区、四川、甘肃等区域。从我国承压装备制造业企业格局和趋势来看，行业整体集中度趋于增强，市场份额愈加向大企业转移。

以加氢反应器和换热器为例进行说明。国内具有代表性的加氢反应器制造单位包括中国一重集团（锻焊式）、中国二重、兰石集团、南京大化机、金重（板焊式）。国内中石化南京大化机厂和合肥通用院等单位合作，已于2011年9月成功实现了环氧乙烷反应器的国产化。我国乙烯球罐设计制造企业以合肥通用院、武钢、宝钢等国内设计研发单位及多家冶金企业为代表。在国内换热器方面，在板式换热器领域，四平巨元瀚洋、兰石换热设备公司、四平维克斯是内资企业中的龙头企业；在管壳式换热器领域，我国生产企业众多，且规模都较小，其中抚顺机械设备制造有限公司、兰石集团炼化设备公司、中石化南京化工机械等是我国内资管壳式换热器的龙头企业；在空冷式换热器领域，哈空调是我国最大的空冷式换热器生产企业，江苏双良股份、四川简阳空冷器、蓝科高新（原兰石所）企业也具有一定的竞争力；在板翅式换热器领域，杭州杭氧集团和开封空分集团是我国石化领域著名的板翅式换热器企业。我国具有代表性的大型承压装备制造企业见表5.6。

表5.6 我国具有代表性的大型承压装备制造企业

地区	代表性企业
东北地区	中国一重集团有限公司、哈尔滨锅炉厂有限责任公司、大连金州重型机器集团有限公司、四平市巨元瀚洋板式换热器有限公司、四平维克斯换热设备有限公司、抚顺机械设备制造有限公司、哈尔滨空调股份有限公司等
华东地区	中国石化集团南京化学工业有限公司化工机械厂、苏州天沃科技股份有限公司、中圣科技（江苏）有限公司、杭州杭氧股份有限公司苏州海陆重工股份有限公司、中集集团、上海锅炉厂有限公司、双良节能系统股份有限公司等
西南地区	中国第二重型机械集团公司、东方电气集团东方锅炉股份有限公司、四川川锅锅炉有限公司、四川省简阳空冷器制造有限公司等
华北地区	石家庄安瑞科气体机械有限公司、开封空分集团有限公司等
西北地区	兰州兰石集团有限公司、甘肃蓝科石化高新装备股份有限公司等

5.6 措施建议

5.6.1 空天海装备产业相关政策建议

1. 航空装备

（1）完善相关的法律法规和政策措施。加大对航空产业的扶持、研发和基础设施的投资力度，加强适航技术能力和适航体系建设，科学规划航空科研与试验重大基础设施建设，实施对航空装备制造业创新发展有重要推动作用的重大专项及工程。鼓励民营企业参与航空装备研制和批产，通过军民融合，形成强大的上下游配套能力。在符合WTO规则和国际惯例的基础上，实施国产航空器的政府采购政策。结合国家“一带一路”倡议，支持航空制造企业“走出去”。

（2）加快低空空域改革，促进通用航空产业发展。通用航空产业涉及民航、军队、地矿、农业、林业、旅游、交通、体育等多部门，管理难度大，需要建立相关工作机制，协同推进，特别是要进一步加快低空空域改革，促进通用航空产业发展。

2. 航天装备

（1）开展航天装备法规政策体系建设，形成完备、配套的法规政策体系。将优先扶持国产元器件、原材料、工作母机装备作为一项战略性基础工作，确保航天发展自主可控；推进卫星应用法律、行政法规、支持政策配套协同完善，为卫星应用发展提供良好的政策环境；持续推动空间基础设施和资源共享共用，建立开放的技术使能平台，支持产学研用协同创新，避免低水平重复研究和重复建设，加速技术成果转化和技术成熟度提升，确保国家科技投入产生效益。

（2）加强对重大前沿技术和颠覆性技术的预判和预研。加快重型运载火箭立项，统筹推进深空探测等项目论证与实施。加强对机器人探月与载人登月、天基增材制造、建立月球基地等相关基础研究及关键技术攻关，合理配置资源、优化工程方案。

（3）多渠道、多层次地积极推进国际合作与交流。主动融入国际，积极参与相关国际组织和国际协调，参与国际空间法规、规则、标准制定，扩大各类空间活动中的话语权与影响力；积极参与国际空间活动，为全球用户提供公共产品；牵头或共同发起重大深空探测计划，风险共担的同时，学习先进技术、借鉴工作方法，如推动对欧小型化低成本多目标小行星探测任务级合作，推动对俄联合探测火星系统、金星的合作意向落实。

3. 海洋装备

（1）推动信息技术与海洋装备制造业的深度融合。运用物联网、大数据平台等信息技术，促进智能终端与应用服务相融合、数字产品与内容服务相结合，推动海洋装备产品创新。推进新一代信息技术与海洋装备制造业和服务业的深度融合，深化信息技术在设计、制造、管理、营销过程中的集成应用，推广数字化、网络化工厂，推动生产制造的智能化水平。

（2）扶持深海高技术中小企业，健全海洋装备产业链。积极打造海洋装备产业优势聚集区，在产业链断点和短板方面，重点培养专精特企业。例如，以研发设计创新为着力点，培养国产设计品牌；在海洋基础传感器、海洋动力和生态仪器、海洋声学产品、海洋观测集成系统产品、通用辅助材料及核心部件等方面各培育3~5家企业，健全海洋装备产业链，培育海洋战略新兴产业。

5.6.2　智能制造装备产业相关政策建议

1. 推动国家层面各类科研机构及科研项目的协同创新机制

围绕国家创新驱动发展和制造业转型升级的战略需求，做好智能制造的顶层设计工作。目前国家创新平台和国家科研项目各自独立执行，形不成国家层面的协同机制。建议统一规划国家正在建设的各类创新中心，重视重点领域长期支持政策，学习推广全球先进科研机构管理模式与经验，构建稳定适用的团队管理模式，政策上保证科研团队自由构建与长期协作。制定工业基础能力和关键共性技术提升的推进计划、发展目录、技术路线图，不断提升行业支撑能力，为装备制造产业链高级化、产业链现代化做出更大贡献。

2. 启动专项接续计划“数控机床与高端制造装备”专项

我国高端机床装备产业正处于爬坡过坎的关键时期，高端机床装备的发展任重道远，自主可控的高端机床装备作为国防安全的重要保障，目前仍有关键产品受制于人。在当前复杂国际形势下，加快发展高端机床装备，解决我国制造业领域的“卡脖子”难题已成为制造行业和应用领域用户的共识。建议尽快启动专项接续计划“数控机床与高端制造装备”专项，充分发挥新型举国体制优势，加大政策支持，采取有力措施推动中国机床产业转型升级，全面支撑制造强国战略。总体任务目标应从“跟跑”转向“并跑”。

专项接续计划探索由领域重要用户（即业主）牵头，围绕高端制造装备的问题导向，聚焦在航空、航天、军工及电子信息等战略领域需要的高端制造装备上，实行“产学研用”联合体大平台协同攻关的新举国体制。将数控机床和基础制造装备（铸锻焊）研究内容聚焦在高效、精密、可靠性和精度保持性方面，并拓展到超精密机床、大型复合材料制造装备、大尺寸高效金属增材制造装备、冷热加工、宏微纳结构制造、高能束工艺复合装备及制造装备智能化方面。

3. 发挥龙头企业引领作用打造互利共赢的产业生态

国际局势动荡，美国对我国实施科技战等全面遏制战略，我国发展战略性新兴产业仅依靠企业的“单兵突击”，难以实现全产业链“突围”。建议打破体制机制约束，制定多元化融资支持的产业政策。引导大型龙头企业构建产学研用联合体，落实装备制造产业基础再造和产业链提升工程，推动国产装备关键核心技术突破；培育专精特新中小企业，围绕龙头或优势企业，打造配套产业创新链条，形成优势产业集群；支持机床企业以加工服务方式，进入航空航天领域的加工制造，一举解决航空航天制造能力亟待迅速提升及机床行业准入发展的难题，取得共赢持久发展。

“十四五”时期及未来十年，我国智能制造产业将迎来国内企业在产线、车间和工厂的数字化、网络化、智能化改造和建设高峰。建议智能制造企业紧密联系下游用户企业，加强建设为用户提供智能产线、智能车间和智能工厂不同层次的交钥匙工程能力。鉴于国际形势变化，在下游各领域用户数字化改造和智能工厂建设过程中，除了采购必要的国外先进制造装备和软件之外，出台政策鼓励优先使用国内创新研发并在国内同类产品和技术中处于领先水平的国产智能制造装备、工业软件等成套技术。

4. 制定以企业为主体的协同创新及人才激励政策

制定符合创新规律的国有科技型企业的考核制度和管理办法。加大技术创新在考核中所占比重，对研发长期投入和产出进行分类考核，形成鼓励创新、宽容失败考核机制，激发企业家的创新动力，降低企业家创新活动风险。加大考核措施实施力度，促使企业由依靠过度资源消耗、低性能低成本竞争，向依靠创新、实施差别化竞争转变。

改革高校和职业院校的学科评估指标体系。鼓励企业和高校共建协同创新中心，建立研发人员借调互换的流动机制，围绕企业共性技术需求，联合组建攻关团队。高校在学科评估及人才选拔、人才培养的各项指标中倡导把论文写在装备上、产品上。制定大型企业与职业院校联合办学的优惠政策，保障职业院校人、财、物持续投入，以应对产业发展新需求。同时通过住房、税收等优惠政策改变制造企业留人难、人才流失的困境。

5.6.3　医疗装备产业相关政策建议

1. 完善国家科技创新治理体系，实施系统性战略布局

完善国家级的顶层科技管理决策机制，发挥我国集中力量办大事的制度优势，针对高端医疗装备的“卡脖子”及“补短板”产品，展开多部门联动的科技政策协同支持，完善国家科技计划体系，加大高端医疗器械研发科研项目支持力度，共同促进技术攻关。

2. 试点国家医学科技创新体系微生态环境构建，推进科技创新政策统筹落实

依托现有高校、研究院建立国家医学科技创新体系核心基地。集中源头技术创新、产业链龙头企业、医院用户等多方力量，将分散和割裂的创新单元、创新要素进行有效协同、互补，保证体系创新攻坚能力，推动创新产业链的贯通。

3. 增加科技研发投入，构建多元投资主体的创新金融环境

建议优化科技研发投入机制：首先是以重大科技问题为带动，关注相应领域的

基础研究，加大对导向性和基础性研究的政府财政投入力度，探索设立类似于美国国立卫生研究院基金的医疗健康行业基金，通过医疗高端设备支持专项加强领域科技研发投入。同时，要引导企业和金融机构以适当形式加大支持，鼓励社会以捐赠和建立基金等方式多渠道投入，扩大资金来源，对基础研究形成持续稳定投入机制。

4. 加强对原始创新和颠覆性技术的系统性支持

遴选出一些颠覆西方传统科学体系的关键核心技术，加强对原始创新和颠覆性技术的系统性支持，以点带面实现原创突破，变“弯道超车”为“变道超车”。

5. 健全国家知识产权制度，完善科技成果转化制度

加大专利布局，采取“主动出击”和“防御”相结合的战术。国家针对行业核心发展方向加强相关企业间及企业与政府间的协调，构建专利池，试通“绿色通道”，加快国内专利审查，有利于专利技术的推广应用，主动布局，快速布局占据市场；积极布局海外专利，广泛收集目标国行业专利情况，积极开展专利分析评议，提升申请成功率，增强国际市场竞争力。

6. 创新“科技外交”策略，有效对接国际创新体系

全球化时代，高端医疗装备产业链产品和零部件是我国制造业发展的重要补充，避开不用，不利于打造我国头部企业先进产品。同时要在各个领域准备好国产“备胎”。通过国内政府政策与市场的结合，通过行政手段鼓励医院购买国产医疗装备产品，加速国内“备胎”产品技术迭代升级，缩小与世界顶尖技术的差距。

5.6.4 承压装备产业相关政策建议

1. 加强国家承压装备产业发展顶层设计

发挥政府引导作用，加强承压装备领域的顶层设计，引导行业技术资源整合，构建重大承压装备产业发展中长期规划，对关键核心问题、共性问题协同攻关，支持成果共享，提升研发效率，促进承压装备短板问题的解决。完善市场机制，推动工业基础领域企业的技术进步和产品迭代。建设和完善以企业为主体、政府为主导的“产学研金政”深度融合的产业技术能力创新体系；畅通承压装备领域的产业链、创新链、资金链和人才链，构筑有利于承压装备的产业生态体系。

2. 分类实施，重点突破，解决短板及“卡脖子”问题

按照“总体规划、分步实施、重点突破、全面推进”的要求，明确具体目标、任务和实施的重点，分类组织实施。抓住一批短板及“卡脖子”问题，统一规划财政资金，集中力量进行攻关，补齐承压装备产业链的缺失环节和薄弱环节。同时，

兼顾长远，协同创新，全面部署、有计划有组织地推进实现特征承压装备正向设计和高端引领。

3. 承压装备检验检测产业发展的激励政策

建议出台激励政策，支持国家级产业技术创新战略联盟牵头，协调组织行业内相关单位，依据统一标准开展材料性能试验、构建系统完整的承压装备用材料基础性能数据库；支持建设国家检验检测高技术服务集聚区，打造一批自主创新能力强、检验检测水平高、处于行业领先地位的大型龙头企业。建议重点部署先进检测监测原理、材料 / 部件性能测试技术及仪器、部件 / 装备型式试验技术及装置系统等重要检验检测技术攻关项目，搭建承压装备检测、监测、诊断预警平台。

4. 加强对承压装备中小企业的支持

针对承压装备中小企业经营发展中遇到的困难，坚持完善公平竞争市场环境、解决中小企业融资难、融资贵问题，提高中小企业专业化能力和水平。加强对中小企业的宏观管理，推动扶持中小企业发展的各项政策措施落到实处。进一步加大对中小企业帮扶的力度，完善中小企业服务体系。建立完善中小企业发展的专项基金，对优质生产建设项目予以补贴。落实税收优惠政策，清理和废除制约中小企业发展的各种不合理规定，切实减轻中小企业负担。

5. 建立产学研联合培养机制，促进创新人才队伍建设

建立健全企业、科研院所、高校联合培养机制，以承压装备存在的问题和需求为导向，制订人才培养方案。从基础理论研究人才、复合型人才、技能型人才三个层面，为行业可持续创新发展提供人才支撑。鼓励高校联合企业和科研院所，梳理承压装备设计制造理论方向，针对性培养基础理论研究人才；加强具有多学科综合技术驾驭能力的复合型人才培养，以形成推动技术创新和实现科技成果转化的重要力量；通过鼓励企业兴办职业教育，培养一批具有“工匠精神”的高技能人才，致力于重大承压装备工程突破。

审稿：陈学东　尤政　屈贤明

第 6 章

新材料产业[①]

【内容提要】玻璃新材料和纤维增强陶瓷基复合材料（以下称陶瓷基复合材料）广泛应用于信息、能源、国防等领域，是国民经济与国防建设的关键新材料。玻璃新材料产业梳理了国内外玻璃新材料产业发展动态及我国玻璃新材料产业发展存在的问题。同时，通过对我国 8.5 代 TFT-LCD[②] 玻璃基板产业化典型案例研究，总结了我国 8.5 代 TFT-LCD 玻璃基板产业化进程中的经验，并在此基础上提出了 2035 年该领域工程技术发展路线与相关对策措施及建议。陶瓷基复合材料产业针对陶瓷纤维和各类陶瓷基复合材料展开分析，阐述了陶瓷基复合材料的研究、应用和产业化现状，以及与国际先进水平的差距和未来发展的方向。着重分析了我国陶瓷基复合材料科技与产业发展面临新的机遇和挑战，建议围绕薄弱环节进行科技创新，加大材料新体系、新结构、新技术，特别是工程放大技术的研发，把科技成果切实转移到产业发展上，以提升我国陶瓷基复合材料科技含量和发展水平。

近十年来，全球新材料产业蓬勃发展，根据相关统计数据，全球新材料产业规模平均每年以 10% 的速度增长。新材料技术和新物质结构不断涌现，使全球新材料产业在经济低迷的情况下仍然保持着增长态势。预计今后十年乃至更长阶段是我国新材料产业发展的重要战略机遇期，新基建、国内国际双循环相互促进的新发展格局及双碳目标将为新材料产业发展提供强大动能。关键材料核心技术的突破，不仅

① 玻璃新材料产业：彭寿、张冲、洪伟、杜杰杰；陶瓷基复合材料产业：董绍明、阚艳梅、胡建宝。

② TFT：thin film transistor，薄膜晶体管；LCD：liquid crystal display，液晶显示器。

将为新一代信息技术、新能源、生命健康等产业的持续创新提供基础与保障，而且将孕育出新的产业集群和新的经济增长点。《中国战略性新兴产业发展报告》中的新材料产业每年选取若干新材料产业领域进行介绍。《2019 中国战略性新兴产业发展报告》中新材料产业对橡胶材料产业与核能用钢材料产业的发展情况进行了分析阐述。《2020 中国战略性新兴产业发展报告》中新材料产业分别阐述了稀土磁性材料产业和储氢材料产业的国内外发展趋势及存在的问题，通过对典型案例进行分析，提出促进产业健康发展的措施及建议。《2021 我国战略性新兴产业发展报告》中新材料产业总结了"十三五"时期我国新材料产业发展情况，对未来国际新材料产业发展形势和"十四五"期间我国新材料产业发展的重要方向进行了展望，并提出了相关政策建议。

《2022 中国战略性新兴产业发展报告》中新材料产业选取了玻璃新材料和陶瓷基复合材料两个产业，系统梳理国内外发展现状及趋势，发展过程中存在的问题，并在分析领域内典型案例、制定技术发展路线图的基础上提出促进产业发展的政策建议。

6.1 玻璃新材料产业

6.1.1 玻璃新材料产业的概念与范畴

玻璃新材料是在化学组成、生产工艺、加工技术等方面实现了创新和突破，具有传统玻璃没有的新性能或使传统玻璃的原有性能得到明显提升，从而拓宽了传统玻璃的应用领域或开辟了新的应用领域，并满足了人类社会新需求的一类新材料 [1]。

目前，玻璃新材料主要包括信息显示用玻璃新材料、太阳能用玻璃新材料、节能安全用玻璃新材料和其他玻璃新材料，见表 6.1。

表 6.1 玻璃新材料的分类

类别	产品
信息显示用玻璃新材料	TFT-LCD 玻璃基板、高强盖板玻璃、超薄触控玻璃、OLED1) 玻璃、柔性玻璃等
太阳能用玻璃新材料	超白压延玻璃、超白浮法玻璃、中铝高应变点玻璃、发电玻璃等
节能安全用玻璃新材料	Low-E2) 玻璃、真空玻璃、智能光控玻璃、防火玻璃、航空航天玻璃、高铁安全玻璃、轻量化汽车玻璃等
其他玻璃新材料	中性药用玻璃、空心玻璃微珠、高性能石英玻璃、激光玻璃、红外玻璃等

1）OLED：organic light-emitting diode，有机发光二极管；2）Low-E：low emissivity，低辐射

6.1.2　国内外发展动态及趋势分析

1. 国内外发展动态

1）信息显示用玻璃新材料

当前显示领域呈现出以 LCD 技术为主，OLED、QLED（quantum dot light emitting diodes，量子点发光二极管）、Micro-LED 等技术多元化发展局面，而无论何种显示技术，电子玻璃都是其不可或缺的关键材料。目前电子玻璃主要包括高强盖板玻璃、液晶玻璃基板、OLED 玻璃、超薄触控玻璃、柔性玻璃等。

表 6.2 为平板显示器、触摸屏与玻璃的对应关系。

表 6.2　平板显示器、触摸屏与玻璃的对应关系

类型	细分类型	玻璃	厚度 / 毫米	生产工艺
发光型显示器	OLED	OLED 玻璃	0.5~1.1	浮法工艺
LCD	TN[1]-LCD	超薄触控玻璃	0.3~1.1	浮法工艺
	STN[2]-LCD	超薄触控玻璃	0.3~1.1	浮法工艺
	TFT-LCD	TFT-LCD 玻璃基板	0.3~0.7	溢流下拉 浮法工艺
触摸屏	传感器	超薄触控玻璃	0.3~0.7	浮法工艺
	触摸屏盖板	超薄触控玻璃	0.5~1.1	浮法工艺
		高强盖板玻璃	0.5~1.1	浮法工艺 溢流下拉

1）TN：twisted nematic，扭曲向列型；2）super twisted nematic，超扭曲向列型
资料来源：《硅酸盐通报》

TFT-LCD 玻璃基板领域，全球市场主要由美国康宁、日本旭硝子、日本电气硝子三家公司垄断，其中美国康宁占全球份额的 50%，日本旭硝子市场份额约占 22%。近一两年国内在该领域中已取得重大突破，中建材蚌埠玻璃工业设计研究院（简称中建材蚌埠院）牵头承担了“十三五”国家重点研发计划，以具有自主知识产权的浮法工艺技术为基础，开展高世代液晶玻璃基板技术攻关，2019 年 9 月 18 日生产出国内首片自主技术 8.5 代浮法液晶玻璃基板。目前我国投产及在建的 TFT-LCD 玻璃基板生产线有 31 条，年产能约 3 974 万平方米，我国正在加速推进 8.5 代 TFT-LCD 玻璃基板成套技术的完善，以及 10.5 代及以上产品开发，总体科技和产业水平还处于国际跟跑阶段。

高强盖板玻璃领域生产厂家主要有美国康宁、日本旭硝子及德国肖特，美国康宁采用溢流法生产的 GG6 产品代表目前最高水平，为锂铝硅酸盐玻璃，铝含量（决定强度的核心因素）超过 20%，并通过锂元素的引入，实现了盖板玻璃的二次强化，

抗摔等性能大幅提升，日本旭硝子、德国肖特采用浮法工艺也推出了性能相近的产品。国内彩虹集团、东旭光电、中建材蚌埠院、南玻集团等企业的产品主要为铝硅酸盐玻璃，铝含量在 14%~16%，仅可一次强化，性能相当于美国康宁 GG3-GG4 产品。近一两年来，国内几家企业也在研发锂铝硅酸盐的二次强化玻璃，但产品尚未推广应用。

超薄触控玻璃生产技术难度高，国内仅少数企业掌握了其核心关键技术，目前国内超薄触控玻璃产能约 920 吨 / 天。

OLED 玻璃领域，国际上只有日本旭硝子采用浮法工艺生产的 AN-Wizus 产品，可满足 OLED 显示基板的功能要求。美国康宁采用溢流法生产的产品，只能应用于 OLED 显示载板，不能满足基板的使用要求。国内几家液晶玻璃基板企业开展了 OLED 玻璃基板料方的开发，并利用 6 代及以下生产线进行 OLED 玻璃基板的试制，但产品均未进入市场。目前全球主要 OLED 面板投产及在建生产线 39 条产能，其中中国投产及在建生产线 18 条，全部建成后年需 OLED 玻璃基板 3 000 万平方米。

柔性玻璃基板制造工艺烦琐复杂，行业进入门槛高，溢流法、狭缝下拉法等核心技术主要被德国肖特、美国康宁、日本电气硝子等海外企业掌握。近几年，海外部分厂商相继成功研发并生产厚度小于 100 微米的超薄玻璃基板产品，成为行业的领跑者，表 6.3 为国外主要柔性玻璃厂家及其产品。

表 6.3　国外主要柔性玻璃厂家及其产品

厂家	产品	厚度 / 微米	生产技术	玻璃成分
美国康宁	Willow Glass	100	溢流	无碱玻璃
德国肖特	AF32eco	25-100	狭缝下拉法	无碱玻璃
	D263Teco	70-250		硼硅酸盐玻璃
	XC Flex	55-88		锂铝硅酸盐玻璃
日本旭硝子	Spool	40-50	浮法	钠钙硅酸盐玻璃
日本电气硝子	G-Leaf	30	溢流	无碱玻璃

我国柔性玻璃技术水平在国际上处于领跑阶段。2019 年以来，凯盛集团紧跟电子信息产业柔性和可折叠发展趋势，自主研发并不断攻克高强度柔性玻璃配方，以及减薄、强化、切割和成型加工新技术，成功开发出国内唯一全国产化的“原片配方开发、原片生产、超薄玻璃（ultra thin glass，UTG）减薄、UTG 成型、柔性贴合”全套超薄柔性玻璃生产工艺，开发出 30~70 微米超薄柔性玻璃，实现连续弯折 40 万次不破损，30 微米弯折半径小于 1 毫米，形成了全国产化超薄柔性玻璃产业链，突破了信息显示关键材料“卡脖子”技术瓶颈，打破了国外垄断。目前，超薄柔性玻璃一期项目进展良好，投产在即。

2020 年 10 月，东旭光电在石家庄生产基地试制 30~70 微米超薄柔性玻璃产品，经化学强化后，可实现连续 20 万次弯折不破损。2020 年 12 月合丰泰集团与韩国三星共同投资的超薄柔性玻璃基板项目开工建设，项目达产后可形成年产超薄柔性玻璃基板 565 万片。

2）太阳能用玻璃新材料

太阳能资源开发利用是解决能源危机、保护生态环境、实现绿色发展的必由之路。太阳能用玻璃是太阳能产业不可或缺的关键材料，太阳能用玻璃按照应用类别主要包括超白压延玻璃、超白浮法玻璃和发电玻璃[2]。

光伏玻璃作为光伏产业不可或缺的关键材料，成为目前我国玻璃行业转型发展的重点方向及投资热点，截至 2020 年底，国内建成光伏玻璃窑炉 51 座，日熔化能力达 29 540 吨，全球产能占比超过 90%。全球主要超白浮法玻璃生产企业产能 8 350 吨 / 天，其中我国产能占比超过 80%。

铜铟镓硒（CIGS）发电玻璃领域，凯盛集团海外研发平台德国 Avancis 开发出了溅射后硒化、环保型无镉缓冲层等 CIGS 发电玻璃核心工艺技术，2021 年采用该技术开发出转换效率达 19.6% 的 300 毫米 ×300 毫米 CIGS 发电玻璃，技术水平达到国际领先。目前，国际上只有 Avancis 与 Solar Frontier 实现了产业化，产能达到 1.2 吉瓦。国内凯盛集团采用 Avancis 平台 CIGS 发电玻璃技术，在安徽蚌埠建成投产国内第一条 CIGS 发电玻璃商业化生产线，并在四川眉山、江苏徐州等地积极开展 CIGS 发电玻璃生产线布局。

碲化镉（CdTe）发电玻璃领域，国外仅美国 First Solar 掌握了 CdTe 发电玻璃核心技术，产能达到 7.6 吉瓦，产能分布于美国、越南、马来西亚等，2021 年初到 4 月底，First Solar 累计产量达到 2.4 吉瓦，预计 2021 年出货量达到 7.4 吉瓦。电池效率方面，First Solar 电池效率处于国际领先地位，量产组件平均转换效率可达 18.3%，实验室最高转换效率达到 22.1%。国内中建材蚌埠院开发出了大尺寸近空间升华、衬底均匀加热、背接触形成等 CdTe 发电玻璃关键技术，实验室转换效率达到 20.24%，量产组件转换效率达到 15.8%。

3）节能安全用玻璃新材料

建筑节能安全玻璃领域，我国目前既有建筑面积超过 600 亿平方米，其中 90% 以上是高耗能建筑，建筑能源消费总量为 8.57 亿吨标准煤，占全国能源消费总量的 20%[3]。我国建筑能源消费总量全球排名第二，仅次于美国。未来我国建筑能耗还将持续上升，建筑节能挑战巨大。建筑玻璃新材料是实现建筑节能的关键材料，主要有 Low-E 玻璃、真空玻璃、智能光控玻璃和防火玻璃等产品。通过多年自主创新，我国企业已完全掌握 Low-E 玻璃生产工艺与技术，并开发了离线多银 Low-E 玻璃、在线 Low-E 镀膜技术、Low-E 成套装备等，技术水平与产业化程度达到国际先进水平；国内真空玻璃技术与产业化进程较慢，仅北京新立基、青岛新亨达等少数企业已进行产业化布局，大多数企业仍处于前期研发阶段；我国智能光控玻璃技术攻关起步较晚，但近几年先后攻克了分散液制备、连续化涂膜、全固态电致变色等核心技术，达到国际先进水平，正在积极进行产业化布局；高硼硅防火玻璃领域，凯盛集团已实现产业化，处于国际先进水平。

交通运输安全玻璃领域，汽车玻璃方面，世界四大汽车玻璃制造商福耀、日本旭硝子、日本 NSG 和法国圣戈班共同占据全球原装玻璃市场 88% 左右的份额。国内具有较大规模的企业主要有福耀、信义、耀皮等，其中福耀是我国最大的汽车玻璃制造商，在国内原装玻璃市场，占有率高达 70% 以上。轨道交通玻璃方面，2007 年以前我国高铁前挡风玻璃一直依赖国际市场，300 千米 / 小时以上的高速列车所用的高强度挡风玻璃只能从法国圣戈班和意大利进口。目前，江苏铁锚玻璃股份有限公司、青岛金晶股份有限公司、耀皮、吉林利源精制股份有限公司四家企业占据我国高铁玻璃市场 90% 的份额。航空玻璃方面，国际上大型飞机挡风玻璃供应商主要有美国 PPG 公司、法国圣戈班 Sully 公司和英国 GKN 公司，国内耀皮常熟基地成功研发并量产了航空玻璃原片。

4）其他玻璃新材料

其他玻璃新材料包括中性药用玻璃、空心玻璃微珠、高性能石英玻璃、核废料固化玻璃、激光玻璃、红外玻璃、特种光纤等，是生物医药、国防军事、核工业、航空航天等行业的重要上游支撑。近年来，我国在该类玻璃新材料方面投入较多研发资源，技术水平取得长足进步，但核心技术与关键市场已被国际领先企业垄断，需进一步加强技术储备，加速产业化进程。

中性药用玻璃是世界上公认的药品包装首选材料，目前全球仅有肖特、格雷斯海姆、日本电气公司、爱姆科集团和纽博集团等少数公司可生产高质量中性药用玻璃。这五大厂商的中性药用玻璃年产量约为 20.7 万吨。2017 年以前，我国中性药用玻璃企业主要通过进口中性药用玻璃来生产高端中性药用玻璃瓶，2017 年，凯盛集团所属凯盛君恒药玻在河北魏县建成国内第一条 5.0 中性药用玻璃管生产线，打破了国外垄断。

空心玻璃微珠广泛应用于隔热防火材料、高级绝缘材料、乳化炸药、复合材料、石油化工、化工产品添加剂等领域，也是航天事业、国防工业的重要原材料[4]。目前，国际上的主要企业有美国 Potters 公司、3M 公司、Emerson &Cuming 公司，比利时 Glaverbel 公司、Pittsburgh Corning 公司、Philadephia Quartz 公司等。国内中建材蚌埠院采用自主研发的玻璃粉末法制备的空心玻璃微珠性能达到国际先进水平。

高性能石英玻璃领域，美国康宁的低膨胀石英玻璃在卫星、空间站等领域得到了广泛应用，美国迈图、美国 Qsil，日本信越化学、日本 Covalent、东曹 Tosoh 等公司几乎垄断半导体用石英玻璃市场。国内主要企业有中国建筑材料科学研究总院、秦皇岛耀华石英科技发展有限公司、湖北菲利华石英玻璃股份有限公司等。与国外先进水平相比，我国在高纯石英原料、光纤产业用石英玻璃、半导体产业用石英玻璃材料及制品、精密光学用大尺寸高性能光学石英玻璃的产品规格、纯度、光学均匀性、吸收系数等性能指标方面存在一定差距。

核废料玻璃固化是处理核废料的有效途径，国际上核废料玻璃固化技术主要有两类：一类是以美国、德国为代表的焦耳加热陶瓷炉玻璃固化技术；另一类是以法国为代表的两步法冷坩埚玻璃固化技术[5]。我国尚未拥有具有自主知识产权的高放废液玻璃固化技术，这成为我国核电技术升级的瓶颈。

激光玻璃系统主要分为硅酸盐系统玻璃、硼酸盐及硼硅盐系统玻璃、磷酸盐系统玻璃三大类。国外激光玻璃生产企业主要包括日本 Hoya 公司、Schott 公司（北美）和美国 Kigre 公司。国内中国科学院上海光学精密机械研究所（简称上海光机所）是全球首家掌握激光玻璃全流程制造技术的单位，2016 年上海光机所研发的 N41 型磷酸盐激光钕玻璃，产品质量达到国际先进水平[6]。

红外玻璃及光纤主要包括氟化物和硫系两大系列。在氟化物红外特种玻璃和光纤方面，美国、日本、法国等处于前沿，并对我国实施技术封锁。在硫系红外玻璃和光纤方面，美国、德国、日本、法国、比利时等处于前沿。比利时 Umicore 公司是全球硫系玻璃和透镜的最大生产商；美国 IRflex 公司的高性能硫系玻璃和光纤市场全球占有率最高。上海光机所是国内唯一一家红外玻璃突破 600 毫米口径的单位，宁波舜宇红外技术有限公司是国内红外硫系玻璃和透镜的最大生产商，能够制备硫系玻璃和光纤的单位主要有中国科学院西安光学精密机械研究所、上海光机所、江苏师范大学、宁波大学等。

在特种光纤领域，美国、日本、法国、英国、芬兰、荷兰等发达国家处于行业领军位置。美国康宁、丹麦 Crystal Fibre、美国 Fiber Guide 等已经实现了超低损耗光纤、微结构光纤、保偏光纤、色散补偿光纤等特种光纤产业化。在科技部等相关部委的大力支持下，我国特种光纤近年来也取得了长足发展和进步。但在光纤传像材料、镀金属玻璃纤维材料、柔性光纤传像束、特种功能光纤等方面还与国外存在较大差距。

2. 发展趋势

随着玻璃新材料应用范围越来越广泛，下游应用产业对其性能要求越来越高，玻璃新材料向薄型化、超白高透化、大尺寸化、多功能化等方向发展。

1）薄型化

随着移动电子消费产品便携化、轻量化发展，信息显示玻璃呈现薄型化趋势，目前 TFT-LCD 超薄玻璃基板厚度已由 0.7 毫米降到 0.1 毫米，超薄触控玻璃基板厚度已降到 0.12 毫米。柔性显示器和可穿戴智能电子产品的上市，将引领信息显示玻璃的柔性化发展，开拓玻璃新材料更加广阔的应用空间。

另外，太阳能电池向轻量化、高强度、低成本方向发展，这就要求太阳能玻璃更轻、更薄，太阳能玻璃已由常规的 3.2 毫米向 1.5 毫米以下发展。

2）超白高透化

超白高透化是微铁高透过率玻璃的核心难题，提高微铁高透过率玻璃透光率有两种方法：①通过降低原料中含铁量及控制生产过程中机械铁渗入，实现超白化。目前通过该方法微铁高透过率玻璃透光率可达 91.6%，接近其理论极限值 92%，提升空间有限。②镀增透膜。镀 100 纳米厚的增透膜（折射率为 1.24），透光率可增加 2%~3%，相应每 1 千瓦组件可以增加功率 25~30 瓦。

3）大尺寸化

大尺寸玻璃基板切割利用率更高，单位成本更低，具有更好的规模经济效益。目前，世界知名厂商已试产尺寸为 3 000 毫米 ×3 320 毫米的 11 代 TFT-LCD 超薄玻璃基板，TFT-LCD 超薄玻璃基板尺寸见表 6.4。

表 6.4　TFT-LCD 超薄玻璃基板尺寸

世代	尺寸 /（毫米 × 毫米）
4.5	730 × 920
6	1 500 × 1 850
8.5	2 200 × 2 500
11	3 000 × 3 320

4）多功能化

随着市场对于建筑节能的要求逐渐提高，节能玻璃必将向着多功能化方向发展。

低辐射玻璃在原有反射红外线功能的基础上，还需要具备阳光反射、自洁净、智能光控、保温、安全、隔音、防火等复合功能。

智能光控玻璃通过调节可见光透射率，实现透明与不透明连续调节，精确调节建筑物、大型航空器、汽车、高铁的内部舒适度，实现智能化控制。

6.1.3　存在问题及原因分析

1. 创新能力不足

产业发展以模仿为主，产业基础创新研究薄弱，特别是重大关键技术原始创新乏力。玻璃新材料产业技术水平高，研发投入大，周期长，风险高，企业以经济效益为主，更侧重于实用性技术研发，导致行业基础理论研究薄弱，造成一些先进关键技术和装备无法实现突破，严重制约了我国先进玻璃新材料产业的原始创新。此外，国家针对新材料产业的支持政策和资金有待加强。玻璃新材料行业是资金密集

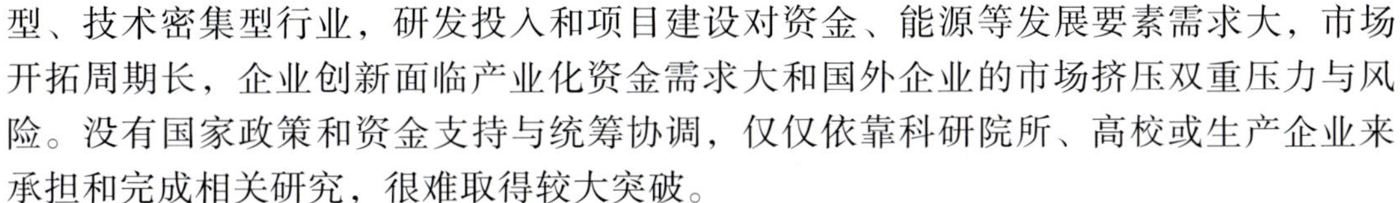

型、技术密集型行业，研发投入和项目建设对资金、能源等发展要素需求大，市场开拓周期长，企业创新面临产业化资金需求大和国外企业的市场挤压双重压力与风险。没有国家政策和资金支持与统筹协调，仅仅依靠科研院所、高校或生产企业来承担和完成相关研究，很难取得较大突破。

2. 产业高端人才匮乏

我国产业创新型人才的培养模式及体系存在的问题日益突出，如领军人才匮乏、高端人才培养体系发展滞后、人才培养投入总体不足等。

3. 创新生态协同不足

行业内没有形成上下游产业协同创新体系，创新资源“碎片化”严重，重复研发、竞争研发情况普遍存在，创新资源未形成合力，整体利用率较低；缺乏应用导向的研发氛围，理论技术研究和产业需求之间脱节，创新链与产业链融合松散，产业链和应用端重大需求缺乏创新资源支撑。

4. 大规模推广应用缺失

玻璃新材料应用市场缺乏引导与培育，先进产品大规模市场应用推广慢、范围小，需求拉动产业动力不足，如国外发达国家 Low-E 玻璃使用率高达 80%，我国仅为 12%。另外，相关国家及行业标准、统一的设计规范和材料工艺质量控制规范尚不完善，基础支撑体系缺位，制约了玻璃新材料的大规模应用。

5. 核心装备及关键原材料依赖进口

部分核心装备及关键原材料与世界先进水平存在差距，高技术含量、高附加值产品仍然依赖进口。例如，我国新型显示产业配套体系建设取得了一定成绩，但关键核心材料与高端设备对外依存度仍居高不下。TFT-LCD 用关键材料中，我国国产玻璃基板自给率仅为 12%，8.5 代线份额更是不足 3%。AMOLED 用关键材料中，玻璃基板国产化率不足 1%。即便在本土化率已相对较高的领域，关键材料和设备受制于人的状况对我国企业提升竞争力、保障产业安全构成威胁。

6.1.4 典型案例分析：高世代 TFT 玻璃基板

1. 发展背景

TFT-LCD 玻璃基板作为 TFT 显示面板的重要组成部分，不仅在面板成本中所占比例大，而且对显示产品分辨率、透光率、重量、视角、尺寸等关键技术性能影响巨大，已成为 TFT-LCD 发展的关键性基础材料。玻璃基板的性能要求苛刻、生产技术复杂、工艺难度大。

TFT-LCD 行业中，一般按照产品尺寸进行世代划分，如 5 代线是 1 100 毫米 ×1 300 毫米，6 代线是 1 500 毫米 ×1 850 毫米，8.5 代线是 2 200 毫米 ×2 500 毫米。5 代线主要用于手机、平板电脑等移动终端设备；6 代线主要用来生产笔记本或显示器的液晶屏；8.5 代线主要用来切割大尺寸液晶电视的显示屏，可以切割 6 块 55 英寸屏，是最经济的切割方式。

通常认为，6 代线及以下为低世代，8.5 代线及以上为高世代，因为高世代的玻璃基板能有效提升大屏幕液晶面板的良率及产出率，同时降低生产成本，市场对于 8.5 代及以上高世代玻璃基板的需求日益提升。

近年来，我国的液晶面板行业发展迅猛，作为配套的玻璃基板行业却明显被“卡脖子”。甚至有资料显示，因为相关技术掌握在美国、日本企业手中，这些企业的利润空间达到了 40% 以上。截至目前，全球 95% 以上的 TFT-LCD 玻璃基板市场份额被美国康宁、日本电气硝子、日本旭硝子及日本安翰视特（Avan Strate）占据。“十二五”到“十三五”期间国内彩虹集团、东旭光电、中国建材等企业在玻璃基板行业进行了探索，其中彩虹集团和东旭光电掌握了溢流法生产技术，实现了 6 代及以下尺寸玻璃基板批量生产。

高世代方面，2017 年，彩虹集团和美国康宁合作，分别在咸阳和成都建设一条 8.6 代玻璃基板后段加工生产线，东旭光电也与日本电气硝子在福清建立 8.5 代线玻璃基板加工厂，但均为外购前工程原片加工，核心熔化成型前工程未进行合作建设，国内企业无法接触美国康宁和日本电气硝子技术核心。

从国际形势上来看，以美国为首的西方国家单边贸易保护主义抬头，“中兴事件”“华为事件”为我国各行业敲响警钟，国际企业对我国玻璃基板“卡脖子”等技术和市场封锁操作存在较大不确定性，严重威胁了我国信息显示产业安全，因此，加快我国高世代显示液晶玻璃基板研究及产业化刻不容缓。

2. 发展路径

在“十三五”开局之年，中建材蚌埠院联合东旭集团、武汉理工大学、浙江大学等多家高校、科研院所和行业领军企业组成了产学研用一体化创新团队，提出以世界三大浮法工艺之一的中国“洛阳浮法玻璃工艺”为技术基础，将 TFT-LCD 玻璃的高效熔化、澄清、均化技术与超薄浮法成形、退火工艺技术相结合，进行自主研发、集成创新，共设置“电子玻璃化学组成、微观结构、理化与工艺性能研究”“电子玻璃热工过程的物理模型及数值模拟”“高世代电子玻璃基板与盖板生产关键技术、装备研究与开发”“G8.5 电子玻璃基板工程化技术优化集成和生产技术攻关”“高强盖板玻璃工程化技术优化集成和生产技术攻关”5 个课题，旨在开发出具有自主知识产权的高世代浮法 TFT-LCD 超薄玻璃基板核心技术与成套装备，并于“十三五”期间实现成果转化与推广，该项目已被科技部列入“十三五国家科技重点专项”。

经过了多年持续攻关，我国先后攻克了能够同时满足理化和工艺性能的玻璃基板化学组成与配方，创新开发出具有中国特色的液晶玻璃基板超薄浮法新工艺，实现了窑炉、锡槽、退火窑等关键装备的国产化开发。在国家重点研发计划的支持下，凯盛集团所属蚌埠中光电科技有限公司投资25亿元的浮法8.5代TFT-LCD玻璃基板项目，实现了我国高世代玻璃基板产业化。2019年6月18日，生产线成功点火投产；2019年8月26日，生产线一次性引板成功；2019年9月18日，我国首片具有自主知识产权的8.5代TFT-LCD玻璃基板（图6.1）成功下线。该项目的成功实施，不仅实现了我国高世代液晶玻璃基板“零”的突破，还将形成具有我国自主知识产权的高世代电子玻璃关键工艺技术。

图6.1　中国首片8.5代TFT-LCD玻璃基板

3. 发展思考

1）原始创新是根本

在世界玻璃工业中，我国洛阳浮法玻璃工艺是与英国皮尔金顿浮法、美国匹兹堡浮法并驾齐驱的世界三大浮法工艺。我国高世代玻璃基板生产工艺依托于具有自主知识产权的洛阳浮法玻璃工艺技术不断研究和探索，国内基于浮法8.5代TFT-LCD玻璃基板项目的成功下线，打破了国外对我国的技术封锁。

新型显示用玻璃基板已发展到10.5/11代，其生产工艺复杂、技术难度大、装备要求高，无论是以美国康宁为代表的溢流下拉法技术，还是以日本旭硝子为代表的浮法技术均高度保密且拒绝转让。截至目前，国内还没有实现10.5/11代TFT玻璃的产业化技术突破。相比溢流工艺，浮法工艺具有易于宽板成形、熔化能力大（30~65吨/天）、拉引速度快、产量高等特点，非常适于规模化生产大尺寸11代TFT玻璃基板。因此，浮法8.5代TFT-LCD玻璃基板原始创新必将为我国持续攻关新型显示用10.5/11代TFT玻璃基板打下坚实基础。

2）协同创新是关键

随着全球化的深入发展和技术变革的日新月异，创新活动也在发生深刻的变化，封闭式的创新正在逐渐走向开放，从零散走向整合，从区域性走向全球化。通过协同创新生态体系，既能发挥集中力量办大事的制度优势，又能发挥企业主体的微观创新活力。

高世代玻璃基板研制具有技术壁垒高、研发周期长、资金需求高的特点，一条8.5代TFT-LCD玻璃基板生产线投资就超过25亿元，单靠一家企业难以完成从料方研制到产业化的全部工作，唯有协同创新，才能集聚合力，实现突破。

中建材蚌埠院在玻璃新材料领域拥有国内领先的产业化优势和技术储备优势，浙江大学、武汉理工大学等具有较强研发实力，通过多方强强联合，实现央企产业经验与高校技术资源精准对接、融合发展，借助国家重点研发计划的支持，实现我国高世代玻璃基板的突破。

3）政策支持是保障

玻璃新材料“卡脖子”材料研发及产业化过程中面临着较大的资金压力和风险压力，“卡脖子”材料在实现国产化后，往往面临国外企业利用技术优势和价格优势打压国内企业。

我国高世代玻璃基板生产线的成功下线离不开政策的大力支持，当前高世代玻璃基板已经发展到10.5/11代，我国虽然成功量产8.5代玻璃基板，但产品质量稳定性和产品良率仍需进一步提升，仍需政策的大力支持，对下游导入产业给予资金支持，鼓励引导下游企业推动产品的国产化替代。

6.1.5　工程技术发展路线图

玻璃新材料产业发展技术路线图见图6.2。

6.1.6　对策措施及建议

1. 加强创新体系建设

一是畅通产学研互通渠道，引导高校、研究院所和企业建立从前瞻研究到产业化落地的多层次递进创新体系，培育创新人才梯队，提升产业综合创新实力；二是聚焦关键基础技术，推进共性技术创新平台和国家技术创新中心建设，鼓励骨干企业及上下游企业联合组建技术创新联盟，集中突破产业技术升级面临的共通难点，打造安全稳定的产业链、供应链，构建国内国际双循环相互促进的玻璃新材料产业新发展格局；三是由协会、联盟、咨询机构等第三方牵头组织国内企业建立共享专利池，搭建知识产权体系框架，提升我国玻璃新材料产业整体创新实力和对外知识产权诉讼反制能力，加快自主技术创新体系构建步伐。

里程碑	子里程碑	2021年	2025年	2030年	2035年
愿景		全面实现技术自主、产业自主，多项产品技术及装备达到国际先进水平	全面完成产业智能化、绿色化技术应用布局，产业整体技术和规模达到国际领先水平		
目标	产业环境	形成玻璃新材料基础研究、应用基础研究、综合研究体系，全面建成以企业为主体、市场为导向、产学研用相互结合的玻璃新材料创新体系			
	新型显示用玻璃新材料	加快8.5代TFT-LCD玻璃基板生产线国内布局和产品推广应用；突破10.5/11代TFT-LCD玻璃基板、大尺寸OLED玻璃基板、一次成形70微米及以下柔性玻璃、超强盖板玻璃等关键技术，新型显示用玻璃新材料国内市场占有率达到25%	开发兼容柔性化、大型化、多功能化为一体的新型显示玻璃新材料，开展跨学科智能感知显示玻璃研究，开发智能显示玻璃关键技术及装备；显示玻璃市场规模全球领先，全球市场占有率达到50%		
	太阳能用玻璃新材料	发电玻璃光电转换效率达17%以上，实现核心装备自主化；全面建立发电玻璃产品和生产标准体系	发电玻璃光电转换效率达21%以上，实现发电玻璃在国家能源产业中发挥重要支撑作用；太阳能用玻璃新材料研究开发支撑引领全球太阳能利用产业发展；太阳能利用位居我国能源体系主导地位		
	节能安全用玻璃新材料	积极培育行业龙头企业，重点完成真空玻璃、智能光控玻璃、防火玻璃、高铁玻璃、航空玻璃、高铝汽车玻璃等新型节能安全玻璃产品的自主技术研发和产业化	打造全球知名的节能安全玻璃品牌，完成主要产品的推广应用和标准化体系建设，实现真空玻璃、防火玻璃、航空玻璃等高效节能安全玻璃大规模应用		
	其他玻璃新材料	中性药用玻璃、空心玻璃微珠等产业化技术持续提升，高性能石英玻璃、核废料固化玻璃、激光玻璃、红外玻璃及特种光纤等取得重大技术突破	实现生物医用玻璃、空心玻璃微珠、高性能石英玻璃、红外玻璃及特种光纤等关键材料的完全技术自主和产业自主，满足我国人民生命健康、深空、深海、深地等重点领域对玻璃新材料的需求		
关键技术	基础研究	OLED玻璃、高强柔性玻璃、石英玻璃、特种光纤组成、理化与工艺性能研究；柔性玻璃一次成型原理研究；激光玻璃光谱特性及微观结构关联性研究	安全玻璃服役行为及破坏过程研究；高通量红外玻璃及特种光纤制备；特种玻璃规模化制备新机理、新方法研究；激光玻璃成分对光热效应影响研究	玻璃新材料材料基因组构建；基于大数据的高效重构算法对玻璃三维结构研究；深空、深海、深地、生物玻璃器件研究、设计与验证	
	关键技术研究	柔性玻璃、OLED玻璃、10.5/11代TFT-LCD超薄玻璃基板等产业化技术；高效CIGS、CdTe、钙钛矿薄膜电池产业化技术；超大口径红外玻璃、高性能特种光纤制备技术	Micro-LED、量子点玻璃、激光显示玻璃等产业化技术；生物医疗领域的玻璃、光纤等技术；深空、深海、深地玻璃器件制造技术	显示、发电、感知等一体化功能玻璃产业化技术；玻璃半导体光存储器产业化技术；量子信息技术的特种光纤及制品；智慧医疗玻璃产业化技术	

关键技术	共性技术研究	玻璃高质量熔化、成型、退化、切裁技术；高效节能、超低排放技术；特种玻璃精密加工技术	飞行熔化、等离子体熔化等新型熔化技术；水冷退火技术；玻璃新材料高通量计算表征开发技术；面向复杂环境的特种玻璃构件制造技术	多功能玻璃融合制造技术；气浮式等新一代成型技术
	跨领域技术研究	玻璃新材料镀膜技术；智能装备开发；碳捕捉及利用技术	全玻璃生产线智能控制技术；玻璃新材料全生命周期大数据平台；玻璃新材料微型人工智能装备开发	玻璃增材制造技术；玻璃组分人工智能分析技术；玻璃生物自动修复技术；玻璃与传感器及深层神经网络复合技术
重点产品	6代以上OLED玻璃	尺寸1 500毫米×1 800毫米	尺寸2 200毫米×2 500毫米	
	10.5/11代TFT玻璃基板	尺寸2 940毫米×3 370毫米，厚度0.5/0.7毫米		
	高强耐冲击玻璃	玻璃厚度≥1.1毫米；玻璃硬度≥650千克力/毫米^2	玻璃厚度≥1毫米；玻璃硬度≥750千克力/毫米^2	
	一次成型高强柔性玻璃	厚度≤70微米；极限弯折半径≤4毫米；动态弯折半径≤4.5毫米，20万次	厚度≤50微米；极限弯折半径≤3毫米；动态弯折半径≤3.5毫米，20万次	厚度≤30微米；极限弯折半径≤2毫米；动态弯折半径≤2.5毫米，20万次
	高效CIGS、CdTe薄膜电池	转换效率≥17%	转换效率≥19%	转换效率≥21%
	高效钙钛矿薄膜电池	转换效率≥16%	转换效率≥18%	转换效率≥20%
	核废料玻璃	硼硅酸盐玻璃：抗浸出性单位表面积失重<15克/米^2；Si、B、Na、Cs、U的归一化元素浸出率<1克/（米^2·天）；铁磷酸盐玻：抗浸出性单位表面积失重<15克/米^2，P、Fe、Na、Cs、U的归一化元素浸出率<1克/（米^2·天）		
	超大口径红外玻璃	化物玻璃：口径≥800氟毫米；硫系玻璃：口径≥150毫米	氟化物玻璃：口径≥900毫米；硫系玻璃：口径≥200毫米	氟化物玻璃：口径≥1 000毫米；硫系玻璃：口径≥200毫米
	低损耗红外玻璃光纤	氟化物光纤：最低损耗≤0.05分贝/米；硫系光纤：损耗≤0.15分贝/米@5微米	氟化物光纤：最低损耗≤0.01分贝/米；硫系光纤：损耗≤0.1分贝/米@5微米	氟化物光纤：最低损耗≤0.001分贝/米；硫系光纤：损耗≤0.05分贝/米@5微米
	高增益低热畸变激光玻璃	受激发射截面>4.0×10^{-20}平方厘米；热光系数<10×10^{-7}/℃	受激发射截面>4.2×10^{-20}平方厘米；热光系数<5×10^{-7}/℃	受激发射截面>4.5×10^{-20}平方厘米；热光系数<1×10^{-7}/℃
重大项目	实现重点项目的技术突破及产业化	OLED玻璃基板产业化项目；10.5/11代TFT-LCD玻璃基板项目；超薄柔性信息显示玻璃项目；高强耐冲击玻璃（航空玻璃、高铁玻璃）产业化项目；高效CIGS/CdTe发电玻璃项目；核废料玻璃产业化项目；大口径红外玻璃及低损耗红外光纤产业化项目；新型激光玻璃及光纤产业化项目		

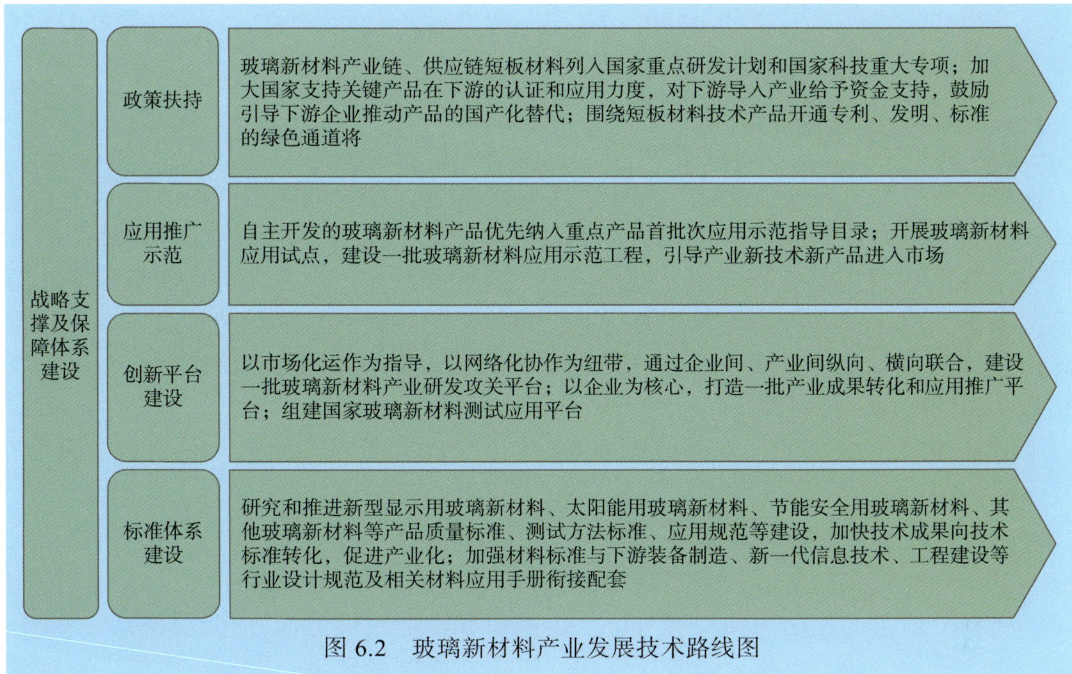

图 6.2　玻璃新材料产业发展技术路线图

2. 加强人才团队建设

人才是玻璃新材料行业解决核心技术难题、推动技术进步的关键，但引才、育才、留才始终是企业普遍存在的难点。玻璃新材料产业需要材料科学、流体力学、物理模拟仿真、工业设计、差示扫描量热仪（differential scanning calorimeter，DCS）数据分析等领域的高端稀缺专业人才，为行业后续发展提供支撑。

企业方面，支持企业内部培养技术人才，增强产业发展后劲，鼓励玻璃新材料科研院所、生产企业加强培养和引进关键人才与高水平团队。积极采用人才协同机制，深化校企联合，多方联合快速形成核心技术力量，引领产业的进步与突破；探索人才引进和激励机制，发挥企业管理机制灵活性优势，创新股权、知识产权、利益分配、荣誉嘉奖等多种激励方案，多措并举灵活扩大后续人才培养规模，营造企业人才成长环境，解决人才方面的后顾之忧；改善研究环境，加强企业研究设施建设，增加学习、交流、实践的平台，为人才创新能力发挥铺平道路。

3. 加大关键环节支持力度

建议将玻璃新材料产业链关键环节，特别是“卡脖子”环节列入国家重点研发计划和国家科技重大专项，针对玻璃新材料行业产业链关键环节，开通专利、发明、标准的绿色通道，打通创新链，保障关键技术的加速研发、快速起效。

针对行业关键环节资金及其他生产要素的重大需求，建议加强政府引导与协调，为其技术研发、产业化、应用提供全周期的系统支持，从资金、能源、土地等方面加以支撑，支持产业关键环节“0”到“1”的突破，补齐短板，提高产业链自主化水平，克服和应对行业“卡脖子”的问题与风险。

4. 推进大规模示范应用

玻璃新材料大规模市场推广应用急需政策扶持，加大国家支持关键产品在下游的认证和应用力度，对下游导入产业给予资金支持，鼓励引导下游企业推动产品的国产化替代；建议结合新能源、电子信息、新能源汽车、绿色建筑等热点行业、国家发展重点行业发展需求，将相关行业支撑政策与玻璃新材料应用结合，如“分布式能源 + 储能”专项支持政策中对发电玻璃应用支持等，助推玻璃新材料与重点应用行业深度融合，协同发展。

5. 建设产业生态体系

建设并完善玻璃新材料创新中心等国家级平台的资源整合、产业协同功能，加强新材料产业链、创新链、资金链三链融合。通过政府规划高端引领，并灵活应用市场机制，优化产业结构和资源分配，正确引导产业发展方向、建设规模、产业分布，避免行业内耗，保障行业有序发展，优化产业发展环境。在国际领域，持续开展国内外行业合作，建立合作共赢关系，提高国际市场话语权。

6.2 陶瓷基复合材料产业

6.2.1 陶瓷基复合材料的概念与范畴

陶瓷基复合材料是在先进结构陶瓷的基础上，为改善陶瓷的脆性、提高应用可靠性发展起来的一类新型无机非金属材料。该类材料由纤维增强体、陶瓷基体和界面三部分组成。三者共同作用，形成了具有高强度、高韧性、良好耐高温性能和抗氧化性能的陶瓷基复合材料。纤维作为增强体，主要起到骨架作用并承受载荷，在基体开裂过程中，保持材料的完整性，提高材料抵抗破坏的能力。目前，在陶瓷基复合材料中应用最为广泛的纤维增强体是 C 纤维和 SiC 纤维，以及少部分的多晶 Al_2O_3 和 Al_2O_3-SiO_2 纤维。基体主要成分为陶瓷，主要起到传递载荷、隔离纤维、保护纤维和调节性能的作用。陶瓷基体可以为氧化物也可以为非氧化物，主要有氧化锆、莫来石（$3Al_2O_3{\cdot}2SiO_2$）、SiC，以及由过渡金属碳化物和硼化物组成的超高温陶瓷。界面是陶瓷基复合材料中增强体和基体之间的一个关键区域，起传递应力、保护纤维的作用。可作为界面相的物质通常具有层状结构，层间结合力弱、易产生滑移效应。热解碳（PyC）和氮化硼（BN）是最典型的界面相材料。为调节界面结合状态和赋予特殊性能，又发展出复合界面，如 $(PyC/SiC)_n$、$(PyC/BN)_n$ 等。界面脱黏、裂纹偏转和分支及纤维桥联和拔出等能量耗散作用赋予陶瓷基复合材料良好的韧性，表现出非脆性断裂特征。

陶瓷基复合材料具有诸多优良的特性：密度低，一般只有高温合金密度的1/3左右，是一种典型的轻质材料，对于实现部件和装备的轻量化至关重要；抗腐蚀性好，能够有效抵御各种常规酸、碱和有机溶剂的侵蚀；耐高温抗氧化，特别是氧化物陶瓷基复合材料完全不存在高温氧化问题，能够在高温氧化环境使用；应用可靠性高，陶瓷基复合材料具有与金属和有机高分子材料相类似的非脆性断裂特征，克服了常规陶瓷材料固有的脆性，实现材料应用可靠性的本质提升。陶瓷基复合材料优异的性能引起了人们的高度关注，目前在航空航天、先进核能、交通运输等高技术领域发挥重要作用。

按照基体类型，陶瓷基复合材料大致可分为碳化硅陶瓷基复合材料（C/SiC，SiC/SiC）、超高温陶瓷基复合材料（C/UHTCs）及氧化物陶瓷基复合材料（Al_2O_3/Al_2O_3、Al_2O_3/Al_2O_3-SiO_2、Al_2O_3/莫来石等），如图6.3所示，不同基体的陶瓷基复合材料特性不同，适用于不同的服役环境。

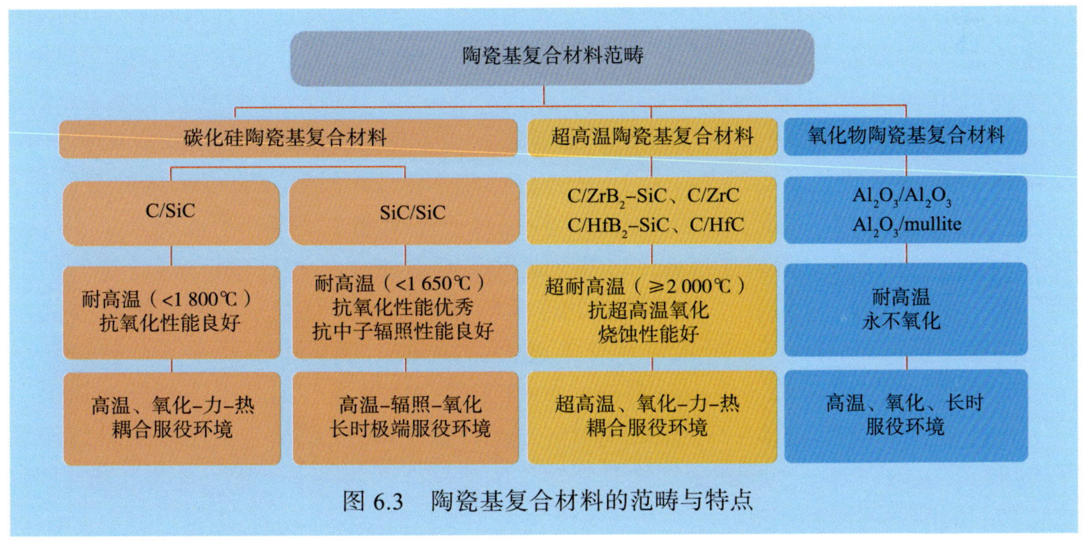

图6.3 陶瓷基复合材料的范畴与特点

6.2.2 发展动态及趋势分析

20世纪70年代陶瓷基复合材料一经发明，即被认为可以解决高温结构材料存在的所有问题。但受限于当时的工艺水平，陶瓷基复合材料的优势并未得以充分发挥。直至20世纪80年代，化学气相沉积/渗透工艺的开发，为陶瓷基复合材料规模化制造奠定了基础。经过20年左右的发展，国外公司具备了军事和航天用陶瓷基复合材料构件小批量生产能力。目前，陶瓷基复合材料技术和工程化问题均取得了突破，在航空航天、交通运输、新能源等领域实现了工程应用，成为最重要的高温热结构材料。

陶瓷基复合材料产业发展取决于纤维原材料、材料/部件制造水平。日本、美国和欧盟等在陶瓷基复合材料方面的研制和应用处于国际领先地位。从产业化角度来看，日本、美国、法国是国际上陶瓷基复合材料产业最发达的国家。日本碳素株式会社、日本宇部兴产株式会社、美国3M公司、法国斯奈克玛公司、美国GE公司等国际知名公司形成了有影响力的纤维或陶瓷基复合材料部件产业规模。

1. 连续陶瓷纤维

纤维原材料的生产技术和规模在陶瓷基复合材料领域占有举足轻重的地位，在很大程度上决定着陶瓷基复合材料的产业发展水平。目前，实现产业化的连续陶瓷纤维主要有SiC纤维和Al_2O_3纤维，国际上日本、美国和英国的连续陶瓷纤维产业化水平代表国际先进水平。

自20世纪70年代，前驱体转化法制备连续SiC纤维技术问世以来，即受到日本、美国等世界科技强国的高度重视。日本作为连续SiC纤维的诞生地，最早实现了工程化和产业化，在该领域一直保持着世界领先地位。日本碳素株式会社和日本宇部兴产株式会社是目前全球连续SiC纤维两大主要生产商，其产能均已达到百吨级。日本碳素株式会社是最早从事连续SiC纤维研制、生产和销售的企业，开发了具有代表性的Nicalon、Hi-Nicalon和Hi-Nicalon Type S三代产品。2012年，日本碳素株式会社与美国GE公司、法国赛峰公司合资成立了NGS Advanced Fibers公司。该公司于2016年投资60亿日元建成了第二个工厂，用于生产Hi-Nicalon和Hi-Nicalon Type S纤维，设计产能为10吨/年。新工厂的建成投产使这两种连续SiC纤维的产能提高了10倍。日本宇部兴产株式会社开发了Tyranno系列连续SiC纤维产品。Tyranno纤维是一种由硅、碳、金属（钛、锆或铝）和氧组成的连续陶瓷纤维，其特点是具有高强度和优异的高温稳定性。Tyranno SA纤维可承受1 800℃的温度。美国康宁开发了一种多晶连续SiC纤维，将其命名为Sylramic纤维。2003年，COI陶瓷公司获得该纤维的知识产权和设备资产，并与NASA Glenn研究中心合作在纤维表面原位生成BN涂层，开发了Sylramic-iBN纤维。Sylramic纤维具有良好的抗蠕变和耐高温性能，能在1 400℃下保持较长时间的强度和刚度。

在国内，国防科技大学从20世纪80年代开始了先驱体转化法连续SiC纤维研究工作。经过近40年的发展，国内连续SiC纤维技术取得了显著进步。国防科技大学先后研制了第一代（KD-I型）、第二代（KD-Ⅱ型）、第三代（KD-SA型和KD-S型）连续SiC纤维。厦门大学突破了电子束辐照交联等关键技术，研制了与Hi-Nicalon和Hi-Nicalon Type S相当的第二代和第三代SiC纤维。中南大学开展了独具特色的含铍SiC纤维研制工作。中国科学院上海应用物理研究所开展了辐照交联技术研究。中国科学院宁波材料技术与工程研究所正在开展核级连续SiC纤维研究。近几年来，我国连续SiC纤维工程化和产业化步伐明显加快。2012年，苏州赛力菲陶纤有限公司在国内率先实现连续SiC纤维产业化，其第一代SiC纤维产能达到1吨/年。2015年，福建火炬电子科技股份有限公司与厦门大学合作成立福建立亚新材有限公司，进行第二代和第三代 SiC 纤维产业化，建设产能为 10 吨 / 年。2016 年，九江中船仪表有限责任公司与国防科技大学合作成立宁波众兴新材料科技有限公司，进行第二代 SiC 纤维产业化，设计产能为 10 吨 / 年。

在 Al_2O_3 纤维方面，以美国 3M 及杜邦、日本住友、英国 ICI 公司等开发的 Al_2O_3 纤维和 Al_2O_3-SiO_2 纤维为代表，国际上氧化物纤维已实现规模化批量生产。特别是美国 3M 公司开发的 Nextel™ 系列纤维，根据其组成和性能的差异，已形成近 10 个型号的产品。其中多晶 Al_2O_3 纤维 Nextel 610 和多晶 Al_2O_3-mullite 纤维 Nextel 720，因其优异的力学和耐高温性，已成为当前高性能氧化物 / 氧化物陶瓷基复合材料中使用最为广泛的纤维增强体。

2. 碳化硅陶瓷基复合材料

碳化硅陶瓷基复合材料是目前产业化程度最高、应用最为广泛的陶瓷基复合材料。国际上商业化 C/SiC 主要有日本开发的牌号为 Cesic、HB-Cesic 短切 SiC 陶瓷基复合材料，以及法国开发的牌号为 SEPCARBINOX 连续 SiC 陶瓷基复合材料。C/SiC 主要的应用领域为航天动力系统、空间遥感系统和交通运输领域。法国将陶瓷基复合材料喷管扩张段成功应用于大型运载火箭阿丽亚娜 5 上面级艾斯塔斯发动机。德国采用 Cesic 制造的光学架和光具座在 30~450K 的工作温度里保持很高的光学性能，能够在空间环境内正常工作 [7,8]。法国采用 Cesic 设计制造了韦布空间望远镜上的近红外线声谱仪的光具座 [9]，日本和德国采用 HB-Cesic 制造了超轻反射镜。德国研制的 C/C-SiC 复合材料镜筒应用于 TerraSAR-X 卫星，其低的热膨胀系数确保主镜和次镜之间的精确位置，使数据能够在 −50℃ ~70℃的温度范围内安全传输 [10]。C/C-SiC 复合材料（碳陶）优异的摩擦性能和耐高温、抗氧化等特点使其成为高速列车、飞机等高速制动摩擦片材料 [11]。IABG 和美国 Aircraft Braking Systems，Goodrich，Honeywell 和 Parker-Hannifin 等公司相继进行了碳陶飞机刹车片的研制，已在一些大型客机和战斗机中开始应用。保时捷公司推出了碳陶制动器，已在赛车中获得应用 [12]。我国近年来在 C/SiC 的研发和应用方面逐渐跻身于世界先进水平，C/SiC 空间发动机喷管、高分辨率空间相机支撑结构、刹车片已成功应用于空间和交通运输等高技术领域。深圳勒迈科技有限公司、山东国晶新材料有限公司等企业生产的 C/SiC 刹车材料也已投放市场。刹车制动领域的 C/SiC 材料远期产业规模预计在数十亿元 / 年。

3. 超高温陶瓷基复合材料

随着高速飞行器技术的发展，材料所处的服役环境愈加苛刻，碳纤维增强超高温陶瓷基复合材料（C/UHTC）逐渐成为继 C/SiC 复合材料后高温热结构材料领域的另一个研究热点，受到世界各国的广泛关注。近十多年来，欧洲、美国、中国、日本、韩国和印度的研究小组，均对超高温陶瓷基复合材料开展了广泛研究，主要集中在材料的组元设计、制备工艺及抗氧化烧蚀性能和机理等方面。国际上开展超高温陶瓷基复合材料研究工作的机构主要为高校和科研院所，相关企业较少。仅有美国的 Ultramet 公司公开报道了超高温陶瓷基复合材料产品。该公司在反应熔渗超高温陶瓷基复合材料技术上处于国际领先地位，先后采用反应熔渗工艺成功制备了高性能 C_f/Zr(Hf)C、C_f/Zr(Hf)-SiC 等超高温陶瓷基复合材料及构件。其研制的超高温陶瓷基复合材料燃烧室经多次热试车考核（试车温度高达 2 399℃），燃烧室内壁仍保持完好，无明显冲刷痕迹，表现出优异的抗氧化耐烧蚀性能，也显示了反应熔渗方法在超高温陶瓷基复合材料制备领域的优越性。目前，超高温陶瓷基复合材料主要作为热防护 / 热结构应用于新型高速飞行器，涉及领域比较敏感，国际上相关报道非常有限。意大利航空航天研究中心于 2011 年报道了开展超高温陶瓷基复合材料的风洞试验考核，并于 2013 年对超高温陶瓷基复合材料构件进行了飞行试验考核，但未见后续报道。

我国对碳纤维增强超高温陶瓷基复合材料的研究报道最早出现在 2007~2008 年，在国际上属于最早开展超高温陶瓷基复合材料研究的国家之一。近年来，中国科学院上海硅酸盐研究所的科研人员开发了基于溶胶–凝胶结构调控的超高温陶瓷基复合材料反应熔渗新路线 [13,14]，获得了高致密、低纤维 / 界面损伤、性能优异的超高温陶瓷基复合材料，并基于该研究，进一步开发了高性能超高温陶瓷基复合材料低成本制备技术，为实现该类材料的产业化奠定了基础。我国超高温陶瓷基复合材料应用达到了国际先进水平，先后对材料及相关构件进行了多次环境模拟考核验证，并装机试飞成功。我国各类构件的成功应用考核，表明超高温陶瓷基复合材料及相关制备技术可满足不同极端环境的使用需求，也标志着我国在超高温热防护领域取得了重大突破。总体来看，我国在超高温陶瓷基复合材料 / 构件关键制造技术与环境模拟技术方面已形成特色，在构件整体技术方面已跻身国际前列，并在一些重点工程中获得应用。

4. 氧化物陶瓷基复合材料

在氧化物陶瓷基复合材料基体方面，根据基体的耐高温性及其与纤维的物理和化学相容性要求，当前开发的氧化物 / 氧化物陶瓷基复合材料的基体材料主要包括 Al_2O_3、Al_2O_3-SiO_2 和莫来石等。其中莫来石基体相对于 Al_2O_3 和 Al_2O_3-SiO_2 基体而言具有更为优异的高温结构稳定性和抗高温蠕变性，这非常有利于提高复合材料的高温耐受性。现有研究表明，以多孔莫来石为基体的氧化物 / 氧化物陶瓷基复合材料即使在 1 200℃历经上千小时的高温处理，其力学性能也不会发生明显衰减。材料的高温耐受性与以多孔 Al_2O_3 和 Al_2O_3-SiO_2 为基体的复合材料相比具有本质的提高。近年来，航空发动机热端部件对陶瓷基复合材料的发展提出了迫切需求，以多孔莫来石为基体的氧化物 / 氧化物陶瓷基复合材料日益受到重视，成为相关领域的重点发展方向。

随着氧化物 / 氧化物陶瓷基复合材料技术的日益成熟，国际上氧化物 / 氧化物陶瓷基复合材料在应用方面已取得了显著进展，逐渐由试验考核阶段向构件应用过渡。

尤其在航空航天领域，氧化物/氧化物陶瓷基复合材料高温结构部件的开发和应用更是成绩斐然。美国Boeing公司开发的氧化物/氧化物陶瓷基复合材料声学喷嘴及中心部件已在Boeing 787客机Rolls-Royce Trent 1000航空发动机上完成飞行测试，效果良好。美国ATK-COI公司研发的氧化物/氧化物陶瓷基复合材料发动机燃烧室衬套在Centaur 50S燃气涡轮发动机上完成109次循环共计25 404小时的考核测试，构件保持完好。德国航空太空中心制备的氧化物/氧化物陶瓷基复合材料燃烧室隔热瓦已通过了模拟实验。

相对于国际先进水平，我国氧化物/氧化物陶瓷基复合材料发展总体落后，基本处于材料发展的起步阶段。相关研究仍以基础研究为主，还没有形成自有的材料设计与制备技术体系，距离工程化应用尚有很大距离。

6.2.3　存在的问题

目前，新材料产品日新月异，产业升级、材料换代步伐加快。材料的低碳、绿色、可再生循环等环境友好特性备受关注。发达国家高度重视新材料产业的培育和发展，具有完善的技术开发和风险投资机制，大型跨国公司以其技术研发、资金、人才和专利等优势，在高技术含量、高附加值新材料产品中占据主导地位，对我国新材料产业发展造成较大压力。

我国陶瓷基复合材料存在的主要问题及其原因分析如下。

1. 缺乏深入的基础理论研究，对关键技术涉及的前沿基础科学问题理解不深，影响工程部件的研发和应用

经过数十年的发展，我国在陶瓷基复合材料领域的基础研究已与国际接轨，但是在工程化和应用方面显著落后于美国、日本等国家。究其本质，我们在高性能陶瓷工程化过程中已充分认识到关键技术的重要性，但多数情况下是靠经验积累攻克技术难题，对其中所涉及的基础科学问题缺乏深入研究和理解，这就导致“技术生命力弱”，难以产生深远的影响。例如，我国SiC/SiC陶瓷基复合材料在航空发动机中的应用与美国相比至少存在20年的差距，其中的基础科学问题尤为突出，主要表现在：①尚未从科学本质上解决材料的氧化问题。SiC/SiC是典型的非氧化物材料，在高温条件下易受到氧气、水蒸气、燃气等腐蚀性环境的氧化和侵蚀，导致材料性能恶化。在航空发动机运行过程中，碳烃化合物燃烧将产生大量的水蒸气，约占燃气的5%~10%。在这种环境下，SiC与水蒸气反应形成气相产物，从表面向内部逐步侵蚀剥离材料，其抗侵蚀能力难以满足数千小时的服役寿命要求。同时，水蒸气还会逐渐侵蚀材料内部BN界面，氧化形成低熔点硼硅酸盐玻璃填充在BN界面相位置，造成纤维与基体的强结合，改变材料的载荷传递和韧化行为，最终导致材料氧化脆化，丧失非脆性的断裂特点。因此，认清导致SiC/SiC材料氧化的科学本质问题，基于模拟计算进行材料组成和结构设计是实现该材料航空应用的必由之路。② SiC/SiC材料安全服役应力水平受限。SiC/SiC材料及构件长时间服役时，其安全

服役应力水平受限于基体开裂应力。涡轮导向叶片、涡轮罩环等发动机典型构件在服役过程面内应力水平约为 100 兆帕，尤其是转子叶片局部应力水平高达 300 兆帕。SiC/SiC 热端部件服役时会同时受到机械、空气动力学及材料面内、厚度方向热梯度引起的热应力的共同作用。阐明制约基体开裂应力的科学本质，指导设计具有高面内应力开裂的 SiC/SiC 材料是避免裂纹扩展至构件内部，造成内部氧化失效的关键科学问题。同时，SiC/SiC 需兼具高的层间结合强度，避免层间脱黏引起构件厚度方向热导率降低，进而增加热梯度应力及构件层间剥落风险。③ SiC/SiC 材料性能数据库及寿命预测仍是短板。SiC/SiC 在航空发动机热端部件的安全可靠服役，取决于对 SiC/SiC 复合材料性能数据的深入了解和挖掘。同时，应深刻掌握 SiC/SiC 复合材料在时间-温度-应力-环境耦合因素下的损伤机制，以及材料中纤维、界面相、基体和纤维织构等的相关损伤行为。有针对性地开展材料损伤机制研究，有利于降低 SiC/SiC 复合材料构件的环境损伤，建立可靠的寿命预测模型。国外经过 30 余年的材料 / 构件制备、性能考核及构件设计、制备与应用，形成了一套完善的材料基础性能数据库、构件服役环境性能数据库及寿命预测方法。我国目前仍处于材料基础性能的研发阶段，尚需开展深入研究。

2. 高性能连续陶瓷纤维生产技术落后，高端陶瓷纤维严重依赖进口，受制于人

高性能 SiC 纤维和氧化物纤维属于战略性物资，具有强烈的应用背景。我国经过多年的努力，在 SiC 纤维工程化方面取得了突破性进展，但是高性能 SiC 纤维的产能依然不足，尚不能满足我国核能和航空发动机研制需求。Al_2O_3 纤维生产技术完全由国外公司掌控，并对我国实行严密技术封锁和产品禁运。最近几年，中国科学院上海硅酸盐研究所、山东大学等单位开发了连续氧化物纤维生产技术，并实现了小批量生产。这虽然在一定程度上缓解了我国连续氧化物纤维可获得性问题，但当前国产氧化物纤维在耐高温性和力学性能，特别是在耐高温性上，与国际高性能氧化物纤维相比仍存在很大距离，从而使得我国氧化物 / 氧化物陶瓷基复合材料的发展严重受限。

此外，由于这些高端原材料在国防军工领域具有重要应用，通常被视作战略物资，国外发达国家对这类产品出口中国市场均实行较严格的安全审查制度，不仅实行严格的技术封锁，而且时刻面临禁运风险。

3. 关键装备的研发制造能力弱，研究条件无法跟上，不能保障关键设备的自主研发，高端设备仍需进口

陶瓷基复合材料制造技术壁垒高，对设备要求苛刻。高精密、自动化的纤维生产和致密化设备的高端市场基本被法国、美国、日本垄断，这种状况十分不利于我国高性能陶瓷基复合材料的研发和生产。虽然我国引进国外先进的陶瓷基复合材料研发和生产工艺装备，如化学气相沉积炉等，来提高我国的技术装备水平，但因投资大，在经济上给研发单位和企业造成了很大压力，从而限制了陶瓷基复合材料的

发展。国内仿制设备因加工水平差距，可靠性和稳定性无法与国外产品相比。在自主研发制备技术的过程中，市场并没有现成的装备可以选择，必须自主研发。此外，随着节约能源、减少环境污染、提高效率的呼声日益增强，自动化、连续化、高精密的陶瓷基复合材料设备的设计制造水平亟须提高。这迫切需要材料研究人员和设备制造商的密切配合，并考验着整体的工业技术基础。

4. 产学研用脱节，开发产品的技术成熟度不高，从实验室、中试放大到产业化的研发周期长、转化效率低、成功比例低

研发机构与产品应用企业主体之间未形成有机紧密结合，导致研发机构新开发产品的技术成熟度不高，工程化技术水平偏低，从实验室、中试放大到产业化规模生产的研发周期长，一项产品从实验室研究到工业化生产往往需要10~20年，甚至更长的时间，然而，现今社会日新月异，产品尚未开发成功就可能成为过时的需求，最终导致科研成果转化效率低、成功比例低。一些高端产品应用领域窄、市场需求总量小，在没有稳定的应用需求支撑下，生产企业生存艰难。另外，研究与市场脱节严重。研发机构的研发人员根据国外的动态和个人兴趣开展材料的创新性研究和技术开发，所取得的成果具有引领性和先导性，但是短期内并不能转化为生产力。企业对市场最敏感，了解市场所需的技术和产品，也深知企业自身的不足并迫切需要更新技术提升产品性能，但是，企业并不能及时获得有效的技术援助。一个材料或一项技术从发现到能用，有漫长的路要走，需要持之以恒的研究，需要深耕细作。但是，研发人员往往缺乏持续的经费支持，没有经费来源研究只能中断，导致科研院所的技术众多，但众多的是不成熟的技术。同时，中小微企业有生存的压力，对新技术有渴望，但是，持续投入经费研发新技术并不现实。大企业有实力投入经费，但更多地关注收益，导致整个国家的技术创新能力和技术储备与发达国家无法比拟。

5. 产业化技术问题依然较多，生产工艺稳定性和成熟度较低，产品的高性能与低成本之间矛盾较大，市场竞争力较弱

国内从事陶瓷基复合材料研究的研究所、高校等机构均能制备出性能良好的材料，但绝大部分仍停留在实验室样品阶段，有的产品由于成本高及可靠性等问题，市场还不能接受，产品的销售额与发达国家相比相差甚远。更本质和普遍的问题是，实验室的技术不能直接用于生产，需要攻克中试阶段的关键技术和批量化生产技术。中试放大需要大的投入和多种技术的整合，目前国内仍然没有破题之法。陶瓷基复合材料具有一系列的优异性能，在国防领域发挥着不可替代的作用，尽管为满足国家战略需求更加重视陶瓷基复合材料的高性能、高可靠性要求，但在工业应用领域，其核心竞争力则是经济效益。为实现陶瓷基复合材料产品的广泛应用，不仅要求材料具有优异的性能和可靠性，还应具有较高的性价比，但受生产工艺稳定性、成熟度的制约，产品性能的重复性差、可靠性低，产品的成品率低、成本高，下游用户对产品稳定性顾虑重重，应用推广受到制约；产品的高性能与低成本之间矛盾较大，如何在保证产

品性能的前提下降低生产成本，成为制约陶瓷基复合材料进一步开拓市场的关键。

6. 缺乏健全有效的行业乃至国家标准

品牌促进企业的发展，标准引领一个行业的发展。标准也是一种游戏规则，谁的技术成为标准，谁制定的标准为世界所认同，谁就会获得巨大的市场和经济利益。在知识经济时代，经济一体化、贸易全球化将企业推向国内国际竞争的大舞台，面对日趋激烈的市场竞争，市场竞争标准先行的特征尤为突出。一个企业，乃至一个国家，要在激烈的国际竞争中立于不败之地，必须拥有标准话语权。企业通过制定和实施产品标准，逐步形成产品标准信息体系和标准化研究团队；企业根据市场需求结合企业实际情况主导或参与制定相关标准，争取将自主知识产权融入标准，为产品进入市场抢得先机，夺取市场竞争制高点。我国陶瓷基复合材料生产企业少，生产规模小，市场竞争力和影响力小，在标准制定中自然处于劣势地位。同时，我国缺乏陶瓷基复合材料行业的标准化研究专业队伍，这是我国目前标准化工作发展滞后的主要原因。

6.2.4 典型案例研究

SiC/SiC 陶瓷基复合材料被认为是新一代航空发动机热端结构和先进核能包壳管的重要候选材料 [15,16]，是未来 20 年陶瓷基复合材料发展的主方向。早在 20 世纪 90 年代初，美国即启动了旨在面向 2010 年应用的 High Speed Civil Transport（高速民用运输，HSCT）项目，其中 Enabling Propulsion Materials（使能推进材料，EPM）项目旨在研制适用于引擎服役环境的材料，由 NASA 和发动机制造商美国 GE 公司等联合负责。项目涉及的引擎关键部件是燃烧室内衬，旨在通过提升燃烧室材料的耐温能力减少诱发 NO_x 排放的冷却气体用量，从而达到 HSCT 项目发动机低 NO_x 排放指标要求。在燃烧室材料发展规划初期，项目对包括高温镍基合金在内的 11 种不同的材料体系的研发风险进行了系列评估，最终认为 SiC/SiC 陶瓷基复合材料是 HSCT 项目燃烧室最具潜力的材料体系。发达国家特别注重商业化 SiC/SiC 材料的研发，法国斯奈克玛公司先后开发了 CERASEP A300 系列、CERASEPR A410、CERASEPR A415 等多个牌号的 SiC/SiC 材料。NASA 开发出 N26-A、N22、N24-A、N24-B 和 N24-C 等系列牌号的 SiC/SiC 材料。美国 GE 公司通过开发料浆–熔渗和预浸料–熔渗两种复合工艺技术，推出牌号为 HiPerComp 的 SiC/SiC 材料。表 6.5 列出了国际知名公司采用不同工艺生产的 SiC/SiC 陶瓷基复合材料的基本性能。在 SiC/SiC 工程部件研制方面，法国斯奈克玛公司、NASA 和美国 GE 公司起步最早，技术成熟度及应用水平较高，率先实现了 SiC/SiC 材料在军用航空发动机中的应用突破。法国斯奈克玛公司 SiC/SiC 喷管调节片成功应用于战风 M88-2 发动机，同时还开发了 CERASEP 系列的 SiC/SiC 燃烧室火焰筒。美国通过 HITEMP 等项目的实施，针对 SiC/SiC 燃烧室内衬和涡轮静子叶片等典型构件开展了大量的考核试验，SiC/SiC 喷管调节片、密封片已实现产业化，并应用于 F110、F119、F136 等多种型号的军用发动机中。2015 年美国 GE 公司宣布 SiC/SiC 低压涡轮转子叶片在 F414 发动机上成功通过了 500 个工作循环的耐久性验证试验，开创了 SiC/SiC 应用于高温高载转子部件的先河[17~19]。近年来，随着技术的不断成熟，SiC/SiC 也逐步应用于商用航空发动机热端部件，美国 GE 公司走在了世界的前列。

表 6.5　国际知名公司 SiC/SiC 陶瓷基复合材料的基本性能[20~22]

产品概况与基本性能		SiC/SiC		SiC/Si-B-C	Hypercomp™		N22	N24-B	
制备方法	—	CVI		CVI	MI		MI	MI	
制造商	—	法国斯奈克玛公司			美国 GE 公司		NASA	NASA	
纤维类型	—	Nicalon		Hi-Nicalon	Hi-Nicalon		Sylramic	Sylramic-iBN	
纤维含量	Vol. %	40		40	35		36	36	
温度	℃	23	1 400	23	23	1 200	20	23	1 315
密度	克 / 厘米 ^{3}	2.5	2.5	2.3	2.7	2.66	2.85	2.85	
气孔率	%	10	10	13	6		2	2	
拉伸强度	兆帕	200	150	315	358	271	400	450	380
比例极限应力	兆帕	—	—	—	120	130	180	170	160
断裂应变	%	0.3	0.5	0.5	0.7	0.5	0.35	0.55	—
弹性模量	吉帕	230	170	220	196	144	250	210	—
层间剪切强度	兆帕	40	25	31	—	—	—	—	—
热膨胀系数 //	$\times 10^{-6}$/ 开	3	3	—	3.74	4.34	—	—	—
热膨胀系数 ⊥	$\times 10^{-6}$/ 开	1.7	3.4	—	3.21	3.12	—	—	—
热导率 //	瓦 / 米 · 开	19	15.2	—	30.8	14.8	—	—	—
热导率 ⊥	瓦 / 米 · 开	9.5	5.7	—	22.5	11.8	24	27	10
渗透性	毫托 / 米	2000		—				25	

2015 年，美国 GE 公司在 GEnx 航空发动机验证机上开展了 SiC/SiC 燃烧室火焰筒外环、第一级高压涡轮外环、第二级涡轮导向叶片和涡轮转子叶片等构件的耐久性试验。2016 年，CFM 国际公司还将 SiC/SiC 第一级高压涡轮外环应用在 LEAP-X 发动机上，成功完成首飞。截至 2018 年 1 月，LEAP-X 发动机 SiC/SiC 高压涡轮外环已完成出厂试验 77 台份、耐久性试验循环 12 191 次、运行时数累计 8 358 小时。美国 GE 公司研制的 GE9X 航空发动机于 2016 年 10 月完成了第一轮地面测试（累计运行 167 小时、213 个工作循环和 89 次启停），测试部件包括 SiC/SiC 燃烧室和涡轮件。2017 年 1 月，美国 GE 公司宣布成功完成了 GE9X 的第二轮地面测试，测试部件包括 SiC/SiC 燃烧室内衬、第一级和第二级涡轮导向叶片及第一级高压涡轮外环，发动机累计运行了 1 800 个工作周期。2020 年，美国 GE 公司的 SiC/SiC 涡轮外环年产量达 36 000 组，以满足公司各型号航空发动机产品需求[23~25]。从 20 世纪 90 年代开始到现在，美国 GE 公司已累计投资 15 亿美元用于陶瓷基复合材料的研发及商业化，2013 年在美国北卡罗来纳州的阿什维尔建设了 1.16 万平方米的生产基地，用以支撑 LEAP-X 发动机对陶瓷基复合材料部件的需求，也为 GE9X 发动机供应所需陶瓷基复合材料构件；

2015年宣布在亚拉巴马州亨茨维尔建设大规模SiC/SiC陶瓷基复合材料工厂，生产航空发动机和燃气轮机的热端部件。目前，美国GE公司将陶瓷基复合材料热端部件与先进的引擎技术相结合研制新一代航空发动机，与当前最先进的航空发动机相比，燃油消耗可进一步降低25%，推力提升10%。

与欧美国家相比，我国SiC/SiC研究起步较晚。早期主要受制于高性能SiC纤维无法国产化。近年来，随着SiC纤维的研究和产业化的不断进步，我国在SiC/SiC材料研制方面取得了突破性进展，材料力学性能已达到国外先进水平。据此，我国在SiC纤维和材料制备方面的技术储备已满足开发航空发动机SiC/SiC热端结构的基本要求。但是，SiC/SiC构件的研制和考核等环节尚需大量人力和经费的持续投入，国内在SiC/SiC构件研制和考核等方面还处于起步阶段，总体水平与国外存在一定差距，实现SiC/SiC陶瓷基复合材料的产业化和商业化还需经过漫漫长路。

6.2.5 发展技术路线图

陶瓷基复合材料作为战略性尖端材料，其发展和应用水平直接体现着一个国家的科技实力和综合国力。与美国、日本等发达国家相比，我国陶瓷基复合材料的研究和应用起步较晚，目前尚属于新兴产业，具有巨大的发展潜力。本小节在前期文献和实践调研的基础上，结合国外陶瓷基复合材料公司的发展历程，制定了陶瓷基复合材料产业发展技术路线图，如图6.4所示。

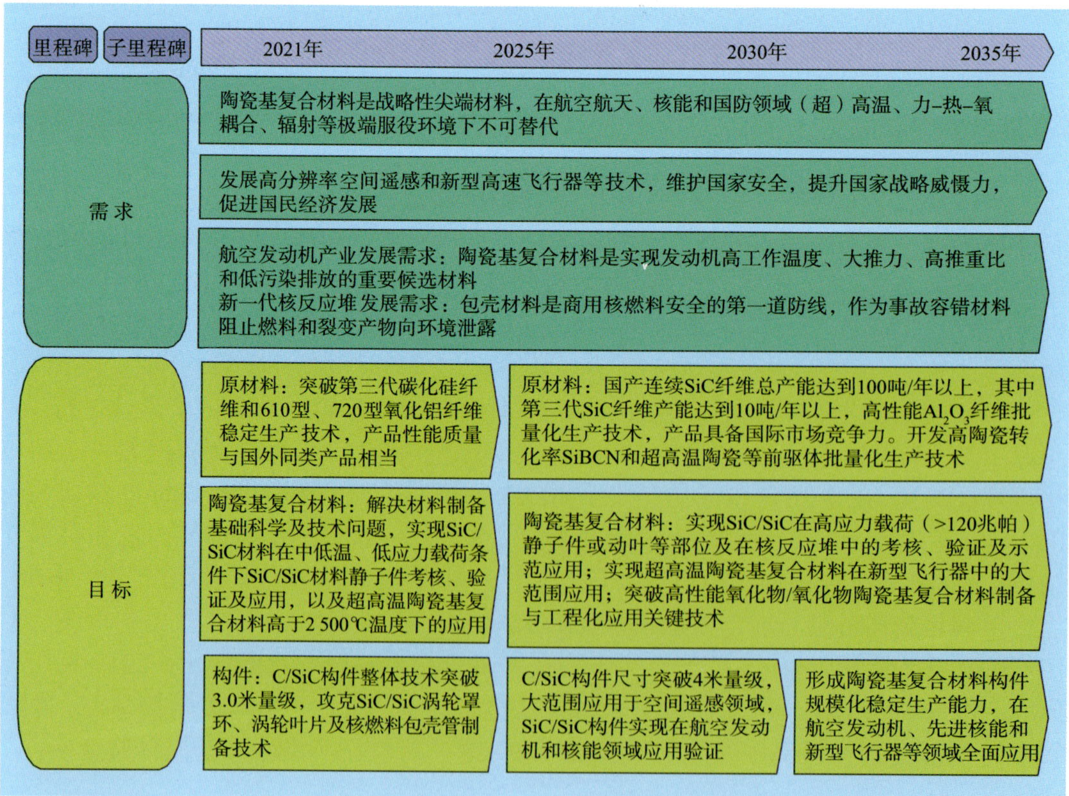

重点产品				
	碳硅化纤维	第二代SiC纤维氧含量≤1.0%，C/Si≤1.4，强度≥2.7吉帕，模量≥270吉帕。第三代SiC纤维氧含量<1%，C/Si≤1.1，强度≥2.5吉帕，模量≥350吉帕。生产能力初具规模	第三代SiC纤维氧含量<0.5%，C/Si≤1.05，强度≥2.7吉帕。SiC纤维总产能达到50吨/年，其中第三代SiC纤维产能达到3吨/年。产品性能与国外同类产品相当	国产连续SiC纤维总产能达到100吨/年，其中第三代SiC纤维产能达到5吨/年，产品具有国际市场竞争力，满足国家航空、核能产业需求
	氧化铝纤维	攻克高性能Al_2O_3纤维制备技术，Al_2O_3纤维（610型）拉伸强度达到3吉帕，莫来石纤维（720型）拉伸强度达到1.6吉帕。Al_2O_3纤维（550型）稳定生产	建立Al_2O_3生产企业，Al_2O_3纤维（610型）总产能达到5吨/年以上，莫来石纤维（720型）总产能达到10吨/年以上，产品性能与国外同类产品相当	国产连续Al_2O_3纤维（610型）总产能达到10吨/年以上，莫来石纤维（720型）总产能达到20吨/年以上，满足国内市场需求
	航空发动机用SiC/SiC热端结构材料	材料室温、1 200℃拉伸强度≥250兆帕，断裂应变≥0.5%，比例极限应力≥100兆帕，1 200℃/30赫兹/100兆帕疲劳寿命≥10^7，1 200℃/100兆帕蠕变寿命≥1 000小时。攻克SiC/SiC材料中低温低应力载荷静子件，如涡轮外环、燃烧室内衬、密封片等部件制备技术，初步装机考核	材料室温、1 300℃拉伸强度≥300兆帕，断裂应变≥0.5%，比例极限应力≥120兆帕，1 300℃/30赫兹/120兆帕疲劳寿命≥10^7，1 300℃/120兆帕蠕变寿命≥1 000小时。实现涡轮外环、涡轮叶片在航空发动机中的应用验证。打造2~3家龙头企业	材料室温、1 300℃拉伸强度≥350兆帕，断裂应变≥0.5%，比例极限应力≥150兆帕，1 300℃/30赫兹/150兆帕疲劳寿命≥10^7，1 300℃/150兆帕蠕变寿命≥1 000小时。具备≥30 000套涡轮外环、≥20 000套涡轮叶片的生产能力
	先进核能用SiC/SiC包壳材料	材料室温弯曲强度≥250兆帕，1 200℃高温弯曲强度≥200兆帕，室温拉伸强度≥250兆帕，1 200℃高温拉伸强度≥150兆帕，室温断裂韧性KIC≥20兆帕·米$^{1/2}$，1 200℃高温断裂韧性K_{IC}≥20兆帕·米$^{1/2}$。攻克包壳管制备技术（管长2.5米，外径9.5毫米，壁厚0.57毫米），轴向室温热导率45瓦/米·开；径向室温热导率30瓦/米·开。通过装堆试验考核，初步应用于核反应堆		包壳管长4.0米，外径9.5毫米，壁厚0.57毫米，轴向室温热导率45瓦/米·开；径向室温热导率30瓦/米·开，产能达到30万根/年，满足我国高安全性核反应堆需求
	极端服役环境超高温陶瓷基复合材料	材料抗弯强度≥250兆帕，耐受温度≥2 500°C，热导率≥25瓦/米·开，线烧蚀速率≤1微米/秒，构件尺寸1.5米量级以上，通过飞行验证。打造以超高温陶瓷基复合材料为主要产品的企业	材料抗弯强度≥250兆帕，耐受温度≥2 700°C，热导率≥30瓦/米·开，线烧蚀速率≤1微米/秒，构件尺寸1.8米量级以上，多种构件在新型飞行器上获得应用，具备≥1 000套/年热结构件的生产能力	材料抗弯强度≥250兆帕，耐受温度≥2 800°C，热导率≥30瓦/米·开，线烧蚀速率≤1微米/秒，构件尺寸2.5米量级以上，满足国家航天领域需求，在新型飞行器上全面应用
	SiBCN结构-功能一体化陶瓷基复合材料	材料体积密度<2.5克/厘米^3，室温强度>300兆帕，高温强度（1 200℃）>230兆帕，1 500℃/150兆帕条件下稳态蠕变速率<4.5×10^{-8}/秒	材料体积密度<2.8克/厘米^3，室温强度>300兆帕，线烧蚀率<1微米/秒，质量烧蚀率<0.01毫克/秒。焊接接口焊合率>95%，接口剪切强度>150兆帕	吸波型陶瓷基复合材料稳定使用温度≥1 500°C，1 500°C时介电常数<3.0，1 500°C/10小时氧化层厚度<10微米
	大尺寸C/SiC结构件	构件外形最大包络尺寸≥3.0米，刚度≥130吉帕，热膨胀系数≤2.5×10^{-6}/开	构件外形最大包络尺寸≥4.0米，刚度≥130吉帕，热膨胀系数≤2.0×10^{-6}/开	构件外形最大包络尺寸≥4.5米，刚度≥130吉帕，热膨胀系数≤1.5×10^{-6}/开

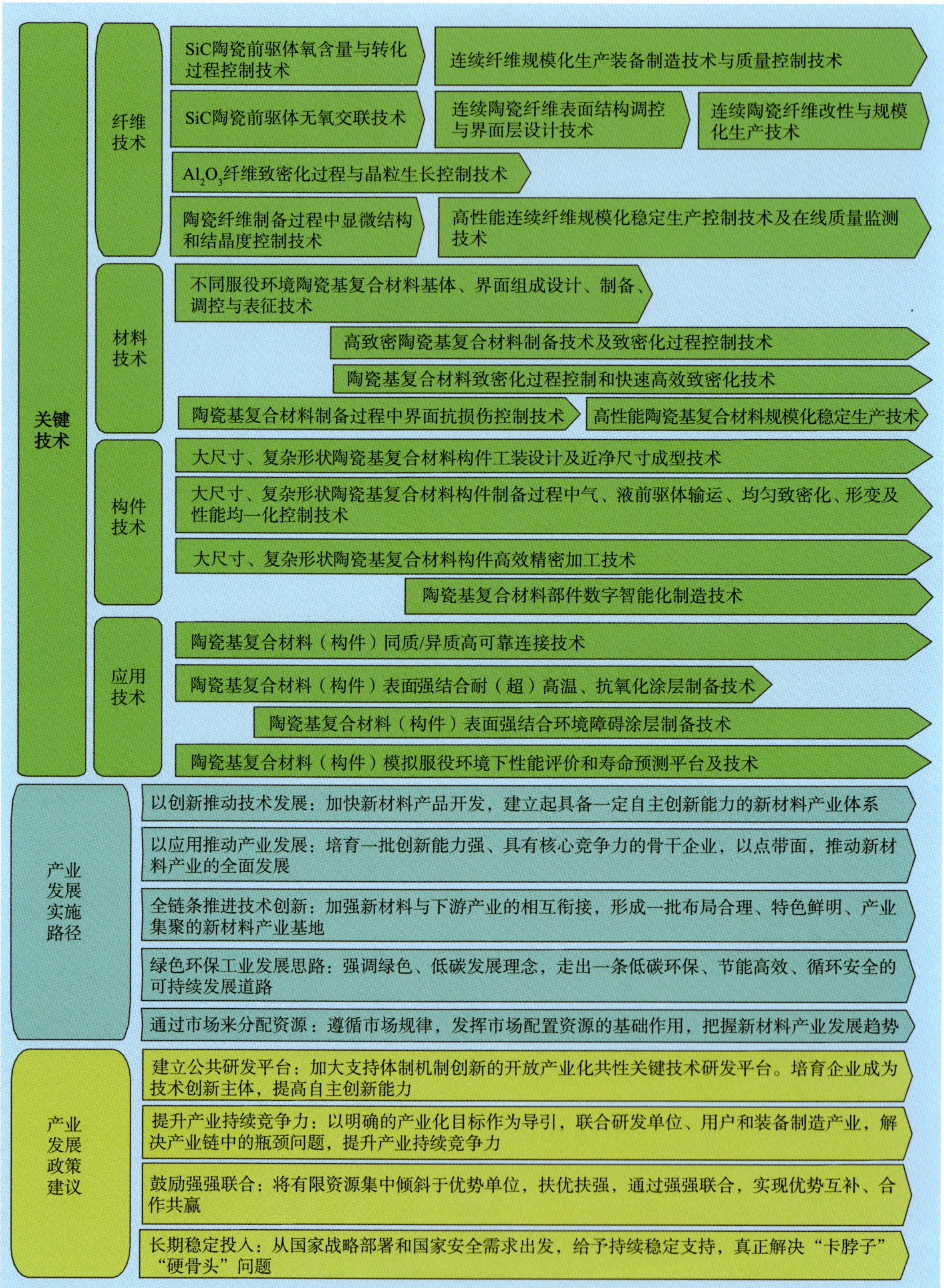

关键技术

纤维技术
- SiC陶瓷前驱体氧含量与转化过程控制技术
- 连续纤维规模化生产装备制造技术与质量控制技术
- SiC陶瓷前驱体无氧交联技术
- 连续陶瓷纤维表面结构调控与界面层设计技术
- 连续陶瓷纤维改性与规模化生产技术
- Al_2O_3纤维致密化过程与晶粒生长控制技术
- 陶瓷纤维制备过程中显微结构和结晶度控制技术
- 高性能连续纤维规模化稳定生产控制技术及在线质量监测技术

材料技术
- 不同服役环境陶瓷基复合材料基体、界面组成设计、制备、调控与表征技术
- 高致密陶瓷基复合材料制备技术及致密化过程控制技术
- 陶瓷基复合材料致密化过程控制和快速高效致密化技术
- 陶瓷基复合材料制备过程中界面抗损伤控制技术
- 高性能陶瓷基复合材料规模化稳定生产技术

构件技术
- 大尺寸、复杂形状陶瓷基复合材料构件工装设计及近净尺寸成型技术
- 大尺寸、复杂形状陶瓷基复合材料构件制备过程中气、液前驱体输运、均匀致密化、形变及性能均一化控制技术
- 大尺寸、复杂形状陶瓷基复合材料构件高效精密加工技术
- 陶瓷基复合材料部件数字智能化制造技术

应用技术
- 陶瓷基复合材料（构件）同质/异质高可靠连接技术
- 陶瓷基复合材料（构件）表面强结合耐（超）高温、抗氧化涂层制备技术
- 陶瓷基复合材料（构件）表面强结合环境障碍涂层制备技术
- 陶瓷基复合材料（构件）模拟服役环境下性能评价和寿命预测平台及技术

产业发展实施路径
- 以创新推动技术发展：加快新材料产品开发，建立起具备一定自主创新能力的新材料产业体系
- 以应用推动产业发展：培育一批创新能力强、具有核心竞争力的骨干企业，以点带面，推动新材料产业的全面发展
- 全链条推进技术创新：加强新材料与下游产业的相互衔接，形成一批布局合理、特色鲜明、产业集聚的新材料产业基地
- 绿色环保工业发展思路：强调绿色、低碳发展理念，走出一条低碳环保、节能高效、循环安全的可持续发展道路
- 通过市场来分配资源：遵循市场规律，发挥市场配置资源的基础作用，把握新材料产业发展趋势

产业发展政策建议
- 建立公共研发平台：加大支持体制机制创新的开放产业化共性关键技术研发平台。培育企业成为技术创新主体，提高自主创新能力
- 提升产业持续竞争力：以明确的产业化目标作为导引，联合研发单位、用户和装备制造产业，解决产业链中的瓶颈问题，提升产业持续竞争力
- 鼓励强强联合：将有限资源集中倾斜于优势单位，扶优扶强，通过强强联合，实现优势互补、合作共赢
- 长期稳定投入：从国家战略部署和国家安全需求出发，给予持续稳定支持，真正解决“卡脖子”“硬骨头”问题

图 6.4　陶瓷基复合材料产业发展技术路线图

陶瓷基复合材料作为一类新兴的战略性尖端材料，在航空航天、核能和国防领域（超）高温、力-热-氧耦合、辐射等极端服役环境下不可替代。我国高分辨率空间遥感、新型高速飞行器等国家重大工程及航空发动机和先进核反应堆对这类材料提出了迫切需求。当前，我们的主要任务是突破原材料（主要是陶瓷纤维）、陶瓷基复合材料及其构件的规模化生产技术，以期在2035年实现陶瓷基复合材料在航空发动机、先进核能和新型飞行器等领域的全面应用，实现相关领域材料的升级换代。重点发展的产品主要包括SiC纤维和Al_2O_3纤维，这是制约陶瓷基复合材料性能的关键，主要是建立相关企业，实现批量化稳定生产，2035年满足国家航空、核能产业市场需求。航空发动机用SiC/SiC热端结构材料、先进核能用SiC/SiC包壳材料、极端服役环境超高温陶瓷基复合材料及SiBCN结构-功能一体化陶瓷基复合材料，总体上采用“三步走”的发展模式。特别是，根据航空发动机产业和核能发展需求，到2035年具备⩾3万套涡轮外环、⩾2万套涡轮叶片及30万根包壳管的年生产能力，在大尺寸复杂构件方面，构件外形最大包络尺寸⩾4.5米。

6.2.6 对策措施和建议

陶瓷基复合材料是航天航空、国防军工、先进核能等领域的关键基础材料，其研究和应用水平对航天飞行器、航空发动机和核反应堆技术的发展具有举足轻重的作用。我国陶瓷基复合材料产业进程尚处于起步阶段，目前国内还未形成产业规模。未来有必要深化机制体制方面的改革，提高陶瓷基复合材料的基础支撑能力，进一步加强陶瓷基复合材料提质增效和协同应用。针对我国陶瓷基复合材料的产业现状，提出如下未来对策措施和建议。

（1）建立公共研发平台。针对产业发展中的企业创新能力不足、研发力量分散、行业公共技术平台缺乏等核心问题，加大支持体制机制创新的开放产业化共性关键技术研发平台。培育企业成为技术创新主体，提高自主创新能力。

（2）提升产业持续竞争力。围绕产业链部署创新链，以明确的产业化目标作为导引，联合研发单位、用户和装备制造产业，解决产业链中的瓶颈问题，提升产业持续竞争力。

（3）鼓励强强联合。在全国范围内，将有限资源集中倾斜于优势单位，扶优扶强，通过强强联合，实现优势互补、合作共赢，促进强者更强，做大做强。

（4）长期稳定投出。从国家战略部署和国家安全需求出发，有长期目标和阶段性计划的整体布局，以具有明确需求的应用方向为突破口，进一步加大投入，给予持续稳定支持，真正解决“卡脖子”“硬骨头”问题。

（5）持续开展示范应用与推广。以应用推广带动核心技术及产业竞争力提升。开展创新应用技术研发和示范，提升示范工程技术含量并发挥其引领作用。

（6）加强创新团队和企业家群体建设。不断加大陶瓷基复合材料领域创新型人才的培养力度，建立适合人才发展的激励机制，出台政策吸引全球高水平技术和管理人才。加强陶瓷基复合材料科研队伍建设，培育具有国际先进水平的企业家群体。

参考文献

[1] 彭寿 . 新型玻璃在战略性新兴产业中的应用与发展方向 [C]. 中国硅酸盐学会玻璃分会、宿迁市宿豫区人民政府，中国硅酸盐学会，2015：6-16.

[2] 彭寿 . 现代玻璃材料产业状况与展望 [J]. 中国材料进展，2015，34（7/8）：545-557.

[3] 清华大学建筑节能研究中心 . 中国建筑节能年度发展研究报告 2020[M]. 北京：中国建筑工业出版社，2020.

[4] 王芸，彭程，彭小波，等 . 空心玻璃微珠的应用研究现状 [J]. 中国玻璃，2009，34（2）：28-32.

[5] 徐凯 . 核废料玻璃固化国际研究进展 [J]. 中国材料进展，2016，35（7）：481-488.

[6] 温磊，陈林，陈伟，等 . 大口径 N41 型激光钕玻璃的小信号增益 [J]. 光学精密工程，2016，24（12）：2925-2930.

[7] Papenburg U，Pfrang W，Kutter G S，et al. Optical and optomechanical ultra-lightweight C/SiC components[C]. Part of the SPIE Conference on Optical Manufacturing and Testing Ⅲ，Denver，1999.

[8] Papenburg U. Advanced ultra-lightweight C/SiC mirrors and opto-mechanical structures[C]. 8th World Multi-Conference on Systemics，Cybernetics and Informatics，Orlando，2004.

[9] Kr del M，Devilliers C. CESIC：A new technology for light weighted and cost-effective space instrument structures and mirrors[C]. Proceeding of SPIE，5685：1-5.

[10] Schöppach A，Petasch A，Heidenreich B，et al. Use of ceramic matrix composites in high precision laser communication optics[C]. European Conference on Spacecraft Structures，Materials and Mechanical Testing，Nordwijk，2000.

[11] Krenkel W，Heidenreich B，Renz R. C/C-SiC composites for advanced friction systems[J]. Advanced Engineering Materials，2002，（4）：427-436.

[12] Porsche Engineering Group. The ceramic clutch-a world first from Porche[J]. Porsche Engineering Magazine No. 02，2004.

[13] Ni D W，Wang J X，Dong S M，et al. Fabrication and properties of C_f/ZrC-SiC-based composites by an improved reactive melt infiltration[J]. Journal of the American Ceramic Society，2018，101：3253-3258.

[14] Chen X W，Feng Q，Kan Y M，et al. Effects of preform pore structure on infiltration kinetics and microstructure evolution of RMI-derived C_f/ZrC-ZrB_2-SiC composite[J]. Journal of the European Ceramic Society，2020，40：2683-2690.

[15] Zok F W. Ceramic matrix composite enable revolutionary gains in turbine engine efficiency[J]. American Ceramic Society Bulletin，2016，95：22-28.

[16] DiCarlo J A. Advances in SiC/SiC composites for aero-propulsion [EB/OL]. https://ntrs.nasa.gov/api/citations/20140000988/downloads/20140000988.pdf，2013-07-01.

[17] 焦健，陈明伟 . 新一代发动机高温材料——陶瓷基复合材料的制备、性能及应用 [J]. 航空制造技术，2014，(7)：62-69.

[18] 高铁，洪智亮，杨娟 . 商用航空发动机陶瓷基复合材料部件的研发应用及展望 [J]. 航空制造技术，2014，(6)：14-21.

[19] 邹豪，王宇，刘刚，等 . 碳化硅纤维增韧碳化硅陶瓷基复合材料的发展现状及其在航空发动机上的应用 [J]. 航空制造技术，2017，(15)：76-84，91.

[20] Lamon J. Chemical vapor infiltrated SiC/SiC composites（CVI SiC/SiC）[C]//Bansal N P. Handbook of Ceramic Composites. Dordrecht：Kluwer，2005：55-76.

[21] Corman G S，Luthra K L. Silicon melt infiltrated ceramic composites（HiPerComp™）[C]//Bansal N P. Handbook of Ceramic Composites. Dordrecht：Kluwer，2005：99-115.

[22] DiCarlo J A，Yun H M，Morscher G N，et al. SiC/SiC Composites for 1200℃ and Above[C]//Bansal N P. Handbook of Ceramic Composites. Dordrecht：Kluwer，2005：77-98.

[23] Kellner T. Space age ceramics are aviation's new cup of tea[EB/OL]. https://www.ge.com/reports/space-age-cmcs-aviations-new-cup-of-tea/，2016-07-13.

[24] Levy D M. ORNL-led DOE program supported GE R&D of first widely deployed CMC product[EB/OL]. https://www.ornl.gov/news/ceramic-matrix-composites-take-flight-leap-jet-engine，2017-01-03.

[25] Grand View Research. Ceramic matrix composites market size analysis report by product（oxide，silicon carbide，carbon），by application（aerospace，defense，energy & power，electrical & electronics），and segment forecasts，2019-2025[EB/OL]. https://www.grandviewresearch.com/industry-analysis/global-ceramic-matrix-composites-market，2019-04.

第 7 章

能源新技术产业①

【内容提要】能源新技术产业聚焦煤炭清洁高效利用产业、非常规油气开发利用产业、能源互联网与清洁能源消纳产业、核能产业、风能产业、太阳能光伏发电产业、太阳能光热发电产业、生物质能产业、地热能产业和氢能与燃料电池产业，分别论述了 2020 年以来各细分领域国内外最新发展动态及趋势，并介绍了能源新技术产业发展的一个典型案例，提出了能源新技术产业发展技术路线图，以及促进能源新技术产业发展的相关建议。

7.1 2020 年以来能源新技术产业发展的国际动态及趋势分析

7.1.1 全球煤炭消费总量持续下降，但在一次能源消费占比中仍超过 27%

受新冠肺炎疫情影响，2020 年全球煤炭消费量大幅下降至 51.7 亿吨标准煤，比 2019 年下降了 4.2%；煤炭占全球一次能源消费总量的 27.2%，比 2019 年上升 0.1 个百分点，不降反升，煤炭仍是全球第二大能源 [1]。燃煤发电仍是煤炭利用的主要方式。2020 年全球燃煤发电量达 9.4 万亿千瓦时，比 2018 年下降 4.4%；占全球总发电

① 综合组：彭苏萍、张博、孙旭东、王心怡；煤炭清洁高效利用产业：高丹；非常规油气开发利用产业：赵培荣；能源互联网与清洁能源消纳产业：周捷、王路、杨冬梅、李欣；核能产业：苏罡；风能产业：冯煜、韩花丽；太阳能光伏发电产业：孔凡太、胡林华；太阳能光热发电产业：张剑寒、王志峰；生物质能产业：袁振宏、王闻；地热能产业：何雨江；氢能与燃料电池产业：杨志宾、孙旭东、王心怡。

量的 35.1%，比 2019 年下降 1.3 个百分点[1]。从发电量来看，全球燃煤发电在地理分布上高度集中，年发电量超过 1 万亿千瓦时的有中国和印度，超过 1 000 亿千瓦时的有美国、日本、韩国、南非、俄罗斯、印度尼西亚、澳大利亚、德国、越南、波兰、土耳其等 11 个国家。其中，中国、印度两国占全球燃煤发电量的 64.1%[1]。全球能源监测机构（Global Energy Monitor）等发布的报告显示，2020 年全球燃煤电厂退役规模为 37.8 吉瓦，创下历史新高，其中美国和欧盟分别退役 11.3 吉瓦和 10.1 吉瓦；全球新投运燃煤电厂 50.3 吉瓦，比 2019 年下降 34%，其中中国投运 38.4 吉瓦，占比为 76%[2]。

近年来，虽然世界主要发达国家煤炭消费量逐步下降，但仍关注煤炭清洁高效利用技术，尤其是煤炭高效清洁发电和碳捕集利用与封存（carbon capture, utilization and storage，CCUS）技术，如美国的“Coal FIRST”计划、日本的第五次能源基本计划等。美国的“Coal FIRST”计划旨在开发灵活、创新、弹性、小型、变革的适用于未来能源系统的先进燃煤电厂，为美国消费者提供安全、稳定、可靠的近零排放电力[3]。日本的第 5 次能源基本计划旨在首先保证能源稳定供给，在“安全”的前提下，通过提高经济效益实现低成本能源供给，最大限度地追求环境适宜性。该计划中提出要大力发展高效、新一代燃煤热电联产，淘汰低效燃煤发电，研发彻底降低单位发电量温室气体排放量的 IGCC、CCUS 等技术[4]。

7.1.2　受新冠肺炎疫情影响，美国页岩油气产业由快速扩张转向效益优先

美国页岩油气的成功是创新技术、金融资本、市场经济及历史机遇多个因素结合产生的结果。在大量投资支持下，大批钻井快速实施，页岩油气产量快速增长，不但弥补了美国石油长期以来依赖大量进口的局面，而且冲击了全球供求平衡，导致了油价大幅度下跌，美国石油产量规模一度超过沙特阿拉伯和俄罗斯成为世界第一。整体世界石油市场由于美国页岩油的规模加入、全球经济增长变缓，以及新能源与环保等因素日渐强劲，油气供大于求、低位油价成为长期格局。2020 年，在新冠肺炎疫情影响下，页岩油气产业遭受严重冲击，金融资本收紧油气风险投资，低成本和自由现金流已成为美国油气业关注的重点。2020 年页岩气产量达到 7 330 亿立方米，较 2019 年增长 2%，2020 年页岩油年产量 3.78 亿吨[5]，低于 2019 年的 4 亿吨，占年度石油产量的 66%。2020 年第四季度国际油价虽然持续上升，但美国石油产量并未出现相应增长。由于近期走高的油价、大幅度收紧资本投资及持续降本增效的努力，美国页岩油气公司 2021 年第一季度业绩得到大幅度改善，标准普尔指数从过去三年连续垫底，到 2021 年第一季度成为 11 个行业指数表现最好的。

7.1.3　持续构建能源互联网，清洁能源消纳水平稳步提升

2020 年，能源互联网建设持续推进，清洁能源消纳水平稳步提升。2020 年，全球可再生能源装机容量超预期增长并创下新纪录，储能行业经历上半年的低迷之后，市场也逐渐回暖。

在 2020 年前 10 个月，巴西可再生能源占总发电量的 90%，比 2019 年同期增长 2%；墨西哥光伏和风电的发电占比增长到 10%，2019 年同期为 7.5%，燃煤发电占比为 4.1%，2019 年同期为 7.3%[6]。阿根廷预计安装超过 4 000 兆瓦的可再生能源，中国电力建设集团和上海电力建设有限责任公司联合承建的高查瑞 300 兆瓦光伏发电项目正式投入商业运营，为该国目前规模最大的光伏电站。2020 年智利新增 6 000 兆瓦的风能、太阳能和生物燃料装机，增幅创历史新高，非水可再生能源的装机已占该国电力总装机的 39.4%[7]。2020 年 12 月墨西哥国家电力公司 CFE 提出未来五年新增 500 兆瓦可再生能源装机、改造 9 个水电站的计划，预计投资 6 亿美元[8]。

2020 年全球可再生能源装机容量新增超过了 260 吉瓦，比 2019 年的增长量增加了近 50%，累计容量达到了 2 799 吉瓦，其中水电装机容量 1 211 吉瓦、太阳能装机容量 127 吉瓦、风能装机容量 111 吉瓦[9]。德国作为能源转型的先驱，2020 年可再生能源发电量不断增长，达 246 太瓦时，占比接近 50%，其中陆上和海上风力发电占比 27.4%、光伏发电占比 9.7%、生物质能占比 12.2%[10]。2020 年澳大利亚新增可再生能源装机容量 7 吉瓦，其中新增光伏装机容量超过 4 吉瓦，同比 2019 年增长 7.5%。继欧盟和部分欧洲国家之后，亚洲三个主要经济体宣布实现净零排放目标：日本和韩国为 2050 年，中国为 2060 年，净零排放目标将持续促进可再生能源的发展[11]。新能源成本持续下降，绿色证书等市场竞争机制、新能源与电网规划建设同步发展等政策和举措将会有效促进全球新能源装机规模的不断扩大和消纳能力的提升。国际能源署发布的《全球能源行业 2050 年净零排放路线图》预测，2050 年能源供应总量的 2/3 将来自可再生能源，到 2050 年，电力几乎占能源消耗总量的 50%，其中近 90% 的发电来自可再生能源，风电、太阳能光伏发电量合计占比接近 70%。

截至 2020 年底，全球已投运储能项目累计装机规模 191.1 吉瓦，同比增长 3.4%。其中，抽水蓄能的累计装机规模最大，为 172.5 吉瓦，同比增长 0.9%；电化学储能的累计装机规模紧随其后，为 14.2 吉瓦。在各类电化学储能技术中，锂离子电池的累计装机规模最大，为 13.1 吉瓦；电化学储能和锂离子电池的累计规模均首次突破 10 吉瓦大关。

中国、美国和欧洲占据 2020 年全球储能市场的主导地位，三者合计占全球新增投运电化学储能总规模的 86%（图 7.1），并且各自新增投运规模均突破吉瓦大关[12]。

2020 年美国电网级电池储能的新增市场规模首次突破了 10 亿美元大关和 1 吉瓦大关[13]。英国允许在英格兰和威尔士分别部署规模在 50 兆瓦和 350 兆瓦以上的储能项目[14]。2020 年德国部署的住宅电池储能系统总装机容量达到了 1.1 吉瓦[15]。澳大利亚有南澳 250 兆瓦 /1 000 兆瓦时等多个百兆瓦级电池储能项目开始规划和建设[16]。

7.1.4 因新冠肺炎疫情影响全球核能发电量降低，美国和俄罗斯等国家积极布局先进核能

2021 年 4 月 20 日，国际能源署发布《2021 年全球能源回顾》报告指出：2020 年，

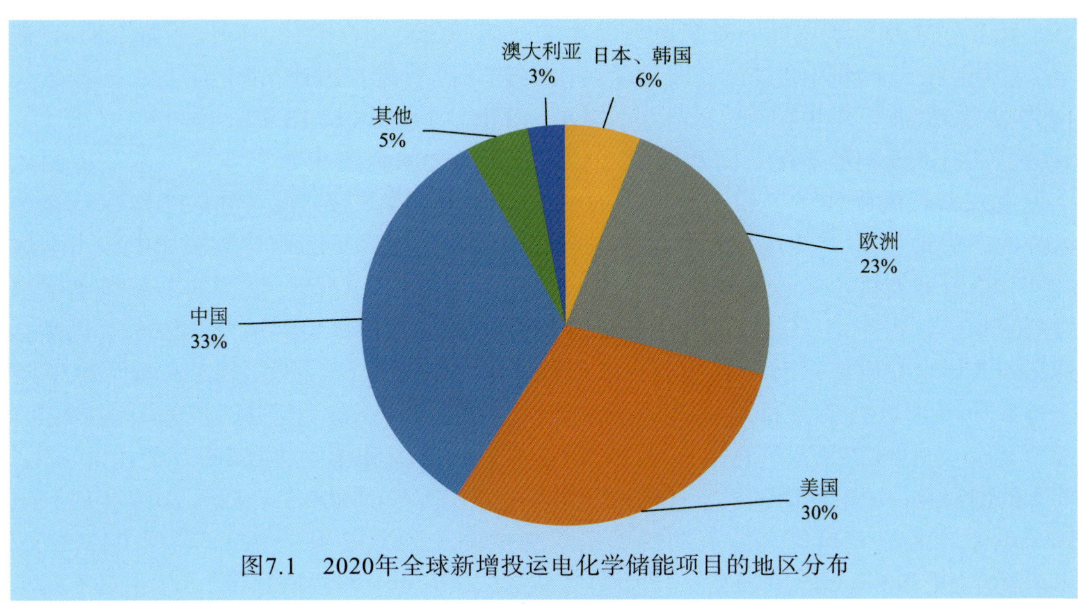

图7.1 2020年全球新增投运电化学储能项目的地区分布

全球核能发电量降低约4%，为2011年福岛核事故以来的最大降幅；2021年预计有10台新核电机组并网，中国和俄罗斯的新机组投产，在白俄罗斯和阿拉伯联合酋长国，第一批核电机组投入商业运营，目前还有更多机组在建，核电将在2021年出现反弹。美国、法国、英国等国家大多数机组运行了40年以上，正在开展延寿到60年乃至80年继续运行的研究，其中美国为维持在核能技术领域的领导地位，正在积极部署在先进核反应堆、先进核燃料循环领域技术创新；俄罗斯核工业发展目标和核能发展技术发展路线长期坚持不动摇，正致力打造以压水堆、快堆、浮动堆和空间核动力为代表的反应堆技术，成为支撑本国核能发展的重要动力源。

核电具有稳定供给、经济效率、环境友好特性，经济合作与发展组织的核能部门发布关于疫情过后的恢复计划，其中就包括进一步提升核电业的成本效益、通过核电项目创造更多高价值的就业机会、在新的经济复苏计划中为核电业争取更多资金支持，以及利用核电建设带动电力基础设施的低碳化。预计2021年发达国家核能发电量将微增，在新兴市场和发展中国家，核能发电量将比2020年增长5%以上。新建核电站将进一步促进低碳电力的发展，对现有核电设施进行改造和升级将“避免低碳发电量下降”，与此同时，延长现有核电站的使用寿命，也将有助于减少化石燃料使用。

7.1.5 新冠肺炎疫情难挡全球风电市场迅猛增长，新增/累计装机容量再创历史新高

2020年上半年，受新冠肺炎疫情的影响，全球多国政府先后采取了停工、停产等措施防止疫情蔓延扩散，全球风电产业也几乎处于停滞状态；随着中国等主要风电市场国家率先克服疫情影响，重新组织恢复生产，2020年下半年，全球风电产业出现强劲反弹，新增装机容量和新增装机增长率均创历史新高。2020年全球风电新增装机容量9 300万千瓦，同比增长52.8%（图7.2），其中陆上风电新增装机容量8 693.2

万千瓦，同比增长59.1%，海上风电新增装机容量606.8万千瓦，同比下降2.8%。截至2020年底，全球风电累计装机容量首次突破7亿千瓦，达到7.4亿千瓦，同比增长14.2%，其中陆上风电累计装机容量为7.1亿千瓦，同比增长13.9%，海上风电累计装机容量为3 529.3万千瓦，同比增长20.7%[17]。从全球范围来看，亚洲风电在中国风电爆发式增长的引领下，以占全球近60%的新增装机容量份额，连续12年保持全球第一的领先地位；北美风电在美国风电创纪录增长的推动下，取代欧洲风电以占全球18.4%的新增装机容量位居第二；欧洲风电则由于英国、德国、法国等国家风电市场发展疲软，以占全球15.9%的新增装机容量位居第三；拉丁美洲风电（5.0%）仍是全球第四大风电新增装机市场；非洲和中东紧随其后（0.9%）。从不同国家来看，2020年全球风电新增装机容量排名前五的国家依次为中国（5 200万千瓦）、美国（1 620.5万千瓦）、巴西（229.7万千瓦）、荷兰（197.9万千瓦）和德国（166.8万千瓦），排名前五的国家总计风电新增装机容量约占全球新增装机容量的80%[18]。截至2020年底，全球风电累计装机容量排名前五的国家依次为中国（28 832万千瓦）、美国（12 231.7万千瓦）、德国（6 285万千瓦）、印度（3 862.5万千瓦）和西班牙（2 726.4万千瓦），其总计风电累计装机容量约占全球累计装机容量的73%。2020年全球风电发电量再创历史新高，风电年发电量达15 912亿千瓦时，同比增长12.2%。2020年全球风电发电量排名前五的国家依次为中国（4 665亿千瓦时）、美国（3 409亿千瓦时）、德国（1 310亿千瓦时）、英国（756亿千瓦时）和印度（604亿千瓦时）[19]。

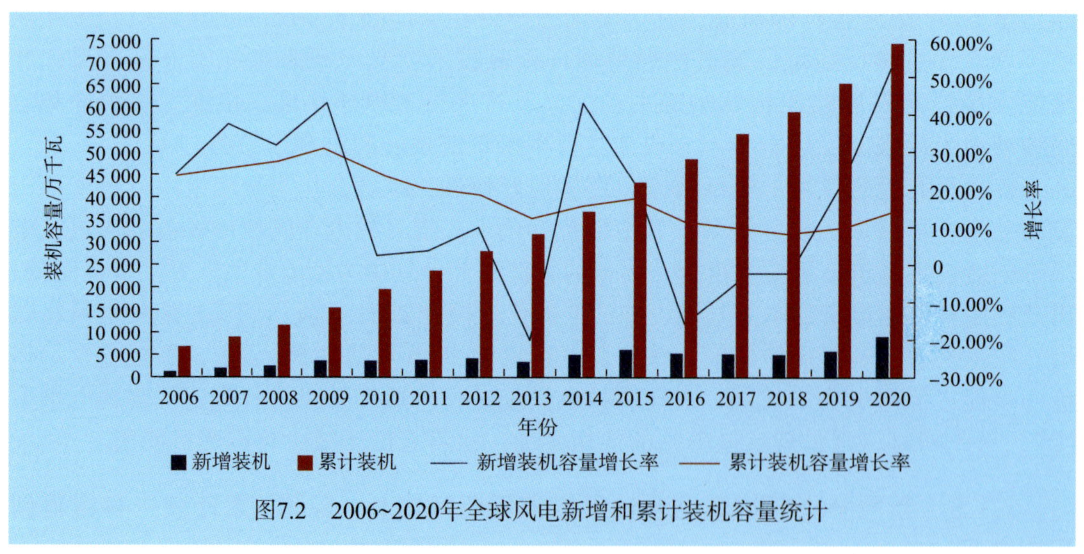

图7.2 2006~2020年全球风电新增和累计装机容量统计

7.1.6 太阳能光伏产业受新冠肺炎疫情影响较小，全球太阳能光伏发电年度增长率达到25%，亚太地区、美洲、欧洲占据全球地区年度安装量的前三位

随着中国在2020年第二季度迅速控制新冠肺炎疫情，全球太阳能光伏市场得以实现显著增长。2020年，全球太阳能光伏发电年度装机达到139.4吉瓦。图7.3列出

了 2020 年全球太阳能光伏安装量区域分布情况。其中占据全球地区年度安装量前三位的亚太地区、美洲和欧洲年度装机占据全球年度装机量的 60%、18% 和 16%，三者占据了全球太阳能光伏 2020 年新增安装量的 94%。

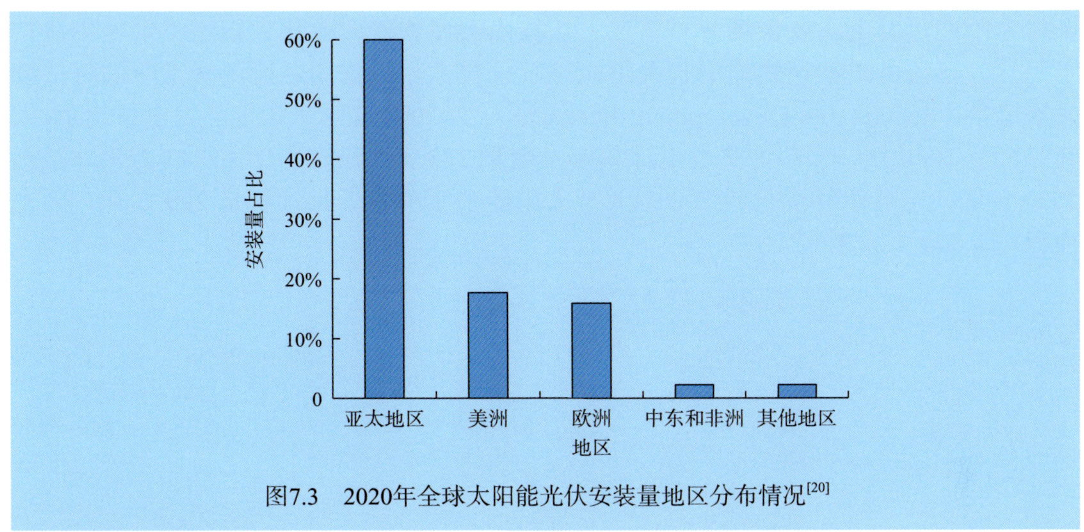

图7.3　2020年全球太阳能光伏安装量地区分布情况[20]

就国家分布来看，表 7.1 列出了全球年度和累计安装量排名前十位的国家。全球排名前十位的国家年度安装量均不低于 3 吉瓦，排名前 20 位的国家年度安装量达到了 1 吉瓦。截至 2020 年底，全球太阳能光伏累计安装量达到了 760.4 吉瓦，其中有 14 个国家的累计安装量超过了 10 吉瓦，5 个国家的累计安装量超过了 40 吉瓦 [21]。中国占据了全球年度安装量的 34.6%，2020 年越南的安装量达到了 11.1 吉瓦，超过了日本，位居第三位。25 个国家的太阳能光伏发电占据年度电力供应的 3%，截至 2020 年底，全球太阳能光伏电力占全球电力市场的 3.5%[21]。

表 7.1　2020 年全球前十大年度和累计安装量国家及其安装量

序号	国家	年度安装量 / 吉瓦	序号	国家	累计安装量 / 吉瓦
1	中国	48.2	1	中国	253.4
2	美国	19.2	2	美国	93.2
3	越南	11.1	3	日本	71.4
4	日本	8.2	4	德国	53.9
5	德国	4.9	5	印度	47.4
6	印度	4.4	6	意大利	21.7
7	澳大利亚	4.1	7	澳大利亚	20.2
8	韩国	4.1	8	越南	16.4
9	巴西	3.1	9	韩国	15.9
10	新西兰	3	10	英国	13.5

资料来源：中国光伏行业协会

7.1.7 受新冠肺炎疫情影响，全球太阳能热发电利用及发电市场增速减缓

如图 7.4 所示，截至 2020 年底，全球太阳能热发电累计装机容量 6 690 兆瓦，其中 2020 年新增装机 100 兆瓦。从市场划分看，中国为全球第四大市场，图 7.5 为全球太阳能热发电主要市场分布情况。从技术类型看，商业化太阳能热发电主流技术仍然为熔盐塔式和导热油槽式太阳能热发电技术。根据国际能源署发布的可持续发展情景（Sustainable Development Scenario），2020 年全球太阳能热发电量约 16 太瓦时，至 2030 年，太阳能热发电计划年发电量 183.8 太瓦时，年增长约 25%。截至 2020 年底，全球累计运行约 200 个大型太阳能采暖项目，累计容量 299 兆瓦，采光面积 426 800 平方米[22]。

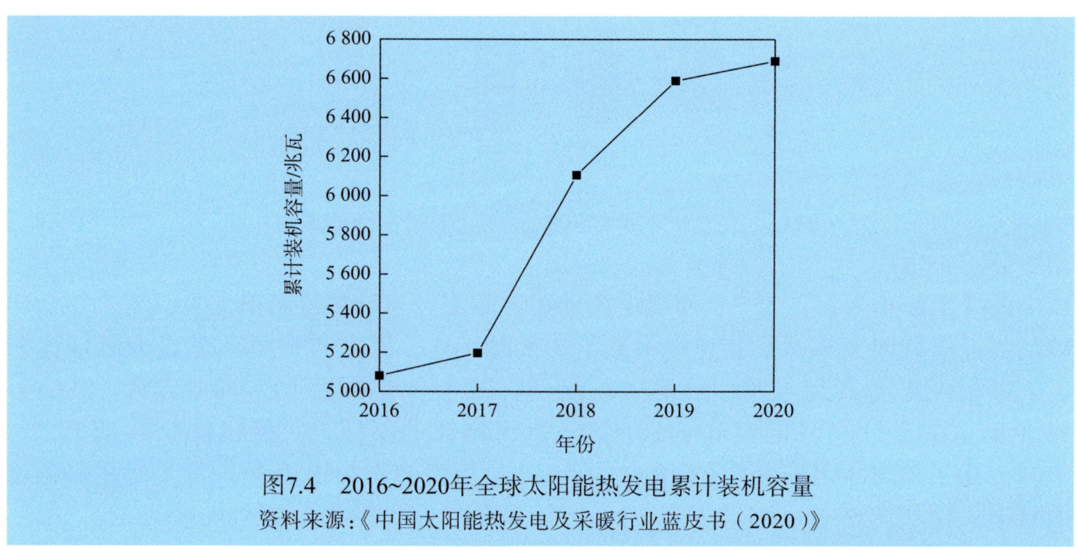

图7.4 2016~2020年全球太阳能热发电累计装机容量

资料来源：《中国太阳能热发电及采暖行业蓝皮书（2020）》

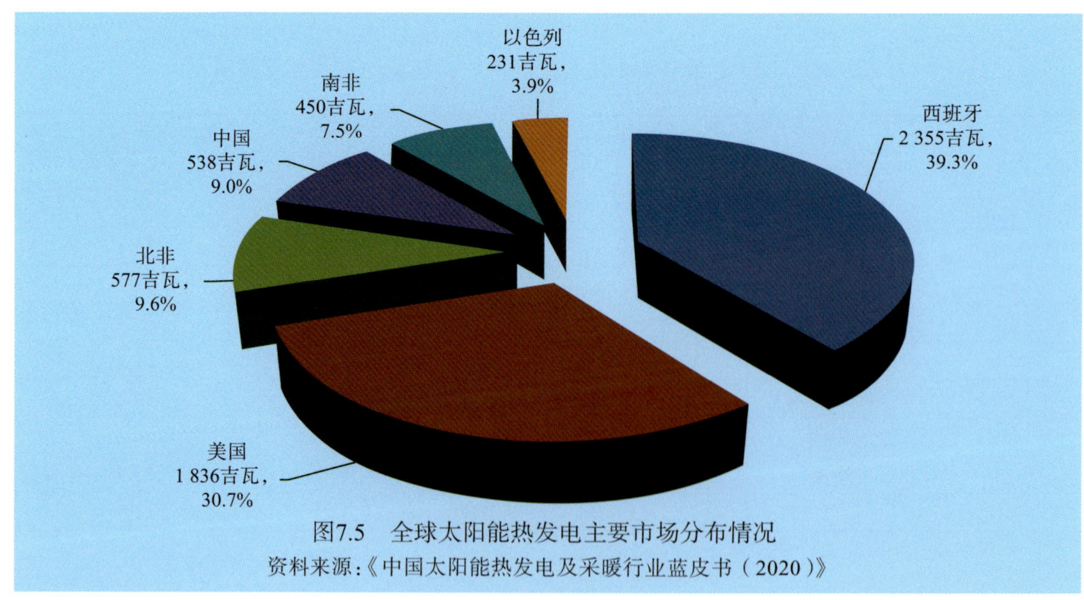

图7.5 全球太阳能热发电主要市场分布情况

资料来源：《中国太阳能热发电及采暖行业蓝皮书（2020）》

7.1.8　生物质能发电和供热规模稳中有升，但在交通燃料领域的应用规模因新冠肺炎疫情影响而下降

2020 年全球生物质能发电装机规模和发电量分别达到 145 吉瓦和 602 太瓦时左右，比 2019 年分别增加 5.8% 和 6.4%，装机规模最大的国家是中国，其后是美国、巴西、印度、德国、英国、瑞典和日本[23]。除美国、巴西的生物质能发电量分别下降 2.5% 和 10% 外，中国、印度、日本等亚洲国家和德国、英国、瑞典等欧洲国家的生物质能发电装机规模和发电量均增加，增加幅度在小于 1% 到大于 90% 之间。用于发电的生物质原料包括城市生活垃圾、农林生物质和沼气，其中生物质颗粒发电的规模呈上升趋势，欧洲是生物质颗粒用于发电的主要地区，其次是日本和韩国。生物质原料用于发电的主要形式为直接燃烧、与煤混合燃烧和气化气燃烧。2020 年全球生物质能供热规模与 2019 年持平，达到 38 艾焦左右[23]，其中烹饪等传统的热利用方式占 64.2%，现代生物质能供热占 35.8%。传统的生物质能热利用方式污染大且效率低，其利用规模呈下降趋势。现代生物质能供热逐渐受到重视并被用于建筑、工业、农业等多个领域。欧洲是生物质能建筑供热和集中供热的主要地区，原料为原木和生物质成型燃料。欧洲也是生物质成型燃料的最大消费区域，美国和加拿大生产的成型燃料主要出口到欧洲。巴西、中国、印度和美国等生物质资源丰富，是生物质能工业和农业供热的主要国家。

全球生物质交通燃料依然以燃料乙醇和生物柴油［包括脂肪酸甲酯（fatty acid methyl ester，FAME）生物柴油和氢化植物油（hydrogenated vegetable oil，HVO）］为主导，其他先进生物燃料所占比重不超过 1%[23]。2020 年燃料乙醇和生物柴油的总产量较 2019 年下降 5%，主要原因是新冠肺炎疫情影响了交通出行，使得对燃料的需求下降。2020 年燃料乙醇总产量为 986 亿升，比 2019 年下降 10.1%，产量最高的国家依然是美国（53%），其后依次为巴西（30%）、欧盟（5%）、中国（3%）、印度（2%）、加拿大（2%）、泰国（2%）和阿根廷（1%），燃料乙醇产量除印度略有上升（0.98%）外，其余国家或地区均下降[24]。2020 年脂肪酸甲酯生物柴油的产量与 2019 年基本持平，达到 468 亿升，印度尼西亚的产量最高（17%），其后依次是美国（14.4%）、巴西（13.7%）、德国（7.4%）、法国（5.0%）和荷兰（4.6%），除印度尼西亚和巴西产量增加外，其余国家均有所下降[23]。由于美国在生物柴油进口贸易上的限制措施，阿根廷的生物柴油产量由 2019 年的全球第五位降至 2020 年的第九位。氢化植物油尤其是以废植物油脂生产的生物柴油因性质接近化石柴油且符合欧美可再生燃料标准，其产量在 2020 年增加了 12%，达到 75 亿升，芬兰、荷兰和新加坡是氢化植物油的集中产区，美国的氢化植物油近年来产量增加非常显著[23]。欧美国家正在建设示范工程，将林木生物质和生活垃圾经气化联合费托合成的方式制备航空煤油。此外，欧洲和美国还是生物甲烷的主要产区和消费区，生产的生物甲烷主要用于公共交通和货物运输，并逐步应用于居民生活领域。

7.1.9 全球地热能发展规模壮大，开发技术日趋完善，多国出台支持政策

高温地热带国家引领世界地热发电发展，地热发电在全球分布不均，主要集中在地壳板块构造带上[25]。例如，冰岛国家能源局的数据显示，采暖约占冰岛地热直接利用的77%，冰岛有约90%的家庭在使用地热能供暖，并规划未来实现100%地热供暖[26]；印度尼西亚有四个全球最大的地热电站，其中最大的是Gunung Salak电站，装机375兆瓦。在2020年新冠肺炎疫情冲击下，地热发电增长受到一定影响。根据Think Geo Energy数据，截至2020年底，全球地热发电装机容量16.0吉瓦，全年新增地热发电装机容量202兆瓦，其中土耳其新增168兆瓦，贡献了绝大部分的装机增量。美国地热发电装机3 714兆瓦，居于世界首位，其后是印度尼西亚、菲律宾、土耳其和新西兰（图7.6）[27]。地热发电装机排名前十位的国家占到全球地热发电装机总量的90%以上。地热能开发利用量逐年增加，尤其是进入21世纪的20年中，地热能直接利用装机容量增长了7.1倍，热能利用量增长了5.4倍。截至2020年，全球直接利用装机容量为108吉瓦，是地热发电装机容量的6.8倍，热能利用量为2 835亿千瓦时/年，装机容量利用系数为0.30[28]。2020年全球地热能各领域直接利用量占比情况见图7.7。

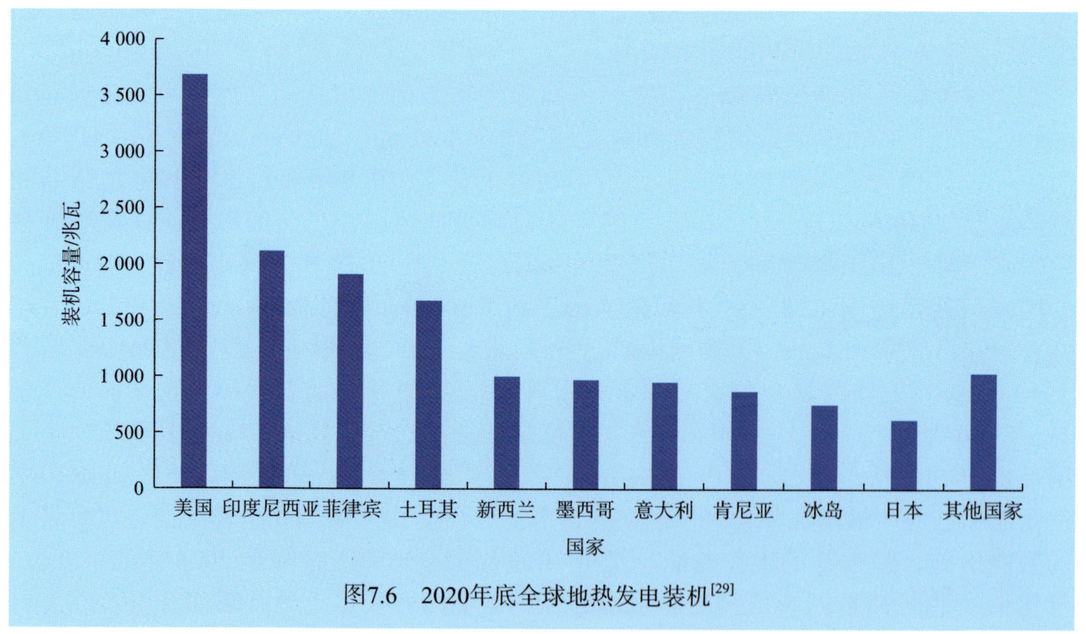

图7.6 2020年底全球地热发电装机[29]

全球各国相继提出减排目标，地热能迎来全新的发展契机。希腊政府制定的《2030年可再生能源发展计划》提出，到2030年可再生能源在最终能源消费中的占比达到35%，届时地热发电装机将达100兆瓦[30]。2021年1月，印度尼西亚能源和矿产资源部启动了《2020~2029年电力供应商业计划草案》的制定工作。该计划旨在到2029年，将印度尼西亚的可再生能源发电占比提升至23%，其中，地热能新增发电装机容量为3 552兆瓦。印度尼西亚政府表示，地热能是实现其可再生能源目标的

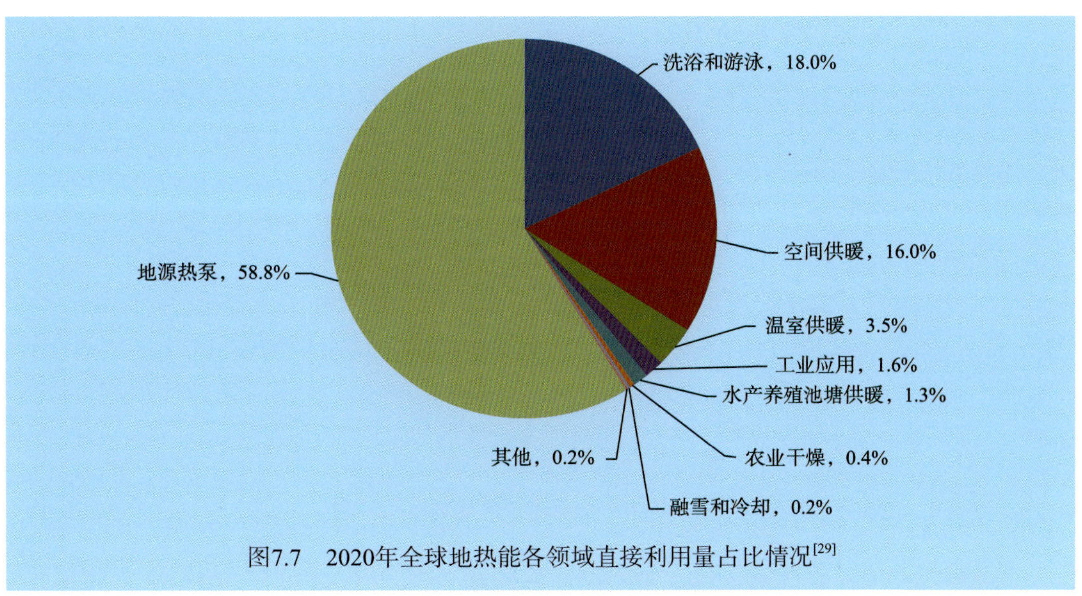

图7.7　2020年全球地热能各领域直接利用量占比情况[29]

关键要素，并计划于 2021~2024 年对其国内 20 个拥有地热资源的地区进行勘探，包括爪哇岛、巴厘岛、苏门答腊岛、加里曼丹岛等，预计这 20 个地区的地热能开发潜力约为 683 兆瓦。秘鲁新版《可再生能源发展法案》围绕该国非常规可再生能源发展计划展开，提出大力发展太阳能、风能和地热能，从而实现该国到 2030 年 20%、到 2040 年 50% 的清洁发电最低目标。预计该法案生效后，地热能将被正式纳入该国非常规可再生能源发展计划。2021 年 2 月，阿尔及利亚公布了新的国家地热资源分布图，详细介绍了迄今发现的地热田清单和温度图，随后在全国范围内确定了 240~280 处地热能资源，并强调地热能在国家能源结构中应拥有一席之地[31]。

7.1.10　亚洲推动全球氢能与燃料电池产业发展，交通领域商业化产品研发不断提速

截至 2020 年底，20 多个国家相继制定了氢能发展战略或氢能路线图，全球氢能与燃料电池领域累计有 200 多个氢能投资计划，投资金额超过 700 亿美元[32]。根据 H_2stations.org 发布的报告，截至 2020 年底，全球共建成 553 座加氢站，分布情况见图 7.8。其中，2020 年新投运的加氢站共 107 座，亚洲 72 座，欧洲 29 座，北美洲 6 座；日本、韩国、中国和德国全年分别新增了 28 座、26 座、18 座和 14 座，是全球新增加氢站数量最多的四个国家。全球已建成的加氢站中，亚洲共有 275 座加氢站，位居全球第一；其后分别是欧洲 200 座，北美洲 75 座。未来计划建设方面，美国、中国和日本等规划建设加氢站数量较多，将进一步推动全球氢能产业发展。

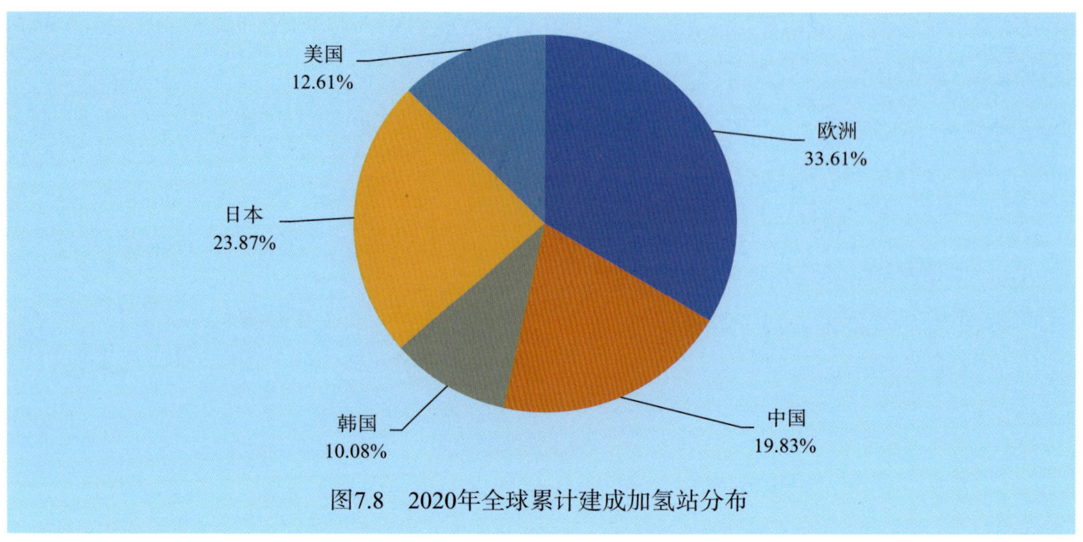

图7.8　2020年全球累计建成加氢站分布

尽管受新冠肺炎疫情影响，但 2020 年燃料电池出货量仍比 2019 年有所增加，出货量从 2019 年的 1 192 兆瓦增加到 2020 年的 1 319 兆瓦，根据测算，2020 年约出货 8.25 万台[33]，如图 7.9 所示。从地域上看，亚洲仍是全球最大的燃料电池市场，占全球燃料电池出货量的近 70%；欧洲的年出货量同比增长 17%，从 2019 年的 113 兆瓦增长到 2020 年的近 132 兆瓦；而北美洲的出货量从 2019 年的 339 兆瓦下降到 2020 年的 253 兆瓦。从燃料电池的种类上看，质子交换膜燃料电池在数量和容量上继续占据主导地位，2020 年出货量超过 53 600 台，约 1 030 兆瓦；SOFC 位居第二，出货量近 25 000 台，约 148 兆瓦，高于 2019 年的 107 兆瓦[33]。

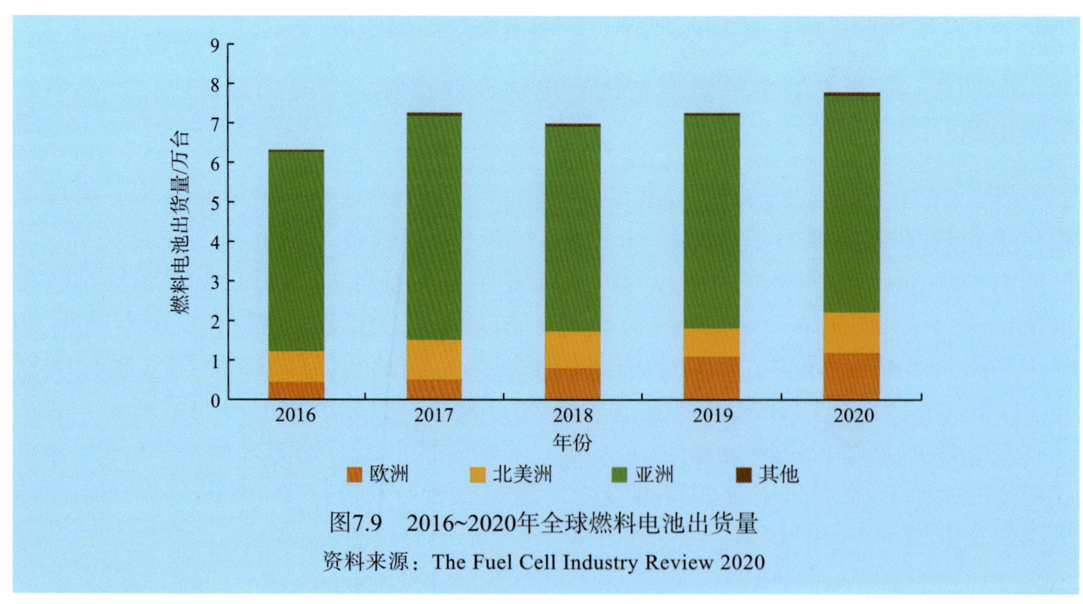

图7.9　2016~2020年全球燃料电池出货量

资料来源：The Fuel Cell Industry Review 2020

氢燃料电池车交通领域，2020 年全球燃料电池汽车的销量保持连续增长，年销

量超过 8 000 辆。合作研发方面，2020 年，本田和五十铃签署了战略协议，将共同为重型卡车研究氢燃料电池；戴姆勒与沃尔沃也建立了合资公司，研发重型车的燃料电池系统。新品方面，2020 年 7 月，现代汽车打造出全球首款量产燃料电池重型卡车 XCIENT Fuel Cell，并计划到 2025 年分阶段交付 1 600 辆氢燃料电池卡车；2020 年 9 月，全球首架氢燃料商用飞机在英国克兰菲尔德机场成功完成试飞，该飞机在 ZeroAvia 航空公司 Piper m 级 6 座飞机的基础上改装而成，飞行距离和有效载荷与喷气飞机相当，而且运营成本明显降低；2021 年 5 月 26 日，丰田 Mirai 创氢燃料汽车续航新纪录，首次突破 1 003 千米；全球首艘液化氢运输船在日本神户公开，该船通过将氢气冷冻至 –253℃液化，使其体积压缩至原本的 1/800，可实现高效运输。

7.2　2020 年以来能源新技术产业发展的国内动态及趋势分析

7.2.1　煤炭清洁高效利用水平不断提升，低碳化利用是方向

“十三五”期间，我国煤炭行业去产能目标任务提前完成，产业结构持续优化，清洁高效利用水平大幅提升，“兜底保障”根基更加稳固。2020 年，全国煤炭产量为 39 亿吨，比 2019 年增长 1.4%；煤炭消费量为 39.6 亿吨，比 2019 年增长 0.6%；煤炭占一次能源消费比重为 56.8%，比 2019 年下降 0.9 个百分点[34]。截至 2020 年底，全国煤电装机容量为 10.8 亿千瓦，占全国发电装机容量的 49%，首次降至 50% 以下；煤电发电量为 4.63 万亿千瓦时，占全国全口径发电量的 60.7%[35]，占全球燃煤发电总量的 52.2%[1]。2020 年，全国 6 000 千瓦及以上火电厂平均供电标准煤耗为 304.9 克 / 千瓦时，比上年下降 1.5 克 / 千瓦时。全国达到超低排放限值的煤电机组约 9.5 亿千瓦，约占煤电总装机容量的 88%[35]。

“十三五”期间，我国煤炭行业科技创新能力显著增强，燃煤超低排放发电、现代煤化工技术等达到国际领先水平，多项技术获得国家科学技术奖，支撑了煤炭及其相关行业高质量发展。燃煤发电技术和装备不断向高参数、大容量、高效及低排放方向发展，在超超临界燃煤发电技术、循环流化床燃烧技术等方面具有国际领先优势。我国碳达峰、碳中和目标的宣布，意味着能源系统低碳转型窗口期压缩，煤炭低碳转型发展任重道远，突破 CCUS 技术瓶颈是其中的关键。2020 年 11 月，由中国华能集团清洁能源技术研究院有限公司自主研发的我国首套 1 000 吨 / 年相变型二氧化碳捕集工业装置在华能吉林发电有限公司长春热电厂成功实现 72 小时连续稳定运行，该技术可实现烟气中二氧化碳捕集率达 90%，再生热耗低于 2.3 吉焦 / 吨二氧化碳，主要技术指标达国际领先水平[36]。2021 年 6 月，国内规模最大的燃煤电厂燃烧后二氧化碳捕集与驱油封存全流程示范项目，15 万吨 / 年 CCUS 示范项目在国家能源集团国华电力锦界电厂一次通过 168 小时试运行，成功实现了燃煤电厂烟气中二氧化碳大规模捕集[37]。

7.2.2 页岩气储量、产量快速增长，页岩油取得实质性突破

2020 年，我国非常规油气产业持续快速发展。页岩气方面，在多个新领域取得突破，中国石化在国内首个招标区块——南川区块，实现了盆缘复杂构造区常压页岩气规模探明，探明地质储量 1 918 亿立方米。国内首个深层页岩气田——威荣页岩气田持续开展 3 800 米深层配套压裂技术攻关，建成一期 10 亿立方米产能，2020 年产量 5.5 亿立方米，在永川、丁山、东溪、泸州等多个地区取得 4 000 米深层页岩气新突破；3 500~4 500 米深层页岩气资源有望实现规模商业开发。在鄂西渝东地区，中国石化部署的红页 1HF 井在二叠系吴家坪组测试获日产气 8.9 万立方米，二叠系海相页岩气有望成为继志留系后又一个实现页岩气商业开发的新层系。截至 2020 年，我国页岩气累计探明地质储量超过 2 万亿立方米，产量达到 200 亿立方米，产量较 2019 年增长了 30%。我国煤层气已建成沁水盆地南部、鄂尔多斯盆地东缘两大煤层气产业基地。2020 年我国煤层气产量持续稳定增长，地面煤层气产量 67.1 亿立方米，煤矿瓦斯抽采 128 亿立方米，利用瓦斯 57.4 立方米。页岩油方面，我国页岩油产量达到 186 万吨。中国石油在松辽盆地北部大庆古龙页岩油勘探取得重大突破，古页油平 1 井测试获最高日产油 30.5 吨，气 1.3 万立方米，初步估算有利区页岩油资源 98 亿吨。在鄂尔多斯盆地建成百万吨整装页岩油示范区，2020 年页岩油产量 142 万吨。准噶尔盆地吉木萨尔百万吨页岩油示范区，累计提交探明地质储量 1.5 亿吨，2020 年页岩油产量 32 万吨。在渤海湾盆地沧东凹陷官页 1-1-9H 测试获日产油 118 吨，2020 年产量 4 万吨。中国石化在渤海湾盆地济阳坳陷、四川盆地、苏北盆地相继取得战略性突破，初步落实了 3 个亿吨级页岩油资源规模阵地。在四川盆地东南缘侏罗系涪页 10HF 井在东岳庙段试获日产油 17.6 吨、气 5.58 万立方米；泰页 1HF 井在凉高山组试获日产油 9.8 吨、气 7.5 万立方米。在川东南形成了侏罗系东岳庙段、大安寨段、凉高山组的页岩油立体勘探格局，初步落实页岩油资源量 5 亿吨、页岩气资源量近 7 000 亿立方米。在渤海湾盆地济阳坳陷义页平 1 井在渤南洼陷沙三下亚段试获最高日产油 93 吨，樊页平 1 井在博兴洼陷沙四上亚段试获最高日产油 171.3 吨、气 1.6 万立方米，初步落实渤南、博兴两个洼陷页岩油有利区资源量 2.7 亿吨；在苏北盆地溱潼凹陷沙垛 1 井在阜二段试获最高日产油 51 吨，初步落实有利区页岩油资源量 1.09 亿吨。在天然气水合物方面，2020 年南海神狐海域天然气水合物水平井降压试采取得新突破，日均产气 2.87 万立方米，累计产气 86.14 万立方米 [38]。

7.2.3 能源互联网持续发展，清洁能源消纳助力“双碳”目标

我国能源互联网技术处于国际领先水平，近年来，我国电网向能源互联网升级，有力支撑了绿色低碳发展。截至 2020 年底，我国可再生能源发电装机达到 9.34 亿千瓦，同比增长约 17.5%；其中，风电装机 2.81 亿千瓦、光伏发电装机 2.53 亿千瓦、生物质发电装机 2 952 万千瓦 [39]。在能源生产环节，构建多元化清洁能源供应体系，服务新能源等清洁能源大规模开发利用。近十年，我国风电、太阳能发电等新能源

发电装机年均增长 33.6%，发电量年均增长 34.8%，均比全球平均水平高 13 个百分点。2020 年，我国煤电装机容量占总装机容量的比重为 49.1%，历史性降至 50% 以下。在能源消费环节，全面推进电气化和节能提效，促进电能占终端能源消费比重不断提升，2000~2019 年，全球电能占终端能源消费比重从 15.4% 增至 19.6%；中国从 10.9% 增至 26%，提高约 15 个百分点。

我国以风电和光伏为代表的新能源仍保持快速发展，并正处于从补充电源向主力电源转变的关键时期。2020 年，全国可再生能源发电量达 22 148 亿千瓦时，同比增长约 8.4%。其中，水电 13 552 亿千瓦时，同比增长 4.1%；风电 4 665 亿千瓦时，同比增长约 15%；光伏发电 2 605 亿千瓦时，同比增长 16.1%；生物质发电 1 326 亿千瓦时，同比增长约 19.4%。可再生能源保持高利用率水平，全面完成清洁能源消纳三年行动计划目标。2020 年，全国弃风电量约 166 亿千瓦时，平均利用率 97%；全国弃光电量 52.6 亿千瓦时，平均利用率 98%[39]。在支撑新能源消纳的电网建设方面，持续加强新能源接网配套工程建设，投运张北柔性直流电网试验示范工程、青豫特高压直流工程等提升新能源消纳能力的重点输电通道[40]。在调度运行方面，提升电网平衡调节能力，完善调度技术支持手段。在电力市场建设方面，完善电力市场交易制度，加快推进辅助服务市场建设，落实可再生能源电力消纳保障机制，扩大省间、省内交易规模，创新交易品种。

2020 年 9 月 22 日，习近平总书记在第 75 届联合国大会上提出了“双碳”目标，对储能行业未来发展带来深刻而巨大的影响。截至 2020 年底，中国已投运储能项目累计装机规模为 35.6 吉瓦，占全球市场总规模的 18.6%，同比增长 9.8%，涨幅比 2019 年同期增长 6.2 个百分点。其中，抽水蓄能的累计装机规模最大（图 7.10），为 31.79 吉瓦，同比增长 4.9%；电化学储能的累计装机规模位列第二（图 7.10），为 3 269.2 兆瓦，同比增长 91.2%（图 7.11）；在各类电化学储能技术中，锂离子电池的累计装机规模最大（图 7.10），为 2 902.4 兆瓦[12]。

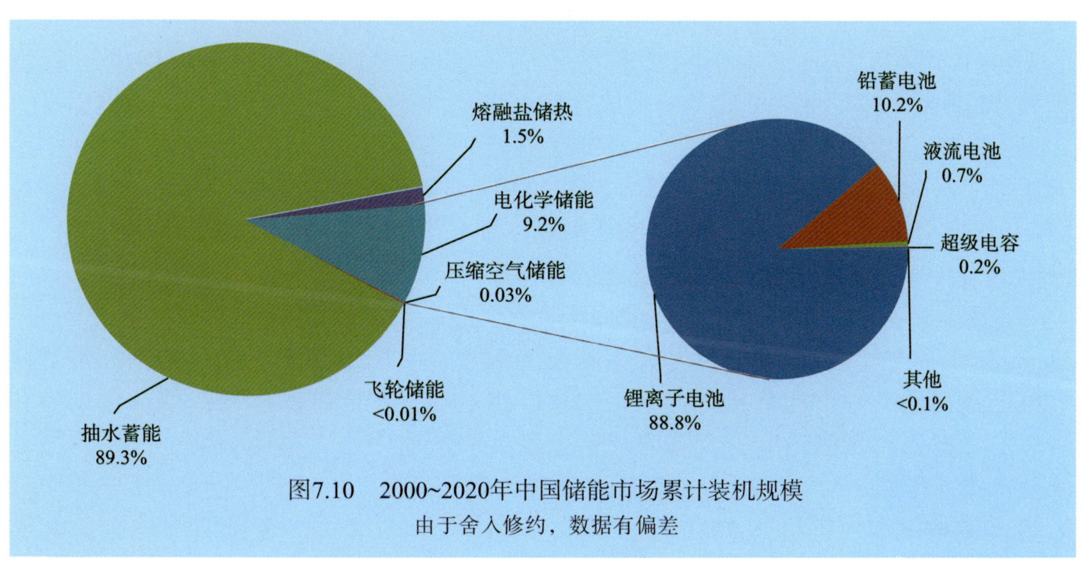

图7.10 2000~2020年中国储能市场累计装机规模

由于舍入修约，数据有偏差

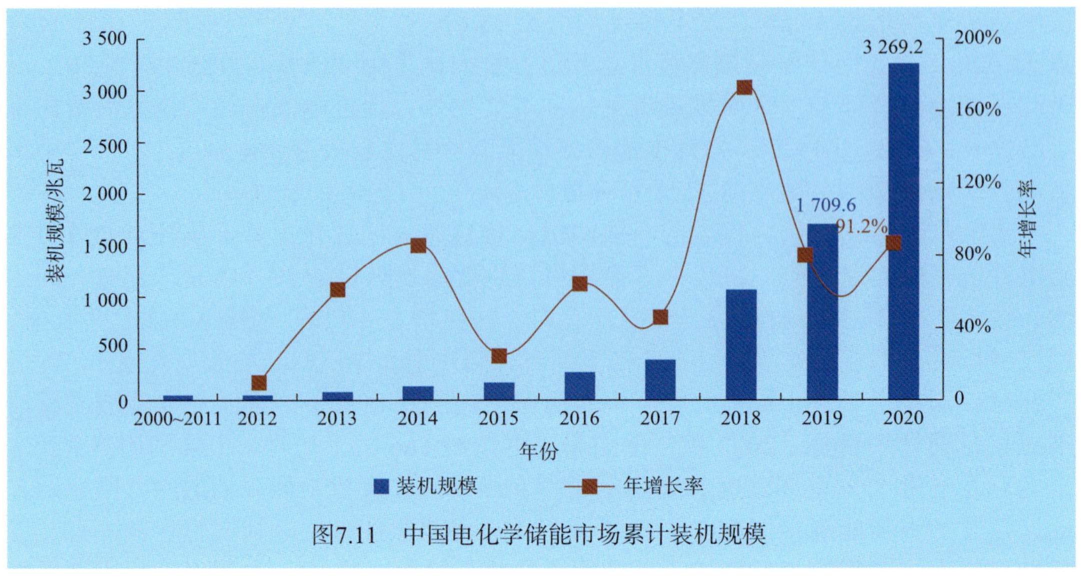

图7.11　中国电化学储能市场累计装机规模

2020 年，全国共有 144 个规模明确的储能项目处于施工安装 / 竣工验收阶段，总计为 3 604.092 5 兆瓦 /5 825.966 兆瓦时。其中 100 兆瓦级及以上规模的有 8 个项目，共计 2 124.62 兆瓦 /2 950.06 兆瓦时，主要位于内蒙古、江苏、安徽、山西等 6 省区，占全年项目总规模的 58.95%。10 兆瓦级及以上 100 兆瓦级以下规模的有 57 个项目，共计 1 245.96 兆瓦 /2 329.56 兆瓦时，占全年项目总规模的 34.57%。1 兆瓦级及以上 10 兆瓦级以下规模的有 59 个项目，共计 229.3 兆瓦 /376.157 兆瓦时，占全年项目总规模的 6.36%。1 兆瓦级以下规模的有 20 个项目，共计 4.212 5 兆瓦 /15.449 兆瓦时，占全年项目总规模的 0.12%[41]。

7.2.4　自主核电“华龙一号”建成商运，中国已成为全球三代核电发展的产业中心

2021 年 4 月 29 日，中国核能行业协会发布《2021 年 1-3 月全国核电运行情况》。截至 2021 年 3 月 31 日，中国运行核电机组共 49 台（全球第三），装机容量为 5 100 万千瓦（额定装机容量）。2021 年 1~3 月，运行核电机组累计发电量为 927 亿千瓦时，占全国累计发电量的 4.86%，比 2020 年同期上升 18.87%；累计上网电量为 869 亿千瓦时，比 2020 年同期上升 19.66%。截至 2021 年 3 月 31 日，中国在建核电机组 17 台，在建核电机组装机容量连续多年保持全球第一。

我国自主三代核电技术达到当今国际公认的最高核安全标准。以“华龙一号”建成商运、CAP1400 成功研发并开工建设为标志，我国成为继美国、法国、俄罗斯等核电强国后又一个拥有独立自主三代核电技术和全产业链的国家，就在建规模和发展前景而言，我国已成为全球三代核电发展的产业中心。福建福清、广西防城港四台首批“华龙一号”机组示范工程进展总体顺利，“华龙一号”全球首堆——中核集团福清核电 5 号机组于 2020 年 11 月 27 日首次并网成功，是目前全球少数能够

按照计划进度实施建设的三代核电机组。出口巴基斯坦的卡拉奇核电工程 2 号机组（K-2）已于当地时间 2020 年 11 月 28 日正式开始装料。高温气冷堆核电重大专项继续稳步推进。华能石岛湾高温气冷堆示范工程工程设计与技术研发类课题研究已全部完成，2 号、1 号反应堆冷态功能试验分别于 2020 年 10 月 19 日、11 月 3 日一次成功，标志着核岛核心系统建设质量得到全面检验。小型反应堆方面，陆上小型压水堆及海洋核动力平台的研发持续开展，海南昌江多用途模块式小型堆科技示范工程按计划开展工作；海阳核电站供热项目持续推进，海阳将成为国内首个“零碳核供暖”城市。

7.2.5　新冠肺炎疫情难挡政策刺激，中国风电产业迎来爆发式增长，陆上风电新增装机容量翻一番

2020 年第 1 季度，我国受新冠肺炎疫情严重影响，全国工农业生产几乎处于停滞状态，风电产业发展也面临同样的困境；随着全国疫情逐渐恢复好转，在“2018 年底之前核准的陆上风电项目，2020 年底前仍未完成并网的，国家不再补贴”（发改价格〔2019〕882 号文）的政策刺激下，我国风电市场尤其是陆上风电市场迎来爆发式增长。

2020 年我国风电新增装机容量和累计装机容量再创历史新高，新增装机容量 5 200 万千瓦，同比增长 98.8%（图 7.12），其中，陆上风电新增装机容量 4 894 万千瓦，同比增长 101.5%，海上风电新增装机容量 306 万千瓦，同比增长 22.7%。截至 2020 年底，我国风电累计装机容量 2.9 亿千瓦，同比增长 22%，约占全球风电市场总份额的 38.8%。其中，陆上风电累计装机容量 2.8 亿千瓦，约占全球陆上风电市场总份额的 39.3%；海上风电累计装机容量 1 000 万千瓦，约占全球海上风电市场总份额的 28.3%。我国风电新增装机规模和累计装机规模连续 8 年位列全球第一。

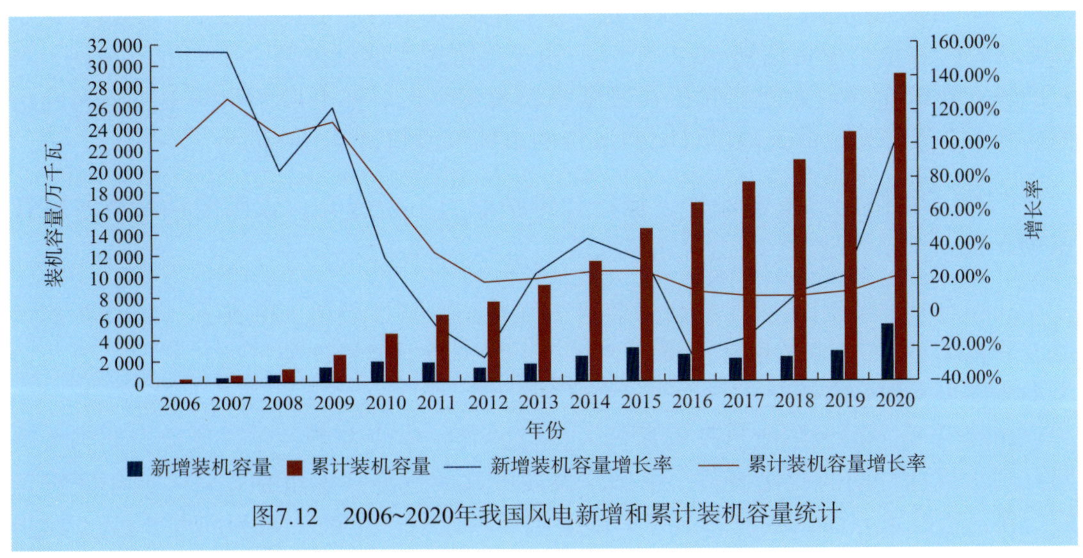

图7.12　2006~2020年我国风电新增和累计装机容量统计

2020年我国风电发电量4 665亿千瓦时，同比增长15%，约占全国总发电量的6.1%。全国风电平均利用小时数2 097小时，比2019年提高15小时，风电平均利用小时数较高的地区依次是福建（2 880小时）、云南（2 837小时）、广西（2 745小时）和四川（2 537小时）。全国弃风电量约166亿千瓦时，风电平均利用率97%，较上年同期提高1个百分点，全国平均弃风率3%，较2019年同比下降1个百分点，尤其是新疆、甘肃和蒙西地区弃风率同比显著下降，新疆弃风率10.3%、甘肃弃风率6.4%、蒙西地区弃风率7%，同比分别下降3.7个百分点、1.3个百分点、1.9个百分点[19,42]，弃风限电状况进一步好转。

7.2.6　中国太阳能光伏装机量逆势大幅增长，年化增长率达到60.1%

在2018年、2019年连续两年太阳能光伏装机量下降和新冠肺炎疫情影响下，太阳能光伏的供应链部分原料出现大幅涨价，如硅材料、浮法玻璃、EVA（乙烯-醋酸乙烯酯共聚物）封装材料等涨幅均达到50%。尽管如此，2020年中国太阳能光伏的安装量仍出现大幅提升，达到了48.2吉瓦，相对于2019年的30.1吉瓦，年化增长率达到了60.1%。累计安装量达到了253.64吉瓦；2020年中国多晶硅产量达到了39.2万吨，较2019年的34.2万吨同比增长14.62%；多晶硅市场集中度不断提高，2020年中国多晶硅行业前五位企业的市场占有率为87.5%，较2019年的69.3%增长了18.2个百分点[43]。硅片产量达到了163.1吉瓦，较2019年的134.7吉瓦增长了21.1%；电池片产量达到了134.8吉瓦，较2019年的110.3吉瓦增长了22.2%；电池组件产量达到了124.6吉瓦，较2019年的98.6吉瓦增长了26.4%[21]。

2020年是“十三五”规划收官之年，2021年是“十四五”规划开局之年。自2021年开始，总的太阳能光伏市场配额不受国家发改委或国家能源局控制。光伏发电装机容量由省级政府统筹安排。要实现2030年二氧化碳“碳达峰”，到2060年“碳中和”的预期目标，光伏市场将进一步扩大。据估计，在“十四五”期间，每年的光伏装机容量至少将达到50吉瓦[21]。由于《可再生能源发展“十四五”规划》对新能源产业的布局，太阳能光伏在股票市场表现突出。整个股票市场上市公司的市值达到了2万亿元；西安隆基硅材料股份的市场价值超过4 500亿元。

7.2.7　太阳能热发电设计、运行和维护能力不断提升，太阳能采暖技术展开多项示范

2020年中国太阳能热发电新增装机100兆瓦，累计装机538兆瓦（统计兆瓦级以上装机项目），占全球市场容量的8%。图7.13为中国累计装机增长情况，图7.14为主要技术类别分布情况。

2020年是中国太阳能热发电站投入运行的第二年或者第一年，从建设期到考核期再到常规运行期的变化显著，中国掌握发电站的运维技术也是在这一两年间实现的。在工程技术方面，从前期设计、施工到后期运行产生的一系列问题，经过2020年的运行实践

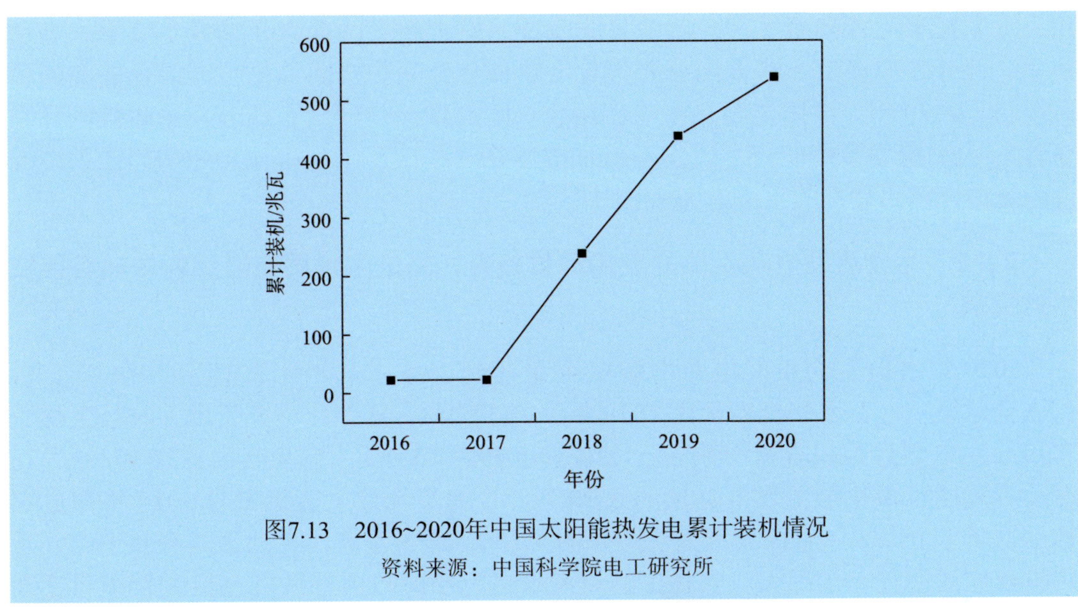

图7.13 2016~2020年中国太阳能热发电累计装机情况

资料来源：中国科学院电工研究所

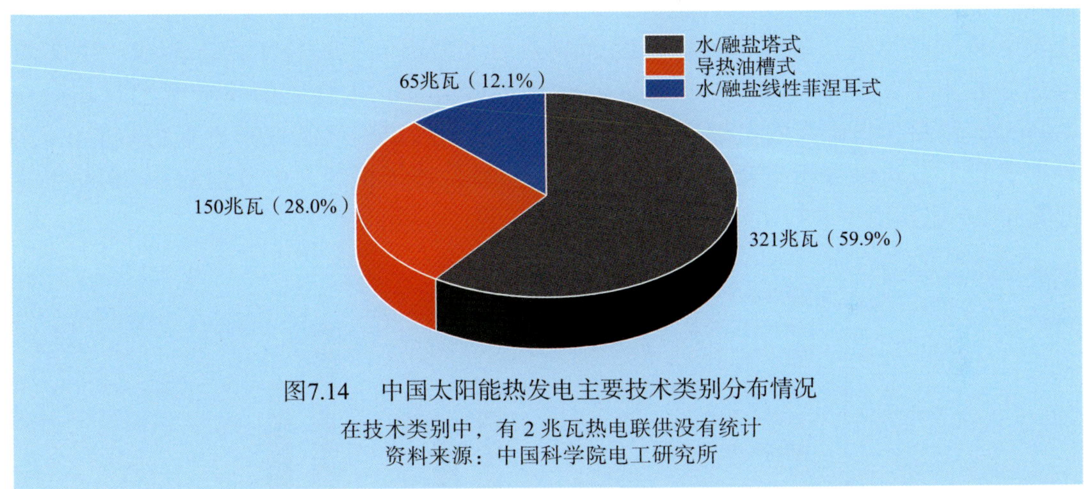

图7.14 中国太阳能热发电主要技术类别分布情况

在技术类别中，有2兆瓦热电联供没有统计

资料来源：中国科学院电工研究所

和问题处理，中国光热领域的技术和工程团队水平得到大幅度提高。在科研方面，科技部、中国科学院和北京市科学技术委员会等资助的“超临界二氧化碳太阳能热发电”相关项目持续进展，研制了热功率1兆瓦的颗粒与超临界二氧化碳换热器样机，研制了使用温度800℃的高温颗粒储罐、使用温度550℃的颗粒提升机等关键设备。中国电力建设集团研发了太阳能光热发电高温熔盐泵，为国内具有完全自主知识产权的产品。西北综合勘察设计研究院依托青海共和光热发电项目，形成了一套完整的塔式光热电站性能评估软件平台，为大型多能互补基地规划建设提供有力支撑。科技部启动了国家重点研发计划“变革性技术关键科学问题”重点专项，2020年启动了“高效能仿生型储热材料和过程设计”项目，旨在通过仿生学方法设计更好性能的储热材料，立项了“宽波段平面超表面太阳能聚光器及其集热系统”项目，其研究目标是将超表面材料引入太阳能聚光器的设计加工制造中，该技术如实现应用，太阳能聚光器有望实现免跟踪聚光功能，对大幅度降低聚光场成本有重大推动作用。此外还启动了一些太阳能光催化、热催化和光热协同催化生产绿色能源的科研项目。2020 年，太阳能与热泵等相结合、短周期储热的分布式分户采暖技术日趋完善；大型跨季节储能技术研发不断推进并在一些试点工程中初步应用，在大型能源系统中显示出良好的发展潜力。

7.2.8 生物质发电和供热的应用形势趋好，先进生物质交通燃料依然有待技术的突破

2020 年我国生物质发电并网装机容量达到 29.5 吉瓦，比 2019 年增加 22.6%，位居全球第一，新增装机容量比 2019 年下降 13.5%，其中，垃圾焚烧、农林生物质和沼气发电累计装机容量分别占 51.9%、45.1% 和 3.0%。年发电量达到 132.6 太瓦时，占我国可再生能源发电总量的 6.0%[44]。垃圾焚烧发电装机量自 2017 年超过农林生物质发电以来一直保持领先优势（图 7.15），作为垃圾快速处理的有效手段，其装机规模还会进一步扩大。农林生物质发电运行小时数因补贴资金拖欠严重而逐渐下降，虽然总装机量呈现上升趋势，但 2020 年新增装机量有所下降（图 7.15）。沼气发电装机规模增长缓慢，可能是因为成熟的大型沼气工程技术尚未形成。生物质供热主要用于工业生产和生活取暖。在生活取暖方面，生物质固体成型燃料和颗粒燃料成本较高，很难在农村地区推广，国家能源局提出因地制宜推进生物质能供暖，集中式和分散式供暖相结合，积极推进生物质替代燃煤供暖，中央财政在 2020 年专门安排 20 亿元用于农村清洁取暖运行补贴。

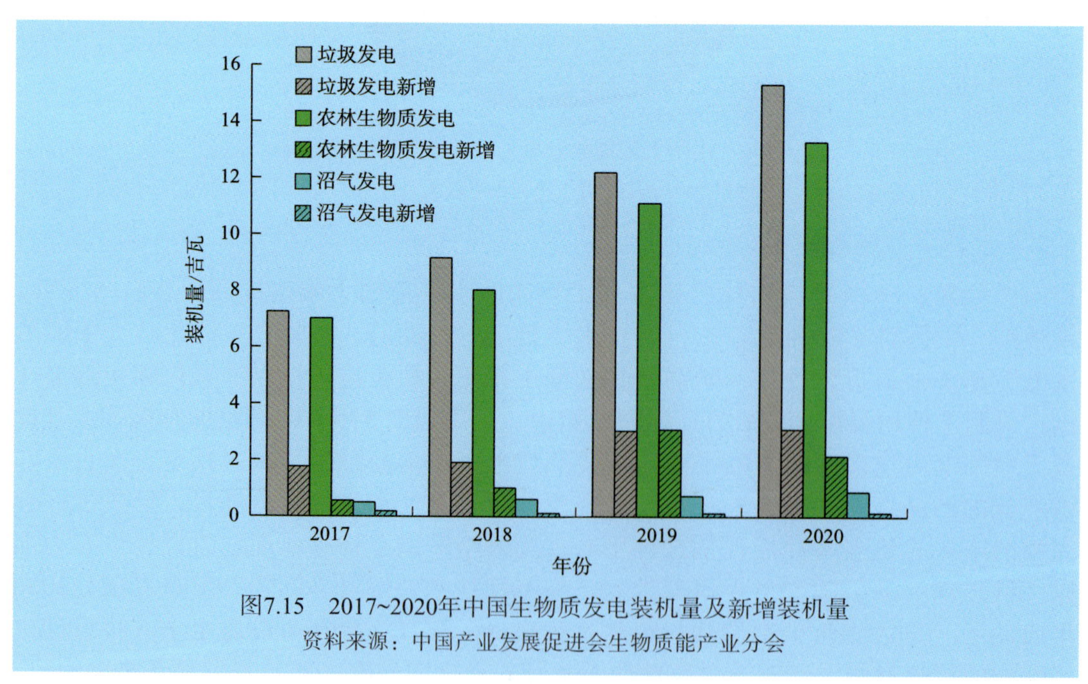

图7.15　2017~2020年中国生物质发电装机量及新增装机量

资料来源：中国产业发展促进会生物质能产业分会

燃料乙醇和生物柴油也是我国生物质交通燃料的主体，生物甲烷的产业化仍在

推进。2020年我国粮食和非粮燃料乙醇产量为263万吨，位居世界第三[24]，纤维素燃料乙醇的示范线仍未实现持续运营。科技部部署了1亿多元用于纤维素燃料乙醇产业化的技术攻关，国投生物拟在黑龙江省海伦市建设年产3万吨玉米秸秆纤维素燃料乙醇示范厂。2020年我国生物柴油的产量为131万吨，比2019年增加61.7%[45]，主要是因为欧盟开始对粮食来源的生物燃料采取多项限制政策，而以餐厨废油和地沟油生产的生物柴油享受双倍减排政策，由此刺激了国内生物柴油产能，增加了对欧盟市场的出口。生物甲烷的应用推广仍然备受重视，除技术问题外，还需要建立合适的商业模式，完善产业链，降低生产和运营成本。

7.2.9 地热能稳健发展，产业迎来政策风口，地热市场有望大热

中国是地热利用大国，直接利用规模长期位居世界第一，但地热发电产业相对滞后，地热产业整体发展水平还有待进一步提升。根据《地热能开发利用“十三五”规划》，中国地热能利用量在2020年达到7 000万吨标准煤，地热能供暖年利用量4 000万吨标准煤。中国地质调查局调查结果显示，中国336个地级以上城市规划区范围内浅层地热能年可采资源量折合7亿吨标准煤，水热型地热能年可采资源量折合19亿吨标准煤，干热岩型地热能基础资源量折合856万亿吨标准煤（图7.16）。国家地热能源开发利用研究及应用技术推广中心的数据显示，截至2020年底，中国约实现地热能供暖面积14亿平方米，相较于2015年底的5亿平方米，增长了9亿平方米。但地热能发电发展较滞后，截至目前仅有约45兆瓦装机容量[46]。

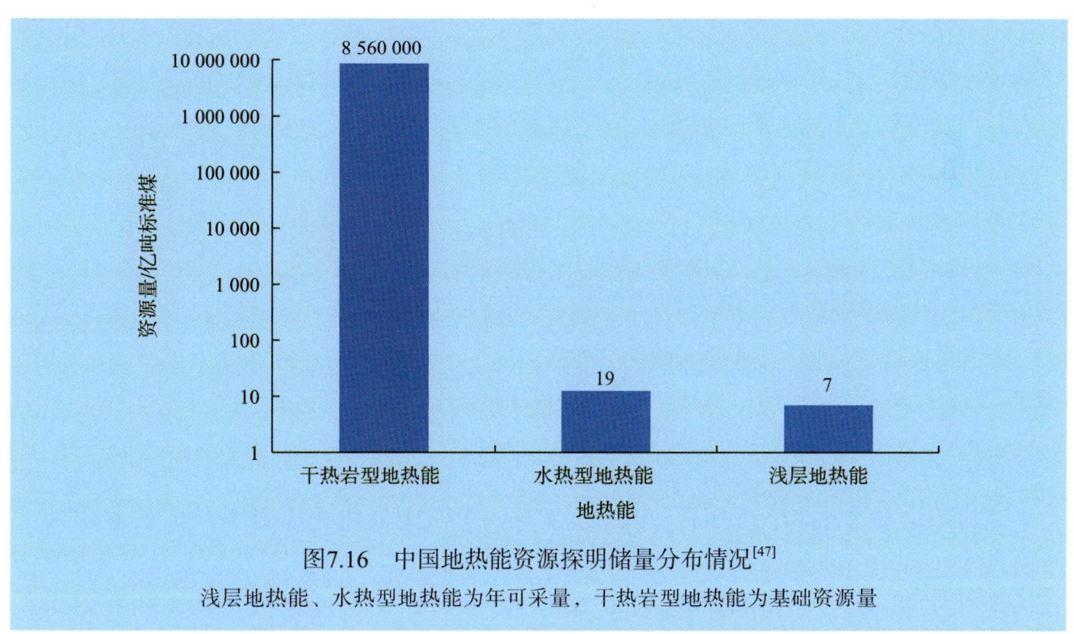

图7.16 中国地热能资源探明储量分布情况[47]

浅层地热能、水热型地热能为年可采量，干热岩型地热能为基础资源量

各省区市积极推出地热发展规划和支持政策，地热供暖加速发展。2020年西安高新区创新发展局发布了《西安高新区创新发展局关于征集西安高新区清洁取暖示

范项目（第二批）的通知》；山东省制定了《莱州市农村地区清洁取暖实施方案》，鼓励实施多种清洁能源替代。2021 年 4 月 14 日，国家能源局综合司发布《关于促进地热能开发利用的若干意见（征求意见稿）》，提出“大力推进中深层地热能供暖”，到 2025 年地热能供暖（制冷）面积比 2020 年增加 50%。2021 年山西地热资源勘查中，探获华北地区浅层最高温地热孔，是迄今为止中国东部 2 000 米以浅深度范围内温度最高的地热孔。

7.2.10 中国重视氢能与燃料电池关键技术研发，加快推动商业化应用

2020 年，我国氢能与燃料电池产业商业化发展取得突破，8 月我国“氢能第一股”北京亿华通科技股份有限公司股票在上海证券交易所科创板正式上市交易，是我国氢能产业发展的一个重要里程碑。2020 年以来，我国氢能与燃料电池产业基础建设进一步加强，截至 2021 年 6 月底，全国共有 22 个省市布局加氢基础设施，累计建成 146 座加氢站，有 136 座已投入运营，待运营的有 10 座，投用比达到 93%。其中，2020 年共建成 61 座加氢站（图 7.17），2021 年上半年共建成 20 座。从省市分布看，广东累计建成的加氢站数量最多，累计达到 35 座；山东 15 座，排在第二位；江苏 13 座，位居第三。此外，2021 年 3 月和 4 月，贵州与海南分别实现了首座加氢站的运营使用。

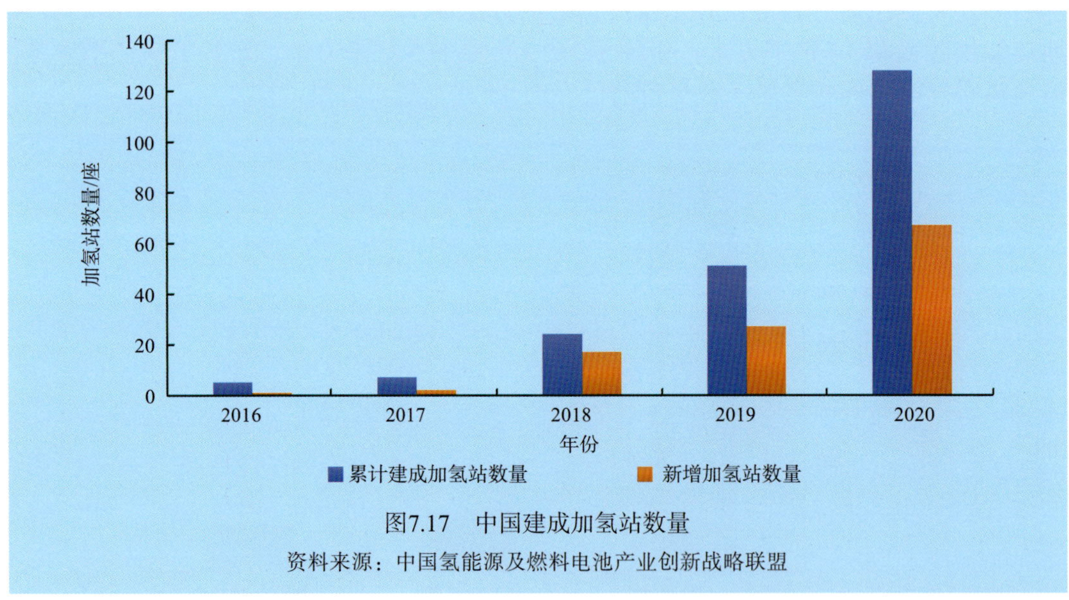

图7.17 中国建成加氢站数量

资料来源：中国氢能源及燃料电池产业创新战略联盟

燃料电池研发与应用方面，2020 年 9 月，上汽大通推出全球首款氢燃料电池多用途汽车（multi-purpose vehicles，MPV）车型 MAXUS EUNIQ 7，官方宣称加氢 5 分钟即可实现 600 千米以上的续航；2020 年 10 月，北京低碳清洁能源研究院自主研发的国内首套 20 千瓦级 SOFC 发电系统在宁夏煤业实验基地试车成功，达到运行条件，此次试车成功是国内首套整体煤气化燃料电池发电（integrated gasification fuel cell，IGFC）核心装备的成功运行，验证了项目组研发的新型发电技术的可行

性；2021 年 1 月，国内首辆氢燃料重型卡车挑战极寒环境，该车搭载潍柴氢燃料电池，–34℃低温冷启动，冰雪路面测试，均通过试验验证；2021 年 4 月，北京亿华通科技股份有限公司发布了 120 千瓦和 80 千瓦两款大功率自主开发的氢燃料电池发动机全新系列产品 G120 和 G80Pro，该系列产品采用具有完全自主知识产权的国产电堆，零部件国产化率高达 100%，实现 –35℃低温启动、–40℃低温储存，具有高可靠、长耐久、大功率等诸多优点；2021 年 6 月，中车戚墅堰机车有限公司首台氢燃料混合动力机车成功下线，该氢能源燃料电池机车是目前国内功率最大的具有完全自主知识产权的氢燃料混合动力机车；同年 6 月，红旗首发了氢燃料电池车型 H5-FCEV，该车氢燃料电池系统也采用自主研发技术，电机最大功率可达 54 千瓦，储氢罐最大可承受压力达到了 70 兆帕。

7.3　能源新技术战略性新兴产业发展典型案例——中国太阳能光伏产业最近 10 年发展回顾及展望

7.3.1　中国太阳能光伏产业最近 10 年发展回顾

中国太阳能光伏产业经过最近十年快速发展，逐渐从一个原料市场两头在外的光伏生产大国转变为一个全产业链协调发展、生产及市场全面发展的光伏强国。图 7.18 给出了 2011~2020 年中国太阳能光伏年度和累计安装量。太阳能光伏年度安装量的年均增长率达到了 37.7%。太阳能光伏已经成长为中国具有高度国际竞争力的战略性新兴产业之一。中国太阳能光伏累计安装量连续六年保持全球首位，截至 2020 年底的累计安装量占全球累计安装量的三分之一。年度新增安装量连续八年占据全球首位，2020 年的年新增安装量占全球新增安装量的 34.6%。中国多晶硅产量连续 10 年占据世界首位，2020 年新增多晶硅产量占全球新增产量的 76.0%，全球多晶硅产业进一步向中国转移。中国电池片和电池组件产量连续 14 年占据全球首位。表 7.2 列出了 2020 年从多晶硅到组件产业链中国产量和在全球产量中的占比情况。中国光伏企业凭借着晶硅技术、规模及成本控制等方面的优势，持续提升产能，制造端产能、产量全球占比均实现不同程度增长，全球光伏产业重心进一步向中国转移。中国多晶硅、硅片、电池片、电池组件产能和产量占全球产能和产量的比重分别提高到 75.2%、97.0%、80.7%、76.3% 和 76.0%、96.2%、82.5% 和 76.1%。

图 7.19 和图 7.20 分别给出了 2011~2020 年太阳能多晶硅和硅片的产量增长情况。多晶硅产量从 2011 年的 8.5 万吨，上升到 2020 年的 39.2 万吨，10 年的年均增长率达到 18.5%，保持稳定增长态势。硅片从 2011 年的年产 20 吉瓦到 2020 年的年产 161.3 吉瓦，10 年的年均增长率达到 26.1%，硅片产量总体呈逐年增长态势 [48]。

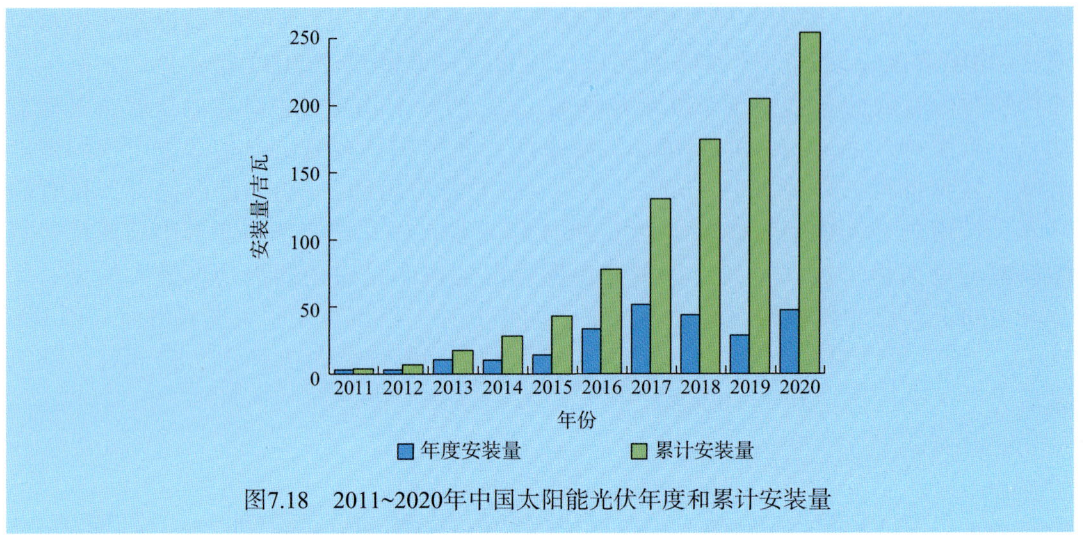

图7.18　2011~2020年中国太阳能光伏年度和累计安装量

表 7.2　2020 年全球光伏产品产能、产量及在全球的占比

项目	多晶硅 / 万吨	硅片 / 吉瓦	电池片 / 吉瓦	电池组件 / 吉瓦
全球产能	60.8	247.4	249.4	320
中国产能在全球占比	75.2%	97.0%	80.7%	76.3%
全球产量	52.1	167.7	163.4	163.7
中国产量在全球占比	76.0%	96.2%	82.5%	76.1%

资料来源：中国光伏行业协会

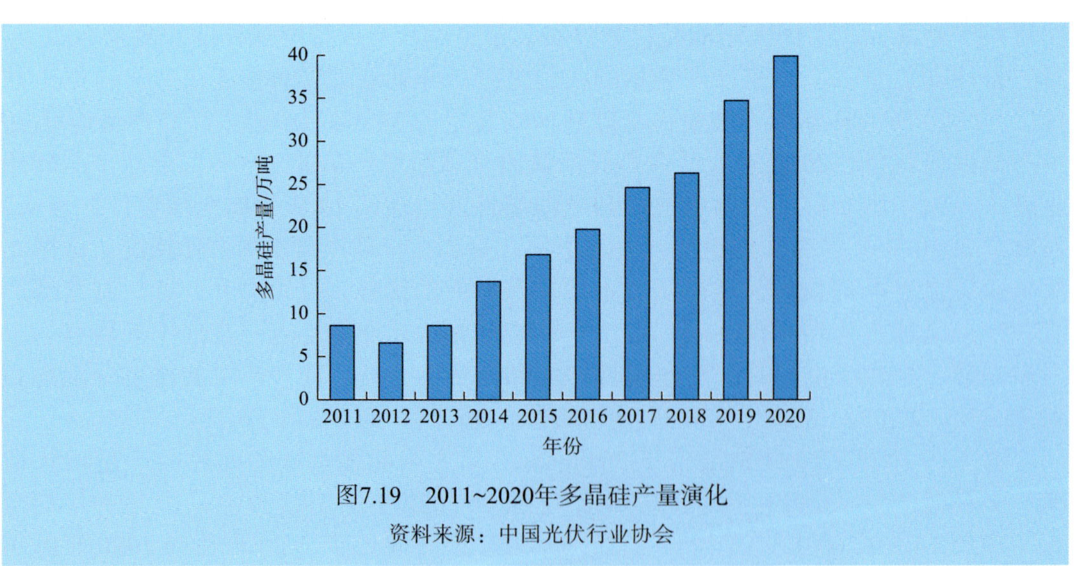

图7.19　2011~2020年多晶硅产量演化

资料来源：中国光伏行业协会

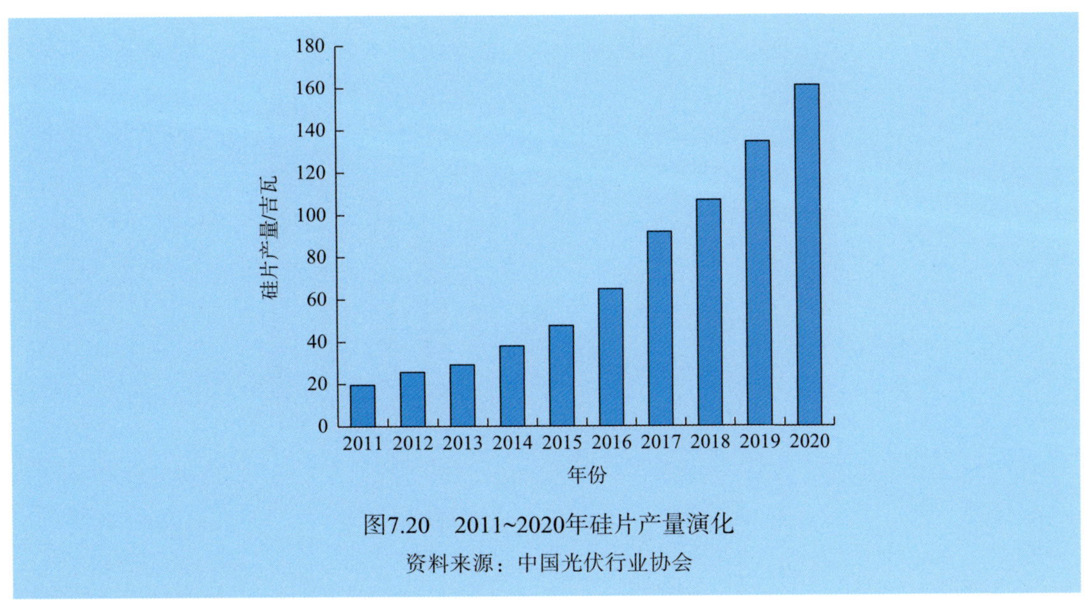

图7.20　2011~2020年硅片产量演化

资料来源：中国光伏行业协会

图 7.21 和图 7.22 给出了 2011~2020 年电池片和电池组件产量演变情况。2020 年电池片的产量达到了 134.8 吉瓦，10 年的年均增长率达到了 23.8%，2020 年电池组件的产量达到了 124.6 吉瓦，10 年的年均增长率达到了 22.3%。

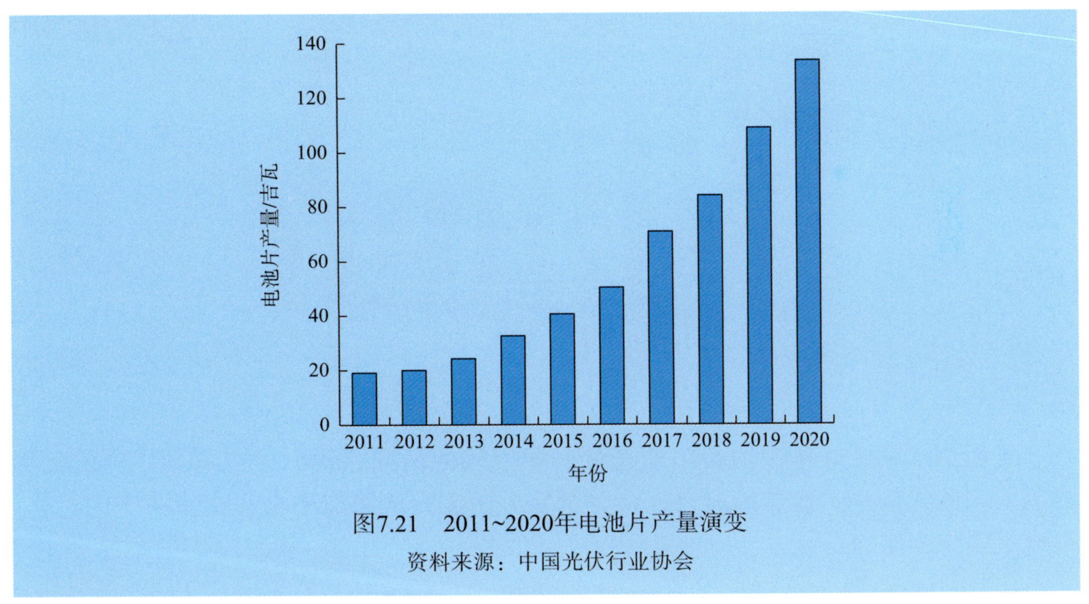

图7.21　2011~2020年电池片产量演变

资料来源：中国光伏行业协会

图 7.23 给出了 2011~2020 年太阳能光伏电池组件成本演变情况。随着产业规模的迅速扩大和技术的不断进步，电池组件成本获得了大幅下降，其中，2019 年的太阳能电池组件价格已经降到 1.68 元 / 峰瓦。

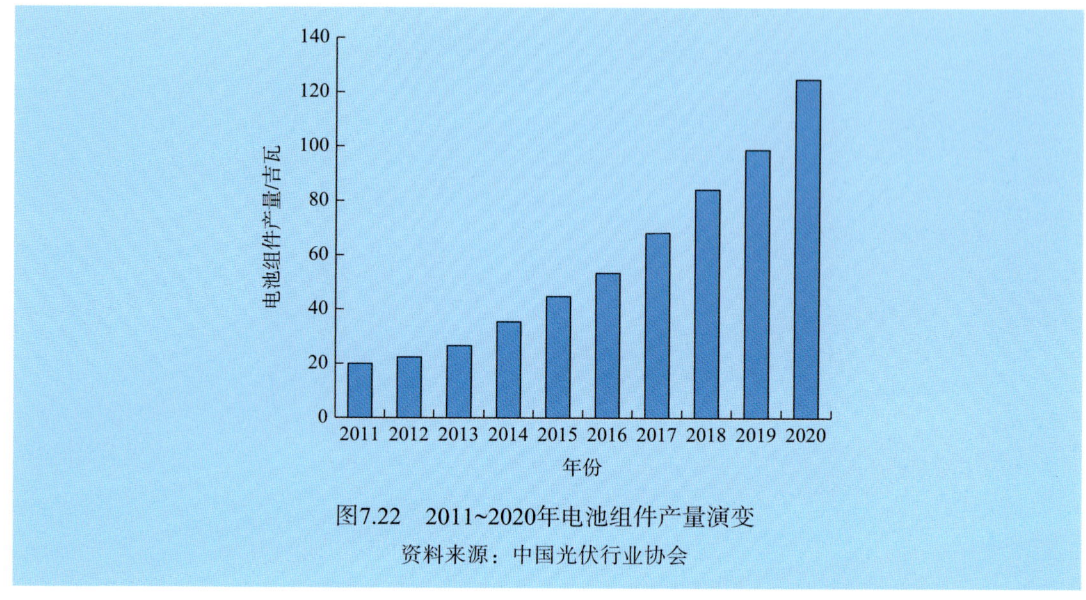

图7.22　2011~2020年电池组件产量演变

资料来源：中国光伏行业协会

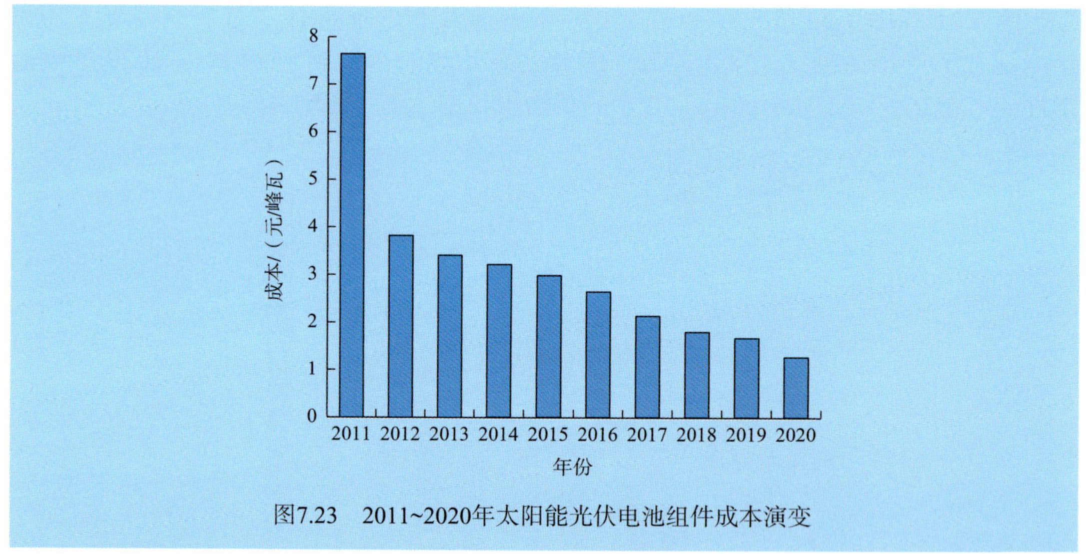

图7.23　2011~2020年太阳能光伏电池组件成本演变

回顾2011~2020年中国太阳能光伏产业发展的情况，我们可以看到中国已经形成了太阳能光伏全产业链的高效整合，全球太阳能光伏制造中心在逐步向中国转移，形成了领先全球的竞争力。

7.3.2　中国太阳能光伏产业发展未来展望

太阳能光伏已经实现在发电侧的平价上网。随着2030年“碳达峰”和2060年“碳中和”双重目标构建，预期“十四五”期间太阳能光伏安装将迎来新的历史机遇，装机量将迎来大幅增长。图7.24为中国光伏行业协会预期的“十四五”期间太阳能光伏安装量。保守情况下，“十四五”期间新增装机量将达到355吉瓦；乐观情况下，新增装机量将达到440吉瓦。国际能源机构在2021年5月发布的《2050年净零排放：全球能源行业路线图》中提出，到2050年，全球几乎90%的电力来源于可再生能源，其中太阳能和风能总计占70%。国际可再生能源机构在《世界能源转型展望——1.5℃路径》中提出，到2050年可再生能源发电量占比提升到90%，其中光伏和风电占比达到63%，全球太阳能光伏装机将达到14太瓦。2019年12月13日发布的《中国2050年光伏发展展望（2019）》指出，2025年和2035年，中国光伏发电总装机规模将分别达到730吉瓦和3 000吉瓦，而到2050年，该数据将达到5太瓦，光伏将成为中国第一大电源，约占当年全国用电量的40%[49]。从这些可再生能源的相关规划和预测中，我们可以看到，随着该产业的规模迅速扩大和成本的持续降低，太阳能光伏将在电力市场中发挥越来越重要的作用，将逐步从补充能源向主要电源过渡。

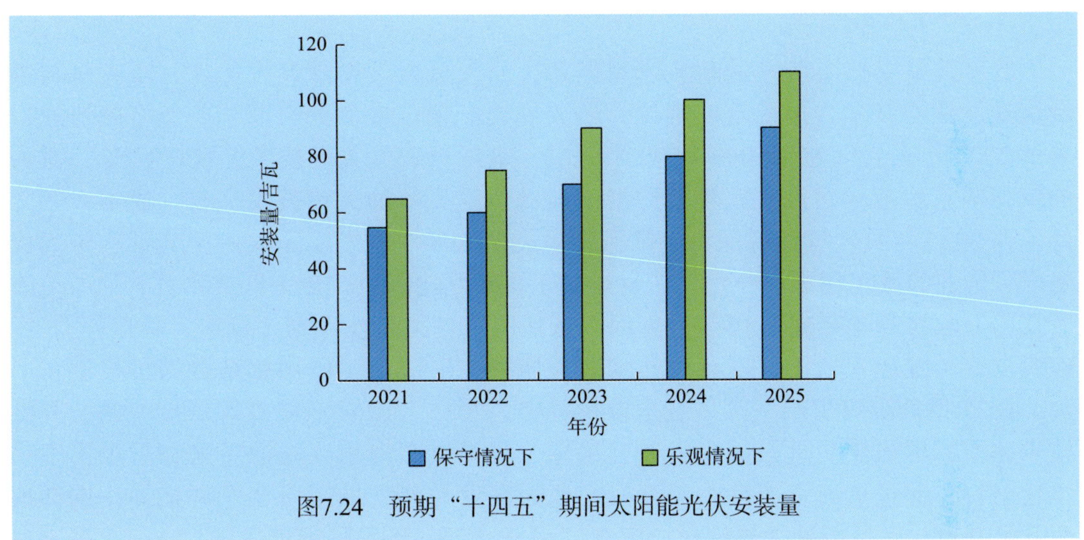

图7.24 预期“十四五”期间太阳能光伏安装量

7.4 能源新技术产业发展技术路线图

7.4.1 发展愿景

应对能源安全与生态环境问题，建设清洁低碳、安全高效现代能源体系，基于能源新技术创新引领我国能源产业发展，全面推进碳中和。

7.4.2 发展需求

在“双碳”目标和环境约束下，突破和发展绿色、低碳、高效的能源新技术，推动煤炭清洁高效利用、非常规油气等化石能源新技术产业和核能、可再生能源等

非化石新能源产业的快速发展。

7.4.3 发展目标

1. 煤炭清洁高效利用

依靠科技创新，推动燃煤高效清洁发电、煤炭清洁低碳转化、燃煤污染物深度控制和 CCUS 等关键技术与装备取得突破。到 2035 年全面形成煤炭清洁高效利用技术体系。煤炭集中高效利用比例提高到 90% 以上；燃煤发电及超低排放技术达到国际领先水平，完成 900 兆瓦级 IGCC 发电系统、100 兆瓦级 IGFC 发电系统示范，发电效率达到 60%，污染物实现近零排放，二氧化碳捕集率达到 95% 以上。

2. 非常规油气开发利用

依靠政策支持、技术进步、体制创新，加大页岩气勘探开发力度，攻克页岩气勘探开发核心技术，加快落实资源，形成规模产量，推动页岩油气产业有序快速发展；2025 年页岩气在 3 500~4 500 米深层、常压页岩气关键技术上取得突破；页岩油依托国家示范区建设，实现多类型中高成熟度页岩油关键技术突破，成本大幅降低，到 2035 年页岩气实现深层、常压等多类型、多领域规模开发；页岩油在中高成熟度页岩油领域实现规模开发，产量达到 1 000 万吨以上，在中低成熟页岩油原位改质技术上取得商业突破；煤层气方面，依托国家各类科技计划（专项、基金等），突破煤层气（煤矿瓦斯）开发利用技术装备瓶颈，形成产学研用相结合的科技创新平台，2025 年低阶煤煤层气开采技术取得突破，2035 年攻关低阶煤等煤层气效益开发技术体系，形成煤炭远景区先采气后采煤、煤炭生产规划区先抽后采和采煤采气一体化格局，促进形成资源勘查与开发、地面开发与井下抽采协调发展格局，推动地面开发基地化、井下抽采规模化，实现“安全–资源–环保”绿色发展。

3. 能源互联网与清洁能源消纳

打造清洁能源优化配置平台，推进各级电网协调发展，完善西北、东北送端和华东受端主网架结构，加大跨区输送清洁能源力度，到 2025 年，输送清洁能源占比达到 50%。加快水电、核电并网和送出工程建设，加强“大云物移智链”等技术在能源电力领域的融合创新应用，围绕新型电力系统建设需求，在电网规划、运行控制、新能源友好并网等方面开展科技创新，支撑新能源发电、多元化储能、新型负荷大规模友好接入，到 2035 年建成国际领先的能源互联网。

到 2025 年，实现新型储能从商业化初期向规模化发展转变。新型储能技术创新能力显著提高，核心技术装备自主可控水平大幅提升，在高安全、低成本、高可靠、长寿命等方面取得长足进步，标准体系基本完善，产业体系日趋完备，市场环境和商业模式基本成熟，装机规模达 3 000 万千瓦以上。新型储能在推动能源领域碳达峰、碳中和过程中发挥显著作用。到 2035 年，实现新型储能全面市场化发展。新型储能核心技术装备自主可控，技术创新和产业水平稳居全球前列，标准体系、市场机制、商业模式成熟健全，与电力系统各环节深度融合发展，装机规模基本满足新型电力系统相应需求。新型储能成为能源领域碳达峰、碳中和的关键支撑之一。

4. 核能

面对核能规模化、多用途应用和可持续发展形势，实现在确保安全的前提下积极有序发展核电，在“双碳”目标引领下，核能在构建多元化清洁能源体系中的作用与地位将日益凸显。2025年，通过自主核电批量化建设，年均开工建设6~8台百万千瓦级三代压水堆机组，实现先进核电在新型电力系统中可调度基荷的作用；并且拓展多用途利用，在核能制氢、核能供热、海水淡化等多种非电综合利用领域发挥功能，起到减排降碳、确保能源安全的重要作用。未来高温气冷堆、钠冷快堆、模块式小堆等先进核能技术与非电应用将逐步成熟商用，建立基于快堆和后处理的核燃料闭式循环系统，核能规模提升仍有潜力，预计2030年、2035年装机规模分别达约1.23亿千瓦、1.5亿千瓦。共性技术重点在于新材料、安全新技术和信息技术的应用，包括耐事故燃料元件、严重事故机理和预防缓解、反应堆和核电站数字孪生技术应用；核能多用途应用应关注核能制氢、更加高效和集成的热能转换技术。

5. 风能

2025年前掌握复杂条件下风资源特性与风能高效吸收利用技术，大型风电主轴轴承设计制造技术，漂浮式海上风电技术，分段式或组合式超长柔性叶片气动、气弹设计制造技术，废弃风电设备无害化回收处理技术等关键核心技术设计方法与设计体系研究，着力打造千万千瓦级海上风电示范基地，支持风电产业高质量可持续发展，成为风电技术创新和产业发展强国。2030年前掌握200~300米高空风力发电技术并推广应用，突破15~20兆瓦大型海上风电机组设计制造技术并规模化应用，开展基于大数据、云计算的风电场集群多效利用和发电功率智能优化调度运行技术研究，新增打造多个千万千瓦级陆/海上风电基地，助力实现碳达峰、碳中和目标。2035年前突破30兆瓦级超大型风电机组关键技术，掌握不同海域规模化风电开发成套技术与装备，风电在我国电力供应中所占比例提高到12%以上，风能成为我国主要能源之一。

6. 太阳能光伏发电

到2025年，形成小规模晶硅和薄膜技术示范和合适的新型电池技术路线；到2030年，建成中等规模高效晶硅和薄膜太阳电池示范线和高效新型太阳电池中试线；到2035年，建成百兆瓦级高效晶硅和薄膜太阳电池示范线及高效新型太阳电池和晶硅太阳电池叠层电池生产线。

7. 太阳能光热发电

至 2025 年，将发电成本电价降低到 0.8 元 / 千瓦时，到 2030 年降低到 0.5 元 / 千瓦时。2030 年，全国太阳能热发电年发电量达到 17 太瓦时，年复合增长率达到 25%。至 2035 年，太阳能热发电成本电价能够实现平价上网。至 2025 年，太阳能储热采暖技术可在适合的地区实现商业化；至 2030 年，在太阳资源较好地区，太阳能储热采暖成为重要的采暖形式之一。

8. 生物质能

2025 年，生物质发电产业形成成熟的热、电等多产品生产的运行模式，生物质与煤混燃发电运行稳定，生物质成型燃料商业运行模式成熟，纤维素燃料乙醇实现产业化，生物柴油的商业运营模式成熟，生物天然气实现商业化应用，生物质气化、热解、催化形成的液体燃料达到万吨级以上示范规模。2030 年，生物质发电产业的热、电等多产品联产的综合成本接近煤电成本，生物质成型燃料制备成本下降，其供热成本接近燃煤供热，纤维素燃料乙醇和生物天然气形成成熟的商业化运营模式，生物质气化、热解、催化形成的液体燃料达到产业化前期阶段。2035 年，农林生物质、垃圾和沼气发电综合成本与煤电持平或更低，生物质成型燃料供热成本与燃煤供热持平甚至更低，纤维素燃料乙醇、生物柴油和生物天然气的生产成本进一步下降，分别与粮食燃料乙醇、柴油和天然气相当，生物质气化、热解、催化形成的液体燃料实现产业化。

9. 地热能

2025 年前加强地热能资源勘查，摸清不同类型地热资源赋存机制，降低地热能的发热成本及供热成本，新增地热能供暖面积，提高地热能供暖率，并开展干热岩型地热资源试采工作，建设干热岩示范项目。2030 年前整合地热勘查技术，形成系统化综合勘查技术体系，提高储层产能，降低地热开采过程中的能源损失，通过示范项目的建设，突破干热岩资源潜力评价与钻探靶区优选、干热岩开发钻井工程关键技术及干热岩储层压裂、热储建造和高效取热等关键技术，突破干热岩开发与利用的技术瓶颈。2035 年前形成完善的地热能开发利用技术体系和管理体系，掌握干热岩勘查开发、中低温地热发电等关键核心技术，形成较为完备的地热行业标准体系和地热能开发利用装备制造产业体系，并建立兆瓦级增强型地热系统（enhanced geothermal systems，EGS）场地，推广示范工程，编写《地热回灌》行业标准。

10. 氢能与燃料电池

到 2025 年，氢需求量提升至 3 000 万吨，加氢站数量达到 200 座，氢燃料电池汽车保有量达到 10 万辆；提升质子交换膜燃料电池制造能力与关键材料量产规模；实现 100~500 千瓦级 SOFC 及固体氧化物电解池（solid oxide electrolysis cell，

SOEC）系统的自主设计、制造与示范运行。到 2035 年，加氢站数量达到 2 000 座，建立燃料电池汽车完整产业链，质子交换膜燃料汽车规模达 100 万辆以上；SOFC 实现集中式发电与分布式智能电网的规模化应用，具备商业化能力。

7.4.4 关键技术与重点任务

1. 煤炭清洁高效利用

1）先进 IGCC/IGFC 技术

IGCC 是煤气化制取合成气后，通过燃气-蒸气联合循环发电方式生产电力的过程。IGFC 是将 IGCC 与高温燃料电池相结合的发电技术，实现将电化学发电和热力循环发电相结合的复合发电。IGCC/IGFC 发电技术被视为具有颠覆性的煤炭清洁利用技术，可实现燃煤发电近零排放的清洁利用，供电效率有望达到 60% 以上。

预计 2035 年可使 IGCC 电站实现 900 兆瓦级产业化，供电效率达到 50% 以上；IGFC 电站实现 10~100 兆瓦级产业化，发电效率达 60% 以上，污染达到近零排放，并具有一定的经济竞争力。

2）CCUS 技术

CCUS 技术是把生产过程中排放的二氧化碳进行提纯，继而投入新的生产过程中进行循环再利用。CCUS 技术是碳捕集与封存技术的升级，可实现二氧化碳的再利用。主要包括：先进的二氧化碳捕集技术；地质、化工、生物和矿化等二氧化碳利用前沿技术；二氧化碳地质封存关键技术。

预计 2035 年可开展百万吨级全流程 CCUS 项目示范，使二氧化碳捕集成本小于 25 美元 / 吨，达到国际领先水平。

2. 非常规油气开发利用

加快川渝页岩气商业开发基地建设，实现页岩气产量快速增长；加快常压、深层、陆相等新类型页岩气示范区建设，推动页岩气产业向多地区、多领域拓展；加快吉木萨尔、古龙、济阳等多类型页岩油示范区建设，突破中高成熟度页岩油关键技术，推动页岩油实现规模开发；继续推进沁水盆地、鄂尔多斯盆地东缘两个煤层气产业化基地建设；加快南方二叠系、鄂尔多斯盆地低阶煤等新区和新层系开发试验，形成新的煤层气产业化基地；海陆并举，前瞻性布局天然气水合物产业，加快资源评价和技术研发力度。

3. 能源互联网与清洁能源消纳

推动网源协调发展和调度交易机制优化，着力做好清洁能源并网消纳。强化电网统一调度，加快构建促进新能源消纳的市场机制，积极开展风火打捆外送交易、发电权交易、新能源优先替代等多种交易方式，保障清洁能源能发尽发、能用尽用。加快抽水蓄能电站建设，持续提升电力系统调节能力。加强新能源高精度功率预测、新能源发电主动支撑、新能源多时空尺度优化调度及源网荷协调控制系统建设，提高新能源场站并网友好性与安全性，进一步提升新能源消纳水平。

推动储能理论和关键材料、单元、模块、系统中短板技术攻关，加快实现核心技术自主化，强化电化学储能安全技术研究。坚持储能技术多元化，推动锂离子电池等相对成熟新型储能技术成本持续下降和商业化规模应用，实现压缩空气、液流电池等长时储能技术进入商业化发展初期，加快飞轮储能、钠离子电池等技术开展规模化试验示范，以需求为导向，探索开展储氢、储热及其他创新储能技术的研究和示范应用。

4. 核能

核能产业重点任务是通过高温气冷堆可以实现大规模、稳定制取“绿氢”。高温气冷堆高温高压的特点与适合大规模制氢的热化学循环制氢技术十分匹配，被认为是最适合核能制氢的堆型。一台 60 万千瓦高温气冷堆机组每年可产生氢气 12 万吨，与我国目前主流的煤制氢工艺相比，每年可减少 300 万吨二氧化碳排放量。

高温气冷堆制氢按照两步走的方式进行布局。热化学循环分解水制氢是高温气冷堆制氢的最终解决方案，预计 2030 年可达到产业化水平。生物质制氢是高温气冷堆制氢过渡阶段的选择，以高温气冷堆的高温工艺热为主要热源，以农林生物质为原料，在气化炉中进行加氢气化，实现大规模、低成本制备氢气。3~5 年内就可以达到规模产业化水平。

5. 风能

加强风资源评估利用技术、大型风电机组关键零部件设计制造技术、深远海风电场设计建设及优化布局技术、风电场动态健康管理与智能运维技术等基础共性技术研究和公共技术试验平台建设，形成风电产业发展的完整研发制造体系；优化产业空间布局，加快就地就近并网消纳条件好的中东部和南方地区风电规模化开发建设，科学规划布局风资源丰富的“三北”地区有序扩大风电开发规模，打造江苏、广东等地区的千万千瓦级海上风电基地；强化市场竞争机制，充分发挥市场在资源配置中的决定性作用，建立公平有序、优胜劣汰的市场竞争环境，通过风电平价、竞价项目摆脱对财政补贴的依赖，实现风电产业市场化发展；加强风电产业国际化发展路线，充分发挥我国风电设备和开发企业的竞争优势，稳步开拓国际风电市场，积极参与国际风电技术合作和国际标准体系建设工作，建设国际化风电知名品牌。

6. 太阳能光伏发电

进一步提升太阳电池的转换效率，降低度电成本。发展百兆瓦级高效晶硅和薄膜太阳电池生产线全套技术，发展基于叠层等新技术的新型太阳电池技术产业化示范。

7. 太阳能光热发电

提高太阳能热发电系统参数，重点以研发装机容量不低于 50 兆瓦的超临界二氧化碳太阳能热发电站为突破口，提高光电转换效率，降低成本电价，与之匹配工作温度超过 700℃的传热流体和储热材料，增大储热容量，力争在未来 10~15 年内实现平价上网，并且能够在能源互联网中充当能源调度节点。在我国光资源较好的北方地区，以村镇和小城市为采暖目标，实现无补贴太阳能跨季节储热采暖和分布式太阳能采暖。

8. 生物质能

生物质发电产业重点研发高效热电联产和热电多产品联产技术，分布式发展基于生物质气化的热电和热电多产品联产技术。生物质成型燃料产业重点研发耐用、原料适应性广的高效成型设备和高效清洁化利用设备。生物质交通燃料产业重点推进纤维素燃料乙醇产业化，建立生物柴油和生物天然气成熟的商业运营模式，研发生物质气化合成液体燃料、生物质水相催化合成液体燃料和生物质热解油的高效转化技术。

9. 地热能

开展不同类型深部地热资源探测，认识岩石圈热结构与温度场分布，揭示深部地热资源赋存机理；地热勘查技术方面，重点任务为突破热储探测评价与热储层改造技术，形成水热型和干热岩型地热资源探测评价与开发利用技术体系；地热能开发利用方面，突破井下高效换热与规模化利用技术，发展干热岩发电技术（万千瓦级），突破 4 000~6 000 米干热岩利用技术，建立不同类型地热资源科学开发利用示范基地。

10. 氢能与燃料电池

大力发展低成本、大规模的可再生能源制氢，加快 CCUS 技术在化石能源制氢环节的应用，重点解决国内高压氢储运技术存在的短板问题，开展多种形式储运技术示范应用，降低氢燃料储运成本。加强 PEM（proton exchange membra，质子交换膜）燃料电池系统短板技术攻关，提高燃料电池电堆性能与比功率，加快研发高性能催化剂，提升燃料电池的耐久性；加快研发 SOFC 电池材料、连接体关键材料，尽快实现 100 千瓦级发电单元的示范应用。

7.4.5　技术路线图

基于未来的愿景与需求，提出了能源新技术产业发展技术路线图（图 7.25）。

里程碑	子里程碑	2021年	2025年	2030年	2035年
愿景		应对能源安全与生态环境问题，建设清洁低碳、安全高效现代能源体系，基于能源新技术创新引领我国能源产业发展，全面推进碳中和			
目标层	需求	在“双碳”目标和环境约束下，突破和发展绿色、低碳、高效的能源新技术，推动煤炭清洁高效利用、非常规油气等化石能源新技术产业和核能、可再生能源等非化石新能源产业的快速发展			
	煤炭清洁高效利用	面向2035年，有序推动先进性、颠覆性洁净煤技术的产业化，实现煤炭发电与深加工的清洁高效利用			
	非常规油气开发利用	加大页岩气勘探开发力度，攻克页岩气勘探开发核心技术，突破煤层气（煤矿瓦斯）开发利用技术装备瓶颈，实现“安全-资源-环保”绿色发展			
	能源互联网与清洁能源消纳	完善受送端主网架结构,输送清洁能源占比达到50%；储能从商业化初期向规模化发展转变		建成国际领先能源互联网；实现新型储能全面市场化发展	
	核能	实现三代核电技术规模化发展及核能多用途利用和综合能源网建设	通过新一代核电及后处理示范工程的建设，建立核燃料闭式循环	形成国际先进的集技术开发、设计、装备制造、运营服务于一体的核电全产业链发展能力	
	风能	突破关键核心技术设计方法与体系研究，支撑风电产业高质量可持续发展	新增打造多个千万千瓦级陆/海上风电基地，助力实现碳达峰、碳中和目标	风电在我国电力供应中所占比例提高到12%以上，风能成为我国主要能源之一	
	太阳能光伏发电	形成技术示范和合适的新型电池技术路线	建成中等规模高效晶硅和薄膜太阳电池示范线，建成高效新型太阳电池中试线	建成百兆瓦级高效晶硅和薄膜太阳电池示范线，建成高效新型太阳电池和晶硅太阳电池叠层电池生产线	
	太阳能光热发电	成本电价在2020年基础上降低30%；跨季节储热技术达到商业化应用门槛	成本电价在2020年基础上降低50%；跨季节储热技术实现规模化商业应用	太阳能热发电成本电价能够平价上网；在北方适合地区，跨季节储热技术具备充分市场竞争力	
	生物质能	通过技术创新和突破，实现生物质能产业规模化商业应用，建设分布式多产品联产系统，全面降低产品生产成本，广泛替代化石燃料消费，满足国家绿色低碳发展需求			
	地热能	加强基础地热测量，摸清不同类型地热资源赋存机制	整合地热勘查技术，形成系统化综合勘查技术体系	突破地热开发利用关键技术，全面提升地热能利用效率	
	氢能与燃料电池	制氢量达到3 000万吨，加氢站数量达到200座，氢燃料电池汽车保有量达到10万辆，实现100~500千瓦级SOFC及SOEC系统示范运行	加氢站数量达到2 000座，质子交换膜燃料汽车规模达到100万辆以上，SOFC实现商业化应用		

关键技术	先进IGCC/IGFC技术	600 兆瓦等级IGCC示范电站、兆瓦等级IGFC示范系统	建设5~10座900兆瓦等级IGCC示范电站，发电效率>48%~50%，二氧化碳捕集率>90%；建成兆瓦等级IGFC示范电站	900 兆瓦等级IGCC电站规模化应用，100 兆瓦等级IGFC电站推广应用，发电效率>60%，二氧化碳捕集率>95%
	CCUS技术	百万吨级二氧化碳捕集与利用示范	基于煤炭先进发电技术的二氧化碳捕集及利用技术示范应用	CCUS产业实现商业化
	天然气水合物大规模安全经济开采关键技术	先导攻关试验	取得商业突破	水合物商业开采取得重大突破
	能源互联网与清洁能源消纳	构建促进新能源消纳的市场机制；突破高精度功率预测、新能源发电主动支撑技术、新能源优化调度与源网荷协调控制技术，提升新能源消纳水平；开展储能理论、关键材料、单元、模组、系统短板技术攻关，提升电化学储能安全技术		
	实现一体化燃料循环的自主大型商用快堆技术	完成CFR600的建设	建成百万千瓦级大型高增殖商用快堆	完成规模化建造，并实现快堆一体化燃料循环技术，在实现高增殖的同时进行嬗变
	超大型海上风电机组设计制造技术	复杂条件下风资源特性与风能高效吸收利用技术，大型风电主轴轴承设计制造技术，漂浮式海上风电技术，分段式或组合式超长柔性叶片气动、气弹设计制造技术	15~20兆瓦大型海上风电机组设计制造技术并规模化应用，基于大数据、云计算的风电场集群多效利用技术和发电功率智能优化调度运行技术	突破30兆瓦级超大型风电机组关键技术，掌握不同海域规模化风电开发成套技术与装备
	钙钛矿太阳电池技术	建立1兆瓦量级中试线，效率大于20%，电池片建成1千瓦级示范电站	建立5兆瓦量级中试线，效率大于22%，电池片建成5千瓦示范电站	建立10兆瓦效率超过30%的示范线，电池片建成10千瓦示范电站
	基于超临界二氧化碳动力循环的太阳能热发电	电功率不低于1兆瓦的超临界二氧化碳热发电示范电站	装机功率不低于50兆瓦的超临界二氧化碳太阳能热发电站，实现商业化投运	发电站实现商业化，产业规模扩大
	纤维素燃料乙醇技术	纤维素燃料乙醇5万吨规模示范工程平稳运行，建成多产品联产模式	商业化运行，综合生产成本与非粮乙醇相当，年产量20万吨以上	综合生产成本与粮食燃料乙醇相当甚至更低，年产量达到50万吨以上
	浅层地热能科学开发利用适宜性评价技术	初步建立纳入水文地质、环境气候特征的浅层地热能开发利用适宜性评价体系	初步建立包含复杂地质条件特征的浅层地热能开发利用适宜性评价体系	建立基于地质、环境气候、水文地质条件等特征的浅层地热能开发利用适宜性评价体系
	SOFC技术	100~500千瓦级SOFC及SOEC自主设计、制造、示范运行，50 000元/千瓦，1万小时	兆瓦级SOFC及SOEC自主设计、制造、示范运行，10 000元/千瓦，4万小时	50兆瓦级IGFC及SOEC自主设计、制造、示范运行，5 000元/千瓦，8万小时

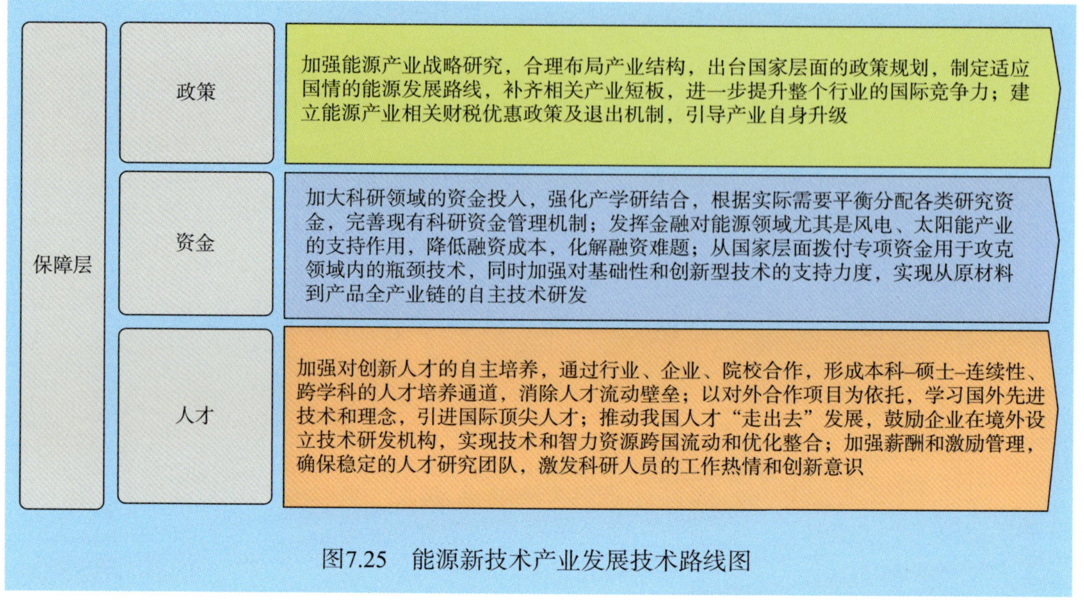

图7.25　能源新技术产业发展技术路线图

7.5　促进产业发展的相关建议

7.5.1　碳中和背景下加强能源政策的顶层设计，合理布局能源新技术产业发展路线

基于“双碳”目标合理布局能源产业结构，出台国家层面的政策规划，制定适应国情的能源发展路线，补齐相关产业短板，进一步提升整个行业的国际竞争力。建立能源产业相关财税优惠政策及退出机制，特别是严格执行新能源领域发电和供热的价格补贴机制并完善价格补贴退出机制，引导产业自身升级。认真落实可再生能源发电全额保障性收购制度，增强配额制约束力，积极采取有效措施解决存量新能源发电消纳难题。加强国家和地方能源开发利用规划，加强开发利用管控，建立资源勘查与评价、项目开发与评估、环境监测与管理体系，有序开展多种形式的综合、梯级利用。建立健全能源新技术领域相关安全技术标准及管理体系，强化安全管理，严守安全发展底线。

7.5.2　加强关键技术研发，坚持自主创新引领产业发展

加快能源新技术领域自主创新技术研发和公共技术试验平台建设，建成具有世界先进水平、自主可控的技术研发和设备制造体系，重点突破一些“卡脖子”的技术和零部件，实现从原材料到产品全产业链的自主技术研发。为构建国家智慧能源体系，加强能源电力技术创新，提升运行安全和效率水平，针对电力系统“双

高”“双峰”的特点，加快电力系统安全稳定控制关键技术研发，加快特高压输电、柔性直流输电等技术装备研发，推动有源配电网、分布式能源、终端能效提升和能源综合利用等技术装备研制。积极促进同相关企业、机构的技术交流合作，开展基础科学协同研究，积极参与国际标准体系建设。加强基础设施的规划和建设，开展能源新技术领域自主创新试验，建立开发利用样板工程和标准化示范项目。加大科研领域的资金投入，强化产学研结合，根据实际需要平衡分配各类研究资金，完善现有科研资金管理机制；从国家层面拨付专项资金用于攻克领域内的瓶颈技术，同时加强对基础性和创新型技术的支持力度。

7.5.3　强化金融的支持作用，建立多元化的产业推进模式

鼓励企业利用公开发行上市、绿色债券、资产证券化、融资租赁、供应链金融等金融工具，化解融资难题；积极参与碳交易市场，完善绿色证书交易平台建设，推动实施绿色电力证书交易。针对能源新技术各领域的特点，建立多元化产业扶植政策与推进模式。建议加大页岩油扶持力度，比照页岩气，研究制订页岩油有关补贴方案，同时在用地、用水、资源税费等方面给予支持；简化分散式风电项目核准流程，放宽分散式风电项目用地限制，创新分散式风电商业开发模式；对于用地热能进行供暖的项目，建议在中央设立的可再生能源发展专项资金中按供暖面积给予一定的资金补助；建立先进生物质能优先产业化推广清单，通过政策引导社会资本进入先进生物质能领域，推动先进生物质能产业化。

7.5.4　注重创新型科研人才培养，建立健全激励机制

加强对创新人才的自主培养，通过行业、企业、院校合作，形成本科-硕士连续性、跨学科的人才培养通道，消除人才流动壁垒；加快高校中能源新技术领域相关专业、学科建设，推动人才培养质量持续提升，为实现能源新技术领域基础理论研究和关键共性技术新突破提供人力资源保障；以对外合作项目为依托，学习国外先进技术和理念，引进国际顶尖人才；推动我国人才“走出去”发展，鼓励企业在境外设立技术研发机构，实现技术和智力资源跨国流动和优化整合；加强薪酬和激励管理，确保稳定的人才研究团队，激发科研人员的工作热情和创新意识。

参考文献

[1] BP. 世界能源统计 2021[EB/OL]. https://www.bp.com/en/global/corporate/energy-economics/statistical-review-of-world-energy/downloads.html，2021-08-10.

[2] 全球能源监测，塞拉俱乐部，能源与清洁空气研究中心，等 . 繁荣与衰落 2021：追踪全球燃煤电厂开发 [R]. 2021.

[3] 美国能源部 . Coal FIRST [EB/OL]. https://www.energy.gov/fe/coal-first，2021-08-10.
[4] 日本经济产业省 . 第 5 次能源基本计划 [EB/OL]. https://www.enecho.meti.go.jp/en/category/others/basic_plan/，2021-08-10.
[5] U.S. Department of Energy. Review of Emerging Resources: Annual Energy Outlook 2021[R]. 2021.
[6] IEA. Electricity Market Report-December 2020[R]. 2020.
[7] Cesar Ramos. Chile：el 40% de la capacidad total del sistema eléctrico será eólica o solar hacia fin de año[Z]Rumbo Minero，2021-01-08.
[8] 张锐 . 新冠疫情影响下的拉美能源转型 [J]. 拉丁美洲研究，2021，43（1）：117-135，157-158.
[9] 国际可再生能源署 . 2021 年可再生能源统计 [R]. 2021.
[10] Fraunhofer ISE. Öffentliche Nettostromerzeugung in Deutschland im Jahr 2020[R]. 2020.
[11] IEA. Renewables 2020：Analysis and Forecast to 2025[R]. 2020.
[12] 中关村储能产业技术联盟 . 储能产业研究白皮书 2021[R]. 2021.
[13] 中国储能网 . 美国 2020 年装机 1GWh 储能 这些焦点值得关注 [EB/OL]. https://chuneng.bjx.com.cn/news/20210119/1130438.shtml，2021-01-19.
[14] EnergyTrend 储能 . 取消项目容量限制，英国储能产业发展向前迈出“一大步”[EB/OL]. https://baijiahao.baidu.com/s?id=1672380379589294412&wfr=spider&for=pc，2020-07-16.
[15] 中国储能网 . 2021 年德国或将部署 15 万个家庭储能系统 [EB/OL]. https://baijiahao.baidu.com/s?id=1701151708650570087&wfr=spider&for=pc，2021-05-30.
[16] EnergyVoice. AGL 计划在南澳大利亚建设 250MW/1000MWh 电池项目 [EB/OL]. https://mp.ofweek.com/solar/a156714336067，2020-11-25.
[17] GWEC. Global Wind Report 2021[R]. 2021.
[18] WindEurope. Wind Energy in Europe 2020 Statistics and the Outlook for 2021-2025[R]. 2021.
[19] BP. Statistical Review of World Energy 2021 [R]. 2021.
[20] International Energy Agency，Photovoltaic Power Systems Programme. Snapshot of Global PV Markets-2021[R]. 2021.
[21] International Energy Agency，Photovoltaic Power Systems Programme. PVPS Annual Report 2020[R]. 2021.
[22] Werner Weiss，Monika Spörk-Dür. Solar Heat Worldwide[R]. 2021.
[23] REN21. Renewables 2021 Global Status Report[R]. 2021.
[24] RFA. Annual world fuel ethanol production（Mil.Gal.）[Z]. 2021.
[25] 黄嘉超，李天舒，谷雪曦 . 国际地热利用发展形势对中国的启发 [J]. 石化技术，2020，27（9）：252-253.
[26] 齐琛冏 . 他山之石丨冰岛的地热“进击”：地热为 90% 家庭提供采暖 并贡献 27% 电力 [EB/OL]. https://news.bjx.com.cn/html/20200729/1092862.shtml，2020-07-29.

[27] Bertani R. Geothermal power generation in the world 2005-2010 update report[J]. Geothermics，2012，41：1-29.

[28] Lund J W，Toth A N. Direct utilization of geothermal energy 2020 worldwide review[J]. Geothermics，2021，90：101915.

[29] 杨永明．全球地热能开发现状及发展趋势 [EB/OL]. https://newenergy.in-en.com/html/newenergy-2406905.shtml，2021-06-03.

[30] 全国能源信息平台．近期世界能源低碳发展战略及政策动向 [EB/OL]. https://baijiahao.baidu.com/s?id=1697198463703789944&wfr=spider&for=pc，2021-04-16.

[31] 王林．全球地热能开发“悄然”升温 [EB/OL]. https://news.bjx.com.cn/html/20210317/1142152.shtml，2021-03-17.

[32] Hydrogen Council，McKinsey & Company. Hydrogen Insights[R]. 2021.

[33] E4tech. The Fuel Cell Industry Review 2020[R]. 2021.

[34] 国家统计局．国家数据 [EB/OL]. https://data.stats.gov.cn/.

[35] 中国电力企业联合会．中国电力行业年度发展报告 2021[M]. 北京：中国建材工业出版社，2021.

[36] 中国华能集团有限公司．华能自主研发的我国首套相变型碳捕集装置成功投运 [EB/OL]. https://www.chng.com.cn/detail_jtyw/-/article/ccgb60va5Gwc/v/887730.html，2020-11-29.

[37] 国家能源投资集团有限责任公司．国家能源集团实现燃煤电厂烟气中二氧化碳大规模捕集 [EB/OL]. http://www.sasac.gov.cn/n2588025/n2588124/c19373936/content.html，2021-06-29.

[38] 自然资源部．全国石油天然气资源勘查开采通报（2020 年度）[EB/OL]. http://gi.mnr.gov.cn/202109/t20210918_2681270.html，2021-09-17.

[39] 国家能源局．国家能源局 2021 年一季度网上新闻发布会文字实录 [EB/OL]. http://www.nea.gov.cn/2021-01/30/c_139708580.htm，2021-01-30.

[40] 国家电网有限公司．国家电网有限公司服务新能源发展报告 2021[R]. 2021.

[41] 中国储能网新闻中心．百兆瓦级储能项目势如破竹 占据 2020 储能市场半壁江山 [EB/OL]. http://www.escn.com.cn/news/show-1168521.html，2021-01-25.

[42] 国家能源局．国家能源局关于 2020 年度全国可再生能源电力发展监测评价结果的通报 [EB/OL]. http://zfxxgk.nea.gov.cn/2021-06/20/c_1310039970.htm，2021-06-20.

[43] 中国光伏行业协会，智研咨询．2020 年中国多晶硅产量为 39.2 万吨，行业前五企业市场占有率超 87%[EB/OL]. https://www.chyxx.com/industry/202102/931478.html，2021-02-18.

[44] 中国产业发展促进会生物质能产业分会．中国生物质发电产业发展报告（摘要）[R]. 2021.

[45] Mcgrath C，Ward M. Biofuel Annual（China - Peoples Republic of）[R]. 2020.

[46] 李玲．地热这次能“热”起来吗？ [EB/OL]. https://news.bjx.com.cn/html/20210428/1149822.shtml，2021-04-28.

[47] 多吉，王贵玲，郑克棪．中国地热资源开发利用战略研究 [M]. 北京：科学出版社，2017.

[48] 卢正源 . 2021 年中国硅片行业市场现状及竞争格局分析 市场集中度较高且不断提升 [EB/OL]. https://ecoapp.qianzhan.com/detials/210329-b0f83c12.html，2021-03-29.

[49] 央广网 .《中国 2050 年光伏发展展望》：2050 年光伏将成中国第一大电源 [EB/OL]. https://baijiahao.baidu.com/s?id=1652801368409336958&wfr=spider&for=pc，2019-12-13.

第 8 章

节能环保产业

清 华 大 学

【内容提要】随着经济的发展和人口的增长，能源、资源和环境等全球问题凸显，节能环保市场的巨大潜力使其必将成为未来科技与经济的制高点。为了促进节能环保产业的发展，各国纷纷出台政策，投入资金，加大对节能环保、可再生能源和低碳技术的支持力度，极大地促进了节能环保产业的发展壮大。“十三五”期间，我国污染防治攻坚战成效显著，生态环境保护发生历史性、转折性、全局性变化。牢固树立“绿水青山就是金山银山”的理念，加快推进生态文明建设，以解决生态环境领域突出问题为重点，深入实施污染防治行动计划，使生态环境质量明显改善，资源环境可持续发展能力不断增强，节能减排进展明显，资源能源利用效率显著提升，生态文明建设成效之大前所未有。“十四五”时期乃至更长时期，为加快实现碳达峰、碳中和目标，应制定国家低碳技术创新战略，明确国家层面低碳技术创新战略路线图，发挥关键性低碳技术创新对实现碳达峰、碳中和的引擎与支撑作用。从国家层面，以低碳技术攻关与突破为抓手，实施可再生能源替代行动，深化电力体制改革，构建以新能源为主体的新型能源结构，构建绿色低碳产业体系。节能环保产业作为兼具带动经济增长和应对环境问题双重属性的战略性新兴产业，“十四五”期间将呈现六大趋势：绿色低碳引领发展，能源结构优化提速；绿色制造水平提升，进一步推动绿色工厂和绿色园区建设；绿色制造加快推进协同融合，新型业态不断涌现；面向防疫功能的环保新业态潜力将进一步释放；行业集聚持续增强，“专精特优”成中小企业发展方向；节能环保市场结构迎来重大变革调整。

8.1 全球节能环保产业发展动态与趋势

8.1.1 节能环保产业及市场发展动态

随着经济的发展和人口的增长，能源、资源和环境等全球问题凸显，节能环保市场的巨大潜力使其必将成为未来科技与经济的制高点。为了促进节能环保产业的发展，各国纷纷出台政策，加大对节能环保、可再生能源和低碳技术的支持力度。根据国际能源署发布的《世界能源投资报告 2019》[1]，2018 年能源投资达 1.85 万亿美元。此外，根据赛迪顾问股份有限公司的数据[2]，2019 年全球环保产业规模达到 11 682 亿美元，同比增长 3.6%（图 8.1）。

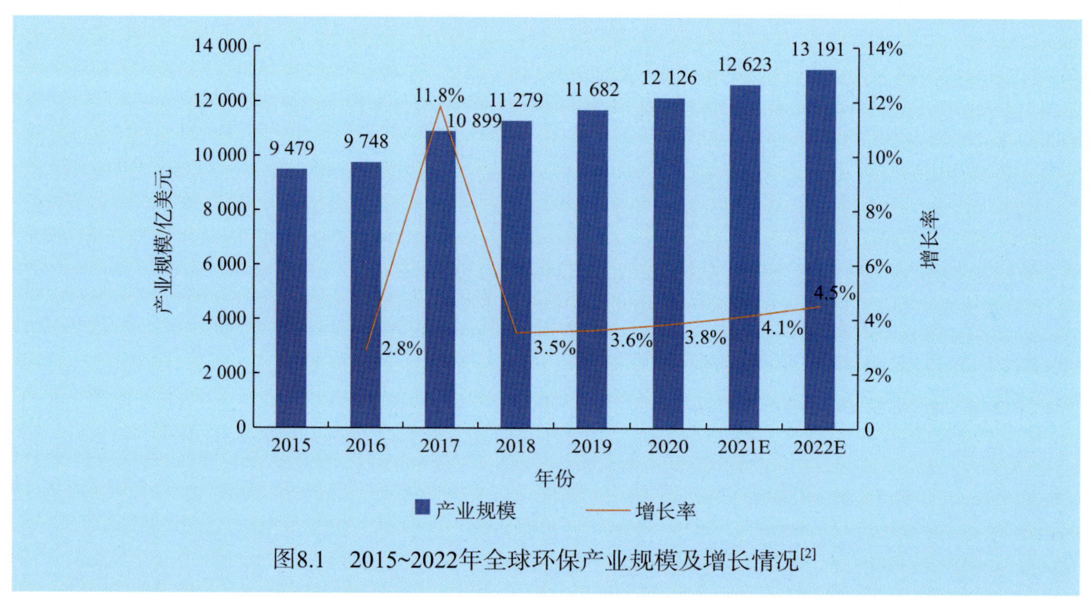

图8.1 2015~2022年全球环保产业规模及增长情况[2]

图 8.2 展示了 2019 年全球环保产业细分领域分布情况，水处理（含给水）领域规模最大，达到 6 606.2 亿美元，占比 57%，固体废物处理和环境服务领域规模位列其后，三个领域合计规模超过 1 万亿美元，总占比为 89%。

图 8.3 为 2019 年全球环保产业区域结构分布情况，其中北美和欧洲凭借自身产业基础和技术创新能力，继续占据全球环保产业领先地位，产业规模分别达到 4 386.9 亿美元和 3 710.0 亿美元，分别占比 38% 和 32%。日本成为亚太地区环保产业发展代表国家，2019 年产业规模达到 1 893.3 亿美元，占据亚太地区产业总规模的 60% 以上，位居世界第三位。

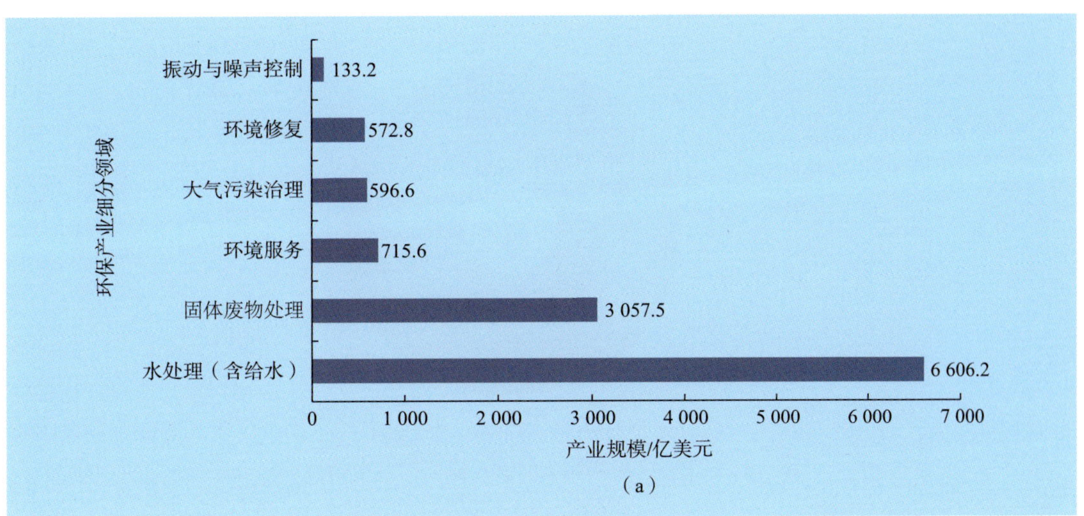

（a）

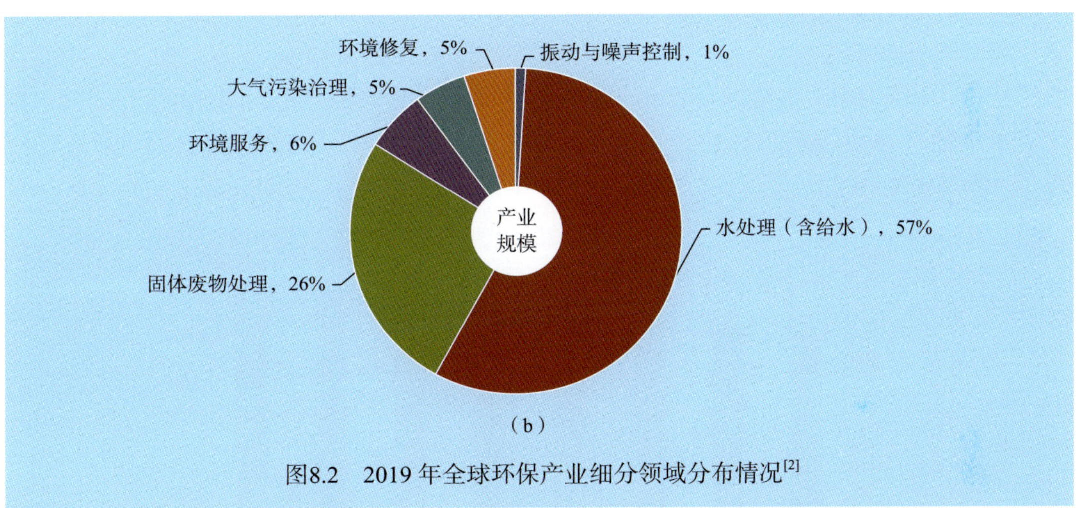

（b）

图8.2　2019 年全球环保产业细分领域分布情况[2]

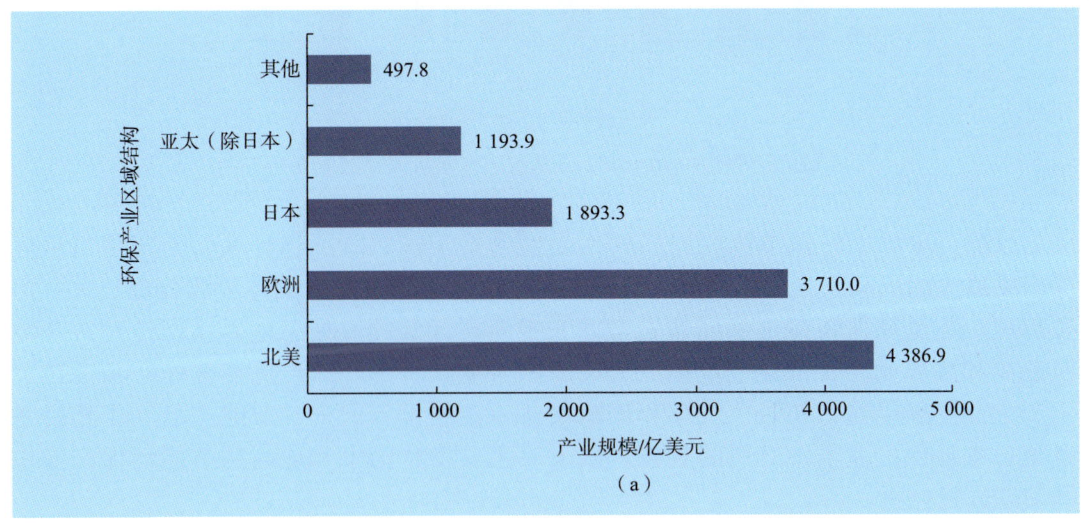

（a）

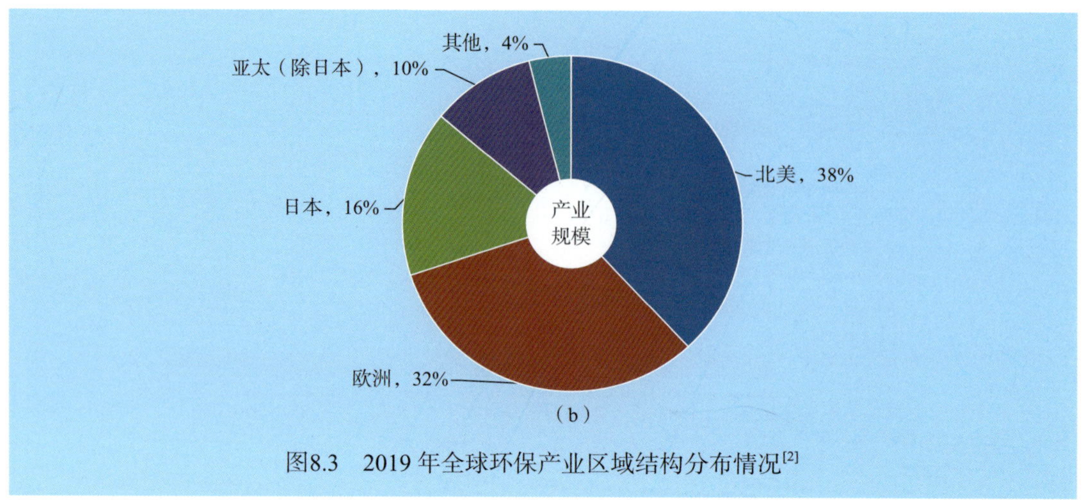

图8.3 2019 年全球环保产业区域结构分布情况[2]

随着环境保护和可持续发展理念的广泛普及，世界环保市场呈现迅速发展的态势，世界各国，特别是发达国家纷纷出台相关政策并加大资金投入，加大对环保市场的扶持力度。2019 年全球环保市场规模达到 12 649.7 亿美元，同比增长 3.2%，预计未来全球环保市场继续保持稳步发展态势，2022 年全球总规模达到 13 885.8 亿美元[2]（图 8.4）。

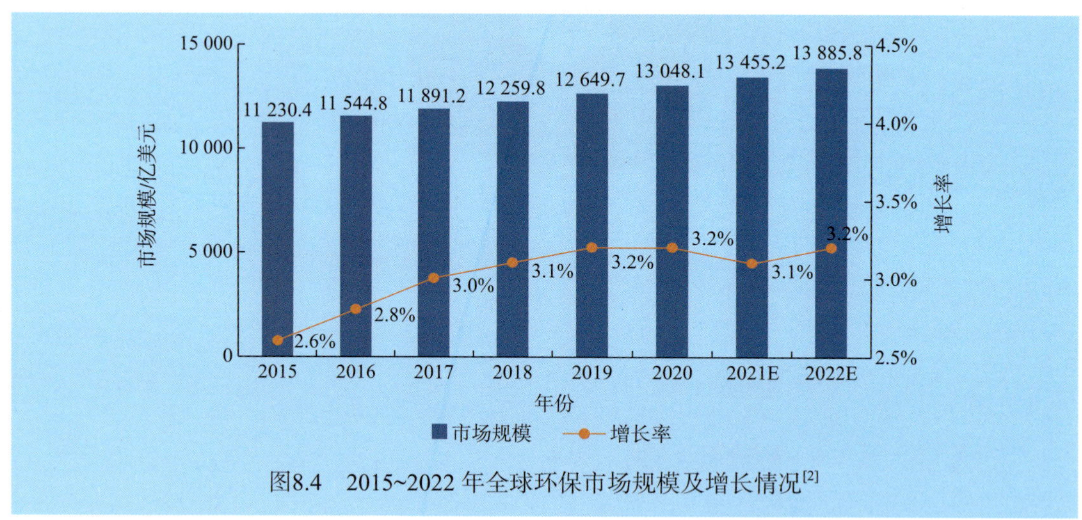

图8.4 2015~2022 年全球环保市场规模及增长情况[2]

目前，世界上环保市场发展最具代表性的是美国、欧洲和日本。美国是当今环保市场最大的国家，占全球环保市场规模的 1/3 以上，美国在固体废物处理、大气污染治理、先进环保装备等领域领先全球。欧洲在环保领域处于世界次席地位，环境服务业和装备业拥有世界上规模最大的跨国企业。日本环保产业在洁净产品设计和生产方面发展迅速，如绿色汽车和运输设备生产居世界前列，节能产品和生物技术也是日本环保产业集中发展的对象。以下对主要发达国家和地区的节能环保产业市场动态进行分析。

1. 美国

作为世界最大的环保技术创造和使用国，美国将节能环保视为新能源战略的核心内容。2009 年，奥巴马政府宣布在 10 年内投资 1 500 亿美元发展清洁能源产业，力争“2035 年美国 80% 电力来自清洁能源”。在技术研发资金支持方面，1990 年以来，美国政府的环境技术研发经费一直维持在研发总经费的 9% 左右。此外，美国政府还通过超级基金（super fund）、信任基金（trust fund）、示范补贴、贷款等形式解决研发资金问题。此外，美国是全球最大的环境技术市场，占全球 1.2 万亿美元市场的四分之一。根据环境商业国际公司（Environmental Business International，EBI）的数据[3]，该行业约有 114 000 家企业和 160 万名工人。2018 年，美国环保市场总额大约 3 450 亿美元，其中约 54% 来自服务，21% 来自设备，25% 来自资源。中小型企业占该行业私营部门活动的 99%，其收入约占该行业总收入的 18%。大型企业仅占私营部门活动的 1%，但其收入占该行业总收入的 44%。公共部门的市政当局和类似实体占剩余的 38%，并且在水务、废水处理厂和固体废物管理中占主导地位。美国环境技术行业经历了重大的重组和整合，2003~2018 年持续增长。预计环保行业的所有权和结构将继续变化，特别是在水利领域，因为基础设施投资的缺口为投资提供了巨大机会。美国环保产业的特点如下。

（1）体系健全。1969 年，美国颁布了《国家环境政策法》，成为美国环保法律体系建立的最重要事件，也拉开了美国政府正式通过行政命令干预环境治理及扶持环保产业崛起的序幕。美国环保产业兴起于国内环保需求，以各企业的环境治理需求为推动力，以污染控制、废物管理和治理产业为主。之后转向环保设备、技术、服务的出口，国内环保需求转变为高效绿色能源利用及高标准环保生产能力建设。环保产业经历了由初期的污染治理行业向末期的高效绿色能源利用转变，并且在健全的政策体系的推动下，形成了涉及能源、生态和气候变化的广义环保产业体系。

（2）周期扩展。美国环保产业的生命周期形态呈现周期扩展的特点，即随着环保产业的发展和环境质量的改善，环保产业的发展重心将根据需求的变化而发生改变，进而带来新一轮发展。随着社会经济的发展、公众对环境质量要求的提高及环保技术的进步，当一个子领域产业由盛而衰时，新的环境治理需求会带动新的子领域发展，从而拉动整体行业发展。美国的环保产业就在这种不同子领域的此消彼长、多个细分领域周期叠加下持续发展。

（3）技术领先。美国在环境产业尤其是环境服务业的多数领域具有较强的竞争力；在环保设备领域领先地位稳固；在固体废物管理、有害废物管理、环境工程、补救措施、分析领域、信息系统方面遥遥领先；在水和空气污染控制设备领域，美国也处于领先地位。从具体区域来看，加利福尼亚、宾夕法尼亚、得克萨斯、伊利诺伊、纽约、新泽西、马萨诸塞等州的环保产业产值名列前茅。

2. 欧洲

2019年12月，欧盟委员会发布《欧洲绿色协议》[4]（European Green Deal），该协议目标包括提高欧盟2030年和2050年的气候变化，推动各产业“可循环”发展，实现能源资源的有效利用，构建零污染的无害环境及推动社会经济可持续发展等。此外，2020年3月，欧盟委员会发布了《新循环经济行动计划》，作为《欧洲绿色协议》的主要组成部分，该计划将加快欧洲经济的绿色转型和提高全球的资源利用效率。欧洲国家经过半个多世纪的不断尝试，凭借自身的产业基础和技术创新能力推动了节能环保产业的发展。欧洲国家节能环保产业有三个方面的特点。

（1）资金支持。《欧洲绿色协议》为了达到协议目标，预计每年需追加2 600亿欧元的资金投入，约占欧盟2018年生产总值的1.5%。并且，欧盟长期预算的25%将用于支持气候变化相关行动，欧盟气候银行、欧洲投资银行等都将提供进一步的资金支持。同时，为鼓励私营部门投资，欧盟委员会于2020年推出《绿色筹资战略》。此外，欧盟采取过渡机制，如提供培训及就业岗位等，支持碳密集活动地区向绿色经济转型。此外，为了促进创新和工业部门向循环经济转型，欧盟实施了包括“地平线2020”（Horizon 2020）计划、“凝聚政策”（Cohesion Policy）、欧洲战略投资基金、欧盟创新基金和环境基金在内的多个项目。此外，2020年5月底，欧盟委员会宣布，将在可再生能源、节能建筑、绿色交通和其他领域投入1.85万亿欧元（合2.07万亿美元）。英国政府也增加了向温室气体的净化、废物循环使用和处理、可再生能源、清洁能源的发掘和新能源的开发等科技创新领域的投资。2019年10月，德国联邦政府内阁通过了气候保护一揽子计划，并且德国联邦教育与研究部宣布，将在一揽子计划的基础上继续推动环保技术的发展，为此将投入3.6亿欧元。瑞典将其生产总值的0.05%用于政府环境和能源研发拨款和支出，在欧盟排名第五位。

（2）法律严格。英国于2007年6月公布了《气候变化法案》草案，承诺到2020年，削减26%~32%的温室气体排放，到2050年，削减60%的温室气体排放，并制订了未来15年的计划。20世纪50年代起，法国先后制定了大量的环保法律，如《废弃物与资源回收法》《大气污染法》《水资源法》等。自2008年以来，法国又将超过40项的环保措施变成法律，旨在鼓励社会、企业承担更多的环保责任，对环保和可持续发展做出贡献的企业予以减免税收的奖励。20世纪80年代起，德国先后制定了大量的环保法律，如《控制大气排放法》《控制水污染排放法》，以及新《包装法》等。这些法律条款的出台促进了节能环保产业的发展。

（3）技术先进。英国石油公司利用天然气、太阳能、风能等低碳、清洁能源技术，提高能效，增强产业竞争力。法国在节能环保领域特色比较突出，在水处理、垃圾处理、节能建筑等领域具备较强优势。在水和垃圾处理领域，法国拥有威立雅环境集团和苏伊士环境集团等大型跨国公司，以及众多发展活力旺盛的中小企业，出口一直保持强劲势头。在节能建筑领域，法国也有万喜、布衣格、圣戈班等世界著名的建筑集团及众多经验丰富的中小企业和微型企业。德国西门子公司则依托技术优势，通过合同能源管理模式对全球范围内 6 500 座大楼实施节能改造，签订了超过 10 亿欧元的合同。2017 年，欧洲的丹麦、芬兰和瑞典在全球清洁技术创新指数中排名世界前三位。

3. 日本

21 世纪，日本坚持绿色发展的理念，并以广义的视角将环保产业分为环境污染防治、气候变化对策、废物利用资源化、自然生态保护四大类，并在节能、再生资源利用、新能源等领域成为世界领先的国家。同时，环保产业对经济发展的反馈机制正在助力日本实现高质量发展及经济结构的转型。环保产业既是工业、市政发展的重要衍生需求，也是约束宏观经济的资源要素。日本节能环保产业的特点如下。

（1）政府主导。20 世纪 50~70 年代，日本快速实现工业化，经济成就举世瞩目，但期间各类公害事件频发，成为尖锐的社会和政治问题。在此背景下，以 1967 年《公害对策基本法》为核心的环保法律体系应运而生，日本环保产业开始了上升周期。此外，为减少二氧化碳排放，日本政府 2020 年正式宣布，将逐步削减国内老旧煤发电机组，争取到 2030 年削减煤炭发电量 90%。当前日本的环保行业已经进入成熟期，行业集中度较高，但日本的环保市场化程度并不高，更多以政府为主导。日本政府对推动环保产业发展发挥了重要作用。日本政府在明确的中长期污染治理战略目标下制定了系统的政策体系和标准体系，并在国家层面制定了多领域的专项发展规划，逐步推进实施。

（2）政策严格。日本是节能环保行业中走在世界前列的亚洲国家，为推进节能环保产业，日本公布了《21 世纪环境立国战略》。该战略的颁布，不仅进一步推动了日本节能环保产业向深度发展，而且把日本环境保护推向了一个更高层次的发展阶段。日本政府在 2018 年出台的第 5 次能源基本计划中也要求逐步压缩低效煤电设备，提升煤炭热效能，并计划在 2021 年制定新能源基本计划，将提出更具体的减排目标和步骤。此外，日本还施行了一系列严格的能耗能效政策，目前已经成为全球节能产品生产大国，其节能服务业每年以 30% 的速度高速增长。

（3）技术先进。自 20 世纪五六十年代的高速经济增长暴露出严重的环境问题以后，日本政府和企业就采取了积极的环境保护政策和行之有效的具体措施。经过几十年的努力，日本不仅是世界上公害限制最为严厉的国家，也是世界上环境保护取得显著成效的国家和环境先进国。此外，日本政府非常重视对环保技术的研究与开发。尤其是经过近二三十年环保产业突飞猛进的发展之后，日本的部分环保技术已超过一直处于领先地位的美国，不仅降低了工业污染程度，而且发展了低成本、高效益的新型污染治理技术。目前，日本的环保技术已同电子技术和汽车技术并列为世界三大先进技术。

8.1.2 节能环保技术研究与应用情况

随着节能环保技术的精细化、高端化需求不断增强和应用场景的不断延展，在目前广泛使用的低碳技术、水处理、大气治理、固体废物处理技术的基础上，环保技术创新聚焦于同新兴科技的交叉领域，以与现代生物技术、新材料、新一代信息技术等领域的渗透融合为核心驱动力，进一步改善、强化节能环保产品的处理能力，促进节能环保技术创新突破瓶颈，加速节能环保产业的转型升级。尤其是物联网、云计算、大数据、人工智能等新一代信息技术的迅猛发展及在节能环保领域的应用范围不断扩大，创新出以智慧城市为代表的新型节能环保产业的雏形脉络框架，行业呈现智能化、综合化的发展趋势。

1. 降碳减碳技术

（1）美国。在降碳方面，自 20 世纪 70 年代起，美国逐渐健全碳减排政策体系、加快能源系统变革、推动产业结构优化及重点行业能耗降低，在推动低碳技术创新等方面全方位开展降碳工作。

从 20 世纪 70 年代起，美国多次出台能源与减排相关法案，逐渐形成完整的碳减排政策体系。奥巴马政府时期，美国高度重视低碳发展，颁布了“应对气候变化国家行动计划”，明确了减排的优先领域，推动政策体系不断完备。2009 年通过的《美国清洁能源与安全法案》，对提高能源效率进行了规划，确定了温室气体减排途径，建立了碳交易市场机制，提出了发展可再生能源、清洁电动汽车和智能电网的方案等，成为一段时期内美国碳减排的核心政策。2014 年推出的“清洁电力计划”，确立了 2030 年之前将发电厂的二氧化碳排放量在 2005 年水平上削减至少 30% 的目标，这是美国首次对现有和新建燃煤电厂的碳排放进行限制。一系列应对气候变化的顶层设计，引领了美国碳达峰后的快速去峰过程。

美国充分利用市场机制，促进核电、太阳能、风能、生物质能和地热能等可再生能源的发展和技术进步，推动能源结构不断调整优化。美国联邦政府出台了包括生产税抵免在内的一系列财税支持政策，各州政府则实施了以配额制为主的可再生能源支持政策，促进可再生能源发展。例如，美国风力发电量从 2008 年的 5 万吉瓦时增加至 2017 年的 25 万吉瓦时，占整个发电量的份额从 1.5% 增加至 6.9%；目前，核电占美国总发电量的 20%，美国已成为世界上核电装机容量最多的国家；加利福尼亚州实施了“百万太阳能屋顶计划”，太阳能发电占美国太阳能发电总增长的 43%。

美国多以财政政策、税收政策和信贷政策为主，依靠市场机制促进衰退产业中的物质资本向新兴产业转移，最后达到改善产业结构的目的。在政策和市场的引导下，美国钢铁工业、冶金工业、铝行业等重点行业的能源消耗呈持续下降趋势。同时，能耗较低的第三产业得以快速发展，进一步推动了美国将其劳动力密集型制造业转移至发展中国家，显著降低了能源消耗与碳排放。产业结构的调整优化，促使美国温室气体排放与经济发展呈现相对脱钩趋势。1990~2013 年，美国生产总值增长

75%，人口增长 26%，能源消费增长 15%，而碳排放量只增长了 6%。

美国低碳技术发展迅速。1972 年，美国开始研究 IGCC 发电技术，配合燃烧前碳捕集技术，目前美国已基本实现清洁煤发电。CCUS 技术是美国气候变化技术项目战略计划框架下的优先领域，全球 51 个二氧化碳年捕获能力在 40 万吨以上的大规模 CCUS 项目中有 10 个在美国。美国低碳城市建设采取的行动包括节能项目、街道植树项目、高效道路照明、填埋气回收利用、新能源汽车及固体废物回收利用等，对碳减排起到了良好的促进作用。

美国各州的政策自主权和自由度较高，碳减排主要依靠内生动力。以加利福尼亚州为代表的地方行动为美国低碳发展注入了活力。2006 年加利福尼亚州通过了 AB32 法案，要求 2020 年的温室气体排放量降低到 1990 年的水平。之后，加利福尼亚州实施了一系列环保项目，包括“总量限制与交易”计划、低碳燃油标准、可再生电力强制措施和低排放汽车激励措施等，带动其他州纷纷采取措施，逐步形成碳减排合力。

（2）德国。德国从 2004 年开始慢慢准备能源转型，创新商业模式，推广低碳理念。2013 年，德国政府推出了一项前所未有的新政策：德国环境部、德国联邦经济和能源部、德国四大输电网公司就民众投资参与新电网建设事项达成共识，德国民众可以投资入股德国四条新建的骨干高压直流电网建设，并可得到最高 5% 的派息，居住在电网扩建路线附近的民众将得到优先入股权。这项政策对金融和投资市场的影响几乎是原子弹级的，5% 的利息所带来的绝不仅仅是经济上的吸引，更重要的是提高居民对电网建设的认同度。输电网公司通过释放一小部分收益红利，便能使新建电网通道的阻力大大降低。2012 年以来，德国出现了越来越多的新型能源投资合作社：普通大众通过组建社区能源合作社性质的企业，集中资金，联合地区供电公司和相关企业，投资组建大型风能和光能电厂，并将所发电能上网出售。2012 年，社区能源合作社成员入股就达 4 亿多欧元，总计投资额超过 12 亿欧元，较 2011 年增长超过 50%。2012 年装机总容量达到近 420 万千瓦，发电 580 万兆瓦时，大约 40% 社区能源合作社运营的电厂已经能够盈利，平均分红 3.99%，对大众投资者很有诱惑力。德国农业合作社的调查显示，截至 2020 年底，德国已经有 786 个社区能源合作社，总计超过 15 万名成员在社区能源合作社注册运营，相对于 2011 年增长 45%。这种新型运营模式能够集合大量分布式小功率发电设备的电能，形成非常有效率的虚拟电厂，故越来越多的社区能源合作社考虑将所发电量通过直接竞价上网，以获得更高的回报。2021 年，德国的新能源比例达到 50%，超过了预期计划，德国推进能源转型的主线，竟然是自主意愿在学校、社区和政府间的发酵。这几乎是和每个家庭的生活息息相关的三个大环境，在这三个环境中用各种方法加强能源转型宣传，让人们产生强烈的关注愿望，是达成共识和双赢的第一步。

在过去 20 年里，通过一系列措施，德国新建建筑单位居住面积的采暖能耗降低了 40% 左右，在此基础上，到 2050 年，采暖能耗应再次降低 80%。德国于 2011 年提出了新的房屋节能目标：自 2019 年 1 月 1 日起，将政府办公建筑建成近零能耗房屋；自 2021 年 1 月 1 日起，将所有新建房屋建成近零能耗房屋；到 2050 年，所有房屋节约 80% 的一次能源。发展被动式房屋是德国实现上述目标的基础，可为德国节省近 40% 的社会终端能耗。

2021 年 5 月 6 日，德国总理默克尔宣布，德国将进一步提高减排目标：2030 年温室气体排放较 1990 年减少 65%，高于欧盟减排 55% 的目标，实现净零排放的时间也从 2050 年提前到 2045 年。这一表态让德国成为首个进一步提高 2030 年减排目标的欧盟成员国，德国计划实现净零排放的时间也是二十国集团中最早的。

（3）日本。日本作为世界上较早提出低碳技术创新战略的国家，高度重视绿色低碳发展，制定了低碳技术创新战略与路线图，并从资金、人才、信息、市场等方面分担低碳技术创新成本，鼓励企业、科研机构、社会组织等积极参与低碳创新与低碳社会建设。

作为资源、能源相对匮乏的国家，日本从 1992 年起陆续制定并颁布了一系列节能减排的政策法规，2005 年的《京都议定书》要求日本减排目标相较 1990 年减少 6%，而实际上，日本的碳减排任务并没有完成，碳排放不减反增 11.3%。基于以上背景，2008 年，时任日本首相福田康夫提出“为低碳社会的日本而努力”的号召，明确提出了构建低碳社会的“福田蓝图”。

为实现低碳减排目标，日本政府规划通过技术创新实现 2030 年前能源利用效率比 2007 年提升 30%，投资近 300 亿美元用于超燃烧系统技术、超时空能源利用技术、节能型信息生活空间技术、低碳型交通技术、节能半导体元器件技术五大领域的创新战略实施；通过税收减免、财政资金扶持等配套政策分担企业创新成本，鼓励企业积极进行低碳领域的技术创新。2017 年 12 月，日本公布了“基本氢能战略”，意在创造“氢能社会”，该战略的主要目的是实现氢能与其他燃料的成本平价，建设加氢站，替代燃油汽车、天然气及煤炭发电等，发展家庭热电联供燃料电池系统。

为实施《构筑低碳社会行动计划》，日本推出一系列重要的革新性技术，提出加快新能源技术创新和新能源汽车发展，新车销售比例中的 50% 为新能源汽车等政策目标。2009 年 4 月，日本内阁府在《未来开拓战略》中提出低碳技术创新相关政策目标，涉及低碳能源、环保车辆、低碳交通和再生资源回收利用等技术领域。2018 年 7 月，日本经济产业省公布了第 5 次能源基本计划，提出面向 2030 年及 2050 年能源中长期发展战略，依靠现有人才、技术创新、基础设施完善和系统开发设定明确的能源发展目标，明确 2030~2050 年能源转型目标[5]。到 2030 年，日本能耗总量要削减 0.5 亿千升油当量，实现零排放电力占比 44%，其中可再生能源发电在总发电量中占比要提升至 22%~24%，核电占比降至 20%~22%，化石燃料电力占比减少至 56%，二氧化碳排放量削减至 9.3 亿吨。面向 2050 年，提出强化人才培养、基础设施更新、新技术开发等，实现从“低碳化”迈向“脱碳化”的能源转型新目标。

2020 年 10 月，日本首相菅义伟宣布到 2050 年实现碳中和目标，强调节约能源、引进可再生能源，以安全最高准则推进核能政策，建立稳定的能源供应体系。2020

年 12 月，日本政府宣布到 2050 年，可再生能源供应量将占全国电力的 50%~60%，核能和使用碳捕获的化石燃料预计占 30%~40%，其余大部分由氢气构成。2021 年 3 月，日本太阳能发电协会在经济产业省审议会上提出，面向 2050 年的脱碳社会，到 2030 年太阳能发电需提高到 125 吉瓦时，2040 年完成 300 吉瓦时的目标。

日本政府对从事低碳技术创新的研究机构或企业提供研发补贴、低息贷款、减免税金等必要的财政支持，分担创新融资成本。一是提供低碳技术创新的财政支持。日本为燃料电池开发项目提供必要的政府预算支持，向产业技术综合开发机构提供一定的创新资金支持。据不完全统计，2013~2018 年，日本内阁府、经济产业省、环境省共资助 14.58 亿美元用于氢能研发和补贴经费。经济产业省、环境省每年拨出约 1.5 亿美元用于 CCUS 技术的研发。2020 年 12 月，日本经济产业省将绿色投资视为日本新冠肺炎疫情后重塑经济的重点，政府投入大量资金，鼓励海上风电、氢氨燃料、核能、碳循环等 14 个行业技术创新。二是制定低碳技术创新转化的政府补贴政策。2010 年，日本经济产业省提出“低碳型创造就业产业补助金”制度。2020 年，日本经济产业省提出通过补贴和税收优惠等激励措施，动员超过 240 万亿日元的私营领域绿色投资，力争到 2030 年实现 90 万亿日元的年度额外经济增长。三是提供节能环保设备投资辅助金。日本政府成立 2 万亿日元的绿色基金，鼓励和支持私营领域低碳技术研发和投资。四是提供低息融资支持。日本经济产业省、环境省等对环保投资企业提供利息补贴，实施低碳设备等领域的投资补贴政策，以鼓励企业和机构参与低碳创新投融资。

日本政府加大人力资源投入和相关政策保障，为低碳技术创新及其高端产业发展培养人才，不断降低低碳技术创新的人才成本。一是加大高学历、高技能型人才职业培训，以低碳技术创新为重要领域促进高学历人才及时就业。二是加大低碳产业领域的人才培养和转移力度，引导人才向新兴产业转移，鼓励失业人员向新兴低碳产业转移，降低低碳技术创新与应用的人才成本。

日本积极搭建由政府部门、企业、科研院所等构成的国家低碳创新体系，构建低碳创新信息共享平台，有效降低创新的各类信息成本；成立产业技术综合开发机构，为社会提供必要的技术创新、推广、应用等服务，特别是为企业和社会公众提供重大关键性低碳技术的信息共享与相关服务。同时，鼓励产业界、高校和研究机构组成战略联盟，积极为企业搭建低碳协同创新平台，降低低碳技术创新的各类成本与外部风险。

为降低低碳技术创新及其转化的相关交易成本，日本加快修改、完善了相关法律法规，先后制订并实施了阳光计划、月光计划等，降低低碳创新的市场交易成本，重视新能源、新材料等低碳领域的技术创新，对低碳消费市场予以扶持。降低市场培育成本，加快低碳技术向产业化的跃进，发挥产业发展拉动需求、低碳技术推动产业发展的双向互动作用。设计培育低碳市场的多项制度，包括环保积分制度，环保节能汽车补贴、税收优惠制度，住宅用太阳能发电系统补贴制度、剩余电量回购制度，碳足迹和碳排放可视化制度，以及领跑者计划制度，有效分担和降低企业创新的市场成本。日本市民有较强的绿色低碳意识，积极参与低碳技术创新与低碳产品消费，发展低碳能源、节俭生活、低碳消费、绿色出行等已成为全民共识。2009年4月，日本国土交通省推出促进环保车辆（包括新能源汽车和符合一定环保标准的汽油、柴油车）普及的减税政策，在购买和使用环节进行减免税，鼓励消费者购买新能源汽车。日本政府制定有利于日本企业走出去的国际贸易政策，帮助日本企业开拓海外市场，积极向国外推广日本的低碳节能技术产品。进一步完善贸易保险制度，降低出口企业的海外风险与成本，加强地区间合作，投资建设相关产业基础设施，降低日本企业在海外市场的各类交易成本。

2. 资源循环利用

日本废弃物工学研究所发布估算数据称，全球一年产生的垃圾总量将在2050年达到320亿吨，是2000年的4.2倍，其中工业垃圾增幅较大，2050年将达到279亿吨。垃圾产量的增加促进了资源循环利用产业的发展，目前，美国、欧盟、日本等发达国家和地区形成了较大规模的固体废物循环利用产业，并在技术研发方面的支持力度较大。例如，欧盟的"地平线2020"计划，在固体废物领域设立了专门的项目，在废旧材料再生、城市矿产等领域支持了一批研究项目；日本持续推进"循环型社会"发展计划，重要大宗金属近100%循环利用，并提出2035年固体废物填埋率降低到3%；美国2018年固体和危险废物管理与修复行业的收入大约为1 439亿美元。

为了提高固体废物资源回收率，德国政府先后颁布了《垃圾处理法》《避免废弃物产生及废弃物处理法》《关于容器包装废弃物的政令》《循环经济与废弃物管理法》等，全面地考虑了产品的设计、生产、消费、回收等环节，形成了封闭的废弃物处理循环系统。为了减轻自身资源匮乏的限制，日本大力推进循环经济的国策，2000年颁布和实施了《循环型社会形成推动基本法》、《废弃物处理法》（修订）、《资源有效利用促进法》（修订）、《建筑材料循环法》、《可循环食品资源循环法》和《绿色采购法》等6部法律，形成了目前世界上最先进、最完备的环保及循环经济法律体系，极大地推动了固体废物循环利用产业的发展。具体对垃圾分类回收、废纸资源化利用、废塑料资源化利用、废金属资源化利用方面的技术进行分析。

（1）垃圾分类回收。垃圾分类越精细，回收利用就越精准，处理费用就越低。据统计，欧盟平均每年可以循环利用的垃圾占总量的62%。在比利时，采取垃圾分类的家庭比率约为90%，2018年家用包装废弃物的回收率高达89%，居欧洲首位。此外，身处北欧的瑞典是垃圾回收率最高的国家之一，实现了高达99%的资源回收和焚烧供能比率，其中36%被回收利用，14%用作肥料，49%焚烧后转变为能源，还出现了进口垃圾的"怪象"。德国是全球最早开始实施城市垃圾分类收集的国家之一，实施"连坐式"的惩罚措施。日本政府通过法律惩罚和经济罚款等手段来确保生活垃圾分类回收制度的有效执行，实行垃圾分类政策之后，垃圾资源化处置比例快速上升，截至2017年，日本垃圾处置中资源化处置比例维持在18.70%。美国同样建立了完整的垃圾分类回收系统，根据废料回收工业协会的《2018 年回收行业年鉴》，美国回收行业每年可产生近 1 170 亿美元的经济活动。

此外，美国、加拿大等开发了基于物联网 / 互联网技术的园区固体废物回收和产业共生决策算法及平台，使废物回收率提升了 37%。德国、日本等采用无线射频识别（radio frequency identification，RFID）在垃圾清运、计量系统及废物统计、监测管理等领域进行了应用。例如，美国苹果公司开发了手机回收拆解智能机器人 Liam 和 Daisy，十几秒钟就可以拆解一部手机；日本松下环保技术中心研发的机器人，可智能搬运、视频识别、精准定位、快速拆解智能装备，实现废旧家电高效拆解与树脂金属精细分离，铜纯度可达 99%。

（2）废纸资源化利用。欧美等发达国家已经建立了严格的废纸回收分级体系。例如，美国将废纸分为 51 级，对每一级别废纸的用途、性能和来源做出了明确的描述和分类。传统的废纸回收主要用于生产再生纸，其处理过程通常包括机械研磨纤维化、脱墨、脱色、漂白、除黏土和胶黏剂等，但再造纸过程会导致纤维流失和纸张强度的损失，再生利用的次数有限。目前，国外已有相关技术将废纸转化为制造家具和建筑等的新材料。

美国、德国、日本等国家的科研人员将从废报纸中提取的纤维材料、木质纤维、水泥等材料混合，用于生产中密度纤维板。采用废纸制成的板材隔热、隔音效果好，价格低廉。德国的研究人员将废纸作为刨花板生产的原料，主要将其用作中间层或板材的芯层原料。美国的研究人员将旧报纸研磨成粉末，与聚乙丙烯等聚合材料混合加热，使得混合物料熔化，再注入成型机中成型，其防火性能和热稳定性能优于一般树脂材料。瑞士国家联邦实验室和 Isofloc 公司合作开发了一种由废纸制成的保温绝缘材料，可用于制作木结构及木屋配件等材料，其添加剂对人类、动物和环境无害，而且在防火方面具有应用价值。芬兰国家技术研究中心开发了一项综合利用废弃纸制品和废弃纺织物的技术，将废纸、旧衣料、废棉、木基纤维等制成黏胶型再生纤维。废纸还可以用于生产纸浆模塑制品，以废纸产生的一次纤维或二次纤维为主要原料，并用特殊的模具使纤维脱水成型，再经干燥和整型而得到的材料，可用于食品、家电等商品的包装。

除了利用废纸生产新型材料外，国外还有研究将废纸用于制造化工材料。新加坡国立大学工程学院的研究人员将废纸用于生产气凝胶，在 2016 年首次实现将废纸转化为绿色纤维素气凝胶，制备出无毒、轻巧、灵活、高强及防水的产物，可应用到石油泄漏清理、隔热和包装等许多领域。

（3）废塑料资源化利用。2018 年，联合国环境规划署首次聚焦一次性塑料污染问题；2019 年，修订的《巴塞尔公约》首次纳入废塑料管理的条款，将受污染、混合的“脏”塑料垃圾加入进出口限制对象；德国联邦政府已将减少塑料对环境的污染列入《高科技战略 2025》的重点领域。因此，废塑料资源化利用产业和技术都得到了极大的发展。

废塑料资源化利用技术主要分为识别分选技术和处理利用技术两大类。废塑料的种类和形态繁多，因此其识别和分选技术非常关键。在欧美国家，静电分离技术被应用于仅有二元混合塑料的分选，如 ABS/PC（丙烯腈-丁二烯-苯乙烯共聚物 / 聚碳酸酯）、PET/PVC（聚对苯二甲酸乙二醇酯 / 聚氯乙烯）、PP/PE（聚丙烯 / 聚乙烯）等废塑料，废塑料碎片相互碰撞，在电场中因不同的偏离而被分离。还可以采用泡沫浮选法分离具有相似密度的废旧塑料。

目前，发达国家还开发了基于光谱技术的废塑料分选方法。例如，挪威托姆拉公司的 autosort 系统、德国比勒公司的 Sortex 系列、德国 S+S 公司的 Varisort 系列、法国 Pellenc ST 公司的 Mistral 等设备，采用近红外光谱技术，对塑料中的 HDPE(高密度聚乙烯)、PVC、PET、PE 等废塑料进行精细化分选，其识别精确度和识别尺寸根据不同公司的算法存在一定的差异。

目前，一些新的废塑料资源化利用方法应运而生，如针对不同的废塑料材料，有等离子气化法、复合容积增容法、高温热解法、流化催化裂化法等技术。奥地利埃瑞玛再生工程机械设备有限公司采用反向逆流技术，即废塑料与挤压螺杆机反方向旋转，提高废塑料回收的性能，降低生产过程中的温度，提高再生塑料的处理能力和产量，该技术获得了 2019 年欧洲专利局颁发的“欧洲发明奖”。奥地利施塔林格尔公司推出的两款新型塑料回收设备——reco STAR PET 330 和 reco STAR 165，可应用于清洁废料、轻质薄膜和耐研磨塑料制品等的回收利用。荷兰设计师开发了第二代手工 DIY（do it yourself，自己动手做）塑料再生设备 Precious Plastic。该设备由塑料粉碎机、挤出机、注塑机和旋转成型机组成，可将废旧塑料制成新的产品。日本积水化学工业株式会社开发了“三明治”填充技术，对废塑料进行利用，将废塑料用作生产物流货运箱，将高强度和塑性性能优越的塑料作为表层材料，将家庭消费产生的低强度废塑料用于中间填充材料。

废塑料的能源转化技术也是发达国家的研究热点。例如，塑料裂解技术在无氧或缺氧的环境中，通过高温加热，将塑料分子中的碳链和碳氢链裂化为小分子烃类，得到的产物可分为热解气和热解油。日本研发了一种催化废塑料热解油化的技术（Kurata 法），使得聚苯乙烯塑料热解油品中烷烃产率超过 80%。美国科学家研发出一种能把塑料购物袋转化成柴油、天然气及其他石油产品的新技术。塑料袋本来就是石化产品的一种，以废塑料为原料进行蒸馏可得到近 80% 的燃料，高于原油蒸馏过程 50%~55% 的产率。由英国 Cynar 公司在爱尔兰建设的废塑料能源转化厂，日处理废塑料能力达 10 吨，其转化率达到 95%。瑞士楚格市的废弃塑料被运输至 Plast Oil 公司，用于燃料油的生产。

（4）废金属资源化利用。目前，废金属资源化利用的主要方式仍是重新冶炼后作为再生材料，其中废金属的分选技术是关键。欧美发达国家对废金属物料的分选已从单纯地依靠传感器技术发展到逐步融入图像处理、神经网络、激光诱导击穿光谱（laser-induced breakdown spectroscopy，LIBS）技术，其自动分选系统可根据分选任务和条件灵活地进行配置，可以分选出 1~2 毫米粒径的废金属颗粒，分选的准确率高达 95%。例如，芬兰研究人员提出了一种结合双能 X 射线、机器视觉与感应传感器的废金属分选系统，在实验室条件下取得了较好的分选效果。

电子废弃物中的废金属回收也得到越来越多的关注。例如，比利时优美科集团（Umicore）将电子废弃物中的铜、铅、镍等送往铜冶炼设施，产生粗铅、镍砷渣和铜渣，其中镍砷渣含有铂族金属，贵金属以多尔合金的形式被回收利用。日本同和矿业株式会社将电子废弃物中的含金废片和连接器采用湿法处理，其溶解液经还原处理后可以提炼出贵金属。电子基板、带皮铜线等金属材料，一般采用回转窑焚烧或热解方式处理，最终送到铜冶炼厂资源化利用。德国、比利时、瑞典等国家围绕多源金属熔池熔炼协同利用开展了系统研究，在均质化调控、多相反应及定向分离机制、高毒元素温和矿化等方面取得了突破性进展，形成了完整的技术体系与成套装备。

3. 大气污染防治

2019 年 10 月，美国环保协会发布了“Making the invisible visible：a guide for mapping hyperlocal air pollution to drive clean air action”技术指南，旨在协助城市主管部门利用“超本地化”的空气质量数据，为全球城市应对不断加重的空气污染问题提供新的工具和手段。“超本地化”监测可理解为“超精细化”监测，这种方式可以大大提升空气质量数据的时间和空间分辨率，为城市管理者和居民提供大量丰富的数据，在更小时空尺度上识别空气污染热点、分析污染来源，从而更好地支持精细监管。“超本地化”监测为空气质量管理提供了发现问题的新视角和解决问题的新工具。据统计，2018 年，美国在空气污染控制和监测领域的收入（包括设备和服务）大约为 215 亿美元。

瑞典在提升大气环境质量方面，将传统形式的监管与经济手段有机结合。瑞典环境科学研究院负责协调瑞典空气排放清单编制工作，并向瑞典政府递交年度报告。为此，瑞典环境科学研究院采用多种方法进行多种环境数据的管理，并且不断开发数据管理和大数据分析方法，包括数据趋势分析和受体模型等。瑞典国家排放数据库对应的工业企业排放清单数据被存放在由瑞典环境科学研究院开发设计的数据库系统中，系统不仅能够处理各种排放值，而且包括所有其他相关数据，如各种工业活动、能量流、工业特征数据、过程信息、报告规范、地理坐标等。优化的数据处理系统能简化数据报告，并为制定减排策略、情景构建等提供广泛、创新的环境分析基础。

为了提高空气质量，英国于 2017 年 12 月出台了“伦敦呼吸”计划，该计划是 C40 城市气候领导联盟空气质量网络的第一项举措，目前，伦敦地区已安装了 100 多个固定空气监测传感器。“伦敦呼吸”计划将安装更多的固定和移动空气质量监测仪，以实时、立体地监测空气质量和污染来源。伦敦市长萨迪克·汗宣称，伦敦启动了世界上最先进、最全面的空气质量监测网，以帮助调查和改善伦敦的有毒空气。“伦敦呼吸”计划不仅提供了城市空气污染状况，而且增强了识别整个城市空气排放主要源点的能力，无论这些源点在城市的哪个角落。

4. 污水处理与资源化

污水处理被认为是一个高耗能行业，传统污水处理实际上是停留时间、处理空间、投入能源、物耗资源四个维度上的调整与组合，甚至可以说，高标准的出水水质，是以能耗、物耗的形式实施的污染形态转移来实现的，耗能导致的水污染物转为二氧化碳、甲烷、一氧化二氮、氨气、硫化氢等温室气体，特别是对污水处理标准一再提高，能耗越来越高，这样的转换也越来越突出（目前针对污水处理厂的提标升级方案主要包括：针对现有工艺的优化；增加投药，如增加化学除磷和外加碳源；增加后续物化处理单元，如高效沉淀和砂滤池、增加生化单元，如后置反硝化滤池及膜工艺，但优质的出水带来的是更多的能耗和物耗）。联合国数据显示，全球污水处理等水处理行业碳排放量占全球碳排放量的 2% 左右。2017 年美国能源消耗量中约 2% 用于饮用水和污水处理系统，产生约 4 100 万吨温室气体。

从全球可持续性发展的角度而言，污水处理的目标不应仅是缓解水污染问题，而应该是多目标综合考虑，可持续地利用或回收能源和资源，以此立足，方可实现环境、社会的可持续性与污水处理企业的可持续性。污水处理既是重要的公共事业，又是一个被政策驱动的行业，提早开启低碳变革，将赢得更大的主动权和更广阔的发展空间。

在活性污泥法出现 100 年后，人们开始重新总结与回顾污水处理技术的发展方向历程，从节能降耗角度审视污水处理过程的高能耗，从物质角度审视污水处理的高“碳足迹”，但是至今以常规活性污泥工艺为主流的污水处理技术欠缺，于是，一些耦合资源和能源回收的概念路线不断涌现。目前，世界范围内，对“污水”的认知已经从“废物处理”的对象转向“资源及能源回收”的载体，基于资源回收、能源开发与利用和碳平衡理念的未来污水处理厂已经在一些发达国家，以及世界范围内领先的环境公司开始实践。奥地利斯特拉斯（Strass）污水处理厂以主流传统工艺［AB（absorption biodegradation，吸附-生物降解工艺）法］与侧流现代工艺（厌氧氨氧化）相结合的方式实现了剩余污泥产量最大化，早在 2005 年通过厌氧消化产甲烷并热电联产技术实现了能源自给率，达到了碳中和运行目标。目前，该厂利用剩余污泥与厂外厨余垃圾厌氧共消化，使得能源自给率高达 200%，不仅实现能源自给自足，产生的一半能量还可以向厂外供应，已成为名副其实的“能源工厂”。作为美国碳中和运行的榜样，Sheboygan 污水处理厂通过开源与节流并举的技术措施不仅向美国，也向世界展示了其污水处理能耗基本可以实现自给自足。2013 年，该厂已实现了产电量与耗电量比值达 90%~115%、产热量与耗热量比值达 85%~90% 的佳绩，基本实现了碳中和运行目标。

在此基础上，许多国家制定了应对气候变化的污水处理厂能耗自给或碳中和技术路线。美国水环境研究基金提出“Carbon-free Water”，更是制定出至 2030 年所有污水处理厂均要实现碳中和运行的目标。荷兰制定了 2030 年 NEWs 技术路线图。新加坡提出了从 Brownfield（棕色水厂）到 Greenfield（绿色水厂）的时间表与路线图。

日本有关部门发布了“Sewerage Vision 2100”，指出到21世纪末将完全实现污水处理能源自给自足。

许多研究与工程试验已被用于探知从污水中回收能源，以满足污水处理运行现场能量自给自足的可行性。一方面，支出最小化，使用清洁能源并在污水处理进行中摸索低能耗方案；另一方面，收入最大化，污水中蕴含巨大的能量，可捕获污水中所蕴含的有机化学能、热能就地转换为电能，欧美等国家的一些实施碳中和运行目标的污水处理厂也大都以剩余污泥厌氧消化转化能源为主要手段，理论上可以实现能耗的完全自给甚至可以变成能量输出厂。有充分的理论与实践依据表明，未来污水处理厂不应是能源消耗者而应该成为能源供应者。这些举措支持了减少污水处理厂全生命周期温室气体排放的相关目标。

从污水中回收资源具有宽广的范围，污水处理最大的资源回收是中水回用与再生水利用，如新加坡的NEWater项目。再生水用途一般为非饮用目的，如用作工业冷却、园林绿化灌溉、景观用水等，当然也有补充地下水，作为间接饮用水用途，研究表明，当出水回用率达到70%时，回用水通过抵消自来水生产获得的环境效益可以抵消新增深度处理设施带来的环境影响，从而对原有二级处理工艺生命周期评价环境影响进行减量。

污水处理碳中和运行中，剩余污泥是重要的能源化、资源化载体物质，需要从污水系统碳平衡的维度，以增量方式获得，需要改变污泥减量化的现行观念，以碳中和运行为目标的污泥增量近年来已在国际上悄然兴起。为此，以城市碳平衡系统来考虑，通过COD（chemical oxygen demand，化学需氧量）内源截留与外源挖潜方式最大限度地去实现“污泥增量”。“污泥增量”有两个途径：一是内源途径，提高污水处理厂进水COD负荷，通过完备、完善的管网系统收集污水，最大限度避免污水碳源流失，减少甚至无须补充反硝化的外加碳源，实现处理过程中的碳平衡。二是外源途径，在收集生活污水时，在保障系统安全的条件下，可考虑食品、屠宰等高碳类生产废水接入；在后端的污泥厌氧消化时，可混入餐厨垃圾、果蔬垃圾、园林残枝等有机废物实施后端厌氧共消化技术。

低碳时代的污水处理将向着资源、能源回收与碳中和转变的国际大趋势转变。

8.1.3 节能环保产业发展的国际环境变化

随着气候变化问题的尖锐化，气候治理已成各国提升全球影响力、彰显国际领导力的新杠杆。目前，包括中国在内的110个国家做出到21世纪中叶实现碳中和的重大承诺，以期控制全球温度的上升。这些重大承诺体现了各国难得的共识，但承诺如何实现、靠什么实现、以怎样的规则实现、谁来当领导者牵头实现、如何注资实现，都尚未确定。2021年是中国碳中和元年，也是世界低碳经济竞争的元年，对于国际格局转变和大国博弈的影响相当明显。

从全球话语权角度看，一场重塑低碳经济规则的国际竞争已开始。各国为实现碳中和的目标，纷纷进入应对气候变化和发展低碳经济的快车道，但对新兴绿色低碳产业的行业认定、包括减排在内的各类低碳标准制定、包括碳交易在内的各款绿色规则约定、包括绿色金融在内的各种市场准入门槛等，都面临着新一轮的国际博弈和谈判进程。谁能在标准谈判上占据重要先机，谁就能掌握全球低碳新时代的大国话语权。

从国际经贸角度看，一场重组绿色经贸格局的重大转变已出现。碳中和倒逼各国加速经济转型，清洁能源的使用与发展面临重大机遇，传统化石能源则面临改造或弃用的风险，商品原材料生产、加工、运输的价值链也随之发生位移，以绿色产业为重心的国际新经贸结构将逐渐成为未来支撑世界经济的主流。碳中和之路上的战略合作、利益博弈、贸易竞争将成为大国竞争的主战场。

从技术创新角度看，一场围绕新兴绿色产业的研发竞赛已开足马力。作为未来的必争之地，欧洲、美国、日本等传统发达国家和地区都已加大对绿色技术的研发投入，将其升格为与其他高新技术产业同等重要的地位，成为低碳经济发展与竞争的重要推动力，并为后续的技术授权转让、绿色产业升级等方面提供坚实基础与竞争优势。新兴经济体若不跟进，有可能失去这一轮以绿色升级为主要特征的新产业革命。

从资金流向角度看，一场受绿色行业带动的国际投融资转向已发生。未来国际资本将更青睐具备潜力与产能的绿色新产业，各国的绿色产业优惠政策也将成为吸引外国优质投资者的新条件。围绕环境信息披露、绿色股权融资配比、绿色供应链、碳金融市场、新能源技术、低碳法律配套、资源估值等为主题的新投融资规则，将升格为投资、证券、保险等金融市场的热门话题。

不难看出，带领美国重回《巴黎协定》的拜登政府大力推行“绿色新政”，试图彰显尚处于全球领导者地位的美国实力。2021 年 4 月的“领导人气候峰会”是一个新起点，更多的是在全球话语权、国际经贸、技术创新与资金流向等领域的对中国的压制。

总之，从世界节能环保产业发展趋势看，节能环保产业资本将进一步集中，装备将向成套化、尖端化、系列化方向发展，环保产业由终端向源流控制发展，其发展重点包括大气污染防治、水污染防治、固体废物处理与防治、噪声与振动控制等方面。因此，当前发达国家在国际贸易中设置的“绿色壁垒”，给世界节能环保产业带来了巨大商机和挑战。

8.2　2020 年以来节能环保新兴产业发展国内动态及趋势分析

8.2.1　2020 年以来中国节能环保产业发展总体现状

大力发展节能环保产业是实现生态文明建设、培育经济发展新动能、促进经济高质量发展的重要抓手。《国民经济和社会发展第十三个五年规划纲要》（简称“十三五”规划纲要）提出“加快改善生态环境”，并围绕这一目标在环境综合治理、

生态安全保障机制、绿色环保产业发展等方面进行总体部署。《"十三五"节能环保产业发展规划》提出"发展节能环保产业"，加强大气、水、土壤等污染防治工作。同时提出，到2020年，"节能环保产业成为国民经济的一大支柱产业"。

2010年以来，我国污染防治攻坚战成效显著，生态环境保护发生历史性、转折性、全局性变化。牢固树立"绿水青山就是金山银山"的理念，加快推进生态文明建设，以解决生态环境领域突出问题为重点，深入实施污染防治行动计划，使生态环境质量明显改善，资源环境可持续发展能力不断增强，节能减排进展明显，资源能源利用效率显著提升，生态文明建设成效之大前所未有[6]。

1. 污染防治攻坚战阶段性目标胜利完成

大气污染防治成效显著，COD、氨氮、二氧化硫、氮氧化物等主要污染物排放总量分别累计减少13.8%、15.0%、25.5%、19.7%，细颗粒物（$PM_{2.5}$）未达标地级及以上城市浓度累计下降28.8%，地级及以上城市空气质量优良天数比率达到87%。《大气污染防治行动计划》十条措施和蓝天保卫战目标全面实现，燃煤电厂超低排放改造任务超额完成，北方地区清洁取暖积极稳妥推进，京津冀等重点区域空气质量明显好转。

碧水保卫战成效显现，地表水达到或好于Ⅲ类水体比例提高到83.4%，劣Ⅴ类水体比例降至0.6%。长江、黄河等重点流域区域水污染治理加快推进，大江大河干流水质稳步改善，饮用水水源地保护持续加强，地级及以上城市建成区黑臭水体消除比例超过96%，河长制、湖长制全面推行，近岸海域污染治理力度不断加强，围填海和占用自然岸线的开发建设活动得到严格控制。

净土保卫战扎实推进，完成农用地土壤污染状况详查，重点行业企业用地土壤污染状况调查稳步推进，耕地周边涉重金属重点行业企业排查整治工作、城镇人口密集区危险化学品生产企业搬迁改造专项工作取得阶段性成效，基本实现固体废物零进口目标。

2. 生态系统质量和稳定性不断提升

主体功能区布局和生态安全屏障加快形成，生态保护红线、永久基本农田、城镇开发边界三条控制线划定工作逐步落实。耕地资源得到有效保护，耕地保有量和新增建设用地规模控制在规划目标内。以国家公园为主体的自然保护地体系加快构建，三江源等10处国家公园体制试点顺利开展。国土绿化行动有序开展，森林蓄积量超过175亿立方米，森林覆盖率超过23%，天然林全部纳入保护范围，新增水土流失综合治理面积30.6万平方千米，草原荒漠化、沙化、石漠化趋势得到初步遏制。海洋生态安全屏障进一步巩固，整治修复海岸线1 200千米左右、滨海湿地34.5万亩①，营造红树林5.5万亩。生态廊道和生物多样性保护网络不断完善。内陆七大重点

① 1亩≈666.67平方米。

流域禁渔期制度实现全覆盖。

3. 绿色发展方式和生活方式逐步形成

能源生产消费革命取得突破性进展，能源消费总量控制在50亿吨标准煤以内，单位GDP能源消耗累计下降13.2%，非化石能源占一次能源消费比重提高到15.9%，消费增量60%以上由清洁能源供应，单位GDP二氧化碳排放累计下降18.8%。最严格水资源管理制度和节水型社会建设全面推进，万元GDP用水量累计下降25%，高耗水行业和园区节水改造持续推进，农田灌溉水有效利用系数达到0.56。盘活城镇低效用地等存量建设用地成效显著，国有建设用地使用权二级市场不断完善。园区循环化改造、资源循环利用产业基地建设等扎实推进，城市废物回收和再生利用体系加快建立，废物资源化利用水平大幅提升。环境基础设施不断完善，城市污水处理率达到96.8%，生活垃圾无害化处理率达到99.2%，农村卫生厕所普及率超过68%。绿色生活创建行动全面开展，46个重点城市已基本建成生活垃圾分类处理系统，在全社会推行节约粮食、制止餐饮浪费，简约适度、绿色低碳、文明健康的生活理念深入人心。

4. 生态文明制度体系加快形成

源头严防、过程严管、损害赔偿、后果严惩等生态文明基础制度框架初步建立。“多规合一”的国土空间规划体系初步形成。自然资源资产产权制度改革积极推进，国土空间开发保护日益加强。环境治理体系改革纵深推进，中央生态环境保护督察制度建立实施，省级以下环保机构监测监察执法实行垂直管理，实现固定污染源排污许可全覆盖，党委领导、政府主导、企业主体、社会组织和公众共同参与的环境治理体系初步建立。资源有偿使用和生态补偿制度持续推进，环境保护税、绿色金融、碳排放交易等绿色经济政策制定实施。生态文明绩效评价考核和责任追究制度基本建立。

党的十九届五中全会和中央经济工作会议明确了未来“深入实施可持续发展战略，完善生态文明领域统筹协调机制，构建生态文明体系，促进经济社会发展全面绿色转型，建设人与自然和谐共生的现代化。要加快推动绿色低碳发展，持续改善环境质量，提升生态系统质量和稳定性，全面提高资源利用效率”。对碳达峰、碳中和工作做出部署，对实现减污降碳协同效应提出明确要求。“十四五”污染防治攻坚战必须既减污又降碳，两手都要抓、两手都要硬。

8.2.2 2020年以来中国节能环保产业行业现状

节能环保产业是指为节约能源资源、发展循环经济、保护环境提供技术基础和装备保障的产业，主要包括节能产业、资源循环利用产业和环保装备产业，涉及节能环保技术与装备、节能产品和服务等。在国家统计局2018年下发的《战略性新兴产业分类》对战略性新兴产业的界定中，节能环保产业包含了高效节能、先进环保、资源循环利用三个细分产业[7]。作为一个跨领域、跨地域的产业，节能环保是与其他经济部门相互交叉、相互渗透的综合性新兴产业，重点开发推广工业、交通、建筑等重点领域高效节能技术与装备；研究满足环境治理重大需求的环保技术和装备；发展源头减量、资源化、再制造等新技术与高效率低成本新能源产业，提高资源综合利用水平和再制造产业化水平，为节约能源资源、发展循环经济、保护生态环境提供物质基础和技术保障。

1. 环保产业

1）政策发力，拓展市场空间

2020年是“十三五”规划的收官之年，也是污染防治攻坚战的决胜之年，生态环境保护交出了一份亮眼的成绩单：“十三五”规划纲要确定的生态环境保护9项约束性指标和污染防治攻坚战阶段性目标任务全面超额完成。蓝天、碧水、净土三大保卫战取得显著成效。环保产业为治污攻坚提供了技术支撑，也获得了自身发展壮大的机遇。

2020年，《中华人民共和国固体废物污染环境防治法》修订版发布实施，“无废城市”试点建设次第推进、全面禁止进口固体废物、生活垃圾分类及塑料污染治理等工作的开展，推动了我国固体废物处理处置行业的规范化发展。尤其是该法明确了固体废物污染环境防治坚持减量化、资源化和无害化的原则，强化了政府及其有关部门监督管理责任；完善了工业固体废物、生活垃圾、建筑垃圾、农业固体废物、危险废物等环境污染防治制度，对固体废物产生、收集、贮存、运输、利用、处置全过程提出了更高要求。

在电力行业之后，钢铁行业的超低排放改造已经全面铺开，水泥等行业也在逐步跟进。目前，共有26个省（区、市）生态环境主管部门发布了钢铁超低改造实施方案，督促辖区内企业按照时间节点加紧推进超低排放改造工作。河北、山东、河南、山西、江苏等钢铁产能大省已相继发布或正在制定地方超低排放标准与差异化水电价政策，以强制性地方标准与梯级水电价推动超低排放政策的有效落地。

在水处理方面，针对“部分地区环境基础设施欠账大、城市收集管网不配套”，国家发改委印发了《国家发展改革委关于加快开展县城城镇化补短板强弱项工作的通知》，瞄准包括城镇污水管网建设等市场不能有效配置资源、需要政府支持引导的公共领域，补齐城乡污水收集和处理设施短板，进一步推进城镇污水管网全覆盖，加强生活源污染治理力度。

2020年，环保产业累计支持了约9亿千瓦煤电机组和超过6亿吨钢铁产能的超低排放改造，城市和县城污水日处理能力超2亿立方米，地级及以上建成区黑臭水体消除比例达96%，固体废物处理处置能力显著提升。

2）精准治污，提高治污成效

我国生态环境保护面临的形势严峻、任务艰巨，唯有牢牢抓住“精准”二字，才能切实提高治污成效。被业界称为“251 工程”的申能股份有限公司安徽淮北平山电厂 1 350 兆瓦工程已成功投运，这是目前世界上单机容量最大的新型高效、洁净、低碳超超临界燃煤发电机组。其中，由菲达环保科技股份有限公司承建的五电场低低温电除尘器和浙江佳环电子有限公司提供的高频电源、脉冲电源，除尘效率大于 99.9%，协同脱汞效率大于 70%，机组实现超低排放。作为煤炭消费大户，煤电行业自 2014 年开始进行煤电超低排放改造，改造完成率已达 86%，全国 8.9 亿千瓦的燃煤机组达到了天然气的排放水平，全国 6 000 千瓦及以上火电厂供电标准煤耗 306.4 克 / 千瓦时，比 2019 年降低 1.2 克 / 千瓦时，其所排放的烟尘、二氧化硫、氮氧化物排放量分别约为 18 万吨、89 万吨、93 万吨，分别比 2019 年下降约 12.2%、9.7%、3.1%。

2020 年，蓝天保卫战进入收官年，京津冀及周边“2+26”城市、长江三角洲、汾渭平原地区作为主战场，区域内钢铁、焦化行业的主要大气污染物排放减量问题依然是打赢大气污染防治攻坚战的重点与难点。中国钢铁工业协会提供的数据显示，截至 2021 年 2 月，全国共计 229 家钢铁企业的 6.2 亿吨粗钢产能进行了超低排放改造。

在固体废物方面，《2016—2019 年全国生态环境统计公报》显示，我国一般工业固体废物产生量由 2016 年的 37.1 亿吨上升为 2019 年的 44.1 亿吨，上升了 18.9%。综合利用水平也有所提高，由 2016 年的 21.1 亿吨上升到 2019 年的 23.2 亿吨。我国危险废物管理体系日趋完善，危险废物处置能力明显提高。截至 2019 年底，全国危险废物集中利用处置能力超 1.1 亿吨 / 年；利用能力和处置能力比“十二五”末分别增长了 1.0 倍和 1.6 倍。

大数据是开展精准治污的重要工具，国家及地方相继发布多项政策措施，采用“互联网 +”大数据手段服务监管，实施机动车与非道路机械的智能管控，已初步建立移动源污染防治的基础监管能力。2021 年，移动源污染防治工作的要求更高，国家及地方需进一步提升移动源排放精细化管理水平。结合当前实施的 OBD（on-board diagnostics，车载诊断系统）远程监控、门禁系统建设、遥感遥测及黑烟抓拍设备的应用，未来将充分运用和发挥物联网技术、大数据与云计算、智能识别等，形成对用车单位、车辆、发动机的精准管理。同时，结合人工智能技术的运用，致力于精准预测机动车排放，减少超标风险，切实降低单车 / 机的污染物排放量。

3）资本追捧，行业竞争加剧

受新冠肺炎疫情影响，环保产业在 2020 年第一、第二季度受到较大冲击，营收和利润大幅下降。随着疫情逐步得到有效防控，环保企业积极复工复产，产业整体运行渐次恢复，部分细分领域还出现了较快增长，为经济快速复苏做出了贡献。

从 2020 年第三季度后期开始，环保企业进入全面支撑涉水污染攻坚战收官阶段，因疫情积压搁置，各地许多停摆、蛰伏的产能和产品在短时间内快速恢复增长，水环境市场需求在短期持续释放。整体来看，水污染治理产业的问题诊断、工艺设计、技术装备及系统解决方案的水平和质量稳步提升，新业态、新模式不断涌现，通过持股、合资及多领域、多维度实现平台型合作，环保产业格局正步入行业巨头横向联合的新阶段。

为遏制臭氧（O_3）污染，生态环境部出台了《2020年挥发性有机物治理攻坚方案》，带动了相关行业发展。通过对部分重点企业的摸底统计，VOCs（volatile organic compounds，挥发性有机物）治理行业产业规模与2019年相比有所提高，VOCs治理工程年产值500亿~600亿元（含净化材料生产）。由于VOCs污染源极其分散，单个治理工程规模通常很小，从事VOCs治理的企业规模难以做大。目前最大的企业规模为6亿~7亿元，年产值超过1亿元的企业数量预计在80家以上，大量企业年产值在3 000万元以下。

2020年，土壤修复行业的热度依然不减，从业企业数量大幅增长。近年来，以央企和省级环保集团为代表的国资企业加快进入修复行业，地方城建、城投也加紧土壤修复产业布局。但目前土壤修复项目仍以传统施工项目的工程总承包（engineering procurement construction，EPC，设计、采购、施工）模式为主，商业模式有待进一步拓展。

在资本领域，环保企业依然很受青睐。据不完全统计，截至2020年12月25日安徽省通源环境节能股份有限公司正式登陆上海证券交易所科创板，2020年成功过会（上市）环保企业达31家，创历史新高。同时，退市制度改革也在加速。2020年，已有安徽盛运环保（集团）股份有限公司、神雾环保技术股份有限公司、凯迪生态环境科技股份有限公司等环保企业终止上市交易。退市环保企业和其他陷入经营困境的环保企业为2017年之前的项目“跑马圈地”和过度扩张付出了沉重的代价。地方国资和一大批央企纷纷进入生态环境领域，地方环保集团公司的成立和央企环保板块的持续加强，使行业竞争加剧。

4）技术创新，补齐短板、强化弱项

对于环保企业而言，技术是安身立命之本，也是竞争优势之源。2020年，环保产业的创新技术不断涌现，36项环境技术进步奖的获奖成果包括国际专利12项、发明专利646项。获奖项目2018~2020年相关产值高达935亿元，实现利润121亿元，出口创汇10.8亿元。

精准治污、科学治污的理念引导了污水治理行业的全面发展。主要技术发展体现在“常规污染物协同处理与优化”和“难降解污染物高效处理”两方面。同时，城市地下再生水厂受到热捧，各地已建成多座地下再生水厂并投入使用，中国环境保护产业协会标准《地下式城镇污水处理厂工程技术指南》颁布实施，表现出城市的污水处理厂正逐步向环境友好、绿色低碳、循环再生、生态环保的方向发展，污水处理厂的邻避效应将逐渐变为邻利效应。

水泥行业的超低排放逐步推进。2020年，安徽、河北、河南、四川等地相继发布地方水泥工业大气污染物排放标准，通过加严标准倒逼超低排放改造，也带动了技术进步。截至2020年底，全国已有10多条水泥熟料生产线SCR（selective catalytic reduction，选择性催化还原）脱硝装置投运。西安西矿环保科技有限公司承建了我国首台水泥SCR脱硝项目，采用“高温电除尘器+SCR脱硝一体化”组合技术，实现颗粒物排放浓度≤10毫克/米^3、二氧化硫排放浓度≤35毫克/米^3、氮氧化物排放浓度≤50毫克/米^3。

“十四五”期间，电除尘技术将从通用技术向“难、特、协同”技术转型，如特殊煤种超低排放技术，三氧化硫、$PM_{2.5}$、气溶胶、汞等多种污染物协同脱除技术；从粗放向效能转型，如节能技术改造；从传统行业向相关行业延伸，如非电行业、生物质发电、工业炉窑烟尘处理等。

在冶金环保方面，除高炉煤气精脱硫等先进技术继续验证检验与推陈出新、解决二次污染与使用寿命等技术短板外，环保智能管控系统作为全流程监控超低排放的管控抓手，将成为企业达到超低排放管控要求且长效保持超低排放改造成果的重要抓手。

在机动车污染防治方面，在持续推动颗粒物及氮氧化物排放管控的同时，机动车VOCs排放逐步成为管控的重要对象，针对加油排放和蒸发排放的监管手段将更加完备，面向加油和蒸发排放控制技术及产品也将进一步得到革新与发展。随着《非道路柴油移动机械污染物排放控制技术要求》（HJ 1014—2020）的发布与实施，满足国Ⅳ排放标准非道路柴油移动机械的排放控制技术已经确定，直接带动国内排放控制领域企业的技术升级与开发热潮。

5）减污降碳，开启绿色发展新征程

习近平主席在第七十五届联合国大会一般性辩论上发表重要讲话，向全世界宣布了中国碳达峰和碳中和的目标，中共十九届五中全会通过的《中共中央关于制定国民经济和社会发展第十四个五年规划和二〇三五年远景目标的建议》，明确提出“支持绿色技术创新，推进清洁生产，发展环保产业，推进重点行业和重要领域绿色化改造”，“降低碳排放强度，支持有条件的地方率先达到碳排放峰值，制定二〇三〇年前碳排放达峰行动方案”。2020年12月16~18日在北京举行的中央经济工作会议明确将做好碳达峰、碳中和工作，要抓紧制订2030年前碳排放达峰行动方案，要将继续打好污染防治攻坚战和实现减污降碳协同效应作为2021年重点任务之一。减污降碳市场启动在即，将为绿色发展开启新的征程。

今后一段时间改善大气环境质量的主要思路将是$PM_{2.5}$和O_3的协同控制。由于VOCs是$PM_{2.5}$和O_3二次污染物形成的主要前体物，而我国VOCs的排放量目前尚处于高位，“十四五”期间及以后一段时间内VOCs的减排任务将会非常繁重。2021年，VOCs治理行业相关政策、排放标准、技术指南等管理体系将继续完善，治理重心将继续以重点行业（石油、化工、涂装、印刷、油气回收、制药等）的污染治理为主，强化工业园区等排放集中区域综合整治，加强污染源监管及监督性监测能力建设，提升VOCs的整体治理水平。

为应对深入推进 VOCs 减排的需求，需要构建更加完整、全域覆盖、全要素覆盖的大气立体监测体系。O_3 与 $PM_{2.5}$ 协同控制需要在现有城市、区域监测网络的基础上，依靠更精准、痕量级、快速响应的在线监测仪表和区域立体监测设备，掌握前驱物生成条件、衍生过程、区域传输关系、健康安全影响等，为实现 O_3 与 $PM_{2.5}$ 协同管控提供科学数据支撑。

2021 年底前，除重点区域钢铁企业超低排放改造取得明显进展，力争 60% 左右产能完成改造外，随着分类分级、差异化管控政策的深入及地方政策的加严，各区域钢铁企业完成超低排放改造时限紧迫，可预见钢铁企业超低排放改造进程在 2021 年会加速推进，市场空间得到继续释放，为从事环保治理、环境监测与智能管控平台建设等业务的企业创造更多的项目机会。

燃煤电厂智慧运维成为行业热点。燃煤电厂实现超低排放后的智慧运维成为近年来行业研究热点。北京国电龙源环保工程有限公司研发的“基于大数据的燃煤电厂烟气超低排放智慧管理平台”，在燃煤电厂“环保岛”脱硫、脱硝、电除尘等设备生产运行环节中，运用大数据技术进行数据采集、处理、存储、建模分析、机器学习和辅助决策，对设备运行工况、能耗及排放指标进行实时监控及展示，开展节能降耗统计分析，在实现环保指标最优基础上最大限度地降低能源消耗。同时，对设备的运维和检修进行故障预警，实现燃煤电厂环保设备的预知维护、安全管控、智能执行。

我国碳达峰、碳中和等一系列中长期目标和愿景已经明确，为应对气候变化、走绿色低碳发展的道路明确了目标，指明了方向，注入了强大动力。现有环境监测体系将结合连续自动监测和遥感监测手段，依托现有大气监测城市站点或区域站点，逐步增加二氧化碳等温室气体指标，探索开展城市和区域温室气体浓度监测，开启环境监测领域新的技术突破和市场需求。

新任务赋予新使命，新征程展现新作为。放眼“十四五”时期，环保产业正面临新的发展机遇，更需要砥砺奋进，为深入打好污染防治攻坚战、建设美丽中国做出更大贡献。

2. 资源循环利用产业

资源循环利用产业是指从事再生资源流通、加工利用、科技开发、信息服务和设备制造、环境保护等经济活动的集合，是集流通、生产、科研、环境保护于一体，集经济效益、社会效益、环保效益于一体的具有先进水平的新型产业。它是循环经济模式中极为关键的一环，覆盖循环经济三大原则（减量化、再利用、资源化）中的再利用和资源化两大领域，负担着将各种有价废弃资源输送回社会生产活动的“静脉输血”职能，是静脉经济的最重要支撑。

目前，我国制造业生产方式正由大规模生产转向规模化、网络化定制生产，企业不断转型，为绿色生产、节能减排、降低成本而转变。在新一轮高质量发展中，我国企业由产业内的小循环逐渐向跨产业的大循环而努力，为实现从单一产品的循环到园区的集成循环，最终建立动态立体循环经济体系的目标而奋斗。循环发展是我国经济社会发展的一项重大战略。近年来，我国出台了一系列相关政策，鼓励资源循环发展，为其提供指导方向，更是资源循环利用产业发展的重要驱动力。随着《循环发展引领行动》的发布，我国资源循环利用产业确立了具体的发展目标，政策指出，到 2020 年，我国资源产出率要比 2015 年提高 15%，主要废弃物循环利用率达到 54.6% 左右。该项政策的出台标志着我国环境治理从无害化逐渐升级到资源化、生态化，将促进循环经济的快速发展。

资源循环利用产业逐渐成为我国经济发展新的增长点，近年来，在重点领域逐渐取得较好的环境及经济效益。国家统计局数据显示，2018 年我国经济发展新动能指数比 2017 年增长 28.7%。循环经济发展成效较为明显，截至 2017 年底，我国废弃有色金属、废钢铁、废纸、废电池、废轮胎、废旧纺织品、废弃电器电子产品、废玻璃、废塑料、报废机动车十大类别的再生资源回收总量高达 2.82 亿吨，同比增长 11%。其中，在回收种类上，以废钢铁及废弃有色金属为主，占据总体再生资源近 70% 份额。在资源循环利用产业的推动下，我国资源循环利用技术也得到了极大的发展，如鑫联环保科技股份有限公司研发的钢铁烟尘及有色金属冶炼渣资源化清洁利用新技术可处理钢铁、有色、热镀、电镀、化工等行业的多种冶金固体废物、危险废物，可用于高氯含重金属固体废物的资源化处理和利用，入选了“无废城市”建设试点先进实用技术。

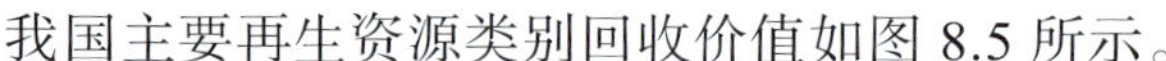

我国主要再生资源类别回收价值如图 8.5 所示。

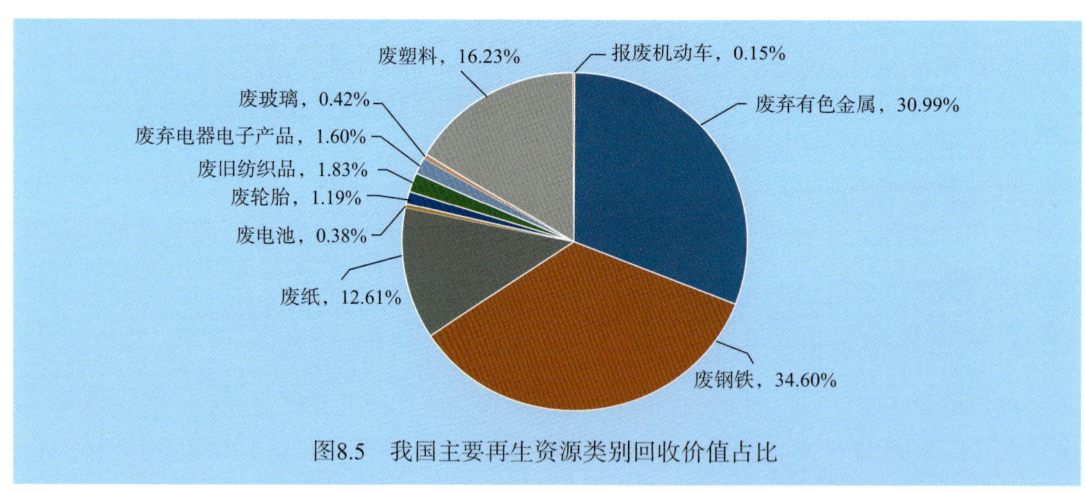

图8.5　我国主要再生资源类别回收价值占比

目前来看，我国资源循环利用渠道较为分散，行业性质较为特殊，龙头企业市场整合度不高。在地域分布上，我国再生资源回收企业主要分布在华东地区、华南地区及华北地区。随着我国政策不断利好，以及企业加强资源循环利用力度，我国资源循环利用产业市场规模不断加大，到 2020 年产业产值高达 3 万亿元。

近年来，随着再生资源的快速发展，创新型回收模式不断涌现。为提高回收水平，“互联网 + 回收”融合发展的新模式逐渐进入我们的视野，不断促进产业转型

升级。“互联网 + 回收”即互联网企业利用互联网搭建在线绿色平台，采用大数据开展信息采集、流量监控，通过物联网技术追踪废物流向，实现物流资源整合，优化回收网点布局，促使资源利用交易市场由线下向线上线下融合发展升级。该方式有效提升了企业竞争力，传统回收散乱的状况有所改善，为行业生态化发展加速。此外，构建循环型产业体系是促进资源循环利用的重要举措，一方面，可推行企业循环式生产，推行产品生态设计，推动企业实施全生命周期管理，可选择重点产品开展“设计机构 + 生产企业 + 使用单位 + 处置企业”协同试点。另一方面，推进园区循环化发展，对拟升级园区制定循环经济发展专项规划，按照产业链、价值链优化布局，对现存园区实施循环化改造，构建循环经济产业链，提高产业循环化及关联化程度。

2021 年 7 月，《国家发展改革委关于印发“十四五”循环经济发展规划的通知》指出，到 2025 年，循环型生产方式全面推行，绿色设计和清洁生产普遍推广，资源综合利用能力显著提升，资源循环型产业体系基本建立。到 2025 年，主要资源产出率比 2020 年提高约 20%，单位 GDP 能源消耗、用水量比 2020 年分别降低 13.5%、16% 左右，农作物秸秆综合利用率保持在 86% 以上，大宗固体废物综合利用率达到 60%，建筑垃圾综合利用率达到 60%，废纸利用量达到 6 000 万吨，废钢利用量达到 3.2 亿吨，其中再生铜、再生铝和再生铅产量分别达到 400 万吨、1 150 万吨、290 万吨，资源循环利用产业产值达到 5 万亿元。

3. 节能产业

1）建筑节能

建筑节能具体指在建筑物的规划、设计、新建（改建、扩建）、改造和使用过程中，执行节能标准，采用节能型的技术、工艺、设备、材料和产品，提高保温隔热性能和采暖供热、空调制冷制热系统效率，加强建筑物用能系统的运行管理，利用可再生能源，在保证室内热环境质量的前提下，增大室内外能量交换热阻，以减少供热系统、空调制冷制热、照明、热水供应因大量热消耗而产生的能耗[8]。

相较于欧美等发达国家，我国的建筑节能发展起步较晚，同时，我国既没有实现石油资源的战略转变，也没有实现建筑节能技术的同步发展。

从能源消耗的角度来讲，建筑领域能源消耗包含建筑建造能耗和建筑运行能耗两大部分。从温室气体排放的角度来看，建筑领域温室气体排放分为建筑建造和运行相关的二氧化碳排放，以及建筑运行相关的非二氧化碳温室气体排放。建筑围护结构造成的能量散失和供暖制冷系统的能耗较高，我国的建筑节能主要是通过提高建筑物围护结构的保温隔热性能和提高供热制冷系统的效率来进行节能环保。例如，我国采用建筑物光照节能施工技术，既避免了冬冷夏热的现象，又利用了太阳能，把新能源用到建筑中；采用墙体节能技术，根据室内供热情况科学选择保温技术。

我国基于对能源革命形势的精准判断及指导方针，出台了各类政策及工作方案，稳步推进我国能源革命工作的进程，如《能源生产和消费革命战略（2016—2030）》《国家发展改革委 国家能源局关于深入推进供给侧结构性改革 进一步淘汰煤电落后产能 促进煤电行业优化升级的意见》《国家发展改革委 国家能源局关于建立健全可再生能源电力消纳保障机制的通知》《绿色高效制冷行动方案》《绿色生活创建行动总体方案》等。

“十三五”时期是节能服务产业的快速发展时期，政府加大了对节能服务产业的投资和政策扶持力度，其产值年均增长速度达20%~30%，2019年节能服务业产值为5 222亿元。我国节能环保服务业以合同能源管理为主要模式，而合同能源管理项目近年来发展势头迅猛，节能环保服务业行业发展前景十分广阔。

2016年，国务院印发《“十三五”节能减排综合工作方案》，明确了“十三五”时期节能减排工作的主要目标和重点任务，对全国节能减排工作进行全面部署。该方案指出，“到2020年，全国万元国内生产总值能耗比2015年下降15%，能源消费总量控制在50亿吨标准煤以内。全国COD、氨氮、二氧化硫、氮氧化物排放总量分别控制在2 001万吨、207万吨、1 580万吨、1 574万吨以内，比2015年分别下降10%、10%、15%和15%。全国挥发性有机物排放总量比2015年下降10%以上。”同时，相应的配套政策也已经出台。

随着经济的发展，我国建筑能耗强度总体呈下降趋势。但与能效较高的国家相比，我国仍具有较大的节能空间：①坚持绿色节约的建筑形式和使用模式，倡导分散优先的空调系统形式，从而控制建筑能耗的增长；②在建筑领域推进用能方式变革，应通过大力发展建筑光伏一体化、建筑直流供电和分布式蓄电，实现未来建筑的柔性用电，形成城市新型柔性用电系统；③北方地区清洁取暖，应充分利用热电联产与工业生产所产生的低品位余热，并形成区域联网，使之成为北方供热的热源；④应大力发展生物质，并优先利用生物质满足农村地区的能源需求，在此基础上多余的生物质可进入商品能领域流通；⑤“被动房”“超低能耗建筑”只适合严寒地区等，不应在我国夏热冬冷地区推广。区域供冷、热电冷联供系统也属于高能耗方式，且不利于能源供给结构的变革，因此也不应该推广。

2）交通节能

在我国，交通运输领域碳排放已经超过全社会的14%，而道路运输产生的温室气体占到交通运输领域的70%。“十三五”以来，交通运输部深入贯彻落实党中央、国务院决策部署，统筹推进交通运输节能减排和环境保护工作，加快绿色交通建设，取得了明显成效。

加强总体设计。“十三五”期间印发了《交通运输节能环保“十三五”发展规划》《推进交通运输生态文明建设实施方案》《交通运输部关于全面加强生态环境保护 坚决打好污染防治攻坚战的实施意见》等文件，着力推动交通运输绿色发展，提升绿色交通治理能力。

完善标准规范。“十三五”期间发布了《绿色交通标准体系（2016年）》，纳入覆盖节能降碳、生态保护、污染防治、资源循环利用，以及监测、评定与监管等方面的221项标准；发布了《营运货车能效和二氧化碳排放强度等级及评定方法》《内河航道绿色建设技术指南》《港口能耗在线监测系统技术要求》《绿色港口等级评价指南》等标准规范。

调整运输结构。推进大宗货物集疏港运输向铁路和水路转移。2020年，全国铁路货运量比2017年增长7.8亿吨，水路货运量比2017年增长9.4亿吨。联合国家发改委组织开展以江海直达、江海联运、铁水联运等为重点的多批次多式联运示范工程，2020年全国港口完成集装箱铁水联运量687.2万标准箱，同比增长29.6%。

加快新能源应用。大力推广新能源车辆，截至2020年底，已推广应用新能源公交车46.6万辆、新能源巡游出租汽车13.2万辆、新能源城市物流配送车43万余辆。大力推动靠港船舶使用岸电，截至2020年底，全国港口和水上服务区岸电设施覆盖泊位达7 500多个。

强化技术创新。发布了《交通运输行业重点节能低碳技术推广目录》，推动了能源高效利用，有效减少了碳排放。大力推动高速公路电子不停车收费技术应用，取消了省界收费站，高速公路车辆通行速度平均提高16%。

3）工业节能

随着工业化进程的不断发展，我国工业技术水平已经有了很大提高，单位工业能源强度不断下降。工业节能离不开先进技术的研发和应用，这将在保证工业能耗达峰、挖掘节能潜力和实现绿色转型发展上发挥重要作用。近年来，随着火电行业超低排放的实现，钢铁行业已经成为污染物排放的第一大户，颗粒物、二氧化硫、氮氧化物排放量分别占全国排放总量的30.1%、13.7%、15.7%，排放量居工业首位。由此可知，钢铁行业深度治理是2019年大气污染防治的重点，同时，也是蓝天保卫战取得胜利的关键举措[9]。

钢铁工业设计的工序较为烦琐，主要包括烧结、炼铁、炼钢、轧钢等多个工序，每个工序均需要设置专门的有组织污染物排放口，而且在物料运输、储存等环节还存在大量的无组织排放源。目前，国内外均没有成熟可靠的全流程超低排放治理技术，钢铁企业的环保设施基础、环保管理水平、职工操作水平等参差不齐。按照钢铁行业超低排放标准，实现全工序超低排放需要克服很多困难。烧结、球团污染物排放量占钢铁行业总排放量的60%以上，是钢铁行业实施超低排放改造的重点。

从我国钢铁行业绿色发展成就来看，一批节能环保技术和指标，已达世界先进水平，包括钢铁行业节能环保指标持续改善；一批钢铁企业超低排放改造取得突破；钢铁行业共建绿色产业链初见成效。例如，首钢股份公司迁安钢铁公司从有组织排放控制、无组织排放管控治一体化及大宗物料清洁运输三个方面实现了污染物总量削减目标，完成了全流程超低排放治理。河北钢铁行业通过转型升级，实现了产品结构优化，同时，PM_{10}、二氧化硫、二氧化氮等6项污染物全面下降，O_3也实现了2015年以来的首次下降，2020年河北钢铁行业具备改造条件的企业全部完成超低排放改造，并加强了O_3前体物控制。

2019年，相关联合部门先后下发了《关于推进实施钢铁行业超低排放的意见》《工业炉窑大气污染综合治理方案》《京津冀工业节水行动计划》三项工作方案（计划），对钢铁行业实现超低排放、工业炉窑及新水取用量提出了相应的要求，钢铁行业的这三项工作均取得了较好的效果。

2019年9月，工业和信息化部、水利部、科技部、财政部联合发布了《京津冀工业节水行动计划》，力争到2022年，京津冀重点高耗水行业（钢铁、石化、化工、食品、医药）用水效率达到国际先进水平。万元工业增加值用水量（新水取用量，不包括企业内部的重复利用水量）下降至10.3立方米以下，规模以上工业用水重复利用率达到93%以上，年节水1.9亿立方米。例如，首钢京唐钢铁有限公司海水直流冷却工程将海水直接作为首钢自备电厂的循环冷却水使用，海水直接冷却后部分再进行海水淡化，每年节约新水1 100万立方米。天津钢铁有限公司废水回用系统深化升级改造工程利用厂区混用的反渗透产生的废水制备新水，每年可节约新水180万立方米。

当前我国正由工业化后期向后工业化阶段过渡，钢材消费量将进入峰值平台区，每年钢材消费量仍将维持在较高水平，但中长期呈波动下降趋势；受产能限制和技术制约，我国钢铁产量接近上限，未来供给潜力增长有限；行业效益整体有望维持在合理水平。未来3~7年，钢铁行业兼并重组进程有望加速；绿色环保是行业发展的必由之路，未来行业整体绿色发展水平将得到明显提升。

我国工业能耗2020年达到顶峰。消费行业（交通、建筑）需求持续增加拉动工业（钢铁、水泥、电解铝等）产量增长，工业产量在“十三五”期间达到峰值且进入平台整理期，并随着工业化后期阶段的出现，工业能耗达到峰值。我国制造业能耗拐点的出现，将为消费（交通、建筑）排放增量提供空间。智能设备与信息化将推进工业节能快速发展。在国际工业发展进程中，智能设备与工业的结合为节能提供了精细化管理和深入挖潜的可能，利用工业能源大数据进行能源诊断、改造和提升是未来工业节能的重要方向。同时，也应注重柔性化节能技术政策的设计，应加强企业自主节能和能源系统优化，使工业节能达到新高度。

8.2.3 “十四五”及至更长时期中国节能环保产业发展需求分析

2021年3月15日，习近平总书记在中央财经委员会第九次会议中指出，“实现碳达峰、碳中和是一场广泛而深刻的经济社会系统性变革，要把碳达峰、碳中和纳入生态文明建设整体布局，拿出抓铁有痕的劲头，如期实现2030年前碳达峰、2060年前碳中和的目标”[①]。立足新发展阶段，紧抓新一轮科技革命和产业变革的历史性

① 习近平主持召开中央财经委员会第九次会议. http://www.chinanews.com/gn/2021/03-15/9432980.shtml，2021-03-15.

机遇，推动疫情后世界经济“绿色复苏”，是我国加快实现碳达峰、碳中和目标，推动低碳技术创新的关键。

“十四五”乃至更长时期，为加快实现碳达峰、碳中和目标，应制定国家低碳技术创新战略，明确国家层面低碳技术创新战略路线图，发挥关键性低碳技术创新对实现碳达峰、碳中和的引擎与支撑作用。从国家层面，以低碳技术攻关与突破为抓手，实施可再生能源替代行动，深化电力体制改革，构建以新能源为主体的新型能源结构，构建绿色低碳产业体系。

节能环保产业作为兼具带动经济增长和应对环境问题双重属性的战略性新兴产业，“十四五”期间将呈现六大趋势：绿色低碳引领发展，能源结构优化提速；绿色制造水平提升，进一步推动绿色工厂和绿色园区建设；绿色制造加快推进协同融合，新型业态不断涌现；面向防疫功能的环保新业态潜力将进一步释放；行业集聚持续增强，“专精特优”成中小企业发展方向；节能环保市场结构迎来重大变革调整。

“十四五”时期，是我国深入推进生态文明建设的关键期，也是以生态环境高水平保护促进经济高质量发展的攻坚期、持续打好污染防治攻坚战的窗口期，以及实现碳中和宏伟目标和美丽中国建设目标的重要时期。我国工业总体上尚未完全走出“高投入、高消耗、高排放”的发展模式困境，生态环境保护仍将长期面临资源能源约束趋紧、环境质量要求持续提高等多重压力。节能环保产业作为兼具带动经济增长和应对环境问题双重属性的战略性新兴产业，将成为“十四五”期间支撑我国供给侧结构性改革的重要动能，产业规模将进一步扩大，驶入高质量发展的快车道。

（1）绿色低碳引领发展，能源结构优化提速。2020年9月，我国宣布二氧化碳排放力争于2030年前达到峰值，努力争取2060年前实现碳中和。优化能源结构和产业结构将成为“十四五”期间推进工业绿色低碳发展的重要途径，一方面，能源消费将保持低增速和低增量发展态势。煤化工等高碳排放项目将加速收紧，单位工业增加值能耗降幅有望超过20%，清洁能源将成为能源消费增量主体。目前，我国太阳能、风能、水能可开发装机容量分别超过100亿千瓦、35亿千瓦、6亿千瓦，供给量充足，但利用率较低等问题突出。预计“十四五”期间，储能技术研发和推广应用将加速，解决能源并网、能源消纳等关键技术，为加快优化能源结构奠定基础。另一方面，产业结构升级将加快能源结构高频次和高标准调整步伐。党的十九届五中全会明确提出，“十四五”期间将降低碳排放强度，支持有条件的地方率先达到碳排放峰值。以高经济效益、低能源消耗为主线的产业结构优化将成为各地“十四五”规划的重点，节能环保、清洁生产、清洁能源等绿色产业将迎来新一轮发展机遇。

（2）绿色制造水平提升，进一步推动绿色工厂和绿色园区建设。“十三五”期间，我国绿色制造体系建设任务基本完成，但电器电子、石油化工、汽车制造、机械装备、钢铁冶炼等高能耗、重污染行业仍存在产品全生命周期理念渗透率不足、绿色制造体系标准建设不完善、绿色制造核心环节存在瓶颈等问题。因此，加强核心关键技术攻关，构建更加完善的绿色制造技术体系，将成为“十四五”期间我国绿色制造体系建设的重点任务。进一步看，重点行业企业和工业园区仍是“十四五”期间绿色制造体系建设的主体，在绿色工厂创建过程中，提高清洁生产技术水平、改善末端治理效果、提升污染物资源化和无害化利用程度；在绿色园区创建过程中，提高可再生能源使用比例和能源梯级利用率、推动提升园区数字化和智慧化管理水平仍将是“十四五”期间全面推进绿色制造体系建设迫切需要突破的重点和难点。

（3）绿色制造加快推进协同融合，新型业态不断涌现。近年来，人工智能、纳米新材料、大数据等前沿技术的不断创新和突破，为我国节能环保行业的技术创新发展带来诸多机遇。以水处理为例，通过定向培养高效脱氮除磷微生物菌种、采用抗污染的分离膜材料等行业间协同融合手段，大幅提升了水处理效率和效果。通过与新一代信息技术相融合，更是催生了智慧环保等新业态，解决了环境及污染信息全面感知、环保数据高速传输，以及应急事件智能决策等传统环保工作痛点，使应用场景不断拓展创新。2019 年，我国智慧环保市场规模达到 585 亿元，比 2015 年增长 84.5%。“十四五”期间，打破各行业间的应用壁垒，实现多领域协同融合将成为提升节能环保技术水平的重要路径，也将成为环保企业优化环保装备产品结构、提高核心竞争力的重要方式。预计“十四五”期间，随着物联网、云计算、遥感监测、地理信息系统、数据挖掘与人工智能等技术的不断创新及行业间协同融合的持续深入，智慧节能、物联环保等节能环保新型服务业态将不断涌现。

（4）面向防疫功能的环保新业态潜力将进一步释放。“十四五”期间，4 个涉疫领域将迎来质变和快速发展。一是环卫及消杀将向智能化发展，如大连甘井子区疫情期间开展智能垃圾分类及消杀试点工作，可在无人值守情况下实现垃圾减量 14%；二是危险废物处理将向集中化发展，以目前的产生量和处理能力估算，预计到 2022 年危险废物产生量将达到 1 亿吨，处理能力缺口超过 2 000 万吨，包括医疗废物在内的危险废物处理能力提升刻不容缓；三是环境应急监测将向精准化发展，2020 年环境监测市场规模同比增长 25%，远高于前 3 年增长速度均值（16%），预计到 2025 年精密环境监测设备市场规模将达到 2 400 亿元；四是室内空气净化将向专业化发展，预计到 2025 年室内空气净化行业市场规模将达 2 000 亿元，其中医疗场所专用的高精度专业化净化设备市场规模将达 600 亿元。

（5）行业集聚持续增强，“专精特优”成中小企业发展方向。目前，我国节能环保行业的集中度较欧美等发达国家还有一定差距。据统计，营收超百亿元的企业数量我国仅有 10 家；固体废物行业业务规模前三名的企业市场占比我国仅 7.8%；水处理行业业务规模前三名的企业市场占比我国仅 8.1%。我国节能环保企业以中小企业为主，一方面，将技术、产品与服务相集成的节能环保业务综合服务模式可以快速增强企业技术实力和资本运作能力，促进中小企业以集团合作的方式规范发展，提高我国大型企业在全球市场上的竞争力；另一方面，我国也不能忽视全国 90% 的节能环保企业都是中小企业的现实。“十四五”期间，行业集中度将进一步增强，行业整体竞争力得到提升，拥有核心技术的中小企业更加趋向“专精特新”方向发展，中小企业专业化生产和协作配套能力将进一步提高，集成化与差异化相结合将助推我国节能环保产业良性发展。

（6）节能环保市场结构迎来重大变革调整。工业节能方面，“十三五”时期末，我国节能工程综合服务市场规模约2.0万亿元，占工业节能市场比例约为45.5%。“十四五”期间，高效节能技术的持续研发与突破将促使传统生产过程升级，包括变频控制技术、能量系统优化技术等高效节能技术将广泛融入工业生产中，高效电机、余热余压利用等工业节能细分市场份额将逐步扩大。环保方面，“十三五”期间，水处理和固体废物处理始终占据我国环保市场前两位，约为40%和35%。“十四五”期间，随着国家加大长江流域生态环境修复、黄河流域生态保护和高质量发展力度，以及陆续启动重点区域污染防治专项行动，环保市场将进一步向专业化、细分化调整，危险废物处理、环境修复和环境监测等新兴领域市场空间将加速释放，有望成为引领高附加值环节和推动环保产业高质量发展的突破口。

8.3 节能环保战略性新兴产业发展典型案例介绍

8.3.1 智慧环保产业

1. 产业现状

近几年，随着物联网、云计算产业的快速发展，我国大力发展的环保产业也逐渐智慧化，未来随着通信技术的发展，将构建一个高度感知的智能环保环境。因此，智慧环保概念被多次提及。智慧环保是互联网技术与环境信息化相结合的新型环保概念，是环保技术转型升级的必然产物。智慧环保系统利用信息化手段整合环保信息资源，实现了环保一张图和环境的全面监管，提升了环保水平和对外服务的效能，对于管好生态环境具有重要意义。智慧环保是指通过物联网、云计算等信息与通信技术，构建一个高度感知的环保基础环境，实现污染源、水环境、空气环境、生态环境等及时、互动、整合的信息感知、传递和处理，以促进污染减排、环境风险防范、生态文明建设和环保事业科学发展为目标的先进环境保护理念。智慧环保是数字环保发展的延续和高级阶段，是环保信息化发展的必然结果。

我国高度重视智慧环保的建设，党的十八大报告提出了“美丽中国”的概念，“把生态文明建设放在突出地位，融入经济建设、政治建设、文化建设、社会建设各方面和全过程，努力建设美丽中国，实现中华民族永续发展”；将“资源节约型、环境友好型社会建设取得重大进展”作为全面建成小康社会的五个目标之一，首次将“生态文明建设”纳入五位一体的中国特色社会主义事业总体布局，更提出了“坚持共同但有区别的责任原则、公平原则、各自能力原则，同国际社会一道积极应对全球气候变化”“加强防灾减灾体系建设，提高气象、地质、地震灾害防御能力”的具体要求①。

在“十三五”的环保政策热潮及ICT（information and communication technology，信息和通信技术）技术成熟背景下，我国智慧环保行业发展迅速，据前瞻产业研究院数据（图8.6），2017年行业规模为470亿元，同比增长8.29%；2018年行业规模达到532亿元，同比增长13.19%。2010~2018年行业复合增速达到19.61%。2019年市场规模为585亿元，未来市场增长空间巨大[2]。

图8.6　2010~2019年我国智慧环保行业市场规模[2]

2. 市场格局

近两年国家对环保政策趋严，监管力度进一步加大，从而推进环保产业市场化发展。在环境污染的治理上，城市之间还存在着较大的不平衡性。以我国各省（区、市）城市污水处理率和城市垃圾无害化处理率为例，总体上看，北京、上海、江苏、浙江、山东、海南等地的城市污水处理率和城市垃圾无害化处理率都相对较高，而吉林、黑龙江、湖南等地的城市污水处理率和城市垃圾无害化处理率都相对偏低；另一些省（区、市），如新疆、云南、山西、甘肃、安徽、湖北的城市污水处理率较高而城市垃圾无害化处理率偏低，天津、广东、广西、贵州和青海的城市垃圾无害化处理率较高而城市污水处理率偏低。

环保产业近年来呈现五大特征：一是产业和金融资本协作的双轮驱动发展模式已较为普遍。环保产业规模和产值增速高，项目周期长且收益相对稳定，吸纳了大量社会资本进入。二是环保行业并购风起云涌。企业横向扩大业务规模，纵向延伸产业链。三是新兴产业增长点不断涌现。环保产业结构从资本密集型和人员密集型

① 胡锦涛在中国共产党第十八次全国代表大会上的报告（2012年11月8日）. http://cpc.people.com.cn/n/ 2012/1118/c64094-19612151-8.html，2012-12-18.

向环境技术服务型优化，带动孵化了一批新型环保公司。四是传统产业链不断拉长。伴随环保需求的专业化和定制化升级，通过多种污染物协同治理和环境绩效服务等方式开展综合环境服务，成为面向工业企业综合治理和区域流域环境综合整治的常见运作方式。五是产业增长高地从环境设施投资建设转向工程运营维护领域。

智慧环保行业主要的市场参与者包括信息技术软件服务商、环境监测和分析仪器厂商这两大类，环境监测和分析仪器厂商的代表有聚光科技（杭州）股份有限公司（简称聚光科技）、北京雪迪龙科技股份有限公司（简称雪迪龙）、河北先河环保科技股份有限公司（简称先河环保）等，信息技术软件服务商既包括大型软件公司，如太极计算机股份有限公司、东软集团股份有限公司（简称东软）、中科软科技股份有限公司，也有一些成长迅速的专业软件商，如北京思路创新科技有限公司、中科宇图科技股份有限公司、江苏神彩科技股份有限公司等。目前，智慧环保企业实力最为雄厚的为东软，其次为万达信息股份有限公司（简称万达信息），再次为聚光科技。其中，2017 年销售收入达 10 亿元以上的企业有 4 家；1 亿元以上企业有 6 家。从所获利润总额来看，智慧环保行业市场主要市场竞争主体中，2 亿元以上企业共有 4 家，分别是东软、雪迪龙、聚光科技、万达信息；2020 年我国智慧环保行业市场规模超 650 亿元，随着竞争企业的增加，智慧环保行业的投资收益率有所下降，总体在 8.6% 左右。

3. 产业技术

随着国家对新基建的大力推进，海量数据迸发，利用区块链技术保证数据真实透明、数据交易共享将逐渐成为一种新的社会需求。因此，充分利用各类环境数据资源，创新打造物联网、区块链、人工智能等技术与环境治理相结合的新模式，开辟新时代智慧环保新路径显得尤为重要。

罗克佳华科技集团股份有限公司（简称佳华科技）等环保企业不断优化技术，在物联网云链大数据平台中，整合接入生态环境、住建、城管、环卫、交通、教育等多部门数据，向下可连接海量设备，支撑设备数据采集上云；向上可提供云端 API（application program interface，应用程序接口），将采集上云的数据给到业务系统。利用区块链、人工智能等技术，可进行数据共享、数据分析、数据应用，协助环保执法人员开展精细化监测、立体化监管、预警应急、数据分析和全面治理等工作。

通过云链技术，搭建真正的环境数据信息中心，对整个交易的开放性和平台进行管理，所有数据交易均通过区块链的加密技术和共识机制，确保数据所有权的权益，并建立交易机制。根据不同上链人的需求和经常调用的数据，给予人机对话的界面和服务的窗口，提供智能化、人性化的服务。

同时，区块链技术还可以加强生态环境大数据综合应用和集成分析。除提供客户本地污染分析外，还可提供更大范围的污染因素分析，可加强政府各部门之间的信息融合互通、多维度城市信息关联分析等，极大提升城市治理的精细化、高效化和智能化水平，减少重复投资，实现城市资源集约利用，真正实现生态环境数据互联互通和开放共享。

大型软件公司通常承建省部级和国家级的智慧环保平台的部分子系统，如东软承建了生态环境部“互联网+政务服务”平台建设项目。此外，2020年，佳华科技的“区块链+环保”技术在重庆市合川区投入建设，该项目将区块链与城市感知网结合，使环境信息数据实现开放共享和流通，建设了高效、安全、可审计的数据共享系统。

4. 未来发展

“智慧+环保”是未来环保行业发展的新方向，是将环境数据应用于互联网，并将其信息化的新型环保概念。它借助于物联网技术，在物联监测网络中，通过对重点地区、企业实施智能化远程监测，实时采集并分析环境信息，达到及时监控、提前预防、准确评估、精准修复等治理环境污染的目的，以更加及时、精准的方式实现对环境的监测与管理，实现环境保护与治理的智能化。2016年发布的《“互联网+”绿色生态三年行动实施方案》提出大力发展智慧环保的要求，明确了具体的执行单位及时间表，标志着智慧环保提上了国家日程。

智慧环保市场空间巨大，仅空气质量预报信息系统建设软件部分的市场规模预计就可以达到58亿元。就典型项目投资比例而言，监测能力在50%以上占比最大，其余包括匹配能力建设（20%~30%）、信息软件开发（20%~30%）等。未来商机和发展点包括信息获取环节（如先进传感器）、互联网前端监测监管数据打包（如开发手机APP软件）等。对于智慧环保行业来说，旧的环境信息化业务系统是客观存在的，升级改造投资大，未来可行发展趋势是社会资本参与投资建设+政府采购监管，即PPP（public-private partnership，政府与社会资本合作）模式。目前，智慧环保项目仍以销售监测硬件及软件为主要盈利模式，但综合型PPP商业模式已出现。PPP模式更受政府客户欢迎，是未来发展方向。此外，要实现从“数字环保”到“智慧环保”的跨越，需要重点加强感知层与智慧层的建设，这给环境监测企业带来了新的发展契机。作为掌握智慧环保数据端的环境监测企业，在未来的智慧环保的发展过程中具备了先天优势，能够逐渐实现从设备商到系统集成商，再到平台运营服务商的转变。智慧环保项目需要企业硬件研发技术、数据挖掘、系统服务、投资融资等综合能力。

“十四五”时期，国家鼓励发展环保产业，加快5G网络规模化部署，加快发展方式绿色转型，分级分类推进新型智慧城市建设，智慧环保产业迎来发展新机遇，智慧环保产业未来市场增长空间巨大。

8.3.2 环境监测产业

1. 产业现状

2019年，《2019年全国大气污染防治工作要点》《地下水污染防治实施方案》《地块土壤和地下水中挥发性有机物采样技术导则》《关于做好农业生态环境监测工作的通知》等多个关于环境监测的政策密集出台，分别为环境监测的三大细分领域

明确发展方向。大气治理成果持续巩固，水治理重要性不断提升，固体废物监管力度加强，气、水、土相关的监测要求上了一个新台阶，基本形成了以空气环境监测、水质监测、污染源监测为主体的国家环境监测网络。这为环境监测行业带来新机遇，其中主要监测设备市场趋于稳定，环境监测行业整体平稳增长。

近年来，我国环境监测行业市场规模快速增长，根据智研咨询的数据，我国环境监测行业市场规模从2014年的278.4亿元增长到2019年的466.5亿元。同时，我国环保监测设备行业产量快速增长，根据智研咨询的数据，从2010年的35.60万台增长到2019年的528.42万台（图8.7）。随着《水污染防治行动计划》《“十三五”国家地表水环境质量监测网设置方案》等政策的落实和推动，2017年水质监测设备的销量达19 345台（套），同比上升86.3%。由于绝大部分省（区、市）已建成了地表水国控网监测，全国水质监测设备的销售市场空间巨大。2019年，我国环境仪器销售总量为82 800台（套）。我国环境监测主要集中在烟尘烟气和水质监测领域，2019年烟尘烟气监测设备年销量22 310台（套），环境空气监测设备12 550台（套），水质监测设备29 620台（套），采样器与数采仪分别为1 840台（套）、16 480台（套）。

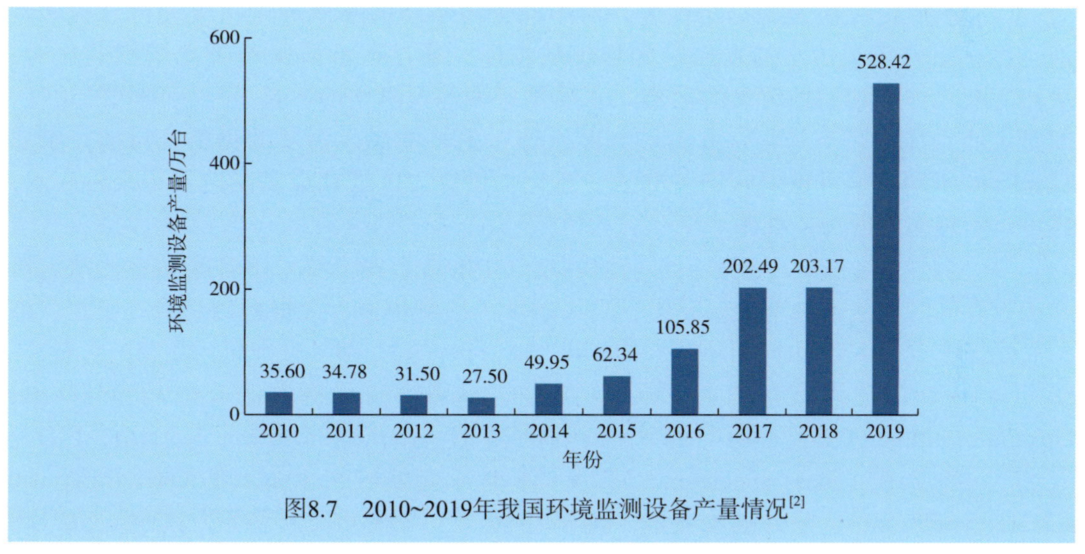

图8.7　2010~2019年我国环境监测设备产量情况[2]

2. 市场格局

伴随环境治理需求的升级，我国环境监测设备行业竞争日趋激烈。根据智研咨询的数据，截至2020年底，全国从事环境监测设备业务的企业约200家，大部分企业从事废气、废水、环境空气、地表水等在线自动监测系统的研制、生产、安装、运营（含集成商）。其中，约有120家企业生产废气在线监测系统，约有80家企业生产废水在线监测系统。其中，中小型企业占据行业整体规模的33%。此外，国内环境监测设备行业的市场集中度低，存量市场主体主要以小型企业为主，占比超过70%。环境监测设备中小型企业缺乏资本积累，企业研发投入有限，主要依赖特定产品或服务实现差异化生存，导致行业提升速度慢，产品结构升级难度高。

此外，政府对于第三方环境监测运营服务的需求逐渐升高，因此环境监测设备企业的技术团队规模需进一步扩充，但环境监测设备中小型企业缺乏大规模技术团队的运营能力，无法提供环境监测系统运营服务。我国环境监测行业竞争加剧，政策红利的不断释放为行业带来较大的增量空间。我国环境监测设备企业需持续加大研发投入力度，提高自主创新能力，提高国产化环境监测设备的覆盖率。

3. 产业技术

根据智研咨询的数据，2019 年我国生态保护与环境治理固定资产投资达 7 499.2 亿元，比 2018 年增长 37.2%。这些投资极大地推动了我国环境监测技术的发展，目前，我国环境监测新兴技术主要有以下几种。

（1）分析仪器小型化技术。随着微型部件、高精度定量、低试剂分析方法的不断成熟，通过采用小型或者微型部件、高精度定量检测单元、试剂废液分流结构等措施，在提高了测量准确度的同时减少了试剂消耗和废液排放，降低了运维成本。

（2）水质指纹快速识别与预警。对不同来源水样的水质荧光指纹进行分析和判别，建立不同来源污水的水质荧光指纹数据库，通过对水体水质荧光指纹的比对，从而判断水体受到何种污水的污染。水质预警溯源仪测定的不是某种污染物的浓度，而是水体水质是否有异常，并自动判断水体中最可能混入污水的种类。目前，水质荧光指纹识别技术可识别印染、电子、石化、焦化、造纸和金属制造等十余种废水，还可以实现多尺度污染溯源。

（3）烟气重金属检测技术。目前监测烟气中的重金属主要采用 X 射线荧光法，该方法具有同时监测多种重金属元素、高灵敏度、检测快速、无损检测、系统稳定、维护简便等优点，主要用于监测烟气中的铅、汞、铬、镉、砷等重金属污染物的含量。

（4）VOCs 在线监测技术。VOCs 在线监测采用的分析方法有气相色谱（gas chromatography，GC）+ 氢火焰离子化检测器（flame ionization detector，FID）、气相色谱-质谱（mass spectrum，MS）、傅里叶变换红外光谱（Fourier transform infrared spectrum）、差分吸收光谱、离子迁移谱、调谐吸收光谱等。其中，GC-MS 分析监测灵敏度高，选择性强，GC-FID、催化氧化 -FID 技术原理成熟，系统使用技术难度较低，成为 VOCs 监测市场上应用最广泛的在线监测技术。

（5）无人载具立体监测技术。采用无人机、无人船、水下机器人等载具系统，实现对大气、河流、水下的立体监测，增加环境监测的细致度，提高监测工作效率。其在大气、水质常规监测或者应急监测中得到推广应用。

（6）大尺度遥感技术。利用环境卫星采集的遥感数据，对流域水生态进行实时、动态、准确的监测分析，成为我国流域水环境监测预警新手段。

4. 未来发展

根据《财政部 环境保护部关于支持环境监测体制改革的实施意见》，我国将全

面完成国家监测站点及国控断面监测事权的上收工作。中央上收的环境监测站点、监测断面，除敏感环境数据外，原则上将采取政府购买服务的方式，选择第三方专业公司托管运营，生态环境检测市场化改革迈向深入，第三方托管运营机制普遍实行，生态环境检测行业将呈现爆发式增长。此外，2020年是“十三五”收官之年，各地政府和企业面临环境治理成效考核压力，环境监测需求相应增加，市场增长空间较大。

未来环境监测行业有望通过融合、拓展的方式进行多领域复合化发展，为环境监测行业提供发展机遇。环境监测任务逐步向生态状况监测和环境风险预警领域拓展；从常规理化指标监测向有毒有害、生物、生态指标监测拓展，将促进细分技术领域专业化发展。环境监测仪器也将向高质量、多功能、集成化、自动化、系统化和智能化方面发展。同时，随着我国环境监测技术的不断进步，环境监测仪器的生产也将形成一定的规模。

8.3.3　城镇污水处理产业

1. 产业现状

近年来，我国在城镇环境污染防治方面开展了大量工作，环境质量得到显著提升，但仍面临水资源短缺、水环境污染和水生态损害等问题。做好污水收集处理及资源化利用工作是统筹水资源、水环境、水生态治理，深入打好污染防治攻坚战的重要抓手，可显著减少水环境污染、修复水生态安全、缓解水资源供需矛盾，对于改善城镇人居环境，推进城市治理体系和治理能力现代化，加快生态文明建设，推动高质量发展具有重要作用。

“十三五”以来，各地不断加大城镇污水处理设施建设和运行管理力度，污水收集处理能力水平显著提升，完成了《“十三五”全国城镇污水处理及再生利用设施建设规划》目标。在完善污水收集系统、提升污水处理设施能力、重视污泥无害化处理处置、推动再生水利用、启动初期雨水污染治理、加强城市黑臭水体综合整治、强化监管能力建设等方面开展了大量工作。“十三五”期间城镇污水处理及再生利用设施建设投资费用超5 600亿元，主要用于新建配套污水管网、老旧污水管网改造、雨污合流管网改造、新增污水处理设施、提标改造污水处理设施、新增或改造污泥无害化处理处置设施、新增再生水生产设施、初期雨水污染治理设施等。“十三五”期间地级及以上城市黑臭水体整治控源截污涉及的设施建设投资达1 700亿元以上。截至2020年，全国城市和县城污水处理厂处理能力约2.14亿米^3/日，污水管网长度分别达32.52万千米和9.55万千米。城镇污水处理产业在提质增效、厂网河系统管理、环境服务等方面得到长足发展。

1）污水处理持续提质增效

污水处理提质增效已成为城镇污水治理行业发展的重要需求，从最初的污水处理厂提标改造向管网、泵站、厂站等全系统的提质增效进行转变；以黑臭水体治理和污水提质增效为抓手，从污水处理达标排放向水环境改善、实现水生态修复目标转变；从城市水环境系统的整体治理需求出发，合理进行污水处理厂的提标改造，有针对性地确定污水处理厂提标改造的出水标准。

2）厂网河一体化系统治理、专业化管理成为行业共识

厂网河一体化管理模式为城市排水系统安全高效运转和水生态安全提供更加科学、系统、协调、绿色、智慧的运营管理保障，并在区域性水污染综合治理中实现环境效益、经济效益和社会效益的最大化。

3）行业放管服和营商环境大幅度提升

随着政府部门实行提前介入项目、优化审批流程、提高审批效率、主动服务、强化监管等一系列政策措施，城镇污水行业逐步形成了优质的营商环境。

4）环境污染第三方治理已经提速

环境污染第三方治理是污染治理的一种新模式，即由“谁污染，谁治理”转变为“谁污染，谁付费”。2019 年 4 月，财政部、国家税务总局、国家发改委及生态环境部发布《关于从事污染防治的第三方企业所得税政策问题的公告》，从税收及资金政策方面对环境污染第三方治理予以鼓励。2019 年 7 月发布的《国家发展改革委办公厅 生态环境部办公厅关于深入推进园区环境污染第三方治理的通知》，明确选择一批园区（含经济技术开发区）深入推进环境污染第三方治理。

5）城市再生水需求和利用量增长迅速

随着我国国民经济持续较快增长，以及城乡一体化、工业化的持续发展，城市人口呈现不断上涨趋势，人均水资源占有量逐年递减，对再生水利用的需求迅速增长。

2. 市场格局

2020 年作为“水十条”和“十三五”规划的终考年，污水处理设施的提质增效工作在新冠肺炎疫情后加速推进，运用系统化、科学化的综合管理措施（截污控源、提标改造、水体治理等）全面解决水环境质量面临的各类问题，通过实现污水管网全覆盖、全收集、全处理的目标，为未来我国水体质量全面改善打下了坚实基础。疫情推动水务行业提速，我国环保监管的趋严和生态治理的需求升级，在相关政策的支持下，黑臭水体治理、海绵城市建设、农村等水环境治理类新兴领域的需求快速增长，上述市场发展潜力较大。

“十三五”期间我国城镇污水处理总投资 5 644 亿元，其中，新增污水处理设施投资 1 506 亿元。农村污水治理进入快速执行期，环境综合整治建制村数量从 2015 年的 7.8 万个上升到 2020 年的 20.8 万个，复合增长率 22%；农村污水处理率从

2014 年的 10% 提升至 2020 年的 33.6%，2020 年农村污水处理市场达到 844 亿元。

总的来说，我国华东地区投资需求较大，市场饱和度更高。相对来说，我国中西部地区城镇污水处理市场还有一定的发展空间，未来行业发展重心将逐步向中西部地区和农村地区转移。新思界行业分析人士表示，随着我国城镇化率不断提高，城镇人口数量不断增多，对水资源的需求将持续增长，城镇污水排放量将不断增多，为我国城镇污水处理行业带来发展机遇。

3. 产业技术

围绕城镇污水减污降碳方面，单一技术和集成技术均得到了较好的发展。

（1）好氧颗粒污泥技术。好氧颗粒污泥具有表面光滑、密度大、沉降性能良好、能够维持较高的生物量及承受较高的有机负荷等优点。研究指出，好氧颗粒污泥系统的总体能耗为 13.9 千瓦时，比传统活性污泥厂的平均能耗水平低 58%~63%，其出水水质可以达到传统活性污泥法工艺的出水水质甚至更好。好氧颗粒污泥系统所需要的体积也比现有的常规活性污泥装置所需要的体积低 33% 左右，在能耗和土建费用方面均有所减少。好氧颗粒污泥具有同时脱氮除磷、去除有机污染物、去除重金属等作用。但是，对于好氧颗粒污泥的培养研究大多仍处于实验规模，未来应逐渐向实际污水发展；好氧颗粒污泥在实际应用中的稳定性仍然是一个挑战，今后需要对好氧颗粒污泥系统的稳定维持、节能和回收资源方面的影响因素及控制策略进行研究。

（2）厌氧氨氧化技术。厌氧氨氧化脱氮除磷可以省去自养脱氮处理之前的碳氮分离步骤，简化操作，降低水厂成本和能耗。例如，与传统硝化-反硝化工艺相比，该工艺理论上可节省 50% 的曝气量，节约 80% 的外加有机碳，剩余污泥产量低且几乎不产生温室气体，在降低能量投入和减少环境再污染方面优势明显，并且它可以在低氮负荷和变温条件下保持稳定的性能。厌氧氨氧化技术使得污水处理厂从耗能除污的末端，有机会转化为零能耗或者能量输出的化工厂，并以其自身强大的优势推动污水处理工艺呈现“革命性”改变，也是我国污水处理概念厂重点关注的核心技术之一，但也面临着国内生活污水进水高碳 / 氮比、低氮浓度及低温环境等挑战。

（3）城市排水管网数字化诊断技术。我国污水处理“重厂轻网”现象严重。污水管道建设和管理相对滞后，存在管网漏损、错接、混接、溢流污染、工业废水不达标纳管等问题，管网规划设计不科学、建设施工不规范、材料质量参差不齐，导致出现管道破损、污水外渗等问题，且修复资金需求缺口大。在排水管渠精确检测、疏通处理和原位修复等方面开展技术及软件研发、装备开发、标准编制和产业化推广应是现阶段关注的重点。

4. 未来发展

我国城镇污水收集处理存在发展不平衡不充分问题，短板弱项依然突出。特别是，污水管网建设改造滞后、污水资源化利用水平偏低、污泥无害化处置不规范，设施可持续运维能力不强等问题，与实现高质量发展还存在差距。《“十四五”城镇

污水处理及资源化利用发展规划》指出，“十四五”期间，我国“立足新发展阶段，贯彻新发展理念，构建新发展格局，坚持系统观念，以改善水生态环境质量为目标，以提升城镇污水收集处理效能为导向，以设施补短板强弱项为抓手，统筹谋划、聚焦重点、问题导向、分类施策，加快形成布局合理、系统协调、安全高效、节能低碳的城镇污水收集处理及资源化利用新格局，实现污水处理高质量发展、可持续发展，满足人民群众日益增长的优美生态环境需要”。

2021 年 6 月 24 日，北京排水集团在全国污水处理行业首家发布了《北京排水集团碳中和规划》（2021–2050 年）和《北京排水集团碳中和实施方案》，制定北京排水集团碳中和时间表和路线图。北京排水集团未来城镇污水处理产业将做好低碳运营的“减法”和开发利用再生能源的“加法”，促进企业实现碳中和。

（1）运营管理创新——降碳，通过实施优化“厂网一体化”运营调度、精细化运营管理、设备效能提升、智慧化管理模式，提升管理水平和效能，减少碳排放。

（2）科技创新——替碳，积极探索行业低碳新技术，推动集团自主创新低碳技术——厌氧氨氧化和好氧颗粒污泥技术转化应用，在企业内部搭建沼气热电联产、分布式光伏发电、水源热泵等绿色低碳技术应用平台，培育集团绿色产业，实现低碳绿色生产。

（3）生态服务创新——固碳，大力推动再生水回用和污泥资源化利用，扶植循环经济新业态，实现生态固碳。

北京市排水集团分析，到 2025 年，碳排放量和碳排放强度较 2020 年下降 20% 以上，高安屯再生水厂率先实现碳中和。到 2035 年，碳排放量和碳排放强度力争较 2020 年下降 40%，处理每立方米污水电耗力争达到国际领先水平。到 2050 年，北京排水集团实现近零碳排放。北京排水集团将引领污水产业的发展，未来双碳目标在污水处理厂多个维度的高质量发展上提出新趋势。在传统技术深化升级方面，将促进污水处理厂精细化运营智能管控节能降耗、污泥厌氧沼气、污水热能利用、绿色能源利用等；在新型低碳技术应用方面，推动厌氧氨氧化、好氧颗粒污泥、碳源富集等技术在我国的落地推广；在跨行业协作方面，更多的污水处理厂将引入厂内太阳能发电；在模式创新方面，以概念厂为代表的生态综合体等将得到更多实践。

8.4 面向 2035 年节能环保产业的发展路线图

8.4.1 大气污染防治产业

1. 发展目标

到 2035 年，区域大气环境质量得到良好标准的城市比例提高 20%，二氧化硫、氮氧化物等常规污染物得到全面有效控制，重金属、VOCs、有机持久性污染物等非

常规污染物得到全面控制；实现多污染物超低排放和减碳的协同控制技术的大规模推广应用；实现机动车排放综合控制技术与绿色交通管理技术相结合的车与交通整体控制技术的大规模推广应用；构建多目标多污染物协同调控技术平台，支撑环境空气质量改善与全球变化的协同应对。

2. 发展路线图

大气污染防治产业发展路线图见图 8.8。

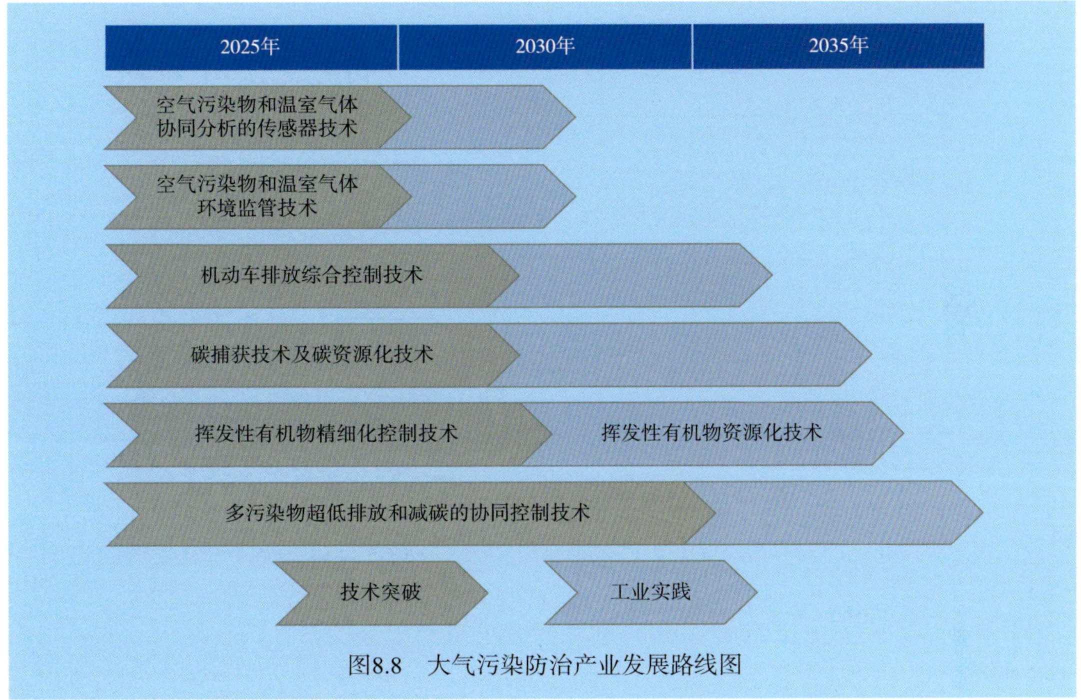

图8.8　大气污染防治产业发展路线图

8.4.2　水污染防治产业

1. 发展目标

到 2035 年，COD、氨氮等常规污染物得到全面有效控制，全国重点流域水环境质量总体改善，消除地表水劣 V 类水体，水生态功能得到初步恢复，饮用水安全得到切实保障，全面实现“水十条”指标要求，初步开展污水厂的能量回收、实现碳中和。实现纳滤、反渗透膜材料大规模的国产化替代（市场占有率 80% 以上）；实现厌氧氨氧化技术在大型市政废水提标改造、高氨氮工业废水处理领域的大规模应用，实现高效氧化技术在工业废水领域的大规模应用。

2. 发展路线图

水污染防治产业发展路线图见图 8.9。

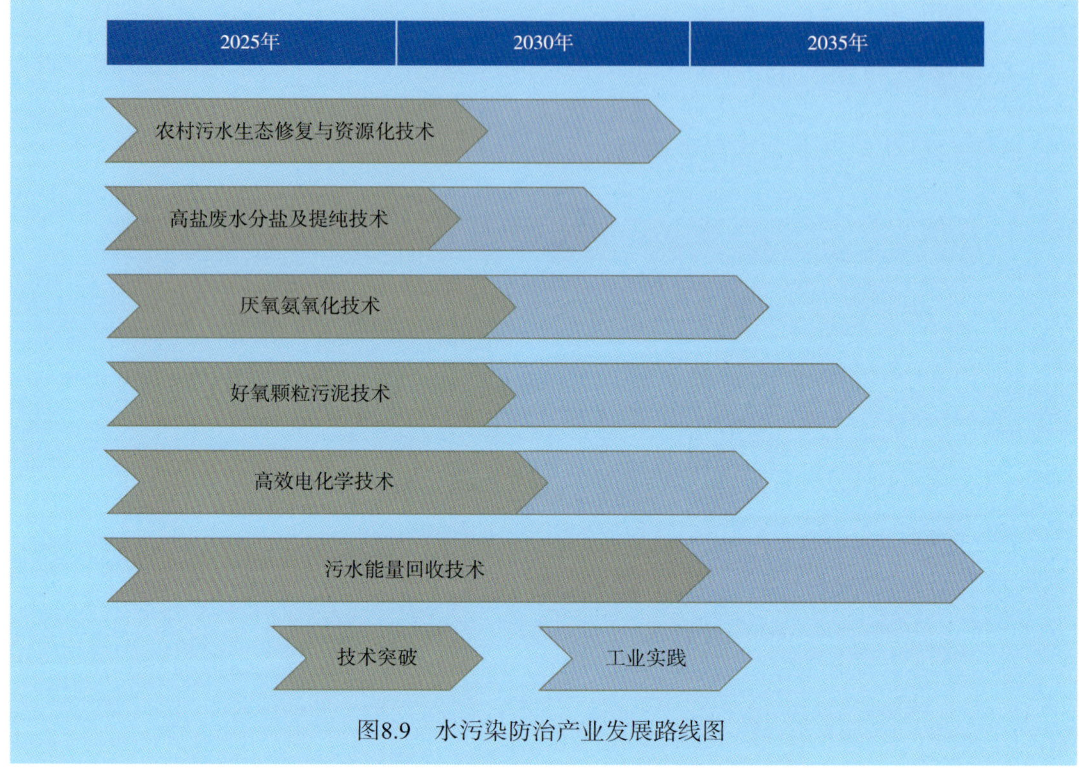

图8.9　水污染防治产业发展路线图

8.4.3　工业固体废物资源循环利用产业

1. 发展目标

到 2035 年，基本形成针对我国工业固体废物特征的资源化利用和安全处置理论体系，总体水平达到国际先进水平，在规模利用与污染协同控制基础理论方面达到国际领先水平，支撑形成基础科学—应用科学—产业生态设计理论创新链。到 2035 年，集成新型煤化工行业清洁生产技术，实现煤化工废物循环利用，建立百万吨级大型煤—气—焦—化联合企业节能减排型循环经济技术工程示范，为千万吨载能型煤化工园区清洁生产与节能减排技术体系构建提供支撑。到 2035 年，实现源头减排与过程污染物循环利用一体化，推动资源利用方式根本转变和全过程节约管理；有价金属综合回收率提高到 95% 以上，能源效率提高 30%，达到国际先进水平；实现铅、砷、镉等重金属污染物源头减排。

2. 发展路线图

工业固体废物资源循环利用产业发展路线图见图 8.10。

图8.10　工业固体废物资源循环利用产业发展路线图

8.4.4　工业节能产业

1. 发展目标

到 2035 年单位工业增加值二氧化碳排放下降 50%；单位工业增加值用水量下降 35%；重点行业主要污染物排放强度下降 20%；绿色低碳能源占工业能源消费量比重达到 50%；六大高耗能行业占工业增加值比重下降 25%。

2. 发展路线图

工业节能产业发展路线图见图 8.11。

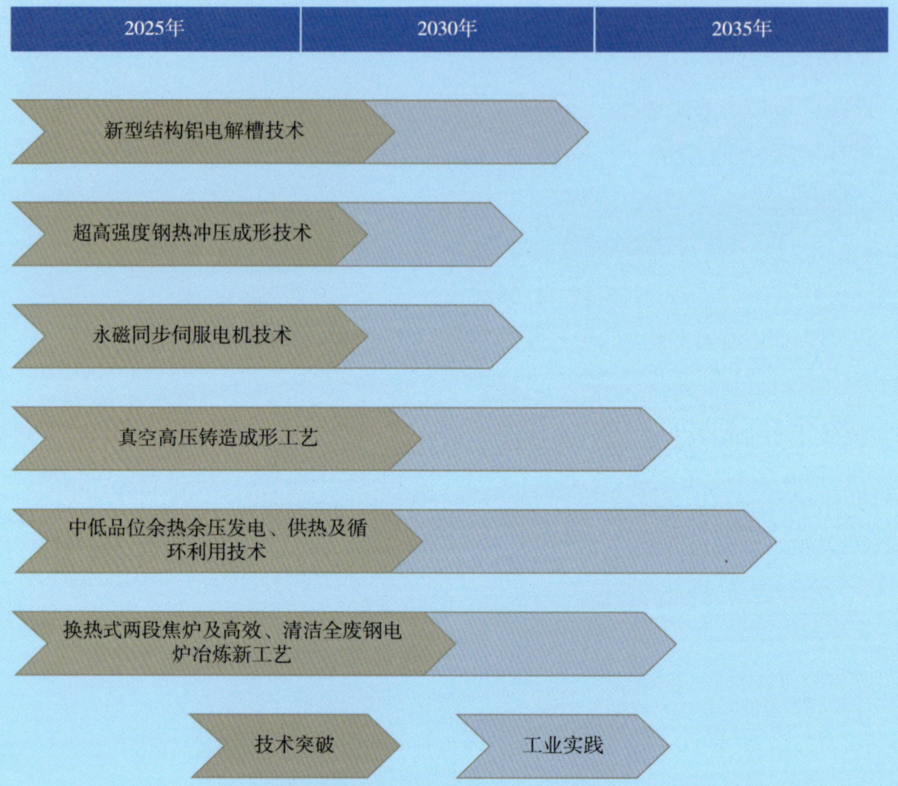

2025年 2030年 2035年

新型结构铝电解槽技术

超高强度钢热冲压成形技术

永磁同步伺服电机技术

真空高压铸造成形工艺

中低品位余热余压发电、供热及循环利用技术

换热式两段焦炉及高效、清洁全废钢电炉冶炼新工艺

技术突破 工业实践

图8.11　工业节能产业发展路线图

8.4.5　建筑节能产业

1. 发展目标

到 2035 年一线城市建筑门窗等关键部位建筑节能标准达到国际现阶段先进水平。城镇新建建筑中绿色建筑面积比重超过 80%，绿色建材应用比重超过 60%。完成既有居住建筑节能改造面积 8 亿平方米，公共建筑节能改造 2 亿平方米，全国城镇既有居住建筑中节能建筑所占比例超 80%。城镇可再生能源替代民用建筑常规能源消耗比重超 15%。经济发达地区及重点发展区域农村采用节能措施比例超过 20%。

2. 发展路线图

建筑节能产业发展路线图见图 8.12。

图8.12　建筑节能产业发展路线图

8.5　“十三五”期间节能环保战略性新兴产业发展存在的问题

1. 节能环保产业的融资难、融资贵问题凸显

2017年下半年以来，为了规范PPP市场、深化金融去杠杆，PPP领域经历多次政策调整，地方政府、社会资本、金融机构在防风险过程中遭遇监管压力。2019年以来，新疆、湖南、湖北、江苏等地叫停了大量PPP项目。金融机构普遍对PPP项目停贷，大幅压缩“非标”融资活动，一些银行的信贷审批周期明显变长，环保企业特别是民营环保企业融资的前置性条件变得更加苛刻，部分项目融资成本高达11%，接近或超过环保行业正常利润水平。债市整体低迷，发债难度加大，东方园林股份有限公司发债失败体现出市场对PPP类企业现金流情况的集体担忧，许多大型民营环保企业的发债成本上升3个百分点以上。中小型环保企业难以融到资金，不少企业因而面临资金链断裂和违约、倒闭等严峻挑战。未来几年，财政、生态环境等部门将进一步规范生态环境领域PPP模式，加快出台“关于打好污染防治攻坚战推进生态环境领域政府和社会资本合作的实施意见”，采取多种方式支持对实现污染防治攻坚战目标支撑作用强、生态环境效益显著的PPP项目，设立国家绿色发展基

金，支持环保产业发展。

2. 节能环保产业的经营成本费用有所增加

一是环保产业部分领域原材料成本增加。在供给侧结构性改革、取缔“地条钢”、去产能、去库存的影响下，我国钢材价格持续上涨。钢材价格的上涨，对除尘设备等用钢量大、建设周期较长的领域的生产成本影响显著，加之人工成本增加、应收账款回收周期长等原因，企业的利润空间进一步缩小，一些项目面临亏损。二是营业税改增值税后，环保企业实际税负增加。《关于印发〈资源综合利用产品和劳务增值税优惠目录〉的通知》（财税〔2015〕78号）对资源综合利用产品和劳务增值税优惠政策进行了调整，污水处理劳务增值税优惠由免征改为即征即退70%，且不能按时返还，影响企业的流动资金。此外，该通知中“垃圾”仅指城市生活垃圾、农作物秸秆等，不包括部分危险废物（含医疗废弃物），使得危险废物处理企业无法享受到增值税税收优惠。同时，再生资源退税企业收购的废旧物资大部分不能取得增值税进项票抵扣，导致正规的资源综合利用环保企业税负过高，成本增加。未来，应推进有利于生态环境保护的相关税收优惠政策，积极落实环境保护专用设备企业所得税优惠政策；尽快出台第三方治理企业所得税参照高技术企业税收优惠政策，降低所得税税率。

3. 节能环保产业的价格收费政策有待完善

2018年全国节能环保一般公共预算支出较2017年增加19.8%，环保产业整体营业收入有所增长，但重建设、轻运营的问题仍然没有得到根本解决。污泥处置费纳入污水处理费的政策落实不好、水价调整不到位，农村生活污水和垃圾治理价格与收费机制不健全，黑臭水体建设与运营模式及投资回报方式有待探索。部分环保项目实施机构不按时足额支付环保企业服务费，造成环保企业应收账款过多，现金收入少，严重影响环保企业的健康发展。2018年，我国制定了促进绿色发展的价格政策，逐步完善污水处理收费、固体废物处理收费、节约用水水价、节能环保电价等价格机制，同时完善财政资金的使用方式，探索按效付费，由补建设向补运营转变。

8.6 促进产业发展的相关建议

1. 制定低碳创新战略路线图，完善节能减排管理体系

“十四五”乃至更长时期，为加快实现碳达峰、碳中和目标，应制定国家低碳技术创新战略，明确国家层面低碳技术创新战略路线图，发挥关键性低碳技术创新对

实现碳达峰、碳中和的引擎与支撑作用。从国家层面，以低碳技术攻关与突破为抓手，实施可再生能源替代行动，深化电力体制改革，构建以新能源为主体的新型能源结构，构建绿色低碳产业体系。一是加快推动绿色低碳技术实现重大突破，抓紧部署低碳前沿技术研究，加强对绿色低碳技术未来发展战略研究，有效指导低碳技术遴选，鼓励创新性或颠覆性的低碳技术研发，大幅降低企业低碳创新成本。二是加快制定、完善低碳技术创新与低碳发展的配套政策法规，明确2030~2060年国家低碳技术创新的重点、路线图、实施方案等。三是加快构建优化中央领导牵头、省市级领导部署、各职能部门和基层政府负责实施、企业和研究机构积极参与的低碳节能管理体系，引导全社会力量参与低碳技术创新，降低企业或科研院所从事低碳技术创新的成本，促进低碳技术创新能力提升和低碳社会建设。

2. 制定低碳技术创新的投融资政策，降低资金成本

低碳技术涉及电力、交通、建筑、石化等部门，以及在可再生能源及新能源、煤的清洁高效利用、碳捕获与埋存等领域控制温室气体排放的新技术，覆盖面广、前期投入大、研发周期长、创新风险高，仅靠企业研发资金或政府财政投入不可持续。特别是企业受环保监督及新冠肺炎疫情影响，降低和分担企业低碳技术创新的资金成本，引导鼓励更多的企业和研究机构参与其中，迫切需要从中央到地方各级政府制定符合企业转型升级、创新发展的有效政策，不断完善相关的投融资政策，切实降低创新资金压力与风险。一是各级政府及其职能部门要不断优化营商环境，改变“环保风暴”做法，给予企业转型的一定过渡期和创新资金援助的缓冲期，为企业搭建环保治理服务与低碳创新供需平台，为中小企业免费提供污染治理技术，完善有利于企业低碳技术创新的财税、价格、金融、土地、政府采购等政策，帮助企业解决创新融资难、创新成本高的难题。二是建立低碳技术创新专项基金、财政补贴等制度。发布低碳技术创新目录，为企业和研究机构提供低碳科技领域基础研究和应用研究等的经费补贴支持，制定国家低碳技术创新转化的直接补贴制度，为企业发展低碳环保产业、开发低碳技术、推广低碳应用等提供必要的财政补贴。三是为企业或者相关机构低碳技术创新与产业化制定贷款优惠政策，完善碳金融、碳交易等制度。扩大商业银行低碳信贷业务，建立节能减排贷款绿色通道，引进机构投资者和风险投资，促进低碳金融发展。加强低碳产品投资、交易等机制创新，如企业参加森林碳汇、光伏发电、节能减排等活动所获得的碳汇指标可以抵扣企业碳排放量，以更加科学化、市场化的碳交易机制吸引企业投资低碳技术创新与低碳发展项目。

3. 结合中国经济社会发展面临的环境生态约束，强化环境工程科技发展顶层设计

明确国家层面对环境科技的国家需求，提高环境科技解决社会经济发展面临的环境问题的支撑能力。面向社会征求各行各业急需解决的环境科技问题（基础、研

发、应用和工程），论证形成需求指南。针对环境领域科技发展的国家需求指南，研究制定领域发展路线图。提出不同方向、不同阶段的发展重点与目标，重点提出可供科研立项的量化指标，为创新科研项目组织实施奠定基础。发挥专家库的集体智慧和系统性力量，汲取更多层面、更大范围专家参与科研决策，带动科研工作者参与决策的积极性，提升专家的国家战略站位和设计思想。

4. 发布促进环境技术推广应用的标准规范需求清单，建立面向公益类标准规范制/修订的绿色通道

环境技术具有公益属性，明显区别于一般产业技术，现有技术标准体系严重制约了环境技术的推广应用，如调查中发现固体废物利用领域技术产品标准的出台制约比较严重。国家应及时发布促进环境技术推广应用的标准规范需求征集，在充分论证涉环境技术产品标准需求的基础上，建立面向公益类标准规范制 / 修订的绿色通道，加快推动环境技术的推广应用。

5. 制定低碳技术创新的人力资源政策，降低人才成本

近年来，我国在发展可再生能源、节能减排等方面取得了不少成就，但仍面临许多“卡脖子”技术难题。低碳技术包括减碳、低碳、固碳等多方面技术，需要大量的技能型人才从事节能减排技术，油气资源和煤层气的勘探开发技术，核能、太阳能、风能等可再生能源技术研究。应重视低碳技术人才的培养，实施国家低碳创新人才培育工程，培养造就低碳创新能力强的学科带头人，形成我国低碳创新人才群体和具有引领力的创新团队，加强对低碳技术创新人才的培育，制定低碳技术创新人才培养规划。加强低碳技术领域的知识产权保护，完善低碳技术人才考核评价标准，鼓励高校和科研院所人才以兼职、联合攻关等多种形式参与企业低碳技术创新，降低企业低碳技术创新的人才成本。培育和发扬工匠精神，重视低碳技术人才培养和职业技能培训，加快制订低碳技术领域职业技能提升计划或行动方案，实施低碳技术领域的职业技能培训补贴制度，以推行企业新型学徒制为契机，支持企业自主开展职工低碳技能提升。

6. 构建低碳创新体系和信息共享平台，降低信息成本

加快构建面向低碳发展的产学研合作协同创新体系，整合政府、产业界、学术界的各自资源优势，形成创新合力，推动低碳领域的重大技术创新，加快低碳技术的创新共同体建设。由政府出资构建我国低碳技术创新服务平台，重视低碳环保领域的通用技术开发，吸引企业、社会组织、高校、研究机构加盟，共享资源、信息、技术与服务等，并为低碳技术转化和相关企业提供必要的通用技术服务、低碳技术试验等便利条件，降低企业低碳技术开发与技术应用的信息成本。建立国家低碳创新信息系统，加快低碳技术大数据平台建设，实现低碳技术、低碳市场、低碳服务、低碳产品等信息集成与更新，促进低碳环保领域的信息公开与数据共享，为有效开

展低碳环保技术攻关、低碳产品生产、低碳技术应用提供信息服务，构建低碳环保数据共享与创新服务体系。

7. 加强低碳创新制度供给侧结构性改革，降低市场成本

加快完善低碳创新有关的法律法规，深化低碳创新制度供给侧结构性改革，避免政策交叉、“打架”、缺位等问题，为低碳技术创新提供必要的制度保障。企业自身也应以低碳责任意识引导制度创新，如鼓励企业员工树立低碳意识，在管理上将低碳节能、降耗减排作为重要指标，并制定具体的量化标准，纳入绩效管理考核指标。避免从实验室到市场的技术“死亡之谷”现象，积极培育低碳技术市场需求，加强低碳产品的市场推广。出台培育低碳市场的系列政策，如鼓励家庭购买安装分布式光伏发电系统，鼓励企业、工厂、农村等安装可再生能源发电设备，畅通电力入网渠道。制订我国低碳领跑者计划和低碳可视化制度。建立符合我国实际情况的低碳技术领跑者标准，引导社会公众积极购买低碳产品，倡导绿色低碳生活，创新碳积分、碳足迹等制度，鼓励市民绿色出行，参与森林碳汇、植树造林等活动，培育低碳消费理念和低碳发展的市场需求。出台和完善扶持国内低碳技术企业和产业走出去的相关政策，加快实施低碳技术国际合作创新与绿色“一带一路”倡议，推广低碳领域的中国标准和参与国际标准制定，采取多种举措降低和分担企业低碳技术创新与应用的各项成本，提升我国企业在参与全球生态治理、低碳技术创新的国际话语权和形象，为我国加快实现碳达峰、碳中和目标提供坚强支撑。

参考文献

[1] IEA. World Energy Investment 2019[R]. https://www.iea.org/reports/world-energy-investment-2019，2019.

[2] 智研咨询集团 . 2019—2025 年中国节能环保行业投资潜力分析及未来前景预测报告 [R]. 2018.

[3] Environmental Business International Inc. The U.S. Environmental Industry[R]. https://ebionline.org/product/united-states-environmental-industry/，2020.

[4] 廖虹云，康艳兵，赵盟 . 欧盟新版循环经济行动计划政策要点及对我国的启示 [J]. 中国发展观察，2020，239（11）：57-60.

[5] 张所续 . 日本第五次能源基本计划对我国的启示 [J]. 中国能源，2020，42（1）：25-30，47.

[6] 中国环境保护产业协会，生态环境部环境规划院（产业协会环保产业政策与集聚区专业委员会）. 中国环保产业分析报告（2020）[R]. 2020.

[7] 国家统计局 .《战略性新兴产业分类（2018）》（国家统计局令第 23 号）[EB/OL]. http://www.stats.gov.cn/tjgz/tzgb/201811/t20181126_1635848.html，2018-11-26.

[8] 清华大学建筑节能研究中心 . 中国建筑节能年度发展研究报告 2020[R]. 2020-03-28.

[9] 温宗国 . 工业节能技术进展及应用效果 [N]. 中国工业报，2017-06-16（002）.

第 9 章

新能源汽车产业

孙逢春　王文伟　孙　超　陈晓慧　李　颖　翟　华

【内容提要】新时代赋予我国新能源汽车产业技术发展的新需求，2035 年，我国“基本实现社会主义现代化”的战略目标从经济社会、能源环境、美好生活和科学技术等多个维度对我国汽车产业技术的加速创新发展提出了战略需求。“十四五”时期是国家两个一百年奋斗目标的历史交汇期，是汽车产业转型升级的关键窗口期。我国新能源汽车市场已实现从导入期向成长期转变，新能源汽车市场驱动力也从单一“政策”驱动向“政策+市场”双驱动转变，发展模式、发展格局、营销模式均发生重大变化。在我国碳达峰、碳中和的背景下，迫切需要加速推进汽车电动化、低碳化发展，持续推进新能源汽车的规模化发展。我国正处于由汽车大国迈向汽车强国的关键阶段，新能源汽车的发展正式进入产业链和创新链全面变革时期，国内外新形势也为我国新能源汽车产业提供了后发赶超的战略契机。加快实现新能源汽车全产业链自主可控、全面塑造产业发展新优势将是新能源汽车产业面向未来需求发展的新方向。我国新能源汽车产业应抓紧发展机遇，引领科技变革，面向国家需求，肩负起实现 2035 年经济社会可持续发展的新使命。

9.1　国内外新能源汽车产业发展动态及新趋势

9.1.1　国际新能源汽车产业发展动态及新趋势

1. 全球新能源汽车销量持续增长

根据 EV-Sales、IEA 的数据，2020 年，全球新能源汽车销量达到 331.1 万辆，同比增长 49.8%，渗透率达 4.2%，如图 9.1 所示。分市场来看，欧洲占比 43.06%，中国占比 41.27%，美国占比 10.12%，日本占比 0.96%，如图 9.2 所示。在全球新冠肺炎疫情的背景下，与 2019 年相比，2020 年全球新能源汽车销量数据超出预期，大部分国家新能源汽车市场销量呈上升趋势（图 9.3），除了得益于各国日益严苛的碳排放政策和大幅度的补贴政策之外，更重要的是供给端的车企推出了消费者比较满意的车型，整个新能源汽车产业正在从政策推动向市场拉动加速转型。

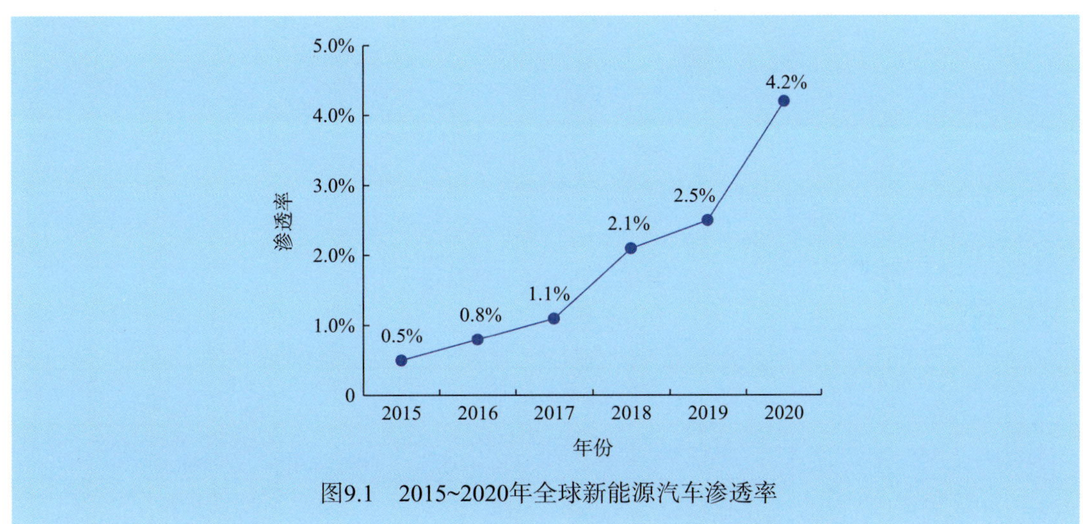

图9.1　2015~2020年全球新能源汽车渗透率

得益于新能源汽车产销量的增长及单车动力电池装机量的增长，2020 年，全球新能源汽车用动力电池的装机量达到 136.3 吉瓦时，同比增长 18%，中国市场汽车用动力电池装机量为 63.6 吉瓦时（数据来源于《新能源汽车产业链数据库》）。在 2020 年全球动力电池装机量 TOP10 企业中，中国电池企业占据 6 席，分别为宁德时代新能源科技股份有限公司、比亚迪、中航锂电（洛阳）有限公司、远景动力（Envision AESC）、国轩高科股份有限公司和惠州亿纬锂能股份有限公司，合计市场份额 41.1%；LG 化学、三星 SDI 和 SKI 三家韩系电池企业合计市场份额 31.7%；日系电池企业松下市场份额 20.2%，如表 9.1 所示。

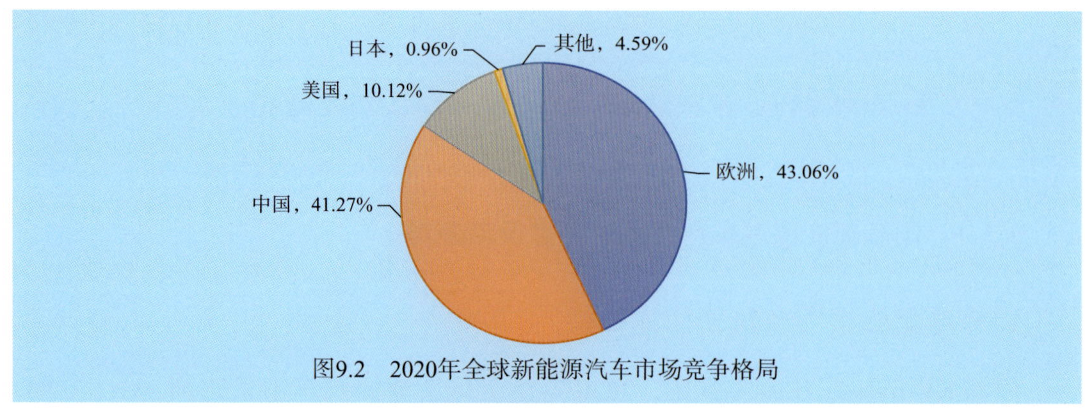

图9.2 2020年全球新能源汽车市场竞争格局

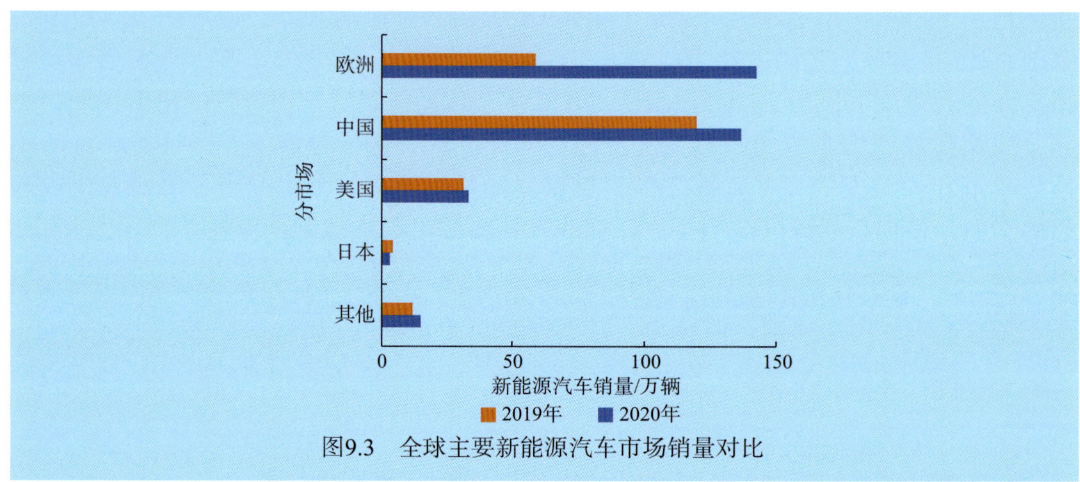

图9.3 全球主要新能源汽车市场销量对比

表 9.1 2020 年全球动力电池装机量 TOP10 企业

序号	电池企业	装机量 / 吉瓦时	市场份额	配套重点车型
1	宁德时代新能源科技股份有限公司	35.39	26.0%	蔚来 ES6/ES8、Model 3、小鹏 P7/G3、理想 ONE、欧拉 R1、北汽 EU5、威马 EX5 、AionS
2	LG 化学	30.91	22.7%	Model 3、Model Y、大众 ID.3、雷诺 Zoe、奥迪 e-tron、Kona、雪佛兰 Bolt、保时捷 Taycan
3	松下	27.51	20.2%	特斯拉车型、卡罗拉 PHEV、丰田 C-HR EV、丰田雷凌
4	比亚迪	9.01	6.6%	比亚迪所有车型
5	三星 SDI	7.84	5.8%	e-Golf、宝马 i3
6	SKI	4.34	3.2%	起亚 NIRO/XCeed/Soul
7	中航锂电（洛阳）有限公司	3.82	2.8%	AionS、长安逸动、奔奔 E-Star、AionV、广汽丰田 iA5
8	远景动力（Envision AESC）	3.38	2.5%	Leaf、NV200
9	国轩高科股份有限公司	3.24	2.4%	宏光 MINI EV、奇瑞 eQ1、北汽 EC3、宝骏 E300
10	惠州亿纬锂能股份有限公司	1.03	0.8%	小鹏 P7/G3、哪吒 N01

各国政府纷纷加快充电基础设施的规划和建设步伐。根据 IEA 的数据，2020 年全球电动汽车充电设施的数量为 950 万个，其中 250 万个为公共充电设施，总体桩车比 0.86 : 1。其中，中国充电桩保有量居全球第一，截至 2020 年底，中国新能源汽车保有量达 492 万辆，充电桩总量 168.07 万个，其中私人充电桩 87.47 万个，商用充电桩（含公共和专用）80.60 万个，总体桩车比 0.34 : 1。

2. 碳排放标准趋严，全球电动化战略加速落地

从全球范围看，世界各国碳排放量标准趋严，从政策端为新能源汽车的发展奠定了基础，同时，多个国家制定了新能源汽车补贴及税收优惠政策，补贴强度主要与车价、碳排放量有关，为碳排放政策提供了强力保障和长效护航。

欧盟目前已经实现了碳达峰，承诺 2050 年实现碳中和。欧洲议会制定了最严格的汽车碳排放控制目标，要求 2021 年前将汽车二氧化碳排放量削减 27%，销售的 95% 的新车二氧化碳排放平均水平须达到 95 克 / 千米，碳排放低于 50 克 / 千米的车型可以按 2 倍权重抵扣碳税。同时，欧洲主要国家制定了新能源汽车补贴及税收优惠政策。德国 2020~2025 年补贴进一步提升 50%；挪威对燃油车征收重税的同时对新能源汽车进行税收优惠；法国 2020 年后提升补贴预算到 4 亿欧元，并将至少维持到 2021 年。在碳排放压力和政府贴补政策的激励下，2020 年欧洲新能源汽车销量达到 142.5 万辆，新能源汽车渗透率大幅提升。瑞典和挪威新能源汽车渗透率分别超过 40% 和 75%，德国保持在 20% 以上，法国和英国接近 20%，意大利和西班牙接近 10%。

2021 年，美国设定了到 2030 年零排放汽车销量占新车总销量 50% 的目标，零排放汽车包括电动汽车、燃料电池汽车和插电式混合动力汽车。

韩国政府为实现 2030 年将汽车温室气体排放量减少 24% 的目标，大力推动电动汽车的普及，计划 2025 年将普及数量扩大到 283 万辆，2030 年进一步扩大到 785 万辆。同时，将大幅扩充充电基础设施，在 2025 年前加装 50 万个以上新能源汽车充电设备。

日本政府制定了在 2050 年实现碳中和社会的目标，计划在 2025 年之前禁止销售传统燃油汽车，转向混合动力或纯电动车型。

2020 年 9 月 22 日，习近平总书记郑重宣布，“中国将提高国家自主贡献力度，采取更加有力的政策和措施，二氧化碳排放力争于 2030 年前达到峰值，努力争取 2060 年前实现碳中和”[①]。中国汽车产业的总体目标是碳排放总量先于国家碳减排承诺于 2028 年左右提前达到峰值，到 2035 年，排放总量较峰值下降 20% 以上。深化新能源汽车研发产业布局，强化市场机制推动新能源汽车的规模化应用，将是达成汽车产业碳减排目标的重要路径。

① 习近平在第七十五届联合国大会一般性辩论上的讲话（全文）. http://www.xinhuanet.com/politics/leaders/ 2020-09/22/c_1126527652.htm，2020-09-22.

9.1.2 国内新能源汽车产业发展动态及新趋势

1. 中国新能源汽车进入“政策+市场”驱动的新阶段

根据中国汽车工业协会的统计数据，2020 年，我国新能源汽车销售 136.7 万辆，同比增长 10.9%，我国新能源汽车的渗透率也由 2015 年的 1.4% 提升至 2020 年的 5.4%，如图 9.4 所示。截至 2020 年末，我国新能源汽车保有量达到 492 万辆，产销量、保有量连续 6 年居世界首位。随着动力电池、驱动电机等核心部件及关键技术进一步发展，电池能量密度、整车续驶里程及能耗等性能指标不断提升，用户体验感和对产品的信任度有了一定的提高。

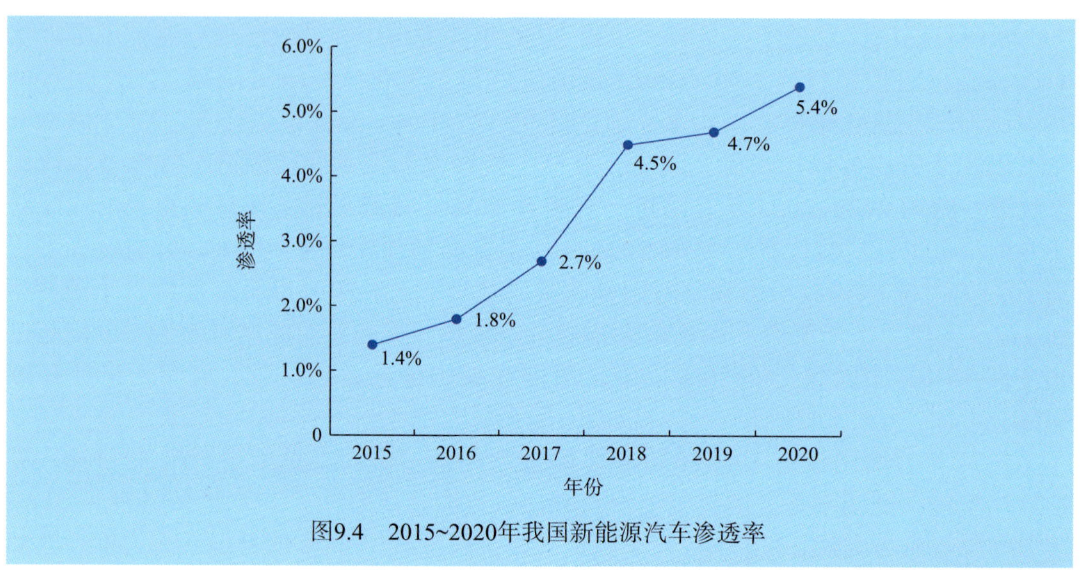

图9.4　2015~2020年我国新能源汽车渗透率

2020 年，在新冠肺炎疫情突发的背景下，我国发布《关于进一步完善新能源汽车推广应用财政补贴政策的通知》，将新能源汽车补贴政策实施期限延长到 2022 年底，对新能源车销量增幅快速“转正”起到助推作用。随后，《新能源汽车产业发展规划（2021—2035 年）》将新能源汽车产业上升至国家发展战略高度。在《中华人民共和国国民经济和社会发展第十四个五年规划和 2035 年远景目标纲要》中，新能源汽车被列为“构筑产业体系新支柱”的战略性新兴产业之一。同时，各地政府也陆续出台政策，不断助力新能源汽车的推广和应用。

在国家政策的大力扶持下，我国新能源汽车的产业规模逐渐扩大，新能源汽车也凭借自身不断进步的技术水平，获得了消费者和相关企业的认可和支持，2021 年上半年我国新能源汽车产量已完成 121.5 万辆，刷新历史纪录，行业从早期依靠政策的“单轮驱动”，全面转向“政策＋市场”的“双轮驱动”，随着私人用户对新能源汽车的接受程度不断提高，市场驱动力还在持续增强。

2. 整体技术达到国际先进水平，进入高质量发展阶段

“十三五”期间，我国新能源汽车产业技术创新体系不断优化完善，形成了体系化的技术创新能力，相关部委从前瞻布局、创新研发、产业化发展方面进行了系统的布局，有效推动了我国新能源汽车关键技术的创新发展，新能源汽车动力性、续驶里程及舒适性等整车综合性能不断提升，成本逐年降低，随着技术水平的稳步提高，产品市场竞争力显著提高。

动力电池方面，随着我国新能源汽车市场规模的快速扩大，2020 年动力电池配套达到了 63.6 吉瓦时，如图 9.5 所示。其中，三元锂电池在能量密度上占有优势，装机量逐年提高，2020 年市场占有率达到了 62%，高镍化是未来动力电池发展的主流。磷酸铁锂动力电池系统能量密度达到 145 瓦时 / 千克，成本降低至 0.6 元 / 瓦时左右，循环寿命在 3 000 次左右；三元材料动力电池系统能量密度达到 180 瓦时 / 千克（图 9.6），成本降低至 0.8 元 / 瓦时左右，循环寿命在 1 200 次左右。目前，新体系动力电池研究热点集中在固态电池、锂硫电池等，固态电池研究主要集中在固态锂电池关键材料、固态锂电池界面工程、电池制造工艺和电池失效机理等方面，逐步提升循环寿命、降低成本。目前，我国多家企业开发了多种类型的固态蓄电池，研制出单体质量能量密度达到 4 000 瓦时 / 千克的样品，预计在 2025 年逐步实现规模化应用 [1]。

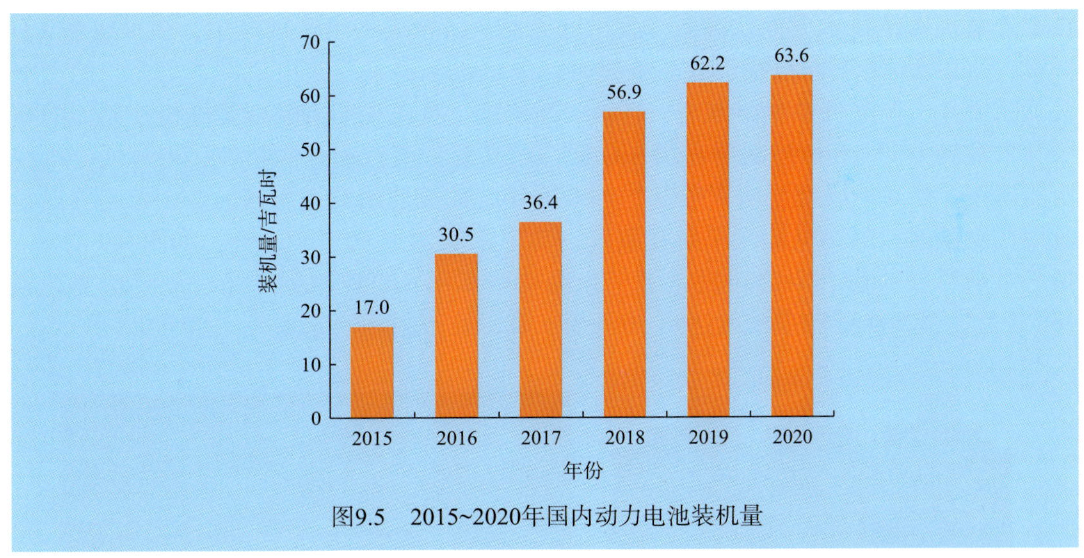

图9.5　2015~2020年国内动力电池装机量

驱动电机方面，我国已具备了较充分的国产化配套能力。2020 年，我国新能源商用车驱动电机及控制器全部由国内企业配套，乘用车方面，国内企业自主配套率达到了 70% 以上。我国新能源汽车电驱动技术水平不断提升，在高集成度三合一 / 多合一电驱动总成、电驱动系统噪声、振动与声振粗糙度（noise，vibration，harshness，NVH）性能提升、高效高速驱动电机技术及核心零部件、高效高密度电机控制器技术、高速减速器、轮毂电机等方面取得多项成果。在多合一总成方面，华

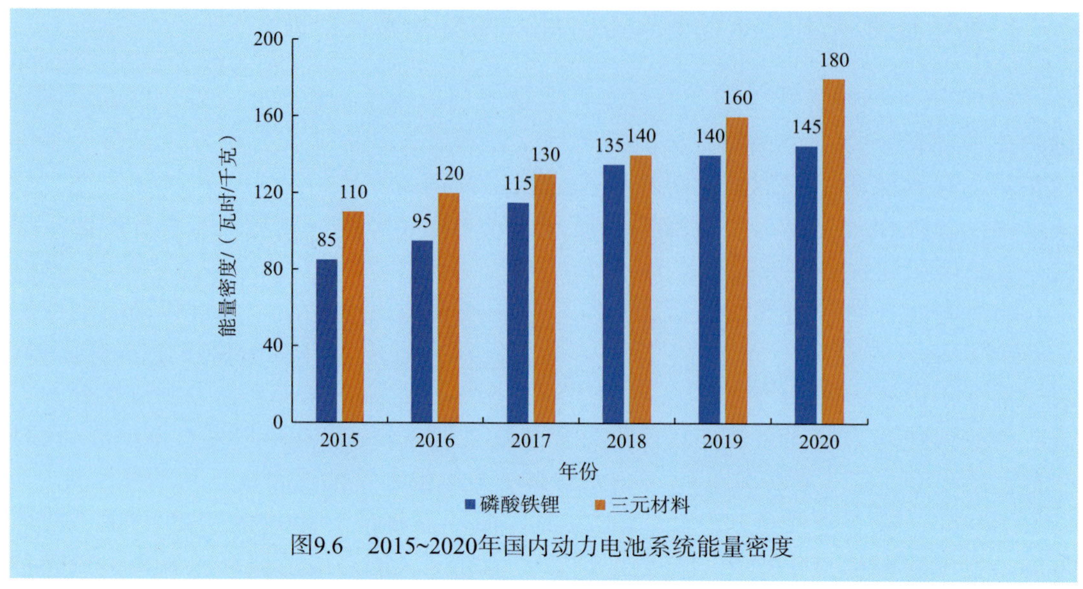

图9.6 2015~2020年国内动力电池系统能量密度

为发布的多合一电驱动系统集成了 BCU（battery control unit，电池控制单元）、PDU（power distribution unit，电源分配单元）、DC/DC（direct current，电压交换器）、MCU（micro controller unit，微控制器单元）、OBC（on board charger，车载充电机）、电机和减速器七大部件，实现机械和功率部件的深度融合及端云协同与控制的集成。在驱动电机本体技术方面，高效率发卡式绕组 / 扁导线绕组实现应用，多种线型（U 形线、I-pin 型）、不同绕线形式（叠绕组、波绕组）的扁导线电机制造工艺与制造能力不断提升。在电机控制器方面，高效、高密度、高电磁兼容性能是电机控制器的重要技术发展方向，SiC 控制器利用 SiC 器件耐高温、高效和高频特性，可降低电机控制器损耗，提高集成度与功率密度[2]。2020 年，比亚迪将自主研制的 SiC 控制器批量应用在比亚迪“汉”电动汽车后驱系统，功率密度达到 40 千瓦 / 升，如图 9.7 所示；精进电动科技股份有限公司发布了全新高功率车用 SiC 控制器产品，最高功率达到 700 千瓦，最高峰值功率密度达到 50 千瓦 / 升，处于国际领先水平，如图 9.8 所示。

图9.7 比亚迪的半导体SiC模块

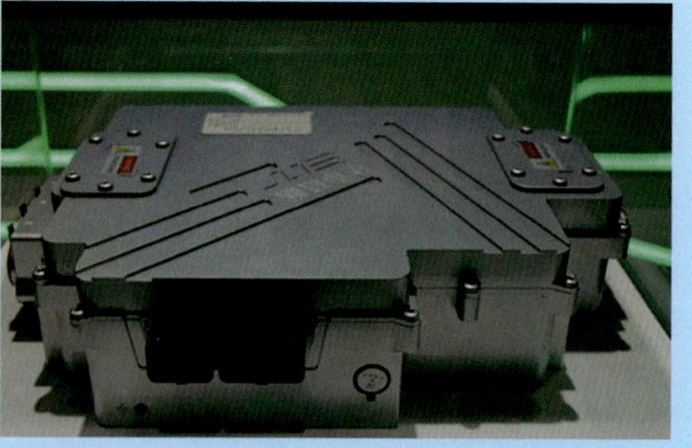

图9.8 精进电动科技股份有限公司的高功率车用SiC控制器

充电基础设施方面，在碳排放目标及新基建的激励下，充电基础设施建设规模持续高速增长。截至2020年12月底，我国公共充电桩和专用充电桩保有量79.8万个，私人充电桩87.4万个[3]（图9.9），规模持续保持世界首位。充电技术水平不断提高，在大功率充电技术方面，国家电网的快充充电桩功率达到160千瓦，现代IONIQ 5最新800伏高电压平台支持高达350千瓦超大功率充电，广汽集团研发了增加液冷系统的充电枪，充电模块最高电压支持1 000伏直流电压，充电桩功率输出不低于480千瓦。在无线充电技术方面，开展了3.3千瓦/6.6千瓦静止式无线充电小批量示范运行；移动式无线充电在江苏同里和河北张北分别建立了示范项目。在快速电池换电技术方面，全国50多个城市及多条省际高速公路建成了300余座换电站，换电运行超过220万次。在充电安全防护技术方面，主流充电运营商基于充电数据采集、云端大数据分析，开展了充电安全主动防控异常状况诊断、风险预警及告警联动处理，预警准确率接近70%。

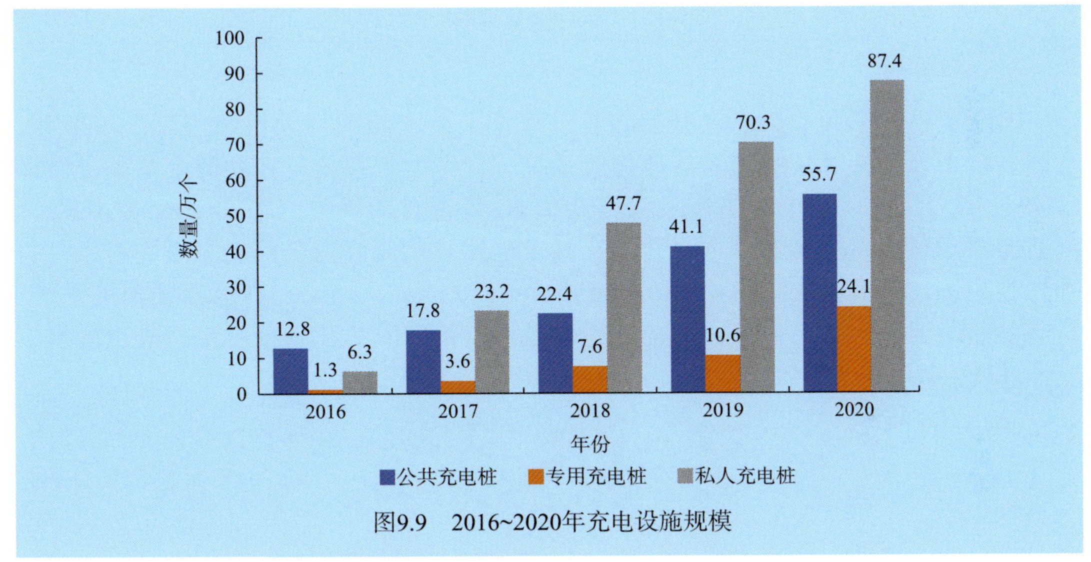

图9.9　2016~2020年充电设施规模

3. 汽车智能化水平显著提升，自动驾驶产业稳步有序发展

随着能源、环境、安全及交通拥堵所带来的问题日益凸显，汽车智能化成为新时代下汽车产业转型升级的突破口和未来战略的制高点，可以实现“传统工业经济+数字经济+智能经济”的深度融合，在提高交通效率的同时，能够综合实现安全、节能、环保及舒适行驶。

2020年，智能汽车车辆占比呈现稳定增长趋势，智能驾驶、智能座舱及远程在线升级（over-the-air，OTA）等已经在较大范围得到了应用，在2020年上市的265个新车系中，具备智能驾驶功能的车系占比68.30%，配置智能座舱的车系占比86.42%，具备OTA远程在线升级功能的车系占比42.64%，如表9.2所示。后续智能汽车配置将更快速地下放至中低配车型，而中高配车型的智能化配置会得到更快速的丰富和完善[4]。

表 9.2　2020 年新车智能化程度

智能化程度	功能	车系占比
智能驾驶 占比 68.30%	辅助驾驶系统	65.28%
	自动泊车	48.30%
	主动安全系统	73.58%
智能座舱 占比 86.42%	语音识别	86.42%
	车联网	81.89%
	手机互联 / 映射	73.58%
OTA 远程在线升级 占比 42.64%	非整车 OTA	35.85%
	整车 OTA	6.79%

国内主要整车制造厂已经开始在量产车型上装配辅助驾驶系统产品。2020 年，小鹏、蔚来等品牌最新推出的高速领航系统、代客泊车系统等在功能上具备了突破 L2 级的能力。东风汽车集团有限公司发布 5G 高度自动驾驶汽车 Sharing-VAN。广汽新能源宣布 Aion LX 车型通过搭载高精度地图可实现高速公路场景下的有条件自动驾驶功能。主流的 ADAS（advanced driver assistant system，高级驾驶辅助系统）目前已经得到了大范围普及，基础设施建设、高精度地图和高精度定位等也取得阶段性进展，提升了支持高等级智能网联汽车规模化应用的能力。

9.2　“十四五”时期中国新能源汽车产业发展新需求

9.2.1　新一轮科技革命驱动新能源汽车产业加速变革

当前，新一轮科技革命和产业变革交汇叠加，能源、互联、智能革命为新能源汽车产业的创新发展注入强劲新动能。新一代信息技术、新材料技术、新能源技术、智能制造技术等使能技术和赋能技术高速发展，与传统汽车技术的融合不断加深，正在加速构建新一代汽车技术体系。

在我国碳达峰、碳中和的背景下，优化能源结构，需加速推进汽车电动化、低碳化发展。互联化和智能化技术成为新能源汽车核心技术，推动形成全新的产业生态系统（新开发模式、新生产模式、新产品定义、新使用模式、新基础设施、新出行服务模式），核心技术由“三电”（电池、电机、电控）技术扩展到“云 + 管 + 端 + 智能”技术，基础设施由“充电”扩展到“充换电 + 道路 + 环境”，使用模式由“自有”扩展到“共享”，产品也由“制造”扩展到“新制造+新服务”，产业链及价值链不断得到延伸增值[5]。

9.2.2　化解供应链风险亟须提高自主可控能力

在全球百年巨变的战略背景下，政治经济对抗、科学技术脱钩、制造产业重组、贸易链条重构等形势日益严峻，对新能源汽车产业发展提出了更高的要求，新能源汽车产业链、供应链安全稳定是构建新能源汽车产业全球化发展的基础。突如其来的新冠肺炎疫情加快暴露了产业链、供应链中存在的问题，零部件工业大而不强，核心技术掌握不足，尤其是创新型、高附加值、高端的零部件和相关技术等方面问题凸显。我国新能源汽车产业仍存在低重稀土或无稀土永磁体膜、车规级芯片、核心工业软件、在环仿真装备等基础材料、元器件、软件及装备的瓶颈束缚。在智能网联汽车方面，集成电路、操作系统、计算芯片等产业链核心环节缺失，线控底盘、人工智能算法、信息安全等领域核心技术积累不足，高端产品与核心元器件多依赖进口。

因此，新能源汽车产业发展必须针对产业基础薄弱环节开展专项攻关，补齐产业链与创新链短板，推动产业核心技术的自主可控。

9.2.3　新能源汽车产业优化升级需跨界融合发展

在新一轮科技革命和产业变革的背景下，跨界融合创新成为产业发展的必然趋势，通过汽车与交通、能源、信息通信等多领域的融合协同发展，为新能源汽车产业高质量发展注入新动能。

在汽车与交通深度融合方面，推进信息技术、移动互联技术与传统交通行业深度融合，示范及推广车路协同智能网联交通系统，形成集各种交通工具及城市基础设施信息于一体的多元出行服务平台，基于实时的信息交互，实现出行效率的有效提升。

在汽车与能源深度融合方面，搭建汽车、电网与可再生能源微电网的融合创新体系，研究及应用智能有序充放电及 V2G（vehicle-to-grid，车与电网互动）技术实现电动汽车与电网友好互动[6]；研究及应用可再生能源制氢、燃料电池技术实现高渗透率可再生能源利用。

在汽车与信息通信融合方面，研究及应用 5G、C-V2X（cellular vehicle-to-everything，蜂窝车联网）、LTE-V2X①、高精度地图、北斗及多源辅助定位技术实现智能汽车与无人驾驶的普及应用。通过灵活多样的产业融合新模式，充分吸收和利用互联网等的资源优势，注重跨学科、跨产业、跨部门协作，构建跨界协同的创新体系，加强核心技术研发突破，营造产业交叉融合创新的良好生态。

---

① LTE-V2X（long term evolution-vehicle to everything，基于移动蜂窝网络的无线）。

9.3 新能源汽车产业创新发展面临的问题及解决路径

9.3.1 新能源汽车产业创新发展面临的瓶颈及原因

1. 国产化关键技术缺乏应用生态

近年来，我国多次强调突破“卡脖子”技术和实现关键核心技术的国产化。各级政府、研发机构和企事业单位进行了集中攻关和突破。然而，国产化核心技术大部分是点的突破，系统搭载和应用困难，较少实现从研发端走向市场端。其原因主要包括：缺乏系统全面的国产化技术验证和应用平台及生态，由于前期规划不足，低估了新能源汽车产业中新技术或新企业进入市场的阻力，短期内难以改变受制于人的局面；缺乏市场引导，缺乏示范验证平台、条件或场景，在高度商业化与规模化的汽车市场难以落地推广。主要难点在于新能源汽车产业涉及的关键技术多，使用场景多，限制条件多，造成建设关键技术应用生态困难。当前我国新能源汽车产业需要突破的技术难点大部分属于非常细分深入的技术点，无法和系统进行匹配，或匹配难度大、成本高，没有大规模应用先例，造成市场难以选用。

2. 自主品牌新能源汽车可靠性和品质仍有待提高

从燃油汽车发展至新能源汽车，我国自主品牌汽车长期被认为具有可靠性不足、品质欠佳、存在环保隐患等问题。尤其是新能源汽车，属于新平台、新技术、新场景，出现了品控不足、冬季性能受限、贬值严重等问题，极大地制约了市场推广能力。造成以上问题的主要原因是先天的市场份额不足、利润低和产品竞争力差，让自主品牌陷入了“快上马—快研发—利润不足—重新上马”的恶性循环。相比国外同类车型，自主品牌研发投入较少，开发周期较短，造成品质差距，限制了自主品牌成长。此外，动力电池、燃料电池等关键部件低温性能下降，存在安全隐患，也进一步加剧了当前新能源汽车可用性不足、推广困难的处境。主要难点在于企业加大研发投入的动力不足，瞄准和定位前瞻技术的能力较弱，营利能力差，车型更迭快造成提高车型可靠性存在困难。随着跨国汽车企业进入我国市场，我国自主品牌的新能源汽车市场份额呈下滑趋势，2020 年，全球新能源汽车销量排名前 20 中自主品牌仅剩 5 席。打造我国高端品牌，实现中国新能源汽车“走出去”，亟待向高质量发展转型。

3. 充换电基础设施尚无法满足智能新能源汽车的需求

充换电便利性是影响消费者选择新能源汽车产品的重要因素之一。当前整个充电基础设施行业仍然存在一些问题：充电设施总量虽然较大，但技术水平偏低，平均利用率相对较低，行业营利能力低，商业模式尚未成熟。各类充电设施只能实现单向充电，还难以与电网互动，私人充电设施无法提供智能共享服务。未来随着新能源汽车更大规模的推广，应用需求的不断丰富，亟须快慢充细分使用场景的应用落地，充换电基础设施布局合理性的不断提高，老旧小区改造、城市更新、商业地产与充换电场站相结合等商业模式的创新发展。同时，随着智能网联汽车的不断发展，车路协同智能已经成为我国广泛认可的智能化路线，但是车路协同智能的具体目标、发展路径、推广方式和商业模式由于和交通、道路等领域深度交叉，存在诸多责任不明和技术不成熟之处，发展目标和路线不明确。同时，交通和道路工程涉及国家基础设施，在制度、管理权限、技术方案不明确的情况下，汽车智能化的高速发展，无法和道路交通的智能化进程相匹配。

9.3.2 新能源汽车产业创新发展问题的解决路径及阶段目标

1. 凝聚行业合力助推产业链自主可控

中国新能源汽车产业进一步构建自主产业链，一方面，针对严重影响产业发展的“卡脖子”环节，针对性组织实施“应急专项”、开展产学研攻关；另一方面，加强新能源汽车科技方面的顶层设计和多学科融合，在一批关键核心部件，如车规级智能驾驶芯片、第三代功率半导体器件、车载操作系统、线控底盘等方面加大支持力度，力争“十四五”期间实现产业链关键环节的自主可控，在智能化新能源汽车领域加快实现自立自强，构建中国新能源汽车自立自强的新发展格局。构筑有利于零部件创新的环境氛围，完善产业创新体系，政产学研加强协作，提升基础科研能力建设，培育国内创新成果，使其快速产业化，并转化为支撑中国产业发展的核心能力；制定并落实专项激励措施，构建共性技术创新平台，引导企业等相关社会资本流转到需要长期投入的关键汽车零部件研发等国家战略科技前沿领域，举全国之力重点攻克关键核心技术。

2. 打造中国高水平国际化新能源汽车品牌

通过科技创新带动新能源汽车性能优化升级，产品品质不断提高，加速开拓国内市场消费和服务的新需求，激发市场活力，培育新业态新模式，提高国内产业链、供应链的稳定性和竞争力，不断地做强国内大循环。同时，积极参与国际分工合作和标准规范制定，加强国际认证合作，推动协调国内外标准互认；深化与国内外创新主体合作，整合 / 联合国家和地方创新平台，构建长期稳定的协同创新网络，组织实施一批新能源汽车双 / 多边国际科技合作项目；打造过硬的自主品牌完善海外服务链，通过多种形式与全球企业构建双赢的业务关系，深度融入全球产业链、价值链和创新链，在开放合作中提升自身科技创新能力，为畅通国内大循环、塑造中国在国际大循环中的主动地位筑牢创新根基，实现中国品牌智能新能源汽车进军欧美高端市场，提升国际市场占有率。

3. 构建新一代智能化基础设施建设体系

在人工智能、能源变革等新一轮科技革命和产业变革的推动下，构建中国新一代智能化基础设施建设体系。中国方案的智能网联汽车发展区别于其他国家的单车智能路线，而是采用车路协同的方案，因此路边感知设备及 5G 等配套基础设施是非常重要的组成部分。如此便决定了加大基础设施智能化改造是中国在“十四五”期间智能网联发展的重点任务之一。打造全球覆盖、高效运行的通信、导航、遥感空间基础设施体系，加快交通、能源、市政等传统基础设施数字化改造，加强泛在感知、终端联网、智能调度体系建设，加快交通新基站的部署，提升智能网联汽车的渗透率，建立基于车联网的应用新生态，推动智能网联汽车与智慧城市协同发展，建设城市道路、建筑、公共设施融合的交通感知体系。

9.4　面向 2035 年新能源汽车产业发展布局和技术路线图 [5]

本节结合中国汽车工程学会于 2020 年 12 月发布的《节能与新能源汽车技术路线图 2.0》，同时深入分析新时代赋予新能源汽车产业的新使命、新需求，贯彻落实我国战略，聚焦新能源汽车领域技术发展新趋势，研究了 2035 年新能源汽车产业发展需求、产业目标，制定了面向 2035 年新能源汽车产业发展总体路线图，如图 9.10 所示。中国新能源汽车产业面临两大需求：一是在中国“碳达峰、碳中和”的背景下，汽车产业制定了总体目标，即碳排放总量先于国家碳减排承诺于 2028 年左右提前达到峰值，到 2035 年，排放总量较峰值下降 20% 以上；二是国务院发布了《新能源汽车产业发展规划（2021—2035 年）》，新能源汽车产业面临前所未有的发展机遇，需加速推动产业高质量发展，加快汽车强国建设。产业目标方面，到 2035 年，新能源汽车占总销量的 50% 左右，构建成熟、健康、绿色的新能源汽车自主产业链，新能源汽车的起火事故率小于 0.01 次 / 万辆，新能源汽车新车购买一年内行业百车故障评价值降至小于 100 个。

对纯电动汽车（electric vehicles，EV）、氢燃料电池汽车、智能网联汽车三类产品制定了面向 2035 年的总体目标及关键指标。

9.4.1　重点产品发展总体路线图

1. 纯电动汽车发展总体路线图

到 2035 年，纯电动汽车将逐渐成为主流产品，在新增乘用车和中途商用车上实现大规模应用，覆盖绝大多数公交、物流、市内短途等场景，纯电动汽车占新能源汽车销量的 95% 以上。技术领先的典型 A 级纯电动乘用车综合工况百公里电耗 <10 千瓦时［CLTC（China light-duty vehicle test cycle，中国轻型汽车行驶工况）］；技

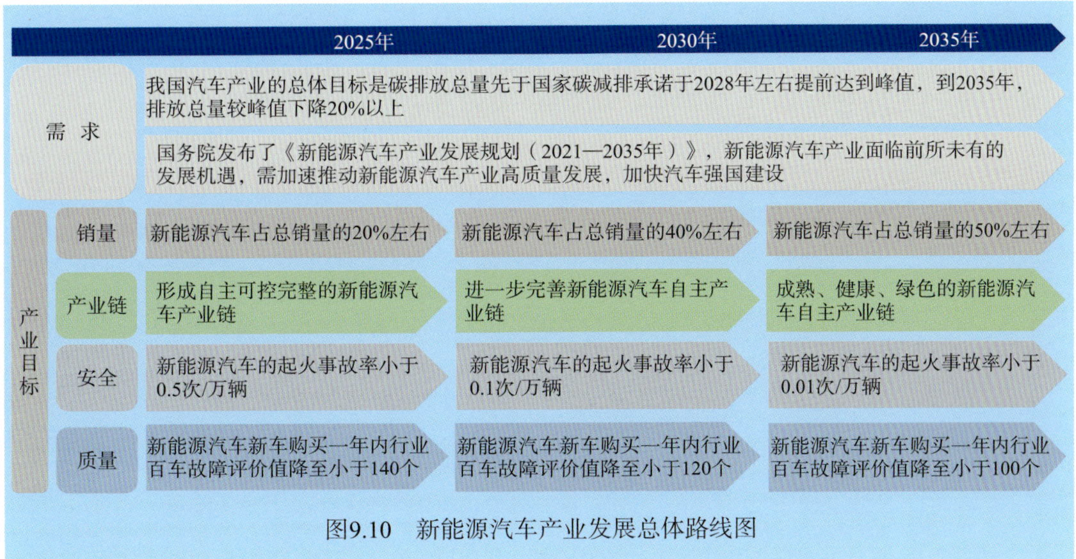

图9.10　新能源汽车产业发展总体路线图

术领先的典型纯电动客车（车长 12 米）综合工况百公里电耗 <55 千瓦时［CHTC（China heavy-duty test cycle，中国重型商用车检测工况）］，如图 9.11 所示。

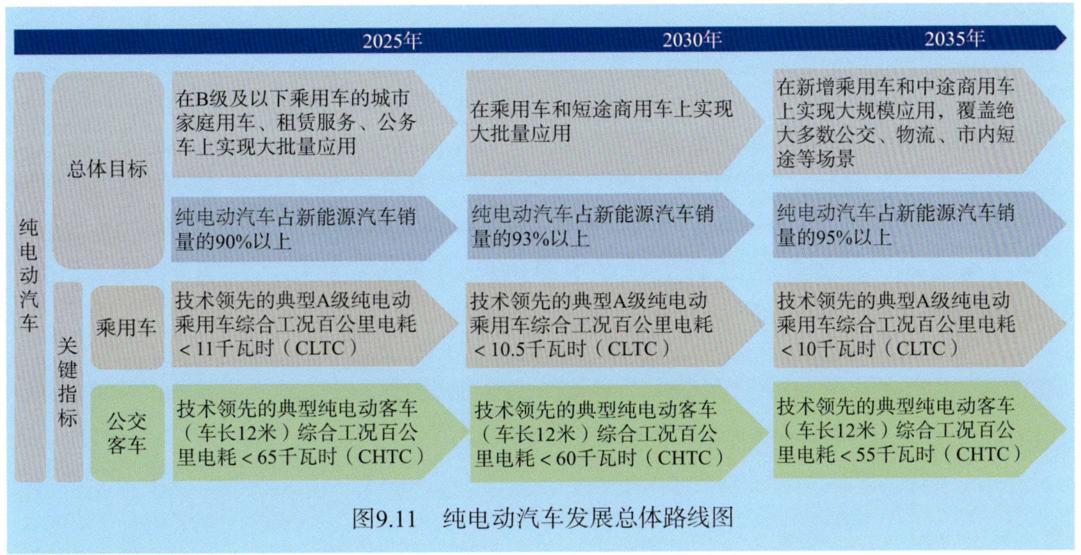

图9.11　纯电动汽车发展总体路线图

2. 氢燃料电池汽车发展总体路线图

到 2035 年，氢燃料电池汽车进入快速发展期，在商用车的基础上，推广车型将增加乘用车，载重量大、长距离行驶的中重型货车，以及长途客运、牵引车等，实现氢燃料电池汽车的全面推广；突破新一代储运技术，突破加氢站数量瓶颈，城市间联网跨域运行，保有量将达到 100 万辆左右。燃料电池系统产能超过 10 万套 / 企业。冷启动温度达到 −40℃，燃料电池商用车动力性、经济性及成本达到燃油汽车水平。续驶里程≥ 800 千米，重型货车经济性≤ 10 千克 /100 公里，寿命≥ 100 万千米，成本≤ 50 万元；燃料电池乘用车续驶里程≥ 800 千米，重型货车经济性≤ 0.8 千克 /100 公里，寿命≥ 30 万千米，成本≤ 20 万元，如图 9.12 所示。

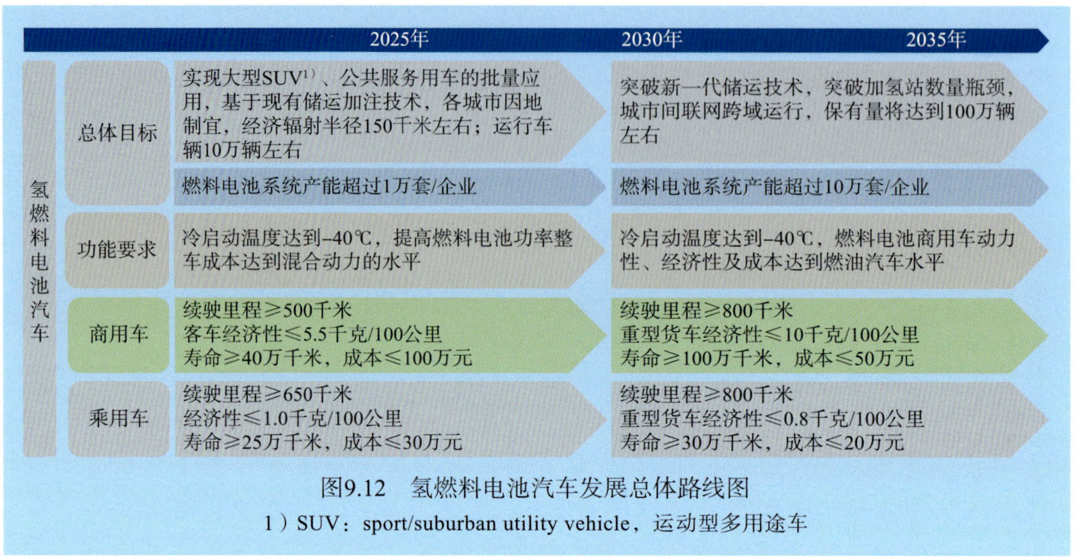

图9.12　氢燃料电池汽车发展总体路线图

1）SUV：sport/suburban utility vehicle，运动型多用途车

3. 智能网联汽车发展总体路线图

到 2035 年，中国方案的智能网联汽车产业体系更加完善，与智能交通、智慧城市产业生态深度融合，打造共享和谐、绿色环保、互联高效、智能安全的智能社会，支撑中国实现汽车强国、步入汽车社会，各类网联式高度自动驾驶车辆广泛运行于中国广大地区，高速快速公路、城市道路的基础设施智能化水平满足 HA（highly automation，高度自动驾驶）级智能网联汽车运行要求，如图 9.13 所示。

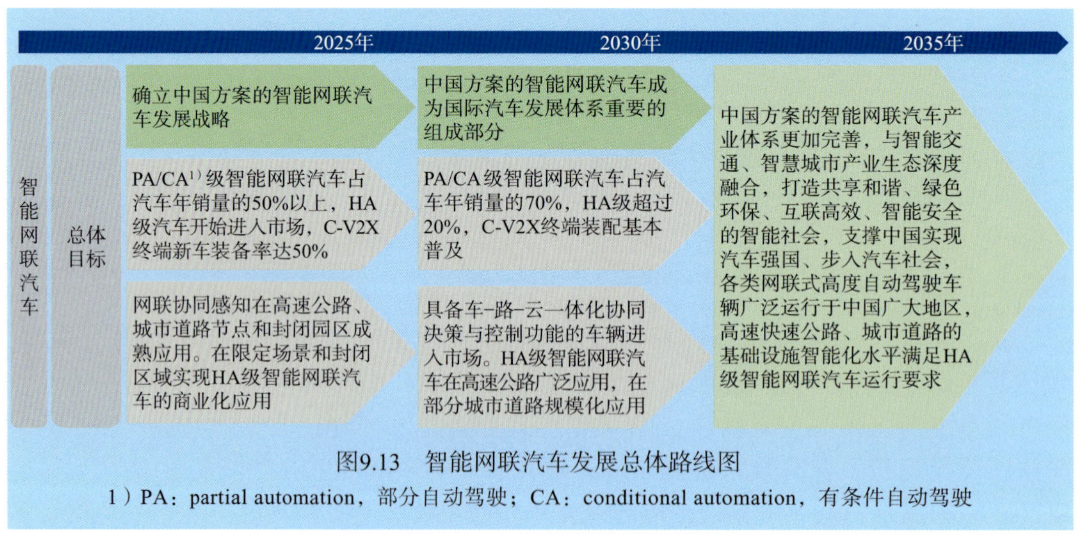

图9.13　智能网联汽车发展总体路线图

1）PA：partial automation，部分自动驾驶；CA：conditional automation，有条件自动驾驶

9.4.2 重点技术发展总体路线图

1. 纯电动汽车动力蓄电池技术发展总体路线图

动力蓄电池是支撑纯电动汽车的核心，其技术进步和性能水平直接决定纯电动汽车的续驶里程、使用寿命、成本等关键指标。到2035年，高端型能量型蓄电池比能量>500瓦时/千克、寿命>1 500次/12年、成本<0.40元/瓦时；能量功率兼顾型蓄电池（快充型）比能量>275瓦时/千克、寿命>3 000次/10年、成本<0.60元/瓦时、充电时间<10分钟；功率型蓄电池比能量>120瓦时/千克、寿命>30万次/12年、成本<0.80元/瓦时；系统集成成组效率>75%、不发生热扩散、标准化比例>90%。重点发展橄榄石结构磷酸盐类材料、层状结构高镍多元氧化物材料、富锂锰基材料、尖晶石结构氧化物材料和其他新型高电压、高容量正极材料；石墨类材料、软硬碳材料、硅等合金化负极材料、铌酸钛等高电位负极材料；$LiPF_6$（六氟磷酸锂）、LiFSI（双氟磺酰亚胺锂盐）、LiTFSI（双三氟甲烷磺酰亚胺锂）等电解质盐，酯类、醚类及氟代酯类、醚类溶剂，新型电解质盐、溶剂及功能添加剂，固体电解质等电解液；PE（聚乙烯）、PP（聚丙烯）及其复合膜、表面改性膜剂及新型耐高温隔膜。动力蓄电池梯次利用重点研究动力蓄电池剩余价值评价技术及方法、动力蓄电池剩余价值评估模型及残余价值评估体系、动力蓄电池高效无损分选和自动分类与归集，实现经济性的应用场景和商业模式，回收利用重点构建退役动力蓄电池精细化、智能化、高值化清洁循环利用技术体系，实现经济性的绿色回收利用，如图9.14所示。

2. 纯电动汽车驱动电机技术发展总体路线图

电驱动总成系统是为新能源汽车提供能量转换与动力传递的系统，是实现机械能与电能转换，保证整车动力性、经济性与可靠性等性能的关键。驱动电机系统领域，到2035年，我国新能源汽车电驱动系统产品总体达到国际先进水平。乘用车电机质量功率密度达到7.0千瓦/千克，电机系统超过80%的高效率区达到95%；乘用车电机控制器体积功率密度达到70千瓦/升；面向普及性应用，电机成本达到20元/千瓦，控制器成本达到20元/千瓦。电驱动总成领域，纯电驱动系统质量功率密度达到2.0千瓦/千克，综合使用效率达到87.0%（CLTC）；机电耦合总成重量相对2020年降低50%，综合效率达到86%［WLTC（worldwide light-duty test cycle，全球统一轻型车辆测试循环）］；商用车电机转矩密度达到30牛米/千克，控制器体积功率密度达到60千瓦/升；轮毂电机峰值转矩密度达到30牛米/千克或质量功率密度达到7千瓦/千克。实现低损耗硅钢、低或无重稀土磁钢、高速轴承、高线速度密封件、耐高频高压绝缘材料、低黏度润滑油等核心零部件技术的国产化应用；实现新型功率半导体元器件、新型无源元器件（高温陶瓷材料）国产化应用；实现自主软件架构、基于智能云的状态检测、多核异构计算平台与智能控制、故障诊断与容错、寿命预测，如图9.15所示。

			2025年	2030年	2035年
总体目标	能量型蓄电池	普及型	比能量 > 200瓦时/千克 寿命 > 3 000次/12年 成本 < 0.35元/瓦时	比能量 > 250瓦时/千克 寿命 > 3 000次/12年 成本 < 0.32元/瓦时	比能量 > 300瓦时/千克 寿命 > 3 000次/12年 成本 < 0.30元/瓦时
		商用型	比能量 > 200瓦时/千克 寿命 > 6 000次/8年 成本 < 0.45元/瓦时	比能量 > 225瓦时/千克 寿命 > 6 000次/8年 成本 < 0.40元/瓦时	比能量 > 250瓦时/千克 寿命 > 6 000次/8年 成本 < 0.35元/瓦时
		高端型	比能量 > 350瓦时/千克 寿命 > 1 500次/12年 成本 < 0.50元/瓦时	比能量 > 400瓦时/千克 寿命 > 1 500次/12年 成本 < 0.45元/瓦时	比能量 > 500瓦时/千克 寿命 > 1 500次/12年 成本 < 0.40元/瓦时
	能量功率兼顾型蓄电池	兼顾型	比能量 > 250瓦时/千克 寿命 > 5 000次/12年 成本 < 0.60元/瓦时	比能量 > 250瓦时/千克 寿命 > 3 000次/12年 成本 < 0.32元/瓦时	比能量 > 300瓦时/千克 寿命 > 3 000次/12年 成本 < 0.30元/瓦时
		快充型	比能量 > 225瓦时/千克 寿命 > 3 000次/10年 成本 < 0.70元/瓦时 充电时间 < 15分钟	比能量 > 250瓦时/千克 寿命 > 3 000次/10年 成本 < 0.65元/瓦时 充电时间 < 12分钟	比能量 > 275瓦时/千克 寿命 > 3 000次/10年 成本 < 0.60元/瓦时 充电时间 < 10分钟
	功率型蓄电池		比能量 > 80瓦时/千克 寿命 > 30万次/12年 成本 < 1.20元/瓦时	比能量 > 100瓦时/千克 寿命 > 30万次/12年 成本 < 1.00元/瓦时	比能量 > 120瓦时/千克 寿命 > 30万次/12年 成本 < 0.80元/瓦时
系统集成			成组效率 > 70% 热扩散时间 > 90分钟 标准化比例 > 30%	成组效率 > 73% 不发生热扩散 标准化比例 > 60%	成组效率 > 75% 不发生热扩散 标准化比例 > 90%
材料体系	正极		橄榄石结构磷酸盐类材料、层状结构高镍多元氧化物材料、富锂锰基材料、尖晶石结构氧化物材料和其他新型高电压、高容量正极材料		
	负极		石墨类材料、软硬碳材料、硅等合金化负极材料、铌酸钛等高电位负极材料		
	电解液		$LiPF_6$、LiFSI、LiTFSI等电解质盐，酯类、醚类及氟代酯类、醚类溶剂，新型电解质盐、溶剂及功能添加剂，固体电解质等		
	隔膜		PE、PP及其复合膜、表面改性膜剂及新型耐高温隔膜等		
智能制造及关键装备			智能化、无人化、洁净化，过程能力（C_{pk}）> 2.0，材料利用率 > 98%，动力蓄电池新型工艺技术（如干电极、复合固体电解质电极等），蓄电池、模组及蓄电池系统实现规格化、标准化等		
测试评价			新型分析和测试评价技术，尤其是全生命周期的安全、可靠性和耐久性测试技术，关键材料和电池的失效模式分析与验证技术等，实现测试评价技术的标准化、高效化、准确化和定量化		
梯次利用和资源回收	梯次利用		动力蓄电池剩余价值评价技术及方法，动力蓄电池剩余价值评估模型及残余价值评估体系，动力蓄电池高效无损分选和自动分类与归集，实现经济性的应用场景和商业模式		
	回收利用		构建退役动力蓄电池精细化、智能化、高值化清洁循环利用技术体系，实现经济性的绿色回收利用		
新体系蓄电池	固态电池 锂硫电池 其他新体系电池		材料体系的构效关系与材料设计、电极和电解质固固两相界面调控与反应机制研究、固态体系中锂离子嵌脱过程引起的材料应力分布变化和对蓄电池性能的影响及调控； 新型固态蓄电池结构设计和制造； 硫正极稳定性提升和锂负极循环性能提升等		

图9.14　纯电动汽车动力蓄电池技术发展总体路线图

领域	类别	技术方向	2025年	2030年	2035年
驱动电机系统领域	重点技术	提升电机功率密度与效率	乘用车电机质量功率密度达到5.0千瓦/千克，电机系统超过80%的高效率区达到90%	乘用车电机质量功率密度达到6.0千瓦/千克，电机系统超过80%的高效率区达到93%	乘用车电机质量功率密度达到7.0千瓦/千克，电机系统超过80%的高效率区达到95%
		提升控制器集成度	乘用车电机控制器体积功率密度达到40千瓦/升	乘用车电机控制器体积功率密度达到50千瓦/升	乘用车电机控制器体积功率密度达到70千瓦/升
		提高电驱动总成性价比	面向普及性应用，电机成本达到28元/千瓦，控制器成本达到30元/千瓦	面向普及性应用，电机成本达到28元/千瓦，控制器成本达到25元/千瓦	面向普及性应用，电机成本达到20元/千瓦，控制器成本达到20元/千瓦
	支撑技术	关键材料与零部件突破	低损耗硅钢、低或无重稀土磁钢、高速轴承、高线速度密封件、耐高频高压绝缘材料、低黏度润滑油等核心零部件技术		新材料与新工艺的核心零部件技术及其应用
		功率元器件与无源元器件国产化	功率部件高度集成、高效散热	新型功率半导体元器件、新型无源元器件（高温陶瓷材料）应用技术	
		软件架构与故障诊断应用	自主软件架构、基于智能云的状态检测、多核异构计算平台与智能控制、故障诊断与容错、寿命预测		
电驱动总成领域	重点技术	提升纯电驱动总成技术	纯电驱动系统质量功率密度达到2.0千瓦/千克，综合使用效率达到87.0%（CLTC）	纯电驱动系统质量功率密度达到2.4千瓦/千克，综合使用效率达到87.0%（CLTC）	纯电驱动系统质量功率密度达到2.0千瓦/千克，综合使用效率达到87.0%（CLTC）
		提升机电耦合集成度	机电耦合总成重量相对2020年降低20%，综合效率达到83%（WLTC）	机电耦合总成重量相对2020年降低35%，综合效率达到84.5%（WLTC）	机电耦合总成重量相对2020年降低50%，综合效率达到86%（WLTC）
		提升商用车总成技术水平	商用车电机转矩密度达到20牛米/千克，控制器体积功率密度达到30千瓦/升	商用车电机转矩密度达到24牛米/千克，控制器体积功率密度达到40千瓦/升	商用车电机转矩密度达到30牛米/千克，控制器体积功率密度达到60千瓦/升
		轮毂和轮边电机总成国产化	轮毂电机峰值转矩密度达到20牛米/千克或质量功率密度达到5千瓦/千克	轮毂电机峰值转矩密度达到24牛米/千克或质量功率密度达到6千瓦/千克	轮毂电机峰值转矩密度达到30牛米/千克或质量功率密度达到7千瓦/千克
	支撑技术	核心零部件国产化	核心零部件国产化（专用润滑油、高精度齿轮工艺，断开装置，平行轴，高转速、低摩擦、长寿命轴承和油封，强制润滑，两档变速器）		重点开发低噪声、耐磨损、耐大冲击的轮毂减速器、高线速度密封总成、新材料新工艺、轻量化低成本轮毂电动轮零部件

图9.15　纯电动汽车驱动电机技术发展总体路线图

3. 纯电动汽车整车控制系统技术发展总体路线图

到2035年，整车控制系统实现完全自主化，关键国产化芯片应用率达到50%，自主实时操作系统应用率达到70%，整车控制系统出口达到40%。整车控制器实现

与信息化、智能化深度融合；搭载适用于主流自动驾驶水平的低能耗控制器；在集成化、轻量化及整车安全性、可靠性、经济性、功能性等多方面提升整车性能，如图 9.16 所示。

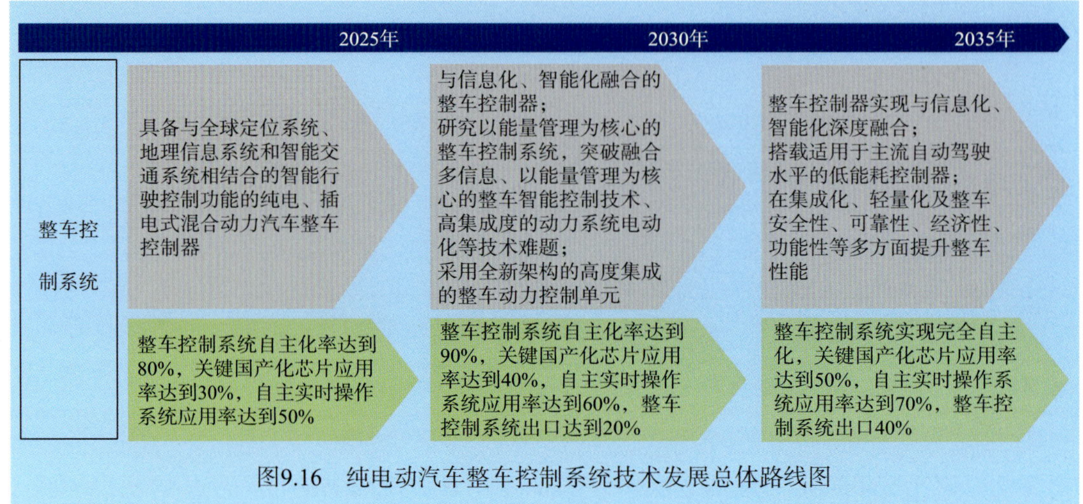

图9.16　纯电动汽车整车控制系统技术发展总体路线图

4. 纯电动汽车其他零部件技术发展总体路线图

在车载充电机方面，车载充电机与 DC/DC、电机控制器呈现集成化趋势，车载充电机与电机控制器、DC/DC 及电机共用元器件形成的全新一代集成控制器，将是未来提高模块集成度和比功率的重要方向。同时，开发具有车对车（vehicle-to-vehicle，V2V）充电、车对家用负载（vehicle-to-home，V2H）供电、车对用电负载（vehicle-to-load，V2L）供电及 V2G 馈电功能的双向充电机将是重要发展趋势。

在线控电制动方面，开发基于线控技术的制动能量回收系统，将是近五年的热点。新型电动汽车的制动系统将实现智能自动紧急制动、液压电子稳定控制系统、液压再生制动、电子液压制动及线控制动执行机构的结构集成与功能一体化。开发电机回馈制动力与摩擦制动力协调控制技术，研发制动能量回收系统试验评价技术，实现极端工况车辆动态负载的准确模拟。

在电动转向方面，高精度、高可靠和智能化转向系统将是未来的重要发展趋势，线控转向系统、智能化转向系统深度融合，轮毂电机逐渐普及。

在电动空调方面，重点研究乘用舱和动力电池的热管理一体化空调系统，开发新型高效环保电动汽车空调系统，重点研究电动汽车热泵空调系统，研发新型替代工质、高效热泵空调及其部件，如超临界二氧化碳热泵空调、新型高效补气压缩机，解决制热能耗大、能力不足等问题，研发适用于极端环境（极寒、极热、高湿、高盐）的新型热泵空调[7]，如图 9.17 所示。

	2025年	2030年 2035年
车载充电机	高集成度、高功率密度车载充电机	
	车对车充电、车对家用负载及车对用电负载供电技术的逐渐应用	V2G馈电技术的普及应用
线控电制动	基于线控技术的制动能量回收系统	新型电动汽车的制动系统实现智能自动紧急制动、液压电子稳定系统、液压再生制动、电子液压制动及线控制动执行机构的结构集成与功能一体化。开发电机回馈制动力与摩擦制动力协调控制技术，研发制动能量回收系统试验评价技术，实现极端工况车辆动态负载的准确模拟
电动转向	电动化、智能化融合的转向系统	线控转向系统、智能化转向系统深度融合，轮毂电机逐渐普及
电动空调	研究乘用舱和蓄电池的热管理一体化汽车空调系统；节能型低温热泵空调将广泛产业化应用，尤其是适用于宽温度带，高效热泵空调技术将实现规模化应用	开发新型高效环保电动汽车空调系统，重点研究电动汽车热泵空调系统，研发新型替代工质、高效热泵空调及其部件，解决制热能耗大、能力不足等问题，研发适用于极端环境（极寒、极热、高湿、高盐）的新型热泵空调

图9.17 纯电动汽车其他零部件技术发展总体路线图

5. 充换电基础设施技术发展总体路线图

充换电基础设施是新型基础设施建设的重要组成部分，是新能源汽车大规模推广的基础保障，也是实现智慧城市多能源融合系统的核心媒介之一。到2035年，建成慢充端口（含自有桩及公共桩）1.5亿端以上、公共快充端口（含专用车领域）达146万端，支撑1.5亿辆以上车辆充电运行，车桩协同智能泊车自主充电应用普及，车–桩–网电能互动应用覆盖率达35%以上；优化城乡公共充换电网络布局，实现城市出租车、网约车共享换电模式的大规模应用。

充换电基础设施技术路线图以全面掌握充换电基础设施装备核心技术为支撑，开发智能充电技术、高效换电技术、能源互动技术、充电安全技术、云平台大数据技术等关键技术，构建慢充普遍覆盖、快充/换网点化布局，健全满足不同充电需求的合理、安全、高效、智能充换电基础设施服务体系，形成多网融合、信息互联互通及资源分享，充换电基础设施关键技术创新能力、应用规模、产品技术达到国际领先水平，如图9.18所示。

	2025年	2030年	2035年
智能充换电技术	新建小区1：1配建慢充，老旧小区60%以上实现有序充电负荷能力扩展；传导及无线充电实现双向电能交换试点应用；研发制定共享换电站及电池箱结构与接口标准	V2G馈电技术的普及应用	V2G馈电技术的普及应用
充电安全技术	基于主动安全防护体系及数据交互标准；研制安全芯片及软件，充电预警诊断准确率达95%	充电安全在线诊断技术全面应用；充电安全预警准确率达98%；网络安全检测准确率达95%	充电安全事故风险率≤5×10^{-9}；预警准确率达99.9%；网络安全检测准确率达99.5%
云平台大数据	基本实现车-桩-云蓄电池数据互联互通，新增充电漫游桩接入率达50%，具备即时充电安全认证	实现车-桩-云蓄电池数据互联互通运行，新增充电漫游桩接入率达70%，实现双电与交通ETC[1)]及电能交换区块链网即时支付和自动结算规模应用	充电漫游桩接入率达90%，实现车-桩-云-网、能源、交通、气象信息融合应用，业务信息可信交互与自动充电技术普及应用
电能互动技术	部分新增车辆具备电能互动能力；初步建立车-桩-网融合体系标准，实现电能聚合业务试点	车-桩-网互动覆盖率达20%；电能聚合实现60千瓦以上即时快充能力；光储充微网广泛应用，实现区域分布式电能协调互动	车-桩-网互动覆盖率达35%以上；电能聚合实现90千瓦以上即时快充能力；区域与广域互动并存，年促进新能源消纳达千亿千瓦时以上
标准测试评价	建立运营服务能力评价体系，运营商具备无线充电、自动充电、安全平台保障能力	标准体系健全，建立产品及系统测试及评价体系，引导并促进充电设施行业实现高质量发展转变，保障排放达峰所需充换电设施高效运行，支撑充电设施产业链创新生态的发展和可持续运行	

图9.18　充换电基础设施技术发展总体路线图

1）ETC：electronic toll collection，电子不停车收费系统

6. 燃料电池堆技术发展总体路线图

以商用车为例，到 2035 年，通过高温质子交换膜及电池堆技术应用、非铂催化剂及电池堆技术应用、碱性阴离子交换膜及非贵金属催化剂电池堆技术应用，形成完整的产业链，实现商用车电池堆冷启动温度达到 –40℃、单堆额定功率 >100 千瓦、体积功率密度 >3 千瓦 / 升、寿命 >30 000 小时、成本 <400 元 / 千瓦，如图 9.19 所示。

7. 燃料电池系统技术发展总体路线图

2030~2035 年是商用车燃料电池系统全面达到产业化要求的关键节点，重点研究分子筛富氧供气技术、高温富氧水管理技术、阳极引射器与循环泵联用回流控制及一体化集成技术，进一步提升系统集成度、环境适应性并降低成本。建立燃料电池系统寿命预测模型，发展自修复技术进一步提升系统寿命；建立燃料电池系统鲁棒自适应控制技术，持续提升系统的环境适应性和可靠性。实现燃料电池系统额定功率 >180 千瓦、最高效率 >60%、质量功率密度 >450 瓦 / 千克、最低启动温度达到

		2025年	2030年—2035年
商用车燃料电池堆	总体目标	冷启动温度-40℃ 单堆额定功率 > 70千瓦 体积功率密度 > 2.5千瓦/升 寿命 > 16 500小时 成本 < 1 200元/千瓦	冷启动温度-40℃ 单堆额定功率 > 100千瓦 体积功率密度 > 3千瓦/升 寿命 > 30 000小时 成本 < 400元/千瓦
	性能提升	改进型电极材料	新型电极材料
		改进型电池堆结构	新型电池堆结构
	寿命提升	在线水管理监控 耐久性控制策略	新型耐久性材料 耐久性控制策略
	成本降低	材料与部件批量生产 电池堆组装自动生产线 提升电池堆体积功率密度	低成本材料部件 材料与部件批量生产 提升电池堆体积功率密度
	环境适应	高温、高污染、高海拔环境适应性技术	开发动力系统综合热管理技术

图9.19　燃料电池堆技术发展总体路线图

-40℃、寿命 >30 000 小时、系统成本 <600 元 / 千瓦，如图 9.20 所示。

		2025年	2030年	2035年
商用车燃料电池系统	总体目标	额定功率 > 120千瓦 最高效率 > 55% 质量功率密度 > 350瓦/千克 最低启动温度达到-40℃ 寿命 > 15 000小时 系统成本<2 000元/千瓦	额定功率 > 180千瓦 最高效率 > 60% 质量功率密度 > 450瓦/千克 最低启动温度达到-40℃ 寿命 > 30 000小时 系统成本<600元/千瓦	
	集成控制技术	高压供气技术、低功耗空压机技术	分子筛富氧供气技术	
		阴极无增湿器水管理技术	高温富氧水管理技术	
		阳极氢气循环泵回流技术	阳极引射器与循环泵联用回流控制及一体化集成技术	
		电堆状态估计与水热优化管理技术	面向寿命优化的动态运行控制技术	系统寿命预测与自修复技术
		燃料电池系统高低温环境适应性控制技术	系统综合能量管理技术	系统鲁棒自适应控制技术

图9.20　燃料电池系统技术发展总体路线图

8. 燃料电池汽车动力系统与整车集成技术发展总体路线图

2030~2035 年，燃料电池商用车实现全面产业化，燃料电池公路客车和货车应用占据较大市场份额。通过 180 千瓦以上燃料电池系统应用，高效综合热管理技术，动力系统 -40℃冷启动，深冷高压、液氢等高效车载储氢技术，低成本燃料电池系统开发，提升整车动力性、耐久性及经济性。在中国半挂牵引车列车行驶工况下，氢气消耗率百公里 <10 千克，实际线路续驶里程 >800 千米、冷启动温度达到 -40℃、燃料电池系

统寿命 >30 000 小时、整车寿命 >100 万千米、整车成本 <50 万元，如图 9.21 所示。

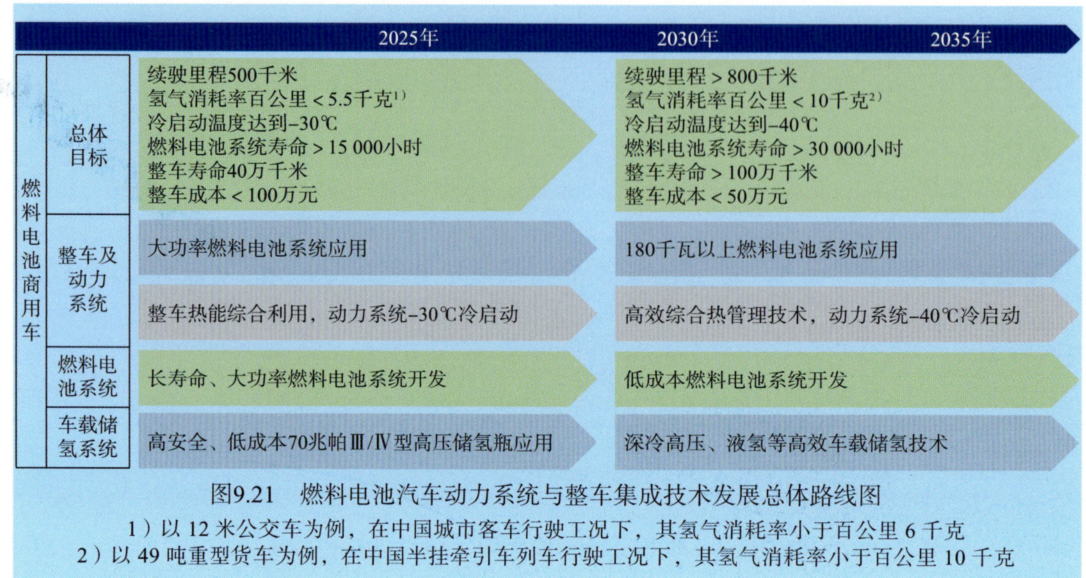

图9.21　燃料电池汽车动力系统与整车集成技术发展总体路线图

1）以 12 米公交车为例，在中国城市客车行驶工况下，其氢气消耗率小于百公里 6 千克
2）以 49 吨重型货车为例，在中国半挂牵引车列车行驶工况下，其氢气消耗率小于百公里 10 千克

9. 氢基础设施技术发展总体路线图

2030~2035 年，实现氢能基础设施及燃料电池汽车的大规模推广应用。氢气需求量为 200 万 ~400 万吨 / 年，在制氢环节，以可再生能源分布式制氢为主，继续开发光催化制氢和生物质制氢等前沿技术。在氢气储输环节，氢气运输以高压气态氢运输、液氢运输、管道运输等多种形式并存，鼓励高效的储输新技术研究和应用。在加氢站环节，加氢站数量 >5 000 座、加注压力 35/70 兆帕、氢燃料成本≤ 25 元 / 千克，如图 9.22 所示。

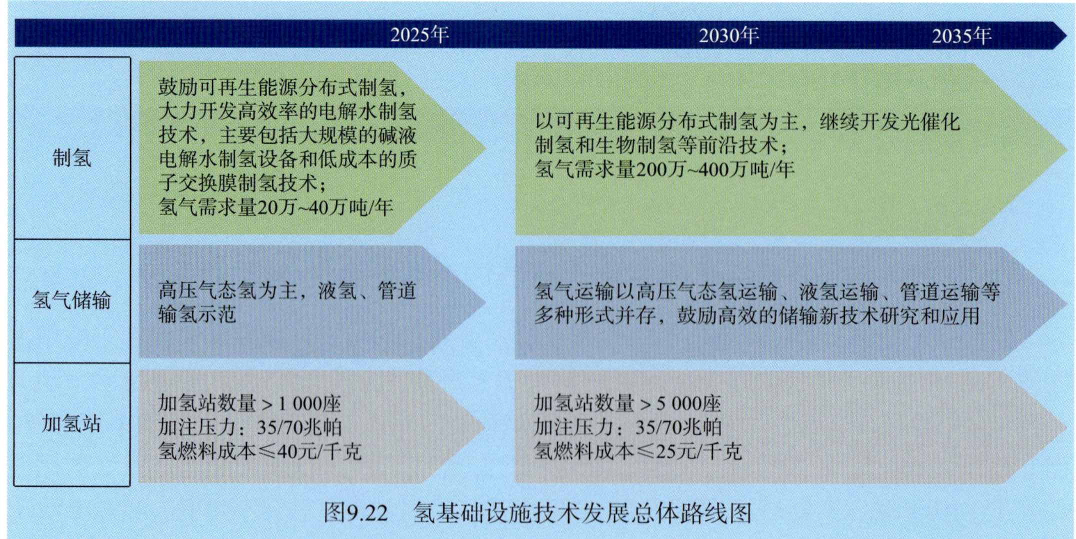

图9.22　氢基础设施技术发展总体路线图

10. 智能网联汽车车辆关键技术发展总体路线图

智能网联汽车车辆关键技术从环境感知系统、智能决策系统、控制执行系统及系统设计技术四个方面进行技术发展总体路线图的研究。到 2035 年，车辆关键技术满足 FA（fully autonmation，完全自动驾驶）级自动驾驶系统需求；障碍物检测能力 >1 000 米；建立适用于 FA 级的智能决策系统；实现线控系统的集成化和模块化设计，形成以底盘域控制器为核心的线控系统；搭建基于车–路–云一体化的车辆平台架构，在网联环境下实现整车云端协同控制；眼球追踪等新技术得到规模化普及，实现自动驾驶和人工接管无缝衔接及耦合型人机共驾技术；计算平台具备和车–路–云全方位无缝协同的能力，如图 9.23 所示。

图9.23　智能网联汽车车辆关键技术发展总体路线图

11. 智能网联汽车信息交互关键技术发展总体路线图

智能网联汽车信息交互关键技术从专用通信网络、大数据云控基础平台、车路协同技术及智能道路四个方面进行技术发展总体路线图的研究。到 2035 年，V2X 技术支持 HA 级以上自动驾驶系统的商业化应用；云控基础平台覆盖一线、二线主要城市全区域和高速公路全路段；车–路–云一体化平台实现规模化连接，平台高度智能化，形成全国车–路–云一体化自动驾驶技术应用；高速公路实现 HA 级、城市快速路实现 CA 级，城市主干道、次干道覆盖 DA 级和 PA 级自动驾驶，如图 9.24 所示。

		2025年	2030年	2035年
信息交互关键技术	专用通信网络	完成NR-V2X[1)]频谱、LTE-V2X与NR-V2X设备共存、NR Uu控制LTE直通链路及单播组播等技术研究	NR-V2X 6吉赫以上毫米波技术成熟，建立全球领先的测评体系	V2X技术支持HA级以上自动驾驶系统的商业化应用
	大数据云控基础平台	建成区域级智能网联汽车大数据云控基础平台	建成国家级智能网联汽车大数据云控基础平台	云控基础平台覆盖一线、二线主要城市全区域和高速公路全路段
	车路协同技术	基于车路数字化信息共享的驾驶辅助技术成熟应用、车路融合环境感知技术实现应用、车路融合的辅助定位技术成熟	基于车–路–云协同决策的自动驾驶技术逐步成熟，在重要交通节点、路段和封闭园区实现应用	车–路–云一体化平台实现规模化连接，平台高度智能化，形成全国车–路–云一体化自动驾驶技术应用
	智能道路	高速公路实现基于交通基础设施的HA级自动驾驶、城市快速路实现基于交通基础设施的CA级自动驾驶 城市主干道最优服务车辆自动驾驶等级覆盖DA[2)]级和PA级自动驾驶		高速公路实现HA级自动驾驶、城市快速路实现CA级自动驾驶； 城市主干道、次干道覆盖DA级和PA级自动驾驶

图9.24　智能网联汽车信息交互关键技术发展总体路线图

1）NR-V2X（new radio-vehicle to everything，新空口–车用无线通信）；2）DA：driver assistance，驾驶辅助

12. 智能网联汽车基础支撑关键技术发展总体路线图

智能网联汽车基础支撑关键技术从人工智能技术、信息安全技术、功能安全和预期功能安全技术、高精度地图和定位技术、测试评价技术及标准法规技术六个方面进行技术发展总体路线图的研究。到 2035 年，全面实现高级别无人驾驶汽车的人工智能控制；信息安全防护体系的全面实施；全面实现功能安全标准和预期功能安全标准在 FA 级智能网联整车、系统和部件的应用；地图数据精度接近厘米级，稳定的全域室内厘米级高精度定位，满足 FA 级自动驾驶需求；具备支撑 FA 级的验证能力，形成 FA 级测试评价体系；全面建成技术先进、结构合理、内容完善的智能网联汽车中国标准体系，如图 9.25 所示。

9.5　新能源汽车产业保障措施与建议

9.5.1　构建碳减排制度体系，推动汽车产业低碳发展

汽车产业碳排放涉及制造业、能源工业、交通运输业及工业生产过程等多领域，排放边界复杂，涵盖范围广泛。为实现碳排放承诺，汽车产业必须尽快开展碳中和研究，充分考虑原材料获取，汽车生产、使用、废弃、回收利用等全生命周期的碳减排管理。这对汽车产业来说是巨大的挑战，行业企业应在生产制造、回收拆解、产品节

		2025年	2030年	2035年
基础支撑关键技术	人工智能技术	完善人工智能环境感知算法，提升无人驾驶深度学习、端到端智能控制等领域的理论研究	突破多传感器环境感知算法深度融合技术	全面实现高级别无人驾驶汽车的人工智能控制
	信息安全技术	构建智能网联汽车信息安全基础防护体系，在CA级、HA级落地实施	实现HA级以上信息安全防护体系落地实施	信息安全防护体系的全面实施
	功能安全和预期功能安全技术	完善智能网联汽车整车、系统和芯片层面的功能安全设计流程；建立预期功能安全设计分析流程	实现功能安全与预期功能安全标准在自动驾驶系统上的示范应用	全面实现功能安全标准和预期功能安全标准在FA级智能网联整车、系统和部件的应用
	高精度地图和定位技术	地图数据精度达到广域亚米级、层域分米级，支持HA级自动驾驶；定位精度达到厘米级	地图数据精度达到广域分米级、区域厘米级，高精度定位动态下精度稳定在厘米级	地图数据精度接近厘米级，稳定的全域室内厘米级高精度定位，满足FA级自动驾驶需求
	测试评价技术	具备支撑CA级的验证能力，形成全面的CA级测试评价体系	具备支撑HA级的验证能力，形成全面的HA级测试评价体系	具备支撑FA级的验证能力，形成FA级测试评价体系
	标准法规技术	形成全球领先的中国标准体系。制定100余项国标，开展团标前瞻技术研究和补充	评估更新标准体系内容，相关标准项目适用于 HA级车辆量产	全面建成技术先进、结构合理、内容完善的智能网联汽车中国标准体系

图9.25　智能网联汽车基础支撑关键技术发展总体路线图

能等环节不断突破，行业主管部门也要充分考虑汽车产业未来的发展实际与技术进步相协调，有效发挥政策引导作用，利用碳税（如汽油税）、碳奖励、碳交易、双积分（抵消和交易）等多种综合减碳措施推动产业低碳绿色发展，最终达到碳减排的目的。

9.5.2　强化基础及前瞻研究，以原始创新能力培育竞争新优势

弥补我国在新能源汽车产业基础科学研究短板的问题，提升基础学科能力，加快推出重大原创性成果，加大基础研究投入，完善创新体系和结构，加快重大科技基础设施建设和升级，不断引入和培养顶尖人才和团队，完善评价激励制度，将龙头企业纳入基础研究力量统筹，优化支持基础研究的环境。在打好产业发展基础的同时，瞄准世界科技前沿，跟踪行业发展趋势，对可能引发新能源汽车产业变革的前瞻性、颠覆性技术进行研究，提前布局、长远储备，创造动态的创新驱动力。集中优势资源攻关智能网联、固态电池等前瞻性、颠覆性技术，提前布局、长远储备，以原始创新能力驱动全球产业变革。到 2035 年，我国基础科学及前瞻技术研究整体水平和国际影响力显著提升，在新能源汽车领域跻身世界先进行列，在科学前沿取得一批重大原创性科学成果，解决一批基础应用研究转化瓶颈的关键问题，培育和巩固我国新能源汽车产业的国际竞争力，夯实世界科技强国建设的根基。

9.5.3　建设产业协同创新平台，推动跨界融合发展

瞄准新能源汽车产业发展需求，构建贯穿“前沿科学研究—应用基础研究—应

用技术研究—技术熟化—技术产品孵化—工程化—产业化”的创新链条，建设新能源汽车产业协同创新平台，搭建关键共性技术平台，构建现代工程应用平台，贯通产业交叉融合创新，构建全链条创新生态，包括：①建设面向未来的智能电动底盘平台、动力平台、智能网联平台三大开发验证平台；②搭建测试验证平台、完善生产制造系统及统一标准，构建现代工程应用平台，弥补技术创新与产业发展之间的断层；③搭建学科交叉科技创新平台，构建汽车与交通、能源、信息通信等多领域的融合协同发展创新体系；④协同信息、通信、电子和互联网行业企业，充分利用云计算、大数据等先进技术，促进产业链向后端、价值链高端延伸，构建新能源汽车产业“设计、制造、销售、使用、回收、服务”全链条的创新生态。基于新能源汽车产业协同创新平台突破核心技术、短板技术，打破国际垄断，加强产业融合，形成多极增长，占据新能源汽车产业和供应链制高点。

参 考 文 献

[1] 电动汽车产业技术创新战略联盟 . 新能源汽车动力电池技术年度跟踪报告（2020 年）[R]. 2021.

[2] 电动汽车产业技术创新战略联盟 . 新能源汽车驱动电机技术年度跟踪报告（2020 年）[R]. 2021.

[3] 中国电动汽车充电基础设施促进联盟 . 2020-2021 年度中国充电基础设施发展报告 [R]. 2021.

[4] 郭睿，黄恒乐 . 2020 年新车智能化程度调查报告 [EB/OL]. https://www.pcauto.com.cn/news/2365/23656831.html，2020-12-31.

[5] 中国汽车工程学会 . 节能与新能源汽车技术路线图 2.0[M]. 北京：机械出版社，2020.

[6] 万雄，彭忆强，邓鹏毅，等 . 电动汽车 V2G 关键技术研究综述 [J]. 汽车实用技术，2020（2）：9-12.

[7] 蒋亚东 . 电动汽车热泵空调系统现状及发展趋势 [J]. 制冷，2021，3（40）：40-44.

第 10 章

数字创意产业

孙守迁　王振中　冯大权　张叶冰清　王弘烈　徐国仙
邓　磊　王朔遥　熊　雪　石武祯　闫北歌　黄江杰　姜　微

【内容提要】数字创意产业是在全球数字化和网络化的背景下，以数字技术和数字装备为基础，通过人的创作设计来形成内容软体和产品实体两类成果输出的产业集群，其特点决定了它与技术、文化等诸多领域密切相关。本章首先阐述全球数字创意产业总体发展概况，介绍世界发达国家数字创意产业发展的特点与现状，随后概述中国数字创意产业发展的态势，并分别从数字创意技术及装备、数字内容领域、创新设计领域三大关键领域介绍其发展现状。其次，提出数字创意技术装备创新、数字内容创新和创新设计理论实践应用三个方面存在的问题，并根据上述内容提出中国数字创意产业未来的重点发展方向。再次，从目标及需求、重点任务、体系构建三个方面研究数字创意产业中长期（2035 年）技术路线图。最后，从国家战略高度提出加强中国数字创意产业发展对策措施及建议。

10.1　全球数字创意产业发展概述

10.1.1　全球数字创意产业总体发展概况

数字创意产业作为涵盖设计、艺术、制造、传媒、消费等产业发展全过程的跨界融

合新兴产业，已成为当今世界发达国家经济社会发展的重要组成部分。然而，数字创意产业的发展并不均衡。从整体规模和产值来看，全球数字创意产业主要集中在以英国为核心的欧洲地区，以美国为核心的北美地区，以日本、韩国、中国为核心的亚洲地区。

10.1.2 主要国家发展现状

1. 英国

英国被公认为世界上最早确立“创意产业”这一概念的国家，并将创意产业作为国家经济发展的主要产业。根据英国数字、文化、媒体和体育部（Department for Digital，Culture，Media and Sport，DCMS）的数据，2019 年，英国数字创意产业商品出口额为 375.14 亿英镑；数字创意产业商品进口额 545.79 亿英镑。

英国创意产业工作小组在 1998 年和 2001 年两次发布了《英国创意产业路径文件》，该文件将创意产业界定为源自个别创意、技术和才干，通过知识产权的开拓和利用，用个人潜力创造财富和就业机会的活动，并确立了 13 个行业为创意产业。英国创意产业工作小组在 2003 年就指出，从产出与就业两个角度衡量，伦敦的创意产业对经济发展而言重要程度已经超过金融业。如今，经过 20 多年在创意生产、融资、人才引进等方面的探索，创意产业在英国已经成为仅次于金融服务业的第二大产业，成为国民经济增长的支柱产业。

英国统计局的数据显示，自创意产业概念被提出以来，英国创意产业一直呈快速发展态势。1997~2014 年，创意产业增加值总额（gross value added，GVA）年均增长达到 6.0%，而在此期间英国经济年均增长率仅为 4.3%。1997 年英国创意产业增加值占总经济的比重为 3.9%，到 2014 年增至 5.2%。多年来英国创意产业一直保持着较高增速，尤其是 2008~2014 年，产业增加值增长了 37.5%，而英国整体经济仅增长了 18.2%。2014 年，英国创意产业价值已经达到 841 亿英镑（约 7 443 亿元），创造了 190 万个工作岗位。

2. 美国

在发展创意产业上，美国政府重视版权保护，并采取一系列措施规范版权市场。组织上，设立版权办公室、科技局、商务部国际贸易局及版权税审查庭等机构加强版权保护。法律上，多年来美国政府颁布大量法令，如《版权法》《跨世纪数字版权法》《电子盗版禁止法》等一系列法律法规。资金上，鼓励多样化主体投资，不仅政府直接扶持，而且企业、基金会及个人捐助都是产业发展资金来源。美国在推动创意产业发展的过程中，充分发挥市场作用，政府主要负责为产业发展打造良好的社会环境、制度环境与市场环境。与英国不同，美国创意产业相关权威统计数据由国际知识产权联盟（International Intellectual Property Alliance，IIPA）发布，作为一个非政府组织，国际知识产权联盟旗下的协会成员几乎代表了所有美国文化创意重要领域。

1990 年以来，IIPA 几乎每年都会发布《美国经济中的版权产业》（Copyright Industries in the U.S. Economy）。报告数据显示，近 20 年来，美国全体版权产业对 GDP 的增长贡献超过 11%，版权产业一直为美国经济发展的支柱性产业。

相关数据显示，2014~2017 年美国核心版权产业年均增速 5.06%，全体版权产业年均增速 4.45%，高于美国生产总值年均增速 2.21%。另外一个趋势为版权产业发展与经济增长均在总体呈放缓趋势（图 10.1）。2017 年美国版权产业增加值超 224 万亿美元，为美国经济增长贡献 11.59%，其中核心版权产业产值超 132 万亿美元，在版权产业中处于绝对主导地位。2017 年，版权行业雇用了超过 1 160 万名工人，占美国所有雇员的 7.87%，其中核心版权行业提供了近 570 万个工作岗位。

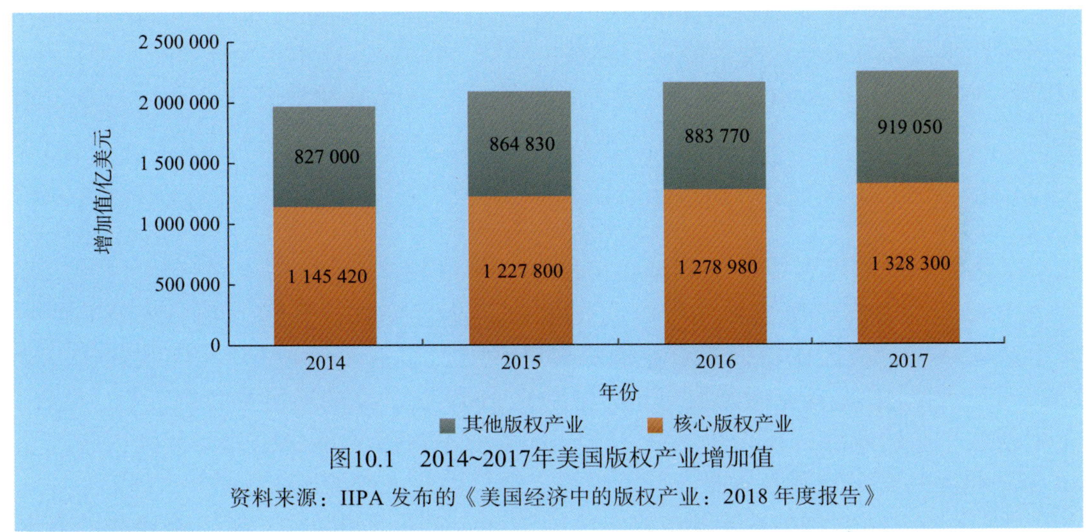

图10.1　2014~2017年美国版权产业增加值

资料来源：IIPA 发布的《美国经济中的版权产业：2018 年度报告》

2017 年 12 月，美国数字化制造与设计创新研究院（Digital Manufacturing and Design Innovation Institute，DMDII）发布 2018 年战略投资计划，提出四大焦点技术领域，这些领域从侧面反映出美国制造业数字化转型过程中的重点和难点。一是设计、产品开发及系统工程，主要是将线性、基于文本的产品开发过程转变为动态的、数字化的、以模型为中心的生态系统，实现向以模型为中心的业务实践的转型。二是未来工厂，应能不断适应材料、制造工艺、自动化工具的创新驱动所引起的快速变化的市场需求，并不断适应客户在追求新技术、定制化、复杂性方面日益增长的需求。未来工厂的特点是，不管成本和周期的影响，小批量和定制化将成为常态。三是敏捷、弹性供应链。面对机会的快速响应能力取决于供应基础的灵活性。快速响应性意味着一个供应网络的及时反应能力。这一能力的有效集成，意味着它是可组合、可配置的，具有透明、完整的信息流。核心目标是宣传数字线索、数字孪生等新技术的发展前景。四是制造业赛博安全。这方面的措施包括：开发技术来管理传统制造系统和生产设备的网络安全；设计和部署评估工具和方法；开发能够为中小型制造企业提供赛博安全服务的技术，并为赛博安全服务提供商进行认证；提供一种协作机制，如建立一个用于知识 / 数据共享 / 威胁共享的行业联盟，整合行业需求，共享关键数据。整体上，数字化制造技术发展增加了该领域受攻击的可能性，同时，数字化制造技术也是美国打造经济优势过程中的重点目标领域之一。

美国作为云计算、物联网、大数据、人工智能等新一代信息技术的技术发源地，拥有很大优势。美国一直引领着人工智能基础研究的前沿，政府机构持续推动人工智能的发展与应用。2019 年 2 月 11 日，美国总统签署了 13859 号行政命令，发布国家人工智能战略，以维持美国在人工智能方面的领先地位，人工智能技术发展上升到国家级战略的高度。

总体而言，美国已经建立起相对完整的研发促进机制，并且开始将人工智能运用到军事领域。美国作为第三次人工智能浪潮的发源地，拥有大量人工智能人才，掌握着全球互联网商业市场的命脉，在大数据即将井喷的 5G 时代保持足够的优势；美国拥有亚马逊、微软、苹果公司、谷歌、脸谱、Adobe、戴尔等全球数字企业巨头，以及以 VMware、Pivotal 等为代表的大量创新信息技术独角兽企业，在云计算、大数据等数字技术产业领域都占据领先地位。

3. 法国

文化创意产业已经成为法国国民经济的重要支柱产业之一，对提升法国的国际竞争力和影响力起到重要作用。以文化创意产业直接收益为例，若与法国其他主要生产领域进行横向比较，其营业额甚至已超过汽车业（604 亿欧元）和奢侈品业（525 亿欧元），直逼营业额分别为 662 亿欧元、687 亿欧元的通信业和化工业。此外，文化创意产业的发展，还为法国居高不下的失业率缓解了不少压力。文化创意产业 60 多种职业共有 120 万名从业人员，占到全国总就业人数的 5%。

根据欧盟委员会 2014 年发布的《法国宏观经济失衡报告》，电子游戏在一众文化产业门类中具有最为惊人的高增加值（72%）。当然，法国的优势地位并不局限于此：世界最大的音乐制作、出版和发行企业是法国的环球唱片公司；世界第二大出版商是法国的阿歇特出版公司；世界第三大电子游戏开发商是法国的育碧软件娱乐公司。此外，法国还是世界第二大电影出口国、第三大电影生产国和动漫生产国、第四大艺术品市场。

从相对小众到渐入主流，法国政府更是于 2016 年在其出台的《数字共和国法》中承认了电子竞技及其从业者的独立地位，并出台一系列相关法规，以确保电子竞技业未来的稳健发展。在巴黎成功斩获 2024 年奥运会主办权后，法国奥组委甚至还表示考虑将电子竞技纳入奥运项目。研究公司 Newzoo 的数据显示，2018 年全球电子竞技市场价值达 9.06 亿美元，约合 7.91 亿欧元，较 2017 年（6.55 亿美元）增长超过 35%。根据 PayPal 和 SuperData 共同发布的研究报告，法国电子竞技市场 2018 年收入超过 2 262 万欧元，在欧洲范围内仅次于瑞典和俄罗斯。

4. 德国

德国政府于 2018 年 11 月发布“建设数字化”战略，提出建设数字化能力、数

字化基础设施、数字化转型创新、数字化转型社会和现代国家五大行动领域，强调政府部门各自的数字化转型工作重点，以加强部门间协同及与学界、业界的合作。

2019 年 3 月，德国政府更新 2018 年推出的数字化战略，首次明确并公开其数字化战略的具体目标，提出九项任务，包括加强德国联邦与地方政府及欧盟机构间的数据管理，建立新的信息技术系统打击非法渔业，建立双元制职业教育数字资源交换平台，建设“数字德国”项目以了解不同人群的数字化能力，推进“创新办公数字生活”激发创新潜能，建设安全高效的政务网络基础设施，数字化发布法律法规，加强公检法机构间的数据交换及建设“非洲云”为当地提供就业培训。

在数据治理方面，德国致力于使人处在数字化转型的中心位置，避免让技术凌驾于人类，重视处理“数据道德准则”问题；不断加强数据安全，发展数据自主权，德国探讨制定针对信息安全缺陷产品责任规则和软硬件制造商安全目标的法规，提高企业的数据安全水平。德国根据数据能力和关键实力的国际对比制定数字地图集，将欧盟数据保护法规关于消费者与经济利益平衡的内容纳入国内法，确保欧美隐私安全法可以保护个人、企业和国家的隐私。在数字化人才方面，德国数字化职业技术人才主要来自实行二元制教育的职业学校，二元制教育即学校理论知识的学习与工厂的实践操作相结合的教育模式，这种教育模式能够有效保证数字化人才始终面向市场需求，提供有力的人才保障。

5. 日本

为在新一轮国际竞争中取得优势，日本制订了一系列技术创新计划，发布了一系列数字化转型举措。2016 年，日本发布《第五期科学技术基本计划（2016—2020）》，提出利用新一代信息技术使网络空间和物理世界高度融合，通过数据跨领域应用，催生新价值和新服务，并首次提出建立高度融合的网络空间和物理空间，以及以人工智能技术为基础、以提供个性化产品和服务为核心的“超智能社会”概念。“超智能社会”不仅涵盖能源、交通、制造、服务等领域，未来还将涉及法律、商务、劳动力提供和理念创新等内容。

互联工业作为社会 5.0 的重要组成部分，得到日本政府的高度关注。日本经济产业省推动成立了工业价值链促进会，并发布日本互联工业价值链的战略实施框架，提出的新一代工业价值链参考架构成为日本发展高端制造业的新抓手。

2018 年 6 月发布的《日本制造业白皮书》强调通过连接人、设备、系统技术等创造新的附加值，正式明确将互联工业作为制造业发展的战略目标，并通过推进超智能社会建设，抢抓产业创新和社会转型的先机。日本阵营从企业需求出发，主要进行自下而上、自内而外的推动，注重成效，并不急于求成，高度重视制造现场的效率化，重在获取、分析现场数据，改善现场运营，目前以制造业企业为主导。整个平台是基于边缘计算 / 雾计算优势打造的，数据流不需要企业级信息技术系统的支持，物联网更多为现场提供支持，包括基础数据的收集与积累、变化点的监测与预警等。

日本政府在数字经济的平台规则等运行机制方面的监管也较多。2018 年，日本经济产业省、公正交易委员会、总务省联合设置了“关于数字化平台交易环境整治的研究会”，并公布了《制定数字化平台经济规则的基本原则》，防止少数巨型平台企业（主要指美国的谷歌、苹果公司、脸谱、亚马逊）垄断或寡占市场，促进中小企业的参与、创新和公平竞争。日本支持旨在促进对国内和国际数字连接基础设施投资的举措，包括光纤电缆、5G 和其他超高速连接技术，扩大光纤基础设施的规模，使光纤连接惠及更多的个人和连接冗余。同时，政府采取适当的政策方法，建立投资公平、有竞争力和非歧视性的市场，提高连通性和数字服务的可获取性、可负担性、质量和安全性，并增加对数字经济增长效益的获取性。

6. 韩国

韩国目前已经成为世界三大动画生产国之一，成为亚洲乃至世界数字内容产业的主要主宰者之一。2002 年以来，韩国文化产业振兴院拨款数亿韩元支持 178 项文化事业，成立了国家级动画漫画产业基地 4 处，并在政府相关职能部门的指导下，实现了动画漫画产业的教育培训、研究开发、产业孵化及国际交流 4 大功能。这标志着韩国从产学研三方面系统推动原创动画、漫画、游戏产业的发展。

2019 年，韩国的漫画产业销售额达到了 72 亿元，而在 2020 年，这一产业的销售额增长到了 92.53 亿元，同比增长 28.5%；出口额为 4.19 亿元，同比增长 40.9%（韩国 2019 年漫画产业销售额 72 亿元，动画产业 40.75 亿元，角色产业 758 亿元）。动画产业方面，2020 年的销售额为 30.17 亿元，同比减少 17.5%；出口额为 7.91 亿元，同比减少 37%。游戏产业和角色产业的销售额分别达到了 1 003.08 亿元、738.63 亿元；出口额则分别达到了 468.66 亿元、47.46 亿元。

2018~2020 年韩国内容产业规模见图 10.2。

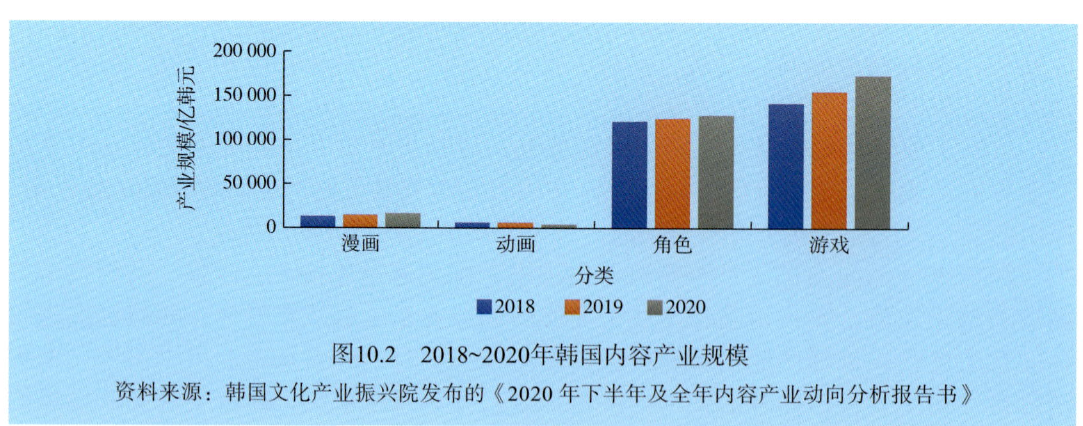

图10.2 2018~2020年韩国内容产业规模

资料来源：韩国文化产业振兴院发布的《2020 年下半年及全年内容产业动向分析报告书》

2020 年韩国文化内容产业全年销售规模为 126 万亿韩元，同比缩水 0.5%。韩国文化内容产业近年来蓬勃发展，2020 年受到突如其来的新冠肺炎疫情的打击，自 2008 年全球金融危机后，时隔 12 年出现负增长。但疫情意外拉动线上商务及生活方式趋于活跃，对文化内容产业的打击低于预期。虽然2020年销售额出现减少，但下半年销售规模较上半年实现18%的增长，达到68.2万亿韩元。

《2020年下半年及全年内容产业动向分析报告书》分析称，文化内容产业视新冠肺炎疫情为机遇，及时进行战略调整，推进K-POP（韩国流行乐）平台上线、引入OMO（online merges with offline，线上线下融合）商业模式，降低了疫情对产业的冲击。文化内容产业各领域中，线下消费比重较高，或是与经济形势直接挂钩的产业受打击相对较大。按照2020年的销售标准来看，漫画（21.2%）、游戏（12.8%）和知识信息（12.8%）等销售规模同比增幅较高，但电影（-51.8%）、动画（-17.5%）、广告（-11.3%）和音乐（-9.6%）等出现较大缩水。

韩国文化内容产业状况见图10.3。

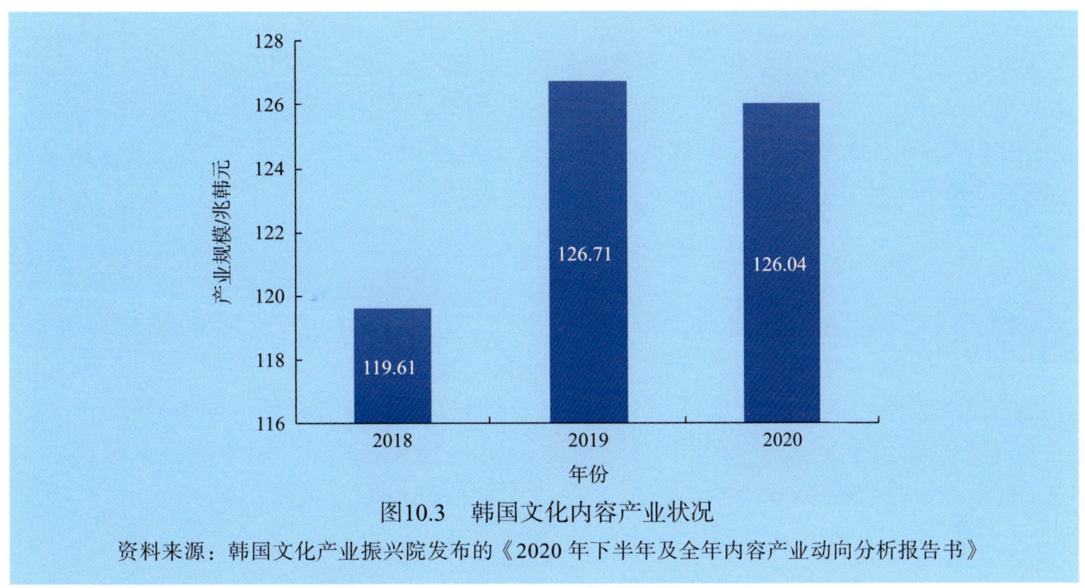

图10.3　韩国文化内容产业状况

资料来源：韩国文化产业振兴院发布的《2020年下半年及全年内容产业动向分析报告书》

10.1.3　全球数字创意产业发展态势

数字创意产业处于创意、文化、经济和技术的交汇处，是21世纪世界经济中最具活力的产业之一。总体来看，当前全球数字创意产业呈现出以下新的发展态势：文化内容与数字技术深度结合化、数字创意内容产生形式多样化、数字创意内容生产和消费全球化、各国数字创意产业发展特色化。

1. 文化内容与数字技术深度结合化

技术和装备是现阶段数字创意产业高速发展的主要驱动力，而文化是数字内容取得市场认可的关键，随着产业发展走向更成熟的阶段，单一的技术驱动或特色文化内容难以再创造新的产业奇迹，文化内容与数字技术深度结合成为大势所趋。随着云计算的普及、5G和新基建的加快部署，“智造”渗透到各行各业，设计作为制造业价值链中颇具增值潜力的环节，已成为现代制造业核心竞争力的重要组成部分。新形势下，制造业的基础能力升级为文化内容发展带来新契机，抓住线上线下融合共进的机遇，围绕5G、云计算、大数据、人工智能等领域加深合作，推动数字技术与文化产业的深度融合，拓宽设计赋能智造的渠道，将会取得更好的社会效益和经济效益。

2. 数字创意内容生产形式多样化

数字创意内容的生产形式将不断丰富，PGC高质量发展、UGC和AIGC等主要的生产方式将会为数字内容的生产提供更多的思路。

3. 数字创意内容生产和消费全球化

数字创意产业借助互联网、物联网和大数据、云平台，可以通过协作、授权、并购等方式在全球配置产业链上的生产资源。因此，在数字创意内容产品紧凑布局、精益生产的核心地带之外，其辐射区域既包括周边的配套与关联区域，也包括全球范围的生产联动区域，打破了地域界限。

4. 各国数字创意产业发展特色化

数字创意产业在不同国家具有不同的发展特色，各国可以通过形成自身优势产业的方式，支撑和推进整体产业的发展。目前，数字创意产业在欧洲、美国、日本、韩国的经济发展过程中扮演着重要的角色，并形成各具特色的数字创意产业经济带。其中，英国的数字创意产业占生产总值的比重达到8%，位居全球首位。美国的电影，日本的动漫，韩国的动画、漫画、游戏在全球都占据着主导份额。

10.2 中国数字创意产业发展概述

10.2.1 中国数字创意产业总体发展概况

伴随着时代的发展和互联网技术的普及，文化正以新的样式呈现在人们的视野之中，而数字创意产业融合创意、文化、经济和技术于一体，是现行世界经济中最具活力的产业形态之一。如今，我们正站在进一步落实“十四五”规划、践行2035年远景目标的关键历史交汇点上，我国需要凭借新力量、新空间、新增长来实现时代赋予的新使命，妥善利用当前数字化全方位转型快速发展的契机，并结合我国文化的传统优势，才能催生我国数字产业的内生性及创新性。进入2021年，我国完全顺应自身经济发展规律，进一步推动以国内大循环为主体，国内国际双循环相互促进的发展格局，伴随一系列数字创意产业措施逐步发挥政策导向作用，更多的数字创意内容和产品也将分享至全球，加强人类命运共同体建设。

1. 政策环境

根据2016年末发布的《“十三五”国家战略性新兴产业发展规划》，我国首次将数字创意产业作为战略性新兴产业的重要规划。近年来，各政府机构及地区均出台了规范及促进数字创意产业的相应发展细则。2019年，科技部等6部门印发《关于促进文化和科技深度融合的指导意见》，旨在全面提升文化科技创新能力，转变文化发展方式，推动文化事业和文化产业更好更快发展，更好满足人民精神文化生活新期待，增强人民群众的获得感和幸福感；文化和旅游部发布《关于促进旅游演艺发展的指导意见》，充分发挥旅游演艺作为文化和旅游融合发展重要载体的作用。2020年，国家发改委等13部门联合发布《关于支持新业态新模式健康发展 激活消费市场带动扩大就业的意见》，旨在支持新业态新模式健康发展，激活消费市场，带动扩大就业，为数字内容传播提供有力的支撑和新的发展机遇，成就经济新优势。2021年5月，《“十四五”文化和旅游市场发展规划》提出将进一步完善文化市场监管机制，增强文化市场主体活力，提升文化服务质量，提高市场治理能力，为社会主义文化强国建设打下坚实基础；同年，《网络直播营销管理办法（试行）》明确了数字创意产业中热门领域网络直播相关的多个概念，为相应法律法规的适用奠定了基础，并指出网络直播营销平台自身的职责与义务，进一步对数字监督管理问题进行查缺补漏，为数字创意产业营销领域的治理提供了依据。

2. 经济环境

国家统计局于2021年1月31日发布了2020年全国规模以上文化及相关产业企业营业收入数据，对全国6.0万家规模以上企业进行调查。2020年，上述企业实现营业收入98 514亿元，按可比口径计算，比2019年增长2.2%，保持平稳较快增长；文化新业态特征较为明显的行业小类实现营业收入31 425亿元，同比增长22.1%。分行业类别看，文化及相关产业6个行业的营业收入实现增长，其中，增速超过10%的行业有2个（图10.4），分别为：新闻信息服务，营业收入9 382亿元，比2019年增长18.0%；创意设计服务15 645亿元，增长11.1%。分区域看（图10.4），东部地区实现营业收入73 943亿元，比2019年增长2.3%，占全国（不含港澳台地区）比重为75.1%；中部地区、西部地区和东北地区分别14 656亿元、9 044亿元和872亿元，分别增长1.4%、4.1%、–8.6%。

“十四五”国家新兴产业规划使数字创意产业获得多项政策及资金红利的支撑，其产业发展态势也表现出全民参与的特点。根据第47次《中国互联网络发展状况统计报告》，可以看出我国拥有广泛的数字创意消费市场，数字创意产品渗透到人们生活的多个方面，用户认知度逐步开阔，包含巨大的消费潜能。

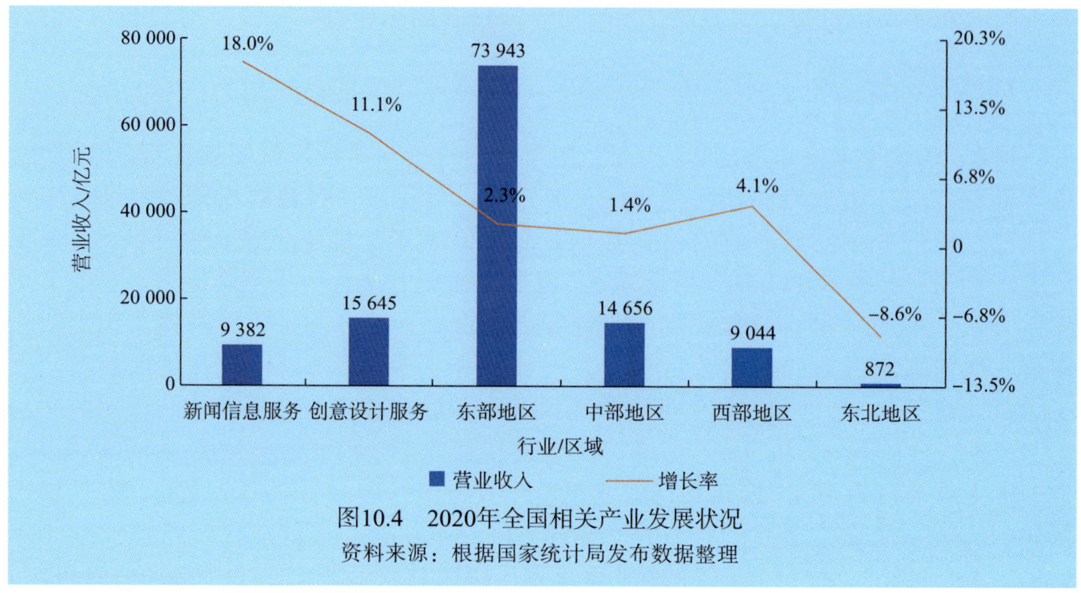

图10.4　2020年全国相关产业发展状况
资料来源：根据国家统计局发布数据整理

截至 2020 年 12 月，我国网络用户达 9.89 亿人次（图 10.5），与 2020 年 3 月相比增长 8 540 万人次，网络普及率达 70.4%，较 2020 年 3 月提升了 5.9 个百分点；手机网络用户达 9.86 亿人次，通过手机上网的比例高达 99.7%，较 2020 年 3 月增长约 0.89 亿人次，移动设备市场版图进一步得到了扩展。网络购物用户达 7.82 亿人次；网络视频、网络音乐和网络游戏用户分别为 9.27 亿人次、6.58 亿人次及 5.18 亿人次。其中，网络视频用户数量也得到了提升，较 2020 年 3 月增长了 0.76 亿人次，可以看出数字内容所呈现的快捷性、高渗透性及边际效应递增性，视频内容行业的经济特征将为未来数字创意的大市场孕育更有利的投资新机遇。

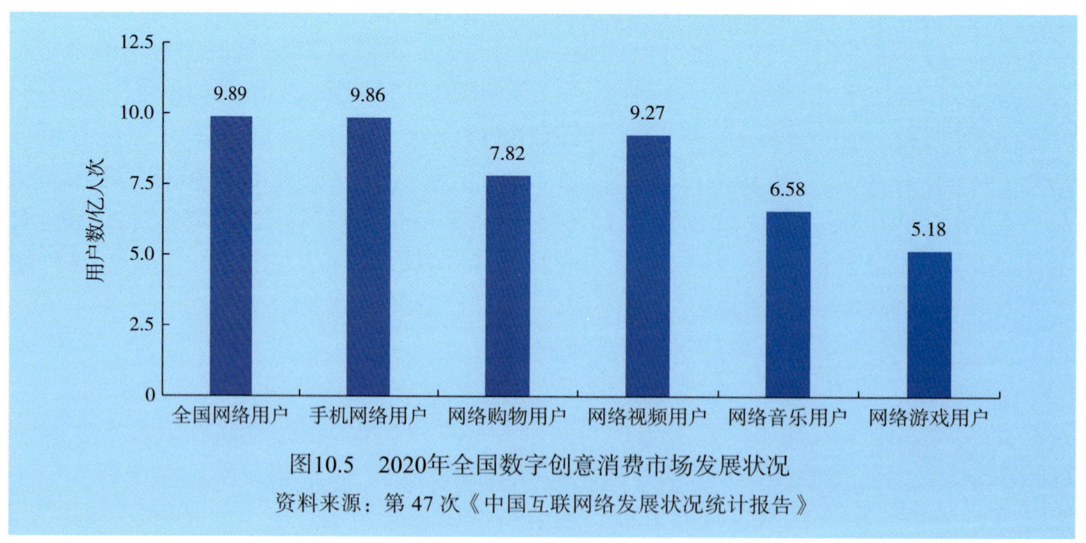

图10.5　2020年全国数字创意消费市场发展状况
资料来源：第 47 次《中国互联网络发展状况统计报告》

3. 技术环境

数字创意技术及装备构成数字创意产业的基础支撑领域，其技术环境决定着产业能否实现快速发展，并促成广泛的数字创意产品的诞生，目前，应用范围比较广泛的数字技术包括人工智能生成、VR/AR/MR① 技术、物理引擎技术及相关应用软件、3D 建模显示、数字孪生、超高清视频编解码技术、海量实时流分发技术等。技术的革新使得创意行业从原先的平面化、静态化、人工化，转为立体化、动态化、智能化。如今，借由 5G 平台，伴随新基建的发展态势，我国数字创意技术将进一步提高相关产业的数据传输速率、降低网络延迟、减少数字媒体传播成本。然而，尽管近年来数字创意产业一直处于高速发展阶段，其发展瓶颈也逐渐不可忽视。我国数字创意产业链呈现整体分布不均的特点，在技术支撑设备层面，我国中高端领域国内品牌占有率低，关键设备难以完全实现自给自足，尤其在 4K/8K 视频采集设备、核心元器件、工业设计基础软件等方面与发达国家仍存在一定的差距；在数字制造体系层面，我国尚未完全建立标准化的数字创意生产体系，并表现出核心制造企业缺失的特点。同时，我国在动态环境建模、实时 3D 图形生成、多元数据处理、实时动作捕捉、实时定位跟踪、快速渲染处理等关键技术方面仍存在不足，技术研发整体实力薄弱，与国际先进水平存在较大差距；在创意内容生产层面，我国的数字内容竞争力较小，创新度较低，市场上虽有腾讯、阿里巴巴等重点企业参与内容创作，但与华特迪士尼、时代华纳等国外公司相较仍不足以构成创意吸引力；在技术融合服务层面，数字设计跨领域融合度不高，总体水平大而不强，不能满足企业及国家重大战略需求；在数字产品流通层面，我国目前虽拥有多个发达的电商服务窗口实现经济营收，但数字创意产业的互联网关键分发途径仍受制于人，即核心渠道已被美国的 APP Store 和 Google Play 两大应用商店垄断，一旦应用程序分发渠道被切断，我国数字产业面向用户的各个互动窗口也将面临停滞。

2020 年，新冠肺炎疫情肆虐对我国的各个产业都造成了巨大冲击，但疫情也促进了我国数字行业快速成长，为许多线上产品提供了应用空间。迈入 2021 年，疫情缓和使得我国线下产业逐渐复苏，数字创意产业也获得新的增长空间，政府通过推动新基建政策及多项相关细则的落实，制定合理宏观规划，加大对数字创意产业的资源指引及价值导向作用，依托于 5G 网络，快速拉动数字创意产业发展模式的变革，使得数字创意短视频、网络直播、网络游戏、网络自媒体等新型内容创作模式焕发更加强大的生命力。同时，想要拓展总体数字产业新经济增长，用户市场要求数字创意内容具备更强的移动性、即时性和互动性，内容定制模式进一步精细化，关注粉丝经济、时尚潮玩、知识产权联动等现象对于数字内容创作的影响，聚焦数字化协作模式的转换，让更多人参与到数字创作的过程中，加强反馈，使用户需求与产业制造保持同步，实现数字创意产业集体向互动参与化、智能数字化的方向转变。

---

① AR：augmented reality，增强现实；MR：mixed reality，混合现实。

10.2.2 主要地区发展现状

我国数字创意产业受国家政策引导不同和资源分配不同的双向作用，其区域发展呈现出京津冀协同、长江三角洲一体、珠江三角洲联动的特点，以此构成中心发展片区，进一步实现全国工业互联网协同创新，构建现代化数字创意产业体系，发挥主要地区的数字创意经济引领作用。

1. 京津冀地区

京津冀地区构成数字创意产业区域发展的关键组成部分，其数字创意经济产出在我国数字创意整体经济中占据很大的比重。在京津冀城市群的数字创意产业发展中，已形成以首都为核心的京津冀领军发展格局。作为京津冀一体化的核心，北京汇聚了全国的政治中心、文化中心、国际交往中心和科技创新中心，拥有着内涵丰富、深沉厚重的传统文化资源。近几年，北京的大数据、云计算、物联网、人工智能等新一代信息通信技术快速发展，为数字创意产业提供了源源不断的能量。2018年6月，北京印发《关于推进文化创意产业创新发展的意见》，指导北京文化创意产业加快数字转型升级，由点及面，对北京的文化创意产业创新发展提出若干意见，并把“全面推动文化科技融合，打造数字创意主阵地”作为创新发展的主攻方向之一。该意见的出台，为北京数字创意产业的发展指明了努力的方向，创立由“两大主攻方向”和“九大重点领域环节”构筑而成的创意内容体系，即以“数字创意”和“内容版权”为两大主攻方向，前者突出科技创新的支撑环节，后者为文化内容的价值引领提供保障。在贯彻落实两大主攻方向的基础上，以创意设计、媒体融合、广播影视、出版发行、动漫游戏、演艺娱乐、文博非遗、艺术品交易和文创智库九大重点领域及其重点环节为具体执行区域，通过打造老旧厂房构筑文化空间、市级数字文化创意产业示范园区等形式，加强对于北京数字文化创意园区建设的指导和服务。天津是京津冀数字产业发展的桥梁和纽带，以天津为支点，京津冀数据资源对接、企业合作和数据园区共建等合作不断加速推进。天津在产业数字化转型和发展基础方面具有一定优势，2019年，中共天津市委网络安全和信息化委员会提出以信息通信技术融合应用、全要素数字化转型为重要推动力打造“天津智港”，到2023年，初步形成数字创新能力突出、融合应用成效显著的数字示范区，数据将成为关键生产要素，数字化转型成为实现天津高质量发展的主导力量。河北省是京津冀数字创意产业发展的新增长极，数字创意产业如今迎来重大发展机遇，2019年发布的《河北蓝皮书：河北文化产业发展报告（2018~2019）》指出，河北省2018年前三季度规模以上文化及相关产业营业收入774.9亿元，占全国（63 591亿元）的比重为1.22%，占东部地区10省市（49 325亿元）的比重为1.57%。2020年4月，河北省人民政府发布了《河北省数字经济发展规划（2020–2025年）》，提出要大力发展数字文化创意服务，充分发掘河北省优秀文化资源，支持发展动画动漫、网络游戏、数字化内容制作等数字服务创意，打造特色鲜明的燕赵数字文化创意产品，积极承接北京产业转移，建立一批省级数字文化创意试验区。支持融媒体中心建设，完善载体多样、覆盖广泛的互联网媒体传播体系。目前，京津冀地区正加快推动传统产业数字化转型，以求更好地为京津冀高质量协同发展增添动能，确保京津冀真正站上数字创意发展新高地，并带动全国数字创意产业建设高速、移动、安全的新一代基础设施，以适应数字时代的发展需求。

2. 长江三角洲地区

长江三角洲城市群位于“一带一路”与“长江经济带”的重要交汇地带，按照“一核五圈”的区位布局致力于打造数字增长带，通过上海、南京、苏州、杭州等主要城市，构建以上海为核心的长江三角洲一体化数字创意发展格局。作为长江三角洲地区的发展关键，上海地区在数字创意领域发挥着重要作用，2020 年 4 月，中共上海市委宣传部文化改革发展办公室等机构联合发布《2019 年上海文化产业发展报告》，该报告指出，2018 年，上海文化产业实现增加值 2 193.08 亿元，占地区生产总值的比重为 6.09%，占我国文化及相关产业总增加值的比重为 5.33%。2019 年，上海加快推进全球影视创制中心、亚洲演艺中心、艺术品交易中心和全球电竞之都的建设，中共上海市委宣传部文化改革发展办公室、上海市文化事业管理处联合上海交通大学人文艺术研究院发布《2019 年上海文化产业发展报告》，该报告指出，伴随人民生活质量的跃升，人们对文化艺术等文化消费的要求也逐步提高，上海将围绕优化文化消费体验的目标，大力支持数字文化消费新业态发展，推动各级文化元素融入商业业态。除此之外，上海的数字创意优势产业集中在影视、电子竞技、动漫游戏、网络文化等方面。影视方面，上海在 2019 年共有 169 部电影完成立项备案，包括《飞驰人生》《攀登者》等 33 部“上海出品”进入院线上映，年度累计票房约 52 亿元，上海的影院数量增至 400 家，银幕数增至 2 505 块，影院数量与银幕数继续位列全国城市第一。电子竞技方面，上海已经集中了全国 80% 以上的电竞企业、俱乐部、战队和直播平台。截至 2019 年 5 月，电子竞技场馆数量约 35 家，上海电子竞技公司、俱乐部、明星团队数量约占全国 80%，全国每年 500 多项具有一定影响力的电子竞技赛事中，超过 40% 在上海举办。动漫游戏方面，截至 2018 年，上海共有 17 家新三板挂牌游戏企业，占全国比重达到 19%，仅次于北京，并有 3 家上海企业通过动漫企业认证。网络文化方面，上海网络影视内容出品数量位居全国第二，仅次于北京，以哔哩哔哩为代表的市场主体进一步壮大，喜马拉雅、蜻蜓 FM、阿基米德三家沪上音频网站占据了全国音频行业超过 80% 的市场份额。

除此之外，长江三角洲另外两个重点地区——浙江和江苏数字创意发展势头同样强劲。2019 年，江苏提出将大力推动数字文化产业高质量发展，文化产业增加值从 2012 年的 2 330 亿元增加到 2017 年的 3 979.24 亿元，约占全国的 11%；规模以上文化企业 7 884 家，规模以上企业营业收入、总资产分别达 1.41 万亿元、1.55 万亿元，连续多年位居全国前列。2020 年，江苏正式印发《关于加快新型信息基础设施建设扩大信息消费的若干政策措施》，计划投资 120 亿元，新建 5G 基站 5.2 万个，加快新型信息基础设施建设，促进新型信息消费扩大和升级，带动数字创意创业就业，成就数字创意经济发展新的支撑力和新动能。

2020 年，浙江省委宣传部发布《高质量发展文化产业 高水平建设文化浙江——2019 年浙江省文化产业发展总结与展望》，提出要持续增强浙江的综合数字文化竞争力。浙江创意文化产业增加值占地区生产总值的比重自 2013 年突破 5% 以来，保持着持续稳步增长的态势，至 2018 年创意文化产业增加值突破了 4 000 亿元，占地区生产总值的比重高达 7.5%，远高于全国水平 3.2 个百分点。创意文化产业已然成为浙江国民经济重要支柱性产业。根据 2019 年前三季度的统计结果，浙江 5 699 家规模以上文化及相关特色产业企业实现营业收入 8 095 亿元，同比增长 14.1%。其中，创意文化产业核心领域和相关领域企业营业收入，同比增长速度均超过 17%。创意文化产业整体发展势头稳中见好，数字文化产业版图不断延展。

除多项政策的推动效益之外，长江三角洲地区在创意设计领域也有较好的发展基础，其集聚了国内优秀院校的设计专业，包括同济大学的设计创意、浙江大学的设计智能与数字创意、东华大学的服装设计、东南大学的信息技术设计、江南大学的数字设计等。近几年，在全国数字创意产业迅速发展的背景下，长江三角洲地区的发展迎来新的机遇，逐步落实数字产业与娱乐产业的深度融合，由先进的数字创意设备，为用户提供高互动、高智能的游戏平台。

3. 珠江三角洲地区

珠江三角洲地区近年来发展迅猛，在数字创意的创作生产、传播运营、消费服务、衍生品制造等环节都形成了完整的产业链，已在不少细分领域发挥领先优势，并形成了广州、深圳、珠海、汕头、东莞、佛山、中山等具有地区鲜明特色的产业集聚群，同时，珠江三角洲地区拥有雄厚的数字技术基础，其数字技术及衍生产品更新迭代升级迅速，具备快速渗透和有效支撑数字创意产业发展的中坚能力，形成了以深圳、广州为核心的东莞、佛山、珠海等 9 市的联动发展格局。根据 2019 年印发的《粤港澳大湾区发展规划纲要》和《国家数字经济创新发展试验区实施方案》，深圳、广州作为主要城市，将继续促进数字产业的创新发展，加快构建数字经济的新生态，积极培育未来经济发展中高质量的增长点。广州、深圳作为珠江三角洲地区发展的主要贡献城市，在加快数字创意产业建设方面成效明显。

2020 年，广东发布的《广东省培育数字创意战略性新兴产业集群行动计划（2021–2025 年）》，是广东首个推动数字创意产业发展的政策文件。该计划提到，2019 年广东数字创意产业年度营业收入约 4 200 亿元，其中，游戏产业约 1 898 亿元，占全国的 76.9%；动漫产业约 610 亿元，占全国的 32.8%。并提出了四项具体发展目标：一是在产业规模上，提出到 2025 年数字创意产业营业收入突破 6 000 亿元；二是在产业链建设上，提出有效加强内容原创、知识产权运营等薄弱环节；三是在内容原创上，培育一批优质数字内容原创作品等，打造 50 个以上知名数字创意品牌；四是在产业平台建设上，高标准建设 15 个以上省级数字创意产业园，打造

1~2 个国际知名游戏动漫展会，培育或引进 1~2 个国际顶级电子竞技赛事。同时，广州的直播、短视频、数字音乐等新业态发展迅速，数字产业加速渗透，国际化程度不断提高，拥有网易、奥飞娱乐、Acfun 等数字领军企业，孵化培育了虎牙等知名直播平台，在网络传媒方面，酷狗音乐等 6 家数字音乐平台入选全国前十。据统计，2019 年，广州共有 2 768 家游戏企业，包括网易、阿里互娱、三七互娱（上海）科技有限公司广州分公司、广州星辉娱乐有限公司（星辉游戏）、四三九九网络股份有限公司（4399 小游戏）、广州指尖跃动网络有限公司（3k 玩）、益玩网络科技有限公司等知名企业。广州的游戏企业体量巨大，并且科技和创新能力全国领先。除此之外，广州的动漫产业也成绩优异，在我国占据重要地位。广州拥有 500 多家动漫企业，包括 5 家国家认证的重点企业，其中漫画的生产和消费规模占全国 10% 以上，动画片产量 200 多部，超出其他地区。

数字创意产业同样成为深圳的重要经济支柱，在深圳的经济发展中发挥重要作用。深圳地区的数字创意企业超过 1 万家，动漫游戏营业收入规模约占全国一半，游戏市场收入占全球的 10% 以上，数字出版营业收入进入千亿元量级，具有发展数字创意产业的先发优势和绝对实力。依托深圳数字创意产业发展优势，政府积极引进数字创意产业重点龙头企业，壮大“十大数创龙头企业”，2020 年引进 3~5 家动漫、游戏、影视类的龙头企业入驻；加快重点产业项目落地，推进“十大数创项目”建设；加快重要产业平台的建设，构筑“十大数创产业平台”；打造“5+3”八大重点片区，作为建设数字创意产业基地的核心引擎和重要战略集群；打造“1+*N*”数字创意公共服务体系等，并从资金、政策上给予大力支持。目前，深圳的部分区域已形成数字硬件产业集群、数字印刷产业集群、创意设计产业集群、演艺娱乐产业集群、影视动漫产业集群六大产业集群；拥有华为、深圳市兆驰股份有限公司、深圳华侨城文化集团有限公司、中华商务联合印刷（广东）有限公司、深圳市华夏动漫科技有限公司等一批龙头文化科技型企业和细分领域领军企业；截至 2020 年，深圳约有 2.2 万家设计机构和超过 15 万名设计人员，有文化企业 5 000 多家、文化创意产业园区 27 个、国家级文化产业示范基地 2 个、省级文化产业示范园区 2 个、市级文创园区 10 个。凭借其快速发展的数字创意与设计，深圳被联合国教育、科学及文化组织认定为“设计之都”，成为我国首个获得该殊荣的城市。

10.2.3　中国数字创意产业发展态势

“十四五”时期是我国实现全面建成小康社会后向基本实现现代化跃升的一个全新开始，标志着我国进入第二个百年奋斗目标的开局时期，是我国建设制造强国的突破时期，也是我国面临诸多挑战的变革时期。当前，我国现有数字创意市场经济增长潜力持续释放，数字创意相关的需求已经深入人们生活的方方面面。同时，受新冠肺炎疫情的影响，我国线下产业依然面临发展不确定性，复杂的国际局势也使得国内外数字创意市场需求和要素供给条件不断变化，为强化数字产业稳健性，高质量发展将成为数字创意产业未来发展需要遵循的主基调。据此判断，我国数字创意产业发展主要呈现以下态势。

1. 加速化

“加速化”是指我国内容产业数字化的深层次拓展将得到持续加速。据《中国数字经济发展白皮书（2021）》，2020 年我国数字经济规模总量达到 39.2 万亿元，占我国 GDP 比重为 38.6%；数字经济增速达到 GDP 增速 3 倍以上，成为稳定经济增长的关键动力。产业数字化仍然是数字经济发展的主引擎，占数字经济比重为 84.4%，我国产业应用由单点应用向多点持续协同转化，传统产业在“数字 +”的赋能推广下拥有全新的发展应用渠道，从而赢得新的用户受众。传统文化创意行业进一步以数字化知识和信息作为关键生产要素，通过现代信息网络的重要载体，实现效率提升和结构优化。同时，作为城市数字化转型的引擎，数字创意产业事实上已成为文化建设和数字化建设的重中之重。不过，目前大多数城市还只是基于数字经济的概念进行探索，不少城市在推进云计算、区块链等数字经济基础建设方面持续发力、夯实基础，但在数字内容生产、运营、社会实现等方面仍存在创意瓶颈。基础建设是数字创意产业立身之本，但优质创意内容产出加速恰是产业增值、价值实现的核心竞争力所在。未来，我国将强力跟进数字文化产业的产出效率，加快发展数字创意产业重点内容领域。

2. 高精化

“高精化”是指我国数字创意产业技术持续打破壁垒，朝着精度更高、实用性更强的方向广泛应用的态势。现阶段，人工智能技术、大数据技术、云计算技术、未来网络技术等新兴技术大规模赋能我国数字创意产业，推进供给侧结构性改革，丰富传统线下产业的数字智能表现形式，增加其创新性、趣味性，使得文化消费内容实现由传统交互走向数字化交互，加大跨领域、跨界融合。随着人工智能技术的应用推广，2016 年以来，我国人工智能芯片市场规模（按营业收入额）呈增长趋势，预计至 2025 年我国人工智能芯片市场规模（按营业收入额）将达到 687.5 亿元。众多辅助多媒体内容生产的途径应运而生，完善人工智能工具、推荐系统、消费者建模功用，使产业能够自动调整数字内容供给、最大化消费者用户体验。社会发展的需求促使产业重视人与机器之间的协作模式，模糊人类与人工智能在数字内容生成领域的分工，追求更加深入和智能化的研发机制。同时，数字孪生从一个技术概念，正逐渐演变成一种新转型路径、新变革动力。数字孪生技术的进阶，可以在 15 分钟内实现对 16 亿个选择的判断，并据此适时调整实现数字创意供应链优化，突破传统产业供应链的响应速度和成本瓶颈。随着消费者的需求场景不断更迭，企业需要实现“千场千链”，不能依靠单点的个人和经验来保证决策的合理和过程的稳定，需要高精度的技术获取海量用户需求，以此配合算法驱动决策。

3. 融合化

“融合化”是指融合新业态、引发新变革。当今，互联网行业投身于文化产业建设，形成以“互联网+”为主要形式和特征的文化业态，并依托相关平台，加强产业的融合力度，如国家新媒体产业基地是中关村国家自主创新示范区的重要组成部分，入驻企业5 500余家，如今形成了文化+科技+总部经济融合的特色产业体系，“十四五”时期，产业基地将重点发展新一代信息技术、科技服务、数字创意与设计、新视听等产业，构建高精尖经济结构，打造千亿元级新型特色数字创意产业园区。产业基地将凭借持续举办论坛活动，推荐优质招商项目，推动不同产业品牌之间的融合互动，吸引文化、科技、总部类龙头企业项目入驻，促进特色产业集聚性发展。除却平台建设方面的发力，地方政府也在产业融合化中发挥了关键作用。2021年，上海市人民政府通过推动产业的数字化融合建设，将图书出版、影视、演艺、文博等传统业态融合数字化新形式进行拓展，上海的亚洲演艺之都在剧场限流甚至暂停开放的条件下逆势奋起，凭借数字直播新模式、新平台和新媒体领域的融合效应点亮了数字经济的新火花。

今后，随着新基建布局的成熟，数字内容的表达方式将不再局限于单一领域，融合化的服务和产品将为人们带来更高品质、更多层次的生活方式。

4. 一体化

“一体化”是指形成制度完善、创意创新、技术赋能高度一体化的产业格局。目前，我国数字创意产业自身具备完整的数字创意发展战略思维。不仅在策略层将数字化转型作为文化创意企业的长期战略，还明确数字化转型所需要的技术、人才及管理体系，并由此进行长期战略投入。由“点、线、面、体”的路径，逐步推进数字创意的发展路径。我国数字创意企业通过实现产业链一体化，积极参与全球价值链重构，在数字创意产业价值链整体切换过程中优先占位、顺势布局，我国以腾讯为代表的移动游戏企业已经初步整合全球游戏研发资源，通过建立健全游戏研发创新应用制度，凭借优秀的游戏创意及游戏在国际市场上崭露头角；我国以抖音为代表的网络媒体企业，以“资本+技术输出”的方式收购了北美音乐短视频社交平台Musical.ly，并命名为TikTok，TikTok曾多次登上美国、印度、德国、法国、日本等地App Store或Google Play总榜的首位，成为美国最火的音乐短视频社区，完成了全球价值链的有效布局。在当前中美贸易争端和新冠肺炎疫情的双重“夹击”下，我国在全球范围内初步形成的数字创意产业一体化格局虽面临着冲击与影响，但同时也让我们看到了我国企业在数字创意产业全球价值链重构中的希望。我们需促进国内数字创意企业的进一步融合与内部协同发展，进而构建更完善的数字创意产业一体化生态系统，形成文化引领、技术先进、链条完整的数字创意产业发展格局。

10.3 中国数字创意产业关键领域发展现状

10.3.1 数字创意技术及装备

1. 概述

数字创意技术及装备主要包括五大技术体系，即创新设计体系、数字内容生产体系、数字内容传播体系、数字服务融合体系及超感知交互体系。其中，创新设计体系的核心可表述为通过设计者与设计环境的有效交互，利用人的创意及人工智能、大数据、云计算、传感器等关键技术，在常规设计中引入新的变量，以实现新的功能或新的实体。数字内容生产体系作为数字创意产业发展的基石，可以对数字内容产品进行定制化和个性化生产，针对用户的特点推出相应内容，从而增加产品的吸引力和关注度。数字内容传播体系集合语言、文字、声像、视频等特点的新的传播途径，将数字创意内容从生产者传播到使用者。作为数字创意产品的流通阶段，数字内容传播可以拓展消费者人群，提高创意产品的认知度并带动周边产品，直接放大数字创意产品的经济效益和社会效益。数字服务融合体系是数字创意产业的载体，涉及数字创意产业背景下人与人、人与物、物与物之间的各种新型沟通交互方式，是数字产品最终呈现给用户的一个关键环节。数字服务融合是数字创意发展的必然趋势，它将提升产业数字化、网络化、信息化水平，推进数字创意产业的建设和互联互通。超感知交互体系可以让人真实极致地体验视音频的信息内容、拥有真实世界和虚拟世界混合体验的现实生活，以及享受基于全息影像和丰富感知的沉浸式体验。它让人们能够以前所未有的方式看待事物，并能带动各个垂直行业的革新。

目前，我国数字创意主要产业正逐步进入全球价值链中高端。在创新设计体系方面，呈现出制造业创新设计能力显著提高、企业创新设计竞争力不断增强，设计服务业蓬勃发展的现状。在数字内容生产体系方面，人工智能、云计算、大数据技术、跨媒体技术、群体智能技术等新兴技术开始大规模赋能数字创意产业，日益提升数字创意产业的内容与实体生产能力。在数字内容传播体系方面，超低时延视频编解码技术、支持并行计算的视频编解码技术、基于内容感知的视频编解码技术等把超高清视频用户体验提升到一个新的高度。在数字服务融合体系方面，面向下一代的融合信息的视音频摄取技术、下一代视音频呈现技术、下一代视音频关键处理芯片技术和驻留消费终端的关键处理软件等技术的不断创新，提升了产品给消费者带来的科技感。在超感知交互体系方面，物联网和自动化的融合技术正在为超感知创造智能空间。

2. 创新设计体系技术与装备

设计领域的“创新”是基于现有背景环境洞察尚未被关注的机会，融合科学、技术、艺术、商业等元素，创造全新的、切实可行的、可使功能最大化、增强人类体验的解决方案。例如，第一代 iPhone 手机凭借多点触控技术与友好的用户界面，被美国时代周刊誉为“2007 年的年度发明”。

创新是指人类为了满足自身需要，不断拓展对客观世界及其自身的认识与行为的过程和结果的活动。它不仅是产品和服务的创新，也是业务和赢利的新方法、产品和服务的新系统、与用户之间互动合作的新方式，其存在形式分散，可融入体验创新、网络创新、结构创新等环节。

设计是人们对有目的的创新实践活动的创意设想和策划计算，是将知识、信息和技术转化为集成创新和整体解决方案，实现应用价值的创作发明过程。设计流程在实践过程中往往是非线性的，开始时往往处于设计模糊前端的状态之中，设计产出的成果可能是有形的产品抑或是无形的服务方案，处于设计过程中的每个阶段都可能会退回上一阶段重新开始。因此，设计过程中需要逻辑思维与创意思维共同运用，使用分析、设想等方法解决定义不明确的问题。设计思维本身是创新式解决问题的方法学，它是一种以人为本、目标导向的思维模式，也是一套实现创新设计的方法论和工具，使得创新可以实现非线性流程化。

人们在基本物质需求得到满足后，会对自己的生活环境与生活质量提出更高的物质需求、精神需求和审美需求，而设计正是一种用来改造并提升我们生活环境与生活质量的手段。在人工智能、大数据、云计算、传感器等关键技术获得突破性发展的今天，设计师可借助相关技术进行设计创新，融合科学、技术、艺术、商业等元素，实现城乡规划、园林建筑、装置视觉等创新设计，可以改变人们的生活方式、创造新的生活方式，也可以为市场创造新的需求。

我国已是全球制造大国，但还不是设计制造强国，为此，国务院于 2015 年 5 月印发《中国制造 2025》，明确提出实施“制造强国”的目标。若要实现该目标，必须高度重视创新设计。

创新设计以绿色低碳、网络智能、开放融合、共创共享为主要特征，以用户需求为出发点和落脚点，将技术创新、产品创新和服务创新有机融为一体，是实现科技成果转化、创造市场新需求的关键环节。美国、欧洲、日本等发达国家和地区都注重把设计竞争力作为提升制造业竞争力和国家竞争力的重要手段，把创新设计作为国家创新体系的重要组成部分，注重顶层设计，加强组织规划，完善相关政策，并在创新设计的体系建设、基础研究、成果转化等方面不断加大投入。但是，我国现今大部分制造企业仍以 OEM（original equipment manufacture，原始设备制造商）和跟踪模仿为主，在创新设计领域存在以下三个主要问题。

第一，创新设计理论实践应用不足，存在对创新设计的本质内涵、时代特征认识不足，对创新设计的系统方法论和模式缺乏系统研究等问题。以 VR 行业为例，我国在 VR 相关理论与技术研发方面做了很大投入，也取得了不俗的研究进展；在政策方面已将 VR 产业发展上升至国家高度，近 20 个省（区、市）布局了 VR 产业；在行业规范方面，VR 头戴式显示设备的标准化工作已立项。但目前主流的 VR 设备仍以 Oculus、微软等国外厂商的产品为主，在 VR 内容和应用的开发方面也与发达国家存在差距。这很大程度上是我国在创新设计的理论实践研究方面重视不够，缺少具体、有效、切实可行的创新设计方法和行动计划，导致创新设计基础理论实践转化水平不高、理论无法很好地指导创新设计实践、缺乏具体的创新设计路径和方法应用等。

第二，创新设计体系技术与装备被国外软件垄断，国内工业软件行业目前仍处于第一阶段，总体概括为“管理软件强、工程软件弱，低端软件多、高端软件少”。据中国报告网 2020 年的数据，2019 年全球 CAD 软件市场份额主要由德国西门子公司（Siemens）、法国达索系统公司（Dassault）、美国欧特克公司（Autodesk）3 家垄断，占据全球市场份额的 69%；国内 CAD 软件销售市场规模约 95% 以上被国外软件占领。2020 年，全球 CAE 软件市场份额主要由德国西门子公司、美国 ANSYS 公司、法国达索系统公司 3 家垄断，占据全球市场份额的 47%；国内 CAE 软件销售市场规模约 94% 以上被国外软件占领，且国产化率仅为 11%。此外，随着在家办公、网络协同、异地办公的普及，国外头部公司均在向“软件 + 服务”的整体解决方案转型升级，持续加码协同 CAD/CAE 软件业务，如 CATIA、Ansys Cloud、Solid Edge 软件等，而我国的头部 CAD/CAE 软件厂商还未推出具有协同设计功能的产品。但协同设计技术与系统已有具体的商业化案例：中国工程科技知识中心创新设计分中心建立的创新设计知识服务系统（http://dsgn.ckcest.cn/），为协同设计提供了大数据知识服务平台；阿里巴巴的鹿班设计系统基于业务专家经验和人工智能技术实现了人机协同混合智能，批量进行海报、Banner 排版设计；中国能源建设集团江苏省电力设计院有限公司在 2020 年新冠肺炎疫情期间，依托数字设计云平台打造网络协同设计院，实现了高效的在家办公设计工作。

第三，创新设计的“由大转强”受制于基础核心技术和自主创新设计能力的缺失、以设计为导向的继承创新能力的薄弱。例如，我国的超高清视频领域发展就面临着基础设备和关键技术攻关的难题。一方面，我国摄像机等视频拍摄关键器件的研发和整机继承处于中低端行业水平，导致我国广播电视、电影等高端领域应用的设备几乎全部依赖进口；另一方面，由于我国在超高清视频领域重点专利布局滞后，电视机厂商不得不支付高昂的专利费用购买国际成熟技术。这意味着我国的超高清视频领域面临着高端人才不断流失、产业经济利益持续受损的严峻形势。

虽然创新设计领域存在上述问题，但以 5G 技术为代表的新一代未来网络技术的诞生和发展，为超高清视频产业、VR 产业的发展提供了重要的传输技术支撑，科技创新正在驱动新一轮的产业革命。创新设计正是实现从“中国制造”到“中国创造”的重要创新支撑，赋能产业升级发展方向，也是解决我国产业升级和转型中带来的各种社会问题，以及先进技术带来的社会、经济结构变迁问题的新起点。

3. 数字内容生产体系技术与装备

大数据技术、跨媒体技术、群体智能技术等新兴技术开始大规模赋能数字创意产业，日益提升数字创意产业的内容与实体生产能力。以多媒体内容为例，随着AI技术在近年来的飞速发展，众多辅助多媒体内容生产的工具应运而生。在国内，阿里巴巴的鹿班设计系统和Alibaba Wood及腾讯的Dreamwriter等数字内容智能设计工具已经进行前期的研究探索和市场应用。此外，基于深度学习的图像视音频生产、基于云计算的高效率高质量视音频制作、计算机视觉效果引擎及应用、文化资源数字孪生技术等也开始得到广泛关注。

目前，基于深度学习的图像视音频生产主要是指在视频生产阶段，用人工智能来协助并减小人力负担，提高视频制作效率。例如，视频滤镜，包括美颜、瘦脸、贴纸、风格转换等滤镜功能。目前，视频滤镜不仅在短视频平台（如抖音、微视）得到了广泛应用，在2020年新冠肺炎疫情以来，各大视频会议软件，如腾讯会议、钉钉等均上线了美颜功能。又如，基于图像识别，人工智能剪辑可以从各个渠道搜索并提取切分出包含特定关键词内容的视频片段，并将其汇总在一起，从而节省人力搜索和切分素材的时间。随着2021年欧洲杯的到来，海信U7冠军系列（图10.6）产品上线“超级球迷模式”，在“超级球迷模式”观赛功能下，球迷还可以一目了然地看到全面的赛程、球队、球星、比赛等专业球迷所需的数据。再如，数字人技术，2021年5月搜狗正式发布最新一代搜狗人工智能合成主播——全球首个手语人工智能合成主播“小聪”。基于输入口语文本生成逼真度高、手语表达准确的3D数字人视频内容，从而具备超写实的逼真数字人效果、高可懂度的手语表达能力、高接受度的手语展现效果三大特点。

图10.6　海信U7冠军系列

基于云计算的高效率高质量视音频制作是指基于云计算的远程协作云视频编辑服务。2021 年 5 月 17 日，腾讯云正式发布整合后的“腾讯云音视频”品牌，涵盖视音频通信基础网络、视音频通信 PaaS（platform as a service，平台即服务）产品及针对各个垂直场景与合作伙伴开发的联合解决方案。未来，腾讯云音视频将利用“三合一”基础设施优势及业界最完整的视音频通信 PaaS 产品线矩阵，为更多场景的用户提供高质量、低成本的一站式便捷服务。

在计算机视觉效果引擎及应用方面，芯动科技（INNOSILICON）于 2020 年 8 月宣布其即将发布两款“风华”系列智能渲染卡 GPU（图 10.7），这将逐步改变国内桌面和服务器高性能 GPU 芯片长期受制于人的局面。“风华”系列智能渲染卡 GPU 芯片自带浮点和智能 3D 图形处理功能，全定制多级流水计算内核，兼具高性能渲染和人工智能算力，还可级联组合多颗芯片合并处理能力，灵活性大大增加，适配国产桌面市场 1 080P/4K/8K 高品质显示，支持 VR/AR 及人工智能，多路服务器云桌面、云游戏、云办公等中国新基建 5G 风口下的大数据图形应用场景。

图10.7 “风华”系列智能渲染卡GPU

数字孪生技术可以在虚拟信息空间中构建一个与现实物理世界中的物质文化遗产完全一致的数字孪生体，可在对该遗产做任何动作、破坏或损坏之前，模拟出可能发生的状况、问题或可能引起的后果，从而使具备唯一性、不可恢复性的物质文化遗产免于被错误行为、举动或动作损坏，取得良好的保护、开发、利用效果。同时，数字孪生体也可与 VR/AR 进行紧密结合，叠加 VR 维度，提供复原再现、可视化展示与沉浸式体验功能，给遗产保护与开发利用增加了更多可行性，让遗产“活起来”，绽放全新生命力。例如，敦煌发展了基于 VR 和 AR 的敦煌保护虚拟工程“数字敦煌”，使敦煌瑰宝数字化，打破了时间、空间限制，供人们游览、欣赏、研究。2021 年 2 月 14 日起，基于数字化技术的“发现 · 北京中轴线”（图 10.8）展在位于北京西郊首钢园内的 RE 睿 · 国际创忆馆开展。展览包含“四九城里中轴贯”“时空里的中轴线”“中轴线现在与未来”，呈现了北京中轴线与城市生活的关系，以及策展者对于北京中轴线文化遗产价值的理解与阐释。

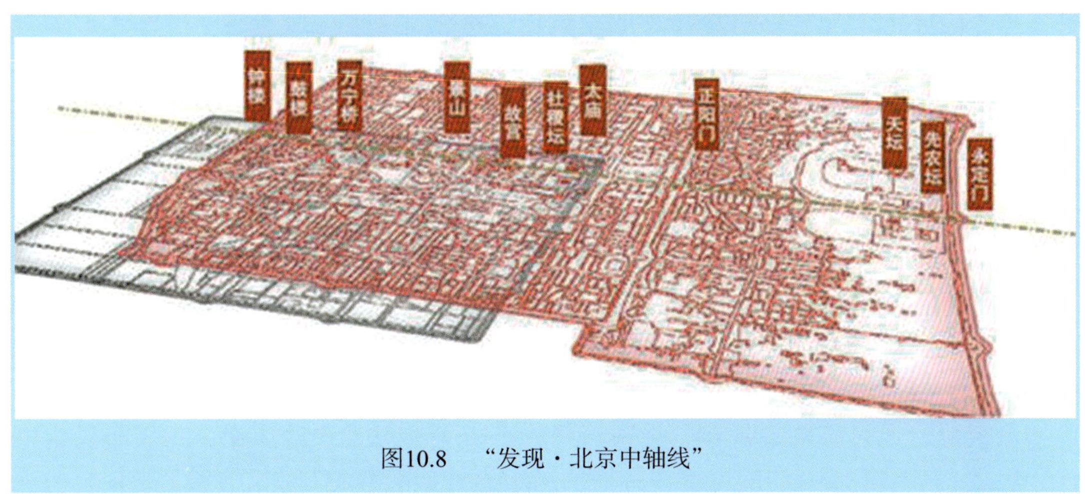

图10.8 “发现·北京中轴线”

4. 数字内容传播体系技术与装备

数字内容传播体系负责将以视频为主要载体的数字内容高质量、高效率地分发到消费者端，其主要包括四大类核心技术，即专用视频编解码技术、海量实时流分发技术、下一代融合媒体分发技术、面向车联网的信息娱乐内容分发技术。

在专用视频编解码技术方面，目前随着4K/8K超高清视频的普及，其核心挑战来自如何高效率低时延地对4K/8K超高清视频进行编解码操作。目前，4K/8K超高清视频主要有三大编解码标准体系：第一是由国际电信联盟组织制定的H.265（HEVC[①]）/H.266（VVC[②]）标准；第二是由包括谷歌、微软、苹果公司、英伟达等互联网和芯片企业组成的开放媒体联盟（Alliance for Open Media，AOM）开发的开源免费的AV1标准；第三是由我国数字音视频编解码技术标准工作组（Audio Video Coding Standard Workgroup of China，简称AVS工作组）自主研发制定的AVS2/AVS3标准。AVS3针对4K/8K超高清视频采用了更灵活的AVS3中的块划分关键技术和更加成熟的帧内和帧间预测技术。在4K超高清场景下，AVS3比HEVC码率提升35%。在硬件产品方面，我国华为海思发布了针对8K视频的Hi3796CV300编解码SOC（system on chip，片上系统），全面支持AVS3标准。在产业应用方面，2021年1月发布的《中央广播电视总台8K超高清电视节目制播技术要求（暂行）》，明确规定央视8K节目采用AVS3视频编解码技术标准。同时，于2021年2月举行的牛年春节联欢晚会全面采用基于AVS3标准的视频编解码技术并进行了8K直播。

① HEVC：high efficiency video coding，高效率视频编码。

② VVC：versatile video coding，多功能视频编码。

在海量实时流分发技术方面，目前我国已有包括网络直播、互联网电视、网络游戏、云旅游、在线教育、在线会议等众多应用场景及需求。随着新冠肺炎疫情对社会带来的影响不断加大，包括购物、教育、会议等在内的越来越多的线下活动搬到线上。这些应用中有相当一部分需要进行实时互动。这就涉及海量实时流分发技术，其中包括内容分发网络（content delivery network，CDN）设计、实时转码、网络资源调度等一系列技术问题。目前，我国有不少云计算企业提供通用的海量视频流分发服务，包括阿里云的ApsaraVideo Live视频直播服务、腾讯云的Cloud Streaming Services云直播服务、华为云的实时音视频（CloudRTC）服务，以及七牛云的互动直播解决方案等。

下一代融合媒体分发技术也是目前我国发展的一个重点。党的十九届四中全会提出要建立以内容建设为根本、先进技术为支撑、创新管理为保障的全媒体传播体系。目前，国内有一些媒体企业已经或正在建立全媒体融合分发平台。例如，中央广播电视总台通过打造央视频、央视新闻、云听等移动客户端应用，积极布局集电视、广播、新媒体于一体的全媒体传播格局。另外，随着5G时代的到来，传统的视频广播体系也在发生相应变化，5G蜂窝网络和电视广播网络进行融合媒体分发成为业界关注的一个热点。2021年6月，中国广播电视网络集团有限公司公开表示已经启动700兆赫无线网主设备和多频道天线产品的集中采购招标工作。按照中国移动通信集团公司和中国广播电视网络集团有限公司共建共享5G网络的计划，2021年中国广播电视网络集团有限公司将与中国移动通信集团公司年内完成部署700兆赫40万站建设；2022年上半年计划开通48万站，并全面支持5G广播业务；两年内实现网络全覆盖。

随着私家车的大范围普及和车联网、5G、自动驾驶等技术的快速发展，未来车辆不仅仅是一个交通工具，同时也将成为继电视、电脑、手机之后的第四块屏。因此，面向车联网的信息娱乐内容分发技术将变得相当重要。然而，车辆处于高速移动中，现有的无线通信技术还难以支持视频在车辆中的高可靠传播。为了解决这些挑战，一方面，我国在车联网标准方面，已经确定了C-V2X技术为唯一车联网技术标准，国内标准化与产业化也已居于世界前列。另一方面，车载信息娱乐系统（in-vehicle infotainment，IVI）负责车内各个部分的信息交互及视音频等数字娱乐信息的获取分发，包括华为、小米、字节跳动等公司都已经开始布局IVI研发。2020年5月，字节跳动正式组建车联网团队，计划推出自己的IVI方案，实现旗下抖音、今日头条等移动互联网产品在汽车终端落地。2021年3月，小米宣布成立一家全资子公司，负责智能电动汽车业务。其首期投资为100亿元，预计未来10年投资额100亿美元。2021年6月，华为发布了鸿蒙操作系统，其中一个重要应用场景就是车载操作系统。

5. 数字服务融合体系技术与装备

数字服务融合体系主要涉及面向下一代的融合信息的视音频摄取技术、下一

代视音频呈现技术、下一代视音频关键处理芯片技术及驻留消费终端的关键处理软件。

面向下一代的融合信息的视音频摄取技术主要包括多摄像头融合、异构图像融合、全景图像和光场图像的摄取，以及视频点云/几何点云等技术。多摄像头融合技术可以得到视觉效果更好、信息更丰富的图像和视频，其在手机等领域中应用比较普遍。例如，华为2021新款手机Mate X2，搭载超感知四摄像头，每个摄像头都有不同的功能，能够实现广角、夜景、超清等不同类型图像的拍摄。智能多摄手机市场规模巨大。根据洛图科技的报告，2020年智能多摄手机全球出货量约12.6亿部，仅第四季度的出货量就达到了3.946亿部。在中国市场方面，仅2021年第一季度的销售额就超过了700亿元。异构图像融合技术将异构的红外图像和视频图像、激光雷达的点云图像和视频图像等融合成一幅新的图像，使其对场景描述得更全面、更清晰，已经被广泛应用于安防监控、无人机探测、军事侦察、生物医学等领域。全景图像的摄取主要分为基于主观视点和基于客观视点的摄取。基于主观视点的全景图摄取技术目前已经应用于大部分手机的相机拍摄功能里，打开全景拍摄，水平缓慢移动手机，即可进行全景拍摄。基于客观视点的全景图像由多个摄像机从不同角度对同一物体进行拍摄，再进行融合，从而得到描述某一物体的全景图像。光场图像的摄取主要依赖光场相机，如现在市面上的Lytro相机，其通过在相机内部的传感器前放置微透镜阵列，对光场数据进行采集。点云数据的获取目前有两种重要的方法，即使用3D激光扫描仪获取和通过二维图像进行3D重建获取。

下一代视音频呈现技术包括AR、MR、裸眼3D和全息显示技术。在AR呈现方面，各大汽车品牌已经推出自己的AR实景行车驾驶导航功能，甚至可以基于挡风玻璃实现AR实景导航；Face U可以将虚拟头饰实时地装扮到用户的面部和头部；宜家也开发了IKEA Place，消费者可以将虚拟家具摆放到家中以预览效果。在MR呈现方面，微软推出了一款名为HoloLens的MR标志性产品，实现现实与虚拟世界的同时交互。在裸眼3D呈现方面，任天堂的第四代掌机——3DS掌机应用了裸眼3D技术，但它不允许观看角度稍有偏移，因此3D效果不稳定。在全息显示方面，其已经应用在诸如博物馆全息展示柜中，用以提供展物多角度、全方位的特点和细节。

下一代视音频关键处理芯片技术包括智能画质增强处理芯片、智能声音增强芯片、VR/AR/MR一体化处理芯片和动态融合信息的处理芯片。画质增强处理芯片，如海思的鸿鹄818芯片可以实现动态画面补偿、高动态范围（high-dynamic range，HDR）成像、超分算法、降噪等效果。海信也自主研发了超高清画质增强处理芯片Hi-View Pro。全志科技有限公司的主控芯片R329是当前比较热门的一款声音增强芯片，可以在处理音频的同时保持低功耗。对于VR/AR/MR一体化处理芯片，目前标志性的产品当属高通公司推出的全球首款支持5G的VR/AR/MR一体化处理的高通骁龙XR2平台，其在视觉方面和音频方面有了全面的提升，能为用户带来更真实的视听感受。动态融合信息处理芯片用于让人感受到虚拟空间的触觉等信息。早在 2016 年，市场上就已经出现了首款 VR 全身触控体验套件 Teslasuit。根据中商产业研究院的报告，我国 2019 年的芯片设计市场规模已达到 2 947.7 亿元，并且预测 2021 年我国芯片设计行业市场规模将近 4 000 亿元。

驻留消费终端的关键处理软件包括 Chat Bot 技术、图像增强技术、人机交互技术和感知技术。例如，淘宝网店中常见的客服 Bot，可以针对客户的问题提供一些链接，提高了解决问题的效率。百度新闻的聊新闻，能够提炼出新闻的核心内容及其内在联系，提高用户阅读新闻的效率。图像增强技术可以实现图像细节还原、降噪、色彩校正、对比度增强、运动补偿等效果。深圳创达云睿智能科技有限公司的 UDrone 意念无人机提供了脑机接口设备 UMindLite 意念机，通过分析脑电波信号，达到理解意图、控制无人机的效果，实现人机交互。此外，一些智能手机已经有了诸如笑容检测等基于情感识别的感知技术，可以在检测到表情的瞬间自动按下快门。

6. 超感知体系技术与装备

超感知软硬件产业涉及数字创意背景下人与人、人与物及物与物之间的各种新型沟通交互方式，是数字创意产业的核心部分，具有广阔的发展前景。通常数字创意产品经过测试、生产、传播和服务等多个环节来实现流通运营，其中，超感知软硬件产业可以综合多个环节，使得各个流程之间可以无障碍、无摩擦地反馈与交流。

超感知软硬件的关键技术主要为数据采集技术，以分系统或系统级的高级演示能验证超感知软硬件产品为载体，该技术可通过模拟使用环境验证。目前，我国为了推进数据采集的全面性和准确性，在数据采集技术领域引入 ERP（enterprise resource planning，企业资源计划）、OA（office automation，办公自动化）、EAP（employee assistance program，员工帮助计划）等系统，优化了信息化管理的施工环节，提高了行业效率。其与各类多媒体技术的结合也在数字创意多个领域中得到了广泛应用，如《声临其境》节目组为达到完美的演出效果，每期节目都以热像技术为基础，通过数据采集技术分析和雾霾成像技术，在舞台表演中达到“见影不见人”的科幻效果，凸显人物的轮廓，将“有温度的画面”真实地呈现在观众面前，增强节目视觉与听觉的融合，为观众带来了极佳的体验感。我国超感知软硬件产业具备在相关生产环境下制造原型系统或分系统的能力，但我国现有超感知领域传感器制造品种数仅 3 000 个左右，产品制造满足率 60%~70%，还难以满足国内数据采集的市场需求。一方面，从超感知软硬件行业产品结构看，进行产品生产销售的企业数量虽大幅增加，但生产出的老产品比例占 60% 以上，高新技术类产品更少，集中生产还存在欠缺，产业集中度较低；另一方面，随着我国的数据采集市场步入快速发展期，市场收益快速增长，迈入利润阶段；以生产和销售人员为主的从业人员规模大幅增加。现有发展状况足以证明我国超感知行业传感器制造业仍处于由传统型向新型传感发展的关键阶段，需集中力量，保障未来新型传感方式向微型化、多功能化、数字化、智能化、系统化和网络化推进。2018 年，数据感知采集领域共有 61 家企业完成了 71 笔融资，融资总额达到 231.93 亿元，同往年相比，获得市场融资的企业和金额均大幅上升，市场前景广阔并得到大规模商业化推广，相关新产品商业化程度不断提高与兑现，伴随市场占有率的快速增长，通过快速发展和整合，数据采集规模壁垒，商业变现力不断增强。2018 年，超感知体系下的数据采集行业市场规模约为 3 950 亿元，同比增长约 19.5%，由于国内及国外的供需情况短期内难以达到平衡，故数据采集行业的市场需求旺盛，具备一定的市场接受度和竞争优势度，产业新技术产品受到媒体和业界的积极推广。

进入 2021 年后疫情时代，我国数字化产品和创意服务深度驱动经济增长，数字化转型加速，数据采集与应用市场发展整体向好，用户对大数据的需求稳步增长，随着各行业大数据建设逐渐成熟、人工智能应用加速渗透，相关场景的落地建设需求将进一步拓展超感知软硬件产业的发展。

10.3.2　数字内容领域

数字内容是信息技术与文化创意高度融合的表现形式，涵盖在线教育、动漫游戏、数字展览、数字表演、网络服务等多个形式，是多种文化类型与生活娱乐的交叉体现。提高数字内容创新力度，进一步打破数字内容创作边界，深入推动与其他产业的多维互动和融合发展，是焕发我国数字创意领域发展活性的关键所在。

1. 在线教育

在线教育即 e-Learning，又名远程教育、在线学习，现在泛指一种基于网络的学习行为，与网络培训概念相似，在线教育结合云计算、大数据挖掘、数字传媒等多类信息技术，依托互联网为载体进行学习与教学，是一种由数字新时代应运而生的学习方式。与传统教育相比，在线教育使得知识获取的途径产生了根本变化，突破了地域限制，教与学不受时间、空间和地点条件的约束，知识获取渠道丰富多样，为用户提供了海量的学习资源，能够满足不同人群的学习需求。

当前，我国教育行业基本可以划分为以下几个领域（图 10.9）：一是面向校内（学校或政府）的教育信息化；二是面向校外（个体或机构），包括早幼教、K12（kindergarten through twelfth grade，从幼儿园到 12 年级）教育、高等教育、职业培训、语言学习、素质教育。

根据艾瑞咨询集团的数据，2020 年在线教育行业市场规模达 2 573 亿元，同比增长 35.5%，整体线上化率 23%~25%。其中，早幼及素质教育赛道、K12 学科培训赛道在线化进程加快是在线教育市场快速增长的主要贡献因素。由第 47 次《中国互联网络发展状况统计报告》，截至 2020 年 12 月，我国在线教育用户规模达 34 171 万

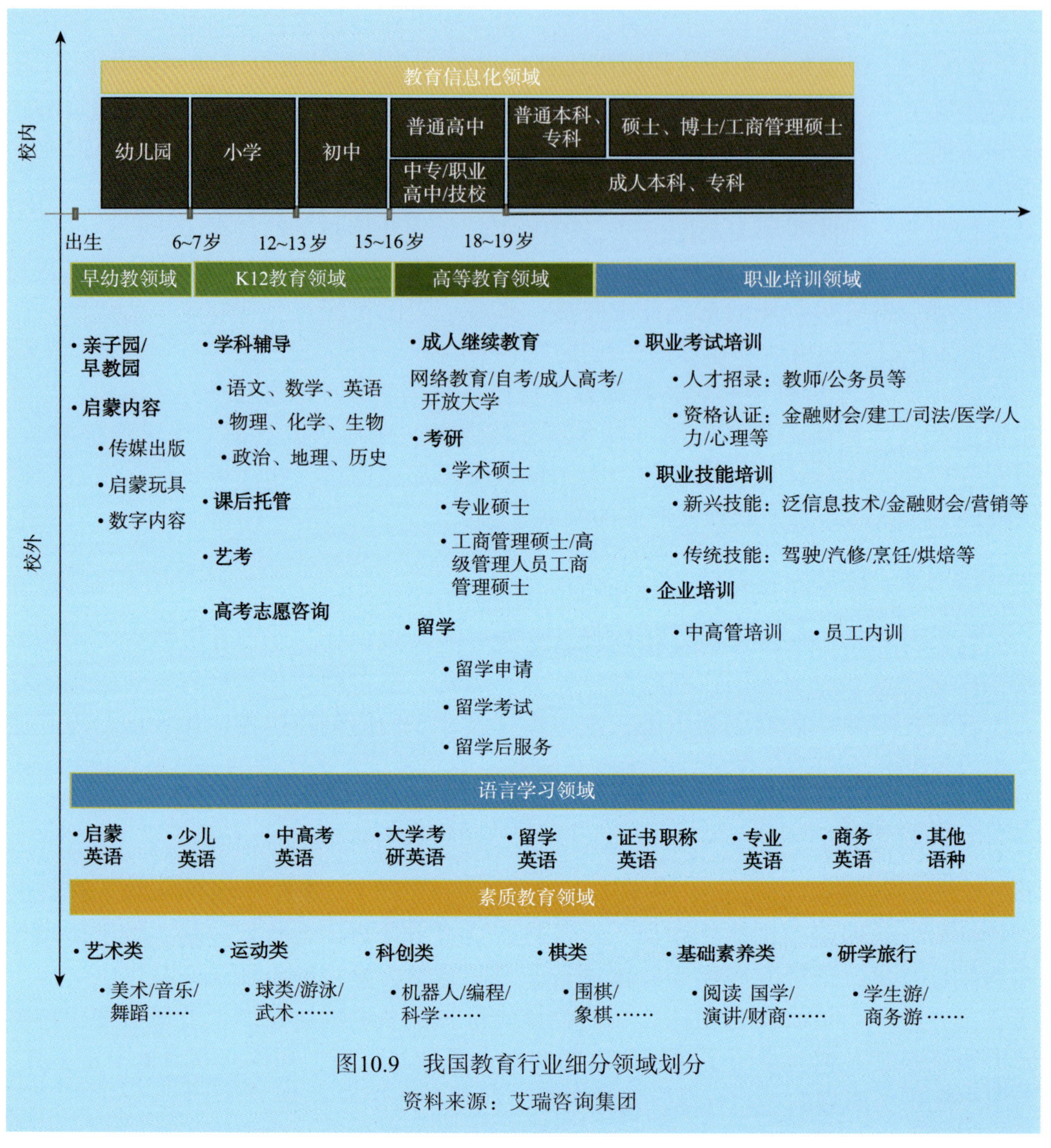

图10.9　我国教育行业细分领域划分

资料来源：艾瑞咨询集团

人，占网民整体的34.6%，较2020年3月减少8 125万人（图10.10）；手机在线教育用户规模达34 073万人，占手机网民的34.6%，较2020年3月减少7 950万人（图10.11）。2020年下半年随着新冠肺炎疫情防控取得积极进展，大学、中学、小学基本恢复了正常的教学秩序，在线教育用户规模进一步回落，但较疫情之前（2019年6月）仍增长了10 925万人，行业发展态势良好。

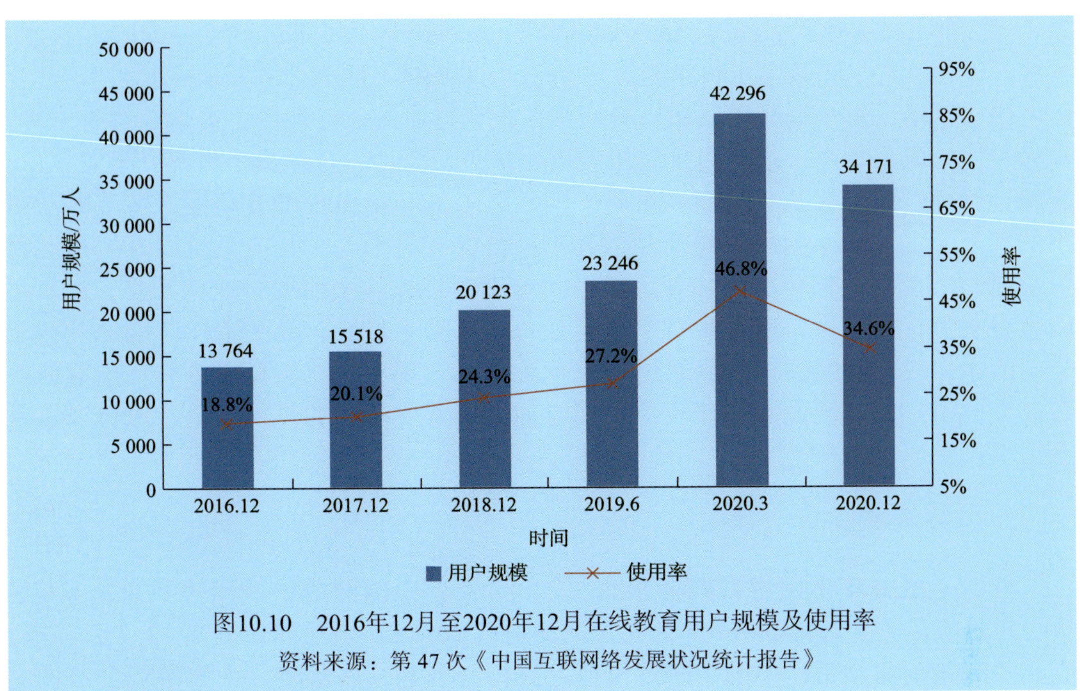

图10.10 2016年12月至2020年12月在线教育用户规模及使用率

资料来源：第 47 次《中国互联网络发展状况统计报告》

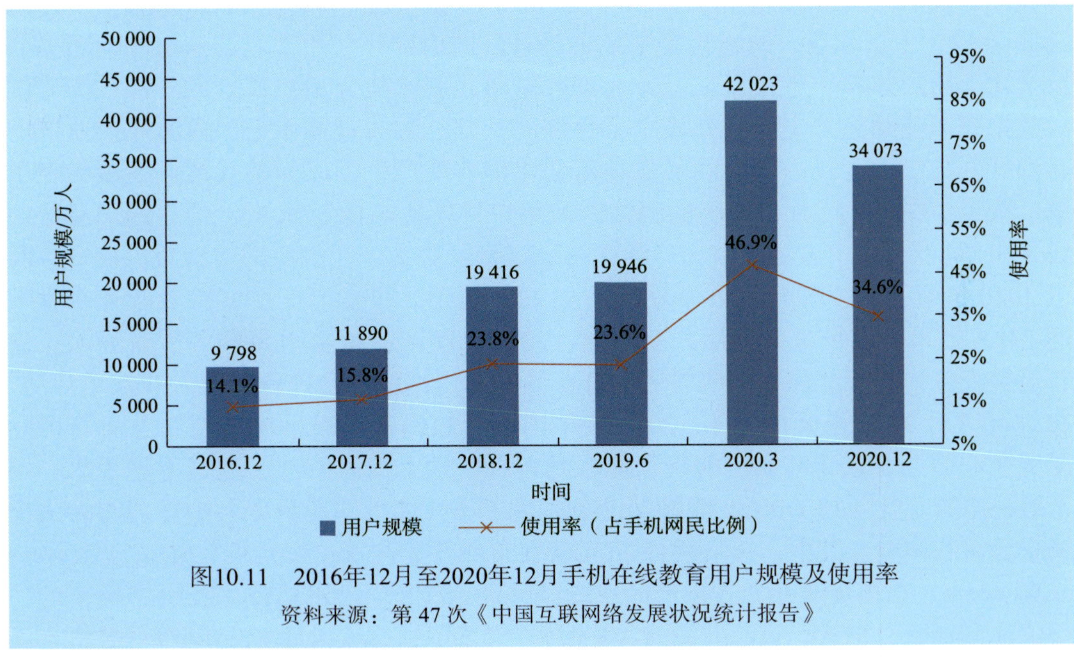

图10.11 2016年12月至2020年12月手机在线教育用户规模及使用率

资料来源：第 47 次《中国互联网络发展状况统计报告》

2021 年 7 月 24 日，中共中央办公厅、国务院办公厅印发了《关于进一步减轻义务教育阶段学生作业负担和校外培训负担的意见》，该意见指出，将“坚持从严治理，全面规范校外培训行为”。这就意味着，在线教育公司均面临转型问题，目前，已有多家在线教育龙头公司宣布向素质教育或职业教育转型。7 月 28 日，猿辅导宣布进军素质教育领域，上线“南瓜科学”，致力于打造中国首个人工智能互动内容 +

动手探究的 STEAM（science，technology，engineering，arts and mathematics，科学、技术、工程、艺术和数学）科学教育产品；好未来旗下成人业务板块“轻舟”，整合了考研、语培、留学等教育领域，巩固其在教育行业的业务范围。高途公司官网称，高途专注于成人教育，现着力于实用英语、日语、会计、公务员、教师、事业单位、金融、管理、医疗考试、财商、考研、四六级英语和雅思等细分赛道。字节跳动旗下的瓜瓜龙也上线了素质教育产品，其产品分类有美术人工智能系统课及编程课程等。同时，在线教育转型面临着市场空间缩小的挑战。之前的行业认知是，K12 在线教育有万亿元规模，职业教育和素质教育规模为千亿元。对于不能帮助提升孩子成绩的素质教育，家长付费意愿远远没有 K12 高。现有在线教育业务将在国家新教育政策的引导下实现健康有序发展，同时加大对素质教育的投入，以新形势对接大众需求。

2. 网络游戏

根据《2020 年中国游戏产业报告》，2020 年，中国网络游戏用户数量达 6.6 亿人，市场实际销售收入 2 786.9 亿元，同比增长 20.7%，增速同比提高 13 个百分点。在相关政策的驱动下，中国“游戏出海”目标得到进一步落实，中国游戏公司自主研发的产品在海外市场实际销售收入达到 154.5 亿美元，同比增长 33.6%，增速同比提高 12.3 个百分点，国际化水平显著提升。国内游戏厂商针对游戏市场应用的当地文化、用户体验、游戏习惯等方面刻苦钻研，制作契合用户喜好的产品，为中国游戏把握市场动态并走向海外确立了良好的基础。游戏直播作为国内游戏产业链的新形式，与电子竞技一同推动了各类新文化消费的产生，成为游戏产业发展的新引擎。截至 2020 年 12 月，中国的网络游戏用户群体达 5.18 亿人次，约占网民总数的 52.4%，可以看出中国游戏市场持续保持稳定发展势头，在主要网络游戏厂商中，腾讯 2020 年第三季度游戏服务净收入达 412.22 亿元，网易第三季度游戏服务净收入达 138.6 亿元，市场虽面临用户获取难度增加、新产品竞争力减弱等因素影响，但新冠肺炎疫情的持续作用仍使得居家群众倾向利用网络平台进行各类游戏娱乐活动。2021 年 7 月 30 日至 8 月 2 日，2021 年中国国际数码互动娱乐展览会在上海新国际博览中心举办，在咪咕展台的玩家体验到各种终端上的云游戏，通过黑鲨手机、小米智能电视、比亚迪 DiLink 等终端设备，足不出户即可感受覆盖各类智能终端的全场景云游戏体验。其中，咪咕联合 NOLO 发布的行业首款“百元级”3DoF（degrees of freedom，自由度）手机 VR 产品——“移动云 VR”蓝牙套装，吸引了玩家的广泛关注和体验。据悉，该套装内含 VR 眼镜、3DoF 蓝牙交互手柄，用户只需将自己的手机插入 VR 眼镜，并通过蓝牙连接手柄，两步简单操作即可享受媲美千元专用头戴式显示设备的 3DoF VR 体验，包括 6.5 万小时海量 VR 视频、超百款 VR 游戏等，用户的游戏体验在技术的加持下得到进一步改善，网络云端游戏的市场具备广阔发展前景。同时，随着国家游戏版号政策的深入落实，游戏审批过程变得更加严格，游戏厂商使命责任感增强、国内开发硬实力不断提高，中国国产优质游戏产品不断涌现，用户市场价值也不断飙升。手机网络游戏也成为中国网络游戏市场的重要组成部分，除《明日方舟》《王者荣耀》《阴阳师》等手游市场常青树外，中国游戏产业依然致力于开发更多优质手游吸引用户，手游平均月上新量为 57 款，日产出约为 2 款，不仅数量可观，其产品质量也有所保障。2020 年上半年，莉莉丝《剑与远征》、哔哩哔哩《公主连结》、腾讯《一人之下》、阿里互娱《三国志幻想大陆》等优质游戏入驻市场，2020 年下半年，椰岛游戏《江南百景图》、中手游《新射雕群侠传之铁血丹心》、米哈游《原神》、腾讯《天涯明月刀》、游族《少年三国志：零》、腾讯《使命召唤手游》等进入大众视野，这些产品横跨 RPG（role-playing game，角色扮演游戏）、MMORPG（massively multiplayer online role playing game，大型多人在线角色扮演游戏）、FPS（first personal shooting game，第一人称射击游戏）、放置、模拟经营、卡牌等多个游戏种类，为不同用户受众提供了选择，其中，《原神》在这些游戏中大放异彩，将“开放”的世界观引入游戏当中，其与二次元文化的完美融合，使它在国外市场也取得了优异的成绩，仅发布十天后就在全球应用商店中取得了近 9 000 万美元的收入，并荣获中国、美国、韩国 2020 年 10 月游戏畅销榜第一，日本第二，为 2020 年手游市场贡献了可观的经济效益和正向价值，也让全世界看到了中国国产手游的巨大潜力。

除此之外，为了遵循修订版《中华人民共和国未成年人保护法》第五章“网络保护”的法律要求，中国游戏厂商执行了一系列调整，实名认证系统在游戏中得到进一步完善，腾讯继 2021 年 8 月初宣布推出游戏未成年人保护“双减双打”措施后，8 月 3 日，《王者荣耀》向用户发布了健康系统升级公告，进一步加大对未成年人的保护力度。具体措施包括禁止未满 12 周岁的用户充值、12 周岁（含）至 16 周岁的用户单次充值限额为 50 元等，确保防沉迷工作的开展，营造健康网络游戏生态。凭借中国游戏行业的共同努力，现有游戏产品开发水平和服务用户运营水平均达到新高度，游戏企业创作出一批高质量的作品，在画质、玩法、故事情节上都有了突破。未来，在拥有 5G、云计算、人工智能等技术辅助的研发平台下，中国将不断推动游戏创新发展，提升中国游戏的核心竞争力。

3. 网络传媒

互联网媒体又称网络媒体，泛指通过互联网信息传播平台，以电脑、电视机及移动设备等为终端，以文字、声音、图像等形式来进行数字化信息传播的传播媒介。其媒体受众覆盖面广、传播速率快，相较传统媒体形式具备更高的影响力。网络传媒的应用主要体现在网络短视频、网络直播、网络音乐与文学等领域。

中国互联网络信息中心发布的第 47 次《中国互联网络发展状况统计报告》统计，截至 2020 年 12 月，我国网络视频用户群体达 9.27 亿人次，占网民整体的 93.7%，较 2020 年 3 月增长约 0.76 亿人次，视频用户的快速增长与 2020 年内网络视频整体质量优异、网络平台的运营服务更贴合用户预期、平台业务对接更加成熟等因素紧密相连。

具体来说，网络视频整体质量优异体现在以下几个领域：在网络综艺领域，我国综艺节目策划不再照搬外国现有的成功综艺模式，而是在明确垂直用户的综艺观看需求，保障节目的呈现水准之下进行的，并通过正常的营销和用户在社交媒体上的反馈，形成良性的社会影响力，从而加强综艺的普及度，让更多人享受到原创综艺类型的趣味性；在网络剧领域，各大平台在了解市场热门话题的基础上，选择一些拥有更多受众的明星出演剧作，在剧作开播之前就形成流量累积效应，同时平台在剧集创作时，不拘泥于剧集形式，开发了短剧、竖屏剧、互动剧等创新表现方式，进一步扩展用户的观剧年龄段；在网络电影领域，线下院线电影开始参与网络发行，实现票房分账，改善新冠肺炎疫情延续下的线下观影低迷状况。同时，视频网站也对包月会员价格进行调整，其中爱奇艺将每月 15 元调整为每月 19 元，直接增加平台收益。除此之外，视频网站加大对支付领域的布局，构筑视频网站与电商平台的交易闭环，第三方支付手段会增加运营成本，频繁切换后台也对用户的使用体验造成影响，因此，视频网站开发自身的支付板块，不仅有利于实现企业对用户输出流程的一体化，也可以通过支付收集用户数据，以帮助视频网站更有针对性地进行内容推荐和产品营销。总体而言，用户对网络视频的认知度和喜爱度的提升、网络视频付费意识的形成，以及网络观看体验的不断优化，使得网络视频与人们的日常生活联系也更加紧密。网络视频行业内部更是把紧跟大众热点话题作为内容产出的重要源泉，加强网络视频与用户的互动性，跨平台之间也进一步加快融合步伐，构成网络视频发展的关键原因。

网络直播作为网络视频的衍生，相较于网络视频，主要特点是其互动娱乐性。其与用户的交流沟通不拘泥于空间、地点，符合当下大众数字媒体的发展趋势。截至 2020 年 12 月，我国网络直播用户群体达 6.17 亿人次，占网络用户整体的 62.4%，较 2020 年 3 月增长约 1.23 亿人次，其中，游戏直播、真人秀直播、演唱会和体育赛事直播是直播的热门组成类型。一方面，斗鱼、虎牙、YY 等平台依旧延续真人秀直播和网络游戏直播为主的平台运营模式，保持平台营业收入的稳定增长。伴随着不良内容的精准化整治和行业标准的进一步完善，直播平台正形成规范化、理性化的服务态势。另一方面，在疫情得到有效控制但难以消除疫情影响的当下市场环境，依靠全民自媒体化的开展背景，个人品牌成为解决产品滞销问题的关键所在。例如，网络红人华农兄弟，通过短视频和直播带货为家乡滞销的脐橙、笋干、香菇干等农产品打通互联网销路，不仅帮助乡民致富，也为农业领域产出推广提供了思路。同时，为了贯彻乡村振兴战略，传统行业与电商直播的联合也得到政府政策的大力扶持，政府凭借一系列电商直播协会、电商直播基地的成立，大力挖掘电商直播人才，网络直播带货成为拉动我国经济内循环增长的高效渠道。

在网络音乐方面，截至 2020 年 12 月，我国的网络音乐用户群体达 6.58 亿人次，约占网民总数的 66.6%，新冠肺炎疫情使得线下音乐表演的进程暂停，线上音乐直播成为网络音乐行业拓展业务的重要渠道，如腾讯音乐推出了 TME live、腾讯音乐人原力派对直播季等线上演出，并利用 QQ 音乐平台策划了“家年华和你宅一起”等音乐活动，网易云音乐、抖音、快手、哔哩哔哩等平台也纷纷推出各自的音乐直播项目。据不完全统计，2020 年内，在我国进行的网络音乐直播现场超过 100 场，既有陈奕迅、孙燕姿、林俊杰、TFBOYS 等大众熟知的主流艺人，也有惘闻、九连真人、秘密行动等大量的摇滚乐队，Billie Eillish、Dua Lipa 等国外艺人的在线演唱会也与国内互联网平台进行同步演出，使用户在疫情期间也能享受网络音乐的趣味。目前，我国网络音乐市场已迈入存量竞争阶段，用户的版权付费及演出付费将成为网络音乐市场的收入重点，进一步利用 5G 和区块链等技术加快行业内部的技术拓新，收集用户数据并建立用户画像，延展网络音乐的应用场景，是未来网络音乐行业继续增长的动力源所在。

中国音像与数字出版协会于 2020 年 9 月颁布 5G 场景下的网络音乐行业标准《基于 5G 数字音乐超高清音质技术要求》，提出进一步完善我国 5G 网络环境下超高清音质的质量管理规范，为数字音乐的超高清音质发展提供技术标准的支撑和保障。在网络文学方面，我国网络文学用户群体达 4.60 亿人次，约占网民总数的 46.5%，在自创作和自媒体形式高度发达的今天，网络文学的应用形式更加丰富多彩，除文学创作本体以外，还结合跨平台合作、影视改编等多样融合途径，成为具有商业化模式的、可运营的文学“产品”，并伴随网络文化同娱乐行业日渐密切的合作，建立了全新的“网络公共话语空间”，受到多个互联网巨头的重视。2020 年 11 月，字节跳动收购了掌阅科技 11.23% 的股份，获取了移动阅读分发平台的主动权，标志字节跳动正式进军网络文学业务。除此之外，淘宝上线“书旗小说”，引导淘宝用户的流量进入数字阅读。网络文学在未来将继续突破受众壁垒，成为我国向外输出文化底蕴和本土影响力的渠道之一。

目前，我国创新设计区域的集聚和辐射格局基本形成。联合国教育、科学及文化组织将“设计之都”“手工艺与民间艺术之都”“电影之都”“媒体艺术之都”等称号授予我国多个城市，如深圳、上海、北京、武汉、杭州、苏州、景德镇、青岛、长沙等。2019 年 10 月，首届中国（杭州）国际智能产品博览会盛大举行，全面呈现了数字经济和人工智能技术的成果转化、融合带动及应用进展。

在企业创新设计方面，诸多重点企业具备了国际性的竞争力。中国创新设计产业战略联盟成功组建，通过联合“产学研、媒用金”各方力量和创新资源，形成了多元化的技术和服务平台，为国家创新设计整体能力提升、创新驱动发展战略实施提供了基础性和关键性的支持。

随着生物工程、新能源、新材料等技术的成熟，以及全球市场多样化和个性化，资源环境压力增大，应对气候变化等当今人类社会亟待解决的重大科技和社会问题也推动了创新设计价值理念的进化。《中国制造 2025》已将提高国家创新设计能力列为重要战略任务。我国在装备制造、文化创意等领域的创新设计能力已经取得重大突破。为健全工业设计创新发展支撑体系，需加快国家工业设计研究院的创建，带动省级工业设计研究院的发展。2018 年 7 月，在工业和信息化部印发关于《国家工业设计研究院创建工作指南》的通知后，国家工业设计研究院创建工作正式启动。

截至2017年底，我国共有国家级工业设计中心110家，设计产业的区域集聚和辐射效应基本形成。

10.4 中国数字创意产业发展中存在的问题

10.4.1 数字创意技术装备创新支撑不足

数字创意产业是现代信息技术与文化创意产业逐渐融合而产生的一种新经济形态，强调依靠团队或个人通过技术、装备、创意和产业化的方式进行数字内容开发、视觉设计、策划和创意服务等。其中，技术与装备创新是推动数字创意产业发展的中坚力量。然而，目前我国在创新设计、数字内容生产和制作、数字内容传播、数字服务融合及超感知等数字创意技术与装备领域的创新支撑不足，与欧洲、美国、日本、韩国等发达国家和地区还有一定的差距，主要不足体现在以下五个领域。

1. 创新设计领域

在创新设计方面，我国在智能硬件产品设计领域仍存在不足。第一，电子元器件是硬件创新产品的一个瓶颈。无论是智能手机，还是智能可穿戴、智能家居、智能车载、智能机器人、智能无人系统等创新硬件通常在外观上有更高的要求，特殊的地方更多，如手表留给电子的空间很小，手环更小，如何将更多、更可靠的功能置入，对元器件的要求就更高。然而，我国微型高性能电子元器件仍需依赖进口，电子元器件工艺仍待进一步加强。相比海外市场的成熟，国内仍然在规则成型、产业链的完善中。第二，缺少创新环境和氛围及投资支持。国内投资人对硬件创新方面的热情不高，普遍认为现在国内硬件创新环境不够成熟，国内公司缺少对用户的关注及对产品和技术的积累和经验。

2. 数字内容生产和制作领域

在数字内容的生产方面，我国在超高清视频领域存在不足。第一，我国在超高清摄像机等核心器件方面的研发投入不足。摄像机是摄取超高清视频内容的重要环节，我国在摄像机的基础器件上的研发产品只能进入中低端市场，高端器件及整机集成基本依赖进口。超高清器件的研发仍需大量资金的持续投入，以支撑超高清视频产业将面临的更为严峻的技术攻关。第二，行业对于超高清视频的帧率、传输码率等关键技术指标缺乏统一的标准。超高清视频应用最早始于美国、英国、日本、韩国等发达国家，因此它的技术演进路线受国外企业影响较大。我国企业在超高清视频领域起步较晚，基础技术研究积累较少，导致产业链中对包括信道、接口、安全、应用等超高清视频关键技术指标缺乏统一的标准。技术标准的不统一和认证规范的缺失，导致现有超高清视频各环节发展参差不齐，容易在核心技术标准方面受制于人，且难以生产具有市场竞争力的产品，将影响产业的未来普及和发展。第三，优质内容供给匮乏。超高清视频内容制作困难，内容制作成本高、产出回报周期长、版权无法完全保护等问题，造成内容生产企业在超高清视频制作、网络改造和设备采购等方面信心不足。第四，能够应对市场需求的解决方案较少。目前，各行各业针对超高清视频都有不同的行业需求，而下一代无线通信网络技术、AI 技术，以及边缘云计算技术等新兴技术与超高清视频的结合点尚不清晰，没有形成能够应对市场需求的个性化集成解决方案，导致行业融合发展仅停留在表面。

在数字内容的制作方面，我国的数字内容加工处理软件支撑略显不足。对于高端的数字内容制作和创新设计软件，包括 VR 内容制作、工业设计软件、动漫游戏制作引擎软件等，国产软件系统不能高度集成，各模块之间的配合度不高，缺乏软件内部控制功能，贡献率低，处处受国外软件的制约。国外企业占据大部分数字内容加工处理软件技术方面的专利，我国尚缺乏自主知识产权，对国外数字内容生产加工软件技术的依赖势必会对我国数字创意产业的发展形成阻碍。我国应加大研发投入，对数字内容生产加工软件进行自主研发，争取早日摆脱国外企业的掣肘甚至超越国外软件，达到世界领先水平。

3. 数字内容传播领域

在数字内容传播方面，我国视频编解码技术的发展仍处于劣势状态。国际上视频编解码技术通过几十年的发展，已经取得了众多研究成果。相对来说，我国在数字音频编码领域的研究起步比较晚，研究基础相对薄弱。第一，在混合编码算法的研究方面，我国虽然已经实现了数字音视频编码标准的出台和初步应用，但其实现复杂度较高，以及存在复杂的知识产权问题。第二，在可伸缩视频编码研究方面，国内正在积极推进。但是，总体说来，国内的相关研究主要还是以国外的研究成果为基础，创新性和影响力与国外的研究成果相比，还比较薄弱。第三，在多视点编码算法研究方面，国内的研究处于初级阶段，仍需依赖国外新型的编码工具、新型的预测工具及预测结构。

4. 数字服务融合领域

在数字服务融合方面，我国在 3D 音频技术及 VR/AR 技术方面仍存在一定的问题。在 3D 音频技术上，我国缺乏对于 3D 音频技术的研发投入，从事该领域研究的人员较少，导致自主研发的 3D 音频技术基础薄弱，没能形成完整成熟的音频解决方案。目前，我国终端产品使用的 3D 音频技术仍然以国外的技术为主，对国外技术的过分依赖势必会阻碍我国未来技术的进一步发展，且难以生产具有市场竞争力的产品。在 VR/AR 技术上，我国对 VR/AR 技术的研发投入不足，如何鼓励人才加入对 VR/AR 技术的研发，着力解决 VR/AR 产品实际应用中存在的问题是我国需应对的挑战。目前，我国尚处于VR内容制作的探索阶段，现有数字内容转为VR内容有难度，而且在没有一个行业标准的情况下，各企业独自转换内容所带来的成本比较高。

5. 超感知领域

超感知涉及数字创意背景下人与人、人与物、物与物之间的各种新型沟通交互方式，是数字创意产业的核心部分。在超感知交互方面，我国相关技术的发展还处于起步阶段，仍需引进国外的技术，如多元数据处理、实时动作捕捉、实时定位跟踪等。目前，我国现有超感知领域传感器制造品种数仅3 000个左右，产品制造满足率60%~70%，还难以满足国内数据采集的市场需求。此外，我国超感知行业传感器制造业仍处于由传统型向新型传感发展的关键阶段，需集中力量，保障未来新型传感方式向微型化、多功能化、数字化、智能化、系统化和网络化推进。

10.4.2 数字内容创新竞争力不足

优质数字内容是数字创意产业战略中的核心组成部分，制作精彩优质的内容不仅需要花费更多时间和资源，也需要创意人才的投入，数字内容形式多样化（文字转音频、音频转视频）、UGC（它可以是社交账户下的评论，也可以是用户的某一篇点评推荐的博客，其往往更具说服力，更容易让同一类型受众产生认同感）的二次利用也是数字内容创意的重要源泉。

目前，我国优质内容的稀缺制约数字创意产业的发展，在内容总体表现上，优质作品供给不足、劣质作品产能过剩、数字内容形式模仿抄袭现象仍然存在。内容产出层面上，虽然现有人工智能内容生成工具可以辅助行业完成一些特定场景下的应用，但专业商用场景发展始终受限，过于追求创作效率也使得行业内部忽略了内容生态的重要性，在当前数字产业下，汇聚了大量短小、新颖、快捷的数字内容形式，但碎片化的传播难以形成反馈式的思考与长期性的沉淀，无疑对内容的传承造成了一定冲击。数字内容创作行业自身需要强化内容审查把关机制，将更加优质的商业服务赋能于内容表现，扶持一批龙头企业，以创新为驱动，携手改善当前内容创新竞争力不足、内容质量不高、文化内涵匮乏等问题，在传播我国文化艺术精髓的同时，关注国外优秀文化内容，取长补短，为我国数字内容创新发展营造更优越的环境。

10.4.3 创新设计理论实践应用不足

创新设计是数字创意相关产业发展的源泉。我国已是全球制造大国，但还不是设计制造强国，创新设计是实现从“中国制造”到“中国创造”的重要创新支撑，是把握数字创意产业新一轮产业革命的关键。虽然我国创新设计开始崛起，但是总体水平大而不强。创新设计涵盖工程设计、工业设计、服务设计等各类设计领域，分别存在以下问题：①跨学科协同创新不足，导致设计与产业的融合度不高，不能满足企业及国家重大战略需求；②企业缺乏原创设计和核心专利，多数企业重制造、轻研发设计的思想依然严重；③设计服务企业竞争力弱，仍存在体系不健全、服务平台不完善、资源不共享、设计成果转化不及时和交易机制不健全等问题。创新设计缺乏龙头企业和品牌支撑，数字创意产业的推进必须以一批实力强、技术创新水平高的龙头企业为依托。目前，在全国范围内具有代表性的数字创意企业为数不多，尽管有腾讯、万达和阿里巴巴等世界500强企业，它们表面上在数字创意内容方面具备一定影响力，但其实仅有“世界最大游戏公司”腾讯在游戏领域具备较强的全球竞争力。

因此，要重点突破设计理论方法和基础，如建立以数字创意市场数据为主要依据的创新设计竞争力评价指标体系，建设数字内容资源大数据共享平台等，还要开放、融合全球先进的创新设计理论、技术等资源，促进跨区域、跨学科、跨领域的知识交流和融合发展。

10.5 中国数字创意产业发展思路与重点任务

10.5.1 数字创意技术装备发展思路与重点任务

技术与装备创新是推动数字创意产业发展的中坚力量。整体来看，我国在视频生产、网络传输、终端呈现、核心元器件、平台服务及行业应用上逐渐完善。在显示技术与消费装备、超高清内容生产与传播技术、4K超高清电视、标准制定四个方面都实现了卓越发展。但一些关键元件、高端设备、工业基础软件依旧难以自给自足，与发达国家存在一定的差距。因此，需要加大对技术短板的研发力度，获得国际新兴产业竞争的话语权，全面提升我国的国家竞争力和影响力。

1. 数字创意技术装备发展思路

1）超高清产业

到2025年，精密光学镜头、CMOS（complementary metal oxide semiconductor，互补金属氧化物半导体）图像传感器、4K/8K高速处理芯片、编解码芯片等核心元器件形成产业化能力，国产4K摄像机、专业视频监视器等前端设备形成产业化规模，丰富超高清智能电视、机顶盒、摄像设备、投影设备等终端设备的供给；全面普及符合HDR、宽色域、3D声、高帧率、高色深要求的4K电视终端；其中，8K电视机销量占超高清电视机总销量的比例超过15%（2022年预计超过5%）。4K/8K超高清电视家庭渗透率超过85%；全国开展不少于20个4K频道（2021年为7个频道）；加大互联网、IPTV（internet protocol television，交互式网络电视）等宽带应用的超高清内容的分发业务推广力度；丰富优质超高清节目供给，面向影视剧、体育、综艺节目、纪录片等类型加大内容供给，实现4K超高清节目制作能力超过10万小时/年，8K超高清节目制作能力达到1万小时/年；加大超高清视频在文教娱乐、医疗健康、安防监控、智能交通和工业制造等各垂直行业的应用规模，使得超高清视频产业产值达到7万亿~8万亿元。

2）VR/AR产业

到2025年，我国VR产业整体实力进入全球前列，攻克近眼显示、3D图形生成、配准建模、动作捕捉、定位跟踪、渲染处理等VR关键核心技术，光学传感器、惯性传感器、声学传感器、图像处理芯片、光学显示面板等核心器件形成产业化能力，VR/AR头戴式显示设备、一体机等终端整机设备和眼球追踪、语音交互、动作捕捉等交互设备形成产业化规模，并培育若干家本土VR企业达到全球领先，推动VR技术与各垂直领域（制造领域、教育领域、文化领域、健康领域等）的深度融合渗透，从而促进各垂直领域的经济质量提高。到2025年，我国VR/AR产业产值均超3 000亿元，且AR产业市场规模将超VR产业。其中，VR头戴设备达到世界领先水平，AR眼镜实现自主生产，拓展VR/AR与教育、医疗、商贸、文化、工业制造等各领域的应用，带动各交叉行业领域经济快速增长。

3）3D全息投影产业

到2025年，我国3D全息投影产业整体实力保持全球前列，拥有多项自主知识产权专利，全息投影设备，如高亮度全息投影仪、全息投影屏幕、全息投影成像膜、多角度拍摄实时建模系统等形成产业化规模。到2025年，全球3D全息投影产业产值将达到5 000亿元，国内企业占据全球全息投影市场大部分份额。进一步推动3D全息投影技术与教育、文旅等领域的相互结合，从而促进教育和文旅领域快速发展；拓展全息社交通信、全息家庭互动、全息明星互动、全息在线教育、全息在线会议等各种主流全息应用；探索3D全息投影技术在医疗、商贸、工业制造等领域的应用，提高各领域经济发展水平。

4）数字内容生产和创新设计软件

目前，工业设计软件市场规模达2 000亿元，但国内CAD/CAE设计及仿真软件和EDA设计及仿真软件市场等90%以上份额被国外企业占据。到2025年，我国工业设计软件市场将超5 000亿元，为了避免受制于人，我国需要开发出具有完全自主知识产权的可替代国外相应产品的高端数字内容生产软件，包括高端校色软件、高端3D建模软件、动漫游戏引擎软件等。在工业设计软件上，一方面，我们需要开发出具有完全自主知识产权、可替代国外相应产品的基础工业设计软件，并且保证通用性强、开放性强、稳定可靠、界面友好。另一方面，对于在航空航天、轨道交通、电子信息、汽车机械、能源等专业领域使用的专业工业设计软件，我们需要研发出至少满足基本功能的具有完全自主知识产权的国内产品。

2. 数字创意技术装备重点任务

1）超高清视频技术装备

加快研发超高清视频关键器件。关键器件方面，尽管我国在SOC核心芯片、音视频处理芯片、编解码芯片、存储芯片、CMOS图像传感器、新型显示器件、高精密光学镜头、光学镜片等方面已经打破国外垄断，但仍存在较大短板。超高清视频产业链中的采集、制作、编码、网络传输、终端等设备中部分关键元器件依赖进口，面临着产品配套、集成验证、生态构建等方面的问题。因此，在精密光学镜头、光学镜片、4K/8K高速处理芯片和编解码芯片等方面要引导有研发能力和制造能力的企业进行技术攻关，形成面向高端产品可持续化的产业格局，弥补超高清视频技术关键器件的短板。统筹推进超高清视频全产业链各环节关键技术产品研发，重点支持超高清视频采集设备、制作设备、编解码设备、网络传输设备、图像处理芯片及4K/8K显示面板的研发与产业化。另外，还需要提升4K/8K显示终端质量，加快布局8K超高清显示领域，推动国产显示设备转型升级，加速硅基有机发光二极管、微发光二极管、光场显示等微显示技术的储备。

加快研发超高清视频基础核心技术。核心技术方面，色度学、光电转换函数、音频处理算法、高速数据传输接口、视音频编解码等基础技术研究积累较少，导致产业链中内容制作、网络传输、内容分发等不同类型的企业对超高清视频的帧率、传输码率等关键技术指标缺乏统一标准。现有超高清视频各环节发展仍然参差不齐，容易在核心技术标准方面受制于人。因此，需要支持色度学、HDR转换函数、音频处理等基础技术研究。突破图像处理、HDR、3D声音视频、面向内容感知和超低延时的视频编解码技术、海量实时流分发技术和下一代融合媒体分发技术等关键核心技术。积累自主知识产权专利，完善HDR、3D声等标准体系，完善AVS3产业体系。

加快发展超高清内容的生产技术，建立超高清内容生产体系，支撑4K/8K高端内容制作，加快建设智能内容生产平台，丰富超高清内容，拓展超高清技术在各垂直行业的应用。在广播电视、文教娱乐、安防监控、医疗健康、智能交通、工业制造等重点领域开展试点示范应用，面向国内系列重大活动和体育赛事，以及经济建设领域的重大战略需求，推动企业开展“5G+超高清”行业应用示范，提升超高清视频内容产品的供给能力。

2）VR技术装备

攻克VR/AR关键核心技术。我国的VR/AR产业链较为完善，但CPU、GPU等关键核心器件90%以上仍需要依赖进口，因此对这些核心关键器件需要开展专项研究。此外，我国的感知交互和渲染计算技术与国外差距明显，还需要加大对近眼显示、3D图形生成、配准建模、动作捕捉、定位跟踪、渲染处理、操作系统等关键技术特别是相关设备的研发力度，对微显示器、图像传感器、声音传感器、动作捕捉传感器等关键核心器件及感知交互设备、内容采集制作设备和整机设备要掌握自主知识产权，整合产业链，降低生产成本。

丰富VR/AR的内容与应用。目前，VR/AR的内容不足是制约产业发展的一个主要瓶颈。我国需要在3D开发引擎、VR/AR内容制作和渲染处理、感知交互等开发设计软件上加大研发投入，在基础设计软件上实现可替代化，缓解开发工具的“卡脖子”问题，此外还需建设内容生产平台，丰富VR/AR的内容与应用，鼓励VR/AR技术广泛应用于各行业领域，打造富有活力的VR/AR生态。

建立我国VR/AR标准规范体系。目前，我国VR/AR标准体系框架尚不健全，在VR/AR硬件、系统、内容等方面缺乏统一标准，不同产品和技术兼容性和适配性有待提高。我国需要组织科研机构、企业、高校等共同制定VR/AR标准体系框架，对VR/AR内容制作、终端显示、行业应用、安全监管等方面进行规范，同时还要实现不同品牌产品、不同操作系统的相互适配。

3）3D全息投影技术装备

加快3D全息投影关键核心技术和装备研发。我国在3D全息投影技术装备上具有先发优势，全息显示技术处于世界前列。但我国仍需加大对光场采集、重建、渲染，以及智能计算视觉、全息图像高速处理算法、全息虚拟人物画音重建技术等3D全息投影核心关键技术的研究力度；在多角度拍摄实时建模系统、光场采集和显示系统、双眼视差智能增强系统等3D全息投影设备上持续进行技术攻关，掌握自主知识产权，形成稳定可持续化的产业格局，加快发展3D全息投影技术装备在教育、文化、医疗、工业制造等重点领域的应用。

4）广播电视5G融合网络

5G移动通信网络具有高带宽、低时延的特点，能够为超高清视频、VR/AR等技术提供可靠的传输保证，5G移动通信网与广播电视网络融合发展，可以实现3D立体、多视角视频等多种新型的广播电视业务，5G移动通信网还具有双向通信的优势，5G移动通信网与广播电视网络融合，使得网络服务商可以根据不同的业务需求来优化传输方式和途径。我国应加快广播电视与5G网络融合，推动无线与有线协同发展，丰富数字创意互动模式，拓展数字创意的应用场景，优化数字创意内容的传播方式。

10.5.2　数字内容创新发展思路与重点任务

随着用户审美水平及个性化需求的影响，市场对数字创意产业的产品和服务提出了更高的要求，“内容为王”成为产业发展的准绳，提供优质的内容产品，吸引文化创意的供给者和需求者成为产业发展的关键因素。当前，受新冠肺炎疫情的影响和国际形势的变动，我国数字内容市场迎来了发展新空间，数字流量和消费的增长也为业界本身提供了更多创作新机遇，但随着时间的推移，数字内容市场将由“增量竞争”转化为“存量竞争”，内容创作也将从一开始的效率取胜，逐步转入质量优先的发展路径。通过以下思路，实现对我国数字内容创新发展的重点任务。

1. 培育市场忠诚度，提高用户黏度

在国际竞争中强化我国数字内容市场的核心竞争力，培育市场用户的忠诚度是数字内容市场进阶的必经之路。用户忠诚度基于对当前数字内容、数字创作者和数字平台的信赖感，不单由用户使用时长和流量这类指标来进行评估，关键在于用户能否对数字内容所传播的创作内核加以认同并形成长期记忆，并在使用数字内容及相关衍生产品时产生特定的身份归属感和价值感。为了提高用户黏度，现有市场亟须提升数字内容原创水平，宣扬多元化、多场景的数字内容创作，鼓励大众流行新趋势同主流文化、传统文化、地域文化等精华元素的融合运用，思考建设传播性广、影响力强的数字内容产业知识产权，如近年来的潮流玩具就是一种数字形象 + 实体产品的结合形式，因为迎合了年轻人的需求，如今逐渐大面积覆盖市场，潮流玩具折射出年轻人对艺术追求的一种表达形式，与从动漫、电影、小说等知识产权衍生出来的周边不同，它通常没有故事背景，仅从数字内容表现上赋予玩具个性、风格，并产出实物，从而降低爱好者了解潮流玩具的门槛。凭借现有数字传媒体系，拓展跨领域、跨层级的数字内容消费者群体，满足不同类型受众获取数字内容的需求，是数字内容创新的首要路径。

2. 关注应用新场景，推动一体化内容建设

在这个数字机遇瞬息万变的时代，用户选择面更广，选择时间也更加有限，亟须结合商业化策略在数字经济形势下的应用场景，推动数字创意、智能产品、终端服务三位一体的新生态，使数字内容产业成为繁荣文化产业、拉动经济内需的强力引擎，从而不断提高人民群众精神文化生活和数字信息消费的幸福感。我国数字内容产业亟须实现进一步优化调整，在数字创意领域以国内大循环为主体、国内国际双循环的新发展格局为促进，重视人与机器之间的协作模式，模糊人类与人工智能在数字内容生成领域的分工，追求更加深入和智能化的研发机制，是我国未来数字内容行业的重点应用趋势，推进我国网络游戏、移动传媒、数字出版、数字短视频等板块进入快速增长期，持续不断对外输出数字影响力。

3. 健全数字内容体系，借助数字平台发力

建立政府、数字内容行业协会、数字头部企业之间相互协调机制，简化政府对相关数字内容创新发展事宜的审批流程，将部分工作权力下放给行业协会和企业本身，并加强后续监管反馈，实现行业自治、补足行业短板、引导企业自治、保障公平竞争，使我国在数字内容创新领域形成具有国际竞争力的高新技术研发与创新体系，在全球数字创意产业发展中发挥重要作用。

10.5.3 创新设计赋能产业升级发展思路与重点任务

创新设计是推动创意创新的系统性创造活动，是数字创意产业创新创造的重要引擎；新时代创新设计以产业为主要服务对象，集科学技术、文化艺术、服务模式创新于一体，涵盖工程设计、工业设计、服务设计等各类设计领域，是科技成果转化为现实生产力的关键环节，正引领新一轮产业革命，是赋能产业升级的重要发展方向。强化创新设计在产业全链路中的构成是实现数字创意产业新跨越的必经之路，就目前来看虽然市场稳步向好态势明显，但背后存在的发展瓶颈问题也逐步显现：传统创意产业数字化转型片面，基础薄弱环节依然存在；数字创意产业链整体分布不均，上下游产业链割裂；产业整体自主创新设计能力较薄弱、中高端领域国内品牌及企业市场占有率低，关键设备严重依赖进口，缺乏长期竞争力及创新设计引领的突破性创新；统一标准体系尚未建立完全，知识产权相关法律法规体系需进一步完善健全；等等。

1. 创新设计驱动产业全链路升级，加强上下游跨领域企业合作共赢

当前数字创意产业上下游产业链分布不均制约了创新设计驱动产业发展，如何让设计到制造再到市场与消费全链路通畅，让创新设计从产业全链路驱动提升产业整体效能与消费体验，是未来的发展重点。在产品设计逐步迭代升级的同时，制造和市场要通过创新设计升级，实现更好的渠道互通和资源融合。平台互联、资源互融、数据共享、标准共建、产业共创等都是未来产业高质量的发展方向。同时，将前沿数字创意的概念和技术与传统创意产业更加深度融合，让传统创意产业长久以来的内容积淀成为数字创意产业发展的良好土壤。跨领域企业携手共同链接产业上下游，新一代数字化智能领域的企业与传统创意企业携手，将为科技创新企业提供广阔的落地应用场景，而信息化技术将为传统创意产业真正插上翅膀，优势互助，打造全新产业生态。

2. 提升企业自主创新能力，通过设计创新引领核心技术创新

我国现今尚未完全摆脱跟踪模仿为主的设计制造模式，产品设计的科技创新深度不足。自主创新设计能力的缺失、以创新设计为导向的集成创新设计能力薄弱使我国产业处于全球价值链的中低端。要扭转多数企业重制造、轻研发设计的陈旧思路，推进具有自主知识产权的创新设计技术和工具软件研发，逐步摆脱对发达国家基础核心技术及先进工具软件的依赖，立足我国制造业基础和后发优势，完成从“跟踪模仿”到“引领跨越”的转变，提升我国企业以创新设计引领的突破性创新水平及在全球产业中的长期竞争力。

根据“2020 年全球最具创新力企业 50 强”榜单，阿里巴巴、华为进入全球 TOP10，腾讯、小米、京东入榜，成为全球创新设计引领者（图 10.12）。

1	苹果公司	11	特斯拉	21	西门子	31	京东	41	丰田
2	Alphabet	12	思科	22	Target	32	大众汽车集团	42	雀巢
3	亚马逊	13	沃尔玛	23	飞利浦	33	博世	43	ABB
4	微软	14	腾讯	24	小米	34	空中客车公司	44	3M
5	三星	15	惠普	25	甲骨文	35	Salesforce	45	联合利华
6	华为	16	耐克	26	强生	36	摩根大通银行	46	FCA
7	阿里巴巴	17	奈飞	27	思爱普	37	优步	47	诺华
8	IBM [1)]	18	LG电子	28	阿迪达斯	38	拜耳	48	可口可乐
9	索尼	19	英特尔	29	日立	39	宝洁	49	沃尔沃
10	脸谱	20	戴尔	30	好市多	40	壳牌公司	50	麦当劳

图10.12 2020年全球最具创新力企业50强

1）IBM：International Business Machines Corporation，国际商业机器公司
资料来源：波士顿咨询公司发布的“2020 年全球最具创新力企业 50 强”榜单

3. 支持原创设计知识产权保护维权，为产业创新设计护航

随着创新设计发展，企业的设计意识和品牌意识增强，但同时抄袭、仿冒等行为屡见不鲜，对该类行为不加以规范势必会阻碍创新设计发展，打破市场平衡，降低我国创新设计全球竞争力和影响力。一个良性健康的产业发展环境对产业发展至关重要。在多维度支持创新设计、创新设计赋能产业升级的同时，建设完善创新设计公共服务体系，支持创新设计知识产权保护维权，从而保护创新设计的良性健康发展，是全行业、全产业链路共同肩负的责任。

10.6 数字创意产业中长期（2035 年）技术路线图研究

10.6.1 目标及需求

移动互联网与数字技术的快速发展，驱动了数字创意产业的爆发式增长。据统计，2020 年中国网络用户高达 9.89 亿人次（图 10.13）。国家统计局网站发布的数据称，2019 年全国规模以上文化及相关产业企业营业收入 86 623 亿元，增长 7.0%，为我国创造了新的经济增长模式（图 10.14）。人工智能、大数据、云计算、VR、超级

感知等新一代科技革命将数字创意产业推升至新高度。数字创意产业是更高质量、更有效率、更可持续、更为安全的产业形态，是实现国家碳中和目标，推进经济社会绿色转型的关键抓手。数字创意产业服务于国家科技及文化建设，能够有效促进多领域、多国界文化交流，实现文化事业创新发展。阶段性持续推进发展数字创意产业也是实现文化强国的关键所在。在全球疫情新常态与国际局势不明朗的新时代背景下，数字创意产业催生出新的互联网消费路径，为经济新引擎提供关键动能，为实现文化强国战略提供重要支撑。新时代背景赋予我国数字创意产业发展新的需求和目标。

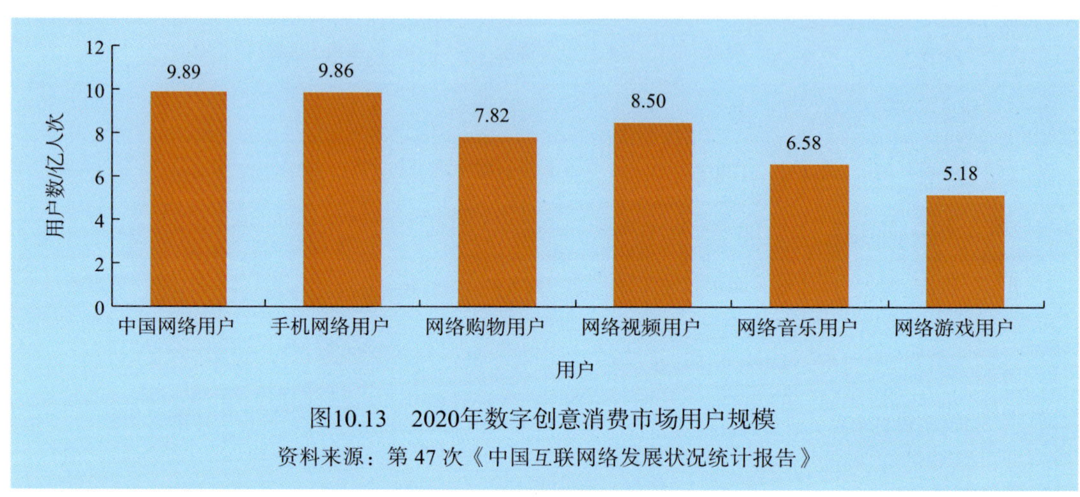

图10.13　2020年数字创意消费市场用户规模

资料来源：第 47 次《中国互联网络发展状况统计报告》

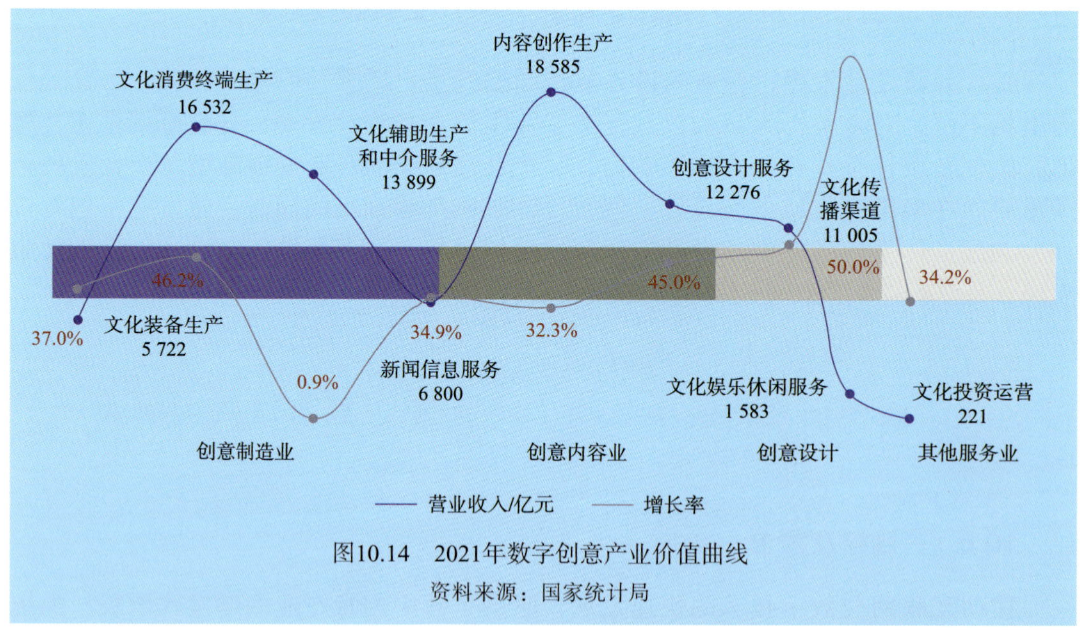

图10.14　2021年数字创意产业价值曲线

资料来源：国家统计局

利用科学技术与文化产业协同发展，实现新兴产业融合制造业的转型升级，推动中国元素在全球文化和创意产业中广泛普及，进入全球价值链中高端；形成具有全球影响力的设计服务中心城市；制造业、服务业、人居环境创新设计达到世界设计强国前列。

数字创意产业发展路线图见图 10.15。

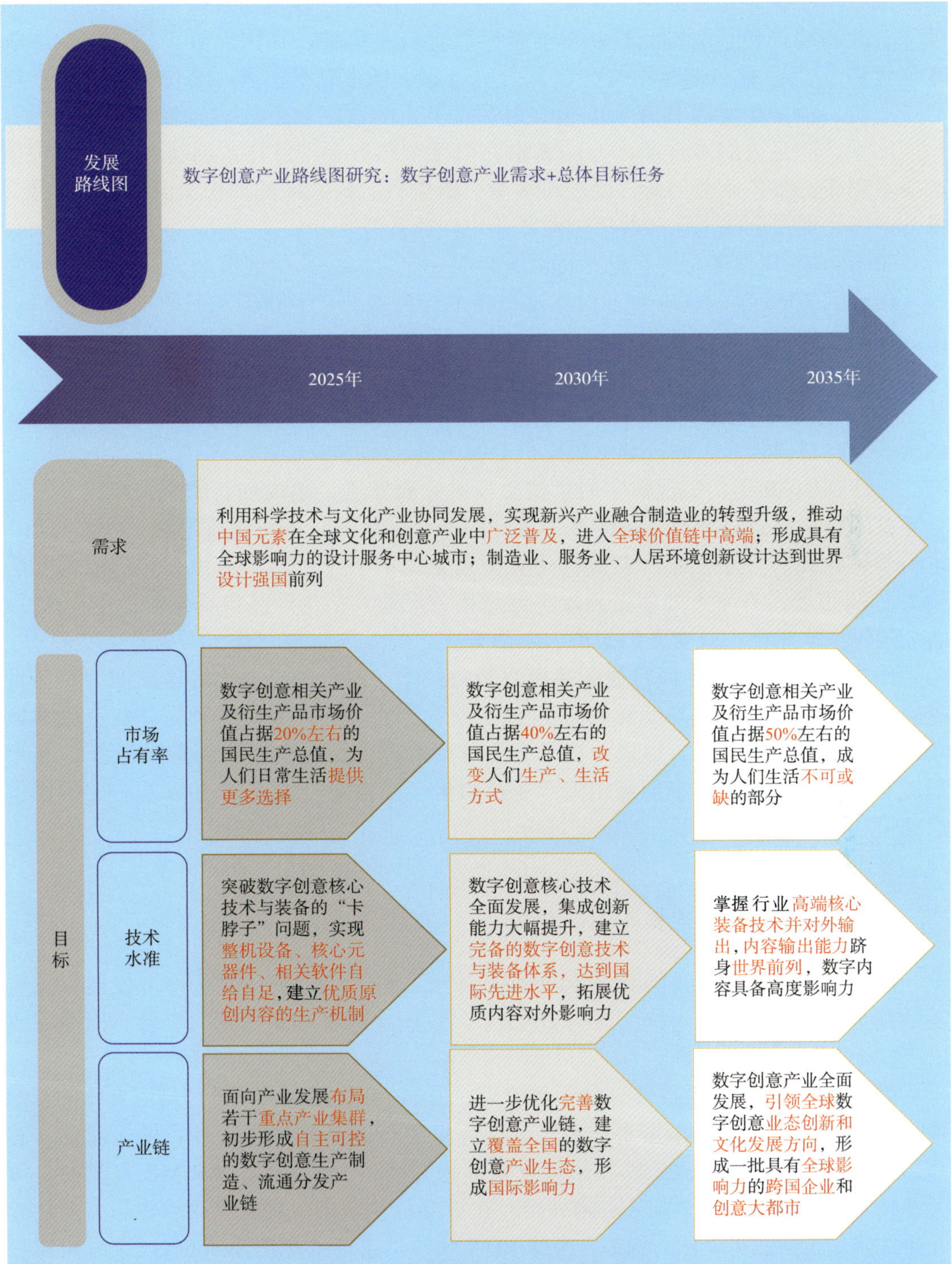

发展路线图	数字创意产业路线图研究：数字创意产业需求+总体目标任务		
	2025年	2030年	2035年
需求	利用科学技术与文化产业协同发展，实现新兴产业融合制造业的转型升级，推动中国元素在全球文化和创意产业中广泛普及，进入全球价值链中高端；形成具有全球影响力的设计服务中心城市；制造业、服务业、人居环境创新设计达到世界设计强国前列		
目标：市场占有率	数字创意相关产业及衍生产品市场价值占据20%左右的国民生产总值，为人们日常生活提供更多选择	数字创意相关产业及衍生产品市场价值占据40%左右的国民生产总值，改变人们生产、生活方式	数字创意相关产业及衍生产品市场价值占据50%左右的国民生产总值，成为人们生活不可或缺的部分
目标：技术水准	突破数字创意核心技术与装备的“卡脖子”问题，实现整机设备、核心元器件、相关软件自给自足，建立优质原创内容的生产机制	数字创意核心技术全面发展，集成创新能力大幅提升，建立完备的数字创意技术与装备体系，达到国际先进水平，拓展优质内容对外影响力	掌握行业高端核心装备技术并对外输出，内容输出能力跻身世界前列，数字内容具备高度影响力
目标：产业链	面向产业发展布局若干重点产业集群，初步形成自主可控的数字创意生产制造、流通分发产业链	进一步优化完善数字创意产业链，建立覆盖全国的数字创意产业生态，形成国际影响力	数字创意产业全面发展，引领全球数字创意业态创新和文化发展方向，形成一批具有全球影响力的跨国企业和创意大都市

图10.15　数字创意产业发展路线图

资料来源：国家统计局

数字创意产业中长期（2035 年）发展总体目标为：突破数字内容生产基础理论和关键技术，建立完善的标准体系；突破数字创意核心技术与装备的“卡脖子”问题，实现高端设备、关键元件、工业基础软件自主可控，在国际数字创意领域形成竞争优势；提升数字创意相关产业及衍生产业市场占有率，进一步优化完善数字创意产业链，逐步建立起具有全球影响力、竞争力的数字创意技术与装备体系和内容生产体系，满足人们对优质内容的需求，引领全球数字创意技术创新发展；引领核心技术创新、服务业态创新，促进跨区域、跨学科、跨领域的知识交流和融合发展；推动中国元素在全球文化和数字创意产业中广泛普及。

面向 2035 年发展总体目标，将以 5 年为一个发展阶段持续推进。

预计到 2025 年，突破数字创意核心技术与装备的“卡脖子”问题，实现整机设备、核心元器件、相关软件自给自足，建立优质原创内容的生产机制；面向产业发展布局若干重点产业集群，初步形成自主可控的数字创意生产制造、流通分发产业链；从市场占有率上力争做到数字创意相关产业及衍生产品市场价值占据 20% 左右的国民生产总值，为人们日常生活提供更多选择。

预计到 2030 年，实现数字创意核心技术全面发展，集成创新能力大幅提升，建立完备的数字创意技术与装备体系，达到国际先进水平，拓展优质内容对外影响力；进一步优化完善数字创意产业链，建立覆盖全国的数字创意产业生态，形成国际影响力；从市场占有率上力争做到数字创意相关产业及衍生产品市场价值占据 40% 左右的国民生产总值，改变人们生产、生活方式。

预计到 2035 年，掌握行业高端核心装备技术并对外输出，内容输出能力跻身世界前列，数字内容具备高度影响力；数字创意产业全面发展，引领全球数字创意业态创新和文化发展方向，形成一批具有全球影响力的跨国企业和创意大都市；从市场占有率上力争做到数字创意相关产业及衍生产品市场价值占据 50% 左右的国民生产总值，成为人们生活不可或缺的部分。

重点任务如下。

1. 数字创意技术与装备创新提升

数字创意产业作为我国面向 2035 年的重要支柱产业，我国需为产业发展提供坚实的技术与装备支撑。为此，面向 2035 年，我国在数字创意技术与装备方面需完成以下三个阶段的重点任务。

第一阶段：2021~2025 年，补短板阶段。目前，我国在 EDA 设计与仿真软件、图像视频编辑处理软件、动漫游戏引擎软件等重要行业基础工具软件，感光器件、芯片、高端显示面板、4K/8K 视频采集设备等超高清核心元器件，AR/MR 头戴设备等关键技术上还明显受制于国外。国外企业在重要行业基础工具软件领域和超高清核心元器件领域占据强势地位。例如，全球 EDA 软件供应者主要是 Synopsys（新思科技）、Cadence（楷登电子）和 Mentor Graphic（明导国际）三大企业，市场占有率共计超过 60%，国内 EDA 市场 90% 以上份额被该三大 EDA 企业占据。存储芯片由韩国的三星电子、海力士和美国美光科技三大厂商占据主导地位，市场占有率共计 76%。在传统 GPU 市场中，英伟达、AMD 和英特尔三大厂商已经进入垄断格局，市场占有率分别为 56%、26%、18%，手机平板移动端 GPU 主要由国外厂商高通公司的骁龙 Adreno 和苹果公司的 A 系列自研 GPU 微架构主导，市场占有率分别为 36% 和 12%。CMOS 图像传感器由索尼、三星电子等国外企业主导，市场占有率分别为 50.1% 和 20.5%。因而，我国需突破数字创意技术与装备核心关键技术，特别是在基础工具软件、超高清产业核心元器件、AR/MR 设备等关键技术上要研发出可替代品。在“十四五”期间，需要重点突破这些关键技术，解决“卡脖子”问题，避免受制于人。

第二阶段：2026~2030 年，全面量产阶段。需要我国数字创意技术与装备形成体系化发展，实现自主覆盖所有数字创意的技术与装备，为我国数字创意产业发展提供强有力的技术支撑。我国在“十五五”期间需要形成包括使能技术、应用技术及终端设备技术在内的数字创意产业核心技术与装备体系化发展的良好局面。加大数字创意技术的基础工具软件的投入，预计到 2030 年，我国 EDA 从业人员翻一番，达 3 000 人，EDA 行业市场规模有望突破 170 亿美元，同时 EDA 厂商与国内制造业共同构建国内的产业生态，实现“国产替代”。增强超高清产业核心元器件的核心竞争力，预计到 2030 年，我国存储芯片市场占有率有望突破 20%，其国产化率有望达 40%。我国独立 GPU 市场有望出现民用级消费产品，打破外国品牌垄断局面。以豪威科技（集团）有限公司为首的国产 CMOS 图像传感器厂商冲刺高端市场，国产 CMOS 全球市场占有率有望超 15%，在国际市场占一席之地。强化国产 AR/MR 设备在国际市场上的地位，预计到 2030 年，我国将持续并保持全球第一大 AR/MR 市场，国产品牌 Pico、小朋等 VR 设备全球总市场占有率有望突破 50%，与国际品牌抗衡。逐步完善我国数字创意产业的技术与装备体系，实现我国数字创意产业全面自主化发展。

第三阶段：2031~2035 年，高质量发展阶段。我国需建立具有全球影响力的数字创意技术与装备相关标准体系，引领全球数字创意颠覆性技术创新发展。“十六五”期间是量变到质变的过程，将高速全面发展的数字创意产业进一步推进为高质量全球领先的支柱产业。预计到 2035 年，我国 EDA 从事人员初步达到国际 EDA 从事人员总数的 10% 左右，在国际 EDA 领域占一席之地，与国际接轨，逐步走向全球领先产业。我国存储芯片国产化率有望突破 60%，有大规模量产能力，能实现 5 纳米工艺、2 纳米工艺或是更先进工艺。国产 CMOS 图像传感器全球市场占有率有望超 18%，逐步赶超索尼和三星电子。国产 AR/MR 设备全球市场占有率有望跻身前列，未来国际市场将会涌现出更多国产品牌，国内 AR/MR 设备厂商将会研发出更为前沿的技术，达到国际领先水平。在数字创意技术与装备方面，建立起全面的技术标准体系，规范各项技术与装备发展，统筹协调各类企业，促进技术与装备高质量综合发展，鼓励公平竞争，重视技术创新，引领全球数字创意技术与装备创新发展。

2. 数字内容创新发展

数字内容产业作为数字创意产业的关键所在，共同构成我国面向 2035 年数字化发展的重要组成部分，在文化创意的生产和应用环节发力是实现数字内容创新发展的核心任务。为此，面向 2035 年，我国在数字内容创新发展方面需完成以下三个阶段的重点任务。

第一阶段：2021~2025 年，建立基础。构建文化创意大数据、创新设计大数据等大数据基础资源，形成规范统一的数字资源采集、处理、检索标准，通过线上与线下融合，连接更多用户群体，采集并建立文化数据库，利用数据反馈实现基于大数据的人机协同创作与设计，为数字内容市场注入新鲜血液；改善内容、产品同质化问题，进一步加大国产原创品牌产品、团队和企业创新研发力度，建立健全数字内容产业产出和审查机制，推动数字内容产业健康发展。

第二阶段：2026~2030 年，国内广泛应用。大数据技术、跨媒体技术、群体智能技术等新兴技术开始大规模赋能数字创意产业，构建人机共生创作设计技术、新型视听体验和数字化感知技术及工具体系，优化 VR、AR 技术在数字内容表现中的运用，打造全新互动视觉与交互体验，通过技术的迭代升级，对产业双向赋能，增强影响力，数字内容成为帮助城市数字创意经济蓬勃向前的新引擎。

第三阶段：2031~2035 年，深化推广普及。结合我国传统文化及人工智能等新型信息技术，推动中国元素在全球文化和创意产业中广泛普及。借助“超级视野”，更好地保护历史文化遗产。产业自身从数字创意领域的不同产业和领域发展中汲取成功经验，加强输出与输入双向流通，实现各个产业间的协同能力与联动性，充分了解用户需求和痛点，挖掘不同故事表现形式、传播渠道，完全实现中华文化的“出海”。我国的内容创新制作不再是创作短板，不仅能为我国数字创意市场注入活力和新鲜血液，加强数字内容与文化创作的对外影响力，更是中华民族对外输出的关键文化窗口，通过数字内容我国可以大力弘扬本土文化价值，讲好民族文化故事。

3. 创新设计发展

面向知识网络时代的创新设计是一种融合多学科、跨领域的系统化集成创新与创造活动，引领了数字创意产业的创新创造发展。创新设计作为数字创意产业的重点基础支撑，涵盖了工业设计、材料设计、产品设计、工艺设计、工程设计、服务业态设计等研究领域。发展至今，我国创新设计能力已有显著提高，创新设计国际竞争力不断增强，在国家重大项目工程、国家级设计平台和创新平台建设方面都取得了突破性成果，阿里巴巴、华为等企业也在全球创新企业中名列前茅，成为全球创新设计引领者。面向数字创意中长期（2035 年）发展，要持续引领核心技术创新、服务业态创新，促进跨区域、跨学科、跨领域的知识交流和融合发展；推动中国元素在全球文化和创意产业中广泛普及，进而实现文化强国建设目标。以 5 年为一个发展阶段，我国在创新设计发展方面需完成以下三个阶段的重点任务。

第一阶段：2021~2025 年，夯实基础，原创突破。基础核心技术的缺失、设计引领的集成创新能力薄弱仍然是制约我国数字创意产业突破性发展的主要瓶颈。推动创新设计相关基础理论、共性技术和应用技术研究，着力推进设计智能等前沿创新设计技术的研发和应用落地，提高创新设计的效率效能；在智能产品、高端装备重点领域实现原创设计突破，以我国自主设计创造摆脱旧时长期跟踪模仿的创新设计模式，推动创新设计竞争力逐步进入全球第一方阵。

第二阶段：2026~2030年，制定标准，研发突破。促进跨学科、跨领域的交流合作，建立产学研用协同机制，致力于在创新设计的关键研究领域，如设计智能、集成设计平台系统等研究方向形成一批行业、国家标准体系，进而发挥标准对行业发展的规范指导作用，引领数字创意技术创新创造；扭转多数企业重制造、轻研发设计的陈旧思路，鼓励企业加大投入提升设计创新的研发及应用水平，开发出一批面向重点领域的设计工具，不断缩小与发达国家的差距，打破国外垄断，填补国内空白，突破在数字创意核心技术与装备创新方面的"卡脖子"问题。

第三阶段：2031~2035年，提升国际影响力。培育一批以自主创新设计创造力享誉国际的有特色的数字创意一流企业，在全球数字创意领域形成若干有较强国际影响力的知名品牌，实现数字创意创新设计能力从"跟跑""并跑"到"领跑"的转变，让我国数字创意产业跻身全球价值链中高端；形成具有全球影响力的设计服务中心城市，凸显创新设计示范效应，形成良好的创新设计人才及经验交流环境；制造业、服务业、人居环境创新设计达到世界设计强国前列。

4. 跨界服务融合发展

数字内容产业的革新需要不同类型数字内容的齐头并进，实现跨界服务融合发展。面向数字创意中长期（2035年）发展，我国数字创意产业亟须借力创新平台，构建多层次跨界融合的产业生态体系，助力面向用户的数字内容跨界服务发展，贯彻产品一体化的新理念，打造新模式。以5年为一个发展阶段，我国在跨界服务融合发展方面需完成以下三个阶段的重点任务。

第一阶段：2021~2025年，融合渗透变革。目前，我国数字创意行业创新能力有限，很多企业主要通过模仿引入国外服务体系，同质化严重，体系水土不服现象时有发生；商品化开发滞后，对外影响力有限，我国亟须在跨界服务上拓宽创新边界，不仅需要关注互联网、数字内容与传统文化联合的跨界，还要关注同行之间的竞品跨界合作、异业跨界交流，实现强强联合，相互赋能，挖掘市场服务的多面性，赋予更多创新的可能性，头部企业要进一步开拓其产品跨界服务应用，提高产品附加值。加快数字创意装备研发及产业化，丰富数字创意产品的有效供给；推动传统制造业、文化创意产业和设计服务业不断融合、渗透和变革，从而形成新的增长方式和业态模式。

第二阶段：2026~2030年，构建生态系统。目前，国内数字创意产出方厂商在国际行业标准制定过程中有一定的投票权或话语权，但仍无主导行业标准的能力。到该阶段，我国可开发出完整优质跨界服务融合商业模式，可为企业和市场带来关键竞争优势，跨界服务盈利体系实现模式创新、网络创新、生产流程创新，能够架构更完善的流量变现机制；建设和运营产业公共服务平台，推动构建集规模化创新、投资、孵化和经营为一体的数字创意生态系统，加快推动数字创意内容产业有效变现、延伸产业链条、拓展产业空间。

第三阶段：2031~2035 年，多领域创新融合。引导和支持“数字创意 +”发展，推动数字创意技术装备在文博、旅游、制造、教育、文化、健康、商贸等行业领域的应用，创新融合发展路径，培育新模式、新业态，凭借企业牵头、政府发力，完全建立一批以数字内容创作和知识分享为主的跨界服务开放数字平台，使我国在数字跨界服务融合创新领域形成具有国际竞争力的高新产业研发与创新体系，在全球数字创意产业发展中发挥至关重要作用。

10.6.2 关键技术

数字创意产业支撑技术体系如图 10.16 所示。

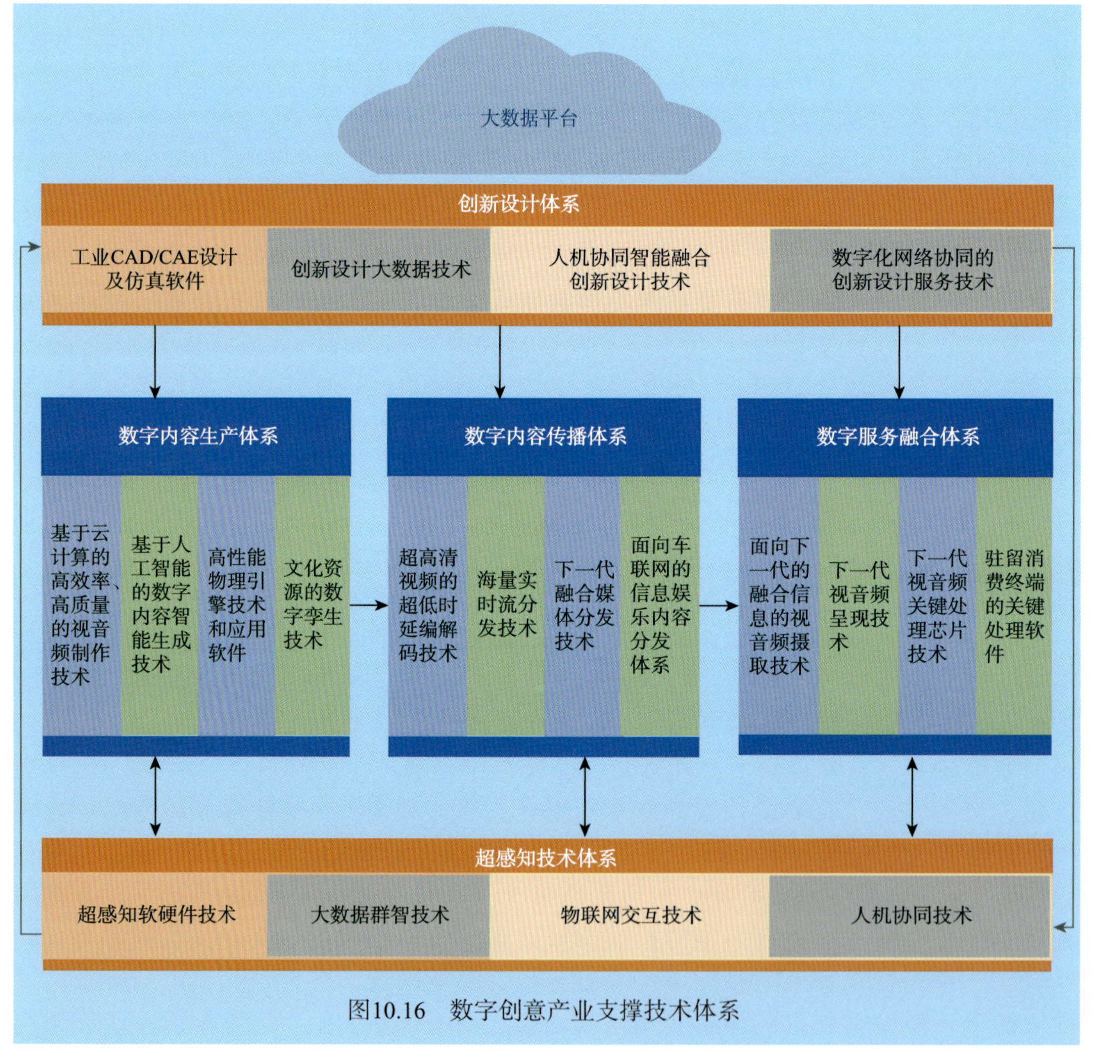

图10.16 数字创意产业支撑技术体系

1. 创新设计体系

创新设计是数字创意产业的支撑，目前创新设计体系主要包含工业CAD/CAE设计及仿真软件、创新设计大数据技术、人机协同智能融合创新设计技术、数字化网络协同的创新设计服务技术等四大重点技术领域。面向2035年，通过一系列关键项目分阶段突破创新设计体系中重点技术领域的“卡脖子”问题。

2021~2025年，聚焦工业CAD/CAE设计及仿真软件领域热点研究方向，打造具备自主技术能力、安全可控的CAD/CAE核心技术，基本实现设计与仿真软件的自给自足；创新设计大数据技术算力、存储能力实现10倍提升；人机协同拥有更多媒体类型，构成更高的信息维度，同时重点关注融合创新研究，旨在让交互融合过程更加便携化、智能化、个性化；建立重点领域数字化网络协同的创新设计服务体系，加大科技成果转化力度，把握单点技术和对应内容产品的创新，加速向多点技术融合的系统化、集成化互动模式转变，更好赋能优势产业设计升级。

2026~2030年，通过前期工业软件技术探索，制定各流程的统一技术标准，实现全行业的规范应用，完全解决仿真软件“卡脖子”问题；基于新一代人工智能及大数据技术，改善国民日常生活品质，实现智能机器人家用普及率超过18%，30%的企业采用人工智能替代人工进行设计，提高社会效率；人机互动协同催生人机融合智能形态，并成为人工智能3.0的核心；利用新兴技术赋能产业，构建具备高算力、高扩展、高灵活性且低成本的新型混合云平台，培育出各具特色的创新设计公司和智能设计平台。

2031~2035年，开发出具有自主知识产权、具备良好通用性、稳定可靠、界面友好、国际先进水平的工业设计软件，建设完善的创新设计生态系统；创新设计大数据技术算力、存储能力实现百倍提升；人机协同智能技术实现突破性创新，机器能够自主识别及决策，或者增强人类的决策，实现率达到80%，让人机融合成为真正工业4.0的核心；发展出一批具有国际影响力的服务设计一流品牌及企业，并发挥数字化网络协同对于服务业转型升级的引领作用。

2. 数字内容生产体系

总体而言，世界数字内容竞争日趋激烈。未来数字内容的竞争重点将集中在国际化、技术创新、版权保护、本土特色挖掘及高端数字内容企业扶持等方面，其中文化是数字内容取得市场认可的关键。当前，我们应继续促进优秀文化资源创造性转化，保障传统行业数字化转型升级，鼓励开拓适应互联网传播特点的数字内容形式，关注当前时期快速发展的数字创意相关产业，同时加强对数字内容的监管机制，为用户提供优质的数字创意内容。

2021~2025年，建成各具特色的面向“专业＋个人”的双轨制的超高清智能内容生产平台。2020年1~9月我国市场销售4K超高清电视机2 079万台，占国内市场电视机销量近70%。然而，截至2018年12月，腾讯视频拥有4K视频数量仅为10

万个。2020 年 5 月，哔哩哔哩开放 4K 视频投稿。斗鱼于 2020 年 12 月推出 4K 直播分辨率。目前，我国存在硬件与内容不匹配的现象。随着抖音、快手、哔哩哔哩等应用的流行，目前“专业 + 个人”的双轨制内容生产日趋成熟，未来基于手机拍摄的 UGC 将会成为超高清内容供给的重要来源。为了更好地支持便捷化的个人内容生产，需要利用云化编辑环境打破手机算力有限、难以支撑超高清内容本地制作的瓶颈，结合 5G 网络提供的带宽优势，将手机拍摄的超高清内容上传至云端进行在线编辑。除此之外，为取得更加真实的画质还原效果，还需要打通手机与大屏的投屏链路，将手机上的超高清内容投至电视机大屏显示观赏，实现“手机拍摄”—“云端编辑”—“电视机大屏显示”的 4K 内容生产消费完整链条。力争到 2025 年，网络直播、短视频平台的 4K 及以上内容占比超过 90%。

随着人工智能技术的成熟，基于人工智能技术，可提供高效、规范、智能、专业的场景化创意生成工具，满足多场景跨渠道的一站式内容需求。目前，谷歌、亚马逊、金山及百度等国内外云服务商已有支撑媒体内容生产的 AI+Cloud/Edge 服务初步应用。在“十四五”期间，我国需实现 4K/8K 视频制作等复杂任务的有效拆分和模块化功能整合，充分发挥云平台、边缘计算的强大分布式算力，通过多 GPU 协同计算，加快视频制作速度，提高 4K/8K 的生产效率和周期。

建设智能内容生产平台。飞速发展的人工智能技术已经开始应用于内容生产环节，内容生产模式将形成 PGC、UGC 和 AIGC 并存的局面。应综合运用智能内容生成、内容增强和风格迁移等新一代人工智能技术，结合 5G 技术、云计算技术和大数据技术，加快建设面向新闻报道、平面设计、短视频、多媒体、艺术创作等领域各具特色的智能内容生产平台。加快探索将人工智能运用于内容采集、生产、分发、接收和反馈中，形成高度化定制、精准化生产、智能化推送的全方位服务，同时全面提高舆论引导能力，服务于正面宣传。

2026~2030 年，全面提高基于人工智能的图片、音乐、视频等数字内容自动生成技术的准确性和艺术性。对艺术品、文物、非物质文化遗产等文化资源进行数字化转化和开发，实现优秀传统文化资源的创造性转化和创新性发展。构建文化大数据应用生态体系，加强文化大数据公共服务支撑。面向社会开放文化大数据，鼓励公民、法人和其他组织依法开发利用，将中华文化元素和标识融入内容创作生产、创意设计，以及国土空间规划、生态文明建设、制造强国建设、网络强国建设和数字中国建设，让文化遗产“活起来”。重点突破包括面向文化资源的数字表示、面向文化资源的数字修复及复原、文物数字复制、文物资源制景技术。

完善计算机视觉效果引擎及应用技术，重点突破计算机图像物理运动效果生产、电影（高真实感、高分辨率）渲染、基于物理真实感的实时渲染等算法。

2031~2035 年，数字内容生产模式实现高质量的人机协同创新，提供跨越时间的“超级视野”。当今，基于人工智能的画质增强技术已经开始展现其超越传统图像增强技术的能力，通过大量画面进行深度学习训练，可以显著弥补图像质量的缺陷。进一步加大基于人工智能的图像增强技术算法和支撑芯片的研发力度，实现输入

HD（high definition，高分辨率）画面依据显示场景提升至8K水平，大幅提高观众的收看体验。包括分辨率由SD（standard definition，标准清晰度）或2K提升至4K或8K、动态范围（SDR至HDR）、色域（BT.709至BT.2020）、帧率（50/60P至100/120P）和位深（8bit至10bit）各方面的全要素增强。力争4K+60P+10bit的超高清网络视频点播和直播占比超过90%。

同时，基于深度学习的智能增强算法需要不断输入新的案例进行训练优化，因此智能画质增强终端模型需要具备连接算法云平台并可在线升级的能力。随着训练样本数的积累，智能画质增强算法会不断得到优化升级，每次算法迭代升级后应可下载入用户终端，保证电视机的画质增强能力可持续提升。

结合中国传统文化及人工智能等新型信息技术，数字内容推动中国元素在全球文化和创意产业中广泛普及。借助“超级视野”，可以更好地保护历史文化遗产，让人们真正置于历史场景中。“超级视野”跨越了时间的障碍，不仅让历史文化回归现代文明的怀抱，还能给影视、游戏动漫、旅游、展览展示展演和教育产业带来新的业态和模式。

3. 数字内容传播体系

视频是数字创意产业中最主要的内容载体，也是互联网中的“流量之王”，如何保证视频高质量、高效率地分发是数字内容传播体系的重点。视频分发中涉及的四类技术包括超高清视频的超低时延编解码技术、海量实时流分发技术、下一代融合媒体分发技术、面向车联网的信息娱乐内容分发体系等。面向2035年，我国需要在四类技术中分阶段取得突破。

2021~2025年，建立适合4K/8K、VR/AR等视频应用的高效内容传输分发体系，建设广播电视5G融合网络。从技术层面上，我国需攻关面向4K/8K视频的超低时延编解码技术，从而满足数百毫秒级别、数十毫秒级别的超高清视频应用。具体需要解决如何将编解码算法硬件化，如何设计基于多核CPU并行、GPU并行及多核CPU+GPU异构结构并行的编解码技术，从而提升超高清视频的编解码效率并显著降低编解码时延。另外，随着5G网络的不断普及及其提供eMBB业务能力的不断增强，我国需要着手研究5G广播技术。5G广播技术不仅可以让用户在移动端无缝收看传统广播电视节目，还支持新型的具备交互功能或个性化特性的数字创意内容传播。另外，无人驾驶技术将得到更大范围地普及，车辆将成为继电视、电脑、手机之后的第四块屏，车载用户视频消费将成为主流。在这方面，我国需要研究具有自主知识产权的IVI，使得车内各个部分的信息交互及视音频等数字娱乐信息能更高效地分发传输。

实现不少于30%的编解码设备支持AVS2/AVS3标准。同时，我国需要实现典型WiFi或5G网络接入条件下，百万级别用户同时观看视频的时延低于400毫秒，画质不低于1 080P。另外，部署支持5G广播技术的基站数目超过50万座，使用支持5G广播技术的手机终端的用户数超过1亿人。同时，车载用户能流畅观看720P

视频点播和直播业务，端到端时延低于 400 毫秒。

2026~2030 年，全面提高数字内容分发的精准度和效率。从技术层面看，我国需攻关面向 4K/8K 视频的超低时延编解码技术，从而满足毫秒级别的超高清视频应用。具体需要解决如何设计基于内容感知的视频编解码技术等问题，从而全面提升超高清视频的编解码效率并显著降低编解码时延。同时，我国需大力研发移动边缘计算的实时流分发技术，面向 Contribution 的上行视频流分发协议优化，高服务质量 / 体验质量的网络视频分发技术，从而全面提升海量视频率分发的效率和质量。同时，我国大力推广 5G 广播技术使得其能更大范围地落地。最后，我国需要研究面向车联网的信息娱乐内容分发体系。车联网的发展使得车辆能与外界路边设备、蜂窝基站、其他车辆等进行无障碍通信。面向车联网的信息娱乐内容分发体系主要负责车与车的通信，使得视频、音乐、游戏等娱乐内容能在车与车之间有效分发，从而不同车辆可以协同地、交互地进行娱乐体验。

实现不少于 50% 的编解码设备支持 AVS2/AVS3 标准。同时，我国需要实现典型 WiFi 或者蜂窝网络接入条件下，百万级别用户同时观看视频的时延低于 300 毫秒，画质不低于 4K。另外，部署支持 5G 广播技术的基站数目超过 200 万座，使用支持 5G 广播技术的手机终端的用户数超过 4 亿人。同时，车载用户能流畅观看 4K 视频点播和直播业务，端到端时延低于 300 毫秒。

2031~2035 年，全面实现万物互联、全面实现信息获取无障碍、全面实现数字内容的精准分发。从技术层面看，我国需大力发展综合广播宽带（integrated broadcast-broadband，IBB）渠道融合技术。IBB 技术使得用户可以通过广播、互联网等不同渠道获取相同视频的不同伴随内容，使得用户得到更加丰富和个性化的视频体验，从而全面提升数字内容的精准分发。同时，我国要研究基于隐私和版权保护合规的智能定向推送技术，从而更加精准地、更加安全地、更加个性化地推荐数字内容给用户。另外，我国需研究基于 V2I（vehicle-to-infrastructure，车与路边设施）及可见光通信（visible light communication，VLC）的信息娱乐分发系统，从而丰富车辆与外部的精准化通信方式，如获取实时路况信息、车辆信息入库扫描等。

实现不少于 80% 的编解码设备支持 AVS2/AVS3 标准。同时，我国需要实现在典型 WLAN（wireless local area networks，无线局域网）或者蜂窝网络接入条件下，百万级别用户观看视频并与多路视频主播互动时端到端时延低于 100 毫秒，画质不低于 4K。另外，部署支持 5G 广播技术的基站数目超过 400 万座，使用支持 5G 广播技术的手机终端的用户数超过 8 亿人。同时，车载用户能进行 4K 视频的直播互动业务，端到端时延低于 100 毫秒。

4. 数字服务融合体系

面向 2035 年，数字服务融合体系所包含的面向下一代的融合信息的视音频摄取技术、下一代视音频呈现技术、下一代视音频关键处理芯片技术、驻留消费终端的关键处理软件将实现从补齐短板到国际领先再到领跑全球的突破，实现获取真实极致体验视音频信息内容，打造真实世界和虚拟世界混合体验的现实生活。数字服务融合体系的关键技术呈现以下三个阶段的发展趋势。

2021~2025年，在视音频摄取技术、视音频呈现技术、视音频关键处理芯片技术和驻留消费终端的关键处理软件等方面实现整体补齐短板，部分取得关键突破。更多产品通过异构图像融合、多摄像头融合、光场图像摄取等技术实现更丰富的视音频内容的获取，或者通过点云和全景视频摄取等技术提供更具有沉浸感的视音频内容。VR、AR和MR技术进一步发展，全球VR/AR/MR产业规模超6 600亿美元，我国VR/AR/MR应用服务市场规模达到千亿元，市面上出现众多国产的VR、AR和MR呈现设备，人们对VR、AR和MR的接受度逐渐提高。裸眼3D和全息显示技术都有所突破，裸眼3D技术能够在更大的角度范围内产生立体感，全息显示摆脱特定介质的要求。芯片技术得到较大的提升，相关的技术设计和制程工艺都摆脱“卡脖子”的问题，实现7纳米级芯片的量产，并在保证芯片质量的前提下，针对芯片的智能化设计有更成熟的解决方案。VR/AR/MR一体化芯片更加成熟，并且初步完成动态融合信息处理芯片的概念设计。超高清产业核心元器件及4K摄像机 / 专业视频监视器等前端设备形成产业化规模，各环节持续发力，市场规模高速增长，总规模达到3万亿元。在驻留消费终端的关键处理软件方面，图像的增强技术稳步提升，人机交互方式更加多样，可以通过手势、表情、脑电等交互方式，实现人与机器的沟通和协同工作。

2026~2030年，数字服务融合体系各项技术与装备取得全面突破。超高清产业核心元器件及VR/AR/MR设备达到世界领先水平，总体市场规模超5万亿元，能够开展基于自主标准的8K超高清电视端到端应用示范，8K技术达到自主研发和产业化阶段，市场影响力日益扩大，全新的生态圈基本形成。用于获取更丰富视觉信息的多源融合技术及可以提供更好沉浸感的全景视频摄取等相关技术更加成熟高效，具有超高速的处理速度，并能够得到更全面、更直观、更准确的视音频数据。在视音频呈现方面，AR和MR技术与设备能为人们提供更加实际的服务。例如，只需佩戴轻便的眼镜，即可实现AR/MR的效果，能完美地用于娱乐与工作。裸眼3D技术得到广泛使用，观看3D电影不再需要3D眼镜，同时3D效果更佳、更逼真。全息显示技术不仅用于视觉展示，还能提供极佳的听觉盛宴，达到更好的沉浸效果。在视音频关键处理芯片方面，相关核心元器件的制程和技术均达到世界一流水平，形成自主可控的7纳米芯片产业链，市场上出现众多应用7纳米级芯片的产品，实现5纳米级国产芯片的量产，在国际上具备足够的核心竞争力。VR/AR/MR一体化芯片更加成熟，单芯片即可动态处理并融合多类信息，并能实现多个功能。相关设备更加完善，实现佩戴搭载动态融合信息的处理芯片的体感套装，就可以完全置身于与真实世界一样的虚拟世界。对于驻留消费终端的关键处理软件，Chat Bot技术的实现可为人们解决大部分烦琐操作，如智能点外卖，根据用户口味给出推荐，然后识别用户的语音需求，智能下单。图像增强更加智能，实现智能优化图片，并能根据用户的不同需求实现多种优化功能。人机交互技术和感知技术相互渗透，实现感知与交互相融合，佩戴的设备能够自动感知人的各种信息，并通过感知的信息做出相应调整，同时能够通过人主动发出的各种信号实现与人交流。

2031~2035 年，数字服务融合体系的各项技术与装备均已达到世界领先水平，部分技术和装备处于世界顶尖水平。实现获取真实极致体验视音频信息内容，打造真实世界和虚拟世界混合体验的现实生活。人们进入数字化的日常生活中，衣食住行都发生极大的变化，在现实生活中穿上衣物的同时可以在 MR 的虚拟环境中为自己设计出更绚烂的服饰，出行中有实时的 AR 导航引路。显示器中 3D 画面分辨率极高，且不需要搭载其他设备，全息投影的虚拟形象在现实中随处可见、价格低廉，甚至可以互动。画质和声音增强芯片可以智能调控出最符合用户体验的解决方案，VR/AR/MR 一体化处理芯片体积小、功耗低、算力强，可以结合动态融合信息处理芯片，在虚拟环境中带给用户最完美的体验。同时，驻留消费终端的关键处理软件技术也已经成熟。各类 Chat Bot 拥有足够的智能，在各个领域都能够充分理解用户要求的基础上，满足用户的所有疑问和需求。人机之间有了更多沟通的方式，电脑能够通过表情判断出用户心情低落，进而执行沟通、安慰等更多智能化功能。

5. 超感知技术体系

面向 2035 年，超感知技术体系所包含的超感知软硬件技术、大数据感知技术、物联网交互技术、人机协同技术将实现科研和生产的一体化、科研成果与产业链条的结合，培育出行业顶尖的超感知领域人才，作为新一代科技革命的重要组成部分，超感知软硬件行业研发速率位居世界前列，成就新的数字创意经济增长点，持续、精准地输出我国数字创意文化影响力。超感知技术体系的关键技术呈现以下三个阶段的发展趋势。

2021~2025 年，在超感知软硬件技术层面，由自动机械升级为感知和算法驱动的网络协同智能“新机器”，建立超感知软硬件技术与数字影像交互的艺术形式，促进超感知领域的软硬件科技创新，设置专项资金和重大科研项目，鼓励资金向本领域流动，加强超感知软硬件领域统筹。在大数据感知技术层面，推动建立数字创意产业端到端数据的安全大数据体系，实现向数据多技术融合互动的集成化、平台化、系统化转变，感知硬件、软件、服务等核心技术体系加速革新。在物联网交互技术层面，实现 50% 的自用家电联网，大约有 50 亿台用于日常工作的物联网设备连接到全球互联网。在人机协同技术层面，实现有效提升单一通道的识别精度，降低交互的复杂度，增加交互沉浸感、自然性、准确性。

2026~2030 年，在超感知软硬件技术层面，构建感知技术平台，能具体呈现新科技时代对于事物、空间在“感官与认知”中的全新体验模式。在大数据感知技术层面，实现对不同端海量数据的高效处理，用大数据技术来实现自动化流程，用户数据收集和分析更加全面和智能。在物联网交互技术层面，实现 10% 的人穿着芯片嵌入式服装，联通网络。此外，手表、戒指等设备也将变得联通。在人机协同技术层面，可在无物理接触的情景下实现交互，可以不受空间、地域的限制，对多种服务终端进行利用。

2031~2035 年，超感知技术体系的各项技术都处于领先水平，依托人工智能、大数据、云计算、区块链等技术支撑，完全实现数字创意从内容生产、传播消费到创新设计各环节的模式革新。用户居住的城市将有万亿个传感器联入通信基础设施，人们将充分地、随时随地感知周围环境，10% GDP 将利用于区块链技术存储，80% 的人将拥有数字身份，实现人与物之间无障碍设计想法传递。人机交互方式多样化，实现智能情绪感知、处理，人机界限模糊化。

10.6.3　战略支撑和保障

数字创意产业发展路线战略支撑保障如图 10.17 所示。

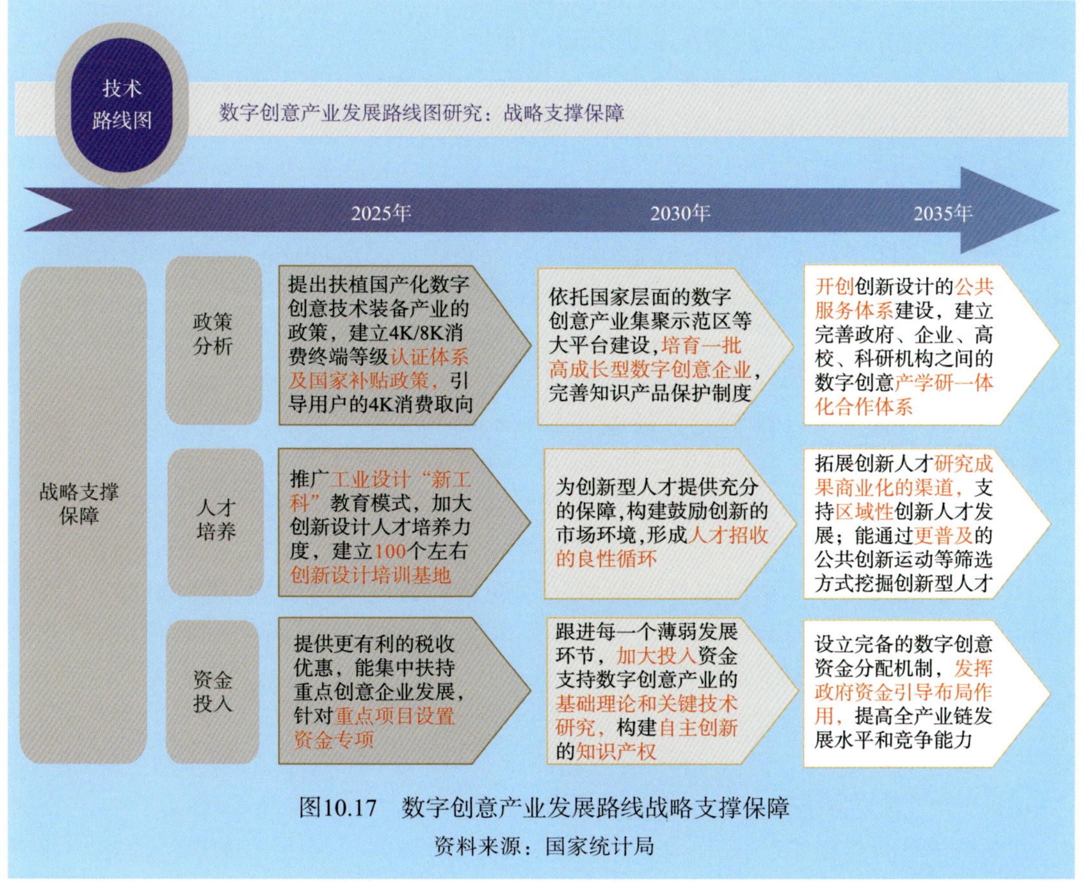

图10.17　数字创意产业发展路线战略支撑保障

资料来源：国家统计局

1. 政策分析

加大国家层面产业政策扶持。

（1）加快完善我国数字创意产业支撑体系，建立高效的数字创意产业体系有利于实时把握行业内部动向，引领行业实现各类新型变革规划，加强数字创新资源配置。同时，加快政府、企业、高校、研究机构之间的多层次合作体系，将关键数字产品的应用、关键数字技术的落地作为研究重点，集中我国的制度优势，深入推行供给侧结构性改革，实现以数字发展的局部跃升带动产业生产力的全局跨越。

（2）支持数字创意产业核心关键技术研发突破，支持建设国家级研发平台，制订国家重大科技研究计划，以基础研究和共性关键技术研发支撑为重点，集聚骨干企业、知名高校院所及 VR 领域专业实验室、研究院、研发中心、技术中心、工程中心等创新机构资源，共同推进核心关键技术突破创新。

（3）扶持国内数字创意产业龙头企业，建设数字创意产业发展基地。支持建设数字创意产业发展基地，引导数字创意企业向基地集聚，构建数字创意产业集群。统筹布局数字创意产业载体、创新中心建设，形成网络化、协同化发展促进体系。加强数字创意产业品牌打造。加大对优秀数字创意企业、产品、服务、平台、应用案例的总结宣传力度，提高我国品牌的知名度。

（4）加大数字创意内容版权（超高清内容、VR 内容、人工智能内容）的保护力度，丰富数字创意内容和形式，鼓励开拓适应互联网传播特点的数字内容形式，建立有效的数字内容质量评估保障机制，从源头解决佳作供给不足、劣作产能过剩的问题，为用户提供更加优质的数字化服务。

（5）加快推动数字创意产业融合转型，促进数字创意产业之间融合交互，增加联合产业的协同发展动能，以更符合新时代价值体系、更符合新时期受众群体爱好的方式呈现产业特点。建立、健全传统产业与数字创意产业的交流对接机制，突破投资信息获取渠道不足等困难，疏通我国数字企业出海路径。把讲好中国故事、传播中国价值、弘扬中国精神作为转型主旨，将各个地区文化精髓进行创造性转化，使我国数字创意产业持续保持生命活力。

（6）促进数字创意产业国内国际双循环发展，以数字产业国内大循环为主体，构建国内国际双循环发展格局。加大新兴产业政策扶持力度，引导中高端制造业、资本回流国内市场，推动国内外跨境数字创新试验区建设，保障各区域间数字贸易的自由流动，改进国内数字企业营商环境，完善我国数字供应链基础，打造产业链新生态，巩固国内国际数字创意供给的良性循环。

2. 人才培养

建设一流数字创意人才培养机制。

（1）构建面向科学、技术、工程、设计等跨学科高质量人才体系，依照产业发展需求进行课程体系设置改革试点。

（2）实施一流数字创意学院建设示范项目，在艺术、文化、科技、商业等方面培养综合能力。

（3）鼓励高校和相关企业深入进行合作，探索创新合作模式，共建专业实训基地，积极开展数字创意专业人才培养。

（4）健全数字创意人才的使用、评价体系和激励措施，推动完善从研发、转化、生产到管理全面的人才生态结构。

（5）拓展数字创意创新人才研究成果商业化的渠道，支持区域性创新人才培养发展。

（6）建设数字创意研发平台，完善原创作品的鼓励机制，为数字创意专业人才培养提供保障。

（7）推动国际交流合作，依托国家重大人才工程，实施优秀人才引进计划，吸引海外高端人才，推进技术、人才等资源互动，加快提升研发创新能力。

3. 资金投入

拓展资金扶持渠道。

（1）通过资金投入提高全产业链发展水平和竞争能力，发挥政府资金产业引导作用，针对重点项目设置资金专项支持。

（2）鼓励数字创意地方产业投资资金及社会资本加大投入，对重点创意产品实行增值税优惠政策，对重点创意企业提供研发税收优惠等政策。

由于数字创意项目的高投入、高风险性，银行通常会对其采取保守的资金态度。大多数数字创意公司处于小本经营状态，难以实现规模经济及开发出高技术含量的产品。因此，需要加大财政金融对数字创意产业的支持力度，完善投融资体系，建立数字创意产业投融资担保联盟，为数字创意企业增加信用担保，降低对产业的投资风险，使企业能更顺利地得到贷款或者投融资。

增大对数字创意产业的公共技术平台、公共信息平台、人才培养体制、知识产权保障机制等基础建设的资金投入，有利于产业固定资产和流动资产的形成，也有利于文化后备战略资源的培养和跟进。

增大城乡居民数字文化消费的试点工作的资金投入，引导推动城乡居民文化消费，利用我国互联网用户规模持续扩大的优势，为数字创意产业发展奠定消费基础。

10.7　措施建议

数字创意产业的兴起在为人类提供发展新机遇的同时也成为各国之间实力比拼的新赛场。大力发展数字创意产业既可以提升国家的科学技术综合实力，也可以丰富国家文化传播的途径，还可以为国家的经济发展注入新的活力。为此，我国应提前做好谋划布局，抓住全球产业链重构的契机，扩大全球影响力。

10.7.1　深化理论研究，加强技术提升

随着我国数字创意产业的发展，目前相关理论研究呈现井喷式的发展态势。在数字科研领域，论文数量有了大幅度的提升。我国的数字研究正在经历由量变到质

变的转换过程。在此期间需要注重宏观领域的综述式研究和微观领域的落地式研究相结合，重视数据及技术对于研究的支撑及关注交叉学科对于研究边界的拓展。数字技术是数字创意产业的基础。技术的提升需要科研机构、高校及企业的共同努力。国家需要在宏观上整合资源，形成产学研体系，加速技术从研发到转换最终形成成果服务社会的进程。

10.7.2 完善产业链条，丰富内容形态

创新是数字创意产业的核心，高品质的创意产品离不开优质平台的支撑和产业链条的打造。需要充分发挥龙头企业在文化技术融合发展中的带头作用，同时不断孵化出新的具有潜力的企业，并建立起两者之间的信息共享交流平台，使得创意产业在行业的新陈代谢中不断完善并创造出优秀的作品和服务。需要建立研发、创作、生产、传播、服务等完整的产业链条，并在各个环节为高新技术及创意设计提供服务支持。

10.7.3 重组教育资源，重视人才培养

随着产业的不断扩大，企业面临人才短缺的问题，社会上出现大量的培训机构通过短期培训弥补人才的空缺。然而，这些培训教学以实用性为主，培养的技术人员知识结构单一，难以将技术和创意相互结合，不能满足产业升级后的需求，因此，数字创意教育还需要结合高等教育形成完整的教育体系。目前，高等教育对于数字创意人才的培养并没有跟上时代的步伐。与传统学科相比，数字创意教育涉及经济学、工学、文化类、经济学及计算机科学等诸多学科，更加强调学科间的交叉性，因此高等教育需要利用自身优势建立新兴学科，打破学科间的壁垒，为新兴学科的发展提供源源不断的动力，同时利用数字技术建立线上教育平台，丰富教育手段，为产业的发展提供大量的优秀人才。

10.7.4 提供资金支持，创新商业模式

当前，我国数字用户还没有建立起消费观念，整个产业的营利模式单一，主要以广告为主，资金的压力限制了整个行业的发展。由于数字创意产业多为轻资产企业，中小企业成为数字创意产业的主力，整个行业处于群雄逐鹿的状态。为此，国家需对这些企业提供多元化的资金支持，如税收上的减免、政策上的倾斜，或通过金融机构直接投资，也可以通过搭建平台建立起创意企业和大企业及市场化投资机构的联系。同时，通过政策引导，鼓励大型互联网公司介入，将新的商业模式及投资方式引进来，为行业发展提供资金上的保障。

10.7.5 规划产业布局，形成集聚效应

对全国现有的数字创意资源进行数据分析，了解目前各区域数字创意产业分布情况，以此为依据，建立起具有世界影响力的数字创意中心，通过建设综合性的数

字园区，推动数字创意和实体经济相互融合，进而为其他区域数字创意产业的发展指明方向。在重点发展区域形成集聚效应后，鼓励全国其他区域和重点区域协作，共同推动整个数字创意产业在全国范围内的发展。

审稿：潘云鹤　丁文华　吴志强　徐志磊

政策篇

第 11 章

战略性新兴产业科技生态系统全景分析：以人工智能为例

许冠南　秦亚燕　周　源　张健赢　牟显忠

【内容提要】战略性新兴产业为新一轮科技革命和产业变革提供重要支撑，构建自主可控、健康可持续发展的科技生态系统是我国抢占国际竞争制高点的关键。基于双层联动的战略性新兴产业科技生态系统分析框架，科技生态系统可以解构为科学层与技术层。其中，科学层侧重于基础研究并生成科学知识，为创新生态系统的持续发展提供科学驱动；技术层侧重于技术研发并生成应用技术知识，为创新生态系统的繁衍提供技术支撑；科学层与技术层的协同与联动为产业科技生态系统健康、持续发展提供了原动力。本章以人工智能领域为例，基于中国工程院战略咨询智能支持系统（iSS 分析平台），结合文献、专利等多源异构数据及专家访谈，选取 8 个代表性的人工智能子领域，从全球总体态势及主要国家、重点机构的科学、技术发展状况，对我国人工智能产业科技生态系统进行全景分析，从而为我国战略性新兴产业科技生态系统培育发展提供支撑与借鉴。

在新一轮科技革命和产业变革加速推进的窗口期，新兴产业发展将带动下一轮增长 [1,2]。随着中国等新兴经济体不断尝试在一些颠覆性技术引领的新兴产业中取得从模仿、追赶到部分领域领先的突破，创新生态系统构建在此过程中的作用日益受到重视 [3~6]。习近平总书记在两院院士大会、中国科协第十次全国代表大会中深刻指出，“必须深入实施科教兴国战略、人才强国战略、创新驱动发展战略，完善国家创新体系，加快建设科技强国，实现高水平科技自立自强”①。中国若要实现新兴产业引领发展，不能只靠技术的单点突破，必须全面构建各类创新要素充分流动和高效配置的科技生态系统。尤其对新兴产业而言，科技与市场发展尚未成熟，产业主导设计与行业标准可能并未明晰，市场也存在较大的不确定性，产业发展不是沿着既有路径的线性前进，其科技生态系统中科学和技术层面协同尤为关键[7]。因此，亟须一个分层、联动、客观的系统框架来帮助更好地解析战略性新兴产业科技生态系统。

近年来，随着数据爆发式的增长、计算力的大幅提升及一系列改进型深度学习算法的提出，人工智能迎来了第三次发展浪潮。习近平也多次对人工智能的重要性和发展前景做出重要论述，指出“人工智能是引领这一轮科技革命和产业变革的战略性技术，具有溢出带动性很强的‘头雁’效应”，“加快发展新一代人工智能是我们赢得全球科技竞争主动权的重要战略抓手”②。建设自主可控的人工智能产业科技生态系统对于中国科技与经济发展具有重要意义。

基于此，本章将科技生态系统解构为科学层和技术层，以人工智能领域为例，基于中国工程院战略咨询智能支持系统，结合文献、专利等多源异构数据及专家访谈，对人工智能产业科技生态系统进行全景分析，为我国构筑和培育战略性新兴产业科技生态系统提供支撑与借鉴。

11.1 战略性新兴产业科技生态系统分析框架与方法

11.1.1 战略性新兴产业科技生态系统分析框架

战略性新兴产业科技生态系统是创新生态系统的重要构成部分，可以解构为科学层和技术层[8]。如图 11.1 所示，科学层侧重于基础研究并生成科学知识，为创新生态系统的持续发展提供科学驱动，可以利用文献数据进行测度和分析[9]；技术层侧重于技术研发并生成应用技术知识，为创新生态系统的繁衍提供技术支持，可利用专利数据进行测度和分析[7]。在新兴产业科技生态系统全景分析中，一方面，可以从全球总体态势、主要国家、重点机构的视角，分别对科学层与技术层进行深入解析。另一方面，研析科学与技术层面之间的联动有助于深刻解析新兴产业科技生态系统中的知识创造及其协同发展[10,11]。尤其对于新兴产业而言，科学和技术尚未发展成熟，其创新生态中科学和技术的联动协同更值得关注。

① 习近平．习近平在两院院士大会、中国科协第十次全国代表大会上的讲话（全文）（2021 年 5 月 28 日）. http://news.cnr.cn/native/gd/20210528/t20210528_525498856.shtml，2021-05-28.

② 习近平在中共中央政治局第九次集体学习时强调：加强领导做好规划明确任务夯实基础 推动我国新一代人工智能健康发展 . http://qnzz.youth.cn/zhuanti/shzyll/fzyjs/201811/t20181113_11784158.htm，2018-11-13.

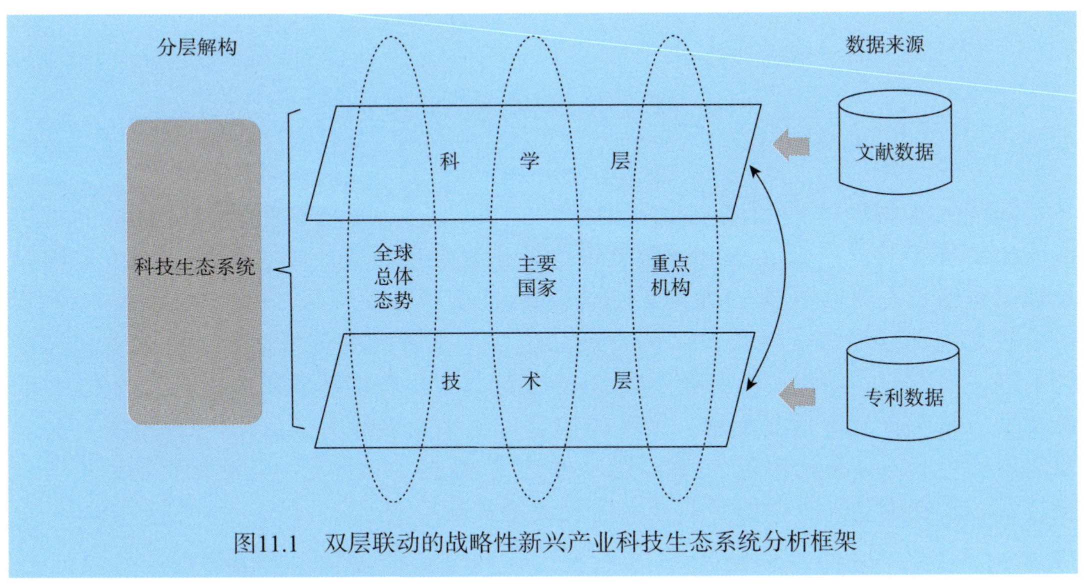

图11.1 双层联动的战略性新兴产业科技生态系统分析框架

11.1.2 数据来源与分析方法

本书借鉴《2019 人工智能发展报告》[12] 对人工智能产业的领域划分，并结合《人工智能应用技术自主可控与产业生态建设研究报告》中指出的人工智能关键技术点，综合专家访谈意见，最终选取其中 8 个可以涵盖产业方向的代表性领域，分别为机器学习、计算机视觉、知识工程、自然语言处理、语音识别、计算机图形学、人机交互技术、信息检索与推荐。

本书人工智能产业研究的相关数据来源包括：①文献数据，来自美国科学情报研究所创建的 Web of Science 核心合集数据库，共检索到 1990~2019 年 30 年来的文献数据 255 508 条①；②专利数据，来自 Derwent Innovation（DI）全球专利信息检索平台中的德温特世界专利索引（Derwent World Patents Index，DWPI）数据库，共检索到 1990~2019 年专利数据 204 091 条②。以上数据检索截止日期均为 2021 年 1 月 1 日。

基于中国工程院战略咨询智能支持系统，结合文献、专利等多源异构数据及专家访谈，选取 8 个代表性的人工智能子领域，利用 iSS 分析平台生成"全球折线图"和"国家玫瑰图"来阐述某一具体领域的全球总体态势；生成"气泡图（申请时间-申请国家）"和"主题河流图"对人工智能行业全球 TOP5 国家进行科学技术层面的对比分析；生成"重点人分析图"对全球论文和专利发表的重点机构进行比较，对人工智能产业科技生态系统进行全景分析，进一步识别我国人工智能产业发展中的优势及短板。

① 由于论文数据库更新有时滞性，2019 年的论文数据会有部分缺失。

② 由于专利数据具有 18 个月时滞期，2019 年的专利数据会有部分缺失；所用专利数据均以专利族格式下载。

11.2　人工智能产业科技生态系统发展概述

回顾人工智能产业领域1990~2019年30年来的论文与专利情况，由图11.2可以看出，人工智能产业在20世纪90年代处于发展萌芽期，论文发表量和专利申请量较少且增长态势不明显；进入21世纪之后处于稳步发展期，论文发表量和专利申请量较之前明显增多，网络技术的发展加速了人工智能的创新研究，促使人工智能技术进一步走向实用化；特别地，从2010年起，人工智能产业发展进入蓬勃发展期，论文发表量和专利申请量激增，增速较快且近年来发展势头强劲，仅在2019年论文发表量和专利申请量均接近35 000篇（件）。大数据、云计算、互联网、物联网等信息技术的发展推动人工智能产业迎来爆发式增长新高潮。

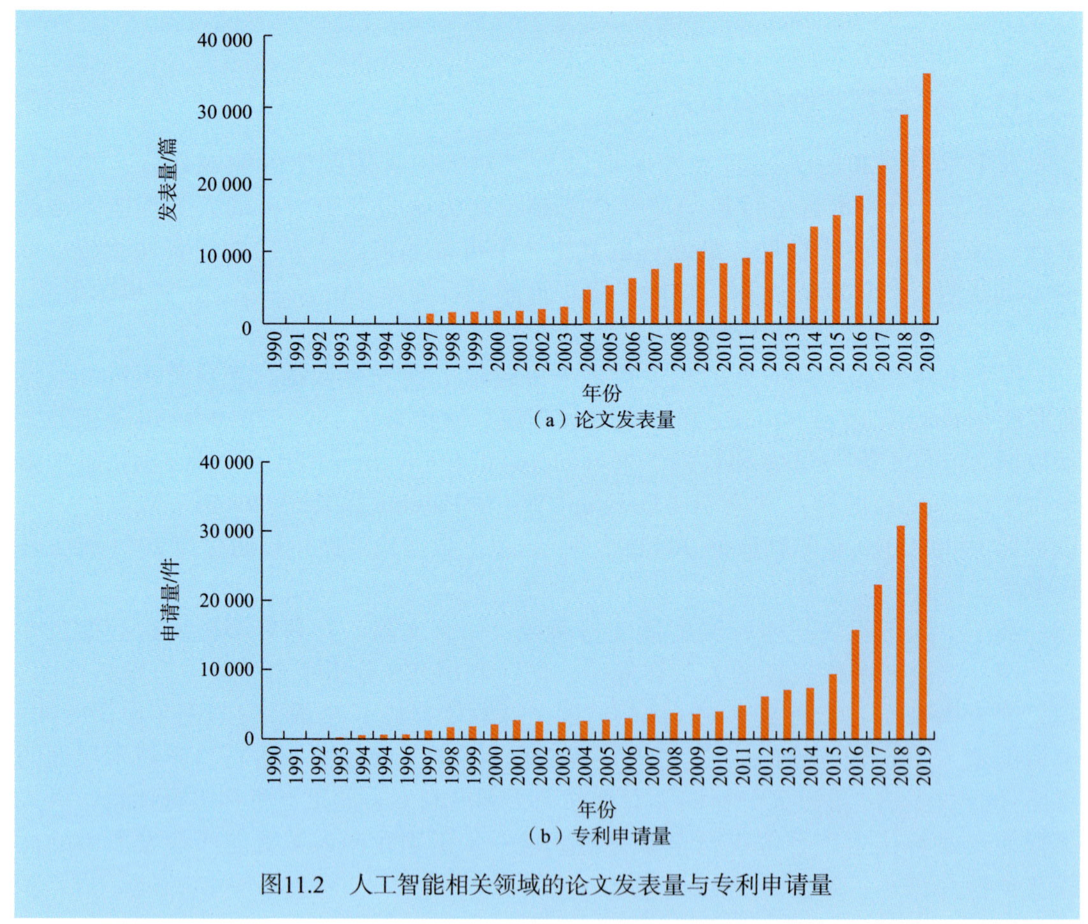

（a）论文发表量

（b）专利申请量

图11.2　人工智能相关领域的论文发表量与专利申请量

由图11.3（a）可以看出，过去30年间，全球众多国家和地区广泛参与到人工智能领域的基础性研究中，其中中国和美国分别以论文发表量占比35%、23%位居全球第一、第二，且是位于第三位的英国论文发表量的3倍以上。英国、印度、德国、加拿大、日本等构成了该领域论文产出的第二梯队。由图11.3（b）可以看出，中国、美国、日本三国占全球总体专利申请量的84%，中国已经成为全球人工智能专利布局最多的国家，数量领先于美国和日本。

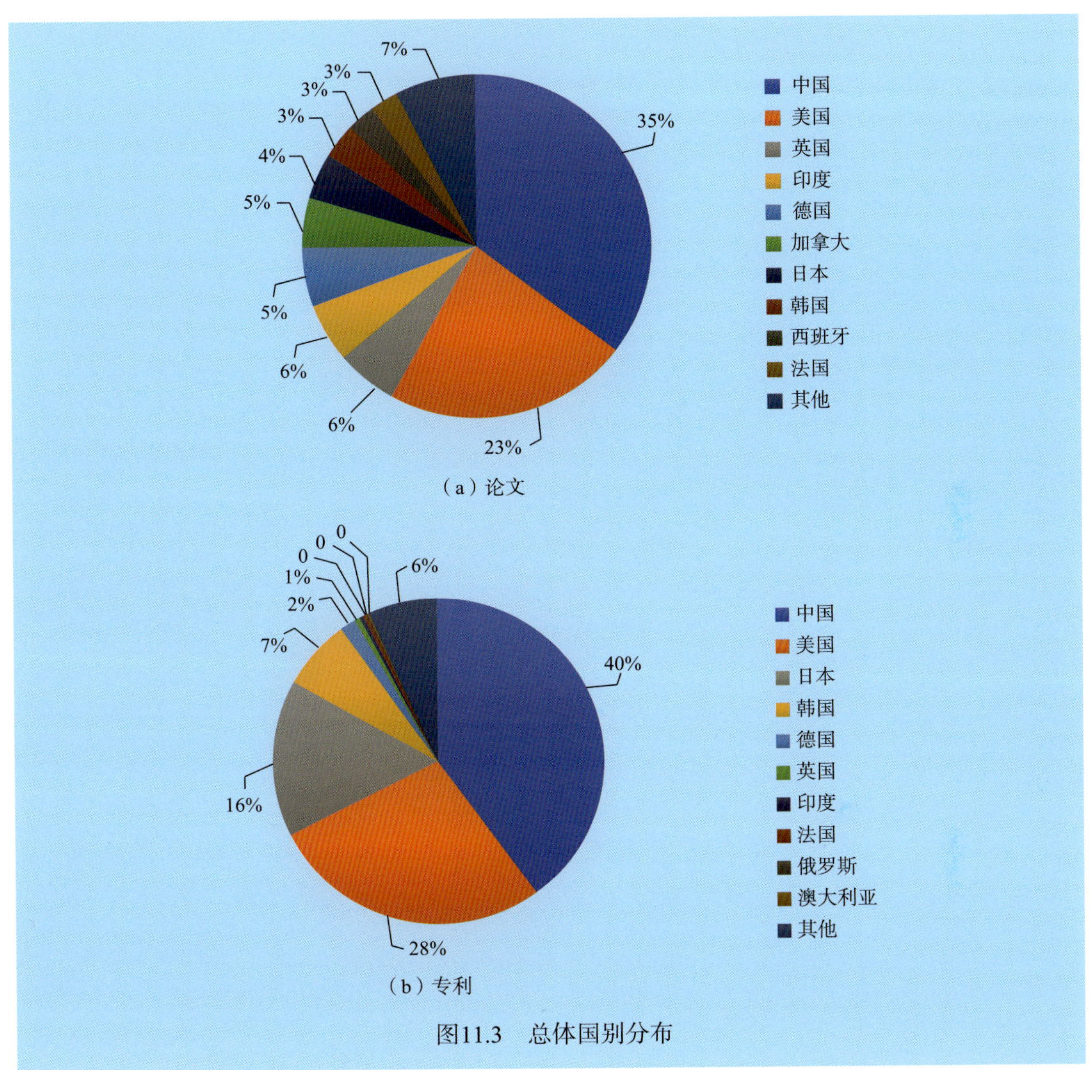

图11.3　总体国别分布

11.3　机器学习领域

11.3.1　全球总体态势分析

1990~2019年，机器学习领域全球论文发表量为98 029篇，专利申请量为

40 918 件。其中，在科学层面，机器学习领域全球论文发表量从 2003 年开始呈现总体上升的趋势，在 2015 年之后进入快速增长期［图 11.4（a）］。在技术层面，机器学习领域全球专利申请量从 2010 年起进入稳步增长期，2015 年之后开始激增，2018 年申请总量突破 10 000 件，进入爆发式增长期［图 11.4（b）］。

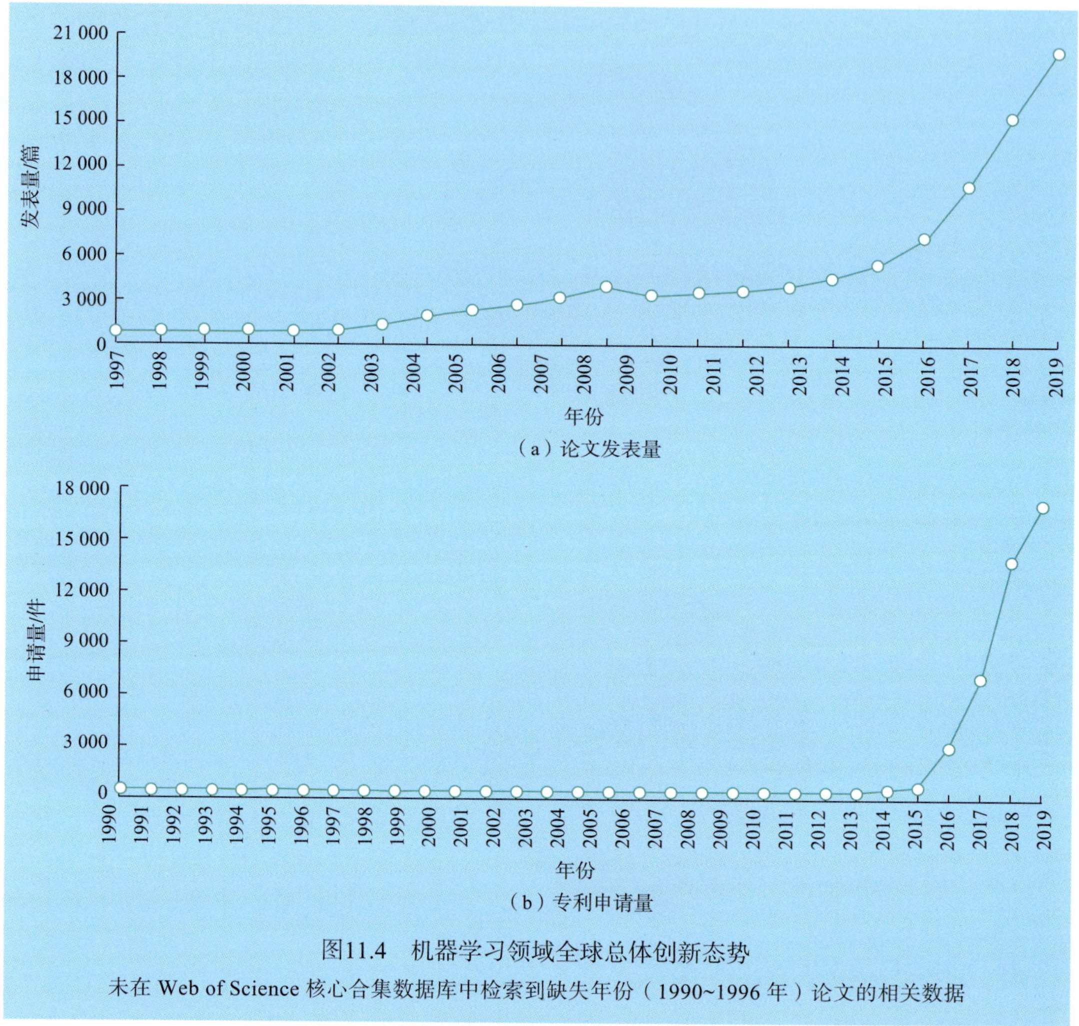

（a）论文发表量

（b）专利申请量

图11.4　机器学习领域全球总体创新态势

未在 Web of Science 核心合集数据库中检索到缺失年份（1990~1996 年）论文的相关数据

30 年间，机器学习领域论文发表量排名前五位的国家依次是中国、美国、印度、韩国和英国，占比分别为 29.65%、14.22%、5.66%、3.88%、3.69%［图 11.5（a）］；专利申请量排名前五位的国家依次是中国、美国、韩国、日本和德国，占比分别为 61.17%、19.09%、4.19%、3.92%、1.44%［图 11.5（b）］。

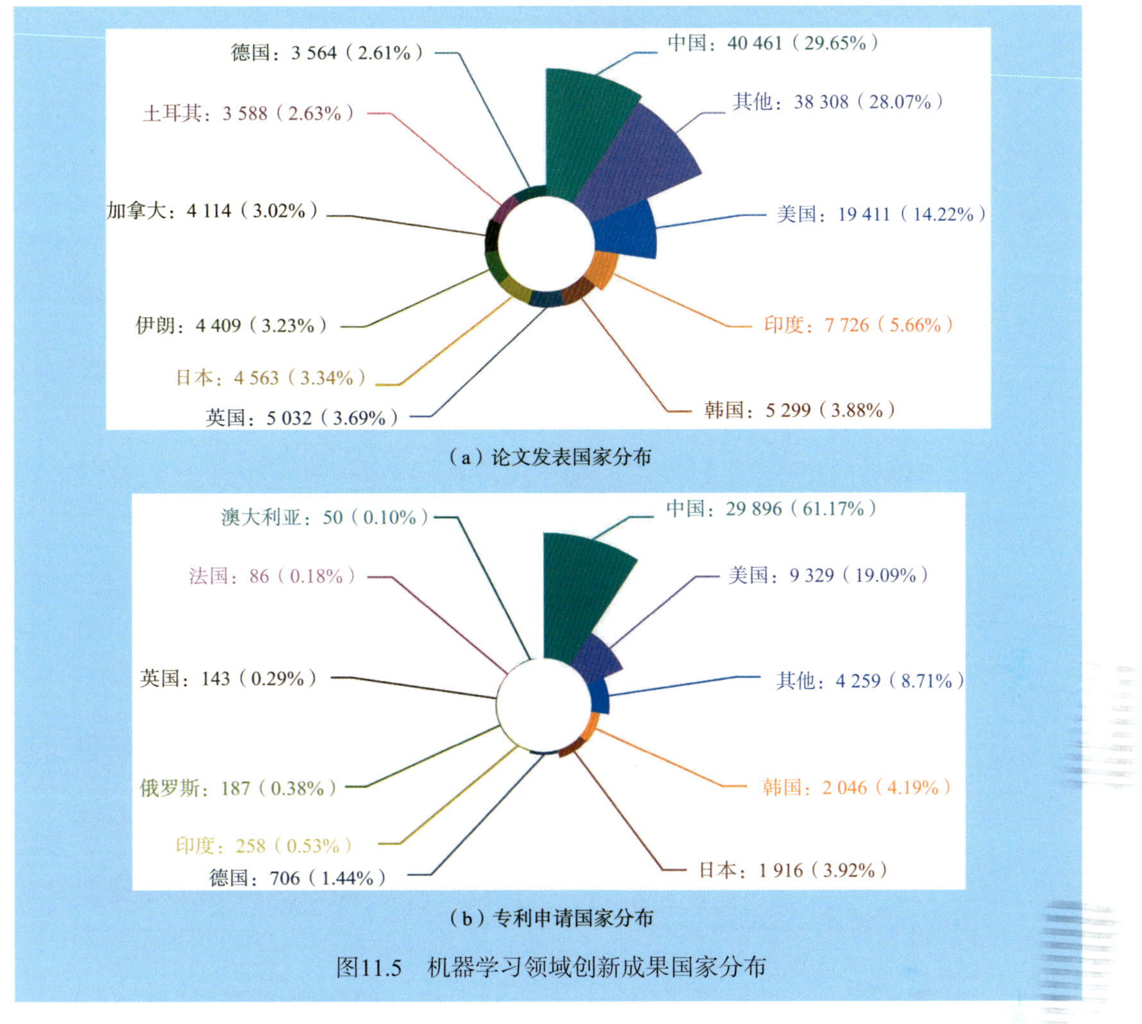

（a）论文发表国家分布

（b）专利申请国家分布

图11.5　机器学习领域创新成果国家分布

11.3.2　主要国家分析

1. 主要国家创新态势分析

从机器学习领域论文发表量来看，2001 年之前美国稳居榜首，中国于 2001 年论文发表量首次超越美国并在之后长期占据优势地位；日本、英国、德国均呈现总体增加的趋势［图 11.6（a）］。从专利申请量来看，美国处于领先地位，总体呈现平稳上升的趋势；中国自 2004 年起进入快速增长期，并在 2019 年突破万件；日本专利申请量在 20 世纪 90 年代表现突出，但进入 21 世纪之后数量有所下降，从 2016 年又开始新一轮增长；德国专利申请量总体呈上升趋势，并在 2016 年迎来专利申请量激增；英国专利申请量总体呈现缓步增长趋势［图 11.6（b）］。

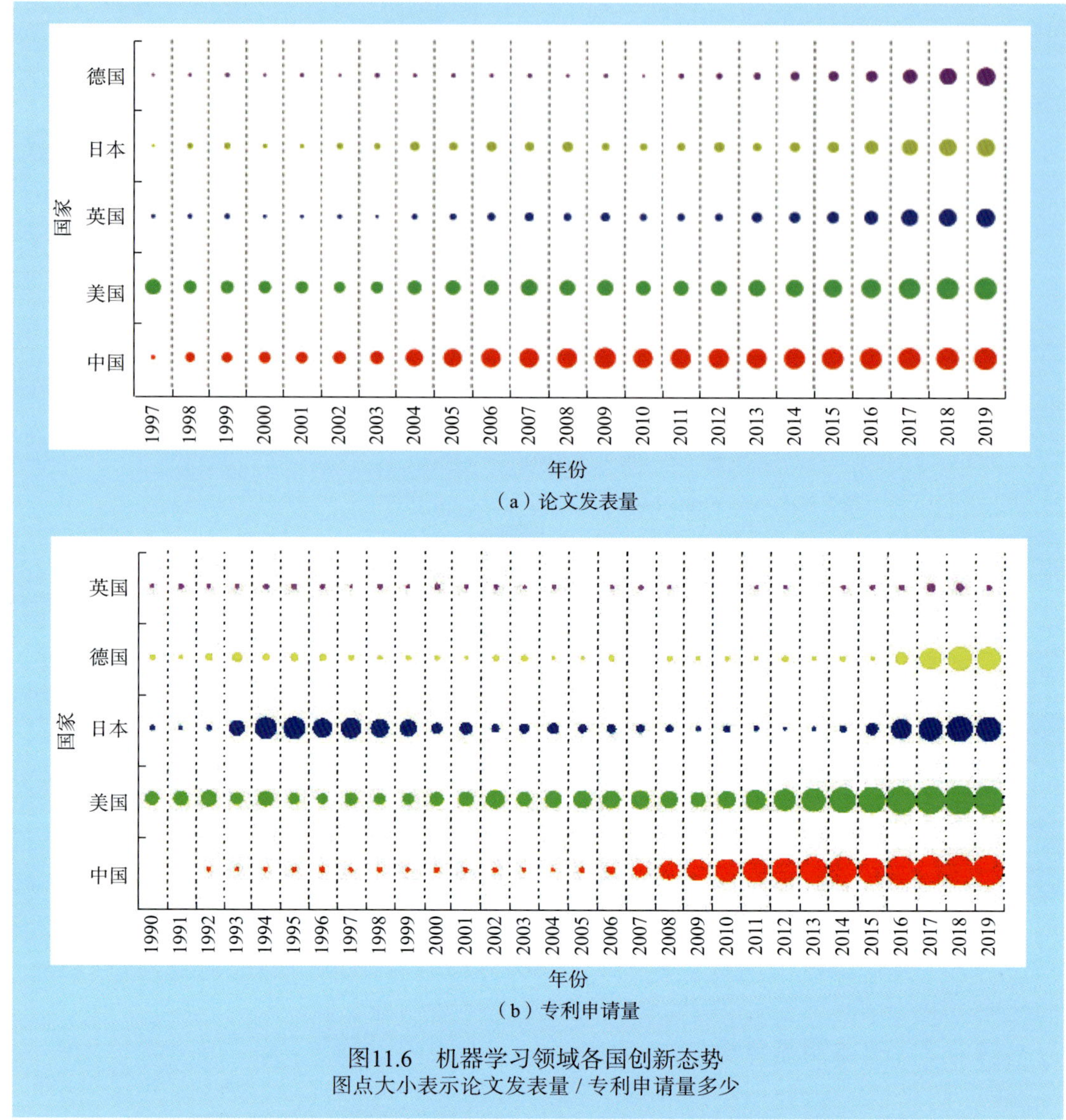

（a）论文发表量

（b）专利申请量

图11.6 机器学习领域各国创新态势
图点大小表示论文发表量/专利申请量多少

2. 主要国家创新主题演化分析

从图 11.7（a）的论文主题河流图可以看出，中国、美国、英国、德国在前期的研究基本围绕“人工神经网络”等相关热点展开。日本在 2005 年重点研究“强化学习”，中国在 2008 年研究主题为“BP 神经网络”。从河流的宽度可以看出，在以“机器学习”为主题的研究中，中国和美国的研究总量较为突出。

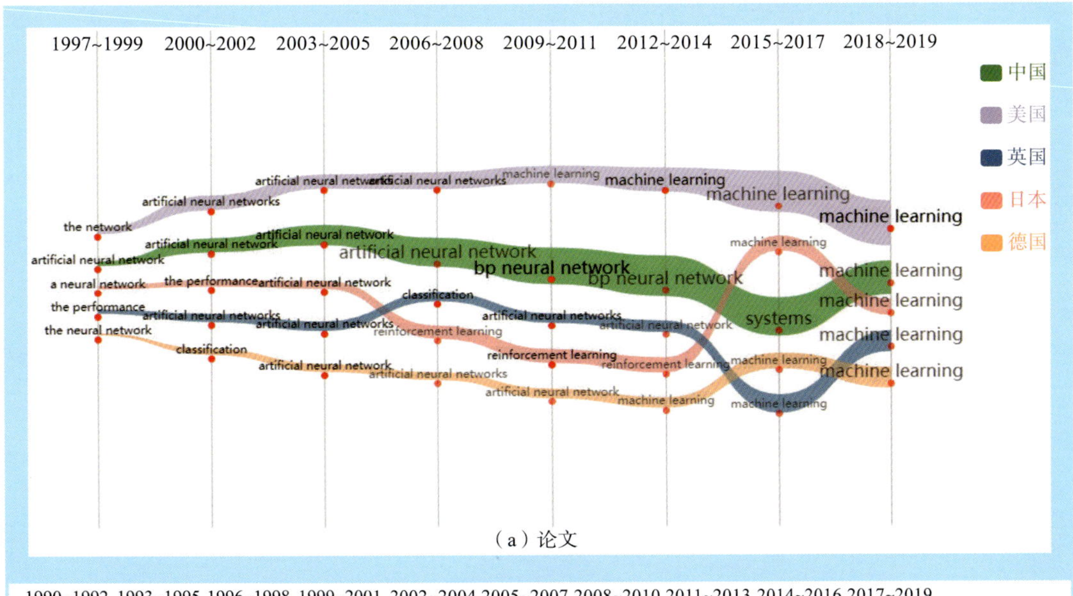

（a）论文

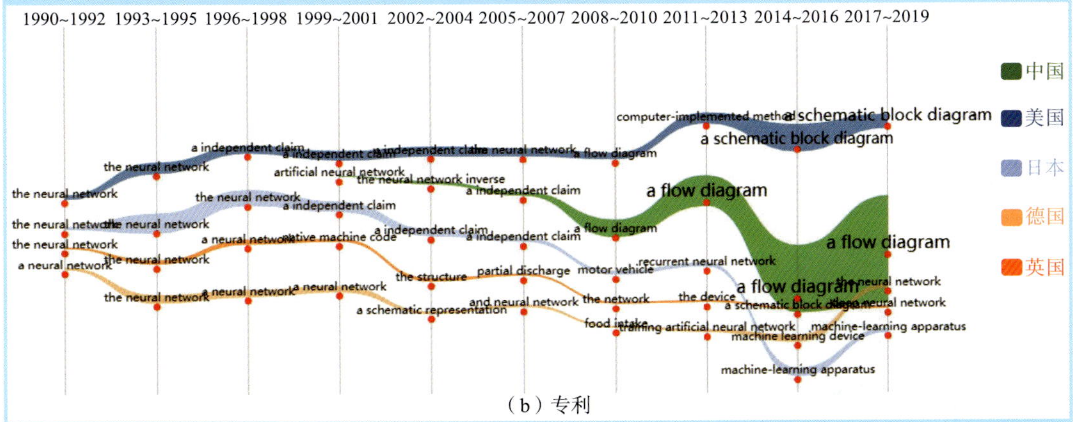

（b）专利

图11.7　机器学习领域各国创新主题演化分析

the network：网络；artificial neural networks：人工神经网络；machine learning：机器学习；systems：系统；reinforcement learning：强化学习；classification：分类；bp neural network：BP 神经网络；the performance：绩效；a（应为 an）independent claim：独立权利要求；a flow diagram：流程图；the neural network：神经网络；a neural network：神经网络；native machine code：本机代码；recurrent neural network：递归神经网络；a schematic representation：原理图表示法；the structure：结构；partial discharge：局部放电；motor vehicle：机动车；food intake：食物摄入量；training artificial neural network：训练人工神经网络；computer-implemented method：计算机实现方法；machine-learning apparatus：机器学习设备；motor vehicle：运动神经；a schematic block diagram：原理框图；the neural network inverse：神经网络逆；the device：装置；machine learning device：机器学习装置；

从图 11.7（b）中可以看出，“神经网络”是 5 个国家于 1990~1998 年在机器学习领域专利申请的重点，中国在 2000~2007 年的研究重点从“人工神经网络”转变到“神经网络逆”问题，最后“流程图”成为其在 2008~2019 年的主要关注点；美国在 2008 年之后将研究重点转向“流程图”，“计算机实现方法”“原理框图”；日本在 2000 年之后关注点转向“独立主张”，“机动车”“递归神经网络”“机器学习装置”；德国在2000年之后逐渐关注“本机代码”“结构”“局部放电”“装置”“原理框图”，最后其关注点又回到“神经网络”；英国则在2002年将研究关注点转移到“原理图表示法”“食物摄入量”“人工神经网络”“机器学习设备”等相关热点，最后在2017~2019年的研究重点又回到“神经网络”。就主题强度而言，1990~1995年，美国和日本在“神经网络”方面的研究强度相当，而后期美国在各个主题上的研究强度呈现稳步增长，中国则呈现迅速增长趋势。

11.3.3 重点机构分析

从论文发表量来看，排名前五位的机构依次是中国科学院、东南大学、清华大学、华中科技大学和伊斯兰阿扎德大学［图11.8（a）］。其中，前四位科研院所均来自中国，且其论文发表量占据了全球论文发表总量的57.68%。

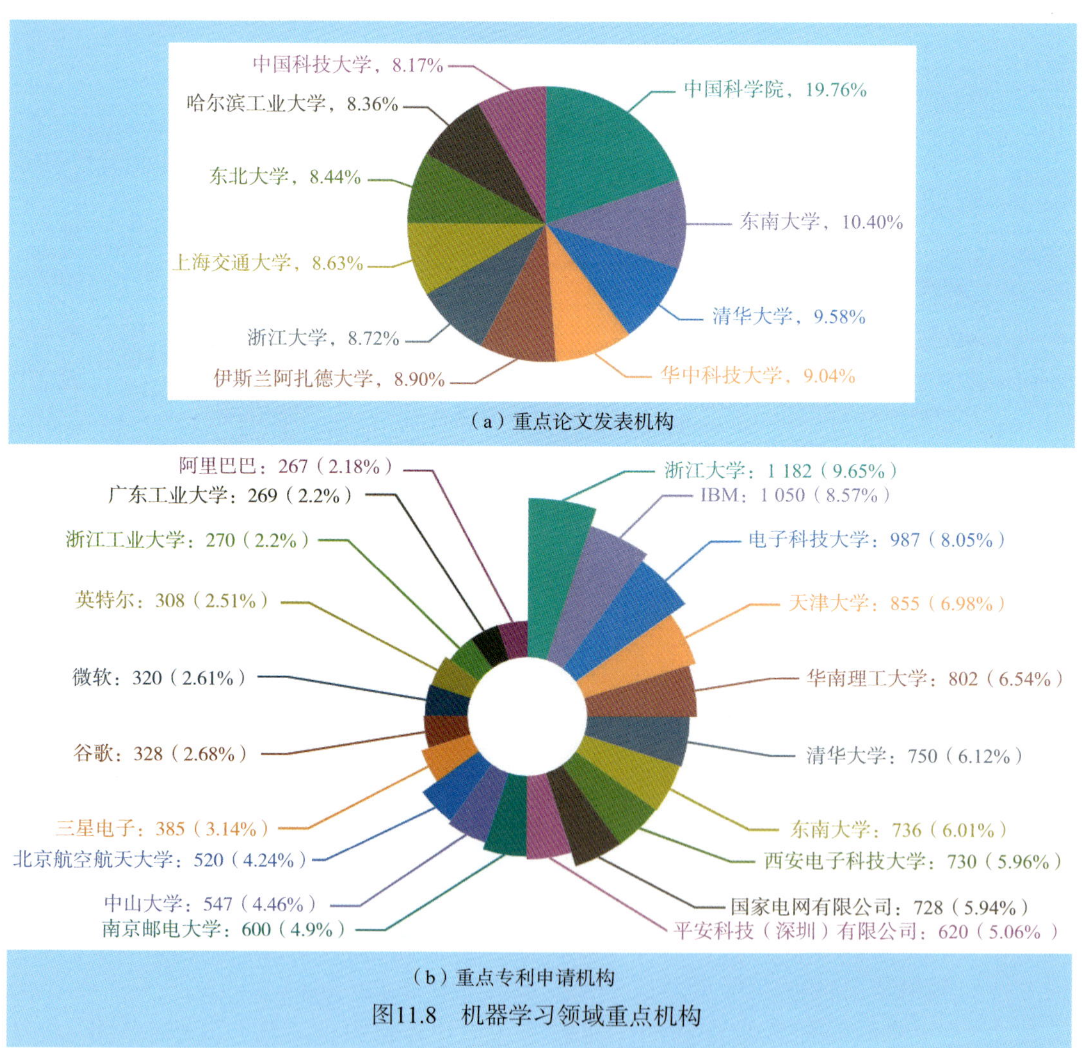

（a）重点论文发表机构

（b）重点专利申请机构

图11.8 机器学习领域重点机构

从专利申请量来看，排名前五位的机构依次是浙江大学、IBM、电子科技大学、天津大学和华南理工大学［图 11.8（b）］。排名前十位的机构中有九位均来自中国，其中七位是高等院校，这体现出科研院所在这一领域的整体优势。在该领域专利申请量上榜的企业仅有国家电网有限公司、平安科技（深圳）有限公司和阿里巴巴，而国外上榜企业中，除了排名前列的 IBM，还有三星电子、谷歌、微软、英特尔。

11.4　计算机视觉领域

11.4.1　全球总体态势分析

1990~2019 年，计算机视觉领域论文发表量为 18 483 篇，专利申请量为 13 952 件。其中，在科学层面，计算机视觉领域全球论文发表量从 2003 年开始呈现出总体上升的趋势，2003~2011 年增速较为缓慢，2011 年之后进入快速增长期，计算机视觉领域成为全球科学研究的热点［图 11.9（a）］。在技术层面，计算机视觉领域全球专利申请量从 1996 年起进入增长期，2010 年之后开始激增，仅 2017~2018 年就增加 577 件专利申请，2019 年申请量突破 2 000 件［图 11.9（b）］。30 年间，计算机视觉领域论文发表量排名前五位的国家依次是中国、美国、德国、日本和英国，占比分别为 22.17%、18.18%、5.21%、4.46%、4.24%［图 11.10（a）］；专利申请量排名前五位的国家依次是中国、日本、美国、韩国和德国，占比分别为 30.19%、24.54%、20.09%、6.21%、3.56%［图 11.10（b）］。

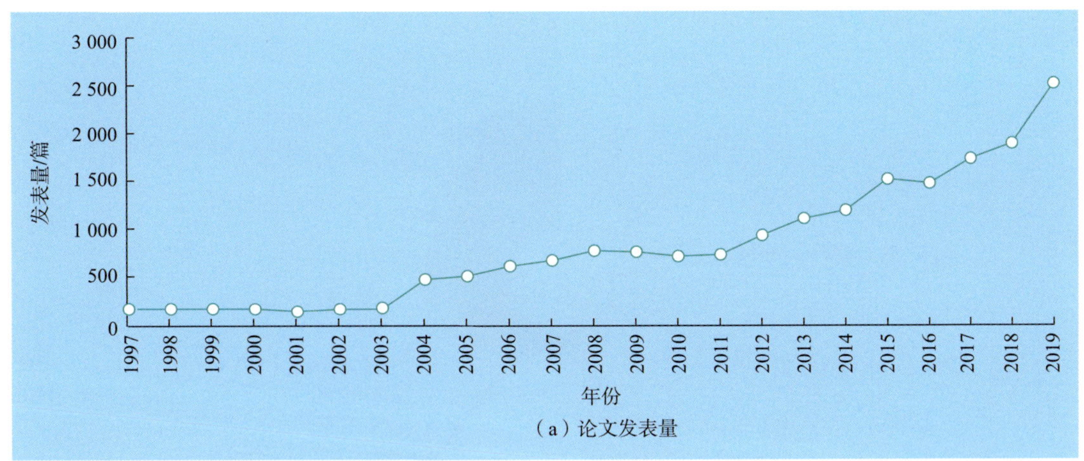

（a）论文发表量

18 000
15 000
12 000
9 000
6 000
3 000
0
申请量/件
1990 1991 1992 1993 1994 1995 1996 1997 1998 1999 2000 2001 2002 2003 2004 2005 2006 2007 2008 2009 2010 2011 2012 2013 2014 2015 2016 2017 2018 2019
年份

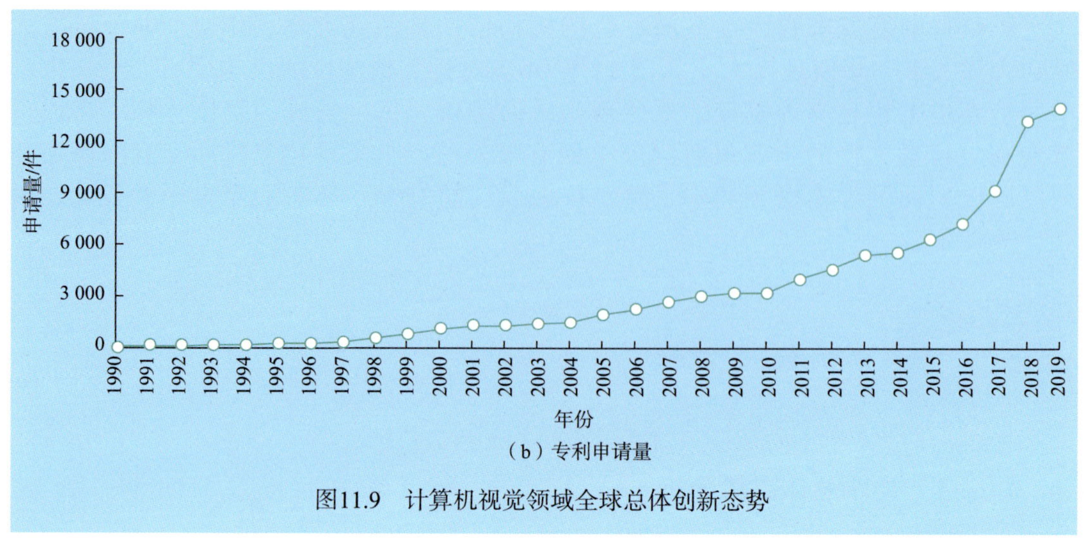

（b）专利申请量

图11.9 计算机视觉领域全球总体创新态势

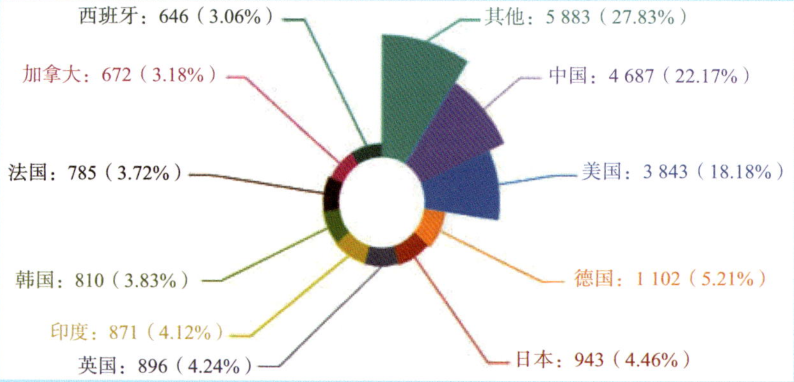

西班牙：646（3.06%）
其他：5 883（27.83%）
加拿大：672（3.18%）
中国：4 687（22.17%）
法国：785（3.72%）
美国：3 843（18.18%）
韩国：810（3.83%）
德国：1 102（5.21%）
印度：871（4.12%）
英国：896（4.24%）
日本：943（4.46%）

（a）论文发表国家分布

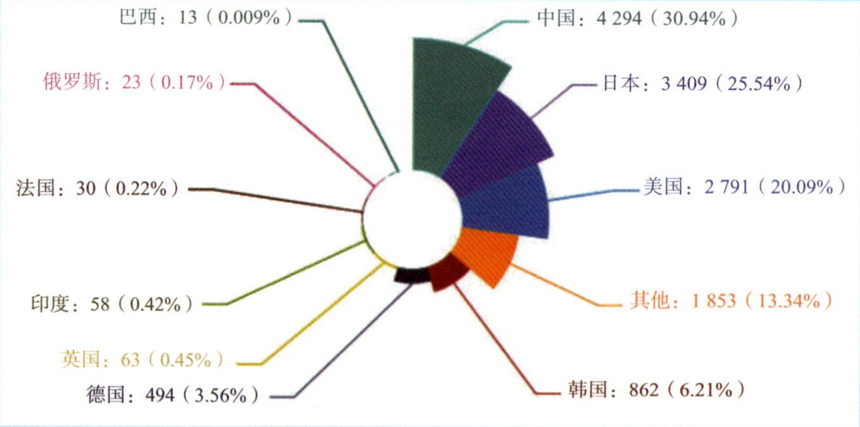

巴西：13（0.009%）
中国：4 294（30.94%）
俄罗斯：23（0.17%）
日本：3 409（25.54%）
法国：30（0.22%）
美国：2 791（20.09%）
印度：58（0.42%）
其他：1 853（13.34%）
英国：63（0.45%）
德国：494（3.56%）
韩国：862（6.21%）

（b）专利申请国家分布

图11.10 计算机视觉领域创新成果国家分布

11.4.2 主要国家分析

1. 主要国家创新态势分析

从计算机视觉领域论文发表量来看，美国多年处于领先地位；中国从 2000 年进入快速增长期，2005 年起在年度论文发表量上赶超美国，2019 年中国论文发表量约是美国的 3 倍；日本、英国、德国论文发表量总体呈现增加的趋势［图 11.11（a）］。从专利申请量来看，日本中期处于领导地位，美国和中国后期处于领导地位，三国总体呈现平稳上升的趋势；中国自 2007 年起进入快速增长期，并在 2019 年突破千件；日本专利申请量在 2006~2008 年表现突出，2008~2019 几乎处于维稳阶段；德国专利申请量总体呈上升趋势，并在 2014 年迎来专利申请量快速增加阶段；英国专利申请量总体呈现稳定趋势［图 11.11（b）］。

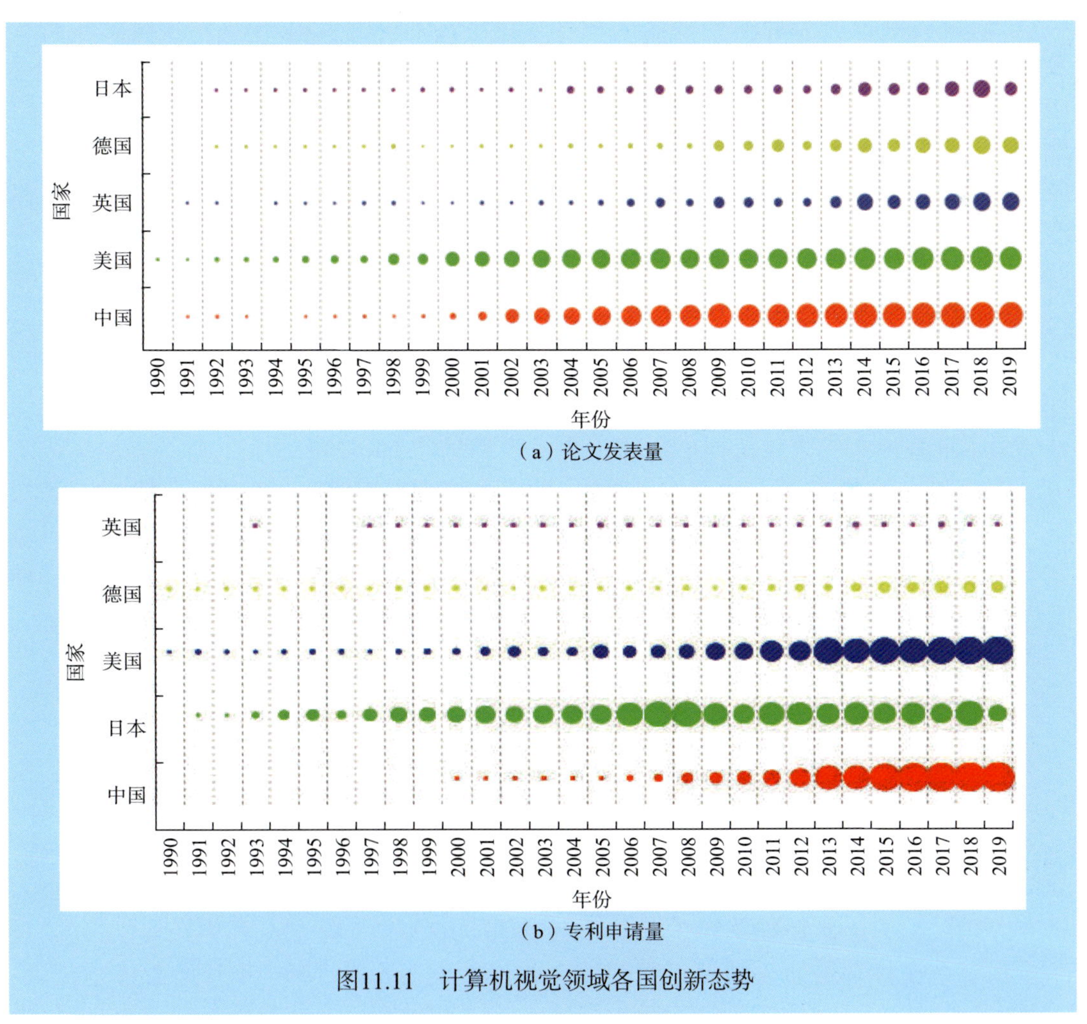

（a）论文发表量

（b）专利申请量

图11.11 计算机视觉领域各国创新态势

2. 主要国家创新主题演化分析

从图 11.12（a）论文主题河流图可以看出，30 年间，各国先后出现了“追踪”“算法”“移动目标检测”等新的研究主题，且各国在不同时期的研究主题略有不同。美国和日本前期的研究围绕“图像”，中国、德国、英国则分别围绕“时效性”“人脸识别”“感知”等相关热点，后期五个国家的研究热点则统一回归“语义分割”。2000~2002 年，美国和中国重点研究相关算法，德国侧重研究“位姿估计”。从河流的宽度可以看出，在以“语义分割”为主题的研究中，中国和美国研究投入力度较大。

从图 11.12（b）中可以看出，“目标检测”是五个国家于 1990~1998 年在计算机视觉领域研究的重点，中国在 1999~2004 年的研究重点从“置信指数”转变到“计算机视觉”，最后在 2008~2019 年“独立主张”成为主要关注点；美国在 2011 年之后转向“图解视图”；日本在 1993 年将其关注点从“焦点调整”转变为“对象探测器”；“机动车”“目标检测”始终贯穿德国的关注点；英国关注点从 1993 年开始依次从“电视屏幕”“运动矢量”“电子安全探测系统”“信号”等逐步演变。就主题强度而言，1990~2019 年，美国和日本在计算机视觉领域的研究强度相当，美国在各个主题上的研究强度基本保持不变，中国则从 1999 年起呈现迅速增长趋势。

11.4.3 重点机构分析

从论文发表量来看，排名前五位的机构依次是中国科学院、中国科学院大学、清华大学、上海交通大学和北京航空航天大学［图 11.13（a）］。五所科研机构均来自中国，且其论文发表量占据了全球论文发表总量的 64.52%。

从专利申请量来看，排名前五位的机构依次是丰田汽车公司、佳能、电装集团、三星电子和本田汽车公司［图 11.13（b）］。排名前十位的机构中仅有腾讯来自中国，其他 9 个是国外的汽车和电子设备公司，这体现出企业在这一领域的整体优势。

11.5 知识工程领域

11.5.1 全球总体态势分析

1990~2019 年，知识工程领域论文发表量为 33 373 篇，专利申请量为 16 218 件。其中，在科学层面，知识工程领域全球论文发表量从 1997 年开始总体呈现上

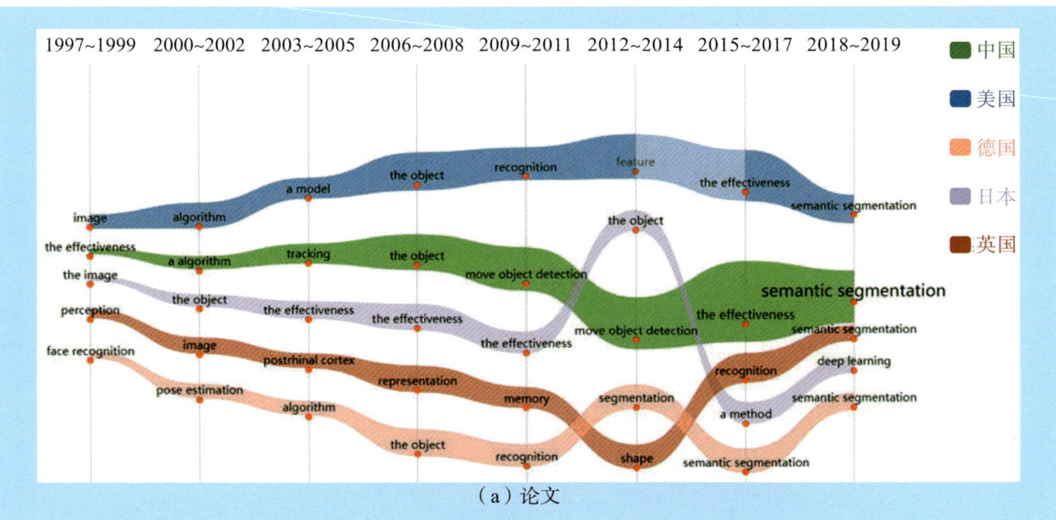

（a）论文

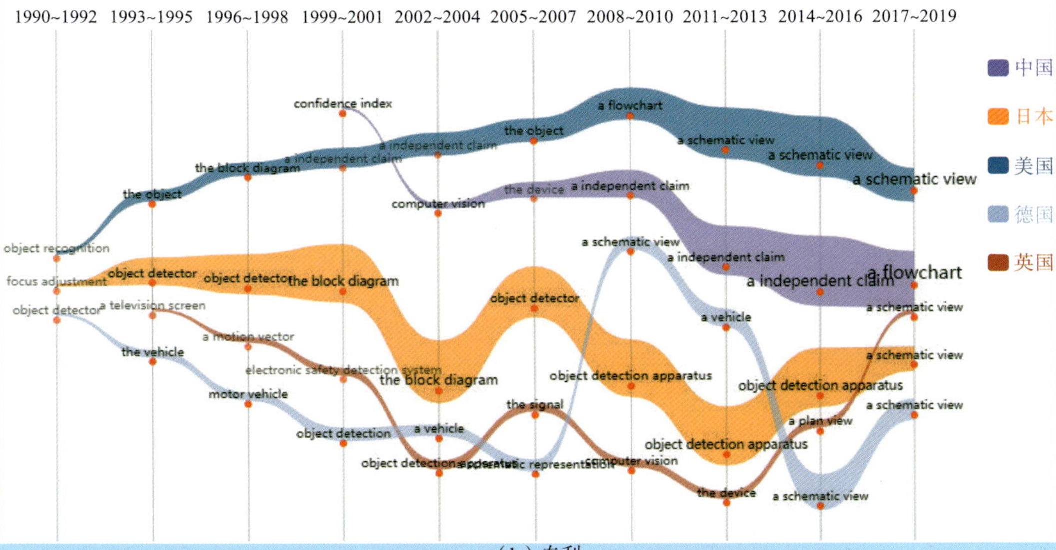

（b）专利

图11.12　计算机视觉领域各国创新主题演化分析

image：图像；algorithm：算法；a model：模型；the object：对象；recognition：识别；feature：特征；the effectiveness：有效性；semantic segmentation：语义分割；tracking：追踪；move object detection：移动目标检测；perception：感知；postrhinal cortex：鼻后皮质；representation：表象；memory：记忆；segmentation：分割；deep learning：深度学习；focus adjustment：焦点调整；pose estimation：位姿估计；shape：形状；object recognition：目标识别；a motion vector：运动矢量；a television screen：电视屏幕；object detector：对象检测器；the block diagram：方框图；confidence index：置信指数；a（应为 an）independent claim：独立权利要求；computer vision：计算机视觉；a flowchart：流程图；a schematic view：图解示图；object detection apparatus：对象检测装置；the device：装置；the signal：信号；motor vehicle：机动车；face-like region：人脸区域；a vehicle：车辆；electronic safety detection system：电子安全探测系统；object detection：目标检测

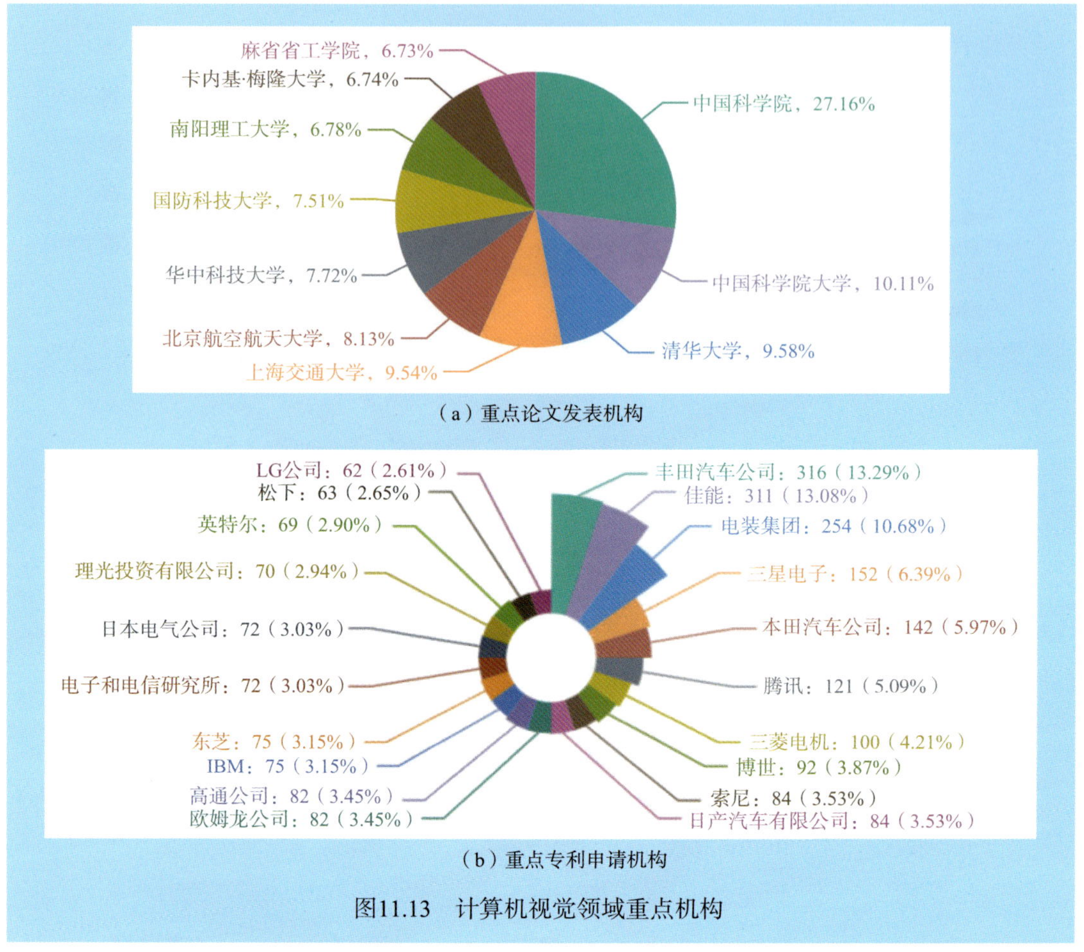

（a）重点论文发表机构

（b）重点专利申请机构

图11.13　计算机视觉领域重点机构

升趋势，在2010年之后进入快速增长期，知识工程领域成为全球科学研究的热点［图11.14（a）］。仅就知识工程领域而言，技术层与科学层的发展几近同步。专利申请从1997年起进入增长期，2010年之后开始激增，2018年申请总量接近2 500件［图11.14（b）］。

30年间，知识工程领域论文发表量排名前五位的国家依次是中国、美国、印度、英国和德国，占比分别为26.77%、14.48%、6.1%、3.56%、3.31%［图11.15（a）］；专利申请量排名前五位的国家依次是中国、美国、日本、韩国和德国，占比分别为37.06%、33.47%、7.99%、3.18%、1.11%［图11.15（b）］。

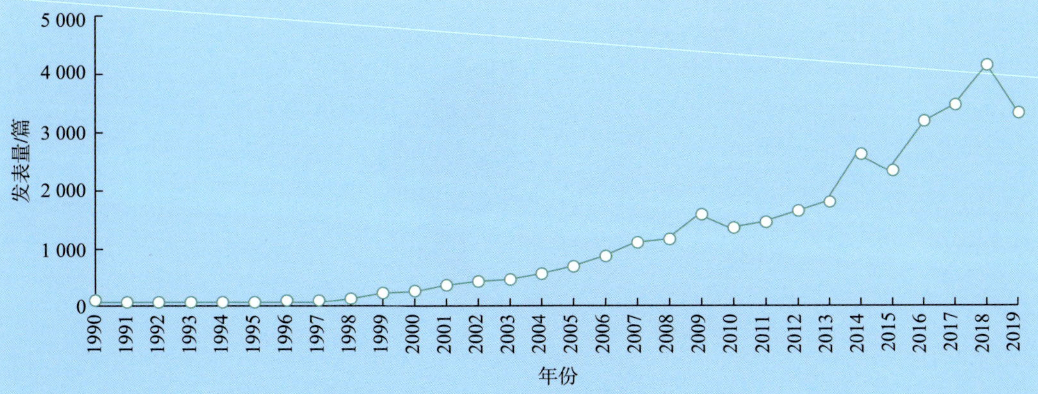

（a）论文发表量

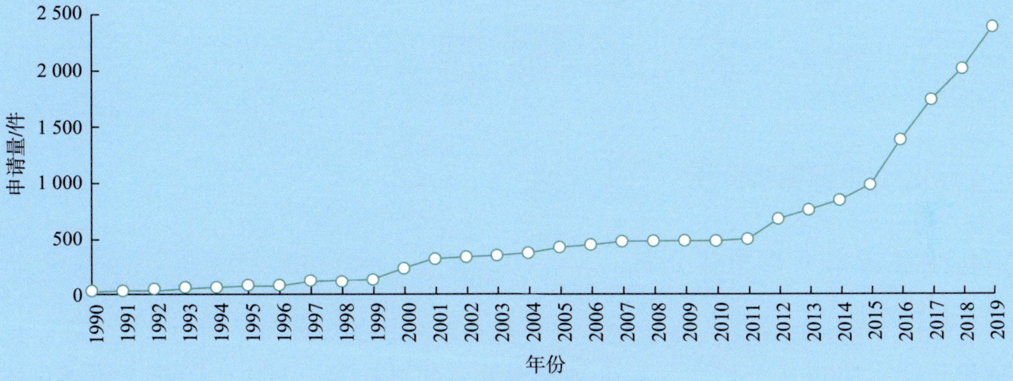

（b）专利申请量

图11.14　知识工程领域全球总体创新态势

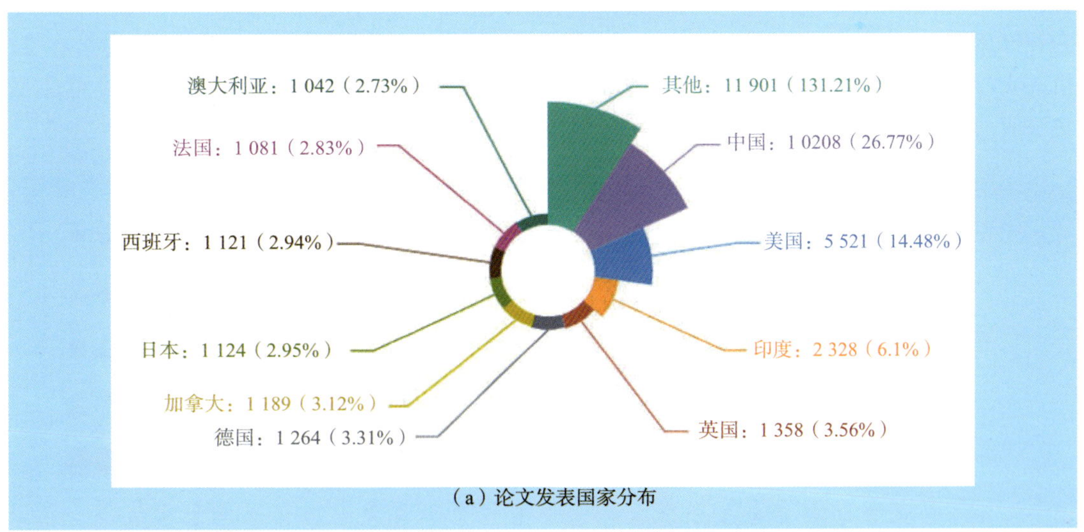

（a）论文发表国家分布

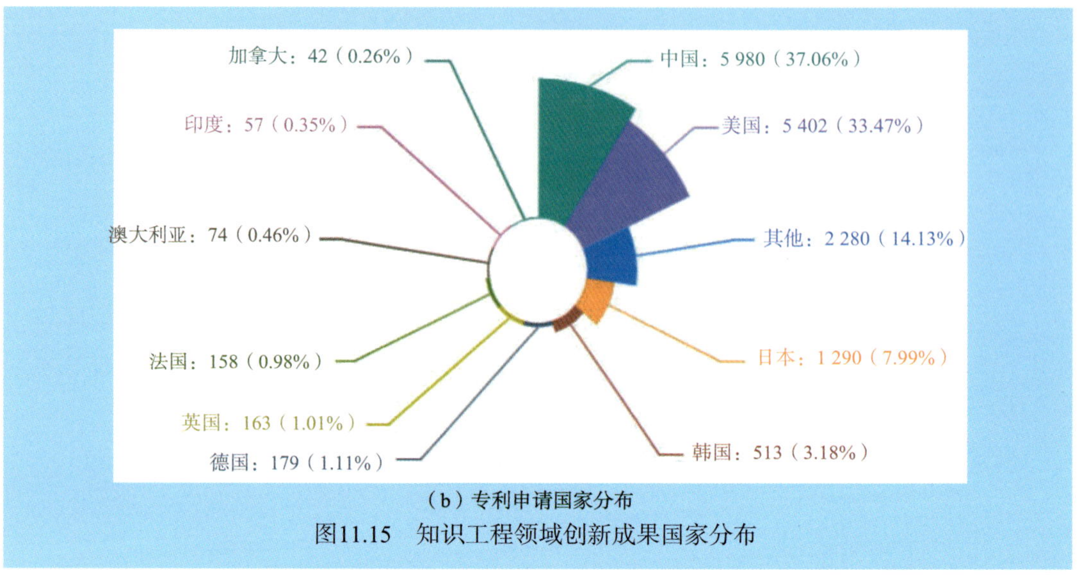

（b）专利申请国家分布

图11.15 知识工程领域创新成果国家分布

11.5.2 主要国家分析

1. 主要国家创新态势分析

从知识工程领域论文发表量来看，美国前期处于领先地位；中国从 2000 年进入快速增长期，2005 年开始在年度论文发表量上赶超美国；日本、英国、德国总体呈现增加的趋势［图 11.16（a）］。从专利申请量来看，1997~2009 年，美国和日本处于领先地位。2009 年之后，日本专利申请量逐年减少，中国专利申请量激增，中国与美国处于领先地位。除日本外，其他四国总体呈现平稳上升的趋势；中国自 2007 年起进入快速增长期，2019 年，中国专利申请量为美国的 4 倍；日本专利申请量在 21 世纪初表现突出，但进入 2010 年之后数量有所下降；英国、德国专利申请量总体呈稳定趋势［图 11.16（b）］。

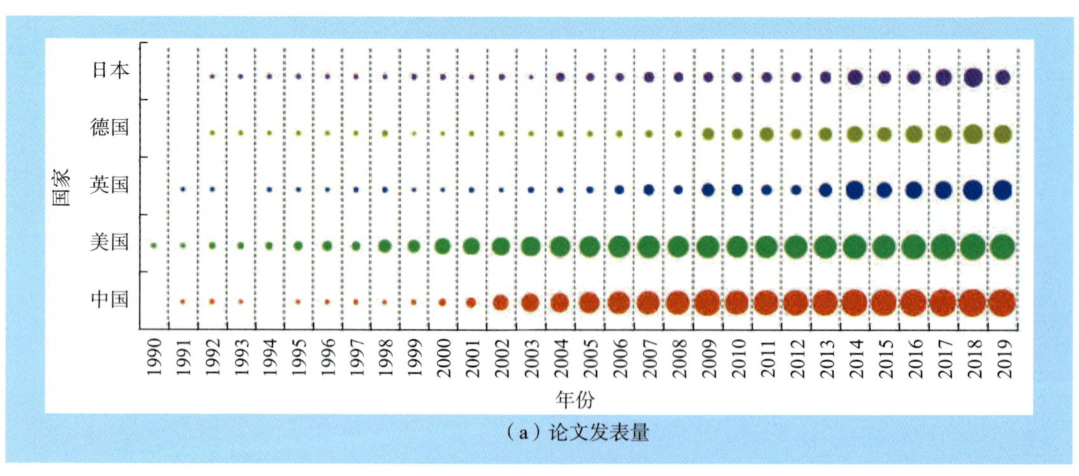

（a）论文发表量

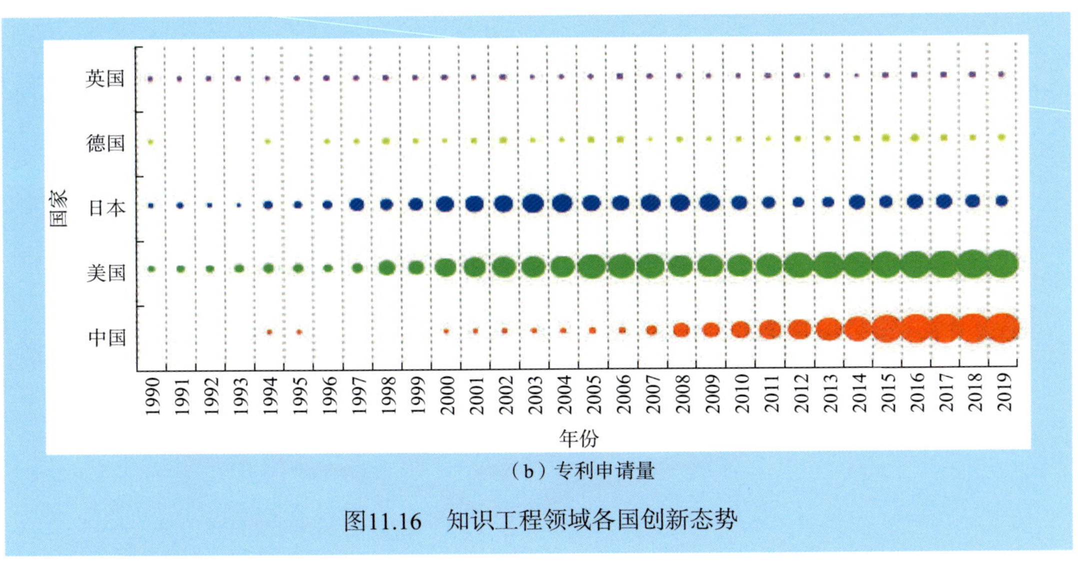

（b）专利申请量

图11.16 知识工程领域各国创新态势

2. 主要国家创新主题演化分析

从图 11.17（a）的论文主题河流图可以看出，30 年间，在不同时间段出现了“语言对话系统”“分类”“知识获取”等新的研究主题，中国、美国、英国、德国、日本在前期的研究分别围绕“二维字符串”“知识表示”“产品模型”“原型系统”等相关热点展开，从 2002 年左右开始主要围绕“分类”和“图像分类”开展研究。从河流的宽度可以看出，在以“图像分类”为主题的研究中，中国研究总量较为突出。

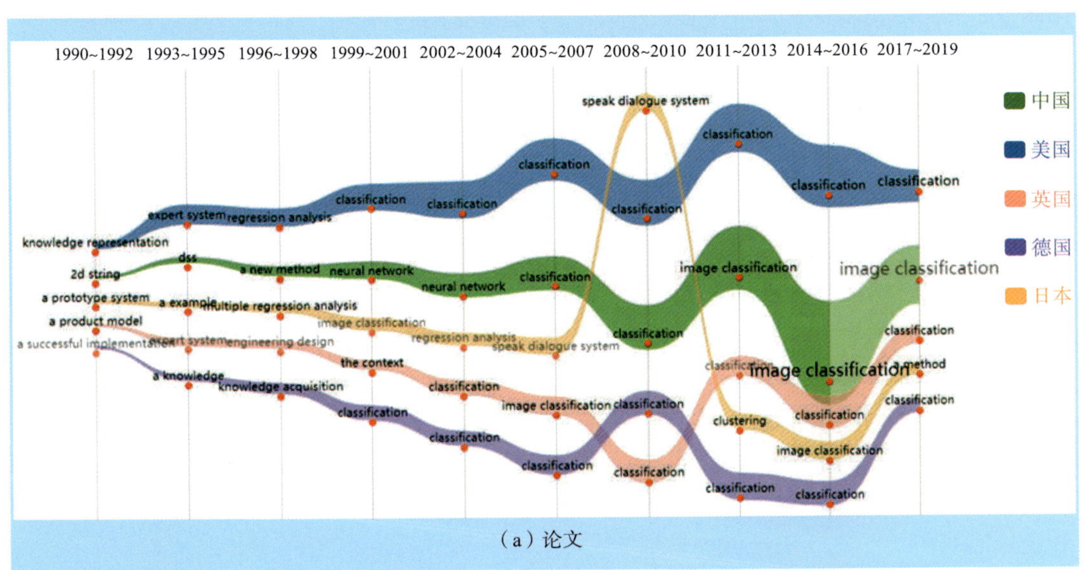

（a）论文

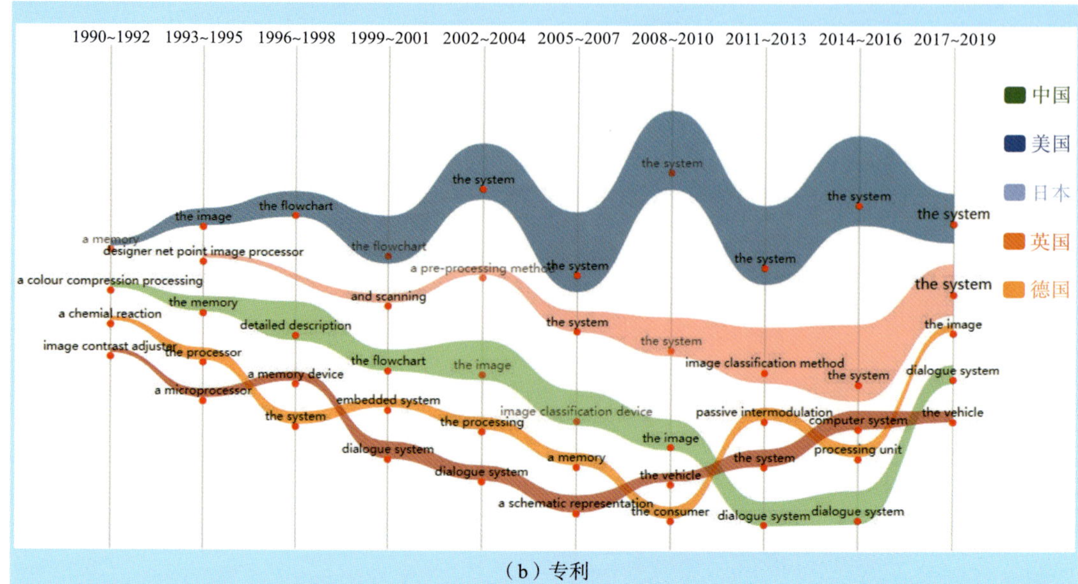

（b）专利

图11.17 知识工程领域各国创新主题演化分析

classification：分类；expert system：专家系统；regression analysis：回归分析；knowledge representation：知识表示；dss：决策支持系统；2d string：二维字符串；dss：即 DSS，decision support system，决策支持系统；a new method：一种新方法；neural network：神经网络；a prototype system：原型系统；a（应为 an）example：例子；multiple regression analysis：多元回归分析；a product model：产品模型；image classification：图像分类；speak dialogue system：语言对话系统；a successful implementation：成功的实施；expert system：专家系统；engineering design：工程设计；the context：语境；a knowledge：知识；knowledge acquisition；知识获取；the system：系统；the flowchart：流程图；the image：图像；a memory：回忆；designer net point image processor：设计器网点图像处理器；a pre-processing method：预处理方法：a colour compression processing：彩色压缩处理；and scanning：扫描；the memory：回忆：a chemial（应为 chemical）reaction：化学反应；detailed description：详细说明；image contrast adjuster：图像对比度调节器；the processor：处理器；a memory device：存储器件；a microprocessor：微处理器；embedded system，嵌入式系统；the system：系统；processing unit：处理单元；dialogue system：对话系统；image classification device：图像分类装置；a schematic representation：原理图表示法；the consumer：消费者；image classification method：图像分类方法；passive Intermodulation：无源互调；the vehicle：车辆；computer system：计算机系统

从图 11.17（b）可以看出，1990~1999 年，“图像”是五个国家在知识工程领域研究的一致重点，美国在 1996~1998 年的研究重点从“图像”转变到“流程图”，最后在 2002~2004 年“系统”成为主要关注点；中国在 2005 年之前的研究主题为“设计器网点图像处理器”“扫描”“预处理方法”，2005 年之后转向“系统”。30 年间，日本、英国、德国分别在不同的时间段围绕“彩色压缩处理”“对话系统”“图像分类装置”“微处理器”等新兴主题进行研究。就主题强度而言，1990~1999 年，美国在知识工程领域方面的研究强度逐年增强，而中国对各个主题上的研究强度后期呈现稳步增长，日本、英国、德国在各个时间段的主题强度近乎不变。

11.5.3 重点机构分析

从论文发表量来看，排名前五位的机构依次是中国科学院、武汉大学、哈尔滨工业大学、西安电子科技大学和清华大学［图 11.18（a）］。五所科研院所均来自中国，且其论文发表量占据了全球论文发表总量的 65.8%。

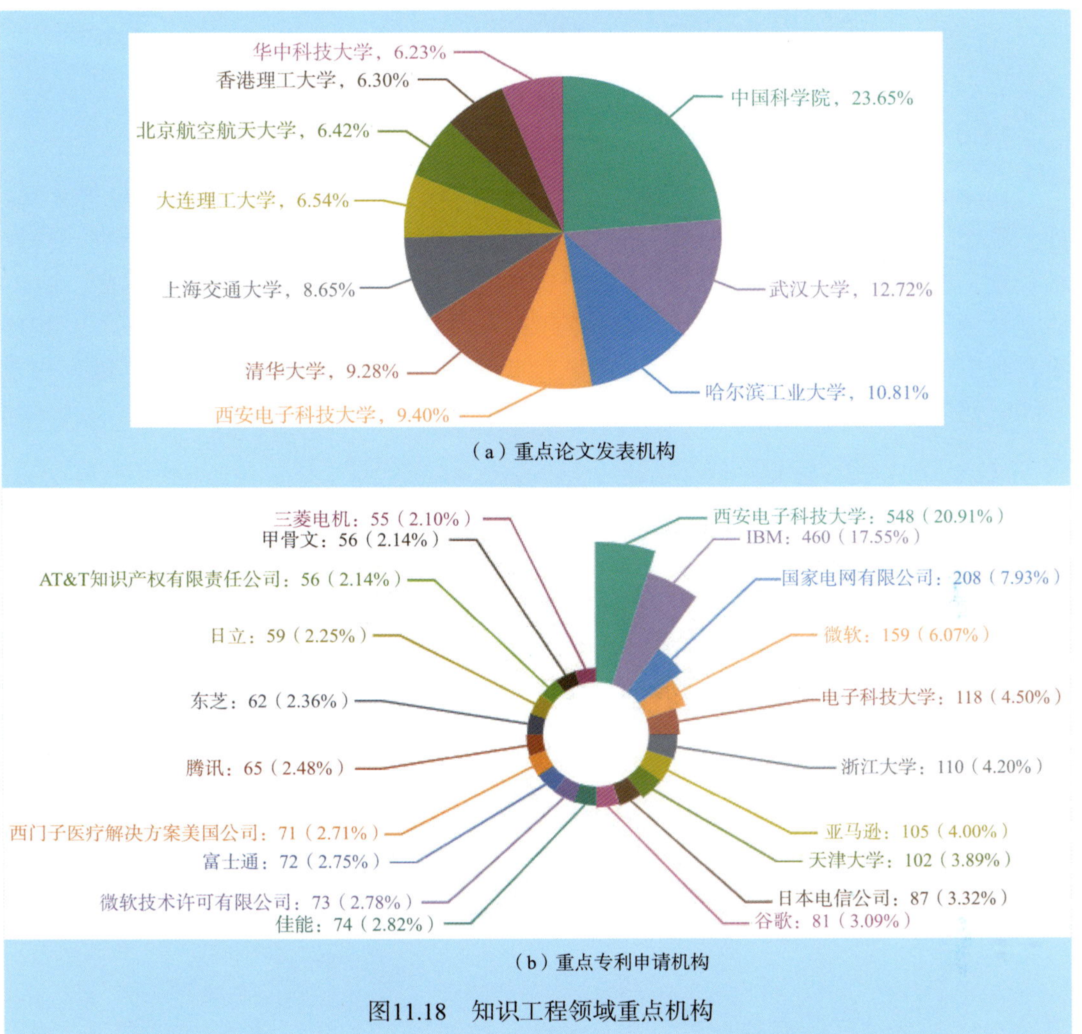

（a）重点论文发表机构

（b）重点专利申请机构

图11.18　知识工程领域重点机构

从专利申请量来看，排名前五位的机构依次是西安电子科技大学、IBM、国家电网有限公司、微软和电子科技大学［图 11.18（b）］。排名前十位的机构中有五个均来自中国，其中四所机构均为高等院校，这体现出科研高校院所在这一领域的整体优势。在该领域专利申请量上榜的企业均为国外企业，除了列于前五位的企业外，还有亚马逊、日本电信公司和谷歌。

11.6 自然语言处理领域

11.6.1 全球总体态势分析

1990~2019 年，自然语言处理领域论文发表量为 15 780 篇，专利申请量为 9 369 件。其中，在科学层面，自然语言处理领域全球论文发表量从 2001 年开始进入快速增长期，2014 年论文发表量首次突破 1 000 篇［图 11.19（a）］。在技术层面，自然语言处理领域全球专利申请量从 1997 年起进入增长期，2010 年之后开始激增，2018 年专利申请量突破 1 000 件，进入爆发式增长期［图 11.19（b）］，科学层面进入快速发展时期的时间要早于技术层面。

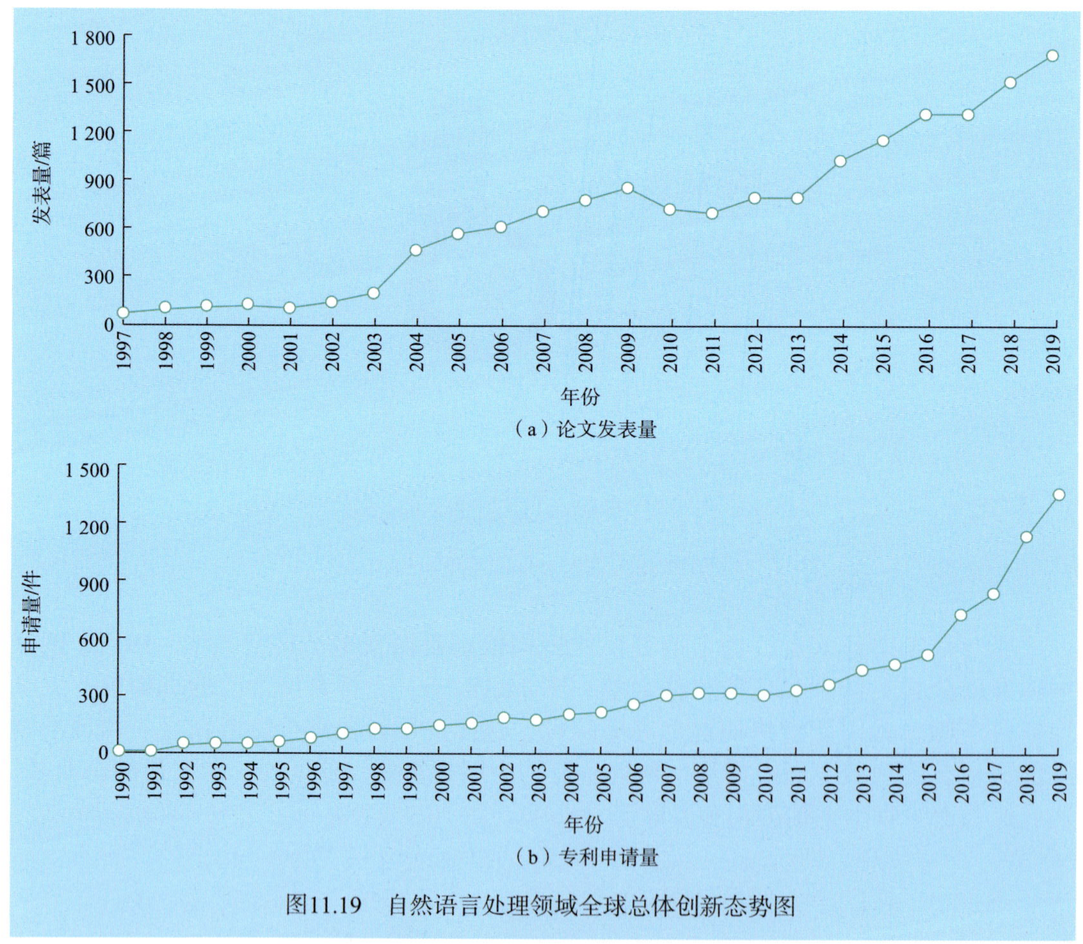

图11.19　自然语言处理领域全球总体创新态势图

30 年间，自然语言处理领域论文发表量排名前五位的国家依次是中国、美国、日本、德国和印度，占比分别为 24.31%、19.25%、4.68%、4.50%、4.48%［图 11.20（a）］；

专利申请量排名前五位的国家依次是中国、日本、美国、韩国和印度，占比分别为43.32%、23.55%、17.55%、8.03%、0.29%［图 11.20（b）］。

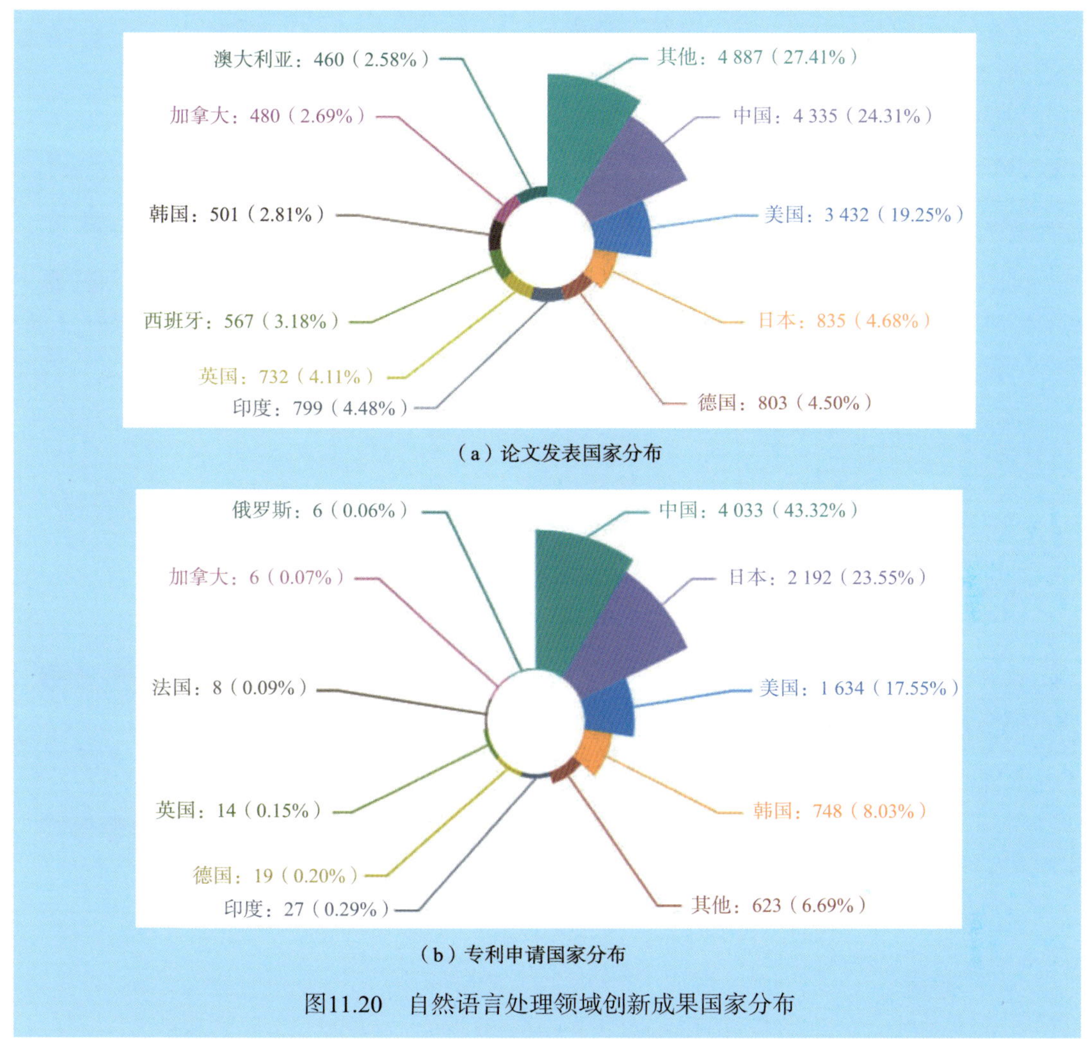

图11.20　自然语言处理领域创新成果国家分布

11.6.2　主要国家分析

1. 主要国家创新态势分析

从自然语言处理领域论文发表量来看，美国在2005年之前稳居榜首；中国从2004年进入快速增长期，2006年开始在年度论文发表量上赶超美国；日本、英国论文发表量总体呈现增加的趋势；其中，日本2004~2008年基本呈增长趋势，2008~2014年呈减少趋势，2014年之后再次逐年增加［图 11.21（a）］。从专利申请量来看，美国处于领先地位，总体呈现平稳上升的趋势；中国自2007年起进入快速增长期，并在2019年突破千件；日本专利申请量在1997~2010年表现突出，但进入

2011 年之后数量有所下降；德国与英国专利申请数量不稳定［图 11.21（b）］。

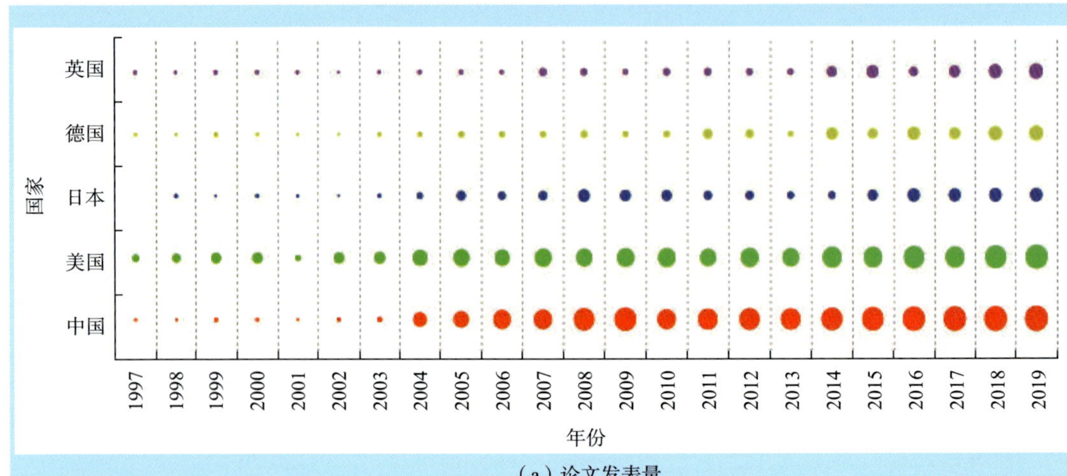

（a）论文发表量

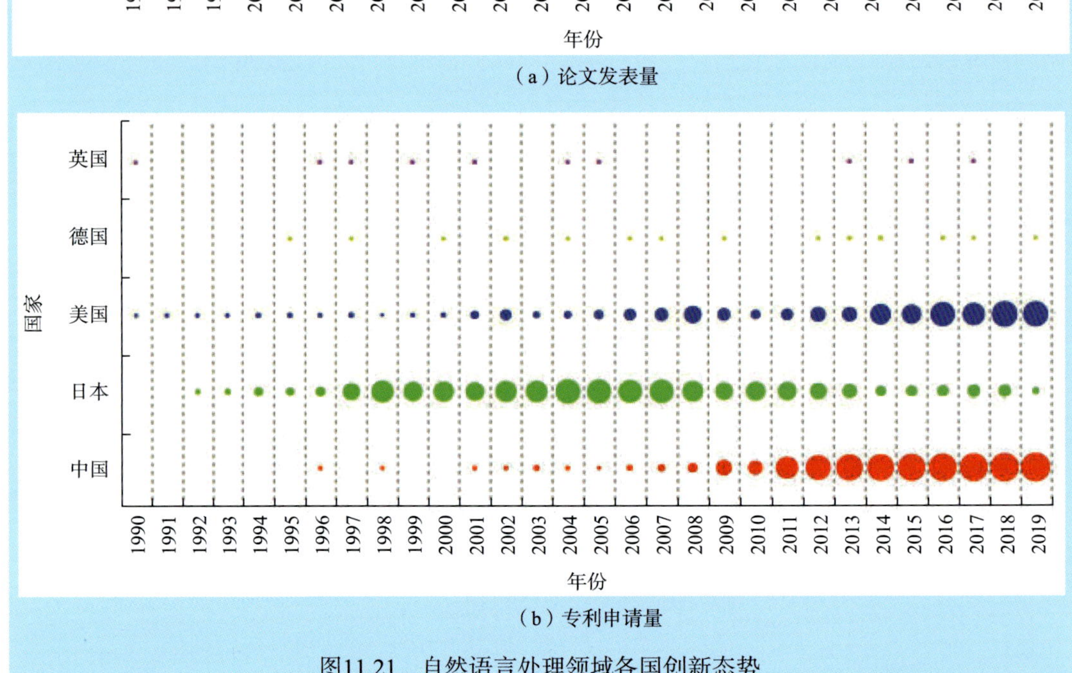

（b）专利申请量

图11.21　自然语言处理领域各国创新态势

2. 主要国家创新主题演化分析

从图 11.22（a）的论文主题河流图可以看出，30 年间在不同时间段出现了一些新的研究热点，如“信息整合”“文本分类”“机器翻译”等，五个国家的研究基本围绕“信息提取”和“文本分类”展开。中国于 2000~2002 年侧重研究“公共对象请求代理构架”；英国于 1997~1999 年侧重研究“信息整合”。从河流的宽度可以看出，在自然语言处理领域的研究中，中国和美国研究总量较为突出。

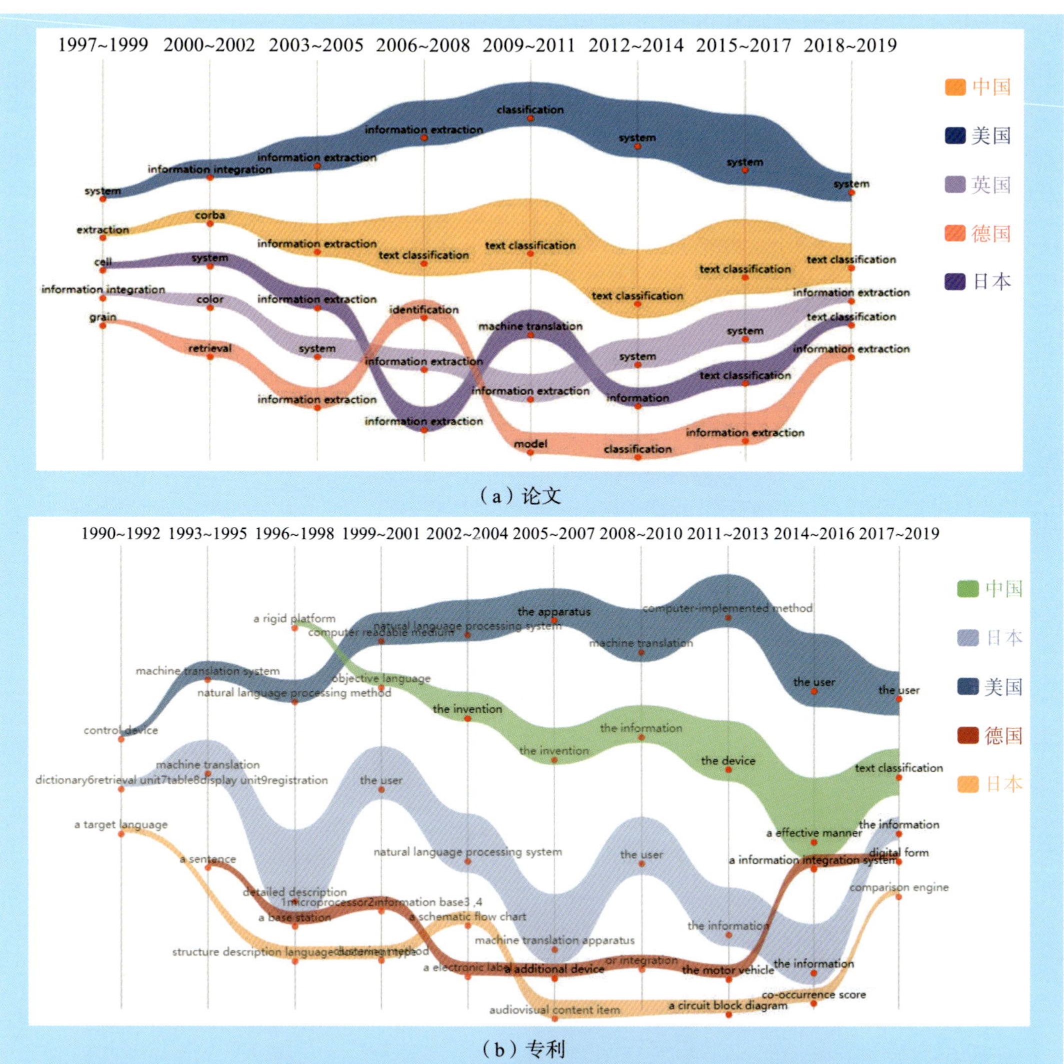

（a）论文

（b）专利

图11.22　自然语言处理领域各国创新主题演化分析

classification：分类；information extraction：信息提取；system：系统；information integration：信息整合；corba：即 common object request broker architecture，CORBA，公共对象请求代理构架；extraction：萃取；text classification：文本分类；identification：识别；machine translation：机器翻译；cell：细胞；grain：颗粒、粒度；retrieval：检索；model：模型；color：颜色；a rigid platform：刚性平台；the apparatus：装置；computer-implemented method：电脑执行方法；computer readable medium：计算机可读介质；machine translation：机器翻译；natural language processing method：自然语言处理方法；natural language processing system：自然语言处理系统；the user：用户；machine translation system：机器翻译系统；objective language：客观语言；the invention：发明；the device：设备；dictionary：字典；retrieval unit：检索单元；table：表；display unit：显示单元；registration：注册；the information：信息：text classification：文本分类；a target language：目标语言；detailed description：详细描述；a effective manner：有效方式；context verification：上下文验证；machine translation apparatus：机器翻译装置；a base station：基站；a sentence：句子；comparison engine：比较引擎；microprocessor：微处理器；infomation base：信息基础；structure description language document type：结构描述语言文档类型；clustering method：聚类方法；a schematic：示意图；flow chart：流程图；a（应为 an）information integration system：信息整合系统；or integration：或一体化；a（应为 an）electronic label：电子标签；a circuit block diagram：电路原理图；co-occurrence score：共现分数；audiovisual content item：视听内容项目；comparison engine：比较引擎

从图 11.22（b）可以看出，5 个国家在不同时间段的研究热点不同。中国在

1996~2019 年的研究重点有“客观语言”“有效方式”“文本分类”等；美国在 2013 年之前的研究热点有“联想记忆”“机器翻译系统”“自然语言处理方法”“计算机可读介质”等；日本则在 1996~1998 年将其关注点从“机器翻译”转向“详细描述”；德国和英国在 30 年间的新兴研究热点有“基站”“电子标签”“信息整合系统”。就主题强度而言，1990~2019 年，美国和日本在神经网络方面的研究强度相当，中国在这一领域的研究强度则呈现迅速增长趋势。

11.6.3 重点机构分析

从论文发表量来看，排名前五位的机构依次是中国科学院、清华大学、武汉大学、哈尔滨理工大学和北京大学［图 11.23（a）］。五所科研院所均来自中国，且其论文发表量占据了全球发表总量的 64.88%。

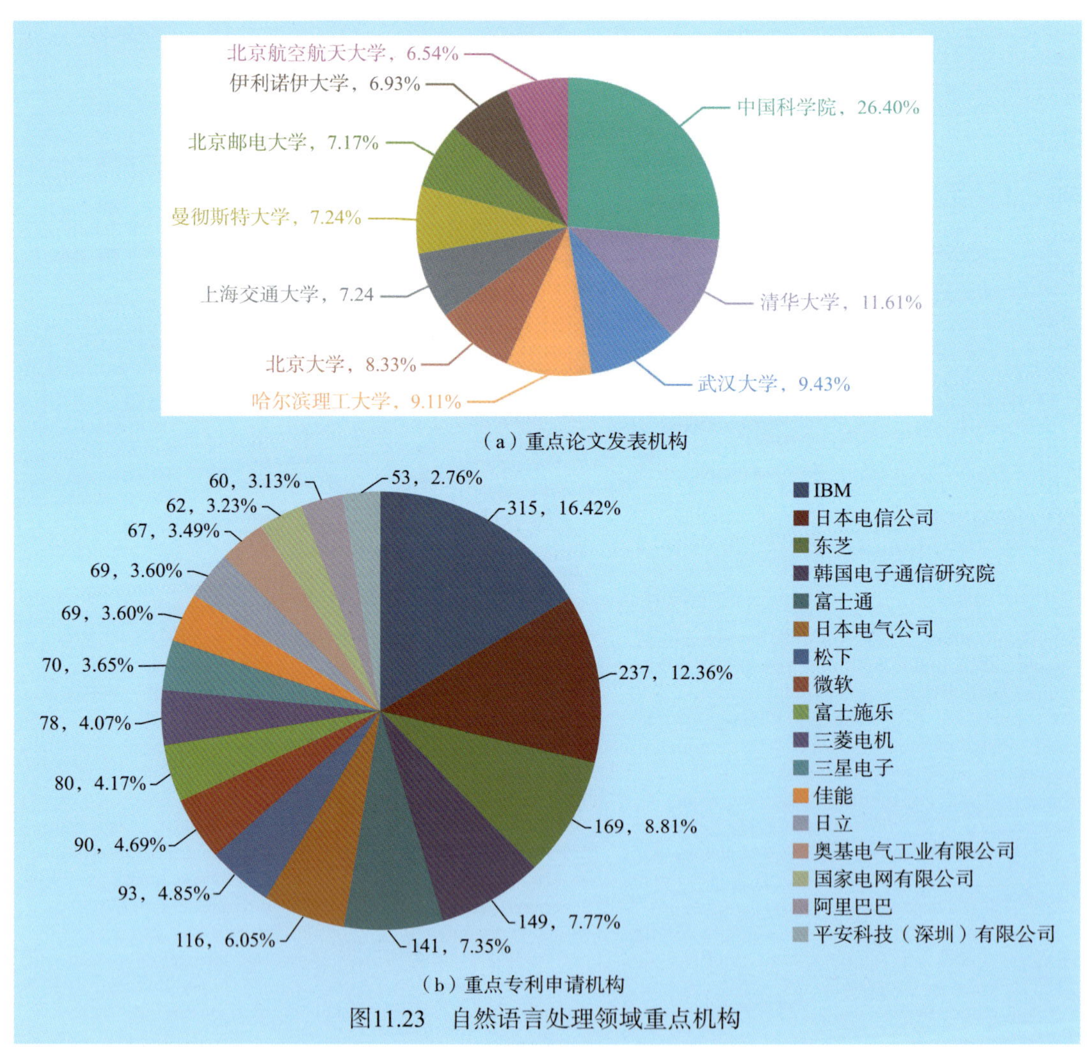

（a）重点论文发表机构

（b）重点专利申请机构

图11.23 自然语言处理领域重点机构

从专利申请量来看，排名前五位的机构依次是 IBM、日本电信公司、东芝、韩国电子通信研究院、富士通［图 11.23（b）］。排名前十位的机构均来自国外，这体现出国外企业在这一领域的整体优势。而在该领域专利申请总量靠前的企业除了排名前五位的公司，还有日本电气公司、松下、微软、富士施乐、三菱电机和三星电子。

11.7　语音识别领域

11.7.1　全球总体态势分析

1990~2019 年，语音识别领域论文发表量为 7 531 篇，专利申请量为 10 257 件。其中，在科学层面，语音识别领域全球论文发表量从 2002 年开始总体呈现上升的趋势，2007~2013 年呈平稳趋势，在 2013~2018 年再次进入增长期［图 11.24（a）］。在技术层面，语音识别领域全球专利申请量从 1993 年起进入总体增长期，2011~2013 年进入维稳阶段，2014 年之后开始激增［图 11.24（b）］。

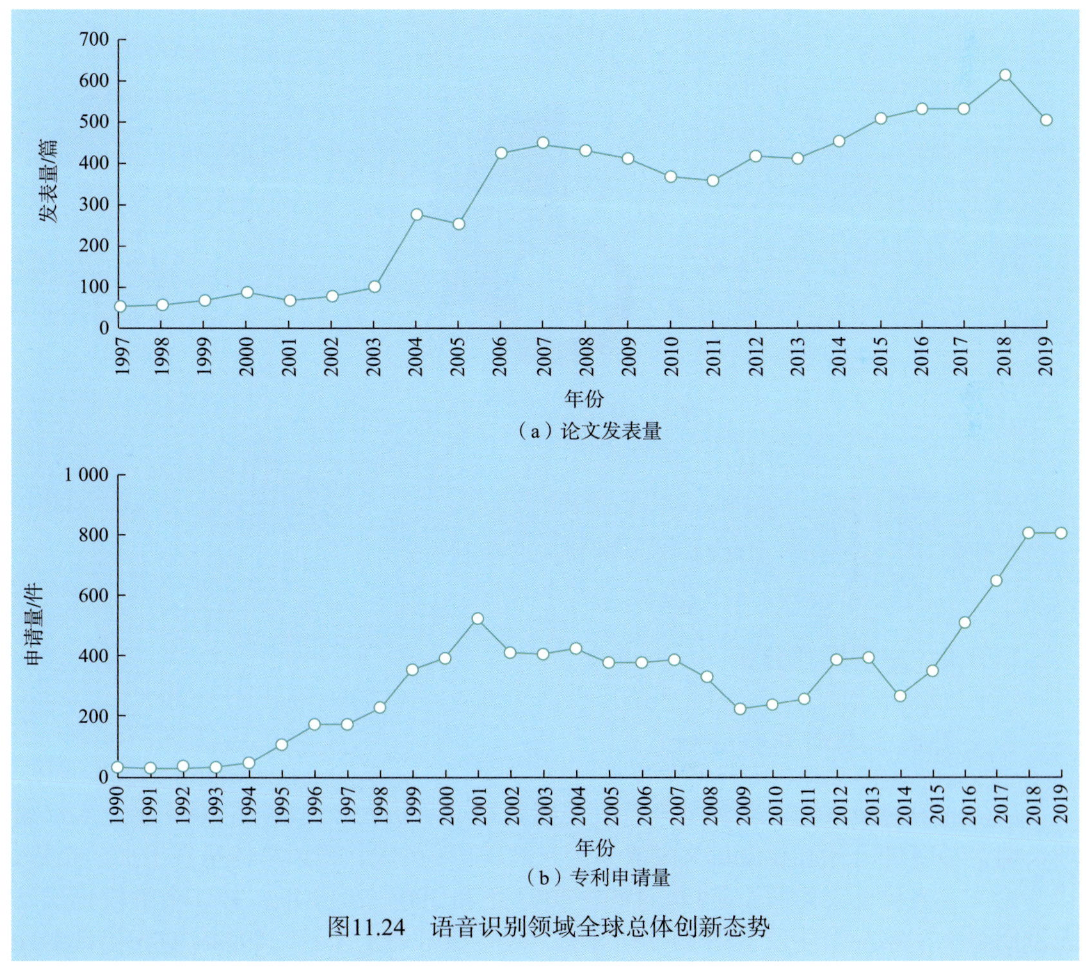

图11.24　语音识别领域全球总体创新态势

30 年间，语音识别领域论文发表量排名前五位的国家依次是美国、中国、日本、印度和德国，占比分别为 22.28%、14.23%、8.38%、6.78%、5.54%［图 11.25（a）］；专利申请量排名前五位的国家依次是美国、日本、中国、韩国和德国，占比分别为 31.78%、28.04%、18.81%、3.99%、2.54%［图 11.25（b）］。

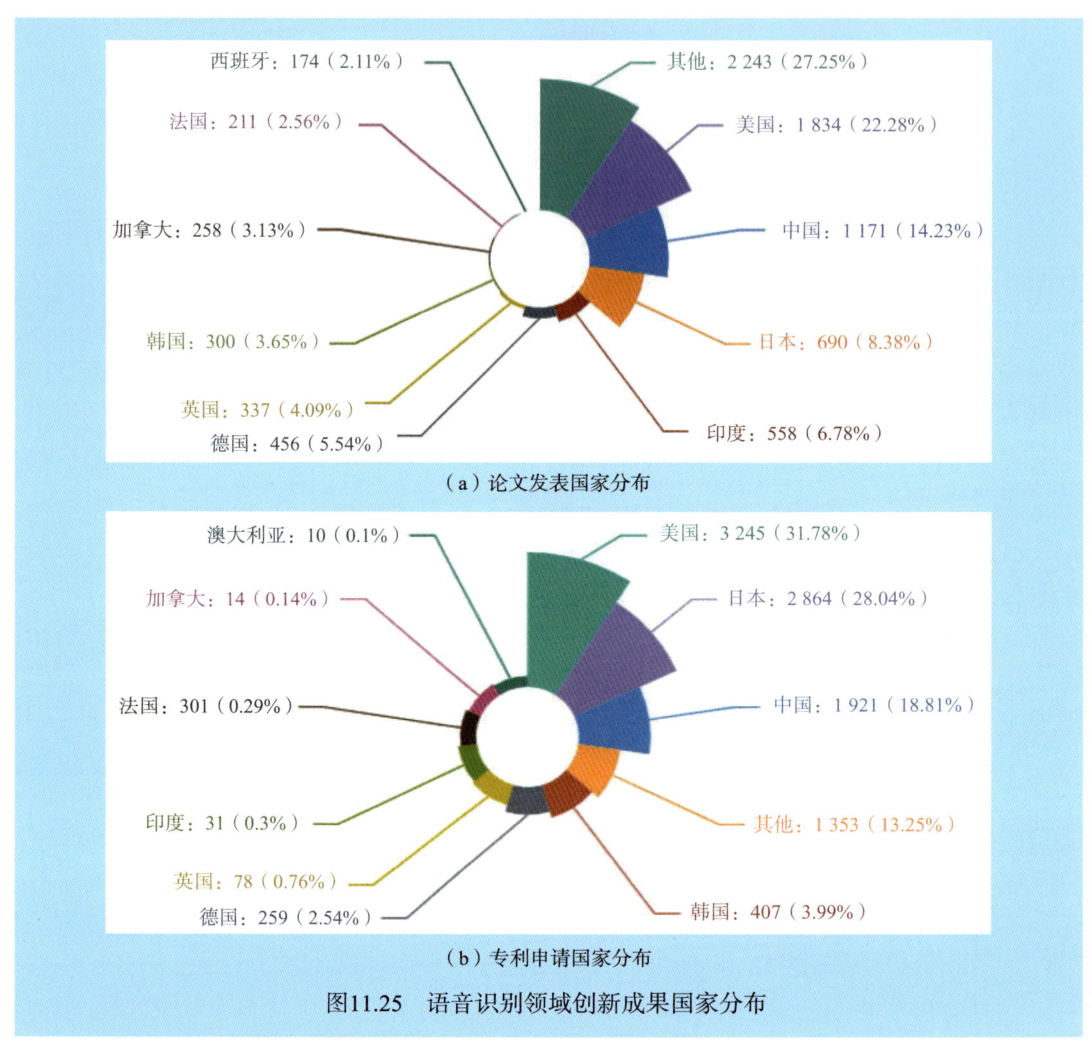

图11.25　语音识别领域创新成果国家分布

11.7.2　主要国家分析

1. 主要国家创新态势分析

从语音识别领域论文发表量来看，美国长期稳居榜首；中国从 2004 年进入快速增长期，2015 年开始在年度论文发表量上赶超美国；英国、德国总体呈现增加的趋势；日本论文发表量可分为两个阶段，1997~2003 年和 2004~2019 年，第二个阶段论文发表量明显大于第一个阶段［图 11.26（a）］。从专利申请量来看，1994~2005 年日本处于领先地位，2006~2015 年美国处于领先地位，2016~2019 年中国占据优势；日本专利申请量在 20 世纪 90 年代表现突出，但从 2004 年之后数量有所下降；德国和英国专利申请量总体保持不变，但英国出现个别年份无专利申请量现象［图 11.26（b）］。

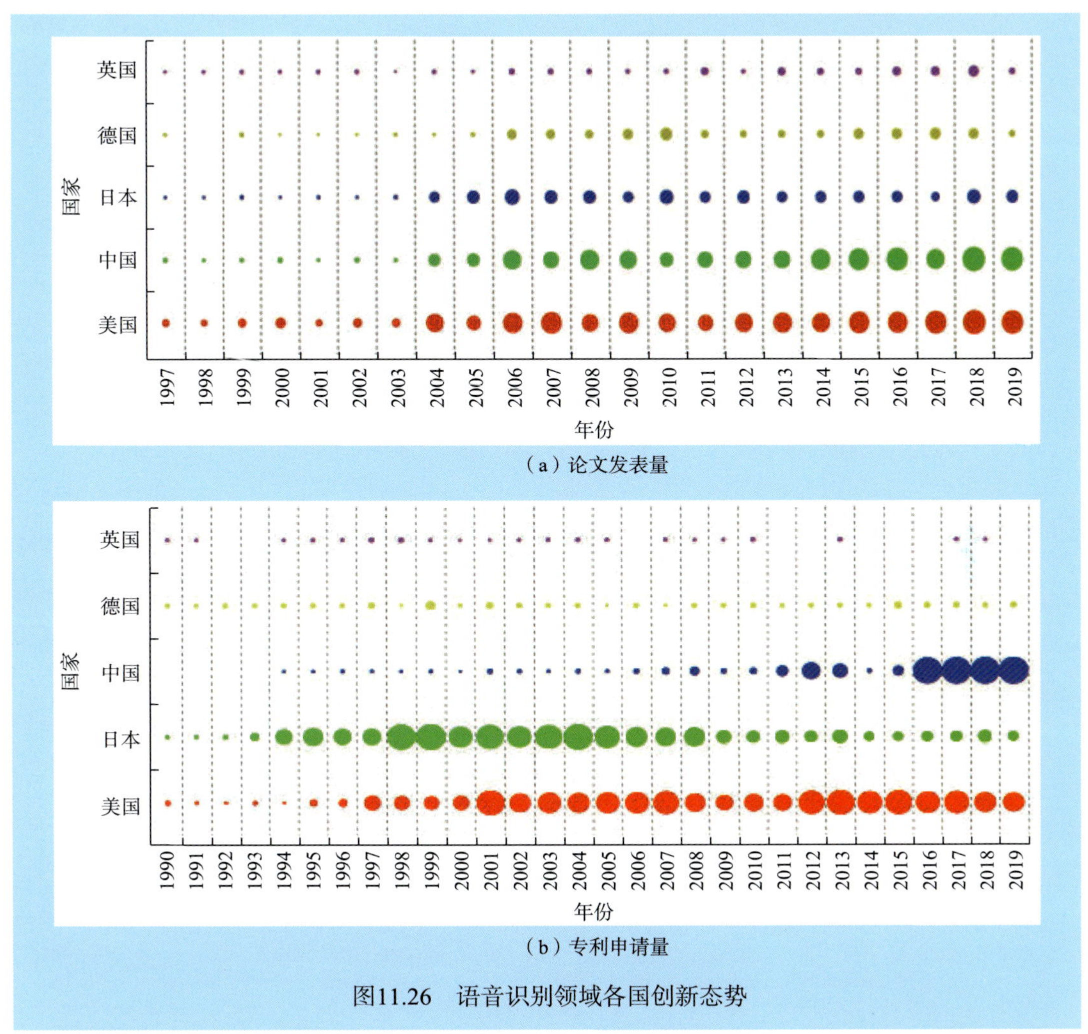

（a）论文发表量

（b）专利申请量

图11.26　语音识别领域各国创新态势

2. 主要国家创新主题演化分析

从图 11.27（a）的论文主题河流图可以看出，30 年间在不同国家、不同时间段出现了许多新的研究热点，如“语言模型”“自动语音识别”“播音器自适应”等。五个国家在前期的研究主题各有不同，后期中国、日本、德国、英国的研究回归“语音情感识别”，美国则回到“感知”。美国在 1997~1999 年的研究主题围绕“人工耳蜗”，之后转向“可理解度”“噪声”“稳健性语音识别”等研究热点；中国、英国最初的研究主题为“隐马尔可夫模型”，日本和德国最初研究主题分别为“适应性”“调幅”。从河流的宽度可以看出，在以语音识别领域为主题的研究中，中国和美国研究总量较为突出，日本、德国和英国次之。

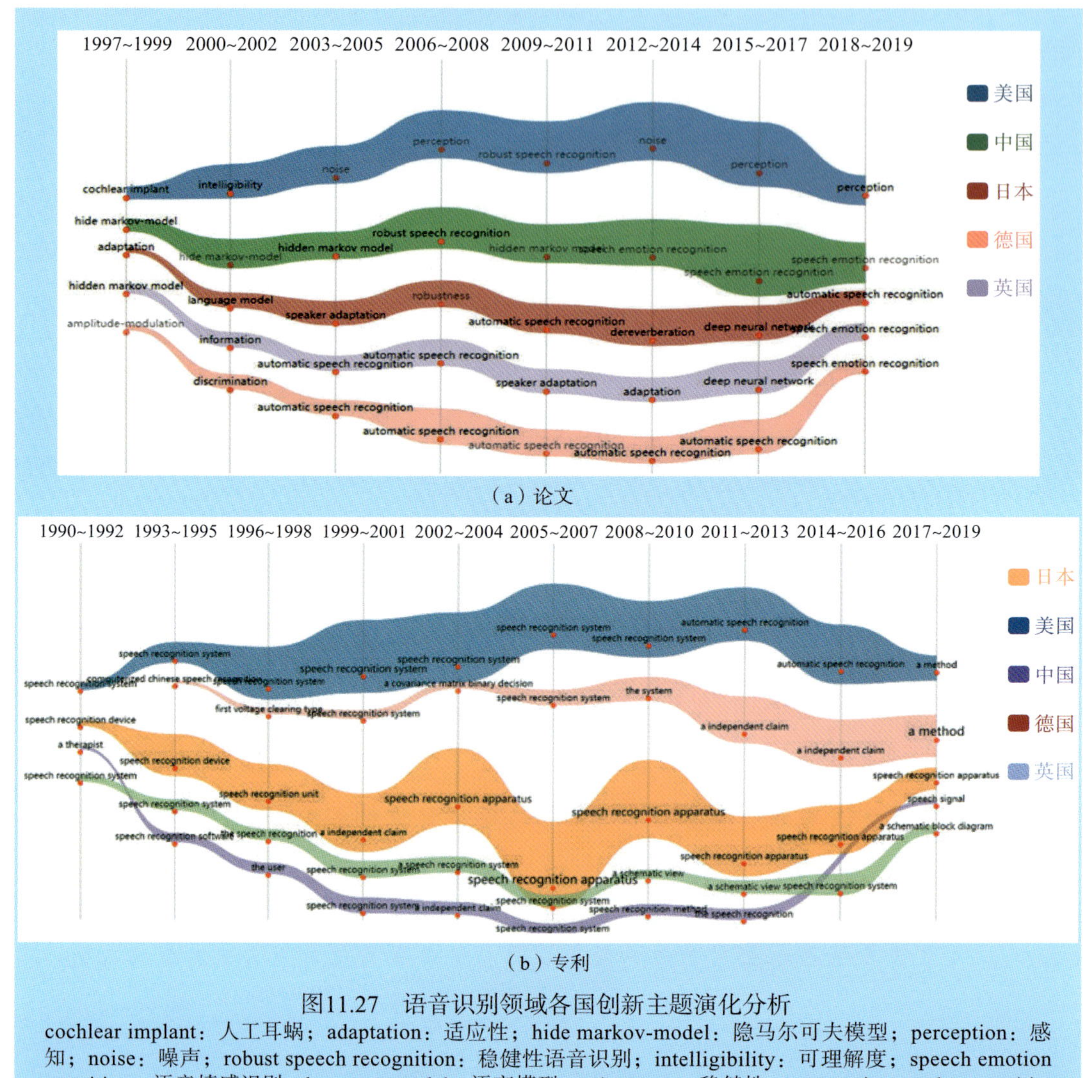

图11.27　语音识别领域各国创新主题演化分析

cochlear implant：人工耳蜗；adaptation：适应性；hide markov-model：隐马尔可夫模型；perception：感知；noise：噪声；robust speech recognition：稳健性语音识别；intelligibility：可理解度；speech emotion recognition：语音情感识别；language model：语言模型；robustness：稳健性；automatic speech recognition：自动语音识别；amplitude-modulation：调幅；speech emotion recognition：语音情感识别；speaker adaptation：播音器自适应；deep neural network：深度神经网络；discrimination：辨别力；speech recognition system：语音识别系统；a therapist：治疗师；automatic speech recognition：自动语音识别；a method：方法；computerized Chinese speech recognition：计算机汉语语音识别；speech recognition device：语音识别设备；a（n）independent claim：独立权利要求；speech recognition apparatus：语音识别装置；speech recognition unit：语音识别单元；speech recognition software：语音识别软件；a schematic view：示意图；a schematic block diagram：原理框图；speech signal：语音信号；the user：用户；and second voltage clearing type：二次电压清除型；speech recognition method：语音识别方法；speech recognition system：语音识别系统；first voltage clearing type：第一电压清除型；a covariance matrix binary decision：协方差矩阵二元判决；the system：系统；the speaker：讲话者；the speech recognition：语音识别

从图 11.27（b）中可以看出，五个国家的研究主题基本围绕“语音识别系统”“语音识别设备”“语音识别装置”等领域相关热点。1990~2010 年，美国的研究重点为“语音识别系统”，在 2011 年转向“自动语音识别”；中国在 1993~1995 年的研究主题为“计算机汉语语音识别”，1999 年转向“语音识别系统”；日本的研究主题则从“语音识别装置”到“语音识别单元”；30 年间，德国和英国在不同时间段出现了一些新的研究热点，如“语音识别软件”“语音识别方法”。就主题强度而言，美国和日本在语音识别领域的研究强度最大，中国次之，而中国在各个主题的研究强度呈现稳步增长，德国和英国分别居于第四位、第五位。

11.7.3　重点机构分析

从论文发表量来看，排名前五位的机构依次是中国科学院、卡内基·梅隆大学、清华大学、约翰·霍普金斯大学和佐治亚理工学院［图 11.28（a）］。其中三所科研机构来自中国，三所机构论文发表量占据了全球论文发表总量的 33.07%。

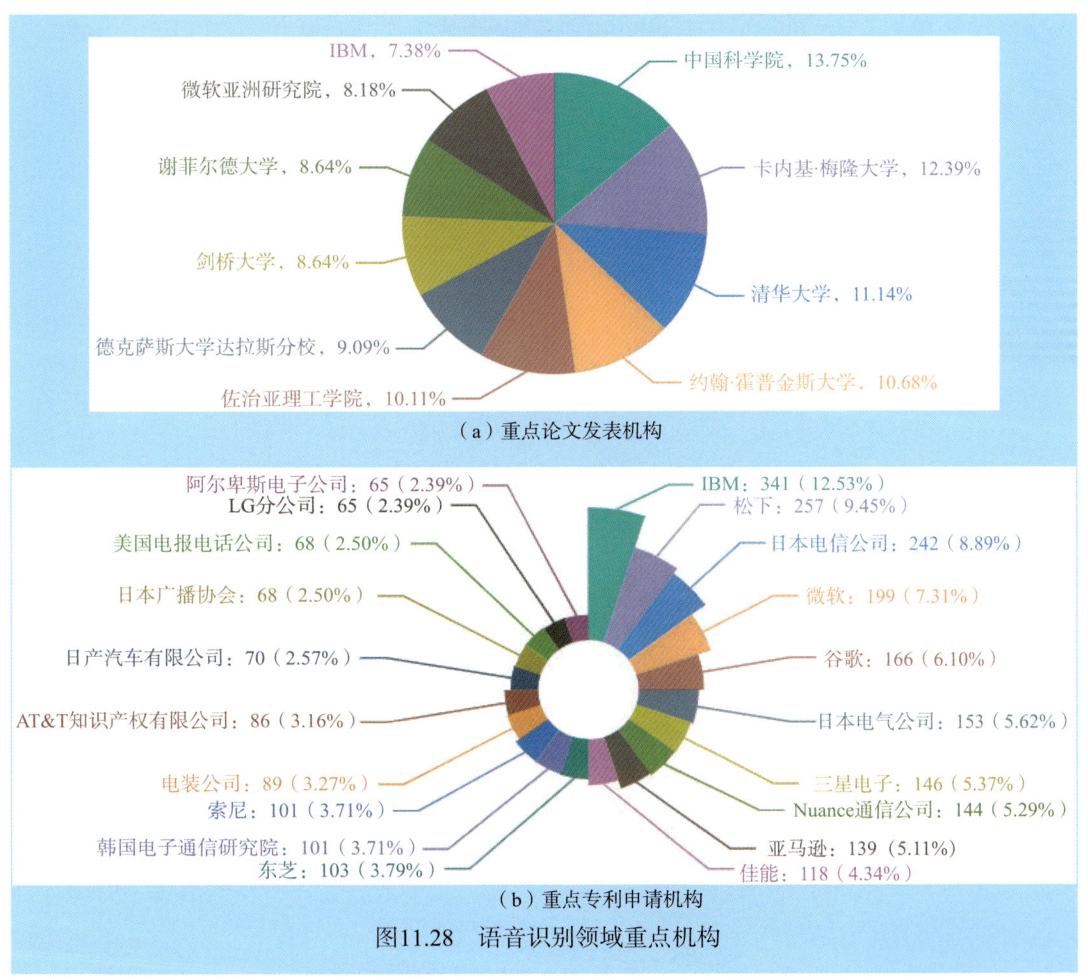

（a）重点论文发表机构

（b）重点专利申请机构

图11.28　语音识别领域重点机构

从专利申请量来看，排名前十位的机构依次是 IBM、松下、日本电信公司、微软、谷歌、日本电气公司、三星电子、Nuance 通信公司、亚马逊、佳能，这十所机构均为国外企业［图 11.28（b）］。

11.8 计算机图形学领域

11.8.1 全球总体态势分析

1990~2019 年，计算机图形学领域论文发表量为 4 506 篇，专利申请量为 16 153 件。其中，在科学层面，计算机图形学领域全球论文发表量从 2003 年开始总体呈现上升趋势，在 2016 年之后进入快速增长期，计算机图形学领域成为全球科学研究的热点［图 11.29（a）］。在技术层面，计算机图形学领域全球专利申请从 1995 年起进入快速增长阶段，呈曲折上升态势，2017 年申请量突破 1 000 件［图 11.29（b）］。

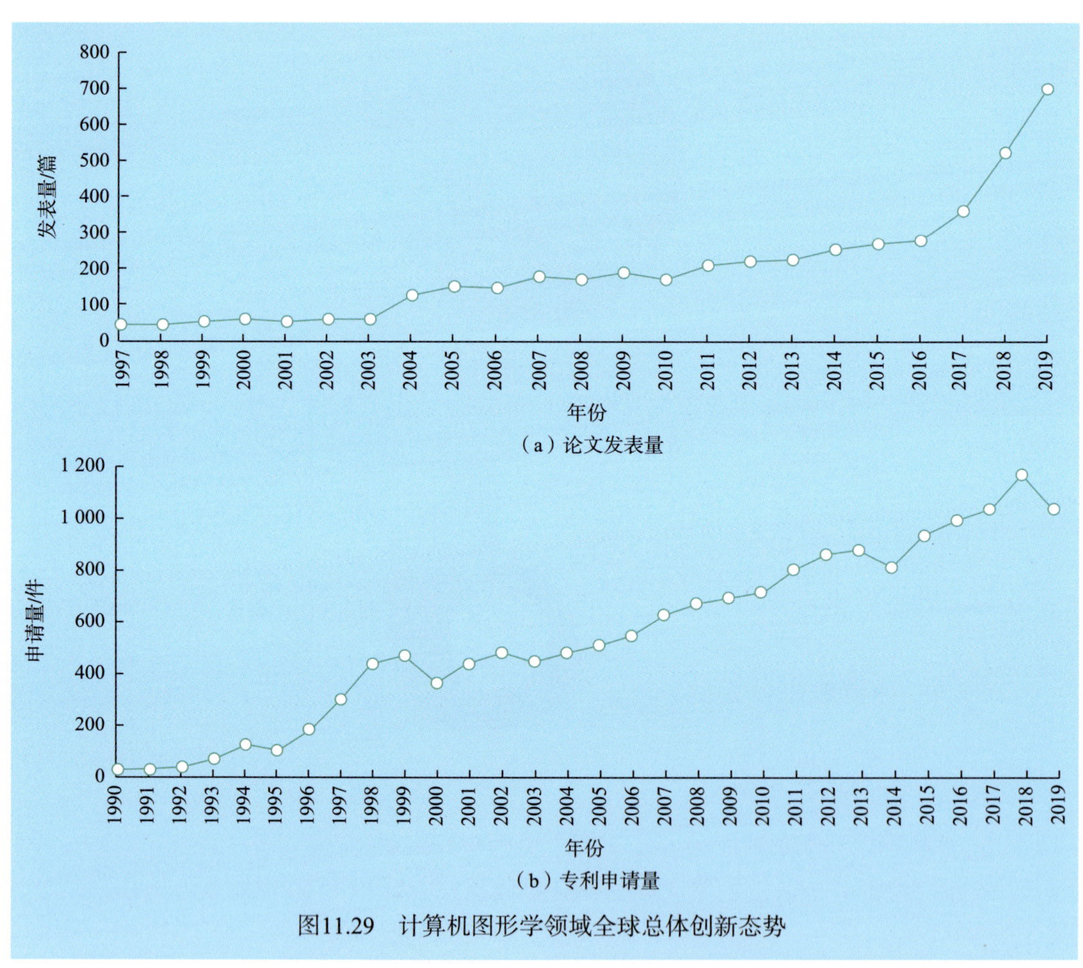

图11.29 计算机图形学领域全球总体创新态势

30 年间，计算机图形学领域论文发表量排名前五位的国家依次是中国、美国、日本、德国和韩国，占比分别为 21.48%、20.66%、9.78%、5.46%、5.19%［图 11.30（a）］；

专利申请量排名前五位的国家依次是日本、美国、中国、韩国和德国，占比分别为38.25%、22.60%、15.68%、3.93%、2.01% [图 11.30（b）]。

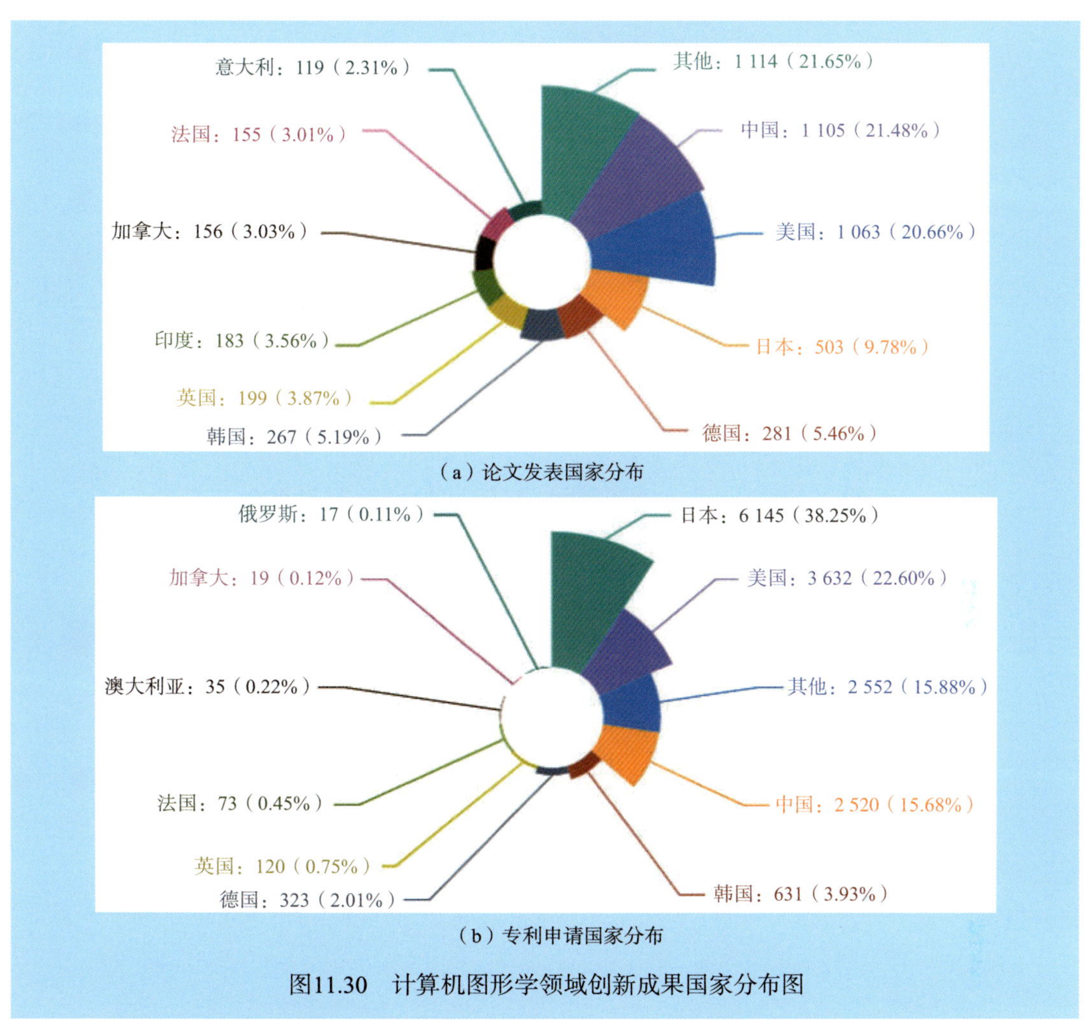

（a）论文发表国家分布

（b）专利申请国家分布

图11.30 计算机图形学领域创新成果国家分布图

11.8.2 主要国家分析

1. 主要国家创新态势分析

从计算机图形学领域论文发表量来看，美国前期稳居榜首；中国从 2004 年进入快速增长期，从 2012 年开始其年度论文发表量赶超美国。2019 年，中国论文发表量是美国的 3 倍；日本、英国、德国论文发表量呈现增长的趋势 [图 11.31（a）]。从专利申请量来看，日本长期处于领先地位，自 1997 年起进入快速增长期，每年专利申请量约是美国的 3 倍；美国专利申请量在 21 世纪初期表现较为突出，但进入 2014 年之后数量有所下降；德国和英国申请数量总体呈平稳趋势，英国专利申请量少于德国 [图 11.31（b）]。

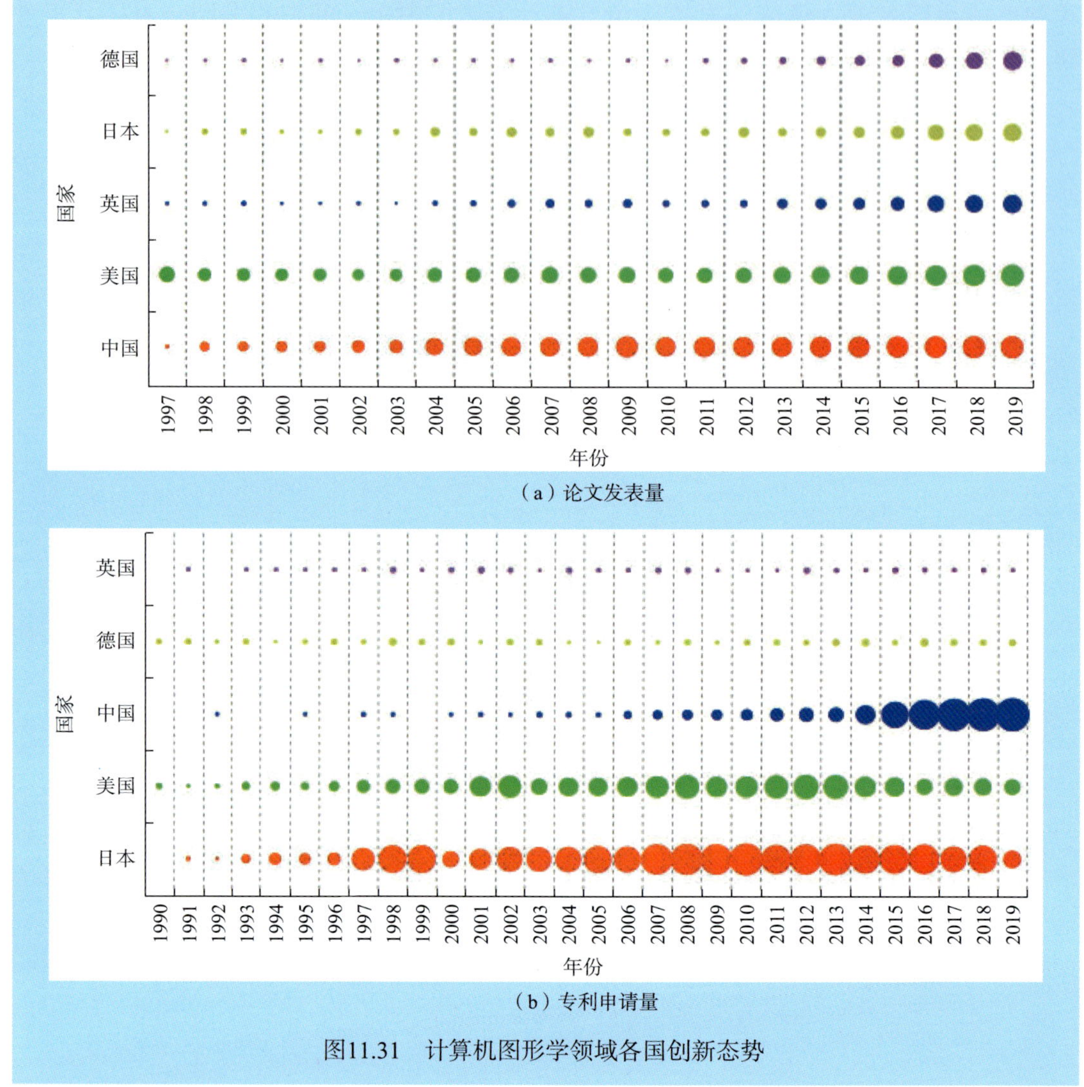

（a）论文发表量

（b）专利申请量

图11.31　计算机图形学领域各国创新态势

2. 主要国家创新主题演化分析

从图 11.32（a）的论文主题河流图可以看出，30 年间各国在不同时间段出现了一些新的研究主题，如“计算机生成动画”“太赫兹辐射”“图像质量”等，中国、美国、日本、德国、英国在 1997~1999 年的研究分别围绕“3D 图像”“双目深度提示”“3D 建模”“量化”等相关热点展开；美国于 2000~2002 年着重研究“二次谐波生成”；中国于 2003~2005 年侧重研究相关算法；2018~2019 年，美国、中国的研究聚焦“生成式对抗网络”，英国、日本、德国的研究聚焦“深度学习”。从河流的宽度可以看出，在计算机图形学领域的研究中，中国和美国研究总量较为突出，且中国研究量呈不断增长趋势，德国、日本和英国次之。

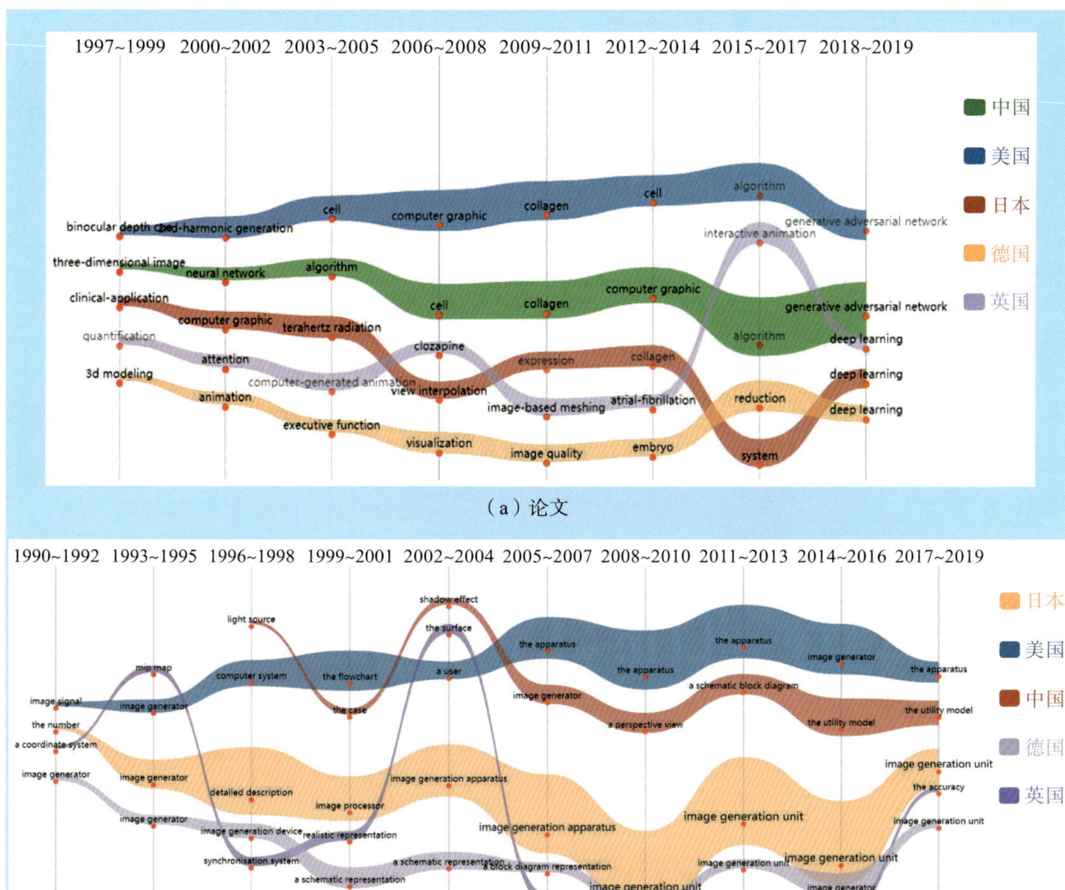

（a）论文

（b）专利

图11.32 计算机图形学领域各国创新主题演化分析

binocular depth cp：双目深度提示；2nd-harmonic generation：二次谐波生成；cell：细胞；three-dimensional image：3D 图像；attention：注意；computer-generated animation：计算机生成动画；executive function：执行功能；visualization：可视化；computer graphic：计算机图形学；collagen：胶原蛋白；algorithm：算法；generative adversarial network：生成式对抗网络；clinical-application：临床应用；neural network：神经网络；quantification：量化；terahertz radiation：太赫兹辐射；clozapine：氯氮平；3d modeling：3D 建模；interactive animation：交互式动画；computer graphic：计算机图形学；deep learning：深度学习；image-based meshing：基于图像的网格划分；atrial-fibrillation：心房颤动；reduction：还原；embryo：胚胎；image quality：图像质量；system：系统；shadow effect ：阴影效果；the apparatus：仪器；image generator：图像生成器；the flowchart：流程图；a user：用户；the case：案例；computer system：计算机系统；image signal：图像信号；light source：光源；shadow effect：阴影效果；the number：编号；a block diagram representation：方块图表示法；a coordinate system：坐标系；mip map：即 MIP MAP；the surface：曲面；the performance 性能；three-dimensional computer：3D 计算机；a schematic block diagram：原理框图；a perspective view：透视图；the utility model：实用新型；a coordinate system：坐标系；image generation apparatus：图像生成装置；detailed description：详细说明；image generation unit：图像生成单元；image generation device：图像生成设备；image processor：图像处理器；realistic representation：真实感表示法；synchronisation system：同步系统；a schematic representation：原理图表示法；the processing：处理；vertex tessellation：顶点细分；the accuracy：精度

从图 11.32（b）中可以看出，五个国家在不同时间段的研究主题各不相同。日本、美国、德国、英国在 1990~1992 的研究热点分别为“编号”“图像信号”“图像生成器”“坐标系”，中国在1996~1998年的研究热点为“光源”。之后各国的研究主题在不同时期进行了演化。英国重点研究了“MIP MAP”“同步系统”“真实感表现”等热点；日本的关注点于1993年从“图像生成器”“图像处理器”“图像生成装置”转向“图像生成单元”；德国和美国则出现了一些新的研究热点，如在1996~1998年分别研究“图像生成装置”和“计算机系统”。就主题强度而言，日本在计算机图形学领域的研究强度最大，美国、中国、德国和日本次之；美国和中国研究呈现稳步增长，其他国家研究强度则保持相对稳定。

11.8.3 重点机构分析

从论文发表量来看，排名前五位的机构依次是中国科学院、台湾大学、中国科学院大学、东京大学和清华大学［图11.33（a）］。其中，前四所科研院所均来自中国，且其论文发表量占据了全球论文发表量的66.44%。

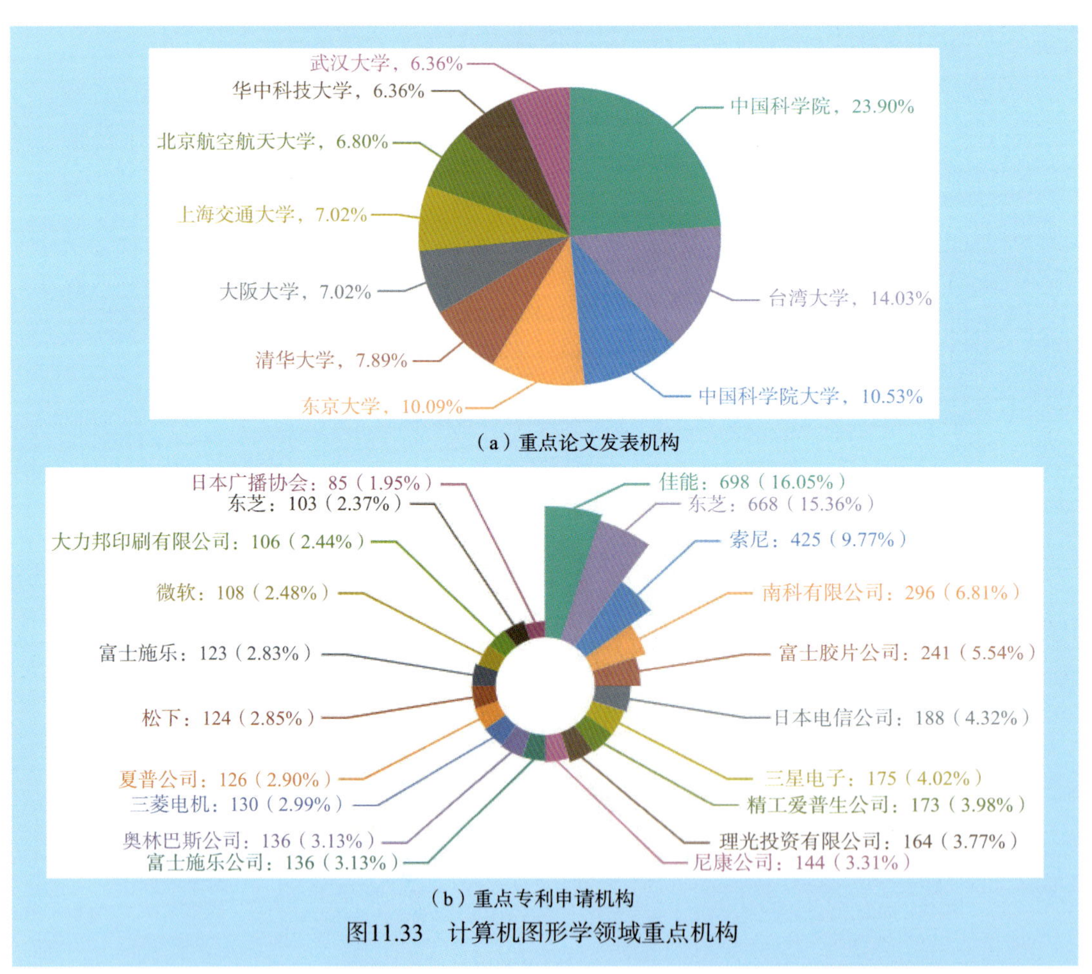

图11.33 计算机图形学领域重点机构

从专利申请量来看，排名前十位的机构依次是佳能、东芝、索尼、南科有限公司、富士胶片公司、日本电信公司、三星电子、精工爱普生公司、理光投资有限公司

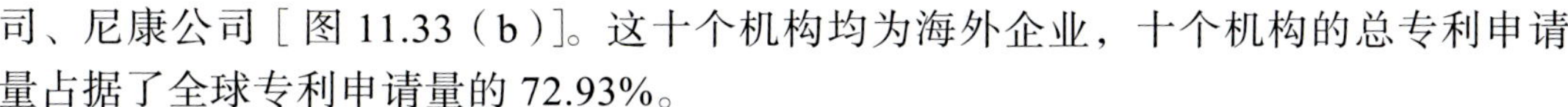

司、尼康公司［图 11.33（b）］。这十个机构均为海外企业，十个机构的总专利申请量占据了全球专利申请量的 72.93%。

11.9　人机交互技术领域

11.9.1　全球总体态势分析

1990~2019 年，人机交互技术领域论文发表量为 15 645 篇，专利申请总量为 46 076 件。其中，在科学层面，人机交互技术领域全球论文发表量从 2003 年开始总体呈现上升趋势，在 2010 年之后进入快速增长期［图 11.34（a）］。在技术层面，人机交互技术领域全球专利申请量从 1995 年起进入稳步增长期，2014 年之后到 2017 年开始激增，年度专利申请量突破 2 000 件，进入爆发式增长期［图 11.34（b）］。

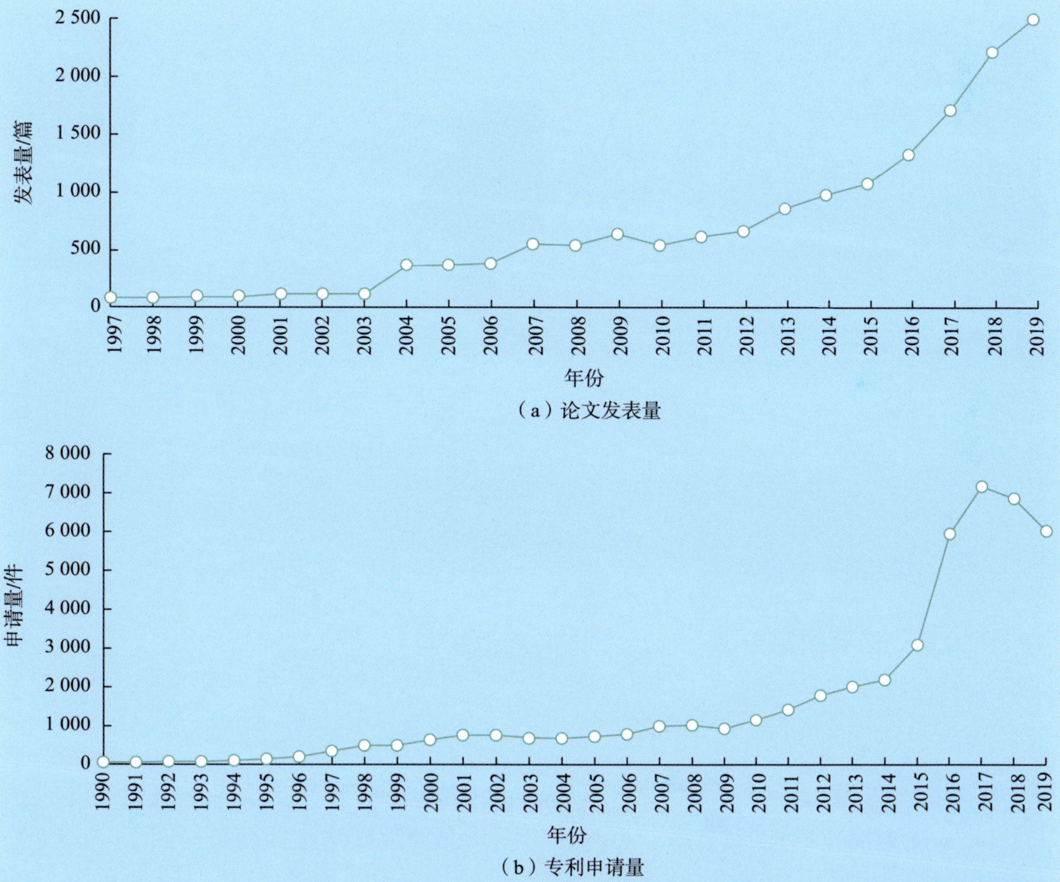

发表量/篇
2 500
2 000
1 500
1 000
500
0
1997 1998 1999 2000 2001 2002 2003 2004 2005 2006 2007 2008 2009 2010 2011 2012 2013 2014 2015 2016 2017 2018 2019
年份

（a）论文发表量

申请量/件
8 000
7 000
6 000
5 000
4 000
3 000
2 000
1 000
0
1990 1991 1992 1993 1994 1995 1996 1997 1998 1999 2000 2001 2002 2003 2004 2005 2006 2007 2008 2009 2010 2011 2012 2013 2014 2015 2016 2017 2018 2019
年份

（b）专利申请量

图11.34　人机交互技术领域全球总体创新态势

30 年间，人机交互技术领域论文发表量排名前五位的国家依次是美国、中国、德国、英国和西班牙，占比分别为 19.62%、10.58%、7.67%、5.07%、4.31% [图 11.35（a）]；专利申请量排名前五位的国家依次是中国、美国、韩国、日本和德国，占比分别为 40.37%、30.57%、10.05%、5.67%、1.08% [图 11.35（b）]。

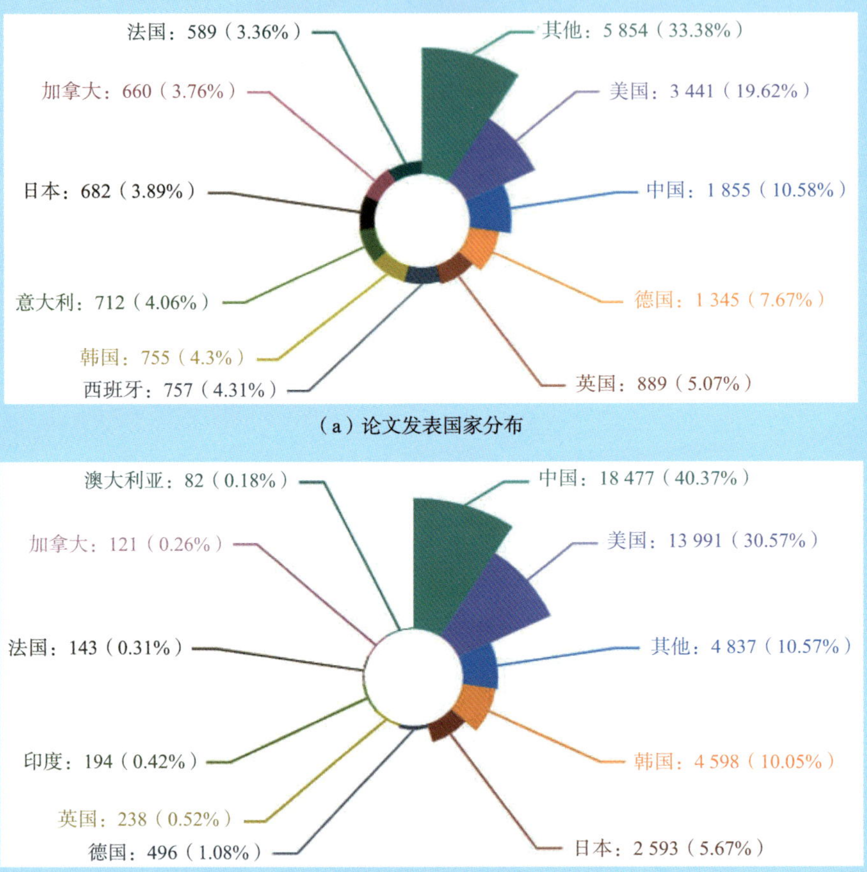

法国：589（3.36%）
其他：5 854（33.38%）
加拿大：660（3.76%）
美国：3 441（19.62%）
日本：682（3.89%）
中国：1 855（10.58%）
意大利：712（4.06%）
德国：1 345（7.67%）
韩国：755（4.3%）
西班牙：757（4.31%）
英国：889（5.07%）

（a）论文发表国家分布

澳大利亚：82（0.18%）
中国：18 477（40.37%）
加拿大：121（0.26%）
美国：13 991（30.57%）
法国：143（0.31%）
其他：4 837（10.57%）
印度：194（0.42%）
韩国：4 598（10.05%）
英国：238（0.52%）
德国：496（1.08%）
日本：2 593（5.67%）

（b）专利申请国家分布

图11.35　人机交互技术领域创新成果国家分布

11.9.2　主要国家分析

1. 主要国家创新态势分析

从人机交互技术领域论文发表量来看，美国从 2004 年进入缓速增长阶段；中国从 2004 年进入快速增长期；日本、英国、德国均总体呈现增加的趋势 [图 11.36（a）]。从专利申请量来看，中国自 2006 年起进入快速增长期，年度专利申请量在 2015 年突破千件并且超过美国；日本专利申请量在 20 世纪 90 年代表现突出，但进入 21 世纪之后数量有所下降，之后呈现出稳定的趋势；英国年度专利申请量一直处于稳定

状态；德国从 2012 年进入缓速发展［图 11.36（b）］。

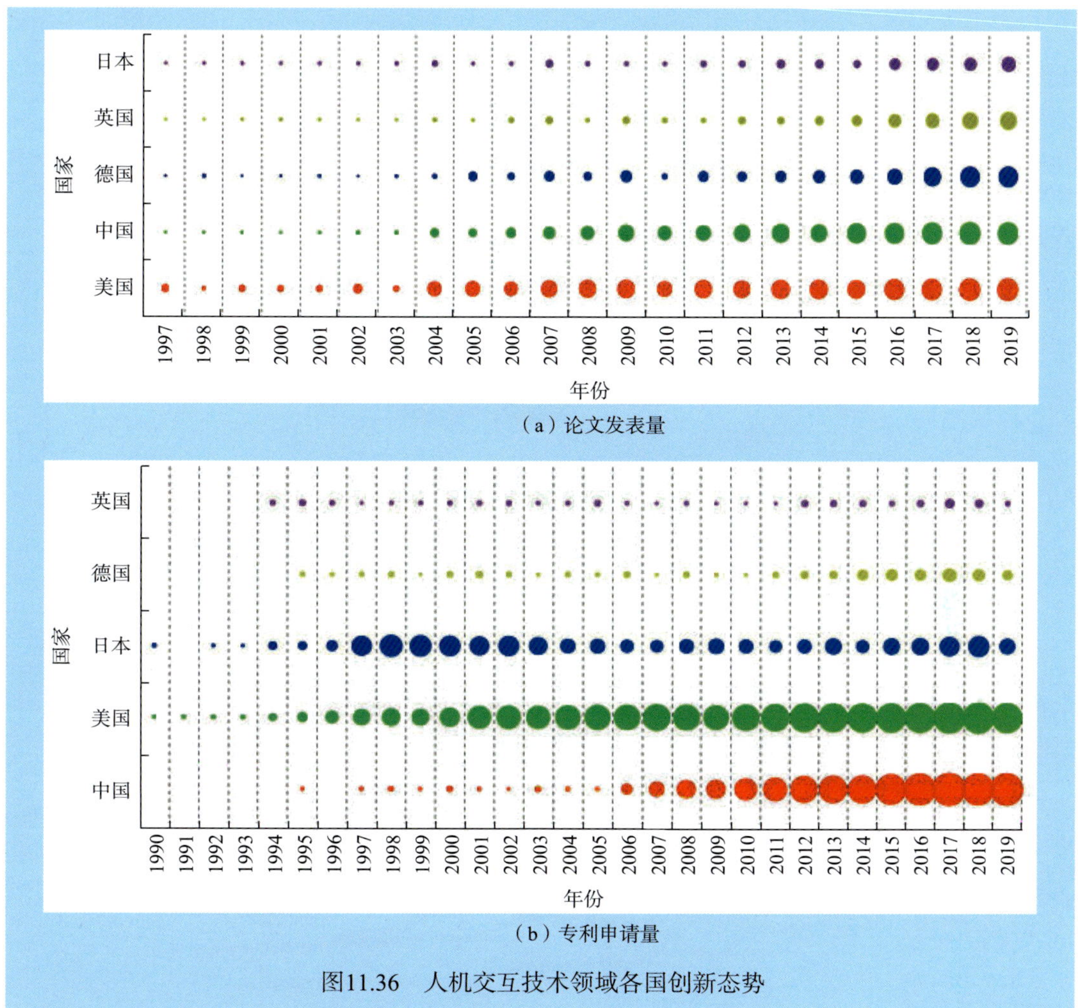

（a）论文发表量

（b）专利申请量

图11.36　人机交互技术领域各国创新态势

2. 主要国家创新主题演化分析

从图 11.37（a）的论文主题河流图可以看出，中国、美国、英国在中期的研究基本围绕“仿真”展开。中国、美国、德国、日本、英国在 1997~1999 年的研究热点分别为“交互式学习环境”“校准”“直接操纵”“图形用户界面”“双目视觉”。德国的研究热点于 2018~2019 年从“直接操纵”“精神物理学”“可视化”转向“人本研究”。30 年间，各国在不同时间段出现了一些新的研究热点，如“可视化”“前路融合”等。从河流的宽度可以看出，在人机交互技术领域的研究中，中国和美国研究总量较为突出，德国、英国和日本次之。

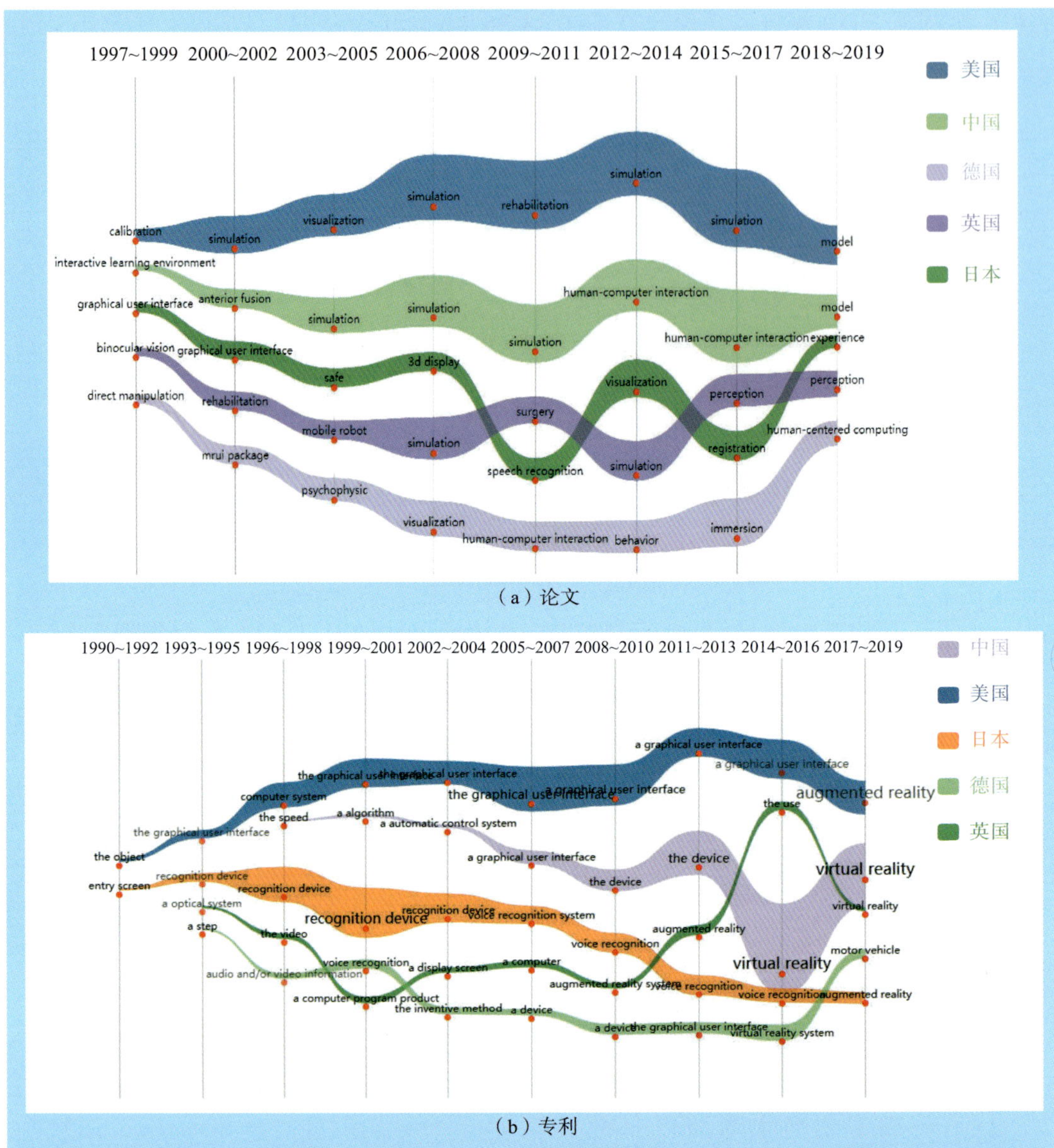

图11.37 人机交互技术领域各国创新主题演化分析

interactive learning environment：交互式学习环境；simulation：仿真；visualization：可视化；calibration：校准；graphical user interface：图形用户界面；anterior fusion：前路融合；binocular vision：双目视觉；direct manipulation：直接操纵；safe：安全；3d display：3D 显示；visualization：可视化；experience：经验；rehabilitation：康复；model：模型；human-computer interaction：人机交互；behavior：行为；mrui package：MRUI 软件包；perception：感知；psychophysic（应为 psychophysics）：精神物理学；surgey：电涌；human-centered computing：人本研究；registration：注册登记；speech recognition：语音识别；visualization：可视化；immersion：浸没；augmented reality：AR；computer system：计算机系统；the speed：速度；a algorithm：反射；a automatic control system：自动控制系统；the device：装备；the object：对象；entry screen：入口屏幕；a step：步骤；recognition device：识别装置；virtual reality：VR；a optical system：光学系统；voice recognition system：语音识别系统；voice recognition：语音识别；motor vehicle：机动车；augmented reality system：AR 系统；audio and/or video information：音频和 / 或视频信息；a computer program product：计算机程序产品；the inventive method：发明方法；a device：装置；virtual reality system：VR 系统；the use：用途

从图 11.37（b）中可以看出，五个国家在不同时期的研究重点各不相同。中国在 2008~2010 年的研究重点从“速度”“反射”“自动控制系统”“图形用户界面”转向“装置”“VR”。美国 1993~1995 年的研究重点为“图形用户界面”，之后其研究重点变为“计算机系统”，2017~2019 年转为“AR”。30 年间，在各个国家的不同的阶段出现了一些新的研究热点，如德国于 1999~2001 年侧重研究“语音识别”，日本于 1993~1995 年重点研究“识别装置”。就主题强度而言，1993~2004 年，美国和日本在人机交互技术的研究强度相当，而后期美国在各个主题上的研究呈现稳步增长，日本则出现了轻微衰退趋势。中国从 2002 年开始在该领域的研究强度呈快速增长趋势。

11.9.3 重点机构分析

从论文发表量来看，排名前五位的机构依次是慕尼黑理工大学、华盛顿大学、伦敦大学学院、新加坡国立大学、瓦伦西亚大学［图 11.38（a）］。这五所科研院所均来自国外，且其论文发表量占据了全球论文发表总量的 54.87%。

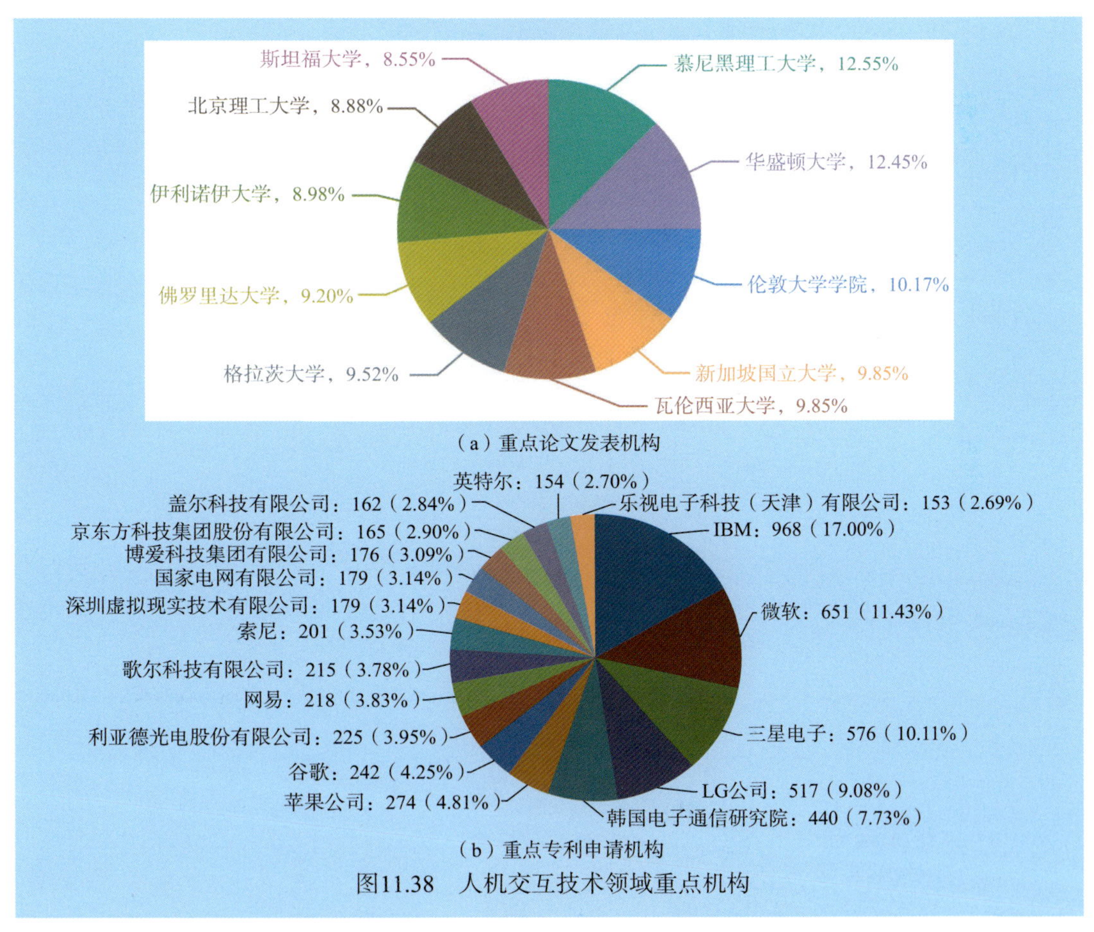

图11.38 人机交互技术领域重点机构

从专利申请量来看，排名前十位的机构依次是 IBM、微软、三星电子、LG 公司、韩国电子通信研究院、苹果公司、谷歌、利亚德光电股份有限公司、网易、歌尔科技有限公司［图 11.38（b）］。这体现出互联网企业在这一领域的整体优势。在该领域专利申请量上榜的前十位机构中的中国企业仅有网易、歌尔科技有限公司。

11.10 信息检索与推荐

11.10.1 全球总体态势分析

1990~2019 年，信息检索与推荐领域论文发表量为 35 588 篇，专利申请量为 24 736 件。其中，在科学层面，信息检索与推荐领域全球论文发表量从 2003 年开始总体呈现出上升的趋势，在 2010 年之后进入快速增长期，信息检索与推荐领域成为全球科学研究的热点［图 11.39（a）］。在技术层面，信息检索与推荐领域全球专利申请从 1996 年起进入增长期，2010 年之后开始激增，2018 年专利申请量突破 3 000 件［图 11.39（b）］。

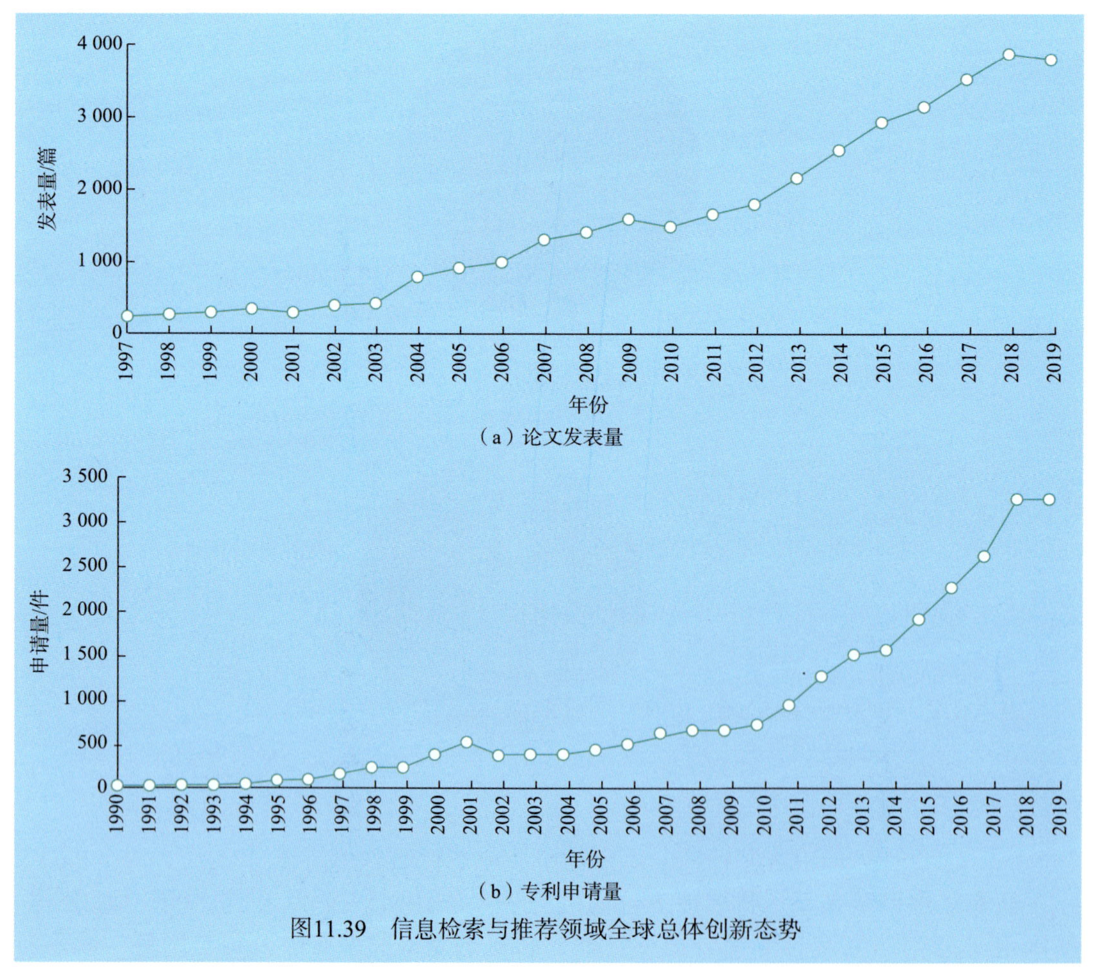

图11.39　信息检索与推荐领域全球总体创新态势

30 年间，信息检索与推荐领域论文发表量排名前五位的国家依次是美国、中国、德国、英国和加拿大，占比分别为：21.24%、14.40%、6.04%、5.85%、5.12%［图 11.40（a）］；专利申请量排名前五位的国家依次是中国、美国、日本、韩国和德国，占比分别为 35.58%、27.37%、17.51%、7.39%、0.89%［图 11.40（b）］。

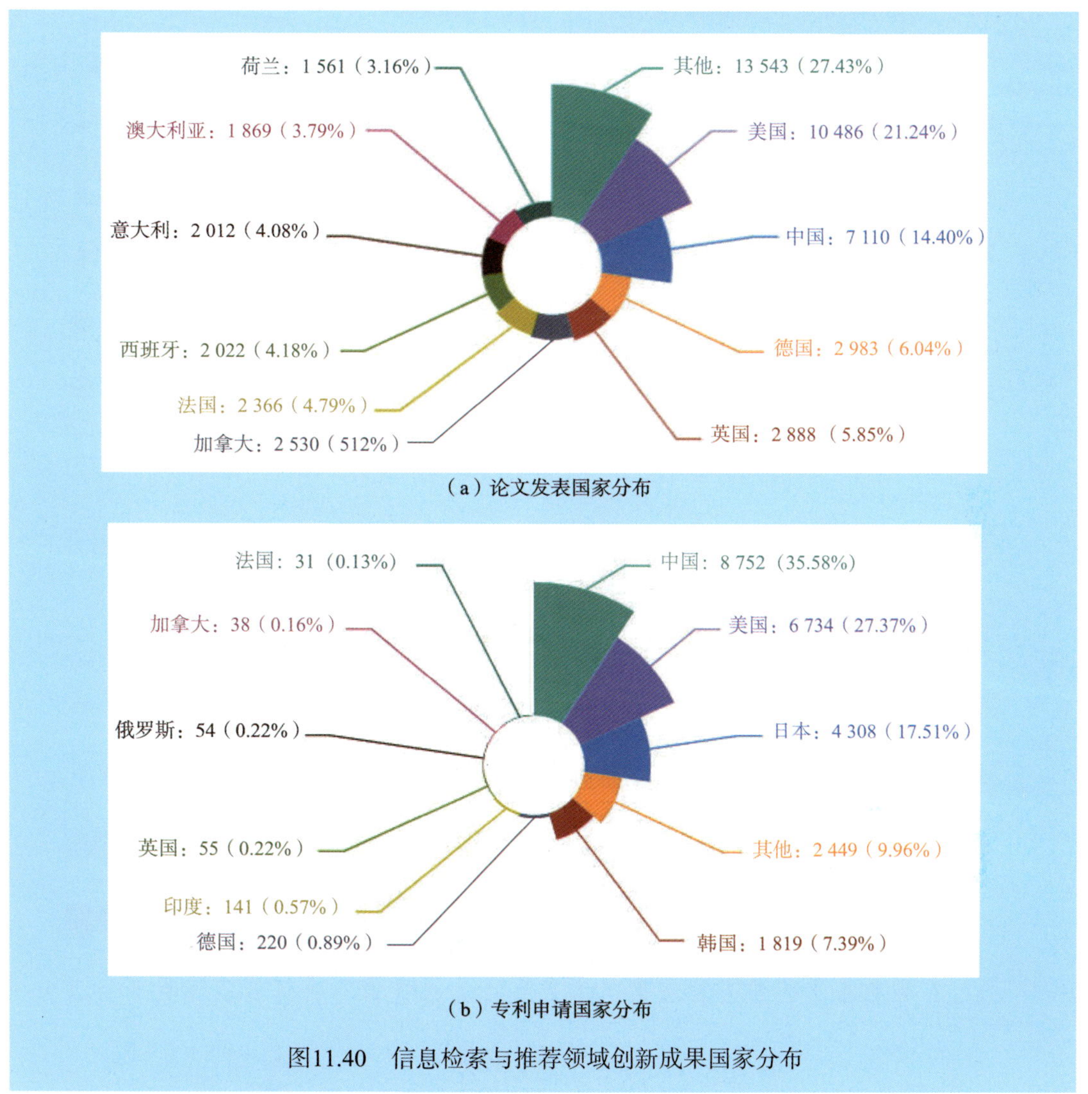

（a）论文发表国家分布

（b）专利申请国家分布

图11.40　信息检索与推荐领域创新成果国家分布

11.10.2　主要国家分析

1. 主要国家创新态势分析

从信息检索与推荐领域论文发表量来看，美国长期稳居榜首；中国从 2004 年进入快速增长期，2019 年开始在年度论文发表量上赶超美国；日本、英国、德国均呈现逐年增加的趋势［图 11.41（a）］。从专利申请量来看，中国自 2008 年起进入快速增长期，并在 2016 年突破千件；日本的专利申请量在 20 世纪 90 年代末期表现突出，但进入 21 世纪之后数量有轻微下降的趋势；德国的专利申请量自 1998 年起基本维持不变；英国在 1990~1993 年、1999 年、2004~2005 年、2010 年和 2013 年没有专利申请量，其余年份专利申请量变化差异不大［图 11.41（b）］。

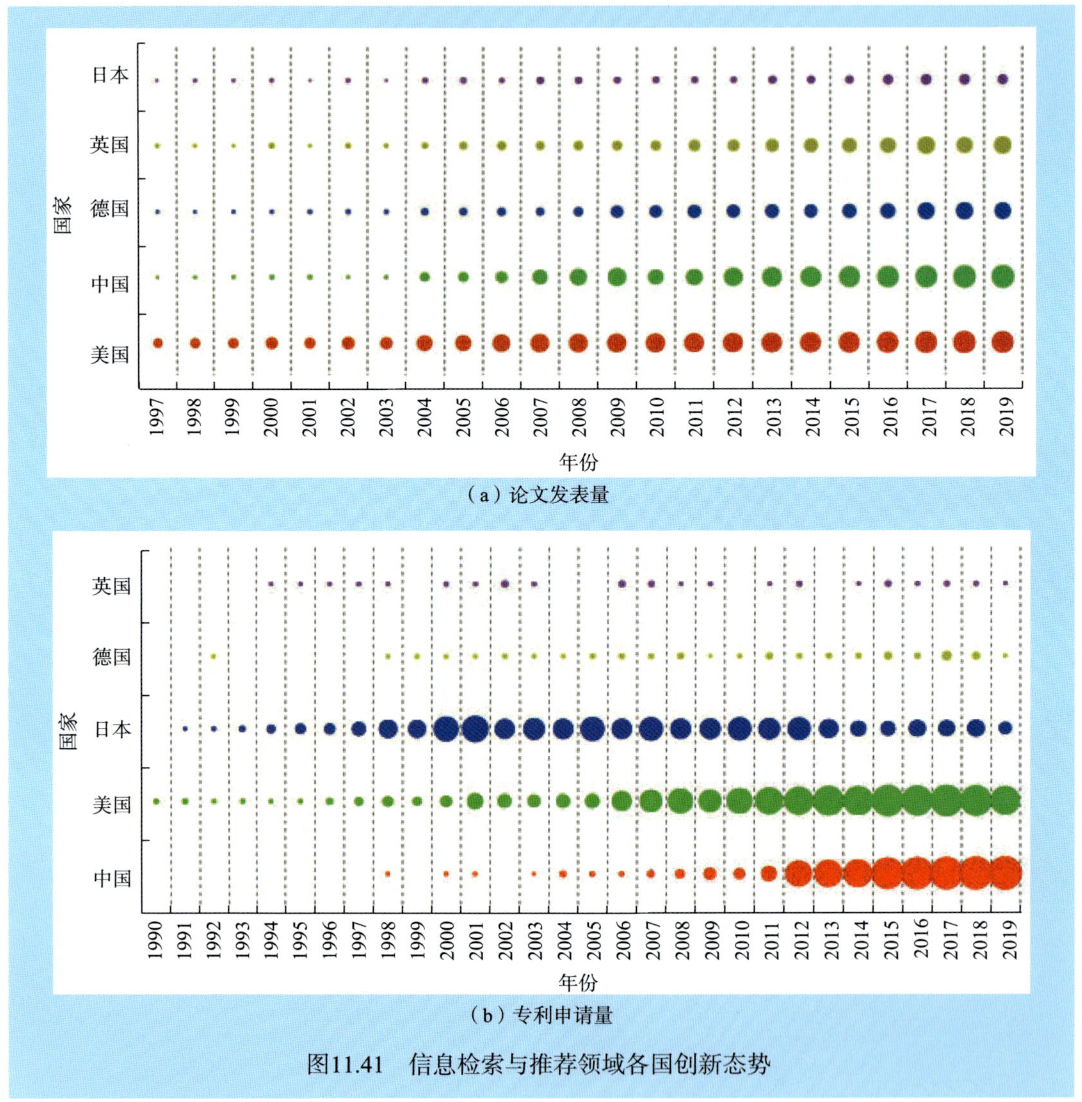

（a）论文发表量

（b）专利申请量

图11.41　信息检索与推荐领域各国创新态势

2. 主要国家创新主题演化分析

从图 11.42（a）的论文主题河流图可以看出，各国的研究基本围绕“信息检索式”和“推荐系统”等相关热点展开。中国从 1997~2008 年的研究主题为“信息检索式”，2009 年变为“协同过滤”，2015 年转向“推荐系统”；日本于 1997 年研究主题为“广泛修改”；30 年间，各国在不同时间段出现了一些新的研究热点，如“质量保障”“协同过滤”“随机对照试验”等相关热点。从河流的宽度可以看出，在信息检索与推荐领域的研究中，中国和美国研究总量较为突出，且中国呈迅速增长趋势；英国、德国、日本的研究强度呈现出缓速增长态势。

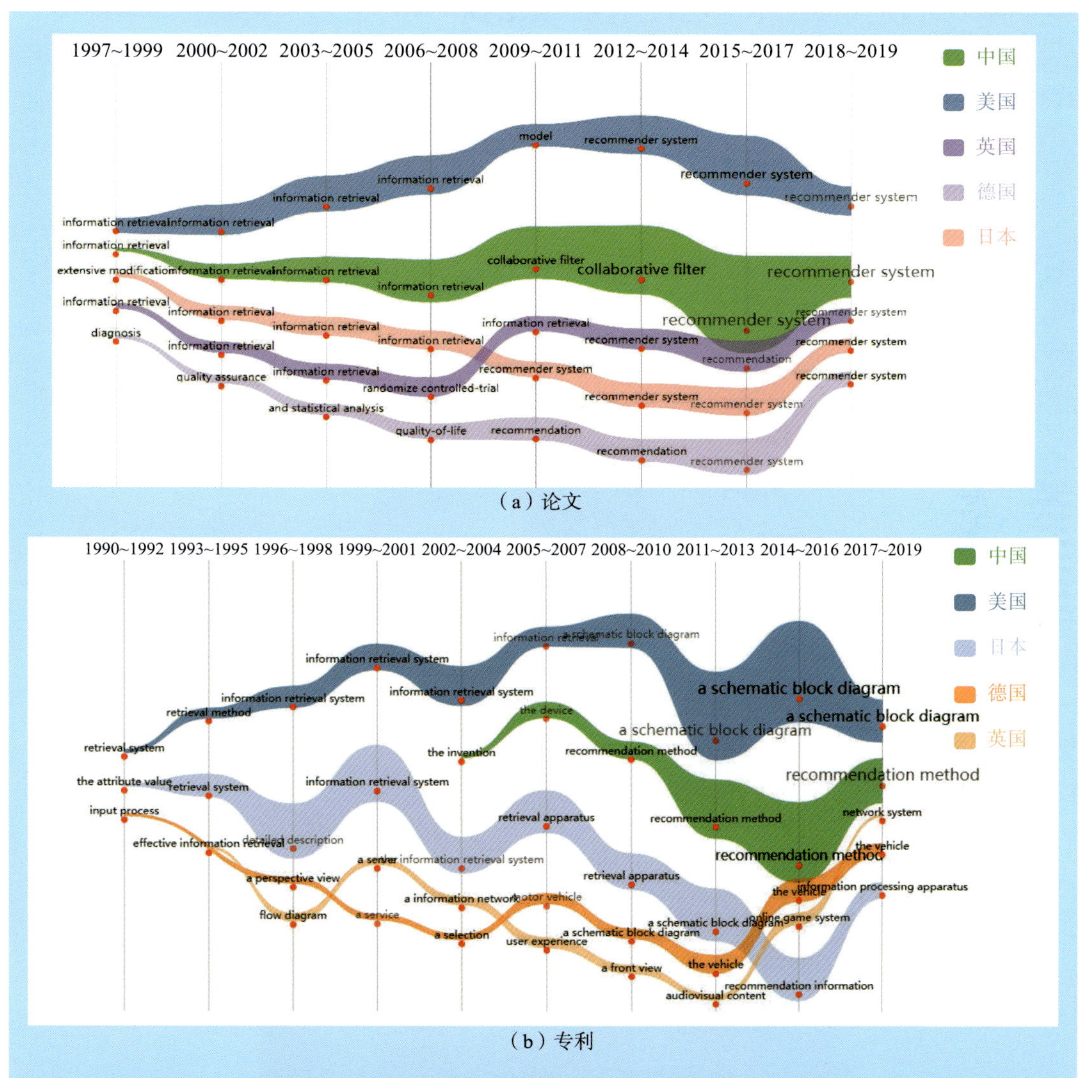

图11.42　信息检索与推荐领域各国创新主题演化分析

information retrieval：信息检索式；extensive modification：广泛修改；diagnosis：诊断；randomize controlled-trial：随机对照试验；statistical analysis：统计分析；quality assurance：质量保证；quality-of-life：生活质量；model：模型；recommender system：推荐系统；collaborative filter：协同过滤；recommendation：建议；information retrieval system：信息检索系统；retrieval method：检索方法；the invention：发明；the device：装置；the attribute value：属性值；retrieval system：检索系统；retrieval apparatus：检索装置；input process：输入过程；effective information retrieval：有效信息检索；detailed description：细节描述；a perspective view：透视图；a information network：信息网络；flow diagram：流程图；a service：服务；a selection：选择；motor vehicle：机动车；information processing apparatus：信息处理装置；a schematic block diagram：原理框图；recommendation method：推荐方法：the vehicle：车辆；user experience：用户经验；a front view：前视图；distribution system：配电系统；recommendation information：推荐信息；online game system：网络游戏系统

从图 11.42（b）中可以看出，五个国家在不同时间段的研究主题各不相同。美国在 1990~2007 年围绕“信息检索系统”“检索方法”“检索系统”等热点研究；日本在 1990~1992 年的研究热点为“属性值”，之后转向“检索系统”“细节描述”“检索装置”，在 2017~2019 年回到“信息处理装置”；德国在 1990 年重点研究“输入过程”。30 年间，各国在不同阶段出现新的研究热点，如“用户经验”“配电系统”“前视图”等。就主题强度而言，美国和日本在该领域研究强度较强，美国研究强度呈现稳步增长；中国于 2002 年开始，在各主题的研究强度快速增加；其后依次是德国和英国。

11.10.3　重点机构分析

从论文发表量来看，排名前五位的机构依次是中国科学院、多伦多大学、华盛顿大学、清华大学和宾夕法尼亚大学［图 11.43（a）］。其中，两所科研院所来自中国，且其论文发表量占据了全球论文发表总量的 23.98%。

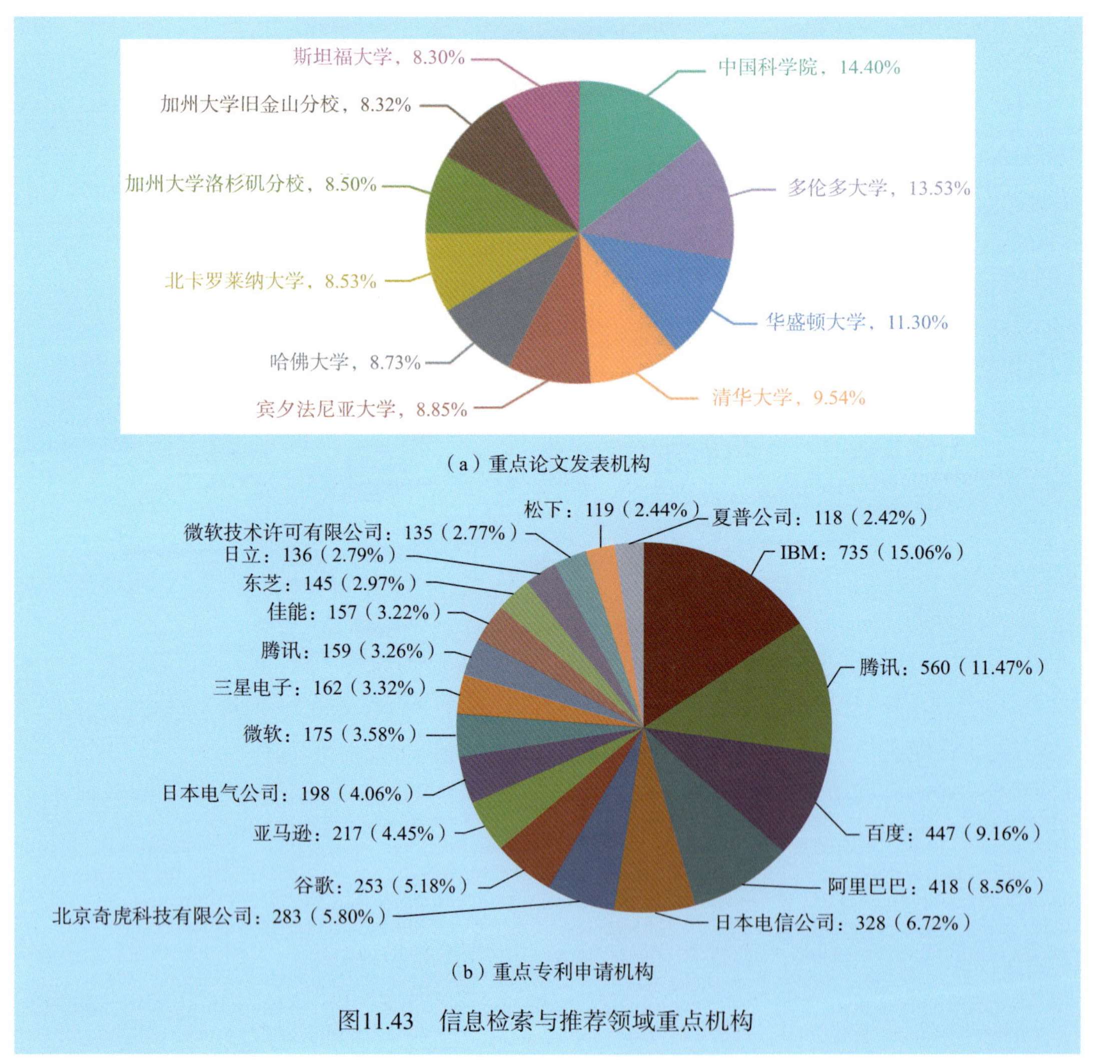

（a）重点论文发表机构

（b）重点专利申请机构

图11.43　信息检索与推荐领域重点机构

从专利申请量来看，排名前五位的机构依次是IBM、腾讯、百度、阿里巴巴和日本电信公司［图11.43（b）］。排名前五位的机构中有三个来自中国，这体现出中国互联网企业在这一领域的整体优势。国外上榜企业中，除了排名前列的IBM、日本电信公司，还有谷歌、亚马逊、日本电气公司、微软，这些机构均位于专利申请量排名前十位。

11.11　总结

新兴产业科技生态系统的建设对于新兴经济体和新兴产业的发展尤为重要。本章构筑了双层联动的战略性新兴产业科技生态系统分析框架，对新兴产业创新生态的科学层与技术层进行解析，并研析科学与技术之间的联动协同，刻画战略性新兴产业科技生态系统的全景布局，有助于客观研判重点领域的科技发展态势，为中国培育自主可控、健康可持续发展的战略性新兴产业科技生态系统提供支撑。

从人工智能领域来看，在科学层，人工智能相关论文发表量最多的国家是中国、美国和英国；在技术层，人工智能相关专利申请量最多的国家是中国、美国、日本。纵观我国人工智能产业科技生态系统，高校和科研院所在各重点领域均为产业成长提供了重要的科学和技术驱动力，而在应用开发领域我国企业的技术地位仍有待加强。要促进科学层和技术层的联动协同发展，需提升“科学—技术”转化能力，推动人工智能产业科技生态系统的高效运作和健康发展。

促进中国战略性新兴产业科技生态系统建设应重点抓好以下几方面。

第一，通过科学与技术联动，着力夯实战略性新兴产业创新生态系统中的科技基础，从根源上强化战略科技力量。发展新兴产业要抓住范式转变期的机遇，瞄准世界科技前沿，促进科学与技术的协同，从而推动战略性新兴产业科技生态系统的健康发展。

第二，以市场和价值创造为导向，鼓励构建产学研合作的产业技术创新战略联盟，引导大学、科研机构和企业等要素积极投入科学和技术创新，健全产学研用协同创新机制，强化创新链和产业链有机衔接。

第三，完善支撑要素培育，营造系统构建良好环境。重视要素市场培育、基础设施建设、社会文化环境与国际环境的改善。健全知识产权保护制度，营造激励创新的公平竞争环境，构建健康、可持续发展的战略性新兴产业科技生态系统。

审稿：薛澜

参 考 文 献

[1] 薛澜，周源，洪志生．“十三五”期间发展战略性新兴产业的政策建议 [C]// 中国工程科技发展战略研究院．中国战略性新兴产业发展报告（2016）．北京：科学出版社，2016.

[2] Xu G，Wu Y，Minshall T. Exploring innovation ecosystems across science，technology，and business：a case of 3D printing in China[J].Technological Forecasting Social Change，136：208-221.

[3] 陈劲 . 关于构建新型国家创新体系的思考 [J]. 中国科学院院刊，2018，33（5）：31-35.

[4] 陈衍泰，夏敏，李欠强，等 . 创新生态系统研究 ：定性评价、中国情境与理论方向 [J]. 研究与发展管理，2018，30（4）：42-58.

[5] 程鹏，柳卸林，朱益文 . 后发企业如何从嵌入到重构新兴产业的创新生态系统——基于光伏产业的证据判断 [J]. 科学学与科学技术管理，2019，40（10）：54-69.

[6] 盛朝迅，黄汉权 . 2017. 构建支撑供给侧结构性改革的创新体系研究 [J]. 中国软科学，（5）：20-29.

[7] 许冠南，周源，吴晓波 . 构筑多层联动的新兴产业创新生态系统 ：理论框架与实证研究 [J]. 科学学与科学技术管理，2020，41（7）：98-115.

[8] 许冠南，方梦媛，周源 . 新兴产业政策与创新生态系统演化研究——以增材制造产业为例 [J]. 中国工程科学，2020，22（2）：108-119.

[9] Daim T U，Rueda G，Martin H，et al. Forecasting emerging technologies ：use of bibliometrics and patent analysis[J]. Technological Forecasting & Social Change，2006，73（8）：981-1012.

[10] 官建成，何颖 . 科学-技术-经济的联结与创新绩效的国际比较研究 [J]. 管理科学学报，2009，12（5）：61-77.

[11] Shibata N，Kajikawa R，Sakata R.Extracting the commercialization gap between science and technology—case study of a solar cell[J]. Technological Forecasting & Social Change，2010，77（7）：1147-1155.

[12] 清华大学 . 2019 人工智能发展报告 [R/OL]. http://www.ckcest.cn/default/es3/detail/1010/dw_reports_2020_0610/3426812D3851A3BA0471FB1345F2E3DF，2020-01-08.

第 12 章

战略性新兴产业转型升级经验与启示：以智能制造为例

钟志华　臧冀原　延建林　苗仲桢　杨晓迎　古依莎娜

【内容提要】我国抓牢新一轮科技革命和产业变革的历史机遇，加快发展智能制造并取得了积极成效。也要注意到，我国智能制造整体发展仍处于初级阶段，不平衡、不充分的矛盾较为突出，持续深入推进智能制造面临挑战。近年来，我国启动了从制造大国迈向制造强国的发展进程，加快了制造业由大变强、全面创新升级的发展步伐，但升级的技术路线仍需更加明确。研究认为，新时期新阶段我国制造业要实现全面创新升级，应坚持智能制造发展的主攻方向，优化调整总体技术路线，即数字化制造，数字化、网络化制造，数字化、网络化、智能化制造“并行推进、融合发展”；企业实施智能制造战略，应深度融合数字化、网络化、智能化赋能技术和先进制造技术，注重产品创新、生产创新、模式创新、制造系统集成创新，力争实现整体性突破。

12.1　发展智能制造是中国制造业创新升级的主攻方向

全球制造业迎来了以数字化、网络化、智能化为发展方向的深刻变革，以新一代信息技术与先进制造技术深度融合为基本特征的智能制造，已成为新工业革命的核心驱动力[1]。我国是制造大国，制造业正处于创新升级的重要历史关头，抓牢全球制造业变革带来的历史机遇，主动融入新一轮科技革命和产业变革，加快发展智能制造，是由大变强、全面创新升级的必由之路[2]。

12.1.1 智能制造是中国制造业实现创新发展的内在需求

当前，我国经济已由高速增长阶段迈入高质量发展阶段，社会发展的主要矛盾发生深刻变化，我国制造业面临的需求和环境也发生了深刻改变。整体来看，我国制造业已经从总体供给不足过渡到有效供给不足，现有制造产品和服务已不能适应消费结构升级的需要；我国制造业的技术创新能力、资源利用效率、质量效益水平等与世界制造强国尚有不小差距，整体处于全球价值链中低端水平的格局尚未得到根本性改变。

根据《2020 中国制造强国发展指数报告》①，在大国博弈升温、下行压力加大的 2019 年，美国制造强国发展指数依然持续高于各国，处于第一阵列，综合优势突出；德国、日本稳居第二阵列，相对优势明显；中国、韩国、法国、英国处于第三阵列，其中中国位居前列（图 12.1）。从具体指数增长趋势来看，2019 年我国与处于第二阵列的德国、日本的差距正在逐步缩小，形成了逐步赶超的态势。但是，我国与处于第一阵列的美国差距依然较大。因此，我国制造业正面临着全面转型升级、全面创新发展、高质量发展的迫切需求[3]。

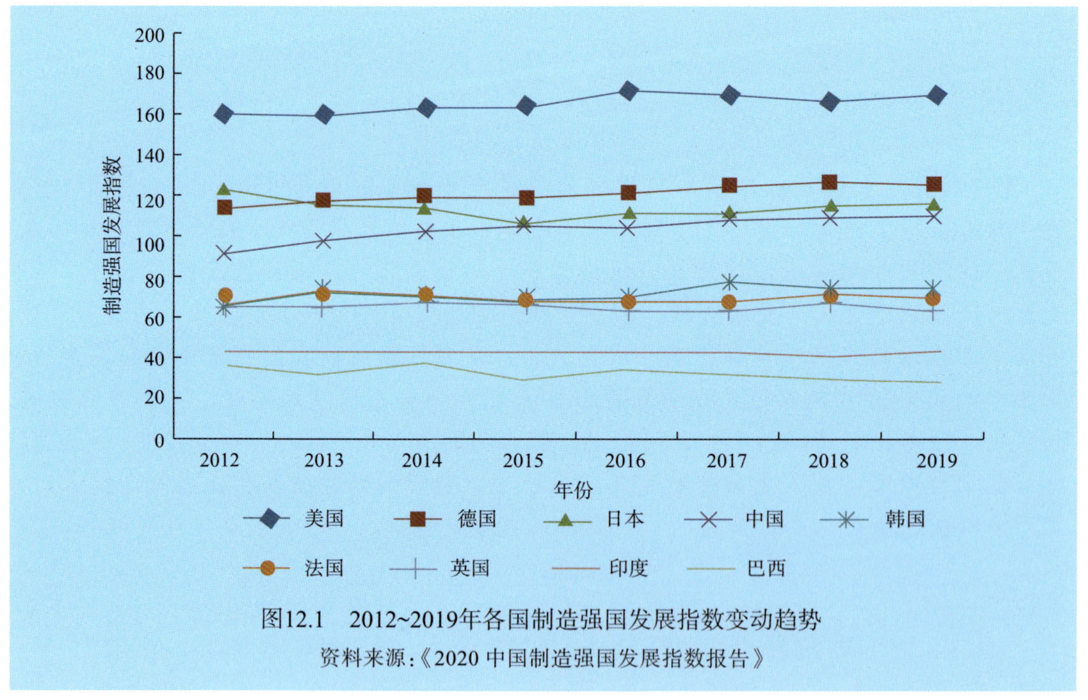

图12.1 2012~2019年各国制造强国发展指数变动趋势

资料来源：《2020 中国制造强国发展指数报告》

① 2020 年 12 月，中国工程院战略咨询中心、机械科学研究总院集团有限公司、国家工业信息安全发展研究中心和南京航空航天大学联合发布了《2020 中国制造强国发展指数报告》，对我国制造业的相关情况进行了详细的统计、分析。

我国制造业要实现转型升级、创新发展，根本出路在于进一步深化制造业供给侧结构性变革，依靠技术进步满足广大企业创新和转型升级的迫切需求，尤其要加快发展智能制造，推动制造业数字化、网络化、智能化的发展步伐，实施制造企业数字化转型；提升制造业的整体技术水平和运营水平，优化制造产品品质和服务质量，提高制造业劳动生产率和经济效益，改变传统制造业的技术模式、生产方式、运营模式，使制造供给体系更好适应消费体系、市场环境的变化，带动制造业实现质量变革、效率变革、动力变革[4]。

12.1.2 智能制造为中国制造业创新发展提供了历史性机遇

2000年以来，以大数据、工业互联网、人工智能等为代表的新一代信息技术迅猛发展，相关群体性技术突破不断涌现，特别是新一代人工智能技术、先进制造技术深度融合形成的新一代智能制造技术，已经成为推动新一轮工业革命的核心驱动力[5]。世界各国广泛关注这场以智能制造为核心的制造业变革，工业强国普遍将智能制造作为推动制造业创新发展、巩固并重塑制造业竞争优势的战略选择。发展智能制造业已成为提升国家竞争力、赢得未来竞争优势的关键举措。

全球新一轮科技革命和产业变革，为我国制造业的全面创新升级带来了新的历史机遇。我国在制造领域、现代信息技术领域都建立了规模庞大、门类齐全的产业体系，形成了结构完整、配套健全的供应链网络。作为工业制造与信息技术融合发展的交汇点，智能制造引领和推动新一轮工业革命，将进一步促进我国新一代信息技术、先进制造技术的深入融合，助推传统产业实施技术优化升级，支持新兴产业培育和发展，带动新技术、新产品、新装备发展，催生新的经济增长点，推动制造业迈入数字化、网络化、智能化阶段，促成我国制造业的历史性重大变革[6]。

12.2 推进智能制造持续深入发展任重道远

近年来，我国启动了从制造大国迈向制造强国的发展进程，为了加快制造业由大变强、全面创新升级的发展步伐，明确将智能制造作为建设制造强国的主攻方向、实现制造业创新发展的主要抓手、推动制造业转型升级的主要路径[6]。在工业界和科技界的共同支持下，我国制造业数字化、网络化、智能化转型的步伐不断加快，智能制造发展取得积极成效；但由于各地区、各行业的制造企业生产力发展水平参差不齐，智能制造仍整体处于起步阶段，发展不平衡、不充分的矛盾较为突出，持续推进智能制造面临挑战。

12.2.1 制造企业具有旺盛的智能升级需求，但智能制造的实施路径不够清晰

2018年，中国工程院制造强国建设研究课题组在全国11个城市、22个行业、

1 859 家企业开展的问卷调研显示，制造企业对智能制造表现出强烈愿望和积极性，一批企业已经探索实施智能化改造升级；73.00% 的企业具有强烈的智能化改造需求，24.00% 的企业已拥有智能化改造计划，51.56% 的企业为解决用工问题而开展智能化改造；45.31% 的企业以提升产品质量为目的，28.13% 的企业计划对部分生产环节实施针对性的数字化改造，34.38% 的企业计划建设数字化智能化工厂[7]。

可以认为，智能制造基本理念已经得到国内诸多行业制造企业的高度认可，智能制造发展已经逐步从理念普及转向实际应用推广。由于智能制造是一种新的制造生产方式，特别是新一代信息技术、制造技术的深度融合仍在快速发展变化，我国各行业、各地区制造企业发展智能制造的实际条件“千差万别”，许多企业还存在认识困惑、实践误区，突出体现在智能制造的发展理念、发展方向、发展重点、路径选择、实施策略等方面[8]。因此，诸多企业实施智能制造的具体技术路径还需探索和实践，已有的智能制造推进力度还不匹配广大企业的实际需求。

12.2.2　智能制造试点示范成效明显，但在中小企业全面推广面临挑战

近年来，各地区大力开展智能制造应用试点工作，推进示范项目、推广典型经验；一批具有国际先进水平的数字化车间，数字化、网络化工厂投入使用，一些制造工厂实现了更高程度的自动化、机械化、智能化，产品质量和经济效益得到大幅提升。相关调查显示[9]，按照平均数计算，与开展智能化改造前相比，全国智能制造试点示范项目企业生产效率提高约 45%，产品研制周期缩短约 35%，产品不良品率降低约 35%，能源利用率提升约 20%，运营成本下降约 25%。这表明，我国智能制造试点工作取得了较为显著的示范带动效应。

同时，我们要清醒地认识到，我国多数企业，特别是广大中小企业布局智能制造面临着现实困难。一方面，绝大部分中小企业的利润水平极低、营利能力薄弱，自有技术、资金、人才积累严重不足，实施智能制造面临着试错成本和风险；另一方面，细分行业解决方案与中小企业需求结合不够紧密，低成本、高可靠、易维护的解决方案更是缺乏。2018 年，浙江省智能制造专家委员会对浙江省 12 个县（市、区）的 280 余家制造企业进行调研，发现中小企业推进智能制造面临六方面难题，即企业自身改造难、企业“智改”决策拍板难、企业寻找放心的承包商难、企业持续推进升级难、生产系统健康管理难、多主体运作形成合力难。

12.2.3　智能制造产业生态体系逐渐形成，但智能制造升级供给能力存在不足

我国在推动发展智能制造的过程中，重视加强产学研用协同创新，注重引导企业加强关键技术装备、核心工业软件、解决方案的研发应用，加强智能制造基础支撑能力建设。与智能制造装备、软件及系统集成服务相关的一批企业、产业园区在全国各地迅速成长，成为智能制造产业发展壮大的孵化器和有生力量；一批智能制造装备取得突破，国家智能制造标准体系发布，智能制造标准国际合作成果丰硕，智能制造产业生态体系正在形成，万亿元级规模的智能制造市场稳步壮大。

相较于智能制造发展的旺盛需求，我国智能制造整体供给能力仍然面临差距。智能制造核心技术装备自主化程度不高，不少高档数控机床、专用智能制造装备、核心零部件主要依赖进口，存在着产业技术“空心化”的危险。一些地区的智能制造系统解决方案供给能力不足，硬件和软件体系完整、行业积累深厚、能提供整体智能制造解决方案的供应商缺乏，领军企业在技术、产品、服务方面与国际先进厂商有较大差距；支持企业创新的智能制造公共支撑平台建设滞后，智能制造人才培养不足以保障实际需求。

12.3 “并行推进、融合发展”是中国智能制造发展的技术路线

智能制造是先进制造技术、先进信息技术的深度融合，在迭代融合演进过程中逐步形成了三种基本范式，即数字化制造，数字化、网络化制造，数字化、网络化、智能化制造[5]。在发达工业化国家，这些基本范式是一个递次演进、“串联式”的发展技术路线。作为工业化后发国家，我国在发展智能制造过程中要同时面对数字化制造，数字化、网络化制造，数字化、网络化、智能化制造所伴生的挑战。因此，我国智能制造发展宜采用三种智能制造基本范式“并行推进、融合发展”的技术路线[9,10]。

12.3.1 数字化制造

作为第一代智能制造的基本范式，数字化制造基于数字技术在制造业中广泛应用而形成，重点解决的问题包括优化生产流程、缩短产品研发周期、降低制造成本、强化产品质量控制、提高企业劳动生产率等。自 20 世纪 80 年代起，我国企业逐步采用数字化控制系统和制造装备，同步将数字化技术应用于设计、制造、管理等过程来推动企业信息化转型，取得了良好成效。近年来，“机器换人”“数字化改造”项目遍地开花，建成了一批数字化生产线、数字化车间、数字化工厂，标志着我国数字化制造迈入新的发展阶段。

需要指出的是，各地区制造业发展水平差异明显，还有一批制造企业，特别是广大中小企业仍处在从机械化转向数字化的初级阶段，信息化、自动化基础薄弱，受技术、人才、资金等条件制约，尚未实现数字化制造转型，距离智能制造还有很大落差。从数量上来看，这部分企业占制造企业相当大的比例，是当前和今后推进智能制造必须解决的首要难题。相关企业应结合发展实际需求，扎实完成数字化制造“补课”，为迈向更高水平的智能制造打好扎实基础。

12.3.2 数字化、网络化制造

作为第二代智能制造的基本范式，数字化、网络化制造基于网络技术在制造业

中广泛应用而形成，其本质是“互联网 + 数字化制造”。近年来，我国工业界抓牢互联网技术发展赋予制造业的难得机遇，推动数字化、网络化制造迅猛发展，一批制造企业实现了数字化、网络化转型升级。

部分数字化基础较好的企业，在数字化基础上大力引进网络化技术，迅速转型为数字化、网络化制造企业。例如，三一重工股份有限公司 2008 年启动工程机械设备数字化设计制造运维的探索，数字化转型步伐坚实；近年来紧跟工业互联网发展浪潮，布局建设基于设备全球互联的供应物联网平台，实现了装备、物料、人员的信息连接，进而形成产业链维度上的工业互联网平台方案；横向拓展多个行业，形成跨行业、跨领域的通用型工业互联网平台，在数字化、网络化制造的强力驱动下快速成长为工程机械制造领域的领军企业[11]。

部分数字化基础薄弱的企业，一方面积极完成数字化“补课”，另一方面依托网络化技术来快速转型为数字化、网络化制造企业。例如，浙江春风动力股份有限公司是一家摩托车制造企业，原来数字化基础薄弱；2012 年起在开展数字化制造“补课”的同时，采用“以高打低”的策略，谋划建设“制造云、电商云、物流云、设计云、流程云”，开发车联网平台、消费者终端定制系统，实现贯穿顾客需求、研发设计、订单管理、供应链协同、销售配送、售后服务的全产业链数据驱动管理；显著提升市场需求发掘和快速响应能力、大规模个性化定制产品快速交付与成本控制能力，成功转型为具有国际竞争力的高档摩托车和后市场用品供应商。

12.3.3 数字化、网络化、智能化制造

数字化、网络化、智能化制造是新一代人工智能技术与制造业深度融合而形成的新一代智能制造，其本质是“智能 + 互联网 + 数字化制造”，代表了智能制造发展的最新方向和最高水平。制造系统将具备学习能力、复杂系统建模与优化能力，制造业将据此实现真正意义上的智能制造。

近年来，我国应对新一轮科技革命和产业变革机遇，加速探索和部署新一代智能制造。工业界和科技界积极推进“智能制造和机器人”重大项目，聚焦新一代智能制造的理论研究、技术突破、产品研发。目前，新一代智能制造技术在我国还处于探索和实验阶段，主要应用在产品质量控制、装备远程运维、生产优化调度等方向，未来应用场景将更加多样，发展空间更为广阔。

未来 5 年是我国制造业发展全面创新升级的重要阶段，应延续“并行推进、融合发展”的技术路线。一方面，注重夯实基础，稳步推进企业特别是中小企业补齐数字化制造“课程”，基本实现数字化转型升级；另一方面，实施创新引领，牢牢把握互联网、大数据、人工智能等新一代信息技术赋予制造业发展突破的良机，着力推进“互联网 + 数字化制造”，基本实现数字化、网络化制造推广应用，兼顾新一代智能制造的探索推进和创新突破。

12.4　智能制造是制造企业实现创新升级的主要途径

智能制造作为一个大系统，贯穿于设计、制造、服务等产品全生命周期的各个环节，关联制造系统优化集成，支撑实现制造的数字化、网络化、智能化[4]；将先进制造技术与数字化、网络化、智能化赋能技术深度融合，推动制造企业产品创新、生产创新、模式创新、集成创新的整体突破[9]。我国制造企业要实现智能化转型升级，应注重创新驱动、因企制宜、系统谋划、统筹推进。一方面，持续开展制造业技术的原始创新积累，这是根本性的，也是相关企业安身立命的基础；另一方面，利用革命性的共性赋能技术——数字化、网络化、智能化技术，对制造技术进行赋能升级、集成创新，这是开拓性、普惠性的，适用于各行业、各种类的制造企业，也是赢得市场竞争的关键。

12.4.1　智能产品创新

制造产品、制造装备是智能制造的主要组成部分，前者是智能制造的价值载体，后者是智能制造的重要前提。新一代智能制造技术的发展进步，推动制造产品、制造装备从“数字一代”整体提升至“智能一代”，在提高产品功能、性能、市场竞争力方面具有根本性优势[9]。

高速铁路作为新一代铁路运输系统，广泛应用移动通信、北斗卫星导航、云计算、物联网、大数据、人工智能等技术，具有对高速列车、固定基础设施、行车环境信息的全面感知、泛在互联、融合处理、优化决策能力，可综合利用铁路系统的空间、时间、人力等资源，实现铁路运输生产、运营管理、经营决策等全过程优化[12,13]。

12.4.2　智能生产创新

智能生产也是智能制造的重要组成部分，主要载体是智能工厂。智能工厂采用数字化、网络化、智能化共性技术推动生产过程优化，提升生产系统的性能、功能、质量、效益。在今后相当长的时期内，智能装备、智能生产线、智能车间、智能工厂等企业生产系统的优化升级，是推进智能制造的重要方面[9]。

离散型智能工厂应用数字化、网络化、智能化技术，升级加工质量、优化加工工艺、保障加工装备、完善生产调度和管理，提高企业生产制造水平和市场响应能力。例如，陕西法士特汽车传动集团公司2006年启动企业数字化网络化转型，重点升级高档数控机床与工业机器人、智能传感与控制装备、智能检测与装配装备等核心技术装备，形成了装备与装备、装备与管理系统之间的互联互通与高度集成能力；产品质量和生产效率大幅提高，万元产值可控成本、库存资金占用、产品研发周期等关键指标大幅提升，取得了行业优势地位。

流程工业的产能高度集中，生产工艺、装备、自动化水平高，具有较好的数字化、网络化实施基础。加快推进新一代智能制造技术的应用，推动企业生产运行真正实现安全、可靠、高效、绿色。例如，中国石化九江石油分公司建立了数字化监测和优化系统，遍及“供、产、转、输、耗”全流程，覆盖计划调度、安全环保、装置操作、能源管理、信息技术管控等业务领域；实现了以自动化、实时化、可视化、模型化、集成化为特征的数字化和网络化应用，提质增效作用明显，成为行业解决方案的经典案例[14]。

12.4.3 智能服务创新与制造业新模式、新业态

智能制造是供给侧结构性改革的推动力之一。在智能制造技术支持下，制造业的生产模式、组织模式、产业模式都将发生革命性变化，最终将实现制造从“以产品为中心”向“以用户为中心”的根本性转变[9]。

一是制造业生产模式从大规模流水线生产转向规模定制化生产[1]。依托互联网，制造企业与客户、市场的联系更为密切，企业生产与用户需求直接对接，以此优化企业生产资源配置，高效、经济、个性化地满足用户需求。例如，佛山维尚家具制造有限公司依托网络化平台为用户提供产品定制解决方案，从传统家具生产厂转型成为规模个性化定制的家具生产企业，提高了市场竞争力并取得了良好的经济效益[15]。

二是制造业产业模式从生产型制造向服务型制造转变。数字化、网络化、智能化技术的广泛应用，为企业产业链各环节的附加值增值提供了充分的可能性，加快了企业高附加值产业链条向上下游两端延伸的速度，促使企业更快地从“以产品为中心”向“以用户为中心”转变。例如，陕西鼓风机（集团）有限公司配置了运行装备远程监测系统，为客户提供能量转换领域的个性化、定制化、系统化解决方案[16]；新疆金风科技股份有限公司发展了智能化大型风电场运维服务系统，为客户提供风电智能监控、智能运维、风电机组故障智能诊断与预警等服务[17]。这些企业依托数字化、网络化、智能化技术与传统业务的结合，快速实现了从产品制造企业向系统解决方案提供商、服务型制造商的转变。

三是制造业组织模式从企业竞争与垄断走向企业竞争与协同合作。信息网络、物流系统方便快捷，企业资源全产业链条的优化配置更加便利，生产涉及的物质流、能量流、资金流、信息流更加畅通透明，企业的设计、生产、销售、服务等活动有望实现分解、外包、众包，充分调动国内和国际资源。生产制造、设计创新、制造服务等环节实现协同与共享，制造企业之间将形成合作共赢的生态。

12.4.4 智能制造支撑系统与智能制造系统集成创新

智能制造支撑系统是发展智能制造的技术基础设施，是制造企业从数字化向网络化、智能化迈进的关键所在。智能制造系统集成创新促进智能制造整体效能的提升，推动各功能制造系统集成为新一代智能制造系统。发展和运用工业互联网、智能制造云平台，依靠智能制造系统集成创新来推动企业实施智能化转型。

工业互联网络是智能制造的关键网络基础设施，低时延、高可靠、广覆盖[18]，

主要为企业提供基础信息支撑服务。我国实施了“工业互联网工程”，从网络、平台、安全三方面推进智能制造基础设施建设和技术升级，为智能制造提供了有力支撑。智能制造云平台以泛在网络技术为基础、以用户为中心，“人、机、物”深度融合，为制造企业提供技术支撑服务。一批智能制造云平台投入产业应用并取得了良好成效，如阿里云、华为云、树根互联、航天云网等。

智能制造系统集成创新在智能制造支撑系统的支持下，集成和优化诸多功能子系统，促使企业智能制造从局部优化升级到全局优化。例如，安徽海螺集团公司综合运用移动物联网、数据传感监测、信息交互集成、自适应控制等先进技术，建立起覆盖水泥生产全环节的系统智能优化控制，实现了工厂运行自动化、故障预控化、管理可视化、全要素协同化、企业决策智能化[18]；通过及时高效的转型升级，成为世界级水泥生产企业。海尔集团发展了COSMOPlat工业互联网平台，将用户、供应链、设备互联互通，面向企业提供互联工厂建设、大规模定制、大数据增值、供应链金融、协同制造、知识共享、检测与认证、设备维保等智能服务，实现了产业链相关资源的集成优化，相关革新走在了世界家电产业链的前列[19]。

12.5　对中国制造业智能化转型升级的启示

“十三五”时期以来，我国以智能制造为主攻方向推动制造业创新发展转型升级，取得了良好效果；新形势下，我国智能制造的发展要久久为功，坚定不移地推进下去。我国智能制造的应用推广将进一步提速，加快推动智能制造，以数字化、网络化、智能化升级为抓手，分行业、分区域差异化实施；结合行业特色，聚焦研发、生产、运维等关键环节开展智能制造；加快5G、大数据、人工智能等新一代信息技术与制造业深度融合，注重产品创新、生产创新、模式创新、制造系统集成创新，提升制造业整体的智能制造水平，提高质量效益，向产业链高端发展。

审稿：薛澜

参 考 文 献

[1] 周济 . 全力推动传统制造业优化升级坚定不移建设制造强国 [J]. 中国工业和信息化，2020，（1）：28-33.

[2] 周济 . 智能制造——“中国制造 2025”的主攻方向 [J]. 中国机械工程，2015，26（17）：2273-2284.

[3] 朱高峰 . 从制造大国到制造强国 [J]. 清华管理评论，2020，（3）：6-14.

[4] Zhou J，Li P G，Zhou Y H，et al. Toward new-generation intelligent manufacturing [J]. Engineering，2018，4（1）：11-20.

[5] Zhou Y，Zang J Y，Miao Z Z，et al. Upgrading pathways of intelligent manufacturing in China：transitioning across technological paradigms [J]. Engineering，2019，5（4）：691-701.

[6]“新一代人工智能引领下的智能制造研究”课题组 . 中国智能制造发展战略研究 [J]. 中国工程科学，2018，20（4）：1-8.

[7] 周济 . 以创新为第一动力以智能制造为主攻方向扎实推进制造强国战略 [J]. 中国工业和信息化，2018，（9）：16-25.

[8] Zhou J，Zhou Y H，Wang B C，et al. Human-cyber-physical systems（HCPSs）in the context of new-generation intelligent manufacturing [J]. Engineering，2019，5（4）：624-636.

[9] 臧冀原，王柏村，孟柳，等 . 智能制造的三个基本范式：从数字化制造、“互联网 +”制造到新一代智能制造 [J]. 中国工程科学，2018，20（4）：13-18.

[10] 宁振波，刘泽 . 智能制造基础——数字化 [J]. 金属加工：冷加工，2020，（7）：6-8.

[11] 贺东东 . 三一重工：制造即服务，数据即价值 [J]. 互联网天地，2017，（1）：23-25.

[12]《智慧工厂》编辑部 . 数字孪生——信息化智造应用的新翘楚 [J]. 智慧工厂，2020，（4）：27-28.

[13] 王同军 . 智能铁路总体架构与发展展望 [J]. 铁路计算机应用，2018，27（7）：1-8.

[14] 王海龙 . 九江石化：流程型智能制造样本 [J]. 中国工业评论，2016，（6）：72-77.

[15] 吴义爽，盛亚，蔡宁 . 基于互联网 + 的大规模智能定制研究——青岛红领服饰与佛山维尚家具案例 [J]. 中国工业经济，2016，（4）：127-143.

[16] 付向核 . 陕鼓：砥砺创新凝聚发展动能 [J]. 中国工业和信息化，2020，（5）：62-68.

[17] 李飞，乔晗 . 数字技术驱动的工业品服务商业模式演进研究——以金风科技为例 [J]. 管理评论，2019，31（8）：295-304.

[18] 本刊记者 . 智能制造是培育经济发展新动能的关键——国家工业和信息化部部长苗圩访谈 [J]. 宁波经济，2017，（10）：3-5.

[19] 吕文晶，陈劲，刘进 . 工业互联网的智能制造模式与企业平台建设——基于海尔集团的案例研究 [J]. 中国软科学，2019，（7）：1-13.

第 13 章

中国战略性新兴产业知识产权的发展现状与治理对策分析

赵　云　陈璐怡

【内容提要】战略性新兴产业是科技创新密集、知识产权活动复杂的产业体系，知识产权制度是产业发展过程中的重要基础设施。近年来，中国战略性新兴产业的规模与国际竞争力不断增强，知识产权治理成为中国战略性新兴产业赢得国际话语权不可或缺的重要环节，也是完善国家市场制度、提高国家治理能力的基础保障。中国战略性新兴产业知识产权治理涉及政府、市场、社会等多元主体的治理，中国在各层面进行制度建设的努力需要在国家治理体系的框架下坚持与战略性新兴产业发展相适应的治理原则，通过体系化协同才能实现治理效果的显著改善，才能保障中国战略性新兴产业能够实现长期稳定发展。

13.1　战略性新兴产业知识产权发展演变

自 2010 年发布《国务院关于加快培育和发展战略性新兴产业的决定》以来，经过“十二五”“十三五”时期的快速发展，在中国战略性新兴产业的产业规模持续壮大、创新能力和竞争力明显提高的过程中，知识产权治理为产业发展提供了重要的支撑作用。高质量发展是新时代中国战略性新兴产业发展的重要特征，知识产权是产业高质量发展的必要条件，面对美国单方挑起的中美贸易战及其带来的国际环境变化，战略性新兴产业知识产权治理面临着很大的挑战，未来将呈现机遇与挑战并存的发展态势，需要进一步加强顶层设计、构筑产业安全体系，优化产业发展生态，确保高质量发展。

13.1.1 中国战略性新兴产业知识产权政策体系演变

战略性新兴产业的知识产权治理往往涉及创造、运用、保护多个环节，产业政策中一般需要知识产权多环节联动保障[1]。

本节通过国务院及各部委的官方网站、各战略性新兴产业技术协会网站及国研网战略性新兴产业数据库等途径，采用网络数据采集、全文关键字检索等方法，收集梳理了近十年以来（自 2010 年 1 月 1 日至 2019 年 7 月 30 日）中央部委颁布的战略性新兴产业总体政策及各产业领域相关政策，共计 946 项，其中 310 项涉及知识产权规定，可以从创造、运用、保护、服务、管理五方面对战略性新兴产业知识产权相关政策进行分类（图 13.1）。

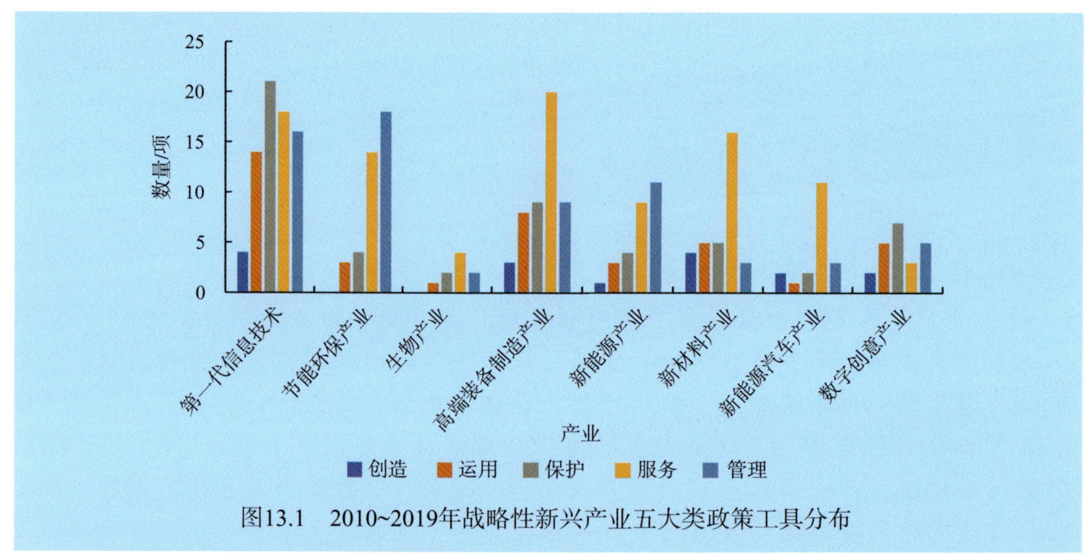

图13.1 2010~2019年战略性新兴产业五大类政策工具分布

不同产业政策的知识产权依赖度各不相同，产业链分工程度越高的产业，知识产权依赖度越高。2010~2019 年我国战略性新兴产业政策中，涉及知识产权服务、管理政策工具的占比较高为 50%，涉及保护政策工具和涉及运用政策工具的政策占比分别为 22%、18%，涉及创造政策工具的占比为 10%，说明中央政府的政策着力点主要聚焦于改善知识产权服务。如图 13.1 和图 13.3 所示，从时间维度上看，涉及服务政策工具的政策始终保持较高的占比和数量，在 2012 年的产业发展初期和 2016 年数量相对较多；涉及运用政策工具和保护政策工具的政策次之；涉及创造政策工具的政策总体占比较少。由此可见，政府所采用的政策工具组合随产业发展而动态调整，通过创新驱动、营造良好产业环境等各种方式来促进科技、经济发展。如图

13.2 所示，在各产业政策中，面向战略性新兴产业整体的政策涉及知识产权的数量最多，达到 107 项；面向新一代信息技术产业的专项政策次之，有 55 项涉及知识产权；另外，在节能环保产业、高端装备产业专项政策中也较多地涉及知识产权，这也反映出各产业治理中知识产权的关键作用。涉及保护政策工具、运用政策工具和涉及创造政策工具的比例相对均衡，表明政策对打通知识产权创造、运用、保护、管理、服务全链条，健全知识产权综合管理体制高度重视。完善知识产权治理体系要加强知识产权工作的顶层设计，综合运用法律、行政、经济、技术、社会治理等多种手段，从审查授权、行政执法、司法保护、仲裁调解、行业自律、公民诚信等环节完善保护体系，加强协同配合，构建保护工作大格局。

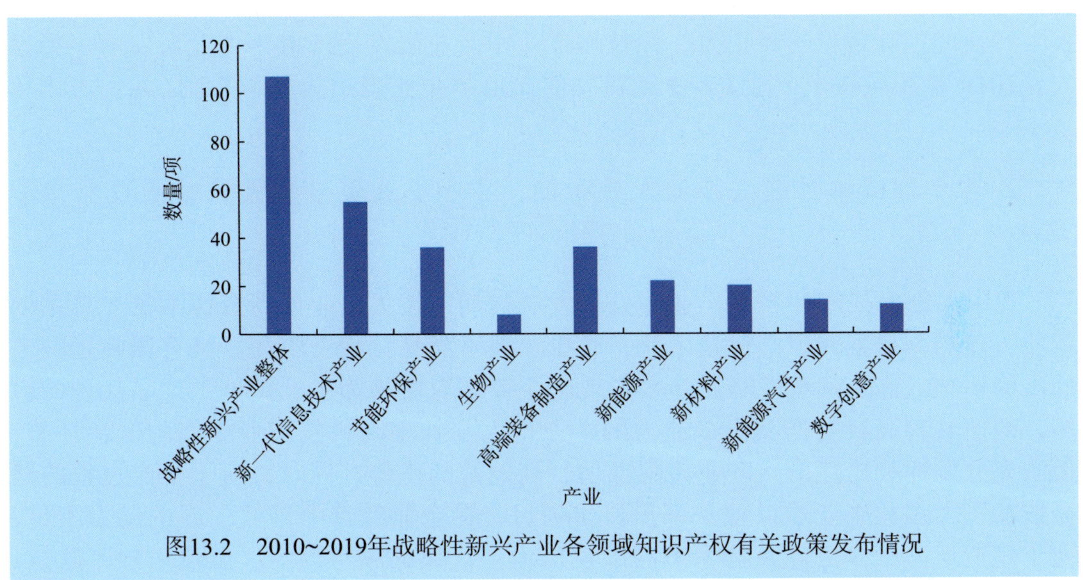

图13.2　2010~2019年战略性新兴产业各领域知识产权有关政策发布情况

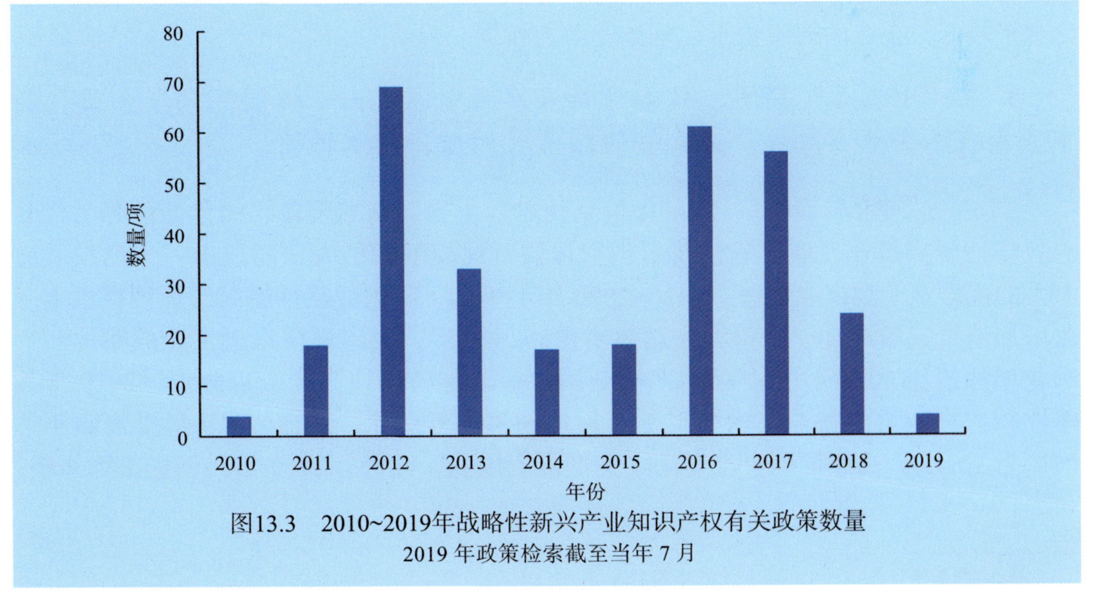

图13.3　2010~2019年战略性新兴产业知识产权有关政策数量
2019 年政策检索截至当年 7 月

13.1.2 中国战略性新兴产业市场主体演变

1. 企业是中国战略性新兴产业发展的中坚力量

2010 年发布的《国务院关于加快培育和发展战略性新兴产业的决定》就强调了“积极探索战略性新兴产业发展规律，发挥企业主体作用”。改革开放以来，我国涌现了一批初具国际竞争力的高技术企业集团。我国的高技术产业的总产值从 1993 年的 2 511.6 亿元增加到 2019 年的 15.8 万亿元，年均增长率达到 17.3%，高技术产业的企业数量达到 33 573 个，从业人员超过 1 317 万人[①]。高技术产品进出口总额从 1991 年的 654.6 亿元增加到 2020 年的 47 160 亿元，年均增长率达到 15.9%，高技术产业的国际地位不断提升。高技术产业中企业研发投入成为产业研发的主要投入，2019 年在高技术产业 R&D 经费内部支出中企业支出为 3 545.2 亿元，占比超过 93%。

2. 在中国战略性新兴产业发展初期，中小企业数量庞大，企业技术背景多样

我国大部分战略性新兴产业还处于发展初期，相关企业创新资源不足、自主创新能力较弱，自主知识产权技术储备较少，技术商品化程度不高，具有国际影响力的品牌稀缺。许多从事战略性新兴产业的企业都以贸易为主，做外国产品代理的较多，即使具有高科技产品出口能力的企业也大多处于高科技产业生态的低端环节，无法充分发挥战略性新兴产业高附加值、高效益的优势。同时，由于生产过程的路径依赖，大多数企业难以独立承担科研项目，在企业经营中科技创新的动力不足，为了规避风险，多数高新技术产品以模仿为主，缺乏原始创新。虽然出现了联想、华为等一批具有国际竞争力的企业集团，但总的来看，我国战略性新兴产业的规模化水平较低，企业的规模较小，整体竞争力较弱。

3. 在“十三五”期间，战略性新兴产业中涌现出一批国际领军企业，其中高新技术企业占比大，企业整体经营时间短，增长迅速

“十三五”期间，我国以新一代信息技术、生物、高端装备、绿色低碳等为代表的战略性新兴产业发展迅速，技术创新加快，规模不断扩大，涌现出一大批发展潜力大的优质企业和产业集群。2016~2020 年上半年，我国战略性新兴产业规模以上工业增加值增速始终高于全国工业总体增速。2020 年，我国规模以上工业战略性新兴产业增加值比 2019 年增长 6.8%，比全国工业增加值增速高 4 个百分点。2019 年战略性新兴产业重点行业完成固定资产投资超过 5 万亿元，2015~2019 年投资额年均增速为 10.4%，高于同期全社会固定资产投资增速。此外，2019 年科创板正式开板，

① 数据来自各年《中国高技术产业统计年鉴》。

为包括战略性新兴产业在内的科技创新型优质企业提供绿色上市通道，截至2021年5月，科创板上市公司已达274家，总市值超3.5万亿元，合计融资3 477.19亿元[①]。2020年，中国企业联合会、中国企业家协会发布的“2020中国战略性新兴产业领军企业100强排行榜”中，百强企业共实现战略性新兴产业业务收入6.71万亿元，较2019年增长9.5%，有13家企业战略性新兴产业业务收入超过千亿元，其中，华为以8 588.33亿元的战略性新兴产业业务收入排名第一位。

4. 战略性新兴产业中部分企业具有国家战略科技力量的属性，经济效益与技术贡献并重

“十三五”期间，战略性新兴产业经济规模增长快速，创新投入与创新能力不断增强，龙头企业开始发挥科技领军功能。2015~2020年，我国战略性新兴产业中上市公司的研发强度维持在6%~7%，高于总体上市公司的研发强度，说明战略性新兴产业中上市公司的创新投入持续提升。2020年，新一代信息技术、新能源汽车及高端装备领域上市公司研发强度相对较高，在此过程中形成了一批具有核心技术与研发能力的新型企业，成为国内新技术创新生态中的关键组成部分。

13.2 战略性新兴产业知识产权发展的国际趋势

13.2.1 战略性新兴产业全球产业链中的国际知识产权布局

当前，全球科技革命和产业变革进一步演变，新兴产业快速发展。世界各国纷纷着眼于加强科技创新与发展新兴产业，将新兴产业发展作为实现经济振兴、抢占国际竞争新制高点的关键。

世界知识产权组织公布的2020年专利、商标和工业品外观设计国际注册数据显示，2020年全球各项知识产权数据较2019年进一步增长。2020年，通过世界知识产权组织《专利合作条约》（Patent Cooperation Treaty，PCT）框架提交的国际专利申请量达27.59万件，增长率为4%，中国再次成为PCT框架下国际专利申请量最多的国家，申请量高达68 720件，同比增长16.1%。其中，亚洲占知识产权申请活动的大部分比例，在全球专利申请量上占比为65.0%，在实用新型专利申请量上占比为98.0%，在商标申请类数中占比为70.6%，在工业品外观设计数量中占比为68.4%[①]（图13.4）。

① 国家信息中心统计数据。

① 数据来源：世界知识产权组织《知识产权事实与数据2020》。

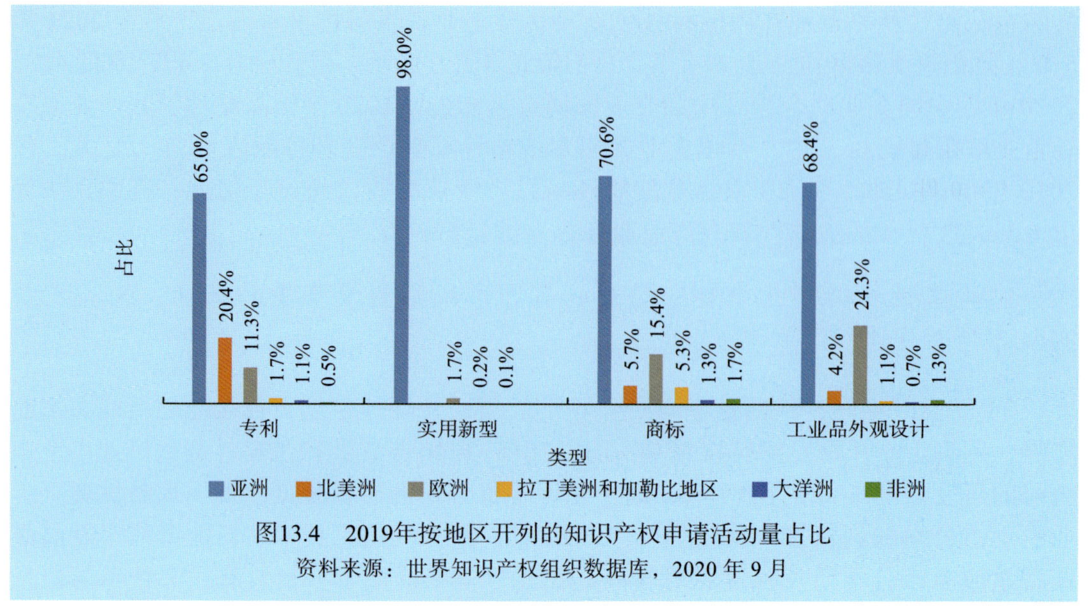

图13.4　2019年按地区开列的知识产权申请活动量占比

资料来源：世界知识产权组织数据库，2020 年 9 月

数据显示，2020 年 PCT 国际专利申请量排名前五的国家为中国（6.872 0 万件）、美国（5.923 0 万件）、日本（5.052 0 万件）、韩国（2.006 0 万件）和德国（1.864 3 万件）（图 13.5）；通过马德里体系提交的国际商标申请量排名前五的国家分别为美国（1.000 5 万件）、德国（7 334 件）、中国（7 075 件）、法国（3 716 件）和英国（3 679 件）。中国通过 PCT 途径提交的国际专利申请数量超过美国，保持全球第一。在新冠肺炎疫情影响下，各国增速都有所放缓，前十名中只有中国实现了两位数增长。

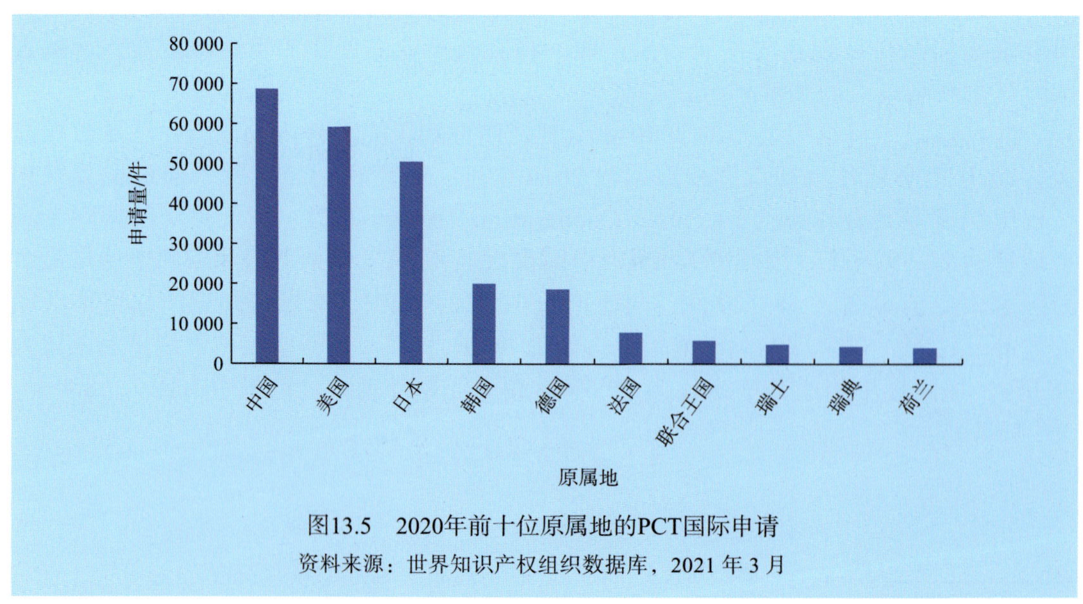

图13.5　2020年前十位原属地的PCT国际申请

资料来源：世界知识产权组织数据库，2021 年 3 月

此外，在 PCT 国际专利申请人的分类中，中国高校和企业的表现比较突出。

2020年，中国的华为以5 464件PCT国际专利申请排名第一（图13.6）。位居其后的是韩国的三星电子（3 093件）、日本的三菱电机（2 810件）、韩国的LG公司（2 759件）和美国的高通公司（2 173件），排位前十的企业申请人中包括3家中国企业。在高校方面，加利福尼亚大学以559件国际专利申请量蝉联第一，麻省理工学院（269件）位列第二，之后是深圳大学（252件）、清华大学（231件）和浙江大学（209件）[2]。

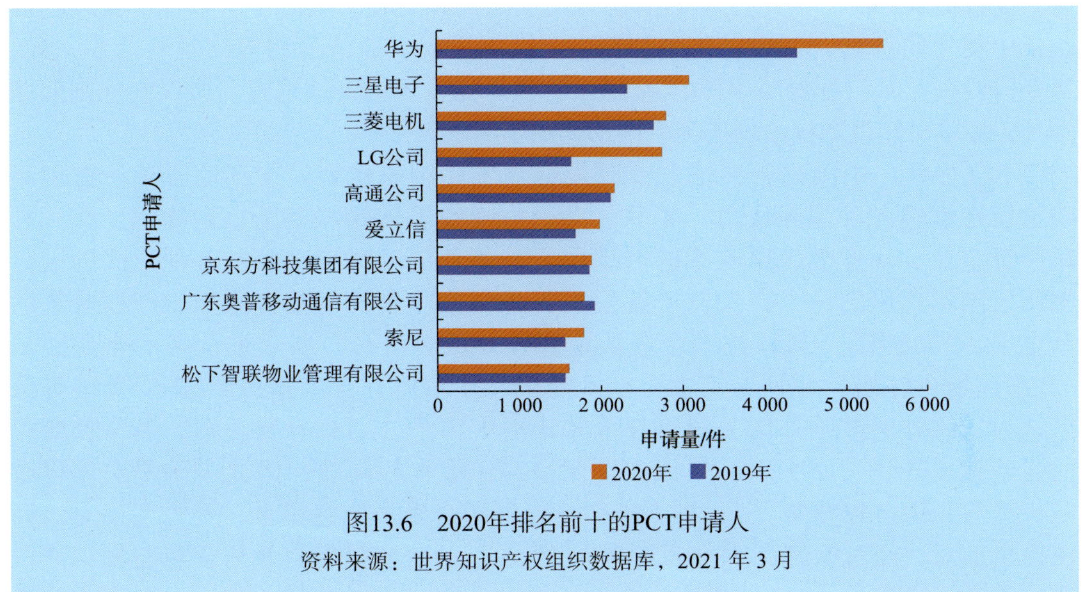

图13.6　2020年排名前十的PCT申请人

资料来源：世界知识产权组织数据库，2021年3月

近年来，中国在知识产权领域有了长足的发展，2020年中国专利有效量位居全球第三，在国际专利申请量上超越美国排名榜首，同时，中国的专利主管部门受理了全球专利申请总量的43.4%，总量为全球之最，其中，在计算机技术领域提交的申请最多，具有显著的国际优势。同时，多领域交叉融合趋势越发明显，数字经济成为经济增长的重要力量。联合国发布的《2019年数字经济报告》指出，中国已经成为全球最大的数字经济体之一。

13.2.2　战略性新兴产业的知识产权是全球科技合作的重要支撑

经济全球化是现代化发展的必然结果，是促进资源最优化配置，发挥各国比较优势的必然要求。知识产权作为一种无形资产，对经济发展的贡献越来越大。中国作为新兴发展中国家的代表，面临日益复杂的国际环境挑战，推动知识产权治理现代化和国际化，提升中国在全球知识产权治理体系中的地位是当前形势下的必然选择。

相比工业经济，立足于科技创新的知识经济需要在世界范围内的紧密合作，随着以中国为代表的新兴国家产业转型升级和科技创新能力不断提高，中国作为全球专利申请大国，知识产权事业与全球合作发展水平再上新台阶。以2020年数据为例，中国发明专利授权量为53.0万件，同比增长17.1%；受理PCT国际专利申请量为7.2万件，其中国内申请人提交6.7万件，比2019年同期增长16.1%，位居全国第一。

同时，国际环境中贸易保护主义盛行，中国新兴产业发展阻碍重重。以生物产业为例，美国主要采取限制对华技术出口、出台专门报告和采取行政手段阻碍人才交流三条措施来遏制中国生物产业发展。后疫情时代生物医药产业迎来重大发展机遇，也将面临部分"逆全球化"国家的技术保护和封锁。实际上，知识产权问题反映了中美之间的利益冲突，与科技创新、金融发展、经济遏制等问题联系在一起，如专门调查，专门针对《中国制造2025》和高科技领域，这超越了协议和规则问题本身，显示出知识产权治理成为大国博弈的工具。

不仅如此，中国高新技术产业政策饱受发达国家质疑。中国的各项产业创新政策正在面临各种国际压力，尤其是促进国际技术转移、鼓励自主知识产权、补贴中资企业、含各类优惠政策的产品目录等各种创新政策正面临各种形式的国际施压。国际施压的一个典型例子就发生在高科技产业认定及自主知识产权政策的制定中。2008年，《高新技术企业认定管理办法》出台，要求被认定的企业必须"在中国境内注册，并且对其主要产品的核心技术拥有自主知识产权"。美国等国家认为，该办法鼓励外国公司将技术转让给中国子公司或合资公司，是一种变相的强制技术转让，而中国的知识产权保护存在很大的问题，因此中国不应该将政府优惠与知识产权挂钩。在2011年中美商贸联合委员会会议上，美方明确对该办法提出反对，经过谈判，中方表态会在2013年后研究是否将政府优惠与知识产权或技术许可脱钩。

当前，在国际局势变革的驱使下，中国实施创新驱动战略，深入推动"一带一路"建设，通过发挥知识产权治理对科技创新的支撑、引领和辐射作用，为科技创新与产业发展提供新动能。

13.2.3 战略性新兴产业知识产权制度需要适应再全球化趋势

后疫情时代逆全球化与再全球化同时发生。随着经济全球化发展，知识产权保护与制度建设成为促进资源最优化配置，发挥各国比较优势的必然要求，美国进行平台转换的行为，根本目的并非彻底打破全球化的运行机制，而是旨在"破旧立新"，重新建立"去中国化"的全球贸易体系，通过深入分析可以发现，逆全球化只是暂时表象，再全球化才是世界经济发展的总体趋势。

在日益复杂的国际环境之下，推动知识产权治理现代化和国际化，提升中国在全球知识产权治理体系中的地位，顺应再全球化趋势，是当前形势下的必然选择。超前谋划布局中国在知识产权方向上的全球战略部署和下一步的行动计划，从而推动中国知识产权的价值和利用效率，是新时期提升中国知识产权全球治理能力的重要任务和战略举措。

13.3 中国战略性新兴产业知识产权的发展机遇

13.3.1 战略性新兴产业的高技术特征对知识产权的新要求

战略性新兴产业关键技术源于科学的理论创新，这要求知识产权治理措施引领、配合并推动战略性新兴产业关键技术的发展需求[3]。战略性新兴产业与传统产业技术进步的路径不同，在没有新理论的背景下难以实现技术的有效改进或重大提高[4]。“十三五”时期以来，国务院和相关部门先后出台多个有关战略性新兴产业细分领域的顶层政策文件，根据相应产业发展需要提出知识产权治理措施。这些规划为战略性新兴产业的发展提供了明确的宏观指引，也对相关产业的知识产权治理提出了更高要求。

13.3.2 战略性新兴产业的适应全球化特征对知识产权的新要求

在战略性新兴产业中，庞大的人力、资本投入使得创新不再是某个企业甚至是国家内部完成的，而要从科研、研发、量产、市场四个环节组成完整生态才能实现产业的技术进步，知识产权治理需要考虑全球化问题[5]。我国经济在经历高速增长后，正逐渐步入以“中高速、优结构、新动力、多挑战”为特征的新常态阶段[6]。在国内市场日趋饱和、竞争同质化的挑战下，国际化已经成为我国企业寻求新一轮增长的新动力。我国政府鼓励和支持企业主动“走出去”[7]，通过创新杠杆实现产业升级，逐渐在高端市场拥有比较优势的产品。在此目的下，知识产权在促进创新和保持经济增长方面的作用开始凸显，以专利、版权、商标等形式授予的知识产权保护不仅是企业长远发展、走向国际市场的基础，更是拓展海外市场的重要资源和核心竞争力。

13.3.3 战略性新兴产业的适应中小型企业特征的治理体系对知识产权的新要求

中小企业的创新能力与绩效逐渐优于大型企业，成为产业创新发源地。企业主导了技术转化活动，只有完成针对这项技术的产品化研发、融资、制造和销售等重要的转化环节，才能真正完成技术转化的整体操作。

在以中小企业为主体的创新产业中，知识产权治理的逻辑需要进行相应的调整。理论上说，中小企业竞争力的重要来源之一就是差异化。差异化就是企业具有竞争对手难以模仿的独特性，能够以此来吸引顾客，击败对手。企业要想获得差异化优势必须依靠技术创新，如果一家企业成功地进行了技术创新，就能拥有既区分于其他企业又能吸引消费者的某些特性。这不仅可以提高消费者的品牌忠诚度，改变竞争中的力量对比，还可以凭借创新技术的影响，形成其他企业进入该市场的障碍，在一定程度上改变原有的市场结构，使完全竞争变为垄断竞争。知识产权对于提高企业的创新能力具有十分重要的意义。

13.3.4 战略性新兴产业的适应技术变化特征对知识产权的新要求

战略性新兴产业在产品与市场快速变化的过程中，行业的核心技术往往在较短的时间内就可能发生较大变化，企业为了获得持续的技术或市场领先优势，需要不断更新技术路线[8]。新技术不断涌现，推动知识产权保护客体范围呈扩大趋势。物质、生命和大数据等领域一些重大原创性突破正在开辟新方向，颠覆性技术创新正在催生新业态，应不断扩大知识产权保护范围[9]。

大数据的知识产权保护迫在眉睫。目前，虽然我国已对“数据存储和管理”“处理和分析的数据形成成果之后进行数据的应用”两方面内容实施了著作权保护，并通过专利、商标等对大数据的其他环节进行了保护，但仍有大量数据不在知识产权保护范围之内。围绕大数据的所有权，数据隐私、数据安全及数据权属等问题不断出现。

人工智能创造物能否受著作权保护引发热议。联合国教育、科学及文化组织和世界知识产权组织倾向将该问题交由各国国内立法自行处理，并没有打算以公约的形式对人工智能创作物的版权问题进行统一规定。迄今，除了日本在《知识财产推进计划 2016》中提及要给予具有一定市场价值的人工智能创作物以知识产权保护外，几乎没有国家在制度上回应人工智能创作物的问题。鉴于我国在人工智能领域相关技术已经步入世界前列，有必要根据自身情况开展探索，在立法和政策层面对人工智能创作物的版权问题做出回应。

13.4 面向“十四五”战略性新兴产业的知识产权发展展望

13.4.1 战略性新兴产业的知识产权发展环境日渐成熟，战略性新兴产业率先实践专利联盟

知识产权制度对创新驱动发展的动力机制为激励创新。知识产权制度激励创新已成为近代科技文明发展的共同经验，作为现代产权制度的重要组成部分，知识产权是人类智力活动成果保护与复杂社会合作的重要基础，知识产权制度的成熟已经成为国家市场制度完善的标志，而拥有知识产权的数量也成为衡量社会创新发展水平与创新能力的重要指标。世界知识产权组织前总干事卡米尔·伊德里斯曾经指出，“知识产权是促进经济增长的有力手段”。在我国，党的十九大报告明确提出实施“创新驱动发展战略”，“加快建设创新型国家”[10]；习近平总书记指出，“把创新驱

动发展作为面向未来的一项重大战略实施好”[①]。近年来，我国多次修订《中华人民共和国著作权法》《中华人民共和国专利法》《中华人民共和国商标法》等法律规定，以适应科技、经济、社会发展中创新活动的需要。

知识产权发展环境的优化需要建立更加有效、有力的专利联盟。专利联盟是企业之间基于共同的战略利益，以一组相关的专利技术为纽带达成的联盟，联盟内部的企业实现专利的交叉许可，或者相互优惠使用彼此的专利技术，对联盟外部共同发布联合许可声明。战略性新兴产业的专利联盟需要适应我国产业发展现状的要求，当前我国产业分布表现出一定的区域集聚性，专利联盟需要在地理与行业两个维度充分链接创新主体，发挥联盟优势，以增强全产业竞争力为目标。对于处于启动阶段的联盟，政府需要给予一定的税收优惠与资金支持，保障联盟的发展空间。在行业协会或联盟发展较早的领域，应及时树立典型，通过公共平台服务的形式，对联盟进行扶植与推广，大力发展知识产权高端服务业，将研发机构、科技企业、服务机构吸纳到联盟中，全方面强化联盟创新能力。利用现有的行业组织加强企业培训，使联盟成果与典型能够及时普及到整个行业，惠及产业发展。

13.4.2　战略性新兴产业的知识产权总体规模增长迅速，战略性新兴产业亟待政府多部门协同治理

大数据、人工智能、生物医药、生物质能、“互联网 +”等新业态蓬勃发展，成长为经济增长的新动能。新业态异军突起的同时，也对我国现有的监管体系和法律制度带来了挑战。存在的主要问题有监管落后于业态创新、多头监管问题突出、部分领域存在法律缺口或法律空白等。

（1）政府应建立与战略性新兴产业规模相适应的政府协同治理体系。强化多部门联动，完善战略性新兴产业知识产权政府治理中政策的引导作用。战略性新兴产业创新要素密集，投资风险大，发展国际化，国际竞争激烈，对知识产权创造和运用依赖强，对知识产权管理和保护要求高。知识产权问题在战略性新兴产业发展中不仅仅是一个法律问题，还是一个与国家参与国际竞争政策、科技政策、产业政策、经济发展政策等相关的公共政策选择问题，因此，政府应在战略性新兴产业发展中的知识产权政策系统中发挥引导作用。

（2）政府应创新战略性新兴产业发展中知识产权战略实施的运行机制。为了更好地实施战略性新兴产业中的知识产权战略，必须要遵循知识产权自身的一般规律，结合战略性新兴产业培育与发展路径规律，从知识产权的创造、管理、保护和运用四个互相联系的方面来创新与重构知识产权的运行机制：一是在知识产权的创造方面，建立产学研相结合的知识产权创造机制，构建以企业为主体的知识产权创造联盟；二是在知识产权的管理方面，完善知识产权行政管理机制的建设，如有必要可以考虑组建国家层面或者为战略性新兴产业发展设立统一的知识产权管理部门；三

① 习近平：实施创新驱动不能等待观望懈怠 . http://www.xinhuanet.com//politics/2013-10/01/c_117582862.htm，2013-10-01.

是在战略性新兴产业知识产权的保护方面，构建司法保护、行政保护和知识产权组织保护相结合的保护机制；四是在知识产权的运用方面，完善知识产权商业化的策略和商业化模式，如探索完善风险投资、完善专利权质押法律制度、加强专利权交易市场建设和发展我国的专利权质押市场等。

（3）政府要营造战略性新兴产业发展中知识产权战略实施的有利市场环境。知识产权历史发展的经验表明，知识产权战略推进是以市场经济为基础，在合适的知识产权文化环境下，通过知识产权人才的能动作用来实现的。因此，战略性新兴产业发展中的知识产权战略实施同样不可避免地以此为出发点，结合自身的特点营造出有利的市场环境：一是通过产学研合作的方式培养战略性新兴产业需要的研究型和实务型知识产权人才。研究型的人才主要分布在研究机构和高校，因此可以利用研究机构和高校的教育和人才优势，推动高校和社会联合培养战略性新兴产业中知识产权战略需要的实务型人才；二是以战略性新兴产业发展为契机，加强知识产权文化建设。在这方面，要借鉴西方的"劳动财产权理论"的知识产权文化的主导内涵。在劳动财产权理论的指导下，更新知识产权权利观念、鼓励知识产权创新观念及尊重知识产权秩序观念等方面建构适合战略性新兴产业发展的知识产权文化观念，为战略性新兴产业发展中知识产权战略的实施提供文化氛围上的支持。

13.4.3 战略性新兴产业的知识产权空间布局特征凸显，战略性新兴产业区域发展实现精准施策

培育战略性新兴产业知识产权优势集聚区是培育和发展战略性新兴产业、实现创新驱动发展的重要举措，实施知识产权集群管理是培育战略性新兴产业知识产权优势集聚区的核心内容。自 2013 年开始，国家知识产权局部署了战略性新兴产业知识产权集群管理试点工作，随后又制定了《知识产权区域布局试点工作方案》，启动了全国范围内的知识产权区域布局工作。当前，全国已部署超过 30 个战略性新兴产业区域集聚发展试点，在体制机制创新等方面取得了一系列积极进展，构建了一批优势产业集群和特色产业链。各省（区、市）在构建战略性新兴产业集聚高地的同时，需要进一步明确地方比较优势，提高产业发展效率与质量。

专利导航产业发展理论对促进地方产业发展的作用是显而易见的，但其发展的方法和思路应适用于产业发展有一定规模、产业相对集中的行业和区域，一般城市难以全盘复制。对于地方而言，应根据产业实际情况有选择地加以应用。专利权是最能体现科技创新水平的工业知识产权，专利运用对产业发展的促进作用主要体现在两个方面：一是专利技术的实施与产业化；二是通过专利信息分析掌握最新的研发动态、竞争对手的产业布局和产业发展趋势，科学开展企业、产业和区域产业规划，有效规避产业发展的知识产权风险。

深入实施战略性新兴产业分区域、分领域专利导航，实现专利发展战略宏观与微观相结合。将专利信息与产业现状、发展趋势、政策环境、市场竞争等信息深度

融合，明晰产业发展方向，找准区域产业定位，指出优化产业创新资源配置的具体路径。

审稿：薛澜

参 考 文 献

[1] 冼志勇，徐洁．战略性新兴产业知识产权保护的协同合作机制研究——以集成电路设计公司为例 [J]. 科学管理研究，2013，(4)：57-60.

[2] 杨海泉．中国国际专利申请量保持全球第一 [EB/OL]. http://www.gov.cn/xinwen/2021-03/03/content_ 5589856.htm，2021-03-03.

[3] 孙颖，包海波．战略性新兴产业的知识产权作用机制研究 [J]. 科技管理研究，2013，(5)：141-145.

[4] 李明星，何娣，张憋，等．知识产权促进战略性新兴产业发展实证研究——以江苏省为例 [J]. 科技进步与对策，2013，(9)：54-59.

[5] 林学军．战略性新兴产业的发展与形成模式研究 [J]. 中国软科学，2012，(2)：26-34.

[6] 薛澜，林泽梁，梁正，等．世界战略性新兴产业的发展趋势对我国的启示 [J]. 中国软科学，2013，(5)：18-26.

[7] 柳卸林，高伟，吕萍，等．从光伏产业看中国战略性新兴产业的发展模式 [J]. 科学学与科学技术管理，2012，(1)：116-125.

[8] 武建龙，王宏起．战略性新兴产业突破性技术创新路径研究——基于模块化视角 [J]. 科学学研究，2014，(4)：508-518.

[9] 余江，陈凯华．中国战略性新兴产业的技术创新现状与挑战——基于专利文献计量的角度 [J]. 科学学研究，2012，30（5）：682-695.

[10] 习近平．决胜全面建成小康社会 夺取新时代中国特色社会主义伟大胜利——在中国共产党第十九次全国代表大会上的报告（2017 年 10 月 18 日）[EB/OL]. http://www.gov.cn/zhuanti/2017-10/27/content_5234876.htm，2017-10-27.

后　　记

“十四五”时期我国正处于“两个一百年”奋斗目标的历史交汇期，也是全面建设社会主义现代化国家新征程的关键时期。2021 年 5 月，习近平总书记在两院院士大会上明确指出：“我们充分发挥科技创新的引领带动作用，努力在原始创新上取得新突破，在重要科技领域实现跨越发展，推动关键核心技术自主可控，加强创新链产业链融合。”① 面对新的发展形势，围绕“十四五”构建新发展格局的战略要求，需要坚定不移贯彻新发展理念，深入探讨战略性新兴产业培育发展中的自强自立问题，研判未来产业技术布局。不断突破战略性新兴产业关键核心技术、强化工业核心基础、补足产业发展重点短板、培育新的增长点，推动战略性新兴产业迈向高质量发展。

为了更好地促进战略性新兴产业发展，提升科学决策的水平，2010 年起，受国家发改委委托，中国工程院与清华大学、国家开发银行一起，开展了“战略性新兴产业发展战略研究”系列咨询研究，为战略性新兴产业相关政策的制定提供了决策支撑。同时，为了更好地反映我国战略性新兴产业发展的总体情况及各领域发展态势，介绍国内外相关技术和产业的前沿热点与最新动向，宣传国家政策和引导社会投资，中国工程科技发展战略研究院以科技和产业发展为核心，围绕年度热点，已经连续九年（2013~2021 年）出版了《中国战略性新兴产业发展报告》，引起社会各界的强烈反响。

本书的编写工作得到了中国工程院、国家开发银行、清华大学、国家信息中心等单位和部门的大力支持，得到了徐匡迪、路甬祥、李晓红、邱勇等同志的亲切关怀与悉心指导，我们在此致以衷心的感谢。

感谢本书的撰稿人和审稿人，以及众多院士和专家为本书各章节的编写付出的辛勤劳动。感谢中国工程科技发展战略研究院的周源、陈璐怡、苗仲桢、赵云、戴培超、常悦、盛如旭、赵丽萌，以及中国工程院战略咨询中心的刘宇飞等同志，他们搜集了大量的资料，承担组织联络工作，确保本书编著工作的顺利进行。感谢科学出版社的大力支持，尤其感谢编辑马跃先生，是他们辛勤、细心、负责的工作确保了本书能如期与读者见面。

此外，诸多机构和个人在本书编写过程中参加了各类实地调研、座谈会、研讨会和工作会，分享了宝贵的经验并提出有益的建议，编委会在此一并表示诚挚的谢意！

编委会

2021 年 10 月

① 习近平 . 习近平在两院院士大会、中国科协第十次全国代表大会上的讲话（全文）（2021 年 5 月 28 日）. http://news.cnr.cn/native/gd/20210528/t20210528_525498856.shtml，2021-05-28.